Heinz-Michael Winkels

Modellbasiertes Logistikmanagement mit Excel

Lösungen von Problemen in der Logistik unter Verwendung der Tabellenkalkulation

@ Mit direkt anwendbaren **Online-Arbeitshilfen**:
www.dvz.de/Log-Excel

Benutzername: EditionLogistik
Passwort: DVV2012

DVV Media Group

Für Justus, Sophia, Lina, Greta und Till

Bibliografische Information der Deutschen Bibliothek:
Die Deutsche Bibliothek verzeichnet diese Publikation in der Deutschen Nationalbibliografie; detaillierte bibliografische Daten sind im Internet unter http://dnb.ddb.de abrufbar.

ISBN 978-3-87154-460-6

Das Werk ist urheberrechtlich geschützt. Jede Verwendung, auch auszugsweise, ist ohne Zustimmung des Verlages nicht zulässig. Das gilt insbesondere für Vervielfältigungen, Übersetzungen, Mikroverfilmung und die Einspeisung und Verarbeitung in elektronischen Systemen.
© 2012 DVV Media Group

DVV Media Group
Nordkanalstraße 36
20097 Hamburg
Telefon: 040/23714-01
Telefax: 040/23714-285 50
www.dvz.de
E-Mail: leserservice@dvz.de

Printed in Germany
Druck:
Kessler Druck + Medien
86399 Bobingen

Vorwort

Alle in diesem Buch aufgeführten **Arbeitshilfen** wie Beispiele und Musterlösungen können über die **Website http://www.dvz.de/Log-Excel** in digitaler Form heruntergeladen werden (**Benutzername: EditionLogistik, Passwort: DVV2012**). Unter den entsprechenden Kapitelnummern sind dazu auch noch weitere mit der Problemstellung verwandte Aufgaben zu finden.
@ Kapitel, die mit diesem Zeichen versehen sind, enthalten Online-Arbeitshilfen.

Dieses Buch bringt eine Übersicht über die Lösung einer Reihe anspruchsvoller logistischer Problemstellungen einzig und allein mit den Mitteln der Tabellenkalkulation. Es konzentriert sich auf die Modellierung realer Situationen, vermeidet bewusst den Einstieg in die Komplexität mathematischer Algorithmen und verwendet stattdessen mit dem „Solver" eine in Microsoft Excel integrierte allgemein verfügbare „Black-Box".

Die hier dargestellte Sammlung mathematischer Modelle umfasst den ein- und mehrstufigen Transport durch beliebige Netzwerke, allgemeine Zuordnungsfragen, die Standortplanung auf der Landkarte und in Netzwerken sowie die Routen- und Tourenplanung von Handlungsreisenden, Briefträgern oder Entsorgern. Hierzu zeigen wir praktische Ansätze für Briefträgerprobleme und für die Berücksichtigung von Zeitfenstern bei LKW-Touren. Auch zum quadratischen Zuordnungsproblem bringen wir ein einfaches Rechenschema.

Neben den Optimierungsansätzen werden zu den genannten Problemstellungen auch eine Reihe von Heuristiken (intelligente Näherungsverfahren) vorgestellt, die sich mit Excel auch ohne Makroprogrammierung schnell umsetzen lassen, nicht an die Begrenzungen des allgemein verfügbaren Solvers gebunden sind und trotzdem gute Lösungen produzieren. Die hier entwickelten Verfahren beruhen in der Regel auf graphentheoretischen Ansätzen.

Eine weitere Besonderheit dieses Buches ist die geographische Distanzberechnung auf der Kugeloberfläche mittels Breiten- und Längengraden der Endpunkte, wie sie unmittelbar über Internetplattformen wie Google Earth übernommen werden können. Hiermit lassen sich dann recht einfach Distanzmatrizen als Grundstrukturen für Logistikprobleme produzieren. Es wird gezeigt, wie mit diesem Ansatz beispielsweise sehr realitätsnah globale Standortfragen „auf der grünen Wiese" modelliert werden können.

Logistische Netzwerke der hier aufgeführten Art führen in der Praxis oft zu mathematischen Modellen mit enormer Größe, so dass mehrere 100.000 Restriktionen und bis zu 1 Mio. Variablen keine Seltenheit darstellen. Ein solches Modell für die logistische Lehre heranzuziehen, wäre alles andere als zweckmäßig, da hierbei das Schwergewicht der Betrachtung auf der Größenbewältigung durch Datenbank- und Programmiertechniken läge, nicht jedoch der eigentlichen Modellierung und der Problemstruktur die gebührende Aufmerksamkeit zuteil käme.

Neuerdings werden aber auch in Verbindung mit der Tabellenkalkulation zu all den genannten Problemtypen Erweiterungen von Standardsoftware angeboten. Dieser Aspekt hat für didaktische Probleme den Vorteil, sich auf die Modellierung der logistischen Problemstellungen zu konzentrieren und die eigentliche Rechenarbeit dann einem vertrauten Tool wie hier z.B. Microsoft Excel zu überlassen. Für kleine und mittelständische Unternehmen bieten sich hierbei auch zunehmend kostengünstig einfach zu bedienende Alternativen zu komplizierter Spezialsoftware an, wie eine Reihe von Diplom- und Bachelorarbeiten bei mir zeigen konnte.

Die Konzentration auf die mathematischen Modelle mithilfe der Tabellenkalkulation am Beispiel von Microsoft Excel hat folgende Vorteile:

- Excel ist anschaulich, verständlich und das wohl wichtigste Standard-Tool des Betriebswirtes.
- Mithilfe von Excel lassen sich mathematische Modelle sehr übersichtlich als Matrizen darstellen und auswerten; damit verschmelzen Datenbank, Modellgenerator und Reportgenerator.
- Excel besitzt mit dem Solver-Add-In einen integrierten Lösungsgenerator, mit dessen Hilfe sich selbst sehr komplizierte Modelle als Black-Box lösen lassen. Damit erübrigt sich die in die Tiefe gehende Betrachtung anspruchsvoller mathematischer Algorithmen mit ihrer Funktionsweise und erlaubt stattdessen die verstärkte Konzentration auf die Modellierung selbst.
- Microsoft Excel ist von sich aus schon so mächtig, dass damit in Verbindung mit den professionellen Versionen des Frontline Solvers sehr anspruchsvolle realitätsnahe Decision Support Systeme konstruiert werden können.

- Ein „kleines" Excel-Modell eignet sich immer als Ausgangspunkt und Testversion für ein „richtig großes" System.

Die diversen hier dargestellten Logistikmodelle lassen sich beliebig miteinander kombinieren und auf alle Arten des Supply Chain Managements anwenden. Dazu mag es dann allerdings sinnvoll sein, eine andere professionelle Software und statt der Tabellenkalkulation komplexere Datenbanktechniken zu nutzen. Das abstrakte mathematische Modell bleibt dabei aber natürlich erhalten, lediglich die Darstellung und die Speichertechnik werden der Komplexität wegen modifiziert. So soll diese Sammlung auch all denen dienlich sein, die schnell in die Grundstruktur von Logistikmodellen einsteigen wollen, um sie dann auf ihre Praxisprobleme anzupassen.

Bei der Formulierung der Modelle wurde versucht, den Schwerpunkt auf die Klarheit der Problembeschreibung zu legen. Dazu nutzen wir die matrizentechnische Eleganz und die damit verbundene Einfachheit für die Eingabe der Modelle in die Tabellenkalkulation. Minimalität der Modellgröße wurde wegen der Verwendung einer Solver-Software bewusst nicht erzwungen. Zum Vergleich mit anderen Ansätzen wurde an mehreren Stellen wegen des Charmes der Vergleichbarkeit das Zahlenmaterial anderer Standardwerke mit der hier vorgestellten Matrizen-/Excel-Methode gelöst.

Im gesamten Buch wird man vergeblich und mit voller Absicht nach der Beschreibung tiefgründiger mathematischer Optimierungsalgorithmen suchen. Hierbei vertrauen wir einfach auf das exzellente Solver-Add-In der Tabellenkalkulation. Lediglich einige Heuristiken und graphentheoretische Verfahren werden umgangssprachlich beschrieben.

Der nachfolgende Text hat über eine Reihe von Jahren meine Veranstaltungen über „Logistikmanagement" für Betriebswirte und Wirtschaftsinformatiker an der Fachhochschule in Dortmund begleitet, für Diplom-, Bachelor- und Masterstudiengänge. Ich habe mich bei den Formulierungen um mathematische Sauberkeit bemüht, wollte dabei aber den Formalismus nicht übertreiben. Aus diesem Grunde ist eine Reihe von Erklärungen umgangssprachlich gehalten und appelliert eher an den „gesunden Menschenverstand" und das intuitive Verständnis.

In der Sprache habe ich eine Mischung aus klassischer Mathematik und moderner Programmiersprache bevorzugt, die sich möglichst leicht in die Tabellenkalkulation umsetzen lässt. Die von mir hier eingeführten Namensbezeichnungen haben sich schnell in meinen Vorlesungen für „sprechende" Dokumentationszwecke bewährt.

Die Nutzung angelsächsischer Fachausdrücke ließ sich wegen der Literatur nicht umgehen. Bei der Schreibweise habe ich mich bemüht, die englische Variante der amerikanischen vorzuziehen.

An Voraussetzungen für das Verständnis sind hier die Schulmathematik, die Grundvorlesung zur „Linearen Algebra" sowie elementare Kenntnisse der Tabellenkalkulation wie MS Excel zu nennen. Ich konnte zu meiner Befriedigung feststellen, dass sich mit meinen Veranstaltungen die Excel-Kenntnisse meiner Studenten[1] sehr deutlich gesteigert haben. Die Klausuren dazu fanden übrigens immer direkt am Rechner statt.

Zur Entstehung

Dieses Buch ist aus einem puren Zufall heraus entstanden. Im Jahre 2005 haben Generalmajor a. D. Hartmut Schmidt-Petri und ich gemeinsam ein Rechenmodell für den Munitionsbedarf der Bundeswehr entworfen. Bei Vorgabe von bestimmten Einsatzszenarien waren die nach unterschiedlichen Kriterien besten Waffensysteme und deren Munitionsbedarf zu ermitteln. Das Modell sollte trotz des hohen Anspruches einfach verständlich und handhabbar sein, so dass von vorneherein nur Tabellenkalkulation für die Formulierung infrage kam. Während meiner Universitätszeit in Bochum und Paris gegen Ende der 1970er Jahre hatte ich mich recht intensiv mit den Methoden der Linearen Optimierung bei mehrfacher Zielsetzung befasst und sah nun mit dem Munitionsbewirtschaftungssystem urplötzlich ein sehr relevantes Paradebeispiel für die Anwendung solcher theoretischen Ansätze. Es tauchte jetzt nur noch die Frage nach der Lösbarkeit auf, bis ich auf das in Microsoft Excel integrierte Solver-Add-In der Firma Frontline Systems Inc. stieß. Natürlich war das von Microsoft angebotene integrierte Standard-Tool nicht in der Lage, unsere Komplexität zu lösen. Wir kauften daher eine von

---

[1] männlich wie weiblich!

Frontline Systems angebotene passende Premium-Solver Erweiterung und realisierten damit unser Planungstool.

Von diesem Augenblick an habe ich mich auf meine wissenschaftliche Leidenschaft von vor 40 Jahren zurückbesonnen und begann die mathematische Optimierung von damals mit ganz neuen Augen zu sehen. Während meiner eigenen Hochschulausbildung und auch während meiner Assistenzzeit hatten wir solche Tools wie die heutigen Tabellenkalkulationsprogramme nicht zur Verfügung. Wir waren stunden- und manchmal tagelang damit beschäftigt, mehr oder weniger komplizierte Problemchen mit dem Kopf und auf dem Papier zu lösen. Dabei konzentrierten wir uns im Wesentlichen auf die Rechenalgorithmen und weniger auf die Modellierung von realitätsnahen Problemen, auf die es – wie mir meine langjährige industrielle Praxis hinterher zeigte – eigentlich ankam. Warum sollte man sich nicht auch in der Lehre einfach auf die Modellierung konzentrieren und das mühselige Rechnen dem Computer in einer Black-Box überlassen? Natürlich gibt es ausgezeichnete Lehrbücher wie z. B. Feige, D. /Klaus, P. (2009) mit diesem Ansatz, die auch unterschiedliche Lösungssoftware gleich mit anbieten. Mir ging es hier aber darum, ein einziges, allgemein verfügbares und vertrautes Tool einzusetzen, also Microsoft Excel, dabei gleichzeitig auf die Ästhetik der mathematischen Matrizenrechnung für die Klarheit der Modellbildung zurückzugreifen und die eigentliche Rechenarbeit der Maus, also dem Mausklick anzuvertrauen. So sind zunächst eine Reihe von Excel-Sheets und schließlich dieses Manuskript entstanden.

Ich habe dieses Buch entgegen meiner ursprünglichen Absicht geschrieben, mir nicht wieder eine solche Quälerei und Zeitver(sch)wendung ohne entsprechende Bezahlung anzutun. Ich habe es dann doch in erster Linie für mich selbst geschrieben: weil es mir wieder Spaß gemacht hat, an die wissenschaftlichen Denkmodelle meiner Jugend anzuknüpfen und weil ich mir beweisen wollte, dass man klare Modellstrukturen auch ohne den Ballast der Algorithmenbeschreibung vermitteln kann.
Dieses Vorhaben hatte positive Nebenaspekte. Meine Vorlesungen zum Logistikmanagement von anfänglichen ökonomischen Abhandlungen aus meiner Beratertätigkeit sind immer mathematischer geworden. Das schreckte nach und nach den immer größer werdenden Teil meiner Studenten ab, die mit abstrakterem

Denken und Mathematik nicht klar kamen (Was ist da eigentlich in der Schulausbildung los?), erleichterte mir aber gleichzeitig die Diskussion über die Bewertung von quantitativen Klausuraufgaben. Hier zeigten sich mal wieder die für die Praxis und die Lehre gleichermaßen gültigen und wohlbekannten Tatsachen, dass nichts mehr überzeugt als Zahlen, Daten und Fakten und nichts praktischer ist als eine gute Theorie oder – wie ich hier abgewandelt sagen möchte – ein gutes mathematisches Denk- oder Entscheidungsmodell.

In dieses Buch sind eine Reihe von Erfahrungen und Kontakten aus 30 Jahren angewandter mathematischer Entscheidungstheorie eingeflossen. So möchte ich Tito A. Ciriani, ehemals IBM Italien, einen der Väter der legendären MPSX 370 Software für seine Denkanstöße in Paris und die Diskussionen zur Verwendung von Computergraphiken danken: einer Technik, die damals in Deutschland keine Beachtung fand, international jedoch mit Preisen bedacht wurde. Mit meinen Kollegen und Freunden bei Repsol Butano SA, Jorge Aguirre Segovia, Paloma Sepa Rodriguez und Alfonso Molares Cabana konnte ich über mehrere Jahre in Madrid anspruchsvolle mathematische Planungstools entwickeln und realisieren, so dass ich wie wenige das Glück hatte, die an der Universität gelernte Theorie zunächst in Computerprogramme umzusetzen und dann damit auch sehr große reale Probleme so zu lösen, dass die Ergebnisse nicht nur für das Management, sondern auch für die umsetzenden Logistiker Bestand hatten. Für unser langjähriges gemeinsames „SOL"-Projekt danke ich ihnen besonders herzlich. Es war eine außergewöhnliche interkulturelle und intellektuelle Herausforderung, die meinen weiteren beruflichen Werdegang mit Standort- und Vertriebsoptimierungen in unterschiedlichen Branchen wie der Lebensmittel-, Baustoff- und Wehrindustrie maßgeblich beeinflusst hat.

Bei Standortfragen der Bundeswehr haben mich die Praktiker vor Ort immer wieder aus dem wissenschaftlichen Elfenbeinturm auf den Boden der praktischen Umsetzbarkeit zurückgeholt. Mein Dank dafür und für die stetige Unterstützung geht ganz besonders an meine langjährigen Freunde OTL a. D. Horst Rauner und Martin Klein, last but not least auch an Generalmajor a. D. Hartmut Schmidt-Petri, der mich zu meinen wissenschaftlichen Wurzeln zurück führte.

Ganz zum Schluss möchte ich dem wichtigsten Menschen danken, der mich bei aller Kritik trotzdem bei allen meinen Spinnereien immer wieder unterstützt hat, immer an meiner Seite gestanden hat und das mittlerweile seit 38 Jahren. Angelika, ich war gedanklich zwar manchmal abwesend (auch wieder bei der Fertigstellung dieses Manuskriptes), im Geiste aber immer bei Dir!

Essen, im Mai 2012　　　　　　　　　　　　　　　　　　　Heinz-Michael Winkels

Inhaltsverzeichnis

@ In diesen Kapiteln befinden sich Online-Arbeitshilfen!

Vorwort I
Inhaltsverzeichnis VIII
1 Entscheidungsfindung und mathematische Modelle 1
  1.1 Entscheidungsfindung und Entscheidungshilfe für die Logistik auf Basis mathematischer Modelle 1
    1.1.1 Management, Entscheidungsfindung und mathematisches Modell 1
    1.1.2 Das Management von logistischen Versorgungsketten im Zeitalter der Veränderungen und der Globalisierung 2
    1.1.3 Einsatzarten für Decision Support Systeme 3
    1.1.4 Beispiele zur Mineralölindustrie 4
    1.1.5 Komponenten eines Decision Support Systems 12
    1.1.6 Weitere Beispiele für Supply Chain Management 14
  1.2 Mathematische Modelle und Tabellenkalkulation 18
2 Mathematische Grundlagen 19
  2.1 Tabellen, Vektoren und Matrizen 19
    2.1.1 Grundbegriffe 19
    2.1.2 Bezeichnungskonventionen für Tabellen und Matrizen 19
      2.1.2.1 Zeilenbezeichnungen 20
      2.1.2.2 Spaltenbezeichnungen 20
      2.1.2.3 Matrixbezeichnungen 20
    @ 2.1.3 Matrizenrechnung mit Excel 22
      2.1.3.1 Transponieren einer Matrix A: MTRANS(A) 22
      2.1.3.2 Matrizenaddition A+B und Matrizensubtraktion A-B 23
      2.1.3.3 Zellenweise Multiplikation von Matrizen A*B 24
      2.1.3.4 Zellenweise Multiplikation von Vektoren und Matrizen A*B 25
      2.1.3.5 Summenprodukt zweier Matrizen A x B 26
      2.1.3.6 Multiplikation einer Matrix mit einem Skalar s*A und A*s 27
      2.1.3.7 Matrizenmultiplikation: MMULT(A,B) = A°B =AB 28
      2.1.3.8 Skalarmultiplikation zweier Vektoren a x b, b x c 29
      2.1.3.9 Inverse einer Matrix: MINV(A) 29
      2.1.3.10 Determinante von A: MDET(A) 30
  2.2 Grundbegriffe zu Graphen, Netzen oder Netzwerken 31
    2.2.1 Gerichtete und ungerichtete Graphen 31
    2.2.2 Vorgänger, Nachfolger und Wege in Graphen 32
    2.2.3 Matrizen als bewertete Graphen 33
  2.3 Grundlagen zur Mathematischen Optimierung 35
    2.3.1 Begriffsklärung 35
    2.3.2 Grundbegriffe der Optimierung 35
    2.3.3 Extremwertaufgaben 37
    2.3.4 Lineare Optimierung 39
    2.3.5 Nichtlineare Optimierungsaufgaben 42
    2.3.6 Ganzzahlige Optimierung und Binäre Optimierung 42
    2.3.7 Vektoroptimierung 43
  2.4 Modellierungsmöglichkeiten mithilfe ganzzahliger und binärer Variablen ... 44
    2.4.1 Erweiterung rein linearer Modelle 44
    2.4.2 Lineare Modelle mit ganzzahligen optimalen Lösungen 45
    2.4.3 Binäre Variablen 46

    2.4.3.1 Logische Bedingungen und binäre Variablen 46
    2.4.3.2 Verknüpfung von kontinuierlichen und binären Variablen 47
3 Grunddaten der Transportoptimierung 54
 3.1 Optimierungskriterien..54
 3.2 Kosten 56
 3.3 Entfernungen 58
   3.3.1 Direkte Entfernungsbestimmung über digitale Landkarten 58
   3.3.2 Entfernungsbestimmung in kartesischen Koordinatensystemen 59
 @ 3.3.3 Beispiel: Entfernung_Landkarte..61
   3.3.4 Positionierung auf der Kugeloberfläche 64
    3.3.4.1 Entfernungsberechnung auf der Kugeloberfläche..................67
    3.3.4.2 Entfernungsberechnung in unseren Breiten nach dem
       Satz des Pythagoras..67
    3.3.4.3 Verbesserte Entfernungsberechnung nach dem Satz des
       Pythagoras..67
    3.3.4.4 Exakte Entfernungsberechnung auf der Kugeloberfläche......68
 @ 3.3.5 Beispiel: Entfernung_Kugeloberfäche...69
   3.3.6 Entfernungsbestimmung nach anderen Metriken 72
   3.3.7 Nutzung von Korrekturfaktoren 73
   3.3.8 Berücksichtigung von Barrieren 73
   3.3.9 Verbindung zu Netzwerken..75
4 Grundlegende Modelle zur Transportoptimierung 76
 4.1 Einstufige Transportmodelle 76
   4.1.1 Das Klassische Transportmodell 76
    4.1.1.1 Ökonomische Problembeschreibung 76
    4.1.1.2 Mathematische Formulierung des Problems..........................77
    4.1.1.3 Mathematisches Modell 77
    4.1.1.4 Das Klassische Transportproblem mit Gleichungen 78
    4.1.1.5 Existenz einer optimalen ganzzahligen Lösung 79
    4.1.1.6 Minimierung gewährleistet genaue Bedarfserfüllung 79
    4.1.1.7 Interpretation der Transportkosten..79
    4.1.1.8 Zusätzliche Nebenbedingungen..80
   4.1.2 Beispiele zum Klassischen Transportmodell 81
    @ 4.1.2.1 Musterbeispiel: Transp_1S_1G_Muster.............................81
    @ 4.1.2.2 Transp_1S_1G...90
    @ 4.1.2.3 Transp_1S_1G_Truppen 93
    @ 4.1.2.4 Transp_1S_1G_Europa 97
    @ 4.1.2.5 Transp_1S_1G_NB..102
   4.1.3 Heuristiken für das Klassische Transportmodell...............................107
    4.1.3.1 Heuristiken: Gute anstelle von optimalen Lösungen 107
    4.1.3.2 Die grundsätzliche Vorgehensweise 107
    4.1.3.3 Die Nordwestecken-Regel 109
    4.1.3.4 Das Spaltenminimum-Verfahren 109
    4.1.3.5 Das Zeilenminimum-Verfahren 110
    4.1.3.6 Das Matrixminimum-Verfahren 110
    4.1.3.7 Das VOGELsche Approximationsverfahren.........................111
 @ 4.1.4 Beispiel: Transp_1S_1G_Heuristiken 112

- 4.1.4.1 Das Grundproblem..112
- 4.1.4.2 Nordwestecken-Regel..114
- 4.1.4.3 Matrixminimum-S-Verfahren 116
- 4.1.4.4 Matrixminimum-Z-Verfahren 118
- 4.1.4.5 VOGELsches Approximationsverfahren 120
- 4.1.4.6 Spaltenminimum-Verfahren 123
- 4.1.4.7 Zeilenminimum-Verfahren 123

4.2 Zweistufige Transportmodelle...124
- 4.2.1 Das klassische Umschlagsmodell 124
  - 4.2.1.1 Ökonomische Problembeschreibung 124
  - 4.2.1.2 Mathematische Formulierung des Problems........................125
  - 4.2.1.3 Mathematisches Modell 125
  - 4.2.1.4 Kostenminimierung erzeugt ausgeglichene Materialbilanz ... 126
- @ 4.2.2 Beispiel: Transp_2S_1G_EuroHubsNB 127
- 4.2.3 Kombinierte 1- oder 2-stufige Belieferung 134
  - 4.2.3.1 Ökonomische Problembeschreibung 134
  - 4.2.3.2 Mathematische Formulierung des Problems........................135
  - 4.2.3.3 Mathematisches Modell 136
  - 4.2.3.4 Anmerkungen...137
- @ 4.2.4 Beispiel: Transp_2S1S_1G 138

4.3 Mehrstufige Transportmodelle 143
- 4.3.1 Das allgemeine Netzflussmodell..143
  - 4.3.1.1 Ökonomische Problembeschreibung 143
  - 4.3.1.2 Mathematische Formulierung des Problems........................143
  - 4.3.1.3 Mathematisches Modell 144
  - 4.3.1.4 Implizite Definition der erlaubten Verbindungen...................145
  - 4.3.1.5 Das allgemeine Netzflussmodell umfasst die einfacheren Modelle 146
- 4.3.2 Beispiele zum allgemeinen Netzflussmodell.............................146
  - @ 4.3.2.1 Netz_1G..146
  - @ 4.3.2.2 Netz_1Ga..150
  - @ 4.3.2.3 Netz_1G_UK..154
  - @ 4.3.2.4 Netz_1G_UKBD...159
- 4.3.3 Die Bestimmung des maximalen Flusses durch ein Netzwerk 164
  - 4.3.3.1 Ökonomische Problembeschreibung 164
  - 4.3.3.2 Mathematische Formulierung des Problems........................164
  - 4.3.3.3 Mathematisches Modell 165
  - 4.3.3.4 Anmerkungen...166
- @ 4.3.4 Beispiel: Netz_1G_MaxFlow..167

4.4 Die Bestimmung kürzester Wege durch ein Netzwerk..........................172
- 4.4.1 Mathematische Formulierung der Grundprobleme 172
- 4.4.2 Die Bestimmung des kürzesten Weges zwischen zwei Knoten über ein mehrstufiges Transportmodell 173
- @ 4.4.3 Beispiel: Netz_1G_KürzesterWeg 174
- 4.4.4 Die Bestimmung der kürzesten Wege von einem Knoten zu allen anderen Knoten über ein mehrstufiges Transportmodell...................180
- @ 4.4.5 Beispiel: Netz_1G_KürzesterWeg2Rest.....................................181
- 4.4.6 Graphentheoretische Ansätze zur Bestimmung der kürzesten Wege in Netzwerken..187

    4.4.6.1 Erreichbarkeit in Netzwerken 187
    4.4.6.2 Der Dijkstra-Algorithmus für die Bestimmung des kürzesten
       Weges zwischen zwei Knoten 187
    4.4.6.3 Der Tripel-Algorithmus für die Bestimmung der kürzesten
       Wege zwischen allen Knoten 188
  4.4.7 Beispiele zur graphentheoretischen Bestimmung der kürzesten
    Wege in Netzwerken 189
   @ 4.4.7.1 Beispiel: Kürzester_Weg_im_Netz_mit_Dijkstra 189
   @ 4.4.7.2 Beispiel: Kürzeste_Wege_im_Netz_mit_Tripel 193

5 Erweiterte Modelle zur Transportoptimierung 198
 5.1 Das Transportmodell mit Wirkkoeffizienten 198
  5.1.1 Ökonomische Problembeschreibung 198
  5.1.2 Mathematische Formulierung des Problems 199
  5.1.3 Mathematisches Modell 199
  5.1.4 Interpretation der Wirkkoeffizienten 200
  5.1.5 Existenz einer optimalen ganzzahligen Lösung 200
@ 5.2 Beispiel: Trsp_WirkKoef_Futtermittel 201
 5.3 Das Bottleneck Transportmodell (Modell der schnellsten Belieferung) 205
  5.3.1 Ökonomische Problembeschreibung 205
  5.3.2 Mathematische Formulierung des Problems 205
  5.3.3 Mathematisches Modell 206
  5.3.4 Interpretation der oberen Schranke T 207
  5.3.5 Zweistufige Optimierung 207
@ 5.4 Beispiel: Trsp_Bottleneck_Katastropheneinsatz 208
 5.5 Das Single-Source-Transportmodell 218
  5.5.1 Ökonomische Problembeschreibung 218
  5.5.2 Mathematische Formulierung des Problems 218
  5.5.3 Mathematisches Modell 219
  5.5.4 Lösbarkeit des Single-Source-Problems 220
@ 5.6 Beispiel: Trsp_SingleSource 220
 5.7 Das Fixkosten-Transportmodell 225
  5.7.1 Ökonomische Problembeschreibung 225
  5.7.2 Mathematische Formulierung des Problems 225
  5.7.3 Mathematisches Modell 226
@ 5.8 Beispiel: Trsp_Fixkosten 227
 5.9 Transportmodelle mit mehreren Gütern 233
 @ 5.9.1 Beispiel: SCM_Transp_2S_4G 233
 @ 5.9.2 Beispiel: SCM_Transp_2S1S_3G_mit_Produktion 248
 @ 5.9.3 Beispiel: SCM_Netz_3G_mit_Produktion 262

6 Modelle zur Zuordnungsoptimierung 278
 6.1 Das Klassische Zuordnungsmodell 278
  6.1.1 Ökonomische Problembeschreibung 278
  6.1.2 Mathematische Formulierung des Problems 278
  6.1.3 Mathematisches Modell 279
  6.1.4 Das Klassische Zuordnungsmodell als Transportmodell 280
  6.1.5 Beschränkung auf die Nichtnegativitätsbedingung 280
 6.2 Beispiele zum Klassischen Zuordnungsmodell 280
 @ 6.2.1 Zuord_n2n 280
 @ 6.2.2 Zuord_n2nn 284
 6.3 Das verallgemeinerte Zuordnungsmodell 289
  6.3.1 Ökonomische Problembeschreibung 289

6.3.2 Mathematische Formulierung des Problems 289
6.3.3 Mathematisches Modell 290
6.3.4 Das Klassische Zuordnungsmodell als Sonderfall des verallgemeinerten Zuordnungsmodells 291
6.3.5 Beschränkung auf die Nichtnegativitätsbedingung i.A. nicht möglich 291
@ 6.4 Beispiel: VerallgZuord_VorholungSped 292
6.5 Das Symmetrische Zuordnungsmodell 297
6.5.1 Ökonomische Problembeschreibung 297
6.5.2 Mathematische Formulierung des Problems 297
6.5.3 Mathematisches Modell 298
6.5.3.1 Anmerkung zu den erlaubten Verbindungen 299
6.5.3.2 Anmerkung zu der Zielfunktion 300
6.5.3.3 Anmerkung zu den Restriktionen 300
@ 6.6 Beispiel: SymZuord 301
6.7 Das Bottleneck Zuordnungsmodell oder die Maximierung der minimalen Effektivität 306
6.7.1 Ökonomische Problembeschreibung 306
6.7.2 Mathematische Formulierung des Problems 306
6.7.3 Mathematisches Modell 306
6.7.4 Zweistufige Optimierung 307
@ 6.8 Beispiel: Zuord_n2nn_Personalplanung 308
6.9 Das Quadratische Zuordnungsmodell 313
6.9.1 Ökonomische Problembeschreibungen 313
6.9.1.1 Innerbetriebliche Standortzuordnung von Abteilungen auf Hallen 313
6.9.1.2 Fabriken werden Städten zugeordnet 313
6.9.1.3 Raumplanung in einem Krankenhaus 313
6.9.1.4 Planung von Verwaltungsgebäuden 314
6.9.1.5 Zuordnung von elektronischen Modulen auf Plätze einer Platine 314
6.9.1.6 Turbinenlauf-Problem 315
6.9.1.7 Tastaturdesign 315
6.9.2 Mathematische Formulierung des Problems 316
6.9.3 Mathematisches Modell 317
6.9.4 Das Quadratische Zuordnungsproblem ist schwierig lösbar 318
6.9.5 Die Berechnung der Zielfunktion 318
@ 6.10 Beispiel: QuadrZuord_InBetrStO 319
6.11 Heuristische Verfahren zum Quadratischen Zuordnungsproblem ... 325
6.11.1 Eröffnungsverfahren nach Müller-Merbach: 325
6.11.2 Verbesserungsverfahren/Zweieraustauschverfahren 325
@ 6.12 Beispiel: QuadrZuord_Heuristik 325
7 Modelle zur Standortoptimierung 331
7.1 Warehouse-Location-Probleme 334
7.1.1 Das einstufige kapazitierte WLP 334
7.1.1.1 Ökonomische Problembeschreibung 334
7.1.1.2 Mathematische Formulierung des Problems 335
7.1.1.3 Mathematisches Modell 335
7.1.1.4 Verbindung zwischen Mengenflüssen und Indikatoren . 336
@ 7.1.2 Beispiel: StO_WLP_Transp1S1G 337
7.1.3 Das zweistufige kapazitierte WLP 341

- 7.1.3.1 Ökonomische Problembeschreibung 341
- 7.1.3.2 Mathematische Formulierung des Problems 341
- 7.1.3.3 Mathematisches Modell 342
- 7.1.3.4 Bestimmung von Big M: 344
- @ 7.1.4 Beispiel: StO_WLP_Transp2S1G_EuroHubs 344
- 7.1.5 Das mehrstufige kapazitierte WLP 356
  - 7.1.5.1 Ökonomische Problembeschreibung 356
  - 7.1.5.2 Mathematische Formulierung des Problems 356
  - 7.1.5.3 Mathematisches Modell 357
  - 7.1.5.4 Implizite Definition der erlaubten Verbindungen 358
  - 7.1.5.5 Das allgemeine Netzflussmodell umfasst die einfacheren Modelle 359
  - 7.1.5.6 Fixkosten für den Umschlag bei Quellen und Senken 359
- @ 7.1.6 Beispiel zum mehrstufigen kapazitierten WLP: StO_WLP_Netz 360
- 7.2 Covering Location Probleme 364
  - 7.2.1 Das Set-Covering-Location-Problem 364
    - 7.2.1.1 Ökonomische Problembeschreibung 364
    - 7.2.1.2 Mathematische Formulierung 365
    - 7.2.1.3 Mathematisches Modell 366
    - 7.2.1.4 Anmerkungen zur Lösbarkeit und praktischen Relevanz ... 367
  - @ 7.2.2 Beispiel: StO_CLP_SetCovering 367
  - 7.2.3 Das Maximum-Covering-Location-Problem 374
    - 7.2.3.1 Ökonomische Problembeschreibung 374
    - 7.2.3.2 Mathematische Formulierung 374
    - 7.2.3.3 Mathematisches Modell 374
    - 7.2.3.4 Anmerkung zur praktischen Relevanz 375
  - @ 7.2.4 Beispiel: StO_CLP_MaximumCovering 376
- 7.3 Mediane und Center in Netzwerken 381
  - @ 7.3.1 Beispiel: StO_Netz_1Center1Median 381
  - 7.3.2 Das p-Median-Problem in Netzwerken 383
    - 7.3.2.1 Ökonomische Problembeschreibung 383
    - 7.3.2.2 Mathematische Formulierung 383
    - 7.3.2.3 Mathematisches Modell 383
    - 7.3.2.4 Anmerkungen zu den Restriktionen 385
  - @ 7.3.3 Beispiel: StO_Netz_pMedian 386
  - 7.3.4 Heuristische Verfahren zum diskreten p-Median-Problem 395
  - 7.3.5 Das p-Center-Problem in Netzwerken 396
    - 7.3.5.1 Ökonomische Problembeschreibung 396
    - 7.3.5.2 Mathematische Formulierung des Problems 396
    - 7.3.5.3 Mathematisches Modell 396
    - 7.3.5.4 Anmerkungen zur Lösbarkeit: 398
  - @ 7.3.6 Beispiel: StO_Netz_pCenter 398
- 7.4 Mediane und Center auf Landkarte oder Globus 403
  - 7.4.1 Das 1-Median-Problem in der Ebene (Der klassische kontinuierliche Steiner-Weber-Ansatz) 403

7.4.1.1 Ökonomische Problembeschreibung 403
7.4.1.2 Mathematische Formulierung des Problems 404
7.4.1.3 Mathematisches Modell 405
7.4.1.4 Modelleinschränkungen 405
7.4.1.5 Iterativer Lösungsansatz 405
7.4.1.6 Mechanische Lösung mit dem VARIGNONschen Apparat ...406
7.4.2 Beispiele zum 1-Median-Problem in der Ebene 407
@ 7.4.2.1 Approximationsansatz: StO_2D_SteinerWeber 407
@ 7.4.2.2 Optimierungsansatz: StO_2D_1Median 412
7.4.3 Das p-Median-Problem im Koordinatensystem 415
7.4.3.1 Ökonomische Problembeschreibung 415
7.4.3.2 Mathematische Formulierung des Problems 415
7.4.3.3 Mathematisches Modell 416
7.4.3.4 Anmerkungen zum allgemeinen Modell 417
7.4.3.5 Modellvereinfachungen für den Evolutionsalgorithmus 418
@ 7.4.4 Beispiel: StO_3D_pMedian 420
7.4.5 Das 1-Center-Problem der Ebene 426
7.4.5.1 Ökonomische Problembeschreibung 426
7.4.5.2 Mathematische Formulierung des Problems 426
7.4.5.3 Mathematisches Modell 426
7.4.5.4 Anmerkungen 427
@ 7.4.6 Beispiel zum 1-Center-Problem der Ebene: StO_2D_1Center 428
7.4.7 Das p-Center-Problem im Koordinatensystem 431
7.4.7.1 Ökonomische Problembeschreibung 431
7.4.7.2 Mathematische Formulierung des Problems 431
7.4.7.3 Mathematisches Modell 431
7.4.7.4 Anmerkungen zum allgemeinen Modell 433
7.4.7.5 Modellvereinfachungen für den Evolutionsalgorithmus 433
@ 7.4.8 Beispiel zum p-Center-Problem im Koordinatensystem:
StO_3D_pCenter 435

8 Modelle zur Rundreise- und Tourenplanung 440
8.1 Das Problem des Handlungsreisenden (Klassisches
Travelling-Salesman-Problem) 440
8.1.1 Ökonomische Problembeschreibung 440
8.1.2 Mathematische Formulierung des Problems (TSP) 441
8.1.3 Mathematisches Modell 441
8.1.4 Das TSP ist ein schwer zu lösendes Optimierungsproblem 442
8.1.5 Die MTZ-Bedingung verhindert Subtouren 443
8.1.6 Offene und geschlossene TSP (Durchfahrtprobleme) 444
8.2 Beispiele zum Travelling-Salesman-Problem 446
@ 8.2.1 TSP_Ruhrgebiet 446
@ 8.2.2 TSP_DepotDdorf 451
@ 8.2.3 TSPDf_DepotDdorf 456
8.3 Heuristische Verfahren zum Travelling-Salesman-Problem 465
8.3.1 Eröffnungsverfahren 465

8.3.1.1 Das Sortieren der Orte nach Polarwinkeln 465
@ 8.3.1.2 Beispiel: TSP_DepotDdorf_Polarwinkel 467
8.3.1.3 Das Sortieren der Orte nach Kurswinkeln auf der
Kugeloberfläche 469
@ 8.3.1.4 Beispiel: TSP_DepotDdorf_Kurswinkel 471
8.3.1.5 Das Verfahren des besten Nachfolgers 476
@ 8.3.1.6 Beispiel: TSP_DepotDdorf_BesterNachfolger 476
8.3.1.7 Das Verfahren der sukzessiven Einbeziehung 479
@ 8.3.1.8 Beispiel: TSP_DepotDdorf_SukzEinbeziehung 480
@ 8.3.1.9 Das Verfahren von Christofides 487
@ 8.3.1.10 Beispiel zur Berechnung eines Minimalen Spannenden
Baumes (MSB): TSP_DepotDdorf_Christofides/MSB 490
@ 8.3.1.11 Beispiel zur Berechnung eines Minimalen Kosten
Matchings (MKM): TSP_DepotDdorf_Christofides/MKM 494
@ 8.3.1.12 Beispiel zur Berechnung einer Rundreise in MSBuMKM:
TSP_DepotDdorf_Christofides/Rundreise 498
8.3.2 Verbesserungsverfahren: 2-opt-, 3-opt- und k-opt-Verfahren 504
@ 8.3.2.1 Beispiel: TSP_DepotDdorf_2opt 505
@ 8.3.2.2 Beispiel: TSP_DepotDdorf_3opt 508
8.4 Kapazitätsbeschränkte Tourenplanung (Capacitated Vehicle Routing
Problem) 513
8.4.1 Ökonomische Problembeschreibung 513
8.4.2 Mathematische Formulierung des Problems (CVRP) 513
8.4.3 Mathematisches Modell 514
8.4.4 Das TSP als Spezialfall des CVRP 516
8.4.5 Die verallgemeinerte MTZ-Bedingung 516
8.4.6 Gleichzeitige Auslieferung und Abholung von Gütern 516
8.5 Beispiele zur kapazitätsbeschränkten Tourenplanung 517
@ 8.5.1 CVRP 517
@ 8.5.2 CVRP_DepotDdorf 524
8.6 Heuristiken für Tourenplanungsprobleme 534
8.6.1 Das Savings-Verfahren 534
8.6.1.1 Allgemeine Idee des Savings-Verfahren 534
8.6.1.2 Iterativer Lösungsansatz 536
8.6.1.3 Qualität des Savings-Verfahren 537
@ 8.6.2 Beispiel CVRP_Depot_Ddorf_Savings 538
8.6.3 Das Sweep-Verfahren 548
8.6.3.1 Allgemeine Idee des Sweep-Verfahrens 548
8.6.3.2 Iterativer Lösungsalgorithmus 549
8.6.3.3 Qualität des Sweep-Algorithmus 549
@ 8.6.4 Beispiel CVRP_Depot_Ddorf_Sweep 550
8.6.5 Petal-Algorithmen 554
8.6.5.1 Allgemeine Idee der Petal-Algorithmen 554
8.6.5.2 Lösungsalgorithmus 554
8.6.5.3 Qualität und Erweiterungsmöglichkeiten 555
@ 8.6.6 Beispiel CVRP_Depot_Ddorf_Petal 556
8.7 Kapazitätsbeschränkte Tourenplanung mit Zeitfenstern
(Capacitated Vehicle Routing Problem with Time Windows) 566
8.7.1 Ökonomische Problembeschreibung 566
8.7.2 Mathematische Formulierung des Problems (CVRPTW) 567
8.7.3 Mathematisches Modell 567

8.7.4 Anmerkung zu den Zielfunktionen 570
8.7.5 Anmerkung zu den Zeitrestriktionen 571
8.7.6 Anmerkung zu Modellerweiterungen 571
@ 8.8 Beispiel: CVRPTW...571
8.9 Erweiterte Problemstellungen 585
8.9.1 Mehrfache Kapazitätsrestriktionen 585
8.9.2 Kombiniertes Verteilen und Einsammeln 585
8.9.3 Mehrere Depots 585
8.9.4 Heterogener Fuhrpark 586
8.9.5 Mehrperiodenproblem 586
8.9.6 Capacitated Chinese Postman Problem 586
8.10 Briefträgerprobleme 587
8.10.1 Ökonomische Problembeschreibung 588
8.10.2 Mathematische Umformulierung eines gemischten Graphen als Matrizenmodell 589
8.10.3 Mathematisches Modell 590
8.10.4 Implizite Definition des Graphen 592
8.10.5 Briefträgerprobleme bei gerichteten Graphen 592
8.10.6 Briefträgerprobleme bei ungerichteten Graphen 592
8.10.7 Die Existenz einer optimalen Lösung 593
8.10.8 Die Bestimmung der Briefträgertour aus einer optimalen Lösung.....593
8.11 Beispiele zum Briefträgerproblem 594
@ 8.11.1 Beispiel: Briefträger_gerichtet 594
@ 8.11.2 Beispiel: Briefträger_ungerichtet 602
@ 8.11.3 Beispiel: Briefträger_gemischt 609
8.12 Weitere Arten von Briefträgerproblemen 617
8.12.1 Rural Postman Problem (RPP) 617
8.12.2 m-Briefträgerprobleme 617
8.12.3 Windy Postman Problem 617
8.12.4 General Routing-Probleme 617
8.12.5 Maximum-Benefit-Briefträgerproblem 617
Anhang 618
A Besonderheiten bei MS Excel 2003..618
  A.1 Belegung von Zellen und Zellenbereichen mit Namen 618
    A.1.1 Namen 618
    A.1.2 Ausgabe von Zellen oder Zellenbereichen mit Namen 621
  A.2 Der Standard-Solver für MS-Excel 2003..624
    A.2.1 Aufrufen des Solvers 624
    A.2.2 Aktivieren des Solvers 625
    A.2.3 Bedienung des Solvers 626
  A.3 Der Premium-Solver (Education- Version) für MS-Excel 2003 629
    A.3.1 Installation 629
    A.3.2 Aktivierung 633
    A.3.3 Benutzung 635
B Besonderheiten bei MS Excel 2010..636
  B.1 Belegung von Zellen und Zellenbereichen mit Namen 636
    B.1.1 Namen 636
    B.1.2 Ausgabe von Zellen oder Zellenbereichen mit Namen 639
  B.2 Der Standard-Solver für MS-Excel 2010..642

		B.2.1	Aufrufen des Solvers	642
		B.2.2	Aktivieren des Solvers	643
		B.2.3	Bedienung des Solvers	645
C	Der Premium-Solver für MS-Excel			648
	C.1	Installation		648
	C.2	Aktivierung		653
	C.3	Benutzung		654
D	Optimierung mit CALC/ OpenOffice			657
	D.1	Das Open Source Projekt von Open Office		657
	D.2	Kleine Unterschiede bei der Bedienung und der Verwendung von Namen		657
	D.3	Der Solver von OpenOffice.org		659
	D.4	Nicht-Lineare Optimierung mit dem Solver von OpenOffice.org		661
	D.5	Ein grundsätzlicher wesentlicher Nachteil		664
	D.6	Tests		664

Literaturverzeichnis 665
Stichwortverzeichnis 670

1 Entscheidungsfindung und mathematische Modelle

1.1 Entscheidungsfindung und Entscheidungshilfe für die Logistik auf Basis mathematischer Modelle

1.1.1 Management, Entscheidungsfindung und mathematisches Modell

Wir sind täglich in allen möglichen Zusammenhängen mit Management beschäftigt, d. h. irgendwelche Entscheidungen zu fällen und sie dann auch umzusetzen oder umsetzen zu lassen. Was sind „gute" Entscheidungen, was sind „schlechte"? Es würde zu weit führen, diesem Komplex in der umfassenden Tragweite zu behandeln. Eine Vielzahl von Entscheidungspsychologen hat sich über diese Frage den Kopf zerbrochen, weitere Generationen werden ihnen nachfolgen. An dieser Stelle soll nur eine praktikable Antwort auf diese Frage versucht werden: „Gute" Entscheidungen sind solche, die man hinterher nicht bereut, „nicht schlecht" solche, die man auch hinterher bei gleichem Wissensstand wiederholen würde.

Da nach Kenntnis des Verfassers niemand eine Glaskugel besitzt, welche die Zukunft offenbart, steht jeder Entscheider vor dem Dilemma, erst einmal genügend Wissen über seine Entscheidungssituation zusammenzutragen. Doch was ist genug? In täglichen Situationen, etwa beim Kauf eines Handys oder einer Digitalkamera aus einer unübersichtlichen Masse von Angeboten und Bewertungsvorschlägen, ist es sinnvoll, überschaubar viele Eindrücke auf sich einwirken zu lassen, einmal darüber zu schlafen und letzten Endes auf seinen Bauch oder seine Intuition zu vertrauen.

Bei Unternehmensentscheidungen scheint der Entscheidungsprozess manchmal durchaus ähnlich zu verlaufen. In dem Maße aber wie Experten zu Rate gezogen werden, steigt allerdings auch die Notwendigkeit, Ordnung in die Komplexität einer Entscheidungssituation zu bringen und Unsicherheiten über zukünftige Auswirkungen so weit wie nur eben möglich in den Griff zu bekommen. Entscheidungen müssen dann rational begründbar sein. Das Hilfsmittel, das einem hier zur Verfügung steht, ist die auf das Wesentliche beschränkte Abstraktion der realen Entscheidungssituation, das mathematische Modell.

Um diese mathematischen Modelle geht es hier, und zwar vornehmlich um solche, die sich auf logistische Netzwerke beziehen, also Abbilder der logistischen Versorgungskette von der Beschaffung über die Produktion bis hin zur Distribution eines Unternehmens, unter Einbeziehung von Lieferanten und Kunden, kurz: der kompletten Supply Chain eines Unternehmens.

Dabei sollte es allerdings immer klar sein, dass ein Modell nie die vollständige Komplexität der Realität, also des Problems an sich erfassen kann, sondern nur einen – wenn auch sehr relevanten – Ausschnitt davon.

1.1.2 Das Management von logistischen Versorgungsketten im Zeitalter der Veränderungen und der Globalisierung

Der Erwerb ebenso wie der Verkauf von Unternehmen oder Unternehmensbereichen ist meist mit Standortänderungen und gravierenden Verschiebungen in den Warenströmen verbunden. Sie machen eine Überarbeitung der bestehenden logistischen Versorgungskette erforderlich. Gleiches trifft zu bei Werksstilllegungen oder etwa auch bei größeren Veränderungen in der Lieferanten- und Kundenstruktur.

Die zukünftige Gestaltung der Supply Chain eines Unternehmens wird wesentlich bestimmt durch die Möglichkeiten einer weltweiten Beschaffung, Produktion und Distribution. Der Einsatz moderner Kommunikations- und Vernetzungstechnik im internationalen Datenaustausch im Bereich der Informationslogistik einerseits sowie schnellere und zuverlässige, international operierende Transportsysteme für die Materiallogistik andererseits haben derartige Lösungen machbar gemacht.[1]

Durch die Schärfe des internationalen Wettbewerbs sehen sich die Unternehmen veranlasst, Standortvorteile ihrer ausländischen Konkurrenten durch Verlagerung der Betriebsstätten z. B. für die Komponentenfertigung in diese Länder auch für sich selbst zu gewinnen. Dabei kommt es ihnen entgegen, dass der technische Fortschritt eine zunehmende Zerlegbarkeit des Produktionsprozesses mit sich gebracht hat.

Bei der Entscheidung für einen ausländischen Standort stehen die Nutzung von Kostenvorteilen der Auslandsproduktion und die Sicherung der Absatzentwicklung

---

[1] Gade, H.; Winkels, H.-M. (1991).

des Exportgeschäfts im Vordergrund der Überlegungen, was jeweils das Umlenken von Warenströmen nach sich zieht.

So war z. B. in den 90er-Jahren des letzten Jahrhunderts deutlich die Strategie japanischer Unternehmen erkennbar, nach 1992 als Insider auf dem EG-Binnenmarkt als größtem gemeinsamen Markt der Welt zu agieren. Man verfolgte das Ziel, sich diesen Markt zu sichern, und investierte in weitere Standorte innerhalb Europas nach dem Grundsatz: source, produce and sell globally. Ähnliche Tendenzen verfolgen westliche Firmen seit dem Jahr 2000 in den sogenannten BRIC-Märkten: Brasilien, Russland, Indien und China.

Wenn es darum geht, die Fertigungstiefen durch Verlagerungen auf Zulieferer zu verringern, stehen verstärkt Make-or-buy-Entscheidungen an, um so Investitionen in hochwertige Technologien zu vermeiden. Zur Vermeidung von Produktionsunterbrechungen werden wirkungsvolle Just-In-Time-Konzepte für logistische Netzwerke entwickelt.

Auch die veränderten Beschaffungsstrategien wirken sich erheblich auf die Warenströme in der logistischen Versorgungskette aus. Das trifft insbesondere für das Global Sourcing zu, wo es um die weltweite Ausschöpfung von Kostenvorteilen durch Beschaffung von Teilen und einfachen Komponenten mit eher geringeren technischen Anforderungen und hoher Wertschöpfung geht, den sogenannten „low-tech-high-added-value"-Teilen, die von jedem beliebigen Punkt auf dem Globus stammen können, solange die erforderlichen Qualitätsanforderungen erfüllt werden.

Es ist nicht lediglich damit getan, eine Entscheidung z. B. für eine zusätzliche Produktionsstätte im Ausland zu treffen oder ein Unternehmen hinzuzukaufen. Wenn eine solche Entscheidung zum Erfolg führen soll, muss sich die Unternehmensleitung auch mit der strategischen Überarbeitung der gesamten logistischen Versorgungskette auseinandersetzen.

1.1.3 Einsatzarten für Decision Support Systeme

In besonderem Maße hat die Entwicklung in der Informationstechnologie dazu beigetragen, dass nicht nur neue Konzepte in der Logistik machbar wurden, sondern dass auch die optimale Wirtschaftlichkeit solcher Konzepte durch Abbildung des gesamten logistischen Prozesses in einem computerunterstützten Entscheidungshilfesystem ermittelt werden kann.

Derartige Decision Support Systeme lassen sich auf zwei verschiedene Arten einsetzen:

- Konstruktion eines solchen Systems bezogen auf die Lösung einer anstehenden Entscheidung oder
- Entwicklung eines umfassenden Hilfsmittels für eine Vielzahl von anstehenden und sich in Abständen wiederholenden Fragestellungen.

1.1.4 Beispiele zur Mineralölindustrie[1]

Welche Alternative nun sinnvoller ist, hängt von der Häufigkeit ab, mit der ein solches Instrument eingesetzt werden soll. In der Mineralölindustrie, um ein extremes Beispiel zu nennen, kompensieren sehr aufwendige Gesamtmodelle schnell ihre hohen Anfangskosten, wenn das Unternehmen damit in der Lage ist, direkt auf Marktangebote bei den Rohölen mit optimalen Produktions- und Mischprogrammen zu reagieren.

Eine Investition von mehreren Millionen Euro in mathematische Optimierungsmodelle würde sich z. B. bei größeren Raffinerien bereits in wenigen Monaten rentiert haben.

Ein vom Verfasser installiertes System bei dem spanischen Unternehmen Repsol Butano, einem der größten europäischen Flüssiggasvertreiber, diente zunächst dazu, auf die Öffnung des europäischen Binnenmarktes von 1982 und den Zusammenschluss der spanischen Mineralölindustrie zu reagieren. Das implementierte System spiegelt das gesamte betriebliche Geschehen der logistischen Versorgungskette wider und wird sowohl für langfristige als auch für mittel- und kurzfristige Planung eingesetzt. Komplettiert wird das Ganze durch eine operative Routenplanung für die Distribution.

---

[1] Aguirre Segovia, J.; Cepa Rodriguez, P.; Molares Cabana, A.; Winkels, H.-M. (1989).

1 Entscheidungsfindung und mathematische Modelle

Prinzipielle Supply Chain eines Vertreibers von Flüssiggas

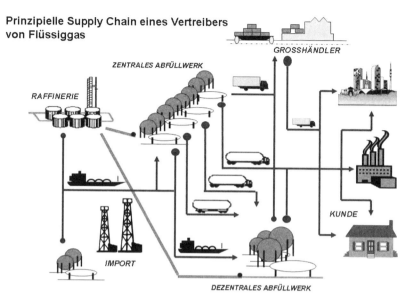

Abbildung: Prinzip einer Supply Chain aus der Flüssiggasversorgung

Mittelfristige Planung: 3 Monate

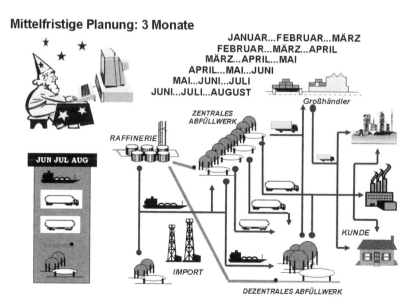

Abbildung: Prinzip einer mittelfristigen Planung bei der Flüssiggasversorgung

Kurzfristige Planung: 1 Monat

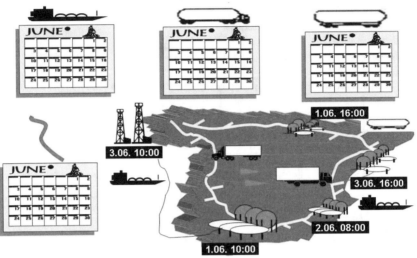

Abbildung: Prinzip einer kurzfristigen Planung bei der Flüssiggasversorgung

Operative Planung: 1 Tag

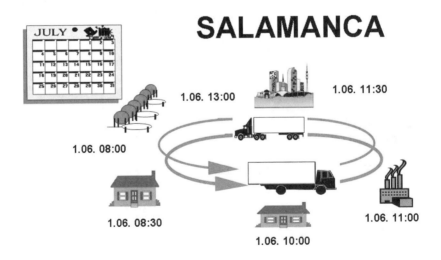

Abbildung: Prinzip der operativen Distributionsplanung bei der Flüssiggasversorgung

Dieses System zur Optimierung der Logistik (SOL: Sistema de Optimizaciòn Logìstica) wurde für eine Vielzahl von strategischen Entscheidungsproblemen herangezogen.

Fragestellungen waren beispielsweise:
- Lohnt es sich, neue Produktionsmöglichkeiten in einen bestimmten Ablauf aufzunehmen, oder ist es günstiger, den angrenzenden Markt aus entfernteren Werken unter Inkaufnahme höherer Transportkosten zu beliefern?
- Aus umweltpolitischen Gründen muss eines der Abfüllwerke geschlossen werden. Soll in den angrenzenden Gebieten ein neues Werk errichtet werden und wenn ja, mit welchen technischen Installationen und Verkehrsbedingungen?
- In welcher Weise sollen die unabhängigen Verteiler den einzelnen Abfüllwerken zugeordnet werden, um die Kosten der Marktbelieferung möglichst gering zu halten und den Verwaltungsaufwand aus gesamtbetrieblicher Sicht zu reduzieren?
- Rechnet es sich, zwischen bestimmten Orten eine extrem kostenintensive Pipeline zu bauen? Welchen Effekt hätte eine solche Pipeline auf das gesamte Verteilungs- und Lagernetz des Unternehmens?
- Welchen Effekt hätte die Erweiterung einiger Hafenkapazitäten auf das gesamte Verteilungsnetz?
- Würde es sich lohnen, einige Abfüllwerke mit Bahnverbindungen zu versehen und die damit freiwerdende Kapazität von Schiffen für andere Zwecke zu nutzen?
- Bis zu welchen Verhandlungspreisen rentiert sich das Vermieten von eigenen Lager- und Transportkapazitäten an andere Firmen, die neu auf den spanischen Markt drängen?
- Mit welchen Preisen soll in welche anderen europäischen Märkte gegangen werden, um bestimmte Marktanteile zu erlangen?

Strategische Planung: Errichten neuer Produktionsstätten

Abbildung: Beispiel zur Planung neuer Produktionsstätten bei der Flüssiggasversorgung

Strategische Planung:
Schließen eines Werkes – Bestimmung alternativer Standorte

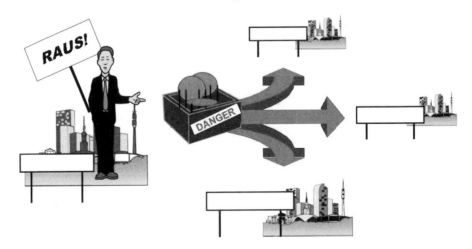

Abbildung: Beispiel zur Planung von Werksschließungen bei der Flüssiggasversorgung

1 Entscheidungsfindung und mathematische Modelle

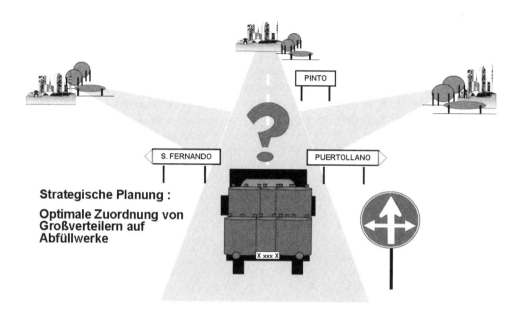

Abbildung: Beispiel zur Planung des Distributionsnetzes bei der Flüssiggasversorgung

Strategische Planung : Konstruktion einer neuen Pipeline

Abbildung: Beispiel zur Planung neuer Pipelines bei der Flüssiggasversorgung

Abbildung: Beispiel zur Planung alternativer Pipelines bei der Flüssiggasversorgung

Abbildung: Beispiel zur Erweiterung von Hafenkapazität zur Abfertigung großer Schiffe

1 Entscheidungsfindung und mathematische Modelle

Strategische Planung: ERWEITERUNG VON LAGERKAPAZITÄTEN ZUR ABFERTIGUNG GRÖSSERER SCHIFFE

Abbildung: Beispiel zur Planung von Kapazitätserweiterungen bei der Flüssiggasversorgung

Strategische Planung: Eisenbahn-Anschluss

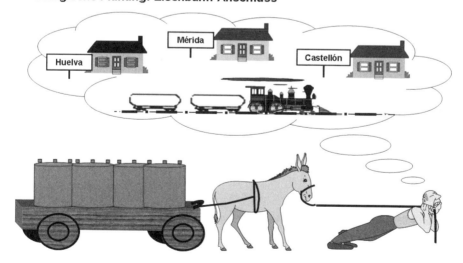

Abbildung: Beispiel zur Planung alternativer Transportmöglichkeiten bei der Flüssiggasversorgung

Strategische Planung:
Preisaushandlungen für die Überlassung von Transport- und Lagerkapazitäten

Abbildung: Beispiel zur Planung von Break-Even Situationen bei der Flüssiggasversorgung

Jede einzelne der obigen Fragen hätte ohne das implementierte System eine Studie mit erheblichen Kosten erfordert. Die Summe dieser Kosten hätte die Ausgaben für die Entwicklung des umfassenden Decision Support Systems bei Weitem überschritten. Alle behandelten Fragen sind typisch für eine Unternehmung, die ihr logistisches Gesamtkonzept zwecks Aktualisierung, Modernisierung und/oder Rationalisierung überdenkt.

1.1.5 Komponenten eines Decision Support Systems

Ein Decision Support System weist folgende Komponenten auf:
- eine Datenbank,
- einen Modellgenerator,
- einen Lösungsgenerator (mittels Optimierung oder Simulation) und
- einen Reportgenerator.

Ausgangspunkt eines jeden Decision Support Systems ist die Verfügbarkeit der relevanten Daten. Es zeigte sich in vielen Fällen, dass die durch die Implementierung einer integrierten Datenbank gewonnene Transparenz eines Unternehmens oft allein schon die Ausgaben für ein rechnergestütztes Planungsinstrument rechtfertigen. Notwendige Planungsdaten beziehen sich beispielsweise auf:

- Beschaffungsaspekte

  (Rohstoffe, Zulieferer, aktuelle und potenzielle Einkaufspreise, Verfügbarkeit, Verträge etc.),

- Transportmittel

  (Frachtkapazitäten, Auf- und Ablademöglichkeiten, Transportkosten und gesetzliche Auflagen etc.),

- Produkte

  (Produktionsspezifikation und -paletten, Verkaufspreise etc.),

- Produktionsstätten

  (technische Installationen, Personal, Kosten, Lagerkapazität, Produktionspolitik etc.),

- Märkte

  (aktuelle und prognostizierte Nachfragen, Verkaufspreise, Verteiler-spezifikationen, Großkunden etc.).

Aus den vorhandenen Daten generiert der Modellgenerator dann eine Struktur von Mengenflüssen und Restriktionen, welche die beabsichtigte Planungssituation innerhalb eines mathematischen Modells widerspiegelt. Wichtig ist hier die Verfügbarkeit von Parametern, die es dem Benutzer erlauben, Modelldimension und -tragweite nach seinem Ermessen zu steuern.

Der Modellgenerator ist das Herzstück innerhalb des Gesamtsystems, dasjenige Modul, welches die größten Entwicklungsschwierigkeiten in sich trägt, da hier die gesamte Problemkomplexität konzentriert zusammenläuft. Für den Modellierungsprozess, der vielfach eher einer Kunst als einer Technik entspricht, sind eine Reihe von Unterstützungen entwickelt worden. Zunehmende Anwendung finden dabei Modellierungssprachen wie z. B. GAMS (General Algebraic Modelling System, von der Weltbank entwickelt) oder direkt auf Datenbanken aufsetzende Programmiersprachen der vierten Generation.

Ziel eines Modells ist die Generierung von Lösungen oder Planungsalternativen. Dieses kann mittels mathematischer Optimierung oder Simulation geschehen, je nach Modellkonstruktion.

Einer der wichtigsten Punkte eines Decision Support Systems ist die Reportgenerierung. Ein Computersystem kann ein noch so schönes Bildschirmhandling aufweisen, für das Topmanagement ist lediglich entscheidend, dass letztlich aussagekräftige, komprimierte Informationen auf dem Papier als Entscheidungshilfe verfügbar sind.

Decision Support Systeme sind in der Regel für Sachexperten der jeweiligen Unternehmung als Benutzer konstruiert und nicht für Informatikspezialisten. Sie sollten deshalb folgende Charakteristiken aufweisen:

- bedienungsleicht:
  in der Regel durch Menüsteuerung, Standard-Datenbankumgebung,
- verständlich:
  Modellvariablen und -restriktionen müssen direkt in ihre reale Bedeutung übersetzbar sein,
- anpassungsfähig:
  jegliches relevante Modell sollte erzeugt werden können, sofern die Datenbank die entsprechenden Informationen aufweist,
- reaktionsfähig:
  jegliche Datenänderung muss durch den Modellgenerator direkt erfassbar sein,
- offen:
  sollte dem Benutzer keinen Ablaufzwang auferlegen und genügend Eingriffsmöglichkeiten zur Verfügung stellen, um Studienabläufe mit zunehmender Systemkenntnis zu beschleunigen.

1.1.6 Weitere Beispiele für Supply Chain Management

Bei der logistischen Netzgestaltung von Flug-, Schiffs- oder Fuhrparkgesellschaften sieht die Situation nicht anders aus. Auch hier finden mathematische Modelle breite Anwendungsmöglichkeiten zur Strukturierung und Abwicklung der logistischen Prozesse. Grundsätzlich gilt Ähnliches für alle Vertriebs- oder Handelsunternehmen, deren Kosten im Wesentlichen von der Logistikstruktur geprägt sind.

1 Entscheidungsfindung und mathematische Modelle

Standortoptimierung eines Lebensmittel-Herstellers

⇒ Verkaufseinheiten pro km2

- je dunkler die Fläche des 5-stelligen PLZ-Gebietes, desto mehr Absatz

⇒ Darauf aufbauend:

- „Aufräumen im Netzwerk"
- Planung auf der grünen Wiese (Greenfield Study)

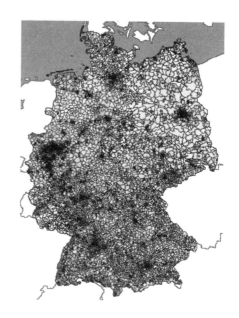

Abbildung: Beispiel einer grafischen Standortanalyse

Für einen norddeutschen Lebensmittelkonzern hatte der Verfasser mit der typischen Fragestellung zu tun, eine bestehende Distributionsstruktur „aufzuräumen". Nach der Einbeziehung der neuen Bundesländer ging es zunächst darum, den neuen Markt durch zufriedenstellende Versorgung zu dominieren. Dabei ergab sich eine überdimensionierte Vertriebsstruktur.

Mithilfe einer grafischen Analyse über eine digitalisierte Landkarte (genutzt wurde das Tool Map&Market von PTV) konnte man sehr gut die Absatzschwerpunkte in Form von 5-stelligen PLZ-Gebieten veranschaulichen. Danach wurde eine Studie ausgeführt, die zeigen sollte, wie viele Standorte man innerhalb der logistischen Tourenplanungseinschränkungen errichten müsste und wo deren Standorte wären, wenn das Netz quasi auf der grünen Wiese vollständig neu errichtet werden sollte. Als Kandidaten kamen dabei alle 3-stelligen PLZ-Gebiete ins Spiel. Die bestehende Struktur wurde dann sukzessive an diese Optimalstruktur approximiert, wobei dann noch neben der Kostenfrage ganz andere Kriterien wie Sozialverträglichkeit, bestehende Baustruktur und die grundsätzliche Machbarkeit einer Standorteschließung eine Rolle spielten. Nebenbei bemerkt werden wir in dem Abschnitt über Standortoptimierung zeigen, dass eine sukzessive Reduktion von

Standorten sehr schnell zu nicht optimalen Strukturen führen kann, d. h. man läuft Gefahr, in einem Netzwerk von 10 Regionallagern nicht optimale Standorte zu schließen, die sich in einem Netzwerk von 2 oder 3 Knoten jedoch als optimal erweisen würden.

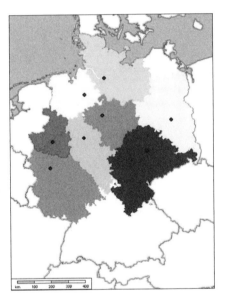

Abbildung: Beispiel einer grafischen Vertriebsplanung

Ein ähnliches Vorgehen lag der Reorganisation der Vertriebsstruktur eines norddeutschen Baustoffhändlers zugrunde. Hier ging es darum, zunächst wieder für die Versorgung überflüssige Standorte zu schließen und die Kundengebiete den Vertriebslagern neu zuzuordnen. Als wesentliche Restriktion galt dabei die Auflage, Auslieferungstouren pro Tag mit maximal 4 Stunden an Fahrzeit zum Kunden durchzuführen. Auch in dieser Studie wurde die Optimierung über digitale Landkarten und 5-stellige PLZ-Gebiete durchgeführt.

Völlig anders lag die Situation bei der Optimierung der Versorgungskette eines europaweit tätigen Chemieunternehmens, das Hochglanzpapier im Wesentlichen aus geriebenem Marmorgestein herstellt. Die Versorgungskette ist dabei äußerst komplex, sie startet im Gesteinsabbau im Norden Skandinaviens, das Rohmaterial wird mit Schiffen oder per Eisenbahn zu Werken transportiert, in denen das Gestein zermahlen wird, dann über Hochseeschiffe oder Eisenbahnwaggons zu Papierfabriken in Skandinavien oder zu Umschlagspunkten an der zentraleuropäischen Küste weitertransportiert, wo es dann wiederum über Binnenschiffe oder per Eisenbahn bzw. LKW-Tanklaster zu den Papierfabriken weitergeht.

Diese komplizierte Struktur wurde zunächst im Computer über ein „Monitorsystem" abgebildet, um die Koordination des extrem teuren Schiffsverkehrs zu unterstützen. In einer ersten Phase ging es allein darum aufzuzeigen, wo sich zum gegenwärtigen Zeitpunkt welches Material befand und diesbezüglich den Weitertransport mit minimalen Umschlagszeiten einzuplanen.

Auf der Basis dieses operativen Monitorings, an dem Materialdisponenten, Produktionsplaner, Reeder und Spediteure teilnahmen, wurde das System dann für die strategische Planung genutzt, um sogenannte „Wenn-dann"-Planungen durchzuführen: Wie soll die Produktion in Norwegen gefahren werden, wenn im Rheinland ein bestimmter Absatz an Papier prognostiziert wird und die Transportkosten minimal werden sollen? Welches Werk kann man eventuell schließen, ohne die Versorgungskette zu gefährden und dabei die gesamten Produktions- und Distributionskosten zu senken?

Prinzipielle Supply Chain eines Lieferanten chemischer Produkte

Abbildung: Beispiel einer Supply Chain für hochwertiges Papier

1.2 Mathematische Modelle und Tabellenkalkulation

Die oben dargestellten logistischen Netzwerke führen zu mathematischen Modellen mit enormer Komplexität. So hatte das Netzmodell von Repsol Butano für die strategische Planung je nach Detaillierungsgrad mehr als 100.000 Restriktionen und bis zu 1 Mio. Variablen. Die Modelle für die mittelfristige Planung waren sogar noch weitaus größer. Ein solches Modell für ein Lehrbuch heranzuziehen, wäre alles andere als zweckmäßig, da hierbei das Schwergewicht der Betrachtung auf der Größenbewältigung durch Datenbank- und Programmiertechniken läge, jedoch nicht so sehr der eigentlichen Modellierung und der Struktur die gebührende Aufmerksamkeit zuteil käme.

Aus diesem Grunde konzentrieren wir uns in diesem Buch auf mathematische Modelle mithilfe der Tabellenkalkulation am Beispiel von Microsoft Excel. Das hat folgende Vorteile:

- Excel ist anschaulich, verständlich und – nach Auffassung des Verfassers – das wichtigste Standard-Tool des Betriebswirtes.
- Mithilfe von Excel lassen sich mathematische Modelle sehr übersichtlich als Matrizen darstellen und auswerten, damit verschmelzen Datenbank, Modellgenerator und Reportgenerator.
- Excel besitzt mit dem Solver-Add-In einen integrierten Lösungsgenerator, mit dessen Hilfe sich selbst komplizierte Modelle als Black-Box lösen lassen. Damit erübrigt sich die in die Tiefe gehende Betrachtung anspruchsvoller mathematischer Algorithmen mit ihrer Funktionsweise; stattdessen ist die verstärkte Konzentration auf die Modellierung selbst erlaubt.
- Excel ist von sich aus schon so mächtig, dass damit in Verbindung mit den professionellen Versionen des Frontline Solvers sehr anspruchsvolle realitätsnahe Decision Support Systeme konstruiert werden können.
- Ein „kleines" Excel-Modell eignet sich immer als Ausgangspunkt und Testversion für ein „richtig großes" System.

2 Mathematische Grundlagen

2.1 Tabellen, Vektoren und Matrizen

2.1.1 Grundbegriffe

Innerhalb der Tabellenkalkulation gibt es **Arbeitsblätter** und darin dargestellte Sinnzusammenhänge, die wir hier der Einfachheit halber **Tabellen** nennen.

Zur Vermeidung einer streng mathematischen Definition bezeichnen wir im Folgenden unter Zurückgreifen auf unsere natürliche Anschauung einen rechteckigen zusammenhängenden Tabellenbereich als **Matrix**.

Besteht diese Matrix nur aus einer einzigen Zeile, so sprechen wir von einem **Zeilenvektor**, entsprechend von einem **Spaltenvektor** und kurz von einem **Vektor**, wenn es sich um das eine oder das andere handelt.

Zu einer Matrix gehören im Sinnzusammenhang häufig eine **Kopfzeile** und/oder eine **Kopfspalte**. Die Elemente dieser Kopfzeile nennen wir die **Spaltenindices**, die der Kopfspalte die **Zeilenindices**.

Die natürlichen Zeilen- und Spaltenindices sind die Nummerierungen der Zeilen bzw. der Spalten.

2.1.2 Bezeichnungskonventionen für Tabellen und Matrizen

Zur Vereinfachung der Darstellung und Beschreibung in den nachfolgenden Optimierungsmodellen vereinbaren wir im Folgenden Bezeichnungsweisen für die relevanten Zeilen-, Spalten- oder Matrixbereiche[1]. Diese Bezeichnungen mögen anfangs ungewohnt erscheinen, sie werden sich allerdings sehr schnell als ungemein praktisch erweisen.

---

[1] Zu den Besonderheiten der Namensgebung unter Excel verweisen wir auf den Anhang.

2.1.2.1 Zeilenbezeichnungen

Ein markierter Zeilenabschnitt (Zeilenvektor) erhält den Namen, der links in der Spalte neben diesem Abschnitt steht.

2.1.2.2 Spaltenbezeichnungen

Ein markierter Spaltenabschnitt (Spaltenvektor) erhält den Namen, der in der Zeile über diesem Abschnitt steht.

Beispiel:

	A	B	C	D	E	F	G	H	I
3									
4									
5		Bedarf		1	2	3	4	5	6
6									
7									
8		Angebot		Angebot	=$B$9:$B$15				
9		1		Bedarf	=$C$5:$H$5				
10		2							
11		3							
12		4							
13		5							
14		6							
15		7							
16									

Abbildung: Namensgebung für Zeilen- und Spaltenvektoren

2.1.2.3 Matrixbezeichnungen

Ein markierter 2-dimensionaler Zellenbereich (Matrix) erhält einen Namen, der sich zusammensetzt aus einer Kennzeichnung des Tabelleninhaltes (hier: T), verbunden mit der Typbezeichnung der Kopfspalte (hier: Xxx) und der Typbezeichnung der Kopfzeile (hier: Yyy), hier insgesamt also: T_XxxYyy.
Diese Schreibweise entspricht der klassischen mathematischen Notation: T(Xxx,Yyy).

Xxx ist dabei sozusagen **das allgemeine Element für die Zeilenindices** und Yyy **das allgemeine Element für die Spaltenindices**.

Den Spaltenabschnitt der **Zeilensummen** nennen wir **Ges4Xxx** („Gesamt für Xxx") oder **Yyy4Xxx** („Nach allen Yyy für Xxx").

Den Zeilenabschnitt der **Spaltensummen** nennen wir **Ges2Yyy** („Gesamt nach Yyy") oder **Xxx2Yyy** („Von allen Xxx nach Yyy").

Anmerkung: Im Sinne der bei der Programmierung üblichen Abkürzungen erinnert „2" an „to" = „nach"; und „4" erinnert an „for" = „für".

Beispiel:

	A	B	C	D	E	F	G	H	I
3									
4									
5									
6			T	Yyy_1		Yyy_j		Yyy_n	Ges4Xxx
7		Xxx_1	T_11		T_1j		T_1n	=SUMME(C7:G7)	
8									
9									0
10		Xxx_i	T_i1		T_ij		T_in	=SUMME(C10:G10)	
11									0
12									0
13		Xxx_m	T_m1		T_mj		T_mn	=SUMME(C13:G13)	
14		Ges2Yyy	=SUMME(C7:C13)		=SUMME(E7:E13)		=SUMME(G7:G13)		
15									
16									
17		Ges2Yyy	=Tabelle!$C$14:$G$14						
18		Ges4Xxx	=Tabelle!$H$7:$H$13						
19		T_XxxYyy	=Tabelle!$C$7:$G$13						
20		Xxx	=Tabelle!$B$7:$B$13						
21		Yyy	=Tabelle!$C$6:$G$6						
22									

Abbildung: Namensgebung für Tabellen mit Zeilen- und Spaltensummen

Beispiele:

Im Sinne dieser hier noch ungewohnten Schreibweise ist später:
- C_LagerMarkt die Tabelle der Transportkosten von den Lagern zu den Märkten,
- X_LagerMarkt die Tabelle der Transportmengen von den Lagern zu den Märkten,
- Ges4Lager der Spaltenvektor der gesamten Transportmengen, die ein Lager verlassen,
- Ges2Markt der Zeilenvektor der gesamten Transportmengen zu einem Markt.

Sind die Lager z. B. Unna und Essen sowie die Märkte Bayern und NRW, so sind mit dieser Schreibweise:
- C_UnnaBayern die Transportkosten von Unna nach Bayern,
- X_UnnaMarkt der Zeilenvektor der Transportmengen vom Lager Unna zu den Märkten,

- Ges4Unna die Summe der gesamten Transportmengen, die das Lager Unna verlässt,
- Ges2Bayern die gesamten Transportmengen zum Markt Bayern.

2.1.3 Matrizenrechnung mit Excel

Excel besitzt umfangreiche Möglichkeiten, die mathematische Matrizenrechnung zu nutzen. Mithilfe dieses praktischen Aspektes der Tabellenkalkulation kann man viele Probleme der linearen Algebra automatisch lösen.

Mit <Bereich> ist nachfolgend ein Zellenbereich wie A1:C27 gemeint oder ein Name, der einen solchen Bereich definiert. Er kann auch über die Markierung per Maus eingegeben werden. Als Befehl zur Ausführung von Matrizenoperationen wird in natürlicher Weise die Tastenkombination STRG+SHIFT+ENTER benutzt.
Dabei entstehen dann um die Formeln geschweifte Klammern, welche die Matrizenfelder markieren.
Ist erst einmal ein Bereich in dieser Form markiert, so kann diese Markierung nur dadurch gelöscht werden, dass der **gesamte markierte Bereich** gelöscht wird.

2.1.3.1 Transponieren einer Matrix A: MTRANS(A)

	A	B	C	D	E	F	G	H
14								
15		Ausgangsmatrix						
16								
17			a	b	c	d	e	
18			1	2	3	4	5	
19								
20								
21		transponierte Matrix						
22								
23			a	1				
24			b	2				
25			c	3				
26			d	4				
27			e	5				
28								

Vorgehensweise

1. Schritt Bereich für die transponierte Matrix mit der Maus markieren
2. Schritt per Tastatur ins obere linke Feld =MTRANS(<Bereich>) eintragen
3. Schritt STRG+Shift+Enter zur Berechnung eingeben
4. Schritt erzeugt { =MTRANS(<Bereich>)}

2.1.3.2 Matrizenaddition A+B und Matrizensubtraktion A-B

	C58		f_x {=C44:E45-C48:E49}		
	A	B	C	D	E	F
41						
42		Ausgangsmatrizen: A, B				
43						
44		A	1	2	3	
45			4	5	6	
46						
47						
48		B	7	8	9	
49			10	11	12	
50						
51						
52		Addition und Subtraktion				
53						
54		A+B	8	10	12	
55			14	16	18	
56						
57						
58		A-B	-6	-6	-6	
59			-6	-6	-6	
60						

Vorgehensweise

1. Schritt   Bereich für die Matrixsumme/-differenz mit Maus markieren
2. Schritt   per Tastatur ins obere linke Feld =<Bereich>+<Bereich> bzw. <Bereich>-<Bereich> eintragen
3. Schritt   STRG+Shift+Enter zur Berechnung eingeben
4. Schritt   erzeugt { =<Bereich>+<Bereich>} bzw. { =<Bereich>-<Bereich>}

2.1.3.3 Zellenweise Multiplikation von Matrizen A*B

	C84		f_x {=C74:E75*C78:E79}				
	A	B	C	D	E	F	G
71							
72		Ausgangsmatrizen: A, B mit gleicher Zeilen- und Spaltendimension					
73							
74		A	1	2	3		
75			4	5	6		
76							
77							
78		B	7	8	9		
79			10	11	12		
80							
81							
82		Zellenprodukt					
83							
84		A * B	7	16	27		
85			40	55	72		
86							

Vorgehensweise

1. Schritt   Bereich für das zellenweise Produkt mit Maus markieren
2. Schritt   per Tastatur ins obere linke Feld =<Bereich>*<Bereich> eintragen
3. Schritt   STRG+Shift+Enter zur Berechnung eingeben
4. Schritt   erzeugt { =<Bereich>*<Bereich>}

2.1.3.4 Zellenweise Multiplikation von Vektoren und Matrizen A*B

C110 f_x {=C100:C101*C104:E105}

	A	B	C	D	E	F
97						
98		Ausgangsmatrizen: A, B mit gleicher Zeilendimension				
99						
100		A	1			
101			2			
102						
103						
104		B	7	8	9	
105			10	11	12	
106						
107						
108		Zellenprodukt				
109						
110		A * B	7	8	9	
111			20	22	24	

C125 f_x {=C116:E116*C119:E120}

	A	B	C	D	E	F
113						
114		Ausgangsmatrizen: A, B mit gleicher Spaltendimension				
115						
116		A	1	2	3	
117						
118						
119		B	7	8	9	
120			10	11	12	
121						
122						
123		Zellenprodukt				
124						
125		A * B	7	16	27	
126			10	22	36	
127						

Vorgehensweise

1. Schritt   Bereich für das zellenweise Produkt mit Maus markieren
2. Schritt   per Tastatur ins obere linke Feld =<Bereich>*<Bereich> eintragen
3. Schritt   STRG+Shift+Enter zur Berechnung eingeben
4. Schritt   erzeugt { =<Bereich>*<Bereich>}

2.1.3.5 Summenprodukt zweier Matrizen A x B

	A	B	C	D	E	F	G
	C151		fx	=SUMMENPRODUKT(C141:E142;C145:E146)			
138							
139		Ausgangsmatrizen: A, B mit gleicher Dimension					
140							
141		A	1	2	3		
142			4	5	6		
143							
144							
145		B	7	8	9		
146			10	11	12		
147							
148							
149		Summenprodukt					
150							
151		A x B	217	=SUMMENPRODUKT(C141:E142;C145:E146)			
152							

Vorgehensweise

Nutzung der Excel-Funktion   =SUMMENPRODUKT(C141:E142;C145:E146)

2.1.3.6 Multiplikation einer Matrix mit einem Skalar s*A und A*s

	A	B	C	D	E	F	G
155							
156		Ausgangsmatrix					
157							
158		A	1	2	3		
159			4	5	6		
160							
161							
162		Skalarer Wert					
163							
164		s	10				
165							
166							
167		Zellenprodukt					
168							
169		s * A	10	20	30	A * s	
170			10	20	30		
171							

Zellbezug C169: {=C164*C158:E158}

Vorgehensweise

1. Schritt   Bereich für das skalare Produkt mit Maus markieren
2. Schritt   per Tastatur ins obere linke Feld =<Skalar>*<Bereich> eintragen
3. Schritt   STRG+Shift+Enter zur Berechnung eingeben
4. Schritt   erzeugt { =<Skalar>*<Bereich>}

2.1.3.7 Matrizenmultiplikation: MMULT(A,B) = A°B =AB

	C197		f_x {=MMULT(C185:E186;C189:F191)}			
	A	B	C	D	E	F	G
182							
183		Ausgangsmatrizen: A, B					
184							
185		A	1	2	3		
186		2 x 3	4	5	6		
187							
188							
189		B	7	8	9	10	
190		3 x 4	11	12	13	14	
191			15	16	17	18	
192							
193							
194		Matrizenprodukt: MMULT(A ; B) = : A ° B					
195							
196							
197		A°B	74	80	86	92	
198		2 x 4	173	188	203	218	
199							

Vorgehensweise

1. Schritt   Bereich für das Matrizenprodukt mit Maus markieren
2. Schritt   per Tastatur ins obere linke Feld =MMULT(<Bereich> ;<Bereich>) eintragen
3. Schritt   STRG+Shift+Enter zur Berechnung eingeben
4. Schritt   erzeugt { =MMULT(<Bereich>;<Bereich>)}

Hierbei benutzen wir zur Vermeidung von Missverständlichkeiten die klassische Schreibweise AB für das Produkt nur dann, wenn beide Matrizen nur durch jeweils einen einzigen Buchstaben bezeichnet sind.

2.1.3.8 Skalarmultiplikation zweier Vektoren a x b, b x c

C228 f_x =MMULT(C215:G215;C218:C222)

	A	B	C	D	E	F	G	H
212								
213		Ausgangsvektoren a, b, c						
214								
215		a	1	2	3	4	5	
216		1 x 5						
217								
218		b	6					
219		5 x 1	7					
220			8					
221			9					
222			10					
223								
224		c	6	7	8	9	10	
225		1 x 5						
226								
227								
228		a ° b	130		per MMULT			
229								
230		a x c	130		per Summenprodukt			
231								

2.1.3.9 Inverse einer Matrix: MINV(A)

C245 f_x {=MINV(C238:E240)}

	A	B	C	D	E	F
235						
236		Ausgangsmatrix				
237						
238		A	1	2	3	
239		3 x 3	0	2	6	
240			0	0	3	
241						
242						
243		Inverse Matrix				
244						
245		**MINV(A)**	1	-1	1	
246		3 x 3	0	0,5	-1	
247			0	0	0,333333333	
248						

Vorgehensweise

1. Schritt Bereich für die Matrixinverse mit Maus markieren
2. Schritt per Tastatur ins obere linke Feld =MINV(<Bereich>) eintragen
3. Schritt STRG+Shift+Enter zur Berechnung eingeben
4. Schritt erzeugt { =MINV(<Bereich>)}

2.1.3.10 Determinante von A: MDET(A)

	C267		f_x {=MDET(C262:E264)}		
	A	B	C	D	E	F
259						
260		Ausgangsmatrix				
261						
262		A	1	2	3	
263		3 x 3	0	2	6	
264			0	0	3	
265						
266						
267		MDET (A)	6			
268						

Vorgehensweise

1. Schritt   Eingeben der Formel: =MDET(<Bereich>) mithilfe der Bereichsmarkierung
2. Schritt   STRG+Shift+Enter zur Berechnung eingeben
3. Schritt   erzeugt { =MDET(<Bereich>)}

2.2 Grundbegriffe zu Graphen, Netzen oder Netzwerken

In der Logistik werden häufig Materialflüsse durch Bewegungen zwischen vorgegebenen Orten dargestellt. So gibt es z. B. innerhalb eines Straßennetzwerkes Verbindungen zwischen Straßenkreuzungen ohne vorgegebene Fahrtrichtung, die man also in beide Richtungen befahren kann, sowie Einbahnstraßen, die man nur in einer Richtung befährt und auch (breite) Straßen mit zwei entgegengesetzten Richtungen.

2.2.1 Gerichtete und ungerichtete Graphen

Mathematisch gesehen setzen sich **Graphen** (in der Logistik bevorzugt: **Netze** oder **Netzwerke**) aus einer Menge von **Knoten** i, j (Punkte, die Orte darstellen) sowie einer Menge von Verbindungen zwischen diesen Knoten zusammen. Hat eine solche Verbindung zwischen zwei Knoten eine Richtung, so spricht man von **Pfeilen** und schreibt (i, j); fehlt diese Richtung, spricht man von **Kanten** und schreibt [i, j] =[j, i].

Treten sowohl Pfeile als auch Kanten auf, so spricht man von einem **gemischten Graphen**, anderenfalls im ausschließlichen Falle von Pfeilen von einem **gerichteten Graphen** und im ausschließlichen Falle von Kanten von einem **ungerichteten Graphen**.

Ist darüber hinaus in dem Graphen jedem Pfeil und jeder Kante eine Bewertungszahl im Sinne von Kosten, Distanz o. Ä. zugeordnet, so spricht man von einem **bewerteten Graphen.**

Beispiel:

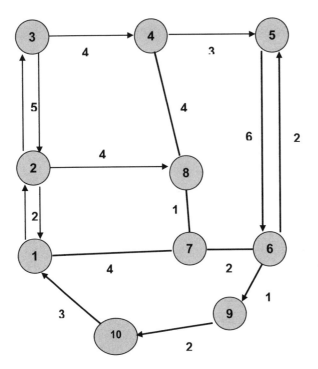

Abbildung: Gemischter bewerteter Graph

2.2.2 Vorgänger, Nachfolger und Wege in Graphen

Innerhalb eines Graphen heißt ein Knoten j **Nachfolger** eines anderen Knotens i (bzw. i **Vorgänger** von j), wenn ein Pfeil von i nach j existiert oder zwischen beiden Knoten eine Kante besteht.

Unter einem Weg (auch: Pfad) von einem Knoten i zu einem Knoten j versteht man eine Folge $i = i_0, i_1, ..., i_k, i_{k+1}, ..., i_n = j$ von Knoten mit Anfangspunkt i und Endpunkt j, bei der i_k Vorgänger von i_{k+1} ist für jedes k = 0, ..., n-1.

Man nennt einen Knoten eine **Senke**, falls er keinen Nachfolger besitzt, und eine **Quelle**, wenn er keinen Vorgänger besitzt. Knoten ohne Vor- und Nachfolger nennt man **isolierte Knoten**.

2.2.3 Matrizen als bewertete Graphen

Im Rahmen der Tabellenkalkulation empfiehlt es sich natürlich, graphentheoretische Darstellungen für Berechnungszwecke auf äquivalente Matrizen zurückzuführen.

Wir bezeichnen eine Matrix B als **Bewertungsmatrix eines Graphen (oder Netzes oder Netzwerkes)**, wenn Folgendes gilt:
- B ist eine **quadratische Matrix** mit gleichen Spalten- und Zeilenindices. Die Zeilenindices haben das allgemeine Element i (Versender) und die Spalten das allgemeine Element j (Empfänger),
- Die Zellen B(i,j) von B sind entweder **Zahlen oder leer**.

Falls sich die Art der Bewertung aus dem Kontext ergibt, so sprechen wir auch von einer Kostenmatrix oder Distanzmatrix o. Ä. eines Graphen.

Den zu B gehörenden Graphen kann man in natürlicher Weise folgendermaßen **interpretieren**:
- Die Knoten des Graphen sind die Spalten- (=Zeilen-)indices der Matrix.
- Ist B(i,j) eine leere Zelle, so existiert **keine Verbindung** von i nach j.
- Ist B(i,j) eine Zahl, so existiert ein **Pfeil von i nach j** mit dieser Zahl als Bewertung.
- Ist B(i,j) eine Zahl und B(i,j) = B(j,i), so existiert eine **Kante zwischen i und j** mit dieser Zahl als Bewertung.

Offenbar hat man im letzten Fall zwei Interpretationsmöglichkeiten:
- Zwischen i und j gibt es Pfeile in beide Richtungen mit gleicher Bewertung.
- Zwischen i und j verläuft eine Kante mit dieser Bewertung.

Die letzte Interpretationsmöglichkeit lässt man aus, wenn man ausschließlich gerichtete Graphen betrachten möchte, was wir hier in der Regel bevorzugt wollen. Will man den Fall der Kanten mit aufnehmen, so muss man sich dieses über eine zusätzliche Kennung merken.[1]

---

[1] Siehe hierzu das Briefträgerproblem.

Modellbasiertes Logistikmanagement

Beispiel:

G	K1	K2	K3	K4	K5	K6	K7	K8	K9	K10
K1		2					4			
K2	2		5					4		
K3		5		4						
K4					3			4		
K5						6				
K6					2		2		1	
K7	4					2		1		
K8				4			1			
K9										2
K10	3									

Abbildung: Matrixdarstellung des gemischten bewerteten Graphen

Der Deutlichkeit halber sei angemerkt, dass in einem allgemeinen Graphen zwischen zwei Knoten theoretisch mehr als ein Pfeil oder eine Kante auftreten kann. Offenbar kann man jeden bewerteten Graphen G auf eine Bewertungsmatrix wie oben angegeben zurückführen, sofern zwischen zwei Knoten maximal eine Kante oder maximal zwei Pfeile mit entgegengesetzter Richtung verlaufen. Falls das nicht der Fall sein sollte, muss man auf Kunstgriffe der Modellierung wie künstliche Knoten oder „Kreisverkehre" zurückgreifen.[1]

Beispiel:

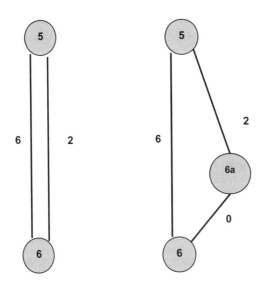

Abbildung: Überführung eines allgemeinen bewerteten Graphen auf einen äquivalenten Graphen, der sich durch eine Bewertungsmatrix darstellen lässt

---

[1] Siehe hierzu z. B. das Briefträgerproblem.

2.3 Grundlagen zur Mathematischen Optimierung

2.3.1 Begriffsklärung

Der Begriff *Optimum* wird im allgemeinen Sprachgebrauch dann verwendet, wenn von minimalen oder maximalen (kurz: optimalen) Ereignissen oder Ergebnissen gesprochen wird. Steigerungen dieser Bezeichnungen, wie sie oft in der Öffentlichkeit verwendet werden, ergeben keinen Sinn.

Eine besondere Bedeutung kommt dem Begriff *Optimierung* u.a. in der Wirtschaft zu, da hier beispielsweise durch das Streben nach Wirtschaftlichkeit *maximale* Gewinne bzw. *minimale* Kosten erreicht werden sollen. Das Teilgebiet der Mathematik, welches sich mit Aufgaben der Optimierung auseinandersetzt, bezeichnet man als *Mathematische Optimierung*.

Zur Lösung praktischer mathematischer Optimierungsaufgaben werden in der Regel Computerprogramme unterschiedlicher Komplexität herangezogen. Mit dem Solver-Add-In von Microsoft Excel steht dem Anwender eine einfache „Black-Box" zur Verfügung, mit der man bereits anspruchsvolle Aufgaben der mathematischen Optimierung zufriedenstellend modellieren und lösen kann.

2.3.2 Grundbegriffe der Optimierung

Die Aufgabe der mathematischen Optimierung besteht darin, für ein gegebenes Kriterium (*Optimierungskriterium*) kleinste bzw. größte Werte zu bestimmen. Zusätzlich können dabei bestimmte **Beschränkungen** (**Nebenbedingungen, Restriktionen**) vorliegen, die eingehalten werden müssen.

Die Optimierungskriterien werden durch mathematische Funktionen ausgedrückt (Kosten-, Gewinn-, Nutzenfunktionen), die man als ***Zielfunktionen*** bezeichnet.
Diese Funktionen werden durch n Variablen $x_1, x_2, ..., x_n$ beschrieben, die man ***Entscheidungsvariablen*** nennt.

Die Aufgabe der Optimierung besteht darin, Werte $x_1^0, x_2^0, ..., x_n^0$ für die Variablen $x_1, x_2, ..., x_n$ zu ermitteln, welche die Zielfunktion unter Berücksichtigung eventueller Nebenbedingungen maximieren bzw. minimieren.

(ZF,max) $\quad f(x) = f(x_1, x_2, ..., x_n) \rightarrow \max!$

bzw.

(ZF,min) $\quad f(x) = f(x_1, x_2, ..., x_n) \rightarrow \min!$

Es geht also um die Berechnung von größten (*Maxima*) bzw. kleinsten Werten (*Minima*) von Funktionen.

Die oben erwähnten Beschränkungen (Nebenbedingungen, Restriktionen) können in der Form von Gleichungen:

(NB, GL) $\quad g_i(x) = g_i(x_1, x_2, ..., x_n) = 0$

und/oder Ungleichungen vorliegen:

(NB, KG) $\quad g_i(x) = g_i(x_1, x_2, ..., x_n) \leq 0$

(NB, GG) $\quad g_i(x) = g_i(x_1, x_2, ..., x_n) \geq 0$

Je nachdem ob Nebenbedingungen vorliegen oder nicht, spricht man von Optimierungsaufgaben *mit* oder *ohne* Nebenbedingungen.

Sind alle Nebenbedingungen in Form von Gleichungen gegeben, so spricht man von *Optimierungsaufgaben mit Gleichungsnebenbedingungen*, entsprechend von *Optimierungsaufgaben mit Ungleichungsnebenbedingungen*. Treten sowohl Gleichungen wie Ungleichungen auf, so spricht man von *Optimierungsaufgaben mit Gleichungs-/Ungleichungsnebenbedingungen*.

Die Restriktionen definieren für die Entscheidungsvariablen im n-dimensionalen Raum einen Lösungsbereich, den man *zulässigen Bereich* nennt. Dieser kann leer, beschränkt oder unbeschränkt sein.

Je nach Art von Zielfunktion und Nebenbedingungen ergeben sich unterschiedliche Optimierungsaufgaben.

2.3.3 Extremwertaufgaben

Bei den Extremwertaufgaben geht es darum, lokale bzw. globale Maxima oder Minima einer beliebigen Funktion zu berechnen. Die Bestimmung von relativen und absoluten Hoch- oder Tiefpunkten einer Funktion geschieht in der Regel mithilfe der Differentialrechnung.

Die folgende Abbildung zeigt den Unterschied zwischen einem relativen (lokalen) und einem absoluten (globalen) *Extremum*.

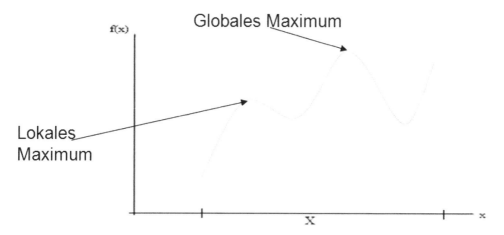

Abbildung: Lokales und globales Maximum

Bei Extremwertaufgaben ohne Nebenbedingungen sind für eine Funktion mit n Variablen die lokalen Minima bzw. Maxima zu ermitteln.

$$f(x) = f(x_1, x_2, \ldots, x_n) \to \max/\min!$$

Zur Berechnung einer Lösung ist zunächst die Differenzierbarkeit der Funktion eine Voraussetzung.

Weiterhin muss die *notwendige Optimalitätsbedingung* für einen Minimal- oder Maximalpunkt $x^0 = (x_1^0, x_2^0, ..., x_n^0)$ erfüllt sein.

Bei Funktionen mit einer Variablen ist die erste Ableitung gleich 0:

(Opt 1-1) $f'(x^0) = 0$.

Bei Funktionen mit n Variablen sind alle partiellen Ableitungen 1. Ordnung gleich 0:

(Opt 1-n) $\dfrac{df}{dx_1}(x^0) = 0, ..., \dfrac{df}{dx_n}(x^0) = 0$.

Zur Überprüfung, ob es sich bei dem ermittelten Punkt um einen Minimal- oder Maximalpunkt handelt, wird die *hinreichende Optimalitätsbedingung* herangezogen:

Ist die zweite Ableitung einer Funktion mit einer Variablen $f''(x^0) \neq 0$ dann gilt:

(Opt 2-1)   Ist $f''(x^0) > 0$ so ist x^0 ein Minimalpunkt

Ist $f''(x^0) < 0$ so ist x^0 ein Maximalpunkt

Für den Fall, dass die zweite Ableitung der Funktion $f''(x^0) = 0$ ist, müssen höhere Ableitungen solange berechnet werden, bis gilt: $f^{(m)}(x^0) \neq 0$.

Ist dieses m gerade, liegt ein Minimal- bzw. Maximalpunkt vor; ist das m ungerade, liegt ein Wendepunkt vor.

Für Funktionen mit zwei Variablen $f(x,y)$ besitzt die hinreichende Optimalitätsbedingung folgende Form:

Wenn die Ungleichung

(Opt 2-2) $\qquad \dfrac{df}{dxdx}(x^0,y^0) * \dfrac{df}{dydy}(x^0,y^0) - (\dfrac{df}{dxdy}(x^0,y^0))^2 > 0$

erfüllt ist, dann gilt:

$\qquad \dfrac{df}{dxdx}(x^0,y^0) > 0:\ (x^0,y^0)$ ist ein Minimum,

$\qquad \dfrac{df}{dxdx}(x^0,y^0) < 0:\ (x^0,y^0)$ ist ein Maximum.

Bei Funktionen ab zwei Variablen sind Gleichungsnebenbedingungen möglich, wobei diese sich nicht widersprechen dürfen, um eine zulässige Lösung zu ermöglichen.

2.3.4 Lineare Optimierung

Im Falle der linearen Optimierung sind die Zielfunktion und alle Funktionen der Nebenbedingungen linear.

Typen von Zielfunktionen:

(LPZF,max) $\quad f(x) = c_1 x_1 + c_2 x_2 + \ldots + c_n x_n \rightarrow$ max!

bzw.

(LPZF,min) $\quad f(x) = c_1 x_1 + c_2 x_2 + \ldots + c_n x_n \rightarrow$ min!

Dabei sind $c_1, c_2, \ldots, c_n$ konstante reelle Zahlen.

Typen von allgemeinen Nebenbedingungen:

(LPNB, KG) $a_{i1}x_1 + a_{i2}x_2 + \ldots + a_{in}x_n \leq b_i$

(LPNB, GL) $a_{i1}x_1 + a_{i2}x_2 + \ldots + a_{in}x_n = b_i$

(LPNB, GG) $a_{i1}x_1 + a_{i2}x_2 + \ldots + a_{in}x_n \geq b_i$

Dabei sind die a_{ij} und die b_i konstante reelle Zahlen.

Typen spezieller zusätzlicher Bedingungen:

(LPNN) $x_j \geq 0$ Nicht-Negativitätsbedingung

(LPBD) $LB_j \leq x_j \leq UB_j$ Lower Bound/Upper Bound Bedingung.

(LPGZ) x_j ganzzahlig   Ganzzahligkeitsbedingung

(LPBin) $x_j \in \{0,1\}$ Binärbedingung

Folgende Abbildung soll den zulässigen Bereich im Falle linearer Nebenbedingungen veranschaulichen:

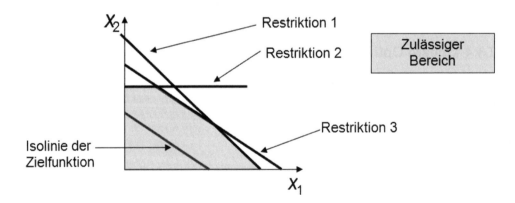

Abbildung: Zulässiger Bereich

Die obige Abbildung beschreibt ein lineares Optimierungsmodell mit zwei kontinuierlichen Variablen. Die Restriktionen 1 bis 3 schränken den 2-dimensionalen Raum auf den zulässigen Bereich (hellblau) für die optimalen Lösungen ein. Die optimale Lösung befindet sich in einem der Eckpunkte des durch die Nebenbedingungen definierten Polyeders.

Mögliche Umformungen:

- Ist eine Zielfunktion zu minimieren, erhält man durch Multiplikation mit -1 eine zu maximierende Funktion (aus „minimiere die Kosten" wird „maximiere die negativen Kosten").
- Gleichungsnebenbedingungen können durch zwei Ungleichungen ersetzt werden (z. B.: $x_1 - 2x_2 = 5$ → $x_1 - 2x_2 \leq 5$ und $-x_1 + 2x_2 \leq -5$).
- Durch Multiplikation mit -1 ist ein Vorzeichenwechsel in den Nebenbedingungen möglich.
- Aus einer Ungleichung $a_{i1}x_1 + a_{i2}x_2 + \ldots + a_{in}x_n \leq b_i$ kann man durch Hinzunahme einer Schlupfvariablen eine äquivalente Gleichung bilden: $a_{i1}x_1 + a_{i2}x_2 + \ldots + a_{in}x_n + y_i = b_i; y_i \geq 0$

Mithilfe dieser Umformungen lässt sich jede lineare Optimierungsaufgabe (ohne die Ganzzahligkeitsbedingung und die Binärbedingung) auf die Matrixschreibweise:

(LP, GL):
$$cx \rightarrow opt!$$
$$Ax = b$$
$$LB \leq x \leq UB$$

bzw.

(LP, UG):
$$cx \rightarrow opt!$$
$$Ax \leq b$$
$$LB \leq x \leq UB$$

zurückführen. Für theoretische Betrachtungen ist das relevant, bei der praktischen Rechnung mit Software-Tools werden die notwendigen Umformungen in der Regel jedoch von der Software selbst vorgenommen.

Der zulässige Bereich ist genau dann nicht leer, wenn sich die Nebenbedingungen nicht widersprechen.

Ist der zulässige Bereich leer, so existiert keine Lösung für die lineare Optimierungsaufgabe. Das ist ebenfalls der Fall, wenn der zulässige Bereich für die Zielfunktion nicht nach oben hin beschränkt ist.

Darüber hinaus existieren nur absolute Minima bzw. Maxima, die auf dem Rand des zulässigen Bereichs angenommen werden.

2.3.5 Nichtlineare Optimierungsaufgaben

Wenn die Zielfunktion oder mindestens eine Funktion der Nebenbedingungen in nichtlinearer Form auftritt, spricht man von nichtlinearer Optimierung.

Eine Zielfunktion ist bezüglich der n Variablen zu optimieren.

(ZF,max) $\quad f(x) = f(x_1, x_2, \ldots, x_n) \to \max!$

bzw.

(ZF,min) $\quad f(x) = f(x_1, x_2, \ldots, x_n) \to \min!$

Die Variablen müssen m Gleichungs-/Ungleichungs-Nebenbedingungen erfüllen, wobei die Funktionen beliebig sein können:

(NB, GL) $\quad g_i(x) = g_i(x_1, x_2, \ldots, x_n) = 0$

bzw.

(NB, KG) $\quad g_i(x) = g_i(x_1, x_2, \ldots, x_n) \leq 0$

bzw.

(NB, GG) $\quad g_i(x) = g_i(x_1, x_2, \ldots, x_n) \geq 0$

Mögliche Umformungen können analog zu den Umformungen für lineare Optimierungsaufgaben vorgenommen werden.
Es existieren nur absolute Minima bzw. Maxima, die sich im Gegensatz zu linearen Optimierungsaufgaben auch im Inneren des zulässigen Bereichs befinden können.

2.3.6 Ganzzahlige Optimierung und Binäre Optimierung

Lineare oder nichtlineare Optimierungsaufgaben, bei denen alle Variablen nur ganzzahlige Werte annehmen dürfen, werden als **ganzzahlige oder diskrete Optimierungaufgaben** bezeichnet. Wenn die Variablen sogar nur die Werte 0 oder 1 annehmen dürfen, spricht man von **binärer oder kombinatorischer Optimierung**.

Beispiele sind Zuordnungsprobleme (Stundenplanprobleme), Reihenfolgeprobleme, (Travelling-Salesman-Probleme, Tourenplanungsprobleme, Maschinenbelegungsprobleme), Verteilungsprobleme.

Falls nur ein Teil der Variablen ganzzahlig bzw. binär sein muss, so spricht man auch von **gemischt ganzzahliger** bzw. **gemischt binärer Optimierung**.

2.3.7 Vektoroptimierung

Man spricht von Vektoroptimierung, Multikriteria-Optimierung oder Pareto-Optimierung, wenn mehrere Zielfunktionen gleichzeitig zu maximieren bzw. zu minimieren sind. Beispielsweise ist das der Fall, wenn nach einer maximalen Absatzmenge bei gleichzeitig minimalen Produktionskosten von Gütern gesucht wird.

Im Falle der Vektoroptimierung liegen p lineare oder nichtlineare Zielfunktionen vor:

(ZF1,max) $\quad f_1(x) = f_1(x_1, x_2, \ldots, x_n) \to \max!$

(ZF2,max) $\quad f_2(x) = f_2(x_1, x_2, \ldots, x_n) \to \max!$

...

(ZFp,max) $\quad f_p(x) = f_p(x_1, x_2, \ldots, x_n) \to \max!$

Analog zur linearen oder nichtlinearen Optimierung müssen die Variablen Restriktionen in Form von Gleichungen oder Ungleichungen erfüllen.

Sind alle auftretenden Funktionen linear, spricht man von *linearer Vektoroptimierung*, ansonsten von nichtlinearer.

Im Falle der Vektoroptimierungen werden häufig *Skalierungsmethoden* angewandt, indem man durch eine Gewichtung der einzelnen Zielfunktionen eine Vektoroptimierungsaufgabe auf eine Optimierungsaufgabe mit einer einzigen Zielfunktion zurückführt.

Ein anderer Ansatz besteht darin, für alle Zielfunktionen Mindestwerte (Anspruchsniveaus) festzusetzen und ein gewichtetes Mittel der Zielfunktionen zu optimieren.[1]

---

[1] Siehe Winkels, H.-M. (1983) und Winkels, H.-M./Meika, M. (1984).

2.4 Modellierungsmöglichkeiten mithilfe ganzzahliger und binärer Variablen

2.4.1 Erweiterung rein linearer Modelle

Ganzzahlige und binäre Variablen erlauben, komplexe Situationen zu modellieren, die sich über rein lineare Modelle mit ihren Kontinuitätseigenschaften nicht abbilden lassen. Die Anzahl der zu planenden LKW, Eisenbahnwaggons, Schiffe, Ladungseinheiten oder Stellplätze ist im konkreten Fall immer ganzzahlig.

Genauso kann für den Fall einer Standortnutzung oder einer Aufgabenzuweisung immer nur zwischen den binären Werten „Ja (1)" oder „Nein (0)" entschieden werden. In diesen Fällen machen kontinuierliche Variablen mit relevanten Nachkommastellen, die sich nicht durch die Rechenungenauigkeit des Computers ergeben haben, keinen Sinn.

Mathematische Algorithmen zur Lösung von Optimierungsaufgaben basieren auf algebraischen Rechenverfahren ohne Verwendung der in der Programmierung üblichen Fallunterscheidungen „if ... then ... else ...", da diese zu Unstetigkeiten der Funktionen führen. Zur Integration solcher logischer Aspekte in ein Optimierungsmodell kann man aber binäre Variablen verwenden.

Während für rein lineare Optimierungsmodelle auf der Basis des Simplexalgorithmus relativ schnelle Lösungsalgorithmen zur Verfügung stehen, kommen mit den diskreten ganzzahligen oder den binären Variablen kombinatorische Fragen für die Lösbarkeit in Betracht. Diese erhöhen den Rechenaufwand beträchtlich und machen das gesicherte Auffinden einer optimalen Lösung zum Teil auch unmöglich. Da wir für die Berechnung unserer Lösungen auf einen mächtigen „Black Box Solver" zurückgreifen, wird der algorithmische Aspekt hier von uns vernachlässigt. Man wird mit dem Auftauchen von ganzzahligen oder binären Variablen aber feststellen, dass die Rechenzeiten bei unseren Excel- Beispielen deutlich wahrnehmbar werden.

2.4.2 Lineare Modelle mit ganzzahligen optimalen Lösungen

Betrachten wir unsere Standard-Optimierungsprobleme dergestalt:

(LP, GL):
$$cx \to opt!$$
$$Ax = b$$
$$LB \leq x \leq UB$$

bzw.

(LP, UG):
$$cx \to opt!$$
$$Ax \leq b$$
$$LB \leq x \leq UB$$

mit der zusätzlichen Forderung

(LPGZ) x_j ganzzahlig   für j = 1, ..., n

In diesem Fall kann auf die Ganzzahligkeitsbedingung verzichtet werden, wenn gilt:

- b ist ganzzahlig   Rechte Seite ganzzahlig
- LB und UB sind ganzzahlig   Bounds ganzzahlig
- A besteht nur aus den Zahlen +1, 0 und -1   Unimodularität von A

In vielen logistischen Modellen erhält man unimodulare Matrizen, insbesondere bei den klassischen Transport- und Zuordnungsproblemen sowie den klassischen Flussproblemen.

Im Falle unimodularer Matrizen gibt es ganzzahlige optimale Lösungen, jedoch muss nicht JEDE optimale Lösung ganzzahlig sein.

Es ist eine schöne Eigenschaft gewöhnlicher LP-Solver, dass sie direkt ganzzahlige optimale Lösungen generieren. Das liegt geometrisch ausgedrückt daran, dass sie sich bei ihrer Optimalitätssuche auf die „Ecken" des zulässigen Lösungsbereiches konzentrieren oder algebraisch ausgedrückt, auf die sogenannten Basislösungen des Bildraumes der Matrix A.

2.4.3 Binäre Variablen

Im Folgenden bezeichnen Variablen vom Typ x bzw. x_j j = 1, ..., n kontinuierliche Variablen und y bzw. y_i i = 1, ..., m binäre oder (0/1)-Variablen. Binäre Variablen sollen oftmals Ja/Nein-Entscheidungen ausdrücken und so stehen y = 1 für „Ja" und y = 0 für „Nein".

Binäre Variablen können sowohl als Strukturvariablen eines Modells auftreten („Ein LKW fährt eine bestimmte Strecke") als auch als Hilfsvariablen („Ein Lager wird benutzt"), also Variablen, mit deren Hilfe sich die Eigenschaften der mit ihnen verknüpften anderen Variablen über logische Bedingungen beeinflussen lassen. Auf diese Aspekte wollen wir nun eingehen.

2.4.3.1 Logische Bedingungen und binäre Variablen

(1) $\sum_{i=1}^{m} y_i = 0$ bedeutet: $y_i = 0$ für alle i=1,..., m

Ist die Summe der Binärvariablen gleich Null, so müssen alle Binärvariablen gleich Null sein.

(2) $\sum_{i=1}^{m} y_i \geq 0$ bedeutet: $y_i \geq 0$ für alle i=1,..., m

Soll die Summe der Binärvariablen größer oder gleich Null sein, so ist das keine Einschränkung, also eine redundante Restriktion.

(3) $\sum_{i=1}^{m} y_i \leq 1$ bedeutet: $y_i = 1$ für höchstens ein i

Ist die Summe kleiner oder gleich Eins, kann nur eine einzige oder keine der Binärvariablen den Wert Eins annehmen.

(4) $\sum_{i=1}^{m} y_i = 1$ bedeutet: $y_i = 1$ für genau ein i

Ist die Summe gleich Eins, muss genau eine einzige der Binärvariablen den Wert Eins annehmen.

(5) $\sum_{i=1}^{m} y_i \geq 1$ bedeutet: $y_i = 1$ für mindestens ein i

Ist die Summe größer oder gleich Eins, so müssen eine oder mehrere der Binärvariablen den Wert Eins annehmen.

(6) $\sum_{i=1}^{m} y_i = m$ bedeutet: $y_i = 1$ für jedes i

Ist die Summe gleich der Anzahl der Binärvariablen, so muss jede Binärvariable den Wert Eins annehmen.

(7) $y_1 - y_2 \leq 0$ bedeutet: Wenn $y_1 = 1$, dann auch $y_2 = 1$

Falls y_1 gleich Null ist, gibt es keine Einschränkung für y_2.

(8) $y_1 - y_2 = 0$ bedeutet: $y_1 = 1$ genau dann, wenn $y_2 = 1$

y_1 hat immer denselben Wert wie y_2.

(9) $y_1 - y_2 \geq 0$ bedeutet: Wenn $y_1 = 0$, dann auch $y_2 = 0$

Falls y_1 gleich Eins ist, gibt es keine Einschränkung für y_2.

(10) $y_1 - y_2 = 1$ bedeutet: $y_1 = 1$ und $y_2 = 0$

In diesem Fall kann nie y_1 gleich Null oder y_2 gleich Eins sein.

2.4.3.2 Verknüpfung von kontinuierlichen und binären Variablen

In vielen Modellen werden kontinuierliche Variablen vom Typ x vielfach mit binären Variablen vom Typ y verknüpft, um damit logische Bedingungen in die Modellierung aufnehmen zu können. Dabei wird der Indikator y auf den Wert Eins gezwungen, sobald die Variable x größer als Null wird: $x > 0 \Rightarrow y = 1$

Wir sprechen bei diesen binären Hilfsvariablen deshalb auch von **Indikatoren**.

a. Big-M Ansatz

Hierbei handelt es sich um den Standardansatz, Indikatoren auf Eins zu zwingen, sobald eine kontinuierliche Variable größer Null wird.

Sei M eine obere Schranke („Upper Bound") für $\sum_{j=1}^{n} x_j$.

(a)
$$\sum_{j=1}^{n} x_j - My \leq 0$$

$$x_j \geq 0 \quad \text{für } j = 1, \ldots, n$$

$$y \in \{0,1\}$$

bedeutet:

Ist $x_j > 0$ für mindestens ein j, so muss $y = 1$ sein.

Aus rechentechnischen Gründen sollte man für ein solches M nicht astronomisch große Zahlen wählen, sondern Schätzwerte in der Größenordnung der maximal möglichen Summe.

Beispiel Lagernutzung:
Findet beispielsweise ein Mengenfluss x zu einem Lager statt, so muss der Indikator y, dass dieses Lager genutzt wird, zwingend auf Eins gesetzt werden.

Beispiel Fixkosten:
Eine häufige Verwendung von „Big-M" findet bei der Modellierung von Fixkosten statt. Sei x eine Variable $x \geq 0$ und der Kostenanteil gegeben durch die Fallunterscheidung:

Kosten(x) = FixKosten + VariableKosten * x   falls $x > 0$

Kosten(x) = 0   sonst.

Das entsprechende Modell ohne die Fallunterscheidung wäre:

Kosten(x) = Fixkosten * y + VariableKosten * x

(a1)
$$x - My \leq 0$$

$$x \geq 0$$

$$y \in \{0,1\}$$

Dabei ist M wieder eine obere Schranke für x.

b. Small-L Ansatz

In den meisten Anwendungsfällen reicht es, wenn die Implikation $x > 0 \Rightarrow y = 1$ gilt. Wünschenswert ist manchmal aber auch die umgekehrte Implikation

(b1) $\qquad x = 0 \Rightarrow y = 0$

oder gleichbedeutend damit:

(b2) $\qquad y = 1 \Rightarrow x > 0$.

Diese Implikation lässt sich jedoch NICHT aus dem Big-M Ansatz ableiten. In praktischen Fällen sind mit y=1 in der Regel Kosten (etwa Fixkosten oder Investitionskosten) verbunden, die es zu minimieren gilt. In diesen Fällen sorgt der Minimierungsmechanismus von sich aus dafür, dass (b1) gilt.

Rein logisch lässt sich (b2) aber nur mit einer Hilfskonstruktion erzeugen. Der Indikator y von Eins soll dabei darauf hinweisen, dass eine bestimmte Variable x signifikant (also nicht nur im Rahmen der Rechenungenauigkeit) größer Null ist.

Sei L eine Zahl größer als Null, die diese Signifikanz ausdrückt.
Das Ungleichungssystem

(b3)
$$\begin{aligned} x - Ly &\geq 0 \\ x &\geq 0 \\ y &\in \{0,1\} \end{aligned}$$

bedeutet:
$\qquad$ Ist $y = 1$, so muss $x > 0$ sein.

c. Disjunktive Variablen

Seien M_j obere Schranken für x_j j = 1,..., n.

Das Ungleichungssystem

(c)
$$\begin{aligned} x_j - M_j y_j &\leq 0 && \text{für } j = 1, \ldots, n \\ \sum_{j=1}^{n} y_j &\leq 1 \\ x_j &\geq 0 && \text{für } j = 1, \ldots, n \\ y_j &\in \{0,1\} && \text{für } j = 1, \ldots, n \end{aligned}$$

bedeutend:

$$\text{Es gibt höchstens ein j mit } x_j > 0.$$

Dieser Tatbestand ergibt sich unmittelbar daraus, dass $y_j = 1$ für höchstens ein j gelten kann.

d. Verbundene Variablen

Sei M_1 eine obere Schranke für x_1, ebenso L_2 eine untere Signifikanzschranke für x_2
Das Ungleichungssystem

(d)
$$x_1 - M_1 y_1 \leq 0$$
$$x_2 - L_2 y_2 \geq 0$$
$$y_1 - y_2 \leq 0$$
$$x_1 \geq 0, \; x_2 \geq 0$$
$$y_1, y_2 \in \{0,1\}$$

bedeutend:

$$\text{Mit } x_1 > 0 \text{ ist auch } x_2 > 0.$$

Anmerkung: Mit $x_1 > 0$ ist auch $y_1 = 1$ und somit $y_2 = 1$.

Beispiel:
Bei Mischungsproblemen für petrochemische oder sonstige chemische Anwendungen kommen Forderungen vor wie: Mit Produkt A muss auch ein gewisser Anteil von Produkt B der Mixtur beigefügt werden.
Bei Investitionen kann eine Investition in einer Stadt A (aus politischen Gründen) eine andere Investition in der Stadt B nach sich ziehen.

e. Variablen mit Wert in Intervall oder Null

Die Variable $x \geq 0$ soll entweder einen Wert in dem Intervall $[w_{Anf}, w_{Ende}]$ erhalten oder gleich Null sein:

(e)
$$x \geq w_{Anf} \cdot y$$
$$x \leq w_{Ende} \cdot y$$
$$x \geq 0$$
$$y \in \{0,1\}$$

Beispiel: Zerlegung einer Variablen in Stücke

Mithilfe solcher „Intervallvariablen" $x_1, x_2, ..., x_p$ kann man eine kontinuierliche Variable x in mehrere „Stücke" zerlegen:

$$x = \sum_{k=1}^{p} x_k$$

$$\sum_{k=1}^{p} y_k = 1$$

(e1)
$$x_k \geq w_{k-1} \cdot y_k \quad \text{für k=1, ..., p}$$
$$x_k \leq w_k \cdot y_k \quad \text{für k=1, ..., p}$$
$$x_k \geq 0 \quad \text{für k=1, ..., p}$$
$$y_k \in \{0,1\} \quad \text{für j=1, ..., p.}$$

Dabei bilden die $w_0 < w_1 < ... < w_p$ eine Überdeckung des Definitionsbereiches von x. Hat nun jedes einzelne x_k seine eigene Kostenfunktion, so kann man damit eine Kostenfunktion für x stückweise linear nach folgendem Muster zusammensetzen:

$$Kosten(x) = \sum_{k=1}^{p} Kosten_k(x_k) = \sum_{k=1}^{p} c_k x_k$$

f. Variablen dürfen nur bestimmte diskrete Werte annehmen

Soll die Variable x nur die Werte $w_1, w_2, ..., w_p$ annehmen, so kann das folgendermaßen modelliert werden:

(f)
$$x = \sum_{k=1}^{p} w_k y_k$$
$$\sum_{k=1}^{p} y_k = 1$$
$$y_k \in \{0,1\} \qquad \text{für } k = 1, ..., p.$$

g. Variablen, von denen nur ein Teil in der Lösung sein soll

In kombinatorischen Fragestellungen kann es vorkommen, dass von n Variablen $x_1, x_2, ..., x_n$ höchstens $p < n$ Variablen positiv werden dürfen.

Mit M_j als oberen Schranken für x_j $j = 1, ..., n$ lautet die entsprechende Modellierung:

(g)
$$x_j - M_j y_j \leq 0 \qquad \text{für } j=1, ..., n$$
$$\sum_{j=1}^{n} y_i \leq p$$
$$x_j \geq 0 \qquad \text{für } j=1, ..., n$$
$$y_j \in \{0,1\} \qquad \text{für } j=1, ..., n.$$

h. Alternative Werte für die rechte Seite einer Nebenbedingung

Für die i-te Nebenbedingung $A_i x \leq b_i$ seien p alternative Werte $d_1, d_2, ..., d_p$ gegeben. Dabei sei A_i die i-te Zeile von A.

Dann lautet die Modellierung:

(h)
$$A_i x \leq \sum_{k=1}^{p} d_k y_k$$
$$\sum_{k=1}^{p} y_k = 1$$
$$y_k \in \{0,1\} \quad \text{für } k = 1, ..., p.$$

Für eine Nebenbedingung der Form $A_i x = b_i$ ist die Formulierung analog.

i. Nur ein Teil der Nebenbedingungen muss erfüllt sein

Von p Nebenbedingung $A_k x \leq b_k$ $k = 1, ..., p$ sollen mindestens q erfüllt werden oder höchstens $p - q$ Nebenwirkungen unwirksam sein.
Sei wieder A_k die k-te Zeile von A und M_k eine obere Schranke für die Werte von $A_k x - b_k$.

Dann lässt sich die obige Forderung modellieren durch:

(i)
$$A_k x \leq b_k + M_k y_k \quad \text{für } k = 1, ..., p$$
$$\sum_{k=1}^{p} y_i \leq p - q$$
$$y_k \in \{0,1\} \quad \text{für } k = 1, ..., p.$$

3 Grunddaten der Transportoptimierung

Die Transportoptimierung ist neben der Lageroptimierung einer der Eckpfeiler für die Ausrichtung logistischer Versorgungsketten. Unter Logistik versteht man ganz allgemein die Planung, die Steuerung und die Überwachung von beliebigen Material-, Personen-, Energie- oder Informationsflüsse.

Logistische Systeme sind Flusssysteme, die die Produktionsstätten und die Verbrauchsorte eines Wirtschaftssystems miteinander verknüpfen. Dabei sollen ein möglichst störungsfreier Informations-, Material-, Energie- und Produktfluss gewährleistet sowie Güter bedarfsgerecht und kosteneffektiv bereitgestellt werden. Der physische Güterfluss zwischen verschiedenen Liefer- und Empfangspunkten wird dabei durch einen entsprechenden Informationsfluss geplant, gesteuert, realisiert und kontrolliert.

Bei der Transportoptimierung unterscheidet man zwischen innerbetrieblichen und zwischenbetrieblichen Transporten. Die auftretenden mathematischen Modelle hinsichtlich der Planung von LKW, Schiff, Flugkörper, Eisenbahnwaggon, öffentlichem Nahverkehrsmittel, Pipeline, Stromkabel oder Gabelstapler und Regalbediengerät sind aber mathematisch sehr ähnlich, häufig sogar identisch.

3.1 Optimierungskriterien

Um von Optimierung im Zusammenhang mit einer Transportproblematik sprechen zu können, muss zunächst das Optimierungskriterium geklärt werden. Hierbei können durchaus eine Reihe sehr unterschiedlicher Zielvorstellungen auftreten:

- Minimierung der gesamten Transportkosten,
  der klassische und häufigste Ansatz. Er führt aber zu der Frage der relevanten Transportkosten, auf die wir im nächsten Abschnitt eingehen werden.
- Minimierung der gesamten Transportdistanzen,
  ebenfalls ein klassischer Ansatz, bei dem man die gesamte Transportlänge als gut messbaren Kostentreiber betrachtet. Auf den Aspekt der Entfernungsberechnung gehen wir ebenfalls noch ein.

- Minimierung der gesamten Transportzeiten,

  der Ansatz entspricht den Distanzen, wobei allerdings der Zeitfaktor zusätzlich ins Spiel kommt.

- Minimierung der längsten auftretenden Versorgungsdistanz,

  dieser Ansatz ist insbesondere für Rettungssysteme relevant, wenn im Bedarfsfall so schnell wie möglich alle Empfänger versorgt sein müssen. Wir kommen hier zu sogenannten „Bottleneck-Problemen", die ebenfalls noch genauer behandelt werden.

- Minimierung der spätesten auftretenden Ankunftszeit,

  ein Ansatz, der die Zeit bei der längsten auftretenden Versorgungsdistanz berücksichtigt.

- Maximierung der Transportgewinne,

  ein Aspekt, der auftritt, wenn zu den Transportverbindungen nicht nur Kosten, sondern auch Erlöse gehören. Beispiele hierzu sind der ÖPNV[1] und die Bahn allgemein.

- Maximierung der Transportqualität,

  wenn es darum geht, neben dem eigentlichen Transport auch noch einen besonderen Komfort beim Transport anzubieten, etwa landschaftlich reizvolle (Erlebnis-)Strecken. Hierzu gehört auch Fahrplanpünktlichkeit.

- Maximierung der Erfolgsquote durchgeführter Transporte,

  wenn es zusätzlich darum geht, dass in der geforderten Zeit möglichst viele der Transporte, die den Versender verlassen, auch tatsächlich beim Empfänger eintreffen.

- Maximierung des Auslastungsgrades der genutzten Transportmittel,

  ein Ansatz zur Vermeidung von Stillstandskosten.

- Möglichst gleichmäßige Auslastung der Transportmittel,

  ein Aspekt, der insbesondere im innerbetrieblichen Transport bei Regalbediengeräten und bei Wartungsaufgaben eine Rolle spielt.

---

[1] Öffentlicher Personennahverkehr.

3.2 Kosten

Die bei den logistischen Prozessen auftretenden Kosten zur Bereitstellung und Bereithaltung von Kapazitäten an Personal, Material, Information und auch Kapital bezeichnet man als Logistikkosten. Sie setzen sich aus folgenden Kostenblöcken zusammen:

- Auftragsabwicklungskosten,
- Lagerhaltungs- und Bestandskosten,
- Lagerhauskosten,
- Verpackungskosten,
- Transportkosten.

Im weiteren Sinne kommen noch hinzu:
- Serviceniveaukosten (aus dem Vertriebsbereich) sowie
- Loskosten (aus der Produktion)[1].

Die Transportkosten[2] stellen innerhalb der Logistikkosten die Kosten der Raumüberbrückung dar, während Lagerkosten die Kosten der Zeitüberbrückung bilden.

Häufig werden die Transportkosten nur auf den Transport von Gütern bezogen. Der Begriff der Transportkosten kann aber auch weiter ausgedehnt und gleichermaßen auf Personen, Geld, Informationen oder Energie angewandt werden.

Der Einfachheit halber wollen wir im Folgenden nur güterbezogene Transportkosten betrachten. Da auch die Güter selbst häufig keine Rolle spielen, verallgemeinern wir weiter und sprechen vereinfacht von Logistikeinheiten [LE] und meinen damit z. B. Transportmittel, Behälter, Container, Paletten oder Kartons.

---

[1] Siehe Pfohl, Logistiksysteme, Springer, S. 22.

[2] Siehe hierzu den ausführlichen Abschnitt über „Transportkosten" und „Logistikkosten" in: Bloech/Ihde/Hessenberger (1997), Vahlens Großes Logistiklexikon, Verlag Vahlen.

Zu transportierende Güter sind vom Standpunkt eines Industriebetriebs

- Einsatzgüter (Produktionsfaktoren),
- Güter, die sich in der Produktion befinden (unfertige Erzeugnisse, Zwischenprodukte, Roh-, Hilfs- und Betriebsstoffe) und
- Ausbringungsgüter (Produkte sowie gegebenenfalls Abfallprodukte).

Der Transport der Einsatzgüter wird normalerweise der Beschaffung, der Transport der unfertigen Erzeugnisse der Produktion und der Transport der Ausbringungsgüter dem Absatz zugeordnet. Probleme bereitet vor allem die getrennte Erfassung der Transportkosten der Produktion, da sie sich bei bestimmten Produktionsprozessen nur schwer isolieren lassen, z. B. bei Fließfertigung.

Die Transportkosten umfassen die folgenden Kostengüterarten:
- Kosten für den Verbrauch von Gütern beim Transport (= Stoffkosten),
  z. B. Energie-, Benzinkosten für ein Transportfahrzeug;
- Kosten für den Gebrauch von Gütern beim Transport (= Abnutzungskosten),
  z. B. Abschreibungen auf ein Transportfahrzeug;
- Kosten für die Nutzung von Immaterialgüterrechten beim Transport (= Nutzungskosten),
  z. B. Kosten für die Nutzung eines Wegerechts; Straßen-, Tunnel-, Brücken- und Autobahngebühr, Maut ganz allgemein.
- Kosten für die beim Transport eingesetzten Arbeitskräfte (= Arbeitskosten),
  z. B. Personalkosten für einen Fahrer;
- Kosten für die beim Transport in Anspruch genommenen Dienstleistungen (= Dienstleistungskosten),
  z. B. Frachtgebühren eines Fuhrunternehmens, Prämien für eine Transportversicherung;
- Kosten für das investierte Kapital (= Zinskosten),
  z. B. kalkulatorische Zinsen auf das in Transportfahrzeugen gebundene Kapital;
- Kosten für im Zusammenhang mit dem Transport zu zahlende Abgaben an den Staat (= Abgabekosten),
  z. B. Zölle, Kfz-Steuer;

- Kosten für beim Transport auftretende selbstversicherte Risiken (= Wagniskosten), z. B. kalkulatorische Wagnisse für Bruch, Schwund oder Verderb während des Transports;
- Kosten aufgrund von Umsatzeinbußen wegen Terminverzögerungen beim Transport (= Opportunitätskosten);
- Kosten für die interne Verwaltung von Transportaufträgen.

Die Transportkosten können außerdem aufgeteilt werden in interne und externe Transportkosten sowie nach dem Verhalten bei sich ändernder Beschäftigung in variable und fixe Transportkosten.

3.3 Entfernungen

Distanzen zwischen Orten spielen für logistische Aufgabenstellungen wie Transportoptimierung, Standortoptimierung oder Touren- und Routenplanung eine zentrale Rolle. Sie legen zwar nicht ausschließlich, aber häufig doch weitgehend die Kriterien fest, nach denen optimiert werden soll. Neben speziellen streckenbezogenen Kosten wie etwa den Mautgebühren ist die Distanz ein zentraler Kostentreiber der Transportkosten.

3.3.1 Direkte Entfernungsbestimmung über digitale Landkarten

Man verfügt heute über hochklassige digitale Landkarten und Internetdienste wie beispielsweise Google Maps, welche im Bedarfsfall für eine Entfernungsbestimmung herangezogen werden können.

3 Grunddaten der Transportoptimierung

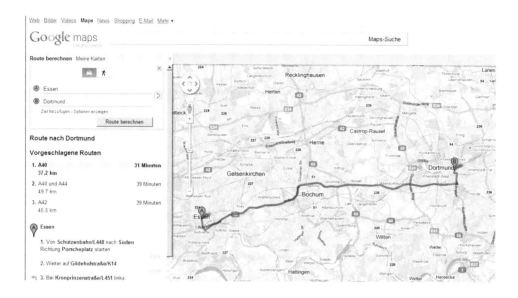

Abbildung: Entfernungsbestimmung mit Google Maps

In manchen Fällen mag es allerdings sehr aufwendig sein, die Entfernung d_{ij} zwischen vielen Orten i und j auf diese Weise zu bestimmen. Falls man jedoch über die Koordinatenangaben (x_i, y_i) von i bzw. (x_j, y_j) von j mithilfe einer Landkarte verfügt, so helfen hier die Ansätze der Euklidischen oder geodätischen Geometrie.

3.3.2 Entfernungsbestimmung in kartesischen Koordinatensystemen

Bei der einfachsten Entfernungsbestimmung ist eine Landkarte gegeben, so dass sich jeder Ort als Punkt innerhalb eines kartesischen X-Y-Koordinatensystems[1] beschreiben lässt. Dabei geht man dabei zusätzlich von der Voraussetzung aus, dass für die Längen und Breitenachsen die gleichen Maßstäbe gelten, also dass die Längeneinheiten von x, y und d alle gleich sind, z. B. [cm] oder [km] oder allgemein [LE].

Nach der Schulmathematik ergibt sich die Entfernung zwischen zwei Punkten (x1,y1) und (x2,y2) nach dem Satz des Pythagoras:

---

[1] Also einem Koordinatensystem, bei dem die Achsen senkrecht aufeinanderstehen.

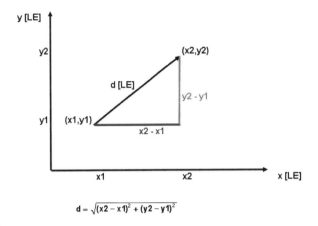

Abbildung: Entfernungsbestimmung nach dem Satz des Pythagoras
bei gleichen Längeneinheiten

Sind im allgemeinen Fall nun [XE], [YE], [DE] die Längeneinheiten für x, y bzw. d, so braucht man nun Umrechnungsfaktoren a und b mit 1 XE = a DE sowie 1 YE = b DE, um die Messeinheiten aufeinander abzustimmen.

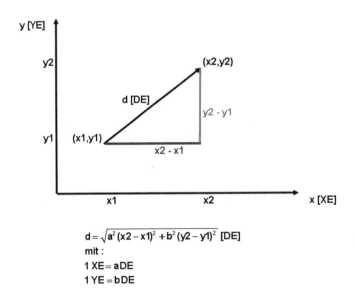

Abbildung: Entfernungsbestimmung nach dem Satz des Pythagoras
bei ungleichen Längeneinheiten

Diese Art der Entfernungsbestimmung lässt sich auf eine Landkarte anwenden, wenn die auftretenden Abstände zwischen den Orten nicht mehr als ca. 500 km betragen

3 Grunddaten der Transportoptimierung

und die zugrunde liegende Karte nicht zu starke Verzerrungen aufweist, wie sie beispielsweise in der folgenden Abbildung auftreten:

Abbildung: Europakarte mit projektionsbedingten Verzerrungen

3.3.3 Beispiel: Entfernung_Landkarte

Problembeschreibung

Wir gehen von den Koordinaten aus der Landkartenbeschreibung eines Depots in Düsseldorf aus.[1]

---

[1] Dieses Beispiel werden wir bei der Rundreisen- und Tourenplanung noch ausführlich weiterführen.

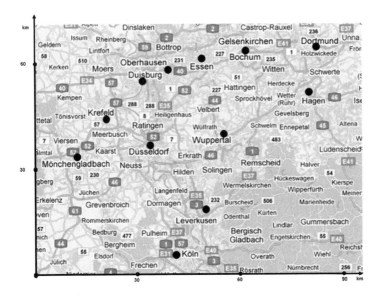

Abbildung Entfernung Landkarte: Landkarte

Die Orte sind nach den Polarwinkeln um das Depot in Düsseldorf aufsteigend zu sortieren und die Entfernungen zwischen den Knoten nach dem euklidischen Abstand zu approximieren.

	A	B	C	D	E	F
43						
44		Koordinaten	x	y	Reihenfolge	
45		Bochum	62,08	63,33	4	
46		Dortmund	82,50	64,58	3	
47		Duisburg	32,08	55,00	7	
48		Düsseldorf	34,17	36,67	0	
49		Essen	49,17	61,25	5	
50		Hagen	80,42	51,67	2	
51		Köln	41,67	5,42	10	
52		Krefeld	21,25	44,17	8	
53		Leverkusen	50,00	18,33	11	
54		M'Gladbach	12,50	33,33	9	
55		Mülheim	39,58	58,33	6	
56		Wuppertal	55,83	40,00	1	
57						

Abbildung Entfernung Landkarte: Koordinaten der Orte und Reihenfolge nach Polarwinkel

Zunächst ergeben sich durch Ablesen aus der Karte die oben angegebenen Koordinaten der einzelnen Orte. Die angegebene Reihenfolge erhält man, indem von Düsseldorf aus auf die Anfahrorte die Winkel gegen den Uhrzeigersinn aufsteigend abgelesen werden. Wir zeigen später bei der Routenplanung, wie hierfür ein Rechenschema mit Excel eingesetzt werden kann.

Bezeichnungen

- Koordinaten   = $B$45:$D$56   Tabelle der Koordinaten

Als nächstes berechnen wir den Luftlinienabstand für die Orte in der neuen Reihenfolge. Die Kopfspalte der Distanzmatrix erhält man durch aufsteigende Sortierung nach der Reihenfolge. Um Schreibfehler zu vermeiden, generiert man am besten die Kopfzeile durch Transponieren der Kopfspalte.

Die einzelnen Distanzen kann man dann berechnen mit:
- C62 =WURZEL((SVERWEIS($B62;Koordinaten;2)-

    SVERWEIS(C$61;Koordinaten;2))^2+(SVERWEIS($B62;Koordinaten;3)-

    SVERWEIS(C$61;Koordinaten;3))^2) usw. durchkopieren.

Dabei wurde berücksichtigt, dass die Orte in alphabetischer Reihenfolge bei der Koordinatenmatrix stehen. Sollte das NICHT der Fall sein, muss man bei der SVERWEIS-Funktion als viertes Argument überall „FALSCH" hinzufügen, hier also:

- C62 =WURZEL((SVERWEIS($B62;Koordinaten;2;FALSCH)-

    SVERWEIS(C$61;Koordinaten;2;FALSCH))^2+

    (SVERWEIS($B62;Koordinaten;3;FALSCH)-

    SVERWEIS(C$61;Koordinaten;3;FALSCH))^2) usw. durchkopieren.

	Düsseldorf	Wuppertal	Hagen	Dortmund	Bochum	Essen	Mülheim	Duisburg	Krefeld	M'Gladbach	Köln	Leverkusen
Düsseldorf	0,00	21,92	48,62	55,82	38,61	28,80	22,33	18,45	14,94	21,92	32,14	24,22
Wuppertal	21,92	0,00	27,21	36,27	24,16	22,27	24,50	28,09	34,83	43,84	37,37	22,44
Hagen	48,62	27,21	0,00	13,08	21,73	32,69	41,37	48,45	59,64	70,35	60,34	45,13
Dortmund	55,82	36,27	13,08	0,00	20,45	33,50	43,37	51,32	64,56	76,66	71,89	56,53
Bochum	38,61	24,16	21,73	20,45	0,00	13,08	23,05	31,14	45,11	57,95	61,41	46,59
Essen	28,80	22,27	32,69	33,50	13,08	0,00	10,02	18,19	32,73	46,08	56,33	42,92
Mülheim	22,33	24,50	41,37	43,37	23,05	10,02	0,00	8,21	23,17	36,86	52,96	41,33
Duisburg	18,45	28,09	48,45	51,32	31,14	18,19	8,21	0,00	15,32	29,21	50,50	40,81
Krefeld	14,94	34,83	59,64	64,56	45,11	32,73	23,17	15,32	0,00	13,93	43,80	38,65
M'Gladbach	21,92	43,84	70,35	76,66	57,95	46,08	36,86	29,21	13,93	0,00	40,37	40,39
Köln	32,14	37,37	60,34	71,89	61,41	56,33	52,96	50,50	43,80	40,37	0,00	15,37
Leverkusen	24,22	22,44	45,13	56,53	46,59	42,92	41,33	40,81	38,65	40,39	15,37	0,00

Abbildung Entfernung_Landkarte: Luftlinienabstand

Offensichtlich sind Straßenkilometer länger als diese Luftlinien. Aus der Straßenentfernung zweier Orte, die man aus einer anderen Quelle ablesen muss, kann man nun einen Korrekturfaktur abschätzen, hier: 1,6.

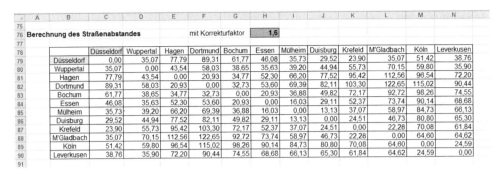

Abbildung Entfernung_Landkarte: Approximierter Straßenabstand

Dabei ist natürlich:

- KorrFakt   =$H$76   Korrekturfaktor
- Approximierte Straßendistanz:

    C79 = C62*KorrFakt   usw. durchkopieren

3.3.4 Positionierung auf der Kugeloberfläche

Bei Entfernungen von mehr als 500 km wird die Approximation der Kugeloberfläche unserer Erde durch eine Ebene zunehmend ungenauer. Für diesen Fall empfiehlt es sich, auf die Breiten- und Längengrade (Latitude und Longitude) zurück zu greifen, mit denen sich die Lage jeden Ortes auf unserem Planeten genau beschreiben lässt. Dieses System liegt auch den heute gängigen Navigationssystemen zugrunde.

Bei den geografischen Angaben werden folgende Formate genutzt:

- Grad, Minuten, Sekunden: 66° 43' 12"
- Grad, Minuten, Dezimalsekunden: 66° 43' 12,0"
- Grad, Dezimalminuten: 66° 43,20'
- Dezimalgrad: 66,7200°

Für Entfernungsberechnungen ist dabei der Dezimalgrad besonders geeignet.

3 Grunddaten der Transportoptimierung

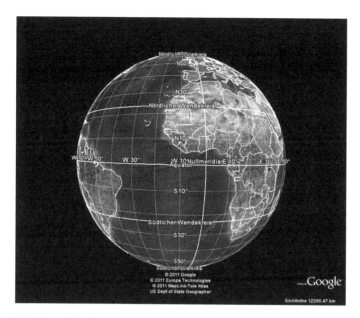

Abbildung: Breiten- und Längengrade nach Google Earth

Die Breitengrade werden vom Äquator aus bis 90° gerechnet. Nach Norden benutzt man positive Gradangaben, nach Süden negative. Damit sind folgende Angaben gleichbedeutend:

- Dezimalgrad: 66,7200° = 66,7200° N
- Dezimalgrad: - 33,4500° = 33,4500° S

Die Längengrade werden vom Nullmeridian (durch Greenwich) bis 180° gezählt. Nach Osten (East) benutzt man positive Gradangaben, nach Westen negative. Damit sind folgende Angaben gleichbedeutend:

- Dezimalgrad: 66,7200° = 66,7200° E
- Dezimalgrad: - 33,4500° = 33,4500° W

Einen Ort beschreibt man in der Reihenfolge Breitengrad (lat), Längengrad (lon), wobei lat an sich der vertikalen y-Achse entspricht und lon der horizontalen x-Achse.

Im Internet kann man die Breiten- und Längenangaben für jeden Ort z. B. direkt aus Google Maps oder Google Earth ablesen oder darauf aufbauende noch komfortablere Webseiten konsultieren.[1]

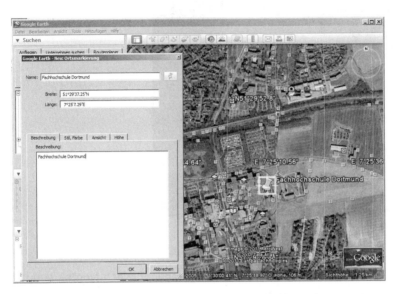

Abbildung: Positionierung von Breiten- und Längengraden mit Google Earth

Abbildung: Positionierung von Breiten- und Längengraden mit Google Maps

---

[1] Siehe z. B. http://www.kompf.de/trekka/geoposition.php

3.3.4.1 Entfernungsberechnung auf der Kugeloberfläche

Im Folgenden betrachten wir die Entfernung d zwischen zwei Punkten (lat_1, lon_1) und (lat_2, lon_2) auf der Kugeloberfläche.

3.3.4.2 Entfernungsberechnung in unseren Breiten nach dem Satz des Pythagoras

Der Abstand zwischen zwei Breitengraden beträgt:

(1) $\quad AbstLat = 111{,}3\,[km]$

Der Abstand zwischen zwei Längengraden hängt von den Breitengraden ab, in denen gemessen wird. Für die Bundesrepublik gilt durchschnittlich:

(2) $\quad AbstLon = 71{,}5\,[km]$.

Damit ergibt sich nach dem Satz des Pythagoras:

(Dist1) $\quad d = \sqrt{AbstLat^2(lat_2 - lat_1)^2 + AbstLon^2(lon_2 - lon_1)^2}$

Das ist eine gute Entfernungsapproximation für nicht zu weit auseinander liegende Orte, also etwa bis 500 km.

3.3.4.3 Verbesserte Entfernungsberechnung nach dem Satz des Pythagoras

Als Approximation für den Abstand zwischen zwei Längengraden kann man folgende Formel nutzen:

(3) $\quad AbstLon = 111{,}3 \cdot \cos(\dfrac{lat_1 + lat_2}{2} \cdot Grad2Rad)\,[km]$

(4) $\quad Grad2Rad = \dfrac{\pi}{180}$

Dabei ist Grad2Rad der Umrechnungsfaktor von Grad auf Radiant (Bogenmaß), wobei wir davon ausgehen, dass für die Cosinus-Funktion die Argumente im Bogenmaß angegeben werden müssen, was insbesondere für Excel gilt.

Damit ergibt sich folgende verbesserte Entfernungsberechnung:[1]

(Dist2): $\quad d = AbstLat \cdot \sqrt{(lat_2 - lat_1)^2 + \cos(\frac{lat_1 + lat_2}{2} \cdot Grad2Rad)(lon_2 - lon_1)^2}$

Das ist eine gute Entfernungsapproximation für Orte mit nicht zu weit auseinanderliegenden Breitengraden.

3.3.4.4 Exakte Entfernungsberechnung auf der Kugeloberfläche

Die Entfernung auf der Kreisoberfläche errechnet sich über den Seitenkosinussatz der sphärischen Trigonometrie zu:

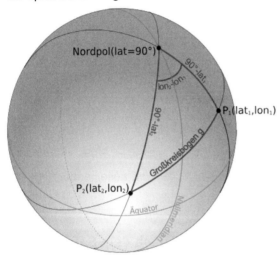

Abbildung: Länge des Großkreisbogens g[2]

(Dist3):

$d = Erdradius \cdot \arccos((\sin(LAT_1) \cdot \sin(LAT_2) + \cos(LAT_1) \cdot \cos(LAT_2) \cdot \cos(LON_2 - LON_1))$

Dabei müssen alle Winkel im Bogenmaß angegeben sein:

---

[1] Siehe hierzu: http://www.kompf.de/gps/distcalc.html

[2] Siehe hierzu: http://www.kompf.de/gps/distcalc.html

$$(5)\qquad \begin{aligned} LAT_1 &= lat_1 \cdot Grad2Rad, \\ LON_1 &= lon_1 \cdot Grad2Rad, \\ LAT_2 &= lat_2 \cdot Grad2Rad, \\ LON_2 &= lon_2 \cdot Grad2Rad \end{aligned}.$$

Ferner:

(6) Erdradius = 63.788,388 km

3.3.5 Beispiel: Entfernung_Kugeloberfäche

@ Arbeitshilfe online

Problembeschreibung

Es sind die Breiten und Längengrade von 9 Städten aus Google Maps ermittelt worden und in der unteren Tabelle aufgeführt.

Berechnen Sie die Entfernungsmatrix.

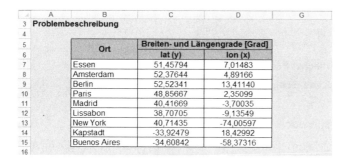

Problembeschreibung

Ort	Breiten- und Längengrade [Grad] lat (y)	lon (x)
Essen	51,45794	7,01483
Amsterdam	52,37644	4,89166
Berlin	52,52341	13,41140
Paris	48,85667	2,35099
Madrid	40,41669	-3,70035
Lissabon	38,70705	-9,13549
New York	40,71435	-74,00597
Kapstadt	-33,92479	18,42992
Buenos Aires	-34,60842	-58,37316

Abbildung Entfernung_Kugeloberfläche: Problembeschreibung

Geographische Parameter

Abstand zwischen zwei Breitenkreisen [km]	111,3
Mittlerer Abstand zwischen zwei Längenkreisen in Deutschland [km] (variiert in Abh. von der geographischen Breite)	71,5
Erdradius [km]	6378,388

Abbildung Entfernung_Kugeloberfläche: Geografische Parameter

Einführung von Bezeichnungen

Zur Formelvereinfachung nutzen wir die folgenden Bezeichnungen:

- KO = $B$7:$D$15 Koordinatentabelle
- AbstLat = $F$21 Abstand zwischen Breitenkreisen

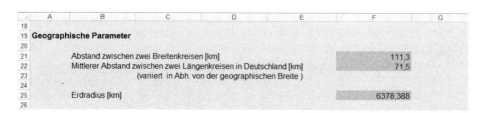

- AbstLon = $F$22 Mittlerer Abstand zweier Längenkreise in Deutschland
- Radius = $F$25 Erdradius in km

Abbildung Entfernung_Kugeloberfläche: Positionierung der Orte auf der Erdkugel mit den Möglichkeiten von Google Maps

Aufbau der Entfernungstabelle nach Pythagoras

Zur Vermeidung von Schreibfehlern kopieren wir die erste Spalte von KO in den Bereich der Kopfspalte der Entfernungsmatrix. Die Kopfzeile wird wieder durch Transponieren übernommen: C40:K40 = {MTRANS(B41:B49)}.

	A	B	C	D	E	F	G	H	I	J	K
28											
29		Entfernungsberechnung nach Pythagoras									
30											
31		Dist1	Essen	Amsterdam	Berlin	Paris	Madrid	Lissabon	New York	Kapstadt	Buenos Aires
32		Essen	0	183	472	442	1.448	1.830	5.915	9.538	10.659
33		Amsterdam	183	0	609	432	1.466	1.822	5.789	9.654	10.686
34		Berlin	472	609	0	890	1.820	2.228	6.387	9.628	10.972
35		Paris	442	432	890	0	1.034	1.397	5.534	9.285	10.254
36		Madrid	1.448	1.466	1.820	1.034	0	433	5.027	8.424	9.220
37		Lissabon	1.830	1.822	2.228	1.397	433	0	4.644	8.321	8.887
38		New York	5.915	5.789	6.387	5.534	5.027	4.644	0	10.616	8.458
39		Kapstadt	9.538	9.654	9.628	9.285	8.424	8.321	10.616	0	5.492
40		Buenos Aires	10.659	10.686	10.972	10.254	9.220	8.887	8.458	5.492	0
41											

Abbildung Entfernung_Kugeloberfläche: Entfernungsmatrix nach Pythagoras

3 Grunddaten der Transportoptimierung

Entfernungsformel (Dist1):

- C32=WURZEL((AbstLat*(SVERWEIS($B32;KO;2;FALSCH)-SVERWEIS(C$31;KO;2;FALSCH)))^2+(AbstLon*(SVERWEIS($B32;KO;3;FALSCH)-SVERWEIS(C$31;KO;3;FALSCH)))^2)

    usw. durchkopieren

Aufbau der Entfernungstabelle nach dem verbesserten Pythagoras

Dist2	Essen	Amsterdam	Berlin	Paris	Madrid	Lissabon	New York	Kapstadt	Buenos Aires
Essen	0	178	454	441	1.483	1.904	6.368	9.586	11.983
Amsterdam	178	0	578	431	1.486	1.874	6.178	9.720	11.922
Berlin	454	578	0	880	1.881	2.334	6.811	9.637	12.503
Paris	441	431	880	0	1.055	1.459	6.100	9.383	11.457
Madrid	1.483	1.486	1.881	1.055	0	504	5.944	8.632	10.328
Lissabon	1.904	1.874	2.334	1.459	504	0	5.559	8.646	9.827
New York	6.368	6.178	6.811	6.100	5.944	5.559	0	13.209	8.562
Kapstadt	9.586	9.720	9.637	9.383	8.632	8.646	13.209	0	7.065
Buenos Aires	11.983	11.922	12.503	11.457	10.328	9.827	8.562	7.065	0

Abbildung Entfernung_Kugeloberfläche: Entfernungsmatrix nach verbessertem Pythagoras

Entfernungsformel (Dist2):

- C46=AbstLat*WURZEL((SVERWEIS($B46;KO;2;FALSCH)-SVERWEIS(C$31;KO;2;FALSCH))^2+(COS(BOGENMASS((SVERWEIS($B46;KO;2;FALSCH)+SVERWEIS(C$31;KO;2;FALSCH))/2))*(SVERWEIS($B46;KO;3;FALSCH)-SVERWEIS(C$31;KO;3;FALSCH)))^2)

    usw. durchkopieren

Aufbau der Entfernungstabelle nach Entfernungsberechnung auf der Kugel

Dist3	Essen	Amsterdam	Berlin	Paris	Madrid	Lissabon	New York	Kapstadt	Buenos Aires
Essen	0	178	454	441	1.480	1.896	6.042	9.571	11.504
Amsterdam	178	0	578	431	1.483	1.867	5.869	9.697	11.459
Berlin	454	578	0	879	1.872	2.316	6.393	9.636	11.924
Paris	441	431	879	0	1.054	1.456	5.844	9.353	11.063
Madrid	1.480	1.483	1.872	1.054	0	504	5.775	8.582	10.057
Lissabon	1.896	1.867	2.316	1.456	504	0	5.429	8.572	9.609
New York	6.042	5.869	6.393	5.844	5.775	5.429	0	12.580	8.537
Kapstadt	9.571	9.697	9.636	9.353	8.582	8.572	12.580	0	6.877
Buenos Aires	11.504	11.459	11.924	11.063	10.057	9.609	8.537	6.877	0

Abbildung Entfernung_Kugeloberfläche:
   Entfernungsmatrix nach Entfernungsberechnung auf der Kugel

Entfernungsformel (Dist3):

- C59=Radius*ARCCOS(SIN(BOGENMASS(SVERWEIS($B59;KO;2;FALSCH)))*
  SIN(BOGENMASS(SVERWEIS(C$58;KO;2;FALSCH)))+
  COS(BOGENMASS(SVERWEIS($B59;KO;2;FALSCH)))*
  COS(BOGENMASS(SVERWEIS(C$58;KO;2;FALSCH)))*
  COS(BOGENMASS(SVERWEIS($B59;KO;3;FALSCH)-
  SVERWEIS(C$58;KO;3;FALSCH))))

  usw. durchkopieren

Wie zu erwarten zeigt ein Vergleich der Entfernungstabellen, dass die Differenzen der ermittelten Distanzen mit den Differenzen in den Längengraden stark zunehmen.

3.3.6 Entfernungsbestimmung nach anderen Metriken

Neben den oben angegeben praktischen Luftlinien-Berechnungen gibt es noch eine Reihe anderer Verfahren. Sie basieren auf dem mathematischen Begriff einer **Metrik** d(A,B), die zwei Punkte eines (beliebigen Raumes) eine Distanzzahl zuordnet. Dabei müssen grundsätzlich die folgenden Eigenschaften erfüllt sein:

- $d(A,A) = 0$ Reflexivität
- $d(A,B) = d(B,A)$ Symmetrie
- $d(A,C) \leq d(A,B)+d(B,C)$ Dreiecksungleichung

Beispiele:

$d((x_1,y_1),(x_2,y_2)) = |x_1 - x_2| + |y_1 - y_2|$ (Blockabstand)

$d((x_1,y_1),(x_2,y_2)) = (|x_1 - x_2|^p + |y_1 - y_2|^p)^{\frac{1}{p}}$ (L_p – Norm)

$d((x_1,y_1),(x_2,y_2)) = (x_1 - x_2)^2 + (y_1 - y_2)^2$ (Quadratischer Abstand)

Den Blockabstand kann man dabei in Städten nach Reißbrett-Entwurf benutzen, wie die Mannheimer Innenstadt, amerikanischen Städten oder allgemein Städten mit rechtwinklig angelegten Häuserblocks.

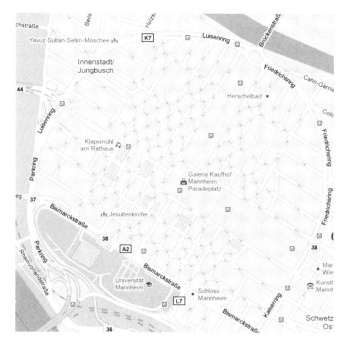

Abbildung: Mannheimer Innenstadt

3.3.7 Nutzung von Korrekturfaktoren

Bei den oben angegebenen Entfernungsberechnungen geht man in der Regel von gradlinigen Verbindungen aus. Falls diese Voraussetzung jedoch nicht gegeben ist, etwa bei Straßen, die geländebedingt in Kurven verlaufen müssen, so kann man gebietsabhängig einen oder mehrere Korrekturfakturen KorrFakt >0 abschätzen und benutzt als neue Entfernungsberechnung für alle Punkte aus dem betreffenden Gebiet:

(7) $\quad d_{neu}((x_1,y_1),(x_2,y_2)) = KorrFakt \cdot d_{alt}((x_1,y_1),(x_2,y_2))$

3.3.8 Berücksichtigung von Barrieren

Ebenfalls gebietsabhängig kann es vorkommen, dass man von einem Punkt (x_1,y_1) zu einem Punkt (x_2,y_2) nicht direkt gelangen kann, sondern dass eine geografische Barriere in Form eines Flusses, Sees, Sumpfgebietes, Naturschutzgebietes, eines Gebirges, einer Schlucht, eines Fjords, einer Flussmündung oder etwa einer Baustelle einen Umweg zwingend erforderlich macht.

Modellbasiertes Logistikmanagement

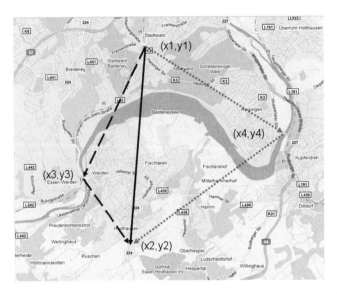

Abbildung: Korrekturfaktoren für kurvenreiche Straßen und Barriere

In diesem Fall kann man die direkte Entfernung durch die Dreiecksentfernung über den nächstmöglichen Punkt ersetzen:

(8) $\quad d((x_1,y_1),(x_2,y_2)) = d((x_1,y_1),(x_3,y_3)) + d((x_3,y_3),(x_2,y_2))$

Zur Feststellung, ob die Verbindungsstrecke von (x_1,y_1) nach (x_2,y_2) die Barrierenstrecke von (x_3,y_3) nach (x_4,y_4) schneidet, kann man die Streckengleichungen benutzen:

(9) $\quad \begin{pmatrix} x \\ y \end{pmatrix} = \begin{pmatrix} x_1 \\ y_1 \end{pmatrix} + \lambda \begin{pmatrix} x_2 - x_1 \\ y_2 - y_1 \end{pmatrix} : 0 \leq \lambda \leq 1$

(10) $\quad \begin{pmatrix} x \\ y \end{pmatrix} = \begin{pmatrix} x_3 \\ y_3 \end{pmatrix} + \mu \begin{pmatrix} x_4 - x_3 \\ y_4 - y_3 \end{pmatrix} : 0 \leq \mu \leq 1$

Setzt man (9) und (10) gleich, so erhält man nach einigen Umformungen:

(11) $\quad \lambda = \dfrac{(x_3 - x_1)(y_4 - y_3) - (y_3 - y_1)(x_4 - x_3)}{(x_2 - x_1)(y_4 - y_3) - (y_2 - y_1)(x_4 - x_3)}$

(12) $$\mu = \frac{(y_3 - y_1)(x_2 - x_1) - (x_3 - x_1)(y_2 - y_1)}{(y_3 - y_4)(x_2 - x_1) - (x_3 - x_4)(y_2 - y_1)}$$

Dann schneidet die Strecke die Barriere genau dann, wenn $0 < \lambda < 1$ und $0 < \mu < 1$ gilt.

Dieses Verfahren funktioniert auch dann, wenn die Koordinaten eines Punktes über Breiten und Längengrade (lat,lon) gegeben sind. Auf der Kugeloberfläche schneidet eine Verbindungsstrecke eine Barrierenstrecke genau dann, wenn sich die entsprechenden Projektionen in der Ebene schneiden. Man benutzt einfach die „Projektion":

(13)   y = lat * AbstLat

(14)   x = lon * AbstLon

3.3.9 Verbindung zu Netzwerken

Die Luftlinien bilden eine gute Grundlage für die Entfernungsbestimmung. Sollten jedoch zu viele Korrekturfaktoren und/oder zu viele Barrieren zu berücksichtigen sein, um realistischere Straßen-, Schienen- oder sonstige Verbindungsdistanzen zu erhalten, so ist in der der Regel ein diskretes Netzwerkmodell (wie wir es im nächsten Kapitel betrachten werden) einfacher zu handhaben.

Man erhält ein solches Netzwerkmodell aus einer Entfernungsmatrix, indem man sukzessive alle Endpunkte von relevanten Barrieren als mögliche „Zwischenpunkte" hinzufügt und nur dann Entfernungen zwischen zwei Punkten angibt, wenn diese direkt verbindbar sind.

Aus einer solchen Netzwerkmatrix kann man dann über die graphentheoretischen Verfahren des nächsten Kapitels die kürzesten Verbindungen zwischen den Knoten ermitteln.

4 Grundlegende Modelle zur Transportoptimierung

In diesem Kapitel bauen wir schrittweise die Grundmodelle zur Transportoptimierung auf. Wir beginnen mit dem einfachsten Modell und steigern schrittweise die Komplexität.

4.1 Einstufige Transportmodelle

Bei einstufigen Transportmodellen wird direkt vom Versender zum Empfänger transportiert.

4.1.1 Das Klassische Transportmodell

4.1.1.1 Ökonomische Problembeschreibung

Zum Transport einheitlicher Objekte von mehreren Angebots-(Versende-) zu mehreren Nachfrage-(Empfangs-)orten ist ein optimaler, d. h. kostenminimaler Plan zu finden, wobei die vorhandenen und zu liefernden Mengen an den einzelnen Standorten gegeben sowie die jeweiligen Transportkosten pro Einheit zwischen allen Standorten bekannt sind.

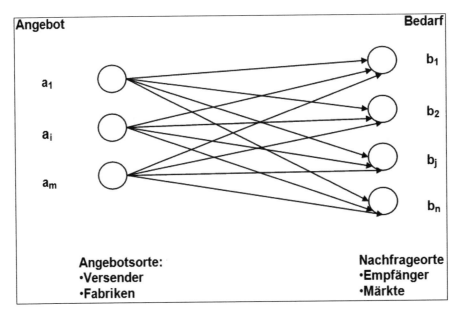

Abbildung: Einstufiges Transportschema (Klassisches Transportmodell)

4.1.1.2 Mathematische Formulierung des Problems

Ein bestimmtes Gut wird an m verschiedenen Orten angeboten und an n verschiedenen Orten nachgefragt.

- Die Angebote a_i sowie der Bedarf b_j sind bekannt.
- Pro Einheit des Gutes sind die Transportkosten c_{ij} von jedem Angebotsort i zu jedem Nachfrageort j gegeben.

Wie viele Einheiten x_{ij} sollen vom Angebotsort i zum Nachfrageort j transportiert werden,

- so dass das vorhandene Angebot eingehalten,
- der gesamte Bedarf gedeckt und dabei
- die gesamten Transportkosten minimal werden?

4.1.1.3 Mathematisches Modell

Indices:

    i = 1, ..., m   Angebotsorte

    j = 1, ..., n   Nachfrageorte

Gegebene Daten:

    a_i Angebot des Gutes am Ort i (in ME)

    b_j Nachfrage des Gutes am Ort j (in ME)

    c_{ij} Transportkosten pro Einheit des Gutes vom Ort i zum Ort j

Entscheidungsvariablen:

    x_{ij} ME des Gutes, die von i nach j transportiert werden sollen

Zielfunktion:

(ZF) $\sum_{i=1}^{m}\sum_{j=1}^{n} c_{ij} x_{ij} \to \min!$ Minimiere die gesamten Transportkosten!

Restriktionen (Nebenbedingungen):

(1) $\sum_{j=1}^{n} x_{ij} \leq a_i$ für i = 1, ..., m

Das Angebotslimit ist an jedem Ort i einzuhalten.

(2) $\sum_{i=1}^{m} x_{ij} \geq b_j$ für j = 1, ..., n

Die Nachfrage ist für jeden Ort j zu erfüllen.

(NN) $x_{ij} \geq 0$ für alle i = 1, ... ,m; j = 1, ..., n

Es werden nur nicht negative Mengen transportiert.

4.1.1.4 Das Klassische Transportproblem mit Gleichungen

In der Literatur wird das Klassische Transportproblem in der Regel mit Gleichheitszeichen in den Bedingungen (1) und (2) formuliert. Für diese Modellierungsform können über den Simplexalgorithmus spezielle einfache Lösungsalgorithmen (das MODI-Verfahren) abgeleitet werden.

Da wir bequemerweise jedoch einen Lösungsalgorithmus über den integrierten Solver als „Black Box" nutzen, können wir direkt auf die oben angegebene Gestalt mit den Ungleichungen zurückgreifen. Sie ist allgemeiner, für die Modellierung naheliegender und erspart uns die Behandlung mathematischer Umformungen („Tricks"), umständlich ein allgemeines Modell zunächst auf ein Gleichungssystem zurückzuführen.

Anzumerken bleibt jedoch, dass sich jedes Transportproblem der obigen Form in ein Transportproblem mit Gleichheitszeichen in (1) und (2) über fiktive Lagermengen überführen lässt.

4.1.1.5 Existenz einer optimalen ganzzahligen Lösung

Es ist ökonomisch direkt plausibel, dass das Klassische Transportproblem nur dann eine Lösung haben kann, wenn das gesamte Angebot mindestens so groß wie der gesamte Bedarf ist, darüber hinaus lässt sich mathematisch auch beweisen, dass diese Bedingung sogar hinreichend für die Existenz einer optimalen Lösung ist:

Das Klassische Transportproblem besitzt genau dann eine optimale Lösung, wenn gilt:

(3) $\quad \sum_{i=1}^{m} a_i \geq \sum_{j=1}^{n} b_j$.

Bei ganzzahligen a_i und b_j existiert wegen der Unimodularität des Systems mit einer optimalen Lösung auch eine ganzzahlige optimale Lösung. In der Regel wird eine solche ganzzahlige Lösung über Solver-Software direkt generiert.

4.1.1.6 Minimierung gewährleistet genaue Bedarfserfüllung

Die Minimierung der Kosten gewährleistet, dass bei einer optimalen Lösung in (2) das Gleichheitszeichen auftritt, sofern für alle i, j gilt: $c_{ij} \geq 0$.

Es macht ja schon ökonomisch keinen Sinn, mehr zu transportieren, wenn dadurch Kosten verursacht werden.

4.1.1.7 Interpretation der Transportkosten

Unter Transportkosten versteht man im obigen Modell alle Personal-, Sach- und kalkulatorischen Kosten, die zur Beförderung von Waren entstehen. Hierzu zählen z. B. Kosten für Fahrer, Kraftstoff, Service, Reparatur, Versicherungen sowie Abschreibungen.
Bei kritischer Betrachtung des Transportmodells ist festzustellen, dass eine Konstanz der Transportkostensätze angenommen wird, unabhängig von der Transportmenge. Damit lassen sich mit diesem Modell keine degressiven Kostenverläufe abbilden, die für die Transportwirtschaft jedoch typisch sind. Das Klassische Transportmodell lässt sich daher nur in Situationen anwenden, in denen sich die Mengenströme in gleicher

Größenordnung befinden und nicht zu stark (etwa über mehrere Zehnerpotenzen hinaus) unterscheiden.

Auf die Berücksichtigung von sprungfixen Kosten und Preisstaffelungen gehen wir aber später noch genauer ein.

4.1.1.8 Zusätzliche Nebenbedingungen

Man kann das Klassische Transportmodell über eine Vielzahl von Möglichkeiten erweitern. Wir geben hierzu ein paar typische Beispiele:

a. Liefer- und Abnahmeverpflichtungen:

Für den Fall, dass zwischen einem Versender i und einem Empfänger j besondere Liefer- bzw. Abnahmeverpflichtungen bestehen, kann man für die entsprechende Lieferstrecke Mindestmengen, also Lower Bounds definieren:

(LB-ij) $\quad LB_{ij} \leq x_{ij}$

b. Ausschluss einer Transportverbindung:

Wenn bestimmte Transportwege nicht benutzt werden dürfen bzw. gesperrt sind, kann der entsprechende Kostensatz c_{ij} zwischen Versender i und Empfänger j auf eine sehr große Zahl M_{ij} gesetzt werden.

Da die hohen Kosten rechentechnisch zu Skalierungsproblemen führen können, ist es sinnvoller, einen Upper Bound zu nutzen:

(NF-ij) $\quad x_{ij} = 0$.

oder

(UB-ij) $\quad x_{ij} \leq 0$

c. Maximale Kapazitäten für eine Transportverbindung:

Gelten für bestimmte Transportverbindungen Wegekapazitäten oder Kapazitätsbeschränkungen für die Transportmittel, so kann man diese über Upper Bounds UB_{ij} modellieren:

(UB-ij) $\quad x_{ij} \leq UB_{ij}$

d. Maximale Kapazitäten für gemeinsame Transportverbindungen:

Manchmal werden für mehrere Strecken $S \subseteq \{(i,j) : i = 1,...,m; j = 1,...,n\}$ das oder die gleichen Transportmittel genutzt. Beispielsweise fährt ein LKW erst von Angebotsort 1 nach Angebotsort 2, bevor er zum Bedarfsort 1 weiterfährt. Das kann man in folgender Form modellieren:

(UB-S) $\quad \sum_{(r,s) \in S} x_{rs} \leq UB_S$

Sollte eine der aufgeführten Bound-Bedingungen hinzukommen, haben wir es natürlich nicht mehr mit dem Klassischen Transportmodell zu tun und verlassen die Möglichkeiten der einfachen Algorithmen. Hinsichtlich der Verwendung unserer Solver-Software stört das jedoch nicht.

4.1.2 Beispiele zum Klassischen Transportmodell

4.1.2.1 Musterbeispiel: Transp_1S_1G_Muster[1]

In diesem ersten Beispiel gehen wir von der einfachsten Form eines Transportmodells aus und beschreiben den Lösungsprozess als Muster in allen Einzelheiten.

Problembeschreibung

Es sind Waren von drei Fabriken (in Bayern, Saarland, Rheinland) zu fünf regionalen Warenhäusern (Märkten) in Berlin, Hamburg, Düsseldorf, Köln und Frankfurt zu transportieren. Die Waren können von jeder Fabrik zu jedem Warenhaus transportiert werden, aber es kostet mehr, sie über große Entfernungen zu transportieren als über kurze. Jede Fabrik hat dabei ein vorgegebenes Angebot an ME (Mengeneinheiten) dieser Ware und jedes Warenhaus eine bestimmte Nachfrage.

Die Aufgabe besteht darin, die Mengeneinheiten zu bestimmen, die von jeder Fabrik zu jedem Warenhaus geliefert werden sollen, um mit minimalen Transportkosten die regionalen Nachfragen zu befriedigen, ohne die Kapazitäten der Fabriken zu überschreiten.

---

[1] Die Zahlen sind einem Standardbeispiel zur Solver Software entnommen.

	A	B	C	D	E	F	G	H	I
17									
18		**Transportkosten und Parameter**							
19									
20		Im Schnittpunkt der Tabelle stehen die Transportkosten pro ME von der Fabrik **Fabr** zum Markt **Mkt**							
21									
22									
23		**C**	Berlin	Hamburg	Düsseldorf	Köln	Frankfurt	**Angebot**	
24		Bayern	10 €	8 €	6 €	5 €	4 €	300	
25		Saarland	6 €	5 €	4 €	3 €	6 €	260	
26		Rheinland	3 €	4 €	5 €	5 €	9 €	280	
27		**Nachfrage**	180	80	200	160	220		
28									

Abbildung Transp_1S_1G_Muster: Problembeschreibung

Schritt 1: Eingabe der Bezeichnungen

Zur besseren Dokumentation unserer Modelle empfiehlt es sich, für die einzelnen Zellenbereiche Bezeichnungen zu definieren:

- C_FabrMkt   = $C$24:$G$26
- Nachfrage   = $C$27:$G$27
- Angebot   = $H$24:$H$26

Schritt 2: Aufbau der Tabelle für die Transportmengen

Hierzu kopieren wir den Zellenbereich der Transportkosten und Parameter möglichst spaltenkonform nach unten und ändern ihn gemäß der folgenden Abbildung ab.

	A	B	C	D	E	F	G	H	I
29									
30		**Transportmengen**							
31									
32		Im Schnittpunkt der Tabelle stehen die zu transportierenden ME von der Fabrik **Fabr** zum Markt **Mkt**							
33									
34									
35		**X**	Berlin	Hamburg	Düsseldorf	Köln	Frankfurt	**Ges4Fabr**	
36		Bayern	1	1	1	1	1	5	
37		Saarland	1	1	1	1	1	5	
38		Rheinland	1	1	1	1	1	5	
39		**Ges2Mkt**	3	3	3	3	3		
40									

Abbildung Transp_1S_1G_Muster: Transportmengentabelle mit Vorgabewert 1

Nachdem wir zunächst die Texte entsprechend der Abbildung verändert haben, wird in die Schnittpunkte der Tabelle willkürlich der Wert „1" eingetragen. Dieser Wert hat lediglich die Bedeutung, daran zu erinnern, dass diese Zelle zu den veränderlichen Zellen (Entscheidungsvariablen) gehört und noch zu bestimmen ist.

4 Grundlegende Modelle zur Transportoptimierung

Darüber hinaus sieht man damit sofort, ob man sich bei der Summation von Zeilen oder Spalten „verklickt" hat:

- Geben Sie in Zelle C36 den Wert „1" ein.
- Ändern Sie das Format dieser Zelle über die Menüpunkte: „Format -> Zellen formatieren" auf „Zahl".
- Kopieren Sie Zelle C36 bis zur Zelle G36.
- Kopieren Sie den Zellbereich C36:G36 nach C38:G38.

In den Zellen rechts neben dem Zeilentext **„Ges2Mkt"** stehen die **Formeln für die Spaltensummen**.

- Markieren Sie Zelle C39 und klicken auf das Summationszeichen.
- In C39 erscheint: „=SUMME(C36:C38)".
- Kopieren Sie C39 bis G39.

Analog sind in den Zellen unter dem Spaltentext **„Ges4Fabr"** die **Formeln für die Zeilensummen** zu generieren.

Abschließend definieren wir auch hier wieder **Bezeichnungen für die Zellenbereiche**:

- X_FabrMkt   = $C$36:$G$38
- Ges2Mkt   = $C$39:$G$39
- Ges4Fabr   = $H$36:$H$38

Schritt 3: Bestimmung der Gesamtkosten

	A	B	C	D	E	F
42						
43	Gesamtkosten					
44			83 €			
45						

Gesamtkosten ▼   fx =SUMMENPRODUKT(C_FabrMkt;X_FabrMkt)

Abbildung Transp_1S_1G_Muster: Eingabe der Formel für die Gesamtkosten

Zum Abschluss der Modellbildung muss nun noch die Zielzelle (Zielfunktion) bestimmt werden:

- Markieren sie die Zelle C44.

- Geben Sie ein: „ = Summenprodukt(„
- Markieren Sie den Zellenbereich „C_FabrMkt", es erscheint automatisch: „=Summenprodukt(C_FabrMkt".
- Geben Sie „Semikolon" ein und markieren dann den Bereich „X_FabrMkt".
- Geben Sie „Klammer zu" ein und schließen mit „Enter" ab.
- Sie erhalten: „=SUMMENPRODUKT(C_FabrMkt;X_FabrMkt)".

Definiert man Zelle C44 nun noch als „Gesamtkosten", so erhält man obige Abbildung.

Bereits hier sieht man die Vorteile der Benennung von Zellenbereichen.

Schritt 4: Eingabe des mathematischen Modells in den Solver

Im Rahmen der hier eingeführten Terminologie ergibt sich jetzt als mathematisches Modell:

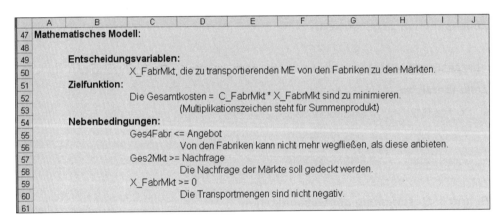

Abbildung Transp_1S_1G_Muster: Mathematisches Modell mit den verwendeten Bezeichnungen

Dieses Modell wird nun schrittweise in den Solver eingegeben.

- Unter Excel 2003 ruft man unter „Extras -> Solver" auf.
  Unter Excel 2010 ist er unter dem Menüpunkt „Daten" zu finden (siehe Anhang).
- Als erstes gibt man die Zielzelle (Zielfunktion) an. Die im Arbeitsblatt markierte Zelle erscheint als Vorgabewert. Man kann sie direkt übernehmen oder verändern. In den neueren Solver Versionen wird hier sofort die Bezeichnung der eingegeben Zelle angezeigt.

4 Grundlegende Modelle zur Transportoptimierung

- Danach wird die Orientierung der Zielfunktion markiert, hier „Min".
- Nun gibt man den Bereich der variablen Zellen (Entscheidungsvariablen) an, hier X_FabrMkt, also die Felder, die wir mit dem Wert „1" vorbelegt haben.
- Für die Eingabe der Restriktionen klickt man zum Aktivieren in das linke Feld der Restriktionen und dann auf „Hinzufügen".
- Nun wird über das Pull-Down-Fenster der Optimierungsalgorithmus auf „Simplex LP" eingestellt.
- Schließlich wird noch das Fenster für „Nicht eingeschränkte Variablen als nicht-negativ festlegen" mit Häkchen aktiviert.
- Nun kann man endlich auf „Lösen" klicken.
- Der Optimierer gibt hier nach kurzer Rechenzeit eine Rückmeldung aus. Man klickt auf „OK" und erhält im Arbeitsblatt die Darstellung der optimalen Lösung.

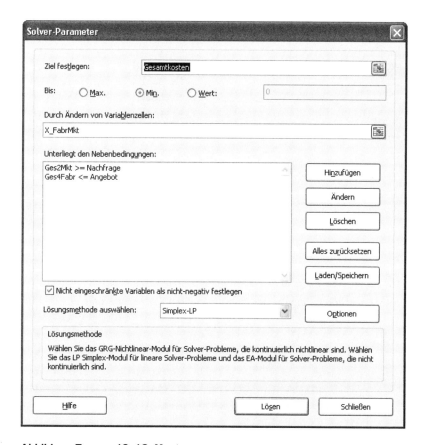

Abbildung Transp_1S_1G_Muster:

    Eingabe des Mathematischen Modells in den Solver unter Excel 2010

Transportmengen

Im Schnittpunkt der Tabelle stehen die zu transportierenden ME von der Fabrik **Fabr** zum Markt **Mkt**

X	Berlin	Hamburg	Düsseldorf	Köln	Frankfurt	Ges4Fabr
Bayern	0	0	0	80	220	300
Saarland	0	0	180	80	0	260
Rheinland	180	80	20	0	0	280
Ges2Mkt	180	80	200	160	220	

Gesamtkosten: 3.200 €

Abbildung Transp_1S_1G_Muster: Ausgabe der optimalen Lösung

Eingabemasken bei Verwendung des Standard-Solvers unter Excel 2003:

Abbildung Transp_1S_1G_Muster: Eingabe des Mathematischen Modells in den Standard Solver unter Excel 2003: Eingabe der Zielzelle und der Zielorientierung

4 Grundlegende Modelle zur Transportoptimierung

Abbildung Transp_1S_1G_Muster:
> Eingabe des Mathematischen Modells in den Standard Solver unter Excel 2003:
> **Eingabe der Entscheidungsvariablen und der Restriktionen**

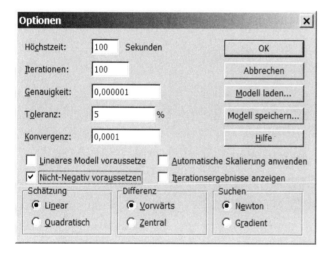

Abbildung Transp_1S_1G_Muster:
> Eingabe des Mathematischen Modells in den Standard Solver unter Excel 2003:
> **Markierung der Nichtnegativitäts-Option unter „Optionen"**

Eingabemasken bei Verwendung des Premium-Solvers (Testversion):

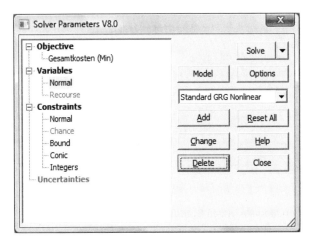

Abbildung Transp_1S_1G_Muster: Eingabe des Mathematischen Modells in den Premium Solver: Eingabe der Zielzelle und der Zielorientierung

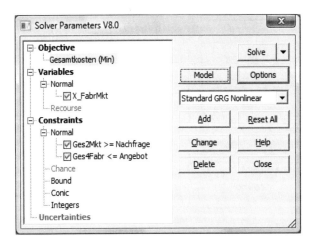

Abbildung Transp_1S_1G_Muster: Eingabe des Mathematischen Modells in den Premium Solver: Eingabe der Entscheidungsvariablen und der Restriktionen

4 Grundlegende Modelle zur Transportoptimierung

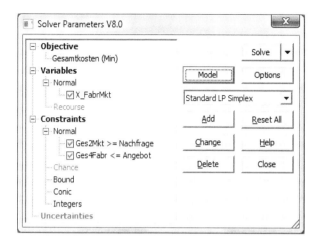

Abbildung Transp_1S_1G_Muster: Eingabe des Mathematischen Modells in den Premium Solver: Angabe des passenden Optimierungsalgorithmus, hier Lineare Optimierung

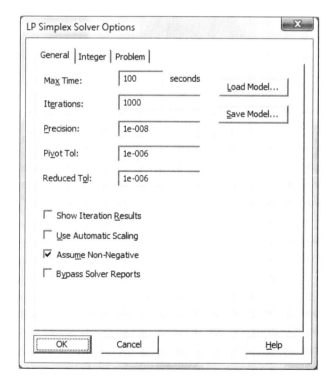

Abbildung Transp_1S_1G_Muster: Eingabe des Mathematischen Modells in den Premium Solver: Markierung der Nichtnegativitäts-Option unter „Options"

4.1.2.2 Transp_1S_1G

Hier handelt es sich wieder um ein Transportmodell in einfachster Form, wir nutzen zur Übung lediglich andere Bezeichnungen.

Problembeschreibung

Ein Unternehmen stellt ein einziges Gut in 2 Produktionsstätten her und hat dafür 5 Kunden. Die Kapazitäten der Fabriken sind beschränkt und die Kunden haben bestimmte Bedarfe. Im Lager sollen keine Bestände aufgebaut werden.

Wie viele Mengeneinheiten des Gutes sollen von welcher Fabrik zu welchem Kunden transportiert werden, so dass die gesamten Transportkosten minimal sind?

Zunächst erhält man über die Transportkostenmatrix die Transportkosten einer Mengeneinheit von den Fabriken zu den Kunden.
Damit ergibt sich als zusammenfassende Problembeschreibung:

	A	B	C	D	E	F	G	H	I
14									
15	**Transportkosten**								
16	pro ME des Gutes von Fabrik **Fabr** zum Kunden **Kd**								
17									
18		**von/nach**	Kunde 1	Kunde 2	Kunde 3	Kunde 4	Kunde 5	**ProdKap**	
19		Fabrik 1	1,75 €	2,25 €	1,50 €	2,00 €	1,50 €	60.000	
20		Fabrik 2	2,00 €	2,50 €	2,50 €	1,50 €	1,00 €	60.000	
21		**Bedarf**	30.000	23.000	15.000	32.000	16.000		
22									

Abbildung Transp_1S_1G: Transportkosten und Parameter

Schritt 1: Eingabe der Bezeichnungen

Zur besseren Dokumentation unserer Modelle bezeichnen wir die wesentlichen Zellenbereiche:

- C_FabrKd   = $C$19:$G$20   Kosten für den Transport einer ME von Fabrik zum Kunden
- ProdKap   = $H$19:$H$20   Produktionskapazität der Fabriken
- Bedarf   = $C$21:$G$21   Bedarf der Kunden

Schritt 2: Aufbau der Tabelle für die Transportmengen

Wir kopieren den Zellenbereich der Transportkosten spaltenkonform nach unten und ändern ihn gemäß der folgenden Abbildung ab.

	A	B	C	D	E	F	G	H
23								
24	Transportmengen							
25	ME des Gutes von Fabrik **Fabr** zum Kunden **Kd**							
26								
27		von/nach	Kunde 1	Kunde 2	Kunde 3	Kunde 4	Kunde 5	Ges4Fabr
28		Fabrik 1	1	1	1	1	1	5
29		Fabrik 2	1	1	1	1	1	5
30		Ges2Kd	2	2	2	2	2	
31								

Abbildung Transp_1S_1G: Transportmengentabelle mit Vorgabewert 1

Mit:

- X_FabrKd   = $C$28:$G$29   Transportmengen von einer Fabrik zu einem Kunden
- Ges4Fabr   = $H$28:$H$29   Zeilensummen von X_FabrKd
- Ges2Kd   = $C$30:$G$30   Spaltensummen von X_FabrKd

Schritt 3: Bestimmung der Gesamtkosten

	A	B	C	D	E
			f_x =SUMMENPRODUKT(C_FabrKd;X_FabrKd)		
32					
33	**Gesamtkosten**				
34			19 €		
35					

Abbildung Transp_1S_1G: Eingabe der Formel für die Gesamtkosten

Mit:

- Gesamtkosten   = $C$34   Summenprodukt von C_FabrKd und X_FabrKd

Schritt 4: Eingabe des mathematischen Modells in den Solver

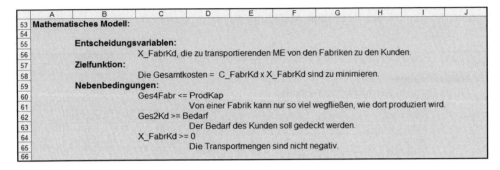

Abbildung Transp_1S_1G: Mathematisches Modell mit den verwendeten Bezeichnungen

Die Eingabe dieses Modells in den Solver ergibt:

Abbildung Transp_1S_1G: Eingabe des Mathematischen Modells in den Solver

Das führt dann zu dem Ergebnis:

	A	B	C	D	E	F	G	H
23								
24	**Transportmengen**							
25	ME des Gutes von Fabrik **Fabr** zum Kunden **Kd**							
26								
27		*von/nach*	Kunde 1	Kunde 2	Kunde 3	Kunde 4	Kunde 5	**Ges4Fabr**
28		Fabrik 1	30.000	15.000	15.000	0	0	60.000
29		Fabrik 2	0	8.000	0	32.000	16.000	56.000
30		**Ges2Kd**	30.000	23.000	15.000	32.000	16.000	
31								
32								
33	**Gesamtkosten**							
34			192.750 €					
35								

Abbildung Transp_1S_1G: Ausgabe der optimalen Lösung

4.1.2.3 Transp_1S_1G_Truppen

Mit diesem Beispiel möchten wir an die martialischen Ursprünge des Transportproblems erinnern und gleichzeitig eine alternative Interpretation des Problems vorstellen.[1]

Problembeschreibung

Eine Armee möchte aus 3 Ausbildungslagern Truppen in 4 Kasernen verlegen, um die Kasernen aufzufüllen. Wenn man es genau betrachtet, handelt es sich hier um ein traditionelles Transportproblem.

Die Zielfunktion lautet hier: Minimiere die Transportkosten!

Als Basis ist hier die Tabelle „Transportkosten pro Soldat" gegeben. Zusätzlich hat man noch die Informationen, wie viele Soldaten in den einzelnen Ausbildungscamps verfügbar sind und wie viele Soldaten in den einzelnen Kasernen benötigt werden.

---

[1] Die Zahlen entspringen einem Standard-Beispiel der Frontline Solver Software.

Damit ergibt sich als zusammenfassende Problembeschreibung:

	A	B	C	D	E	F	G	H
14								
15		Transportkosten						
16		Im Schnittpunkt der Tabelle stehen die Transportkosten pro Soldat vom Ausbildungslager **Lag** zur Kaserne **Kas**						
17								0
18		von/nach	Kaserne 1	Kaserne 2	Kaserne 3	Kaserne 4	verfügbare Soldaten	
19		Ausbildungslager 1	34 €	26 €	29 €	31 €	500	
20		Ausbildungslager 2	42 €	33 €	28 €	35 €	400	
21		Ausbildungslager 3	36 €	29 €	32 €	38 €	400	
22		benötigte Soldaten	200	250	350	300		
23								

Abbildung Transp_1S_1G_Truppen: Transportkosten und Parameter

Schritt 1: Eingabe der Bezeichnungen

Zur besseren Dokumentation unserer Modelle bezeichnen wir die wesentlichen Zellenbereiche:

- C_LagKas = $C$19:$F$21   Transportkosten pro Soldat vom Ausbildungslager zur Kaserne

- verfügbare_Soldaten = $G$19:$G$21   Verfügbare Soldaten pro Ausbildungslager

- benötigte_Soldaten = $C$22:$F$22   Benötigte Soldaten pro Kaserne

Schritt 2: Aufbau der Tabelle für die Transportmengen

Wir kopieren den Zellenbereich der Transportkosten spaltenkonform nach unten und ändern ihn gemäß der folgenden Abbildung ab.

	A	B	C	D	E	F	G	H
24								
25		Anzahl der verlegten Soldaten						
26		Im Schnittpunkt der Tabelle steht die Anzahl zu verlegender Soldaten vom Ausbildungslager **Lag** zur Kaserne **Kas**						
27								
28		von/nach	Kaserne 1	Kaserne 2	Kaserne 3	Kaserne 4	Ges4Lag	
29		Ausbildungslager 1	1	1	1	1	4	
30		Ausbildungslager 2	1	1	1	1	4	
31		Ausbildungslager 3	1	1	1	1	4	
32		Ges2Kas	3	3	3	3		
33								
34								

Abbildung Transp_1S_1G_Truppen: Transportmengentabelle mit Vorgabewert 1

Mit:

- X_LagKas = $C$29:$F$31   Anzahl der Soldaten, die vom Ausbildungslager auf die Kaserne verlegt werden

- Ges4Lag = $G$29:$G$31   Zeilensummen von X_LagKas

- Ges2Kas = $C$32:$F$32   Spaltensummen von X_LagKas

Schritt 3: Bestimmung der Gesamtkosten

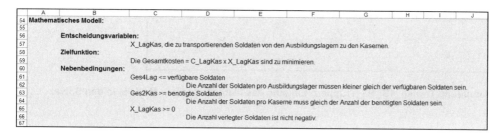

Abbildung Transp_1S_1G_Truppen: Angabe der Formel für die Gesamtkosten

Mit:

- Gesamtkosten = $C$36   Summenprodukt von C_LagKas und X_LagKas

Schritt 4: Eingabe des mathematischen Modells in den Solver

	A	B	C
54	**Mathematisches Modell:**		
55			
56		Entscheidungsvariablen:	
57			X_LagKas, die zu transportierenden Soldaten von den Ausbildungslagern zu den Kasernen.
58		Zielfunktion:	
59			Die Gesamtkosten = C_LagKas x X_LagKas sind zu minimieren.
60		Nebenbedingungen:	
61			Ges4Lag <= verfügbare Soldaten
62			Die Anzahl der Soldaten pro Ausbildungslager müssen kleiner gleich der verfügbaren Soldaten sein.
63			Ges2Kas >= benötigte Soldaten
64			Die Anzahl der Soldaten pro Kaserne muss gleich der Anzahl der benötigten Soldaten sein.
65			X_LagKas >= 0
66			Die Anzahl verlegter Soldaten ist nicht negativ.
67			

Abbildung Transp_1S_1G_Truppen: Mathematisches Modell mit den verwendeten Bezeichnungen

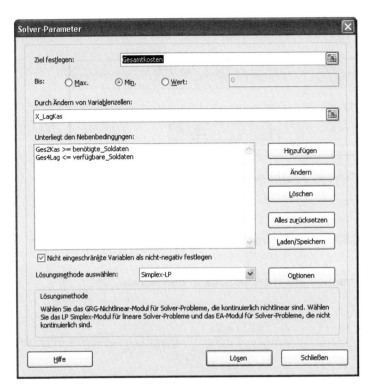

Abbildung Transp_1S_1G_Truppen: Eingabe des Mathematischen Modells in den Solver

Das führt dann zu dem Ergebnis:

	A	B	C	D	E	F	G	H
24								
25	Anzahl der verlegten Soldaten							
26	Im Schnittpunkt der Tabelle steht die Anzahl zu verlegender Soldaten vom Ausbildungslager **Lag** zur Kaserne **Kas**							
27								
28		von/nach	Kaserne 1	Kaserne 2	Kaserne 3	Kaserne 4	Ges4Lag	
29		Ausbildungslager 1	0	200	0	300	500	
30		Ausbildungslager 2	0	0	350	0	350	
31		Ausbildungslager 3	200	50	0	0	250	
32		Ges2Kas	200	250	350	300		
33								
34								
35	Gesamtkosten							
36			32.950 €					
37								

Abbildung Transp_1S_1G_Truppen: Ausgabe der optimalen Lösung

4.1.2.4 Transp_1S_1G_Europa

Bei diesem Beispiel handelt es sich um unser Grundbeispiel, das wir schrittweise in seiner Komplexität erweitern werden. Aus Gründen einer Vorgehenssystematik wird zunächst aus einer Distanzmatrix eine Kostenmatrix abgeleitet. Da der Zusammenhang hier linear ist, hätte man auch direkt die Distanzen minimieren können, das Ergebnis wäre gleich. In späteren Beispielen wird aber bei der Verwendung von Preisstaffelungen nach Distanzen oder dem Einbeziehen von Maut- bzw. Fährgebühren dieser lineare Zusammenhang nicht mehr bestehen.

Problembeschreibung

An folgenden Produktionsorten sei ein Vorrat an Paletten eines Elektronikartikels:

	Vorrat
Amsterdam	700
Kopenhagen	600
Oslo	1000
Gesamt	**2300**

An folgenden Orten sei ein Bedarf an Paletten dieses Elektronikartikels:

	Bedarf
Berlin	200
Brüssel	700
Barcelona	500
Madrid	300
Rom	400
Gesamt	**2100**

Die Transportkosten einer Palette betragen 1,80 €/km.

Bestimmen Sie die optimalen Transportmengen und -wege!

Zunächst muss man sich über eine Entfernungsmatrix die Distanzen zwischen den Orten beschaffen.

Damit ergibt sich als zusammenfassende Problembeschreibung:

	A	B	C	D	E	F	G	H	I
29									
30	Distanzen und Parameter								
31	Im Schnittpunkt der Tabelle stehen die km von der Fabrik **Fabr** zum Markt **Mkt**								
32									
33		von/nach			**Märkte**				
34		Fabriken	Berlin	Brüssel	Barcelona	Madrid	Rom	Angebot	
35		Amsterdam	669	220	1.558	1.781	1.661	700	
36		Kopenhagen	367	1.030	2.234	2.846	2.083	600	
37		Oslo	1.026	1.529	2.789	3.094	2.715	1000	
38		Nachfrage	200	700	500	300	400		
39									
40	Transportkosten/km/ME		1,80 €						
41									

Abbildung Transp_1S_1G_Europa: Distanzen und Parameter

Schritt 1: Eingabe der Bezeichnungen

Zur besseren Dokumentation unserer Modelle bezeichnen wir die wesentlichen Zellenbereiche:

- Dist_FabrMkt   = $C$35:$G$37   Distanz von einer Fabrik zu einem Markt
- Kosten_pro_km = $C$40   Transportkosten pro km für eine ME

Schritt 2: Aufbau der Tabelle für die Transportkosten

Hierzu kopieren wir den Zellenbereich der Transportdistanzen und Parameter spaltenkonform nach unten und ändern ihn gemäß der folgenden Abbildung ab.

	A	B	C	D	E	F	G	H	I
42									
43	Transportkosten								
44	Im Schnittpunkt der Tabelle stehen die Transportkosten pro ME von der Fabrik **Fabr** zum Markt **Mkt**								
45									
46		von/nach			**Märkte**				
47		Fabriken	Berlin	Brüssel	Barcelona	Madrid	Rom	Angebot	
48		Amsterdam	1.204,20 €	396,00 €	2.804,40 €	3.205,80 €	2.989,80 €	700	
49		Kopenhagen	660,60 €	1.854,00 €	4.021,20 €	5.122,80 €	3.749,40 €	600	
50		Oslo	1.846,80 €	2.752,20 €	5.020,20 €	5.569,20 €	4.887,00 €	1000	
51		Nachfrage	200	700	500	300	400		
52									

Abbildung Transp_1S_1G_Europa: Transportkosten und Parameter

Dabei gilt:

- C_FabrMkt   = $C$48:$G$50   = Kosten_pro_km * Dist_FabrMkt
- Angebot   = $H$48:$H$50   Angebot in ME von den Fabriken
- Nachfrage   = $C$51:$G$51   Nachfrage in ME von den Märkten

Schritt 3: Aufbau der Tabelle für die Transportmengen

Wir kopieren den Zellenbereich der Transportkosten spaltenkonform nach unten und ändern ihn gemäß der folgenden Abbildung ab.

	A	B	C	D	E	F	G	H	I
53									
54	Transportmengen								
55	Im Schnittpunkt der Tabelle stehen die zu transportierenden ME von der Fabrik **Fabr** zum Markt **Mkt**								
56									
57		von/nach			Märkte				
58		**Fabriken**	Berlin	Brüssel	Barcelona	Madrid	Rom	Ges4Fabr	
59		Amsterdam	1	1	1	1	1	5	
60		Kopenhagen	1	1	1	1	1	5	
61		Oslo	1	1	1	1	1	5	
62		**Ges2Mkt**	3	3	3	3	3		
63									

Abbildung Transp_1S_1G_Europa: Transportmengentabelle mit Vorgabewert 1

Mit:

- X_FabrMkt = $C$59:$G$61   Transportmengen von einer Fabrik zu einem Markt
- Ges4Fabr = $H$59:$H$61   Zeilensummen von X_FabrMkt
- Ges2Mkt = $C$62:$G$62   Spaltensummen von X_FabrMkt

Schritt 4: Bestimmung der Gesamtkosten

Gesamtkosten ▼		f_x =SUMMENPRODUKT(C_FabrMkt;X_FabrMkt)	
	A	B	C	D
64				
65	**Gesamtkosten**			
66			46.084 €	
67				

Abbildung Transp_Europa: Eingabe der Formel für die Gesamtkosten

Mit:

- Gesamtkosten = $C$66   Summenprodukt von C_FabrMkt und X_FabrMkt

Schritt 5: Eingabe des mathematischen Modells in den Solver

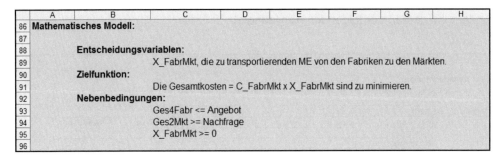

Abbildung Transp_1S_1G_Europa: Mathematisches Modell mit den verwendeten Bezeichnungen

Die Eingabe dieses Modells in den Solver ergibt:

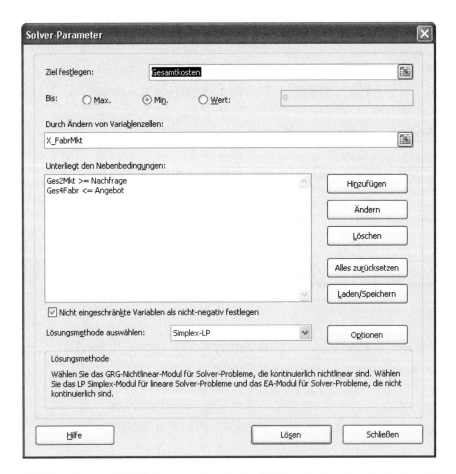

Abbildung Transp_1S_1G_Europa: Eingabe des Mathematischen Modells in den Solver

4 Grundlegende Modelle zur Transportoptimierung

Das führt dann zu dem Ergebnis:

	A	B	C	D	E	F	G	H
53								
54	**Transportmengen**							
55	Im Schnittpunkt der Tabelle stehen die zu transportierenden ME von der Fabrik **Fabr** zum Markt **Mkt**							
56								
57		von/nach			**Märkte**			
58		**Fabriken**	Berlin	Brüssel	Barcelona	Madrid	Rom	Ges4Fabr
59		Amsterdam	0	400	0	300	0	700
60		Kopenhagen	200	0	0	0	400	600
61		Oslo	0	300	500	0	0	800
62		**Ges2Mkt**	200	700	500	300	400	
63								
64								
65	Gesamtkosten							
66			6.087.780 €					
67								

Abbildung Transp_1S_1G_Europa: Ausgabe der optimalen Lösung

Anmerkung:

Da hier die Transportkosten linear von den Distanzen abhängen, hätte es gereicht, direkt die Gesamtdistanz zu minimieren. Da aber in nachfolgenden Beispielen diese lineare Beziehung nicht mehr vorausgesetzt wird, haben wir aus Gründen einer einheitlichen Vorgehenssystematik den zusätzlichen Schritt 2 bevorzugt.

4.1.2.5 Transp_1S_1G_NB

In diesem Beispiel ergänzen wir das klassische Transportmodell um eine Reihe von zusätzlichen Restriktionen und um einen nichtlinearen Zusammenhang von Distanzen und Kostenmatrix.

Problembeschreibung

Zwischen 5 Erzeugern und 10 Kunden sind Logistikeinheiten [LE] an Lebensmitteln zu transportieren. Das beschränkte Angebot der Erzeuger sowie der Konsumbedarf der Kunden sind gegeben. Hinsichtlich der Kunden ist mit dem angegebenen Grad an Verderblichkeit der antransportierten Mengen zu rechnen. Verdorbene Waren fallen für den Konsum natürlich aus.

Die Transportkosten pro km und LE hängen in einer Preisstaffelung von den Distanzen ab.

Distanzmatrix

Erz \ Kunde	Stuttgart	Dortmund	Essen	Düsseldorf	Bremen	Hannover	Leipzig	Dresden	Nürnberg	Duisburg	Angebot
Berlin	631	493	480	565	375	258	184	214	426	553	500
Hamburg	668	343	350	423	110	154	387	497	609	400	600
München	221	608	646	618	749	632	424	464	167	637	800
Köln	372	95	75	41	320	295	494	569	417	71	500
Frankfurt	205	221	256	231	447	346	381	458	227	250	700
Bedarf	150	200	300	125	275	350	450	150	250	250	
Verderblichkeit	10%	15%	10%	20%	30%	20%	15%	10%	15%	20%	

Transportkosten in Abhängigkeit der Entfernung:

Entfernung [km] ab	bis	Kosten pro km und pro LE
0	50	0,20 €
51	100	0,40 €
101	150	0,60 €
151	200	0,80 €
201	250	1,00 €
251	300	1,20 €
301	350	1,40 €
351	400	1,60 €
401	450	1,80 €
451	500	2,00 €
501	550	2,20 €
551	600	2,40 €
601	650	2,60 €
651	700	2,80 €
701	750	3,00 €
751	1000	3,20 €

Abbildung Transp_1S_1G_NB: Distanzen und Parameter

Zusätzlich sind ferner die folgenden Restriktionen zu beachten:

Beschreibung	Parameter	Wert
Von Frankfurt nach Duisburg kann derzeit nur ein kleiner LKW eingesetzt werden.	MaxKapazität [LE]:	150
Leipzig und Dresden werden von Berlin aus höchstens innerhalb einer einzigen Tour von einem LKW angefahren.	MaxKapTour [LE]:	400
Zur Förderung des ökologischen Anbaus sollen von München mindestens verschickt werden:	MindestMuc [LE]:	750

Abbildung Transp_1S_1G_NB: Zusätzliche Restriktionen

Bestimmen Sie die optimalen Transportmengen und -wege!

Schritt 1: Eingabe der Bezeichnungen

Zur besseren Dokumentation unserer Modelle bezeichnen wir zunächst wieder die wesentlichen Zellenbereiche der Vorgabewerte:

- MaxKap_FrDu = $J$13   Max. Kapazität Frankfurt nach Duisburg
- MaxKap_Tour = $J$16   Max. Kapazität Auslieferungstour Berlin nach Leipzig und Dresden
- MindestMuc = $J$18   Mindestabholmenge für München

- Dist_ErzKd = $C$30:$L$34   Distanz zwischen Erzeuger und Kunde
- Angebot_ = $M$30:$M$34   Angebot der Erzeuger
- Bedarf = $C$35:$L$35   Bedarf der Kunden
- Verderblichkeit = $C$36:$L$36   Verderblichkeit in Prozent bez. auf Kunde

- Preisstaffelung = $B$42:$D$57   Preisstaffelung pro km und LE

Schritt 2: Aufbau der Tabelle für die Transportkosten

Hierzu kopieren wir den Zellenbereich der Transportdistanzen und Parameter spaltenkonform nach unten und ändern ihn gemäß der folgenden Abbildung ab.

Erz \ Kunde	Stuttgart	Dortmund	Essen	Düsseldorf	Bremen	Hannover	Leipzig	Dresden	Nürnberg	Duisburg	Angebot
Berlin	1 640,60 €	985,00 €	950,00 €	1 358,00 €	600,00 €	309,60 €	147,20 €	214,00 €	766,80 €	1 327,20 €	500
Hamburg	1 870,40 €	480,20 €	490,00 €	761,40 €	66,00 €	123,20 €	619,20 €	994,00 €	1 583,40 €	640,00 €	600
München	221,00 €	1 580,80 €	1 679,60 €	1 606,80 €	2 247,00 €	1 643,20 €	763,20 €	928,00 €	133,80 €	1 656,20 €	800
Köln	595,20 €	38,00 €	30,00 €	8,20 €	448,00 €	354,00 €	988,00 €	1 365,60 €	750,60 €	28,40 €	500
Frankfurt	205,00 €	221,00 €	307,20 €	231,00 €	804,60 €	484,40 €	609,60 €	916,00 €	227,00 €	250,00 €	700
Nachfrage	166,67	235,29	333,33	156,25	392,86	437,50	529,41	166,67	294,12	312,50	

Abbildung Transp_1S_1G_NB: Transportkosten und Parameter

Dabei gilt:

- C_ErzKd = $C$64:$L$68   Transportkosten pro LE vom Erzeuger zum Kunden
  =SVERWEIS(Dist_ErzKd;Preisstaffelung;3)*Dist_Erz_Kd
- Angebot = $M$64:$M$68   Angebot in LE der Erzeuger
  = Angebot_
- Nachfrage = $M$69:$L$69   Effektive Nachfrage in LE der Kunden
  Nachfrage_Kd = Bedarf_Kd / (1 - Verderblichkeit_Kd)

Schritt 3: Aufbau der Tabelle für die Transportmengen

Wir kopieren den Zellenbereich der Transportdistanzen spaltenkonform nach unten und ändern ihn gemäß der folgenden Abbildung ab.

	A	B	C	D	E	F	G	H	I	J	K	L	M	N
72	Transportmengen													
73		Im Schnittpunkt der Tabelle stehen die zu transportierenden LE von den Erzeugern zu den Kunden												
74														
75														
76		Erz \ Kunde	Stuttgart	Dortmund	Essen	Düsseldorf	Bremen	Hannover	Leipzig	Dresden	Nürnberg	Duisburg	Ges4Erz	
77		Berlin	1	1	1	1	1	1	1	1	1	1	10	
78		Hamburg	1	1	1	1	1	1	1	1	1	1	10	
79		München	1	1	1	1	1	1	1	1	1	1	10	
80		Köln	1	1	1	1	1	1	1	1	1	1	10	
81		Frankfurt	1	1	1	1	1	1	1	1	1	1	10	
82		Ges2Kd	5	5	5	5	5	5	5	5	5			

Abbildung Transp_1S_1G_NB: Transportmengentabelle mit Vorgabewert 1

Mit:

- X_ErzKd = $C$77:$L$81   Transportmengen Erzeuger zum Kunden
- Ges4Erz = $M$77:$M$81   Zeilensummen von X_ErzKd
- Ges2Kd = $C$82:$L$82   Spaltensummen von X_ErzKd

- X_FrDu   = $L$81   Transportmenge Frankfurt nach Duisburg
- X_BLeipz = $I$77   Transportmenge Berlin nach Leipzig
- X_BDresd = $J$77   Transportmenge Berlin nach Dresden
- Ges4Muc = $M$79   Gesamtmenge für München
- TourBerlin = $J$85   Transportmenge der Tour
  Berlin–Leipzig-Dresden
  = X_BLeipz + X_BDresd

Schritt 4: Bestimmung der Gesamtkosten

Gesamtkosten ▼		f_x =SUMMENPRODUKT(C_ErzKd;X_ErzKd)	
	A	B	C	D
85	Gesamtkosten			
86			37.256,40 €	
87				

Abbildung Transp_1S1G_NB: Eingabe der Formel für die Gesamtkosten

Mit:

- Gesamtkosten = $C$86   Summenprodukt von C_ErzKd und X_ErzKd

Schritt 5: Eingabe des mathematischen Modells in den Solver

```
Mathematisches Modell:

    Entscheidungsvariablen:
            X_ErzKd, die zu transportierenden LE von den Erzeugern zu den Kunden.
    Zielfunktion:
            Die Gesamtkosten = C_ErzKd x X_ErzKd sind zu minimieren.
                    (Multiplikationszeichen x steht für Summenprodukt)
    Nebenbedingungen:
            Ges4Erz <= Angebot
                    Von den Erzeugern kann nicht mehr wegfließen, als diese anbieten.
            Ges2Kd >= Nachfrage
                    Die Nachfrage der Kunden soll gedeckt werden.
            X_FrDu <= MaxKap_FrDu
                    Berücksichtigung der Maximalkapazität Frankfurt nach Duisburg
            TourBerlin <= MaxKapTour
                    Berücksichtigung der Tourenkapazität Berlin - Leipzig - Dresden
            Ges4Muc >= MindestMuc
                    Berücksichtigung der Mindestabnahme für München
            X_ErzKd >= 0
                    Die Transportmengen sind nicht negativ.
```

Abbildung Transp_1S_1G_NB: Mathematisches Modell mit den verwendeten Bezeichnungen

Modellbasiertes Logistikmanagement

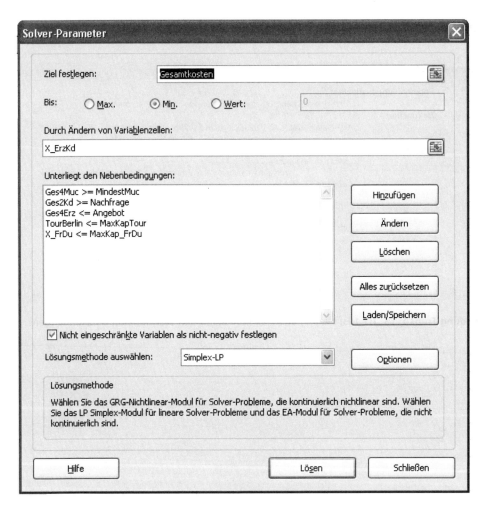

Abbildung Transp_1S_1G_NB: Eingabe des Mathematischen Modells in den Solver

Mit der obigen Solver-Eingabe erhält man das Ergebnis:

Abbildung Transp_1S_1G_NB: Ausgabe der optimalen Lösung

4.1.3 Heuristiken für das Klassische Transportmodell

4.1.3.1 Heuristiken: Gute anstelle von optimalen Lösungen

Der Standard Solver in Excel ist begrenzt auf 200 Variable. Will man größere Probleme optimal lösen, so benötigt man an sich eine professionelle Erweiterung z. B. in Form des Premium Solvers von Frontline oder ein anderes Softwarepaket.

In vielen praktischen Fällen reichen aber auch schon einfach zu erzeugende gute anstelle von aufwendig zu berechnenden optimalen Lösungen aus. Unter guten Lösungen verstehen wir dabei solche, über die man mittels sinnvoller Suchstrategien, den sogenannten Heuristiken, in die Nähe eines Optimums gelangt. Hierzu wurde eine Reihe von Verfahren entwickelt, die sich – wie wir zeigen werden – relativ einfach mit den Mitteln der Tabellenkalkulation umsetzen lassen.

4.1.3.2 Die grundsätzliche Vorgehensweise

Die nachfolgend beschriebenen Verfahren liefern Näherungslösungen für unser Mathematisches Modell in Form der Ungleichungen (4.1.1.3), bei dem das gesamte Angebot die gesamte Nachfrage deckt.

In der Literatur werden diese Heuristiken häufig für den Fall klassischer Transportprobleme in Gleichheitsform angewandt, bei der die Gesamtsumme der Angebotsmengen gleich der Gesamtsumme der Nachfragemengen ist, so dass also die Existenz einer optimalen Lösung gesichert ist:

(ZF) $\sum_{i=1}^{m}\sum_{j=1}^{n} c_{ij} x_{ij} \to \min!$ Minimiere die gesamten Transportkosten!

(1) $\sum_{j=1}^{n} x_{ij} = a_i$ für $i = 1, \ldots, m$

(2) $\sum_{i=1}^{m} x_{ij} = b_j$ für $j = 1, \ldots, n$

(NN) $x_{ij} \geq 0$ für alle $i = 1, \ldots, m; j = 1, \ldots, n$

mit $\sum_{i=1}^{n} a_i = \sum_{j=1}^{m} b_j$

In diesem Fall liefern die nachfolgenden Verfahren in der Regel[1] sogar eine „gute" Basislösung[2] für das obige Optimierungssystem. Das wäre dann eine Lösung, die man direkt mithilfe des Simplexalgorithmus (also des MODI-Verfahrens bei klassischen Transportproblemen) zum Optimum weiterrechnen könnte. Wir verfolgen diesen Aspekt hier aber nicht weiter, da wir zur Optimierung ja unsere Black-Box heranziehen.

Die nachfolgenden Heuristiken beruhen alle auf dem folgenden einfachen Grundprinzip:

Schritt 0:
Man startet mit $a_i^{rest} = a_i : i = 1,...,m$ und $b_j^{rest} = b_j : j = 1,...,n$

Schritt k:
Gemäß einer Suchstrategie wird eine Transportverbindung h -> k gesucht, auf der so viel wie möglich der noch in h liegenden Angebotsmenge nach k transportiert wird, um die dortige noch vorhandene Nachfrage zu erfüllen.
Ist a_h^{rest} die restliche Angebotsmenge in h und b_k^{rest} die restliche Nachfragemenge in k, so setzt man $x_{hk} = \min\{a_h^{rest}, b_k^{rest}\}$
und anschließend $a_h^{rest} := a_h^{rest} - x_{hk}$, $b_k^{rest} := b_k^{rest} - x_{hk}$.

Abbruch:
Falls noch irgendwo restliche positive Nachfragemengen liegen, wird die Suchstrategie fortgesetzt, anderenfalls ist man fertig.

---

[1] Falls keine Entartung vorliegt, also eine der zur Basislösung gehörenden Variablen den Wert Null besitzt.
[2] Eine Basislösung ist eine Lösung, die eine Ecke des Lösungspolyeders repräsentiert. Hierbei sind maximal m+n-1 Variablen positiv.

4.1.3.3 Die Nordwestecken-Regel

Die Suchstrategie hier besteht darin, das kleinste h und das kleinste k zu wählen, bei denen noch Restmengen vorhanden sind, man sucht also in der Resttabelle die „nordwestlichste" Ecke:

Setze $h = \min\{i : a_i^{rest} > 0\}$ und $k = \min\{j : b_j^{rest} > 0\}$!

Die Nordwestecken-Regel ist ausgesprochen einfach, berücksichtigt aber keinerlei Kosteninformationen. Aus diesem Grunde führt sie auch nicht immer zu guten Lösungen. Die nachfolgenden Verfahren beziehen deshalb die Kostenbetrachtung in ihre Suchstrategie mit ein.

Zur sprachlichen Vereinfachung verstehen wir für die nachfolgenden Verfahren unter der **Resttabelle der Kosten** diejenigen Zeilen und Spalten, bei denen noch positive Restmengen vorliegen:

$(c_{ij}^{rest}) : a_i^{rest} > 0$ und $b_j^{rest} > 0$.

4.1.3.4 Das Spaltenminimum-Verfahren

Das Spaltenminimum-Verfahren verallgemeinert in naheliegender Weise die Nordwestecken unter Einbeziehung der Kosten. Man sucht in der Resttabelle der Kosten die „westlichste" Spalte k und wählt als h diejenige Zeile, in der die kleinsten Kosten in dieser Spalte der Resttabelle stehen, die als das Spaltenminimum angenommen wird:

Setze $k = \min\{j : b_j^{rest} > 0\}$ und

und suche h mit: $c_{hk} = \min\{c_{ik} : a_i^{rest} > 0\}; a_h^{rest} > 0$!

Dieses Verfahren liefert im Falle m<n häufig gute Ausgangslösungen.[1]

---

[1] Siehe Domschke(2007), S. 106.

4.1.3.5 Das Zeilenminimum-Verfahren

Hier handelt es sich um die Analogie des Spaltenminimum-Verfahrens für die Zeilen. In der Resttabelle der Kosten wird zunächst die „nördlichste" Zeile h gewählt, und als k dann eine Spalte gewählt, bei der das Zeilenminimum der Kosten angenommen wird.

Setze: $h = \min\{i : a_i^{rest} > 0\}$ und

und suche k mit $c_{hk} = \min\{c_{hj} : b_j^{rest} > 0\}; b_k^{rest} > 0$!

Gute Lösungen werden hier häufig im Falle m>n erzielt.

4.1.3.6 Das Matrixminimum-Verfahren

Beim Matrixminimum-Verfahren verlässt man die Bedeutung der Himmelsrichtungen und sucht einfach ein Paar (h,k) bei dem das Mininimum der Kostenwerte innerhalb der Restmatrix angenommen wird. Das kann man praktischerweise so machen, dass man zunächst die Spalte mit dem kleinsten Spaltenminimum sucht und darin dann die Zeile, bei der dieses Minimum angenommen wird:

Matrixminimum-S-Verfahren:

Sei $S_j^{min} = \min\{c_{ij} : a_i^{rest} > 0, b_j^{rest} > 0\}$ das Spaltenminimum von Spalte j.

Suche k mit $S_k^{min} = \min\{S_j^{min} : b_j^{rest} > 0\}$ und

und h mit $c_{hk} = \min\{c_{ik} : a_i^{rest} > 0\}; a_h^{rest} > 0$!

Oder aber man sucht in der Resttabelle der Kosten zunächst eine Zeile h, bei der das Zeilenminimum minimal ist, und wählt als k dann eine Spalte, bei der dieses Zeilenminimum angenommen wird.

Matrixminimum-Z-Verfahren:

Sei $Z_i^{min} = \min\{c_{ij} : a_i^{rest} > 0, b_j^{rest} > 0\}$ das Zeilenminimum von Zeile i.

Suche h mit $Z_h^{min} = \min\{Z_i^{min} : a_i^{rest} > 0\}$ und

und k mit $c_{hk} = \min\{c_{hj} : b_j^{rest} > 0\}; b_k^{rest} > 0$!

Mit diesem Verfahren werden häufig gute Lösungen erzielt, der zusätzliche Rechenaufwand im Vergleich zu den beiden vorangegangenen Ansätzen fällt innerhalb der Tabellenkalkulation kaum ins Gewicht.

4.1.3.7 Das VOGELsche Approximationsverfahren

Dieses Verfahren ist etwas komplexer, liefert dafür aber sehr häufig gute, wenn nicht sogar schon optimale Lösungen. Es handelt sich um eine Verbindung von Spalten- und Zeilenminimum-Betrachtung, bei der man versucht zu verhindern, in „späteren" Schritten zu schlechten Zuordnungen gezwungen zu sein.

Zunächst ermittelt man für jede Zeile und jede Spalte der Resttabelle die Differenz zwischen den zweitbesten und den besten Kosten.
Wird die größte dieser Differenzen bei einer Zeile h angenommen, wählt man sich als k diejenige Spalte, bei der das Zeilenminimum von h angenommen wird.
Wird die größte Differenz bei einer Spalte k angenommen, so wird analog als h eine Zeile gewählt, bei der das Spaltenminimum von k angenommen wird:

Seien:

$dZ_i^{min} = \text{Zweitkleinstes} \, c_{ij} - \text{Kleinstes} \, c_{ij} : a_i^{rest} > 0; b_j^{rest} > 0$

die Differenz von zweitkleinstem und kleinstem Wert in Zeile i,

$dS_j^{min} = \text{Zweitkleinstes} \, c_{ij} - \text{Kleinstes} \, c_{ij} : a_i^{rest} > 0; b_j^{rest} > 0$

die Differenz von zweitkleinstem und kleinstem Wert in Spalte j,

$dMax = \max\{dZ_i^{min}, dS_j^{min} : a_i^{rest} > 0; b_j^{rest} > 0\}$

die größte auftretende Differenz.

Gibt es h mit $dZ_h^{min} = dMax : a_h^{rest} > 0$

so suche k mit $c_{hk} = \min\{c_{hj} : b_j^{rest} > 0\}; b_k^{rest} > 0$.

Anderenfalls suche k mit $dS_k^{min} = dMax : b_k^{rest} > 0$

und anschließend h mit $c_{hk} = \min\{c_{ik} : a_i^{rest} > 0\}; a_h^{rest} > 0$.

4.1.4 Beispiel: Transp_1S_1G_Heuristiken

4.1.4.1 Das Grundproblem

Problembeschreibung

Wir gehen hier wieder von unserem Muster-Beispiel aus, bei dem Waren von drei Fabriken (in Bayern, Saarland, Rheinland) zu fünf regionalen Warenhäusern (Märkten) in Berlin, Hamburg, Düsseldorf, Köln und Frankfurt zu transportieren sind. Jede Fabrik hat ein vorgegebenes Angebot an ME (Mengeneinheiten) dieser Ware und jedes Warenhaus eine bestimmte Nachfrage. Die Gesamtsummen der Angebote und der Nachfrage stimmen überein.

Die Aufgabe besteht darin, einen guten Transportplan für die Mengeneinheiten zu bestimmen, die von jeder Fabrik zu jedem Warenhaus geliefert werden sollen, um mit möglichst geringen gesamten Transportkosten die regionalen Nachfragen zu befriedigen, ohne die Kapazitäten der Fabriken zu überschreiten.

Das Problem lässt sich wie gewohnt mithilfe der nachfolgenden Tabelle beschreiben:

	A	B	C	D	E	F	G	H	I	J
17										
18		**Transportkosten und Parameter**								
19		Im Schnittpunkt der Tabelle **C** stehen die Transportkosten pro ME von der Fabrik **Fabr** zum Markt **Mkt**								
20										
21			C	Berlin	Hamburg	Düsseldorf	Köln	Frankfurt	Angebot	
22			Bayern	10 €	8 €	6 €	5 €	4 €	300	
23			Saarland	6 €	5 €	4 €	3 €	6 €	260	
24			Rheinland	3 €	4 €	5 €	5 €	9 €	280	
25			**Nachfrage**	180	80	200	160	220		
26										

Abbildung Transp_1S_1G_Heuristiken: Problembeschreibung

Zur besseren Dokumentation benutzen wir wieder die bekannten Bezeichnungen:

- C_FabrMkt   = $C$22:$G$24   Transportkosten pro ME von einer Fabrik zu einem Markt
- Nachfrage   = $C$25:$G$25   Angebot in ME von den Fabriken
- Angebot   = $H$22:$H$24   Nachfrage in ME von den Märkten

	A	B	C	D	E	F	G	H	I	J
44										
45		Transportmengen								
46		Im Schnittpunkt der Tabelle **X** stehen die zu transportierenden ME von der Fabrik **Fabr** zum Markt **Mkt**								
47					I					
48					v					
49		**X**	Berlin	Hamburg	Düsseldorf	Köln	Frankfurt	Ges4Fabr	ZRest	
50	-->	Bayern	180					180	120	
51		Saarland						0	260	
52		Rheinland						0	280	
53		**Ges2Mkt**	180	0	0	0	0			
54		**SRest**	0	80	200	160	220		1320	
55										
56										
57		Gesamtkosten								
58			1.800 €							
59										

Abbildung Transp_1S_1G_Heuristiken: Transportmengentabelle mit erster Wertzuweisung und Markierung für die nächste Wertzuweisung

Die Tabelle der Transportmengen wird hier händisch ergänzt. Deshalb benutzen wir zusätzliche Zellbereiche und Markierungen:

- X_FabrMkt = $C$50:$G$52 Transportmengen von einer Fabrik zu einem Markt
- Ges4Fabr = $H$50:$H$52 Zeilensummen von X_FabrMkt
- ZRest = $I$50:$I$52 restliche Zuordnungsmengen der Zeilen. =Angebot - Ges4Fabr
- Ges2Mkt = $C$53:$G$53 Spaltensummen von X_FabrMkt
- SRest = $C$54:$G$54 restliche Zuordnungsmengen der Spalten. =Nachfrage – Ges2Mkt
- Gesamtkosten = $C$58 =Summenprodukt(C_FabrMkt; X_FabrMkt)
- Rest = $I$54 restliche gesamte Zuordnungsmenge = SUMME(SREST)
- Linke Randspalte von X markiert die nächste zu belegende Zeile
  A50=WENN(B32=NextZ;"-->";"") usw. durchkopieren
- Obere Randzeilen von X markieren die nächste zu belegende Spalte.
  C47=WENN(C31=NextS;"|";"") usw. durchkopieren.
  C48=WENN(C31=NextS;"v";"") usw. durchkopieren

Zur Vermeidung der Verwendung von Makros geben wir nachfolgend halbautomatische Verfahren an. Dabei sind maximal m + n -1 Werte händisch einzugeben (m = Anzahl der Zeilen, n = Anzahl der Spalten).

Die nachfolgend angegebenen Rechenschemata ermitteln jeweils die nächste Wertzuweisung. Im ersten Schritt ist die Transportmengentabelle ohne Eintrag (nur leere Zellen). Die Hilfstabelle ermittelt den jeweils als nächsten einzutragenden Wert. Das Verfahren ist beendet, sobald der Text „Fertig!" erscheint.

4.1.4.2 Nordwestecken-Regel

	A	B	C	D	E	F	G	H	I
27									
28	Hilfstabelle								
29									
30		SID	1	0	0	0	0		
31	ZID	ZNr\SNr	1	2	3	4	5	Z	
32	0	1						1	
33	0	2						2	
34	0	3						3	
35		S		2	3	4	5		
36									
39									
40		NextZ	1						
41		NextS	2						
42		NextX	80						
43									

Abbildung Transp_1S_1G_Heuristiken: Rechenschema Nordwesteckenregel

Rechenschema

- Zeile „SNr"   C31:G31   laufende Spaltennummern
- Zeile „SID"   C30:G30   Markierung für die vollständige Zuweisung der Nachfragemengen (Spalten); 0: Spalte noch nicht vollständig erfasst; 1: Spalte vollständig erfasst
- Zeile „S"   C35:G35   Angabe der noch nicht vollständig erfassten Spalten

  C35=WENN(C30=1;"";C31) usw. durchkopieren

- Spalte „ZNr"   B32:B34   laufende Zeilennummern
- Spalte „ZID"   A32:A34   Markierung für die vollständige Zuweisung der Angebotsmengen (Zeilen); 0: Zeile noch nicht vollständig erfasst; 1: Zeile vollständig erfasst

4 Grundlegende Modelle zur Transportoptimierung

- Spalte „Z" H32:H34 Angabe der noch nicht vollständig erfassten Zeilen

  H32=WENN(A32=1;"";B32) usw. durchkopieren

- NextZ = $C$40 Nummer der nächsten zu belegenden Zeile

  = MIN(H32:H34) Minimum der Spalte "Z" ("Nördlichster Wert")

- NextS = $C$41 Nummer der nächsten zu belegenden Spalte

  = MIN(C35:G35) Minimum der Zeile "S" ("Westlichster Wert")

- NextX = $C$42 Zuweisungswert für Zeile NextZ und Spalte NextS

  =MIN(INDEX(ZRest;NextZ);INDEX(SRest;NextS))

- Fertig D42 zeigt den Text "Fertig", sobald alle Mengen zugewiesen sind

  =WENN(Rest=0;"Fertig!";"")

Dieses Verfahren liefert dann im letzten Schritt die nachfolgende Lösung, die sich wegen der Nichtberücksichtigung der Kosten allerdings deutlich vom Optimum (3.200 €) unterscheidet.

	A	B	C	D	E	F	G	H	I	J
39										
40		NextZ	0							
41		NextS	0							
42		NextX	0	Fertig!						
43										
44										
45	**Transportmengen**									
46	Im Schnittpunkt der Tabelle **X** stehen die zu transportierenden ME von der Fabrik **Fabr** zum Markt **Mkt**									
47										
48										
49		X	Berlin	Hamburg	Düsseldorf	Köln	Frankfurt	Ges4Fabr	ZRest	
50		Bayern	180	80	40			300	0	
51		Saarland			160	100		260	0	
52		Rheinland				60	220	280	0	
53		Ges2Mkt	180	80	200	160	220			
54		SRest	0	0	0	0	0		0	
55										
56										
57	**Gesamtkosten**									
58				5.900 €						
59										

Abbildung Transp_1S_1G_Heuristiken: Lösung nach der Nordwestecken-Regel

4.1.4.3 Matrixminimum-S-Verfahren

	A	B	C	D	E	F	G	H
27								
28	Hilfstabelle							
29								
30		SID	0	0	0	0	0	
31	ZID	ZNr\SNr	1	2	3	4	5	
32	0	1	10	8	6	5	4	
33	0	2	6	5	4	3	6	
34	0	3	3	4	5	5	9	
35	MinS	Smin	3	4	4	3	4	
36	3	S	1			4		
37		Z(S)	3			2		
38								
39								
40		NextZ	3					
41		NextS	1					
42		NextX	180					
43								

Abbildung Transp_1S_1G_Heuristiken: Rechenschema für das Matrixminimum-S-Verfahren
Ausgangssituation

Rechenschema

- Spalte „ZNr"   B32:B34   laufende Zeilennummern
- Spalte „ZID"   A32:A34   Markierung für die vollständige Zuweisung der Angebotsmengen (Zeilen); 0: Zeile noch nicht vollständig erfasst; 1: Zeile vollständig erfasst
- Zeile „SNr"   C31:G31   laufende Spaltennummern
- Zeile „SID"   C30:G30   Markierung für die vollständige Zuweisung der Nachfragemengen (Spalten); 0: Spalte noch nicht vollständig erfasst; 1: Spalte vollständig erfasst
- Tabelle ZNr\SNr   Tabelle der noch relevanten Kostenwerte
  C32:G34
  C32=WENN($A32+C$30>0;"";C22) usw. durchkopieren
- Zeile „Smin"   C35:G35   Spaltenminimum für die noch nicht vollständig erfassten Spalten
  C35=WENN(C30=1;"";MIN(C32:C34)) usw. durchkopieren
- MinS   A36   Minimum der Spaltenminima
  =MIN(C35:G35)
- Zeile „S"   C36:G36   Spaltennummer, falls das zugehörige Spaltenminimum minimal ist
  C36=WENN($A$36=C35;C31;"") usw. durchkopieren

- Zeile „Z(S)" C37:G37 Angabe der zugehörigen Zeilennummer des minimalen Spaltenwertes für die Werte aus "S"
  C37=WENN(C36="";"";VERGLEICH(C35;C32:C34;0))
  usw. durchkopieren

- NextZ = $C$40 Nummer der nächsten zu belegenden Zeile
  =SUMMEWENN(C36:G36;NextS;C37:G37)
  liefert die zugehörige Zeile von NextS

- NextS = $C$41 Nummer der nächsten zu belegenden Spalte
  =MIN(C36:G36).

- NextX = $C$42 Zuweisungswert für Zeile NextZ und Spalte NextS
  =MIN(INDEX(ZRest;NextZ);INDEX(SRest;NextS))

- Fertig D42 zeigt den Text "Fertig", sobald alle Mengen zugewiesen sind
  =WENN(Rest=0;"Fertig!";"")

Dieses Verfahren liefert dann im letzten Schritt die nachfolgende Lösung, die sogar optimal ist.

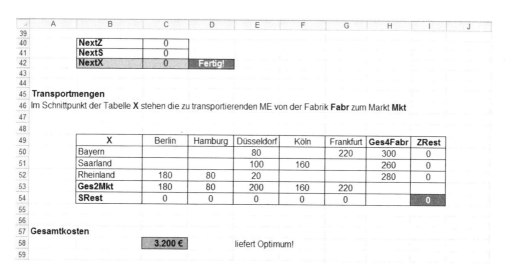

Abbildung Transp_1S_1G_Heuristiken: Lösung nach dem Matrixminimum-S-Verfahren

4.1.4.4 Matrixminimum-Z-Verfahren

	A	B	C	D	E	F	G	H	I	J	K
27											
28	Hilfstabelle										
29											
30		SID	0	0	0	0	0				
31	ZID	ZNr\SNr	1	2	3	4	5	Zmin	Z	S(Z)	
32	0	1	10	8	6	5	4	4			
33	0	2	6	5	4	3	6	3	2	4	
34	0	3	3	4	5	5	9	3	3	1	
35								MinZ	3		
36											
37											
38											
39											
40		NextZ	2								
41		NextS	4								
42		NextX	160								
43											

Abbildung Transp_1S_1G_Heuristiken: Rechenschema für das Matrixminimum-Z-Verfahren
Ausgangssituation

Rechenschema

- Spalte „ZNr"   B32:B34   laufende Zeilennummern

- Spalte „ZID"   A32:A34   Markierung für die vollständige Zuweisung der Angebotsmengen (Zeilen); 0: Zeile noch nicht vollständig erfasst; 1: Zeile vollständig erfasst

- Zeile „SNr"   C31:G31   laufende Spaltennummern

- Zeile „SID"   C30:G30   Markierung für die vollständige Zuweisung der Nachfragemengen (Spalten); 0: Spalte noch nicht vollständig erfasst; 1: Spalte vollständig erfasst

- Tabelle ZNr\SNr   Tabelle der noch relevanten Kostenwerte
  C32:G34
  C32=WENN($A32+C$30>0;"";C22) usw. durchkopieren

- Spalte „Zmin"   H32:H34   Zeilenminimum für die noch nicht vollständig erfassten Zeilen
  H32=WENN(A32=1;"";MIN(C32:G32)) usw. durchkopieren

- MinZ   I35   Minimum der Zeilenminima
  =MIN(H32:H34)

- Spalte „Z"   I32:I34   Zeilennummer, falls das zugehörige Zeilenminimum minimal ist
  I32=WENN(H32=$I$35;B32;"") usw. durchkopieren

- Spalte „S(Z)"   J32:J34   Angabe der zugehörigen Spaltennnummer des minimalen Zeilenwertes für die Werte aus "Z"

  J32=WENN(I32="";"";VERGLEICH(H32;C32:G32;0))

  usw. durchkopieren

- NextZ   = $C$40   Nummer der nächsten zu belegenden Zeile

  =MIN(I32:I34)

- NextS   = $C$41   Nummer der nächsten zu belegenden Spalte

  =SUMMEWENN(I32:I34;NextZ;J32:J34)

  liefert die zugehörige Spalte von NextZ

- NextX   = $C$42   Zuweisungswert für Zeile NextZ und Spalte NextS

  =MIN(INDEX(ZRest;NextZ);INDEX(SRest;NextS))

- Fertig   D42   zeigt den Text "Fertig", sobald alle Mengen zugewiesen sind

  =WENN(Rest=0;"Fertig!";"")

Dieses Verfahren liefert dann im letzten Schritt natürlich die gleiche optimale Lösung, wie das Matrixminimum-S-Verfahren.

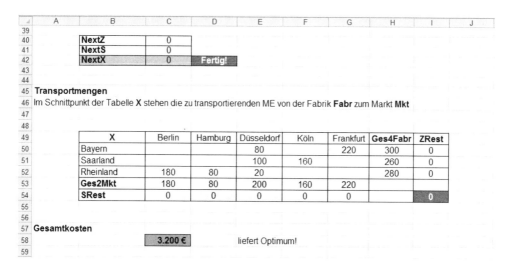

Abbildung Transp_1S_1G_Heuristiken: Lösung nach dem Matrixminimum-Z-Verfahren

4.1.4.5 VOGELsches Approximationsverfahren

	A	B	C	D	E	F	G	H	I	J	K	L	M	N	O	P	Q
27																	
28	Hilfstabelle																
29																	
30			SID	0	0	0	0	0									
31	ZID	ZNr\SNr	1	2	3	4	5	Zmin	S(Z)		Z2				Zmin'	dZ
32	0	1	10	8	6	5	4	4	5	10	8	6	5		5	1
33	0	2	6	5	4	3	6	3	4	6	5	4		6	4	1
34	0	3	3	4	5	5	9	3	1		4	5	5	9	4	1
35		Smin	3	4	4	3	4								dZmax	1
36		Z(S)	3	3	2	2	1								dZZ	1
37			10	8	6	5									dZS	5
38		S2	6	5			6									
39					5	5	9				NextZ	3				
40		Smin'	6	5	5	5	6	dSmax	dSZ	dSS	NextS	1				
41		dS	3	1	1	2	2	3	3	1	NextX	180				
42																	

Abbildung Transp_1S_1G_Heuristiken: Rechenschema für die VOGELsche Approximationsmethode

Rechenschema

- Spalte „ZNr" B32:B34 laufende Zeilennummern

- Spalte „ZID" A32:A34 Markierung für die vollständige Zuweisung der Angebotsmengen (Zeilen); 0: Zeile noch nicht vollständig erfasst; 1: Zeile vollständig erfasst

- Zeile „SNr" C31:G31 laufende Spaltennummern

- Zeile „SID" C30:G30 Markierung für die vollständige Zuweisung der Nachfragemengen (Spalten); 0: Spalte noch nicht vollständig erfasst; 1: Spalte vollständig erfasst

- Tabelle ZNr\SNr Tabelle der noch relevanten Kostenwerte

    C32:G34

    C32=WENN($A32+C$30>0;"";C22) usw. durchkopieren

- Spalte „Zmin" H32:H34 Zeilenminimum für die noch nicht vollständig erfassten Zeilen

    H32=WENN(A32=1;"";MIN(C32:G32)) usw. durchkopieren

- Spalte „S(Z)" I32:I34 Angabe der Spaltennummer des minimalen Zeilenwertes dieser Zeile

    I32=WENN(H32="";"";VERGLEICH(H32;C32:G32;0))
    usw. durchkopieren

- Spalte „Smin" C35:G35 Spaltenminimum für die noch nicht vollständig erfassten Spalten

    C35=WENN(C30=1;"";MIN(C32:C34)) usw. durchkopieren

- Spalte „Z(S)" C36:G36 Angabe der Zeilennummer des minimalen Spaltenwertes dieser Spalte
  C36=WENN(C35="";"";VERGLEICH(C35;C32:C34;0))
  usw. durchkopieren

- S2 C37:G39 Tabelle der zweitbesten Spaltenwerte.
  C37=WENN($B32=C$36;"";C32) usw. durchkopieren

- Smin' C40:G40 Spaltenminima von S2
  C40=WENN(ANZAHL(C37:C39)>0;MIN(C37:C39);"")
  usw. durchkopieren

- Zeile „dS" C41:G41 Differenz zwischen zweitbestem und bestem Spaltenwert
  C41=WENN(C35="";"";WENN(C40="";-1;C40-C35))
  usw. durchkopieren

- dSmax H41 Maximal auftretende Differenz zwischen zweitbestem und bestem Spaltenwert
  =WENN(ANZAHL(C41:G41)>0;MAX(C41:G41);-1)

- dSS J41 Spaltennummer, bei der dSmax auftritt
  = WENN(H41=-2;"";VERGLEICH(H41;C41:G41;0))

- dSZ I41 Zeilennummer zum Spaltenminimum v. Spalte dSS
  =WENN(H41=-2;"";VERWEIS(J41;C31:G31;C36:G36))

- Z2 J32:N32 Tabelle der zweitbesten Zeilenwerte
  J32=WENN(C$31=$I32;"";C32) usw. durchkopieren

- Zmin' O32:O34 Zeilenminima von Z2
  O32=WENN(ANZAHL(J32:N32)>0;MIN(J32:N32);"")
  usw. durchkopieren

- Spalte „dZ" P32:P34 Differenz zwischen zweitbestem und bestem Zeilenwert
  P32=WENN(H32="";"";WENN(O32="";-1;O32-H32))
  usw. durchkopieren

- dZmax P35 Maximal auftretende Differenz zwischen zweitbestem und bestem Zeilenwert
  =WENN(ANZAHL(P32:P34)>0;MAX(P32:P34);-1)

- dZZ P36 Zeilennummer, bei der dZmax auftritt
  =WENN(P35=-2;"";VERGLEICH(P35;P32:P34;0))
- dZS P37 Spaltennummer zum Zeilenminimum von Zeile dZZ
  =WENN(P35=-2;"";VERWEIS(P36;B32:B34;I32:I34))
- NextZ = $M$39 Nummer der nächsten zu belegenden Zeile
  =WENN(H41>=P35;I41;P36)
- NextS = $M$40 Nummer der nächsten zu belegenden Spalte
  =WENN(H41>=P35;J41;P37)
- NextX = $M$41 Zuweisungswert für Zeile NextZ und Spalte NextS
  =MIN(INDEX(ZRest;NextZ);INDEX(SRest;NextS))
- Fertig N41 zeigt den Text "Fertig", sobald alle Mengen zugewiesen sind
  =WENN(Rest=0;"Fertig!";"")

Auch dieses Verfahren liefert im letzten Schritt eine optimale Lösung, die sich allerdings von der Lösung nach dem Spalten- oder Zeilenminimum unterscheidet.

Transportmengen

Im Schnittpunkt der Tabelle **X** stehen die zu transportierenden ME von der Fabrik **Fabr** zum Markt **Mkt**

X	Berlin	Hamburg	Düsseldorf	Köln	Frankfurt	Ges4Fabr	ZRest
Bayern			80		220	300	0
Saarland			100	160		260	0
Rheinland	180	80	20			280	0
Ges2Mkt	180	80	200	160	220		
SRest	0	0	0	0	0		0

Gesamtkosten

3.200 €   liefert Optimum!

Abbildung Transp_1S_1G_Heuristiken: Lösung nach der
VOGELschen Approximationsmethode

4.1.4.6 Spaltenminimum-Verfahren

Setzt man im Matrixminimum-S-Verfahren übrigens:

- Zeile „S"   C36:G36   Spaltennummer, falls die Spalte noch nicht markiert ist,

    C36= WENN(C30=0;C31;"") usw. durchkopieren,

so erhält man das Spaltenminimum-Verfahren.

Das Verfahren liefert eine Lösung mit dem Zielwert 3.320 € als kein Optimum.

4.1.4.7 Zeilenminimum-Verfahren

Setzt man im Matrixminimum-Z-Verfahren übrigens:

- Spalte „Z"   I32:I34   Zeilennummer, falls die Zeile noch nicht markiert ist,

    I32=WENN(A32=0;B32;"") usw. durchkopieren,

so erhält man das Zeilenminimum-Verfahren.

Das Verfahren liefert eine Lösung mit dem Zielwert 3.200 € als ein Optimum.

4.2 Zweistufige Transportmodelle

Bei zweistufigen Transportmodellen kommen Umschlagspunkte in Form von Hubs oder Regionallagern ins Spiel. In der Transportwirtschaft spricht man von **direktem Verkehr**, wenn ein Transport direkt vom Versender zum Empfänger verläuft, und von **gebrochenem Verkehr**, wenn hierbei über einen Umschlagspunkt transportiert wird. Umschlagspunkte sind dazu da, einen nicht ausgelasteten Direkttransport auf Kosten eines Umweges und eines zusätzlichen Handlingsaufwandes zu einer besseren Volumen- oder Gewichtsauslastung des Transportmittels zu führen.

4.2.1 Das klassische Umschlagsmodell

4.2.1.1 Ökonomische Problembeschreibung

Einheitliche Objekte sind von mehreren Angebots-(Versende-)orten über bestimmte Zwischenstationen (Hubs) zu mehreren Nachfrage-(Empfangs-)orten kostenminimal zu transportieren. Dabei sind die vorhandenen und die zu liefernden Mengen an den einzelnen Standorten gegeben sowie die jeweiligen Transportkosten pro Einheit zwischen allen Standorten bekannt. Ferner können an den Umschlagspunkten keine zusätzlichen Mengen entstehen.

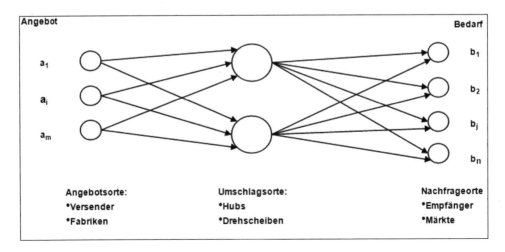

Abbildung: Zweistufiges Transportschema (Umschlagsmodell)

4.2.1.2 Mathematische Formulierung des Problems

Ein bestimmtes Gut wird an m verschiedenen Orten angeboten und an n verschiedenen Orten nachgefragt. Der Transport soll über p Umschlagspunkte erfolgen.

- Die Angebote a_i sowie der Bedarf b_j sind bekannt.
- Pro Einheit des Gutes sind die Transportkosten c_{ik} von jedem Angebotsort i zu jedem Umschlagspunkt k, sowie die Transportkosten d_{kj} von jedem Umschlagsort k zu jedem Nachfrageort j gegeben.

Wie viele Einheiten x_{ik} sollen vom Angebotsort i zu jedem Umschlagspunkt k, Wie viele Einheiten y_{kj} von jedem Umschlagspunkt k zu jedem Nachfrageort j transportiert werden,

- so dass das vorhandene Angebot eingehalten,
- der gesamte Bedarf gedeckt,
- keine zusätzlichen Mengen an den Umschlagsorten entstehen und dabei
- die gesamten Transportkosten minimal werden?

4.2.1.3 Mathematisches Modell

Indices:

    i = 1, ... ,m   Angebotsorte
    k = 1, ... ,p   Umschlagspunkte (Hubs)
    j = 1, ... ,n   Nachfrageorte

Gegebene Daten:

    a_i Angebot des Gutes am Ort i (in ME)
    b_j Nachfrage des Gutes am Ort j (in ME)
    c_{ik} Transportkosten pro Einheit des Gutes vom Ort i zum Umschlagspunkt k
    d_{kj} Transportkosten pro Einheit des Gutes vom Umschlagspunkt k zum Ort j

Entscheidungsvariablen:

x_{ik} ME des Gutes, die von Ort i nach Hub k transportiert werden sollen

y_{kj} ME des Gutes, die von Hub k nach Ort j transportiert werden sollen

Zielfunktion:

(ZF) $\sum_{i=1}^{m}\sum_{k=1}^{p} c_{ik} x_{ik} + \sum_{k=1}^{p}\sum_{j=1}^{n} d_{kj} y_{kj} \to \min!$ Minimiere die gesamten Transportkosten!

Restriktionen (Nebenbedingungen):

(1) $\sum_{k=1}^{p} x_{ik} \leq a_i$ für i = 1, ..., m

Das Angebotslimit ist an jedem Ort i einzuhalten.

(2) $\sum_{k=1}^{p} y_{kj} \geq b_j$ für j = 1, ..., n

Die Nachfrage ist für jeden Ort j zu erfüllen.

(3) $\sum_{i=1}^{m} x_{ik} \geq \sum_{j=1}^{n} y_{kj}$ für k = 1, ..., p

Im Hub entstehen keine zusätzlichen Bestände.

(NN) $x_{ik} \geq 0, y_{kj} \geq 0$ für alle i = 1, ..., m; k = 1, ..., p; j = 1, ..., n

Es werden nur nicht negative Mengen transportiert.

4.2.1.4 Kostenminimierung erzeugt ausgeglichene Materialbilanz

Die Kostenminimierung gewährleistet, dass bei einer optimalen Lösung in (3) das Gleichheitszeichen auftritt, sofern für alle i, k, j gilt: $c_{ik} \geq 0, d_{kj} \geq 0$.

Es macht ökonomisch keinen Sinn, mehr zu einem Umschlagspunkt zu transportieren als dort benötigt wird: Alles was zum Umschlagsort hin transportiert wird, verlässt diesen auch wieder. Es wird nichts gelagert und nichts „verschwindet" oder „verdunstet".

In der Modellierung spricht man hier kurz von einer ausgeglichen Materialbilanz oder auch dem „Energieerhaltungssatz".

4.2.2 Beispiel: Transp_2S_1G_EuroHubsNB

Arbeitshilfe online

Wir beziehen in unser Standardbeispiel nun Umschlagspunkte mit ein. Gleichzeitig berücksichtigen wir eine stark vereinfachte nicht lineare Beziehung zwischen Distanz und Transportkosten sowie zusätzliche Transportrestriktionen.

Problembeschreibung

An folgenden Produktionsorten sei ein Vorrat an Paletten eines Elektronikartikels:

	Vorrat
Amsterdam	700
Kopenhagen	600
Oslo	1000
Gesamt	**2300**

An folgenden Orten sei ein Bedarf an Paletten dieses Elektronikartikels:

	Bedarf
Berlin	200
Brüssel	700
Barcelona	500
Madrid	300
Rom	400
Gesamt	**2100**

Die Transporte sollen zwangsläufig über folgende HUBs laufen:

        Paris,

        Frankfurt,

        Barcelona.

Die Transportkosten einer Palette betragen 1,80 €/km.

Weitere Restriktionen:

Mautgebühr pro Palette nach und von Paris	1.000,00 €
von Oslo nach Paris mindest.	200
max Kap Frankfurt	1.000

Bestimmen Sie die optimalen Transportmengen und -wege!

Zunächst erhält man über die Entfernungsmatrizen die Distanzen zwischen den einzelnen Orten.
Damit ergibt sich als zusammenfassende Problembeschreibung:

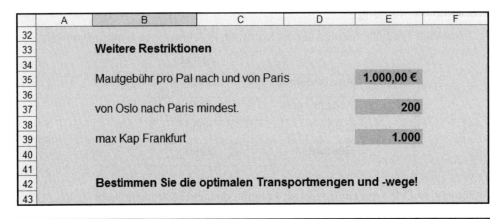

Abbildung Transp_2S_1G_EuroHubsNB: Distanzen und Parameter

Schritt 1: Eingabe der Bezeichnungen

Zur besseren Dokumentation unserer Modelle bezeichnen wir die wesentlichen Zellenbereiche:

- Dist_FabrHub   = $C$51:$E$53   Distanzen zwischen Fabriken und Hubs
- **Dist_FabrParis**   = $C$51:$C$53
- **Dist_HubMkt**   = $C$60:$G$62   Distanzen von Hubs zu Märkten
- Kosten_pro_km   = $C$65   Transportkosten pro km für eine ME
- **Maut**   = $E$35
- minX_OsloParis   = $E$37
- maxKap_Frankfurt = $E$39

Schritt 2: Aufbau der Tabelle für die Transportkosten

Hierzu kopieren wir den Zellenbereich der Transportdistanzen und Parameter spaltenkonform nach unten und ändern ihn gemäß der folgenden Abbildung ab.

	A	B	C	D	E	F	G	H
67								
68	Transportkosten							
69	Im Schnittpunkt der Tabelle stehen die Transportkosten pro ME von der Fabrik **Fabr** zum Hub **Hub**							
70								
71		von/nach		Hubs				
72		Fabriken	Paris	Frankfurt	Barcelona	Angebot		
73		Amsterdam	1.930,60 €	748,80 €	2.804,40 €	700		
74		Kopenhagen	3.253,60 €	1.443,60 €	4.021,20 €	600		
75		Oslo	4.294,00 €	2.538,00 €	5.020,20 €	1000		
76								
77								
78	Im Schnittpunkt der Tabelle stehen die Transportkosten pro ME vom Hub **Hub** zum Markt **Mkt**							
79								
80		von/nach			Märkte			
81		Hubs	Berlin	Brüssel	Lissabon	Madrid	Rom	
82		Paris	2.931,40 €	1.534,60 €	4.241,80 €	4.076,20 €	3.543,40 €	
83		Frankfurt	993,60 €	736,20 €	4.575,60 €	3.425,40 €	2.295,00 €	
84		Barcelona	3.324,60 €	2.408,40 €	2.296,80 €	1.146,60 €	2.556,00 €	
85		Nachfrage	200	700	500	300	400	
86								

Abbildung Transp_2S_1G_EuroHubsNB: Transportkosten und Parameter

Dabei gilt:

- C_FabrHub   = $C$73:$E$75   =Kosten_pro_km * Dist_FabrHub
- **C_FabrParis**   = $C$73:$C$75   =Dist_FabrParis*Kosten_pro_km+Maut
- Angebot   = $F$73:$F$75   Angebotsmengen der Fabriken

- C_HubMkt   = $C$82:$G$84   = Kosten_pro_km * Dist_HubMkt
- **C_ParisMkt** = $C$82:$G$82   = Dist_ParisMkt*Kosten_pro_km+Maut
- Nachfrage   = $C$85:$G$85   Nachfragemengen der Märkte

Schritt 3: Aufbau der Tabelle für die Transportmengen

Wir kopieren den Zellenbereich der Transportkosten spaltenkonform nach unten und ändern ihn gemäß der folgenden Abbildung ab.

	A	B	C	D	E	F	G	H	I
87									
88	Transportmengen								
89	Im Schnittpunkt der Tabelle stehen die zu transportierenden ME von der Fabrik **Fabr** zum Hub **Hub**								
90									
91					Hubs				
92		**Fabriken**	Paris	Frankfurt	Barcelona	**Ges4Fabr**			
93		Amsterdam	1	1	1	3			
94		Kopenhagen	1	1	1	3			
95		Oslo	1	1	1	3			
96		**Fabr2Hub**	3	3	3				
97									
98	Im Schnittpunkt der Tabelle stehen die zu transportierenden ME vom Hub **Hub** zum Markt **Mkt**								
99									
100					Märkte				
101		**Hubs**	Berlin	Brüssel	Lissabon	Madrid	Rom	**Mkt4Hub**	
102		Paris	1	1	1	1	1	5	
103		Frankfurt	1	1	1	1	1	5	
104		Barcelona	1	1	1	1	1	5	
105		**Ges2Mkt**	3	3	3	3	3		
106									

Abbildung Transp_2S_1G_EuroHubsNB: Transportmengentabelle mit Vorgabewert 1

Mit:

- X_FabrHub   = $C$93:$E$95   Transportmengen von den Fabriken zu den Hubs
- **X_OsloParis** = $C$95
- Ges4Fabr   = $F$93:$F$95   Zeilensummen von X_FabrHub
- Fabr2Hub   = $C$96:$E$96   Spaltensummen von X_FabrHub
- **Fabr2Frankfurt** = $D$96

- X_HubMkt   = $C$102:$G$104 Transportmengen von den Hubs zu den Märkten
- Mkt4Hub   = $H$102:$H$104 Zeilensummen von X_HubMkt
- **Mkt4Frankfurt** = $H$103
- Ges2Mkt   = $C$105:$G$105 Spaltensummen von X_HubMkt

Schritt 4: Bestimmung der Gesamtkosten

	Gesamtkosten ▼	f_x =SUMME(C109:C110)	
	A	B	C	D
107				
108	**Gesamtkosten**			
109		Fabr2Hub	26.054 €	
110		Hub2Mkt	40.086 €	
111		**Summe**	**66.140 €**	
112				

Abbildung Transp_2S_1G_EuroHubsNB: Eingabe der Formel für die Gesamtkosten

Mit:

- TK_Fabr2Hub = $C$109   Summenprodukt von C_FabrHub und X_FabrHub

- TK_Hub2Mkt = $C$110   Summenprodukt von C_HubMkt und X_HubMkt

- Gesamtkosten = $C$111   = TK_Fabr2Hub + TK_Hub2Mkt

Schritt 5: Eingabe des mathematischen Modells in den Solver

	A	B	C	D	E	F	G	H	I
151	**Mathematisches Modell**								
152		Entscheidungsvariablen:							
153			X_FabrHub, die zu transportierenden ME von den Fabriken zu den Hubs						
154			X_HubMkt, die zu transportierenden ME von den Hubs zu den Märkten						
155		Zielfunktion:							
156			Die Gesamtkosten = C_FabrHub x X_FabrHub + C_HubMkt x X_HubMkt						
157			sind zu minimieren.						
158		Nebenbedingungen:							
159			Ges4Fabr <= Angebot						
160			Ges2Mkt >= Bedarf						
161			Fabr2Hub = Mkt4Hub						
162			X_FabrHub >= 0, X_HubMkt >= 0						
163		zusätzlich:							
164			X_OsloParis >= minX_OsloParis						
165			Fabr2Frankfurt <= maxKap_Frankfurt bzw. Mkt4Frankfurt <= maxKap_Frankfurt						
166									

Abbildung Transp_2S_1G_EuroHubsNB: Mathematisches Modell mit den verwendeten Bezeichnungen

Die Eingabe dieses Modells in den Solver ergibt:

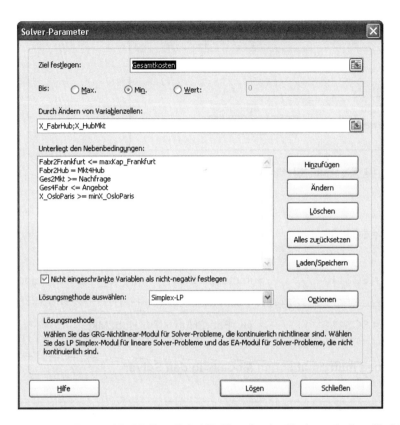

Abbildung Transp_2S_1G_EuroHubsNB: Eingabe des Mathematischen Modells in den Solver

Das führt dann zu dem Ergebnis:

	A	B	C	D	E	F	G	H
87								
88	**Transportmengen**							
89	Im Schnittpunkt der Tabelle stehen die zu transportierenden ME von der Fabrik **Fabr** zum Hub **Hub**							
90								
91		von/nach		**Hubs**				
92		**Fabriken**	Paris	Frankfurt	Barcelona	Ges4Fabr		
93		Amsterdam	100	0	600	700		
94		Kopenhagen	0	600	0	600		
95		Oslo	200	400	200	800		
96		**Fabr2Hub**	300	1000	800			
97								
98	Im Schnittpunkt der Tabelle stehen die zu transportierenden ME vom Hub **Hub** zum Markt **Mkt**							
99								
100		von/nach			**Märkte**			
101		**Hubs**	Berlin	Brüssel	Lissabon	Madrid	Rom	Mkt4Hub
102		Paris	0	300	0	0	0	300
103		Frankfurt	200	400	0	0	400	1000
104		Barcelona	0	0	500	300	0	800
105		**Ges2Mkt**	200	700	500	300	400	
106								
107								
108	**Gesamtkosten**							
109		Fabr2Hub	5.619.900 €					
110		Hub2Mkt	3.363.960 €					
111		**Summe**	**8.983.860 €**					
112								

Abbildung Transp_1S_1G_EuroHubsNB: Ausgabe der optimalen Lösung

4.2.3 Kombinierte 1- oder 2-stufige Belieferung

Wir kommen nun zu einer klassischen Struktur der Transportwirtschaft, die insbesondere für den Kurier-, Express- und Paketdienst relevant ist.

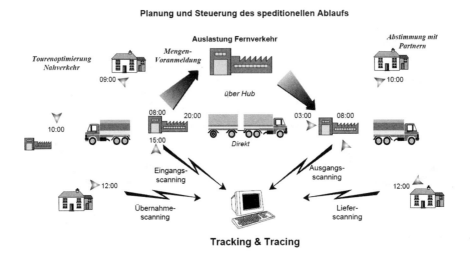

Abbildung: Transportprinzip im KEP-Bereich

4.2.3.1 Ökonomische Problembeschreibung

Einheitliche Objekte sind von mehreren Angebots-(Versende-)orten entweder direkt oder über bestimmte Zwischenstationen (Hubs) zu mehreren Nachfrage-(Empfangs-)orten kostenminimal zu transportieren. Die vorhandenen und die zu liefernden Mengen an den einzelnen Standorten sind gegeben. Ferner sind die jeweiligen Transportkosten pro Einheit zwischen allen Standorten bekannt. Die Umschlagskapazität der Hubs ist begrenzt und bekannt, außerdem können an den Umschlagspunkten keine zusätzlichen Mengen entstehen.

Bei diesem Problem handelt es sich um eine Kombination des Klassischen Transportproblems mit dem Klassischen Umschlagsproblem. Diese Situation ist häufig in Speditionsnetzen anzutreffen.

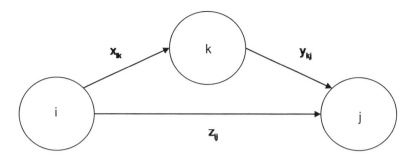

Abbildung: Ein- oder zweistufiges Transportschema

4.2.3.2 Mathematische Formulierung des Problems

Ein bestimmtes Gut wird an m verschiedenen Orten angeboten und an n verschiedenen Orten nachgefragt. Der Transport soll entweder direkt oder über p Umschlagspunkte erfolgen.

- Die Angebote a_i sowie die Nachfragen b_j sind bekannt.
- Die Umschlagskapazität u_k für jedes Hub ist bekannt.
- Pro Einheit des Gutes sind die Transportkosten c_{ik} von jedem Angebotsort i zu jedem Umschlagspunkt k, sowie die Transportkosten d_{kj} von jedem Umschlagsort k zu jedem Nachfrageort j gegeben.
- Pro Einheit des Gutes sind die direkten Transportkosten e_{ij} von jedem Angebotsort i zu jedem Nachfrageort j gegeben.

Wie viele Einheiten x_{ik} sollen vom Angebotsort i zu Umschlagspunkt k, wie viele Einheiten y_{kj} von Umschlagspunkt k zu jedem Nachfrageort j und wie viele Einheiten z_{ij} direkt vom Angebotsort i zum Nachfrageort j transportiert werden,

- so dass das vorhandene Angebot eingehalten wird,
- der gesamte Bedarf gedeckt wird,
- die Umschlagskapazitäten berücksichtigt werden,
- keine zusätzlichen Mengen an den Umschlagsorten entstehen und dabei
- die gesamten Transportkosten minimal werden?

4.2.3.3 Mathematisches Modell

Indices:

$i = 1, \ldots, m$ Angebotsorte

$k = 1, \ldots, p$ Umschlagspunkte (Hubs)

$j = 1, \ldots, n$ Nachfrageorte

Gegebene Daten:

a_i Angebot des Gutes am Ort i (in ME) i=1, ..., m

b_j Nachfrage des Gutes am Ort j (in ME) j=1, ..., n

c_{ik} Transportkosten pro Einheit des Gutes vom Ort i zum Umschlagspunkt k, i=1, ..., m, k=1, ..., p

d_{kj} Transportkosten pro Einheit des Gutes vom Umschlagspunkt k zum Ort j, k=1, ..., p, j=1, ..., n

e_{ij} Transportkosten pro Einheit des Gutes direkt vom Ort i zum Ort j, i=1, ..., m, j=1, ..., n

u_k Umschlagskapazität des Umschlagspunktes k, k=1, ..., p

Entscheidungsvariablen:

x_{ik} ME des Gutes, die von Ort i nach Hub k transportiert werden sollen

y_{kj} ME des Gutes, die von Hub k nach Ort j transportiert werden sollen

z_{ij} ME des Gutes, die von Ort i direkt nach Ort j transportiert werden sollen

Zielfunktion:

(ZF) $\sum_{i=1}^{m}\sum_{k=1}^{p} c_{ik} x_{ik} + \sum_{k=1}^{p}\sum_{j=1}^{n} d_{kj} y_{kj} + \sum_{i=1}^{m}\sum_{j=1}^{n} e_{ij} z_{ij} \to \min!$ Minimiere die gesamten Transportkosten!

Restriktionen (Nebenbedingungen):

(1) $\sum_{k=1}^{p} x_{ik} + \sum_{j=1}^{n} z_{ij} \leq a_i$ für i = 1, ..., m

Das Angebotslimit ist an jedem Ort i einzuhalten, gleichgültig, ob direkt oder über einen Hub transportiert wird.

(2) $\sum_{k=1}^{p} y_{kj} + \sum_{i=1}^{m} z_{ij} \geq b_j$ für j = 1, ..., n

Die Nachfrage ist für jeden Ort j zu erfüllen, dabei kann die Belieferung über einen Hub oder direkt erfolgen.

(3) $\sum_{i=1}^{m} x_{ik} \geq \sum_{j=1}^{n} y_{kj}$ für k = 1, ..., p

Im Hub entstehen keine zusätzlichen Bestände.

(4) $\sum_{i=1}^{m} x_{ik} \leq u_k$ für k = 1, ..., p

Die Umschlagskapazität des Hubs ist einzuhalten.

(NN) $x_{ik} \geq 0, y_{kj} \geq 0, z_{ij} \geq 0$ für alle i = 1,..., m; k = 1,..., p; j = 1,..., n

Es werden nur nicht negative Mengen transportiert.

4.2.3.4 Anmerkungen

Die Minimierung gewährleistet auch hier, dass bei einer optimalen Lösung in (3) das Gleichheitszeichen auftritt, sofern für alle i, k, j gilt: $c_{ik} \geq 0, d_{kj} \geq 0$.

Ohne Berücksichtigung von Umschlagskapazitäten ergeben sich in dem obigen Modell wegen der rein linearen Kostenstruktur je nach Höhe der Transportkosten nur Hubverkehr (gebrochener Verkehr) oder nur direkter Verkehr.

In realen Situationen ist die Kostenstruktur komplexer, dann ist sie nicht einfach linear, sondern stückweise linear mit auftretenden Fixkosten. Direktbelieferungen sind dabei nur bei hoher Auslastung der Transportmittel sinnvoll. Hubs werden genutzt, um die Transportmittel besser auszulasten.

4.2.4 Beispiel: Transp_2S1S_1G

Problembeschreibung

Ein Unternehmen stellt ein einziges Gut in 2 Produktionsstätten her und hat 4 Lagerhäuser. 5 Kunden werden von den Lagern oder von den Fabriken beliefert. Die Kapazitäten der Fabriken und der Lager sind beschränkt, und die Kunden haben bestimmte Bedarfe. Im Lager sollen keine Bestände aufgebaut werden.

Wie viele Mengeneinheiten des Gutes sollen wie zu welchem Kunden transportiert werden, so dass die gesamten Transportkosten minimal sind?

Als Basis sind hier die Transportkostentabellen gegeben. Zusätzlich hat man noch die Informationen über Produktionskapazitäten, Lagerkapazitäten und den Bedarf. Damit ergibt sich als zusammenfassende Problembeschreibung:

	A	B	C	D	E	F	G	H	I
15									
16	**Transportkosten und Parameter**								
17	pro ME des Produktes von Fabrik zum Lager								
18									
19		von/nach	Lager 1	Lager 2	Lager 3	Lager 4	**ProdKap**		
20		Fabrik 1	0,50 €	0,50 €	1,00 €	0,20 €	60.000		
21		Fabrik 2	1,50 €	0,30 €	0,50 €	0,20 €	60.000		
22									
23	pro ME des Produktes vom Lager zum Kunden								
24									
25		von/nach	Kunde 1	Kunde 2	Kunde 3	Kunde 4	Kunde 5	**LagKap**	
26		Lager 1	1,50 €	1,50 €	0,50 €	1,50 €	3,00 €	45.000	
27		Lager 2	1,00 €	0,50 €	0,50 €	1,00 €	0,50 €	20.000	
28		Lager 3	1,00 €	1,50 €	2,00 €	2,00 €	0,50 €	30.000	
29		Lager 4	2,50 €	1,50 €	0,20 €	1,50 €	0,50 €	15.000	
30									
31	pro ME des Produktes von Fabrik zum Kunden								
32									
33		von/nach	Kunde 1	Kunde 2	Kunde 3	Kunde 4	Kunde 5		
34		Fabrik 1	1,75 €	2,50 €	1,50 €	2,00 €	1,50 €		
35		Fabrik 2	2,00 €	2,50 €	2,50 €	1,50 €	1,00 €		
36		**Bedarf**	30.000	23.000	15.000	32.000	16.000		
37									

Abbildung Transp_2S1S_1G: Transportkosten und Parameter

Schritt 1: Eingabe der Bezeichnungen

Zur besseren Dokumentation unserer Modelle bezeichnen wir die wesentlichen Zellenbereiche:

- C_FabrLag   = $C$20:$F$21   Transportkosten pro ME von den Fabriken zu den Lagern

- ProdKap   = $G$20:$G$21   Produktionskapazität in ME der Fabriken

- C_LagKd   = $C$26:$G$29   Transportkosten pro ME von den Lagern zu den Kunden

- LagKap   = $H$26:$H$29   Umschlagskapazität der Lager

- C_FabrKd   = $C$34:$G$35   Transportkosten pro ME von den Fabriken zu den Kunden

- Bedarf   = $C$36:$G$36   Bedarf der Kunden in ME

Schritt 2: Aufbau der Tabelle für die Transportmengen

Wir kopieren den Zellenbereich der Transportkosten spaltenkonform nach unten und ändern ihn gemäß der folgenden Abbildung ab.

	A	B	C	D	E	F	G	H	I	J
38										
39	Transportmengen									
40	ME von Fabrik zum Lager									
41										
42		von/nach	Lager 1	Lager 2	Lager 3	Lager 4	Lag4Fabr			
43		Fabrik 1	1	1	1	1	4			
44		Fabrik 2	1	1	1	1	4			
45		Fabr2Lag	2	2	2	2				
46										
47	ME vom Lager zum Kunden									
48										
49		von/nach	Kunde 1	Kunde 2	Kunde 3	Kunde 4	Kunde 5	Kd4Lag		
50		Lager 1	1	1	1	1	1	5		
51		Lager 2	1	1	1	1	1	5		
52		Lager 3	1	1	1	1	1	5		
53		Lager 4	1	1	1	1	1	5		
54		Lag2Kd	4	4	4	4	4			
55										
56	ME von Fabrik zum Kunden									
57										
58		von/nach	Kunde 1	Kunde 2	Kunde 3	Kunde 4	Kunde 5	Kd4Fabr	Ges4Fabr	
59		Fabrik 1	1	1	1	1	1	5	9	
60		Fabrik 2	1	1	1	1	1	5	9	
61		Fabr2Kd	2	2	2	2	2			
62										
63		Ges2Kd	6	6	6	6	6			
64										

Abbildung Transp_2S1S_1G: Transportmengentabelle mit Vorgabewert 1

Mit:

- X_FabrLag = $C$43:$F$44 Transportmengen von den Fabriken zu den Lagern
- Lag4Fabr   = $G$43:$G$44 Zeilensummen von X_FabrLag
- Fabr2Lag   = $C$45:$F$45 Spaltensummen von X_FabrLag

- X_LagKd   = $C$50:$G$53 Transportmengen von den Lagern zu den Kunden
- Kd4Lag   = $H$50:$H$53 Zeilensummen von X_LagKd
- Lag2Kd   = $C$54:$G$54 Spaltensummen von X_LagKd

- X_FabrKd   = $C$59:$G$60 Transportmengen von den Fabriken zu den Kunden
- Kd4Fabr   = $H$59:$H$60 Zeilensumme von X_FabrKd
- Fabr2Kd   = $C$61:$G$61 Spaltensumme von X_FabrKd

- Ges4Fabr   = $I$59:$I$60 = Lag4Fabr + Kd4Fabr
- Ges2Kd   = $C$63:$G$63 = Fabr2Kd + Lag2Kd

Schritt 3: Bestimmung der Gesamtkosten

Gesamtkosten ▼	f_x =SUMME(D67:D69)			
A	B	C	D	E
66	**Gesamtkosten**			
67		von Fabrik zum Lager	5 €	
68		vom Lager zum Kunden	25 €	
69		von Fabrik zum Kunden	19 €	
70		**Gesamt**	**48 €**	
71				

Abbildung Transp_2S1S_1G: Eingabe der Formel für die Gesamtkosten

Mit:

- TK_FabrLag   = $D$67 Summenprodukt von C_FabrLag und X_FabrLag
- TK_LagKd   = $D$68 Summenprodukt von C_LagKd und X_LagKd
- TK_FabrKd   = $D$69 Summenprodukt von C_LagKd und X_LagKd
- Gesamtkosten = $D$70 = TK_FabrLag + TK_LagKd + TK_FabrKd

Schritt 4: Eingabe des mathematischen Modells in den Solver

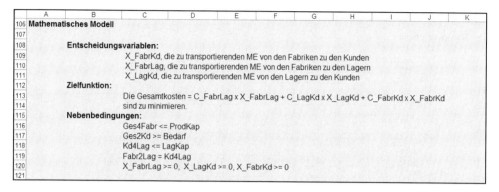

Abbildung Transp_2S1S_1G: Mathematisches Modell mit den verwendeten Bezeichnungen

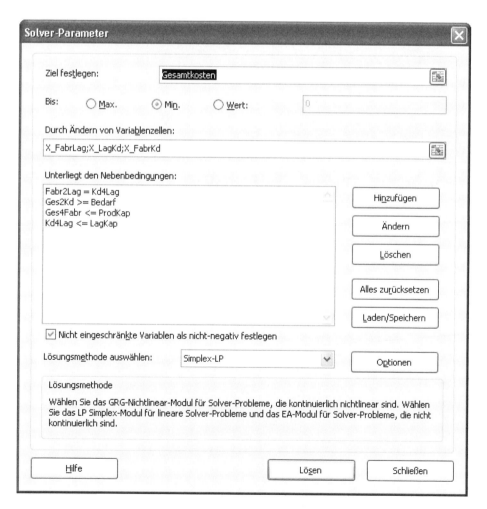

Abbildung Transp_2S1S_1G: Eingabe des Mathematischen Modells in den Solver

Das führt dann zu dem Ergebnis:

ME von Fabrik zum Lager

von/nach	Lager 1	Lager 2	Lager 3	Lager 4	Lag4Fabr
Fabrik 1	3.000	20.000	0	15.000	38.000
Fabrik 2	0	0	12.000	0	12.000
Fabr2Lag	3.000	20.000	12.000	15.000	

ME vom Lager zum Kunden

von/nach	Kunde 1	Kunde 2	Kunde 3	Kunde 4	Kunde 5	Kd4Lag
Lager 1	0	3.000	0	0	0	3.000
Lager 2	0	20.000	0	0	0	20.000
Lager 3	12.000	0	0	0	0	12.000
Lager 4	0	0	15.000	0	0	15.000
Lag2Kd	12.000	23.000	15.000	0	0	

ME von Fabrik zum Kunden

von/nach	Kunde 1	Kunde 2	Kunde 3	Kunde 4	Kunde 5	Kd4Fabr	Ges4Fabr
Fabrik 1	18.000	0	0	0	0	18.000	56.000
Fabrik 2	0	0	0	32.000	16.000	48.000	60.000
Fabr2Kd	18.000	0	0	32.000	16.000		
Ges2Kd	30.000	23.000	15.000	32.000	16.000		

Gesamtkosten

von Fabrik zum Lager	20.500 €
vom Lager zum Kunden	29.500 €
von Fabrik zum Kunden	95.500 €
Gesamt	**145.500 €**

Abbildung Transp_2S1S_1G: Ausgabe der optimalen Lösung

4.3 Mehrstufige Transportmodelle

4.3.1 Das allgemeine Netzflussmodell

4.3.1.1 Ökonomische Problembeschreibung

Einheitliche Objekte sind in einem Netzwerk mehrerer Orte direkt oder über Zwischenstationen kostenminimal zu transportieren, wobei der Bedarf an jedem Standort befriedigt werden soll. Dabei können an jedem Netzwerkknoten (Ort) vorgegebene Angebots- und/oder Nachfragemengen nach dem Gut auftreten. Die jeweiligen Transportkosten pro Einheit zwischen allen Standorten sind bekannt.

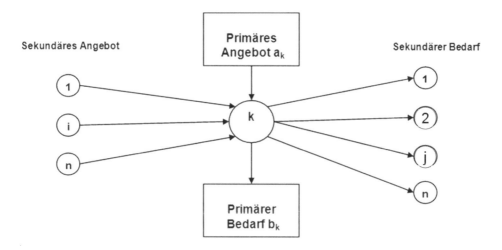

Abbildung: Input-Output-Beziehungen beim allgemeinen Netzflussmodell

4.3.1.2 Mathematische Formulierung des Problems

Ein bestimmtes Gut wird an n verschiedenen Knoten (Orten) angeboten und/oder nachgefragt. Die Orte sind durch ein Netzwerk von erlaubten Transportverbindungen verknüpft.

- Die Angebote a_k sowie der Bedarf b_k sind für jeden Ort k bekannt.
- Pro Einheit des Gutes sind die Transportkosten c_{ij} von jedem Ort i zu jedem Ort j gegeben oder die Information, dass von i nach j keine Verbindung möglich ist.

Wie viele Einheiten x_{ij} sollen vom Ort i zum Ort j transportiert werden,

- so dass an jedem Ort das vorhandene Angebot eingehalten,
- der gesamte Bedarf gedeckt,
- an keinem Ort zusätzliche Mengen auftreten,
- nur zulässige Verbindungen genutzt werden und
- die gesamten Transportkosten minimal werden?

4.3.1.3 Mathematisches Modell

Indices:

i =	1, ..., n	Netzwerkknoten (Orte)
k =	1, ..., n	Netzwerkknoten (Orte)
j =	1, ..., n	Netzwerkknoten (Orte)

Gegebene Daten:

a_i Angebot des Gutes am Ort i (in ME)

b_j Nachfrage des Gutes am Ort i (in ME)

c_{ij} Transportkosten pro Einheit des Gutes vom Ort i zum Ort j falls eine Verbindung möglich ist, sonst keine Kostenbewertung,[1]

sei $G = \{(i,j) : c_{ij} \text{ ist Kostenbewertung}\}$ der Graph der möglichen Verbindungen

Entscheidungsvariablen:

x_{ij} ME des Gutes, die von Ort i nach Ort j transportiert werden sollen

Zielfunktion:

(ZF) $\sum_{i=1}^{n}\sum_{j=1}^{n} c_{ij} x_{ij} \to \min!$ Minimiere die gesamten Transportkosten!

---

[1] In der Excel als leere Zelle gekennzeichnet. Bei Datenbanken benutzt man auch den Wert NULL, der sich natürlich von der Zahl 0 extrem unterscheidet. Bei den Doppelsummen werden Multiplikationen mit „leer" bzw. NULL wie Multiplikationen mit 0 verarbeitet.

Restriktionen (Nebenbedingungen):

(1) $\quad a_k + \sum_{i=1}^{n} x_{ik} \geq b_k + \sum_{j=1}^{n} x_{kj}$ für k = 1, ..., n

An jedem Ort k muss das eigene (primäre) Angebot und das antransportierte (sekundäre) Angebot den eigenen (primären) Bedarf und den (sekundären) Bedarf für den Weitertransport decken.

(NN) $\quad 0 \leq x_{ij}$ für alle i = 1, ..., n; j = 1, ..., n

Es werden nur nicht negative Mengen transportiert.

(G) $\quad x_{ij} = 0$ für $(i,j) \notin G$ (Graphenbedingung)

Nur die definierten Graphenverbindungen dürfen genutzt werden.

4.3.1.4 Implizite Definition der erlaubten Verbindungen

Für die Berücksichtigung der Teilmenge G, welche die erlaubten Verbindungen definiert, haben wir zwei Möglichkeiten:

1. Keine Zahlenangabe: c_{ij} (leere Zelle), falls keine Verbindung von i nach j möglich bzw. erlaubt ist oder

2. Strafkosten: $c_{ij} = \text{GroßeZahl}$, d. h. für eine Nutzung von i nach j treten unendlich hohe Strafkosten auf.

Computertechnisch kann die Nutzung hoher Strafkosten zu Skalierungsproblemen bei Optimierungsalgorithmen führen. Es empfiehlt sich daher, die Graphenbedingung (G) über Upper Bounds zu berücksichtigen:[1]

(UB) $\quad x_{ij} \leq UB_{ij}$ mit $\quad UB_{ij} = 0$, falls keine Verbindung von i nach j besteht,

$\quad UB_{ij} = \text{GroßeZahl}$ sonst.

---

[1] Der Nachteil dabei besteht allerdings darin, dass gewisse Optimierungsalgorithmen, so wie der Frontline-Solver, nach der Anzahl der möglichen Bounds Preisgrenzen festgelegt haben, und man somit schnell über die frei verfügbare Problemdimension gelangt.

4.3.1.5 Das allgemeine Netzflussmodell umfasst die einfacheren Modelle

Aus den entsprechenden Restriktionssystemen lässt sich unmittelbar ableiten, dass das allgemeine Netzflussproblem das klassische Transport- und die Umladeprobleme mit einschließt.

4.3.2 Beispiele zum allgemeinen Netzflussmodell

4.3.2.1 Netz_1G

Wir betrachten zunächst ein ein- und zweistufiges Umschlagsmodell in Form eines Netzflussmodells.

Erster Ansatz:
Nicht mögliche Verbindungen werden durch zugehörige Upper Bounds = 0 ausgeschlossen.

Problembeschreibung
Drei Märkte sollen direkt oder über zwei Zentrallager von drei Fabriken aus mit einem Gut beliefert werden. Die Transportkosten sowie die Angebote und die Nachfrage sind gegeben. (Bei leeren Feldern existiert keine Verbindung zwischen den jeweiligen Knoten.) Wie lauten die optimalen Transportmengen?

Als Basis ist hier die Kostenmatrix gegeben inklusive der angebotenen und nachgefragten Mengen.
Damit ergibt sich als zusammenfassende Problembeschreibung:

von/ nach	Fabrik 1	Fabrik 2	Fabrik 3	Zentrallager 1	Zentrallager 2	Markt 1	Markt 2	Markt 3	Nachfrage
Fabrik 1				12	11	1.013	1.008	1.027	
Fabrik 2				6	2	1.010	1.018	1.017	
Fabrik 3				5	17	1.005	1.009	1.024	
Zentrallager 1						15	10	8	
Zentrallager 2						0	4	13	7
Markt 1									800
Markt 2									900
Markt 3									300
Angebot	600	400	1000						

Abbildung Netz_1G: Transportkosten und Parameter

Schritt 1: Eingabe der Bezeichnungen

Zur besseren Dokumentation unserer Modelle bezeichnen wir die wesentlichen Zellenbereiche:

- C_VersEmpf = $C$16:$J$23   Transportkosten der Verbindungen, falls nicht leer
- Angebot   = $C$24:$J$24   Angebot des Versenders, falls nicht leer
- Nachfrage   = $K$16:$K$23   Nachfrage des Empfängers, falls nicht leer

Schritt 2: Aufbau der Boundmatrix

Wir fügen BigNumber ein, kopieren den Zellenbereich der Kostenmatrix spaltenkonform nach unten und ändern ihn gemäß der folgenden Abbildung ab.

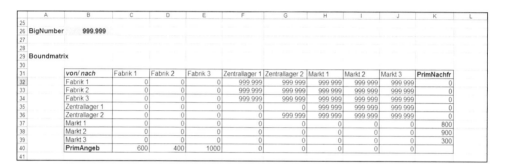

Abbildung Netz_1G: Boundmatrix und BigNumber

Mit:

- BigNumber   = $B$26   Große Zahl
- UB_VersEmpf = $C$32:$J$39   = Große Zahl, wenn Verbindung möglich ist, sonst 0
- PrimAngeb   = $C$40:$J$40   = Angebot, falls Versender anbietet, sonst 0
- PrimNachfr = $K$32:$K$39   = Nachfrage, falls Empfänger nachfragt, sonst 0

Schritt 3: Aufbau der Transportmengenmatrix

Wir kopieren den Zellenbereich der Kostenmatrix spaltenkonform nach unten und ändern ihn gemäß der folgenden Abbildung ab.

	A	B	C	D	E	F	G	H	I	J	K	L	M
42													
43	Transportmengen												
44													
45		von/ nach	Fabrik 1	Fabrik 2	Fabrik 3	Zentrallager 1	Zentrallager 2	Markt 1	Markt 2	Markt 3	SekNachfr	GesNachfr	
46		Fabrik 1	1	1	1	1	1	1	1	1	8	8	
47		Fabrik 2	1	1	1	1	1	1	1	1	8	8	
48		Fabrik 3	1	1	1	1	1	1	1	1	8	8	
49		Zentrallager 1	1	1	1	1	1	1	1	1	8	8	
50		Zentrallager 2	1	1	1	1	1	1	1	1	8	8	
51		Markt 1	1	1	1	1	1	1	1	1	8	808	
52		Markt 2	1	1	1	1	1	1	1	1	8	908	
53		Markt 3	1	1	1	1	1	1	1	1	8	308	
54		SekAngeb	8	8	8	8	8	8	8	8			
55		GesAngeb	608	408	1.008	8	8	8	8	8			
56													

Abbildung Netz_1G: Transportmengenmatrix mit Vorgabewert 1

Mit:

- X_VersEmpf = $C$46:$J$53 Transportmengen vom Versender zum Empfänger
- SekAngeb = $C$54:$J$54 Spaltensumme von X_VersEmpf
- GesAngeb = $C$55:$J$55 = PrimAngeb + SekAngebot

- SekNachfr = $K$46:$K$53 Zeilensumme von X_VersEmpf
- GesNachfr = $L$46:$L$53 = PrimNachfr + SekNachfr

Schritt 4: Bestimmung der Gesamtkosten

Gesamtkosten ▼		fx =SUMMENPRODUKT(C_VersEmpf;X_VersEmpf)			
	A	B	C	D	E	F
57						
58	**Gesamtkosten**					
59			9.241 €			
60						

Abbildung Netz_1G: Eingabe der Formel für die Gesamtkosten

Mit:

- Gesamtkosten = $C$59 = Summenprodukt von C_VersEmpf und X_VersEmpf

Schritt 5: Eingabe des mathematischen Modells in den Solver

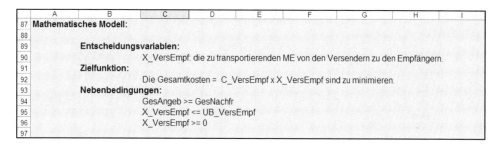

Abbildung Netz_1G: Mathematisches Modell mit den verwendeten Bezeichnungen

Die Eingabe dieses Modells in den Solver ergibt:

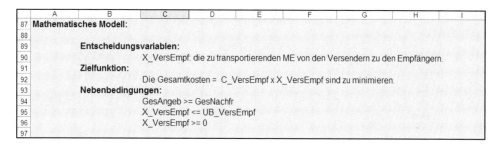

Abbildung Netz_1G: Eingabe des Mathematischen Modells in den Solver

Modellbasiertes Logistikmanagement

Das führt dann zu dem Ergebnis:

	A	B	C	D	E	F	G	H	I	J	K	L	M
42													
43		Transportmengen											
44													
45		von/ nach	Fabrik 1	Fabrik 2	Fabrik 3	Zentrallager 1	Zentrallager 2	Markt 1	Markt 2	Markt 3	SekNachfr	GesNachfr	
46		Fabrik 1	0	0	0	0	600	0	0	0	600	600	
47		Fabrik 2	0	0	0	0	400	0	0	0	400	400	
48		Fabrik 3	0	0	0	1.000	0	0	0	0	1000	1000	
49		Zentrallager 1	0	0	0	0	0	0	900	100	1000	1000	
50		Zentrallager 2	0	0	0	0	0	800	0	200	1000	1000	
51		Markt 1	0	0	0	0	0	0	0	0	0	800	
52		Markt 2	0	0	0	0	0	0	0	0	0	900	
53		Markt 3	0	0	0	0	0	0	0	0	0	300	
54		SekAngeb	0	0	0	1.000	1.000	800	900	300			
55		GesAngeb	600	400	1.000	1.000	1.000	800	900	300			
56													
57													
58		Gesamtkosten											
59			26.800 €										
60													

Abbildung Netz_1G: Ausgabe der optimalen Lösung

4.3.2.2 Netz_1Ga

Das folgende Beispiel zeigt einen alternativen Lösungsvorschlag zu unserem vorangegangenen Beispiel. Hier werden hohe Kosten genutzt, um nicht zulässige Transportverbindungen auszuschließen. Das ist zwar rein mathematisch in Ordnung, führt jedoch manchmal computertechnisch zu Schwierigkeiten, weil damit extreme Größenunterschiede in der Struktur der Kostenmatrix auftreten und somit algorithmische Skalierungsansätze beeinträchtigen.

Zweiter Ansatz:
Nicht mögliche Verbindungen werden durch sehr hohe Kosten ausgeschlossen.

Problembeschreibung

Drei Märkte sollen direkt oder über zwei Zentrallager von drei Fabriken aus mit einem Gut beliefert werden. Die Transportkosten sowie die Angebote und die Nachfrage sind gegeben. (Bei leeren Feldern existiert keine Verbindung zwischen den jeweiligen Knoten.)

Wie lauten die optimalen Transportmengen?

Als Basis ist hier die Kostenmatrix gegeben inklusive der angebotenen und nachgefragten Mengen.
Damit ergibt sich als zusammenfassende Problembeschreibung:

4 Grundlegende Modelle zur Transportoptimierung

	A	B	C	D	E	F	G	H	I	J	K
12											
13	Kostenmatrix										
14											
15		von/ nach	Fabrik 1	Fabrik 2	Fabrik 3	Zentrallager	Zentrallager	Markt 1	Markt 2	Markt 3	Nachfrage
16		Fabrik 1				12	11	1 013	1 008	1 027	
17		Fabrik 2				6	2	1 010	1 018	1 017	
18		Fabrik 3				5	17	1 005	1 009	1 024	
19		Zentrallager 1						15	10	8	
20		Zentrallager 2					0	4	13	7	
21		Markt 1									800
22		Markt 2									900
23		Markt 3									300
24		Angebot	600	400	1000						

Abbildung Netz_1Ga: Transportkosten und Parameter

Schritt 1: Eingabe der Bezeichnungen

Zur besseren Dokumentation unserer Modelle bezeichnen wir die wesentlichen Zellenbereiche:

- C_VersEmpf   = $C$16:$J$23   Transportkosten der Verbindungen, falls nicht leer
- Angebot   = $C$24:$J$24   Angebot des Versenders, falls nicht leer
- Nachfrage   = $K$16:$K$23   Nachfrage des Empfängers, falls nicht leer

Schritt 2: Aufbau der komplettierten Kostenmatrix

Wir fügen BigNumber ein, kopieren den Zellenbereich der Kostenmatrix spaltenkonform nach unten und ändern ihn gemäß der folgenden Abbildung ab.

	A	B	C	D	E	F	G	H	I	J	K
25											
26	BigNumber	999.999									
27											
28											
29	Komplettierte Kostenmatrix										
30											
31		von/ nach	Fabrik 1	Fabrik 2	Fabrik 3	Zentrallager	Zentrallager	Markt 1	Markt 2	Markt 3	PrimNachfr
32		Fabrik 1	999 999 €	999 999 €	999 999 €	12 €	11 €	1 013 €	1 008 €	1 027 €	0
33		Fabrik 2	999 999 €	999 999 €	999 999 €	6 €	2 €	1 010 €	1 018 €	1 017 €	0
34		Fabrik 3	999 999 €	999 999 €	999 999 €	5 €	17 €	1 005 €	1 009 €	1 024 €	0
35		Zentrallager 1	999 999 €	999 999 €	999 999 €	999 999 €	999 999 €	15 €	10 €	8 €	0
36		Zentrallager 2	999 999 €	999 999 €	999 999 €	999 999 €	- €	4 €	13 €	7 €	0
37		Markt 1	999 999 €	999 999 €	999 999 €	999 999 €	999 999 €	999 999 €	999 999 €	999 999 €	800
38		Markt 2	999 999 €	999 999 €	999 999 €	999 999 €	999 999 €	999 999 €	999 999 €	999 999 €	900
39		Markt 3	999 999 €	999 999 €	999 999 €	999 999 €	999 999 €	999 999 €	999 999 €	999 999 €	300
40		PrimAngeb	600	400	1000	0	0	0	0	0	

Abbildung Netz_1Ga: Komplettierte Kostenmatrix und BigNumber

Mit:

- BigNumber   = $B$26   Große Zahl
- CC_VersEmpf   = $C$32:$J$39   = Große Zahl, wenn Verbindung nicht möglich ist, sonst Transportkosten
- PrimAngeb   = $C$40:$J$40   = Angebot, falls Versender anbietet, sonst 0

- PrimNachfr = $K$32:$K$39 = Nachfrage, falls Empfänger nachfragt, sonst 0

Schritt 3: Aufbau der Transportmengenmatrix

Wir kopieren den Zellenbereich der Kostenmatrix spaltenkonform nach unten und ändern ihn gemäß der folgenden Abbildung ab.

	A	B	C	D	E	F	G	H	I	J	K	L
42												
43	Transportmengen											
44												
45		von/ nach	Fabrik 1	Fabrik 2	Fabrik 3	Zentrallager	Zentrallager	Markt 1	Markt 2	Markt 3	SekNachfr	GesNachfr
46		Fabrik 1	1	1	1	1	1	1	1	1	8	8
47		Fabrik 2	1	1	1	1	1	1	1	1	8	8
48		Fabrik 3	1	1	1	1	1	1	1	1	8	8
49		Zentrallager 1	1	1	1	1	1	1	1	1	8	8
50		Zentrallager 2	1	1	1	1	1	1	1	1	8	8
51		Markt 1	1	1	1	1	1	1	1	1	8	608
52		Markt 2	1	1	1	1	1	1	1	1	8	908
53		Markt 3	1	1	1	1	1	1	1	1	8	308
54		SekAngeb	8	8	8	8	8	8	8	8		
55		GesAngeb	608	408	1.008	8	8	8	8	8		
56												

Abbildung Netz_1Ga: Transportmengenmatrix mit Vorgabewert 1

Mit:

- X_VersEmpf = $C$46:$J$53   Transportmengen vom Versender zum Empfänger
- SekAngeb   = $C$54:$J$54   Spaltensumme von X_VersEmpf
- GesAngeb   = $C$55:$J$55   = PrimAngeb + SekAngebot

- SekNachfr = $K$46:$K$53   Zeilensumme von X_VersEmpf
- GesNachfr = $L$46:$L$53   = PrimNachfr + SekNachfr

Schritt 4: Bestimmung der Gesamtkosten

Gesamtkosten ▼	f_x =SUMMENPRODUKT(CC_VersEmpf;X_VersEmpf)			
A	B	C	D	E
57				
58 Gesamtkosten				
59		42.009.199 €		
60				

Abbildung Netz_1Ga: Eingabe der Formel für die Gesamtkosten

Mit:

- Gesamtkosten = $C$59   = Summenprodukt von CC_VersEmpf und X_VersEmpf

Schritt 5: Eingabe des mathematischen Modells in den Solver

	A	B	C	D	E	F	G	H	I
87	Mathematisches Modell:								
88									
89		Entscheidungsvariablen:							
90			X_VersEmpf: die zu transportierenden ME von den Versendern zu den Empfängern.						
91		Zielfunktion:							
92			Die Gesamtkosten = CC_VersEmpf x X_VersEmpf sind zu minimieren.						
93		Nebenbedingungen:							
94			GesAngeb >= GesNachfr						
95			X_VersEmpf >= 0						
96									

Abbildung Netz_1Ga: Mathematisches Modell mit den verwendeten Bezeichnungen

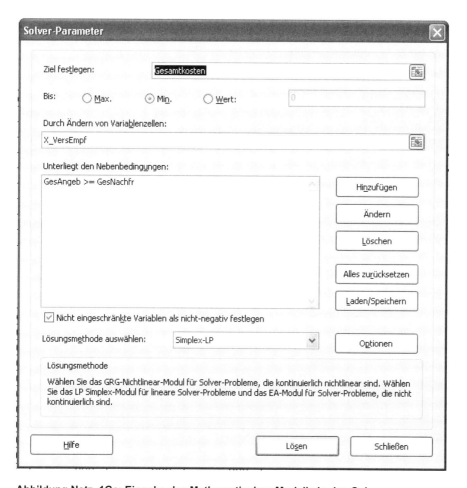

Abbildung Netz_1Ga: Eingabe des Mathematischen Modells in den Solver

Das führt dann zu dem Ergebnis:

von/ nach	Fabrik 1	Fabrik 2	Fabrik 3	Zentrallager 1	Zentrallager 2	Markt 1	Markt 2	Markt 3	SekNachfr	GesNachfr
Fabrik 1	0	0	0	600	0	0	0	0	600	600
Fabrik 2	0	0	0	0	400	0	0	0	400	400
Fabrik 3	0	0	0	1.000	0	0	0	0	1000	1000
Zentrallager 1	0	0	0	0	0	0	900	100	1000	1000
Zentrallager 2	0	0	0	0	0	800	0	200	1000	1000
Markt 1	0	0	0	0	0	0	0	0	0	800
Markt 2	0	0	0	0	0	0	0	0	0	900
Markt 3	0	0	0	0	0	0	0	0	0	300
SekAngeb	0	0	0	1.000	1.000	800	900	300		
GesAngeb	600	400	1.000	1.000	1.000	800	900	300		

Gesamtkosten: 26.800 €

Abbildung Netz_1Ga: Ausgabe der optimalen Lösung

4.3.2.3 Netz_1G_UK

Im nächsten Schritt ergänzen wir unser Netzflussmodell durch die Berücksichtigung von maximalen Umschlagskapazitäten.

Problembeschreibung

Drei Märkte sollen über zwei Zentrallager von drei Fabriken aus mit einem Gut beliefert werden. Die Transportkosten sowie die Angebote und die Nachfrage sind gegeben. (Bei leeren Feldern existiert keine Verbindung zwischen den jeweiligen Knoten.) Ebenso gegeben sind die maximalen Umschlagsmengen der Knoten.

Bestimmen Sie optimale Transportmengen bei Berücksichtigung der Umschlagskapazitäten!

Als Basis ist hier die Kostenmatrix gegeben inklusive der angebotenen und nachgefragten Mengen. Zusätzlich sind die Umschlagskapazitäten der Zentrallager vorgegeben.
Damit ergibt sich als zusammenfassende Problembeschreibung:

Kostenmatrix

	UmschlKap			500	1.000				
von/ nach	Fabrik 1	Fabrik 2	Fabrik 3	Zentrallager 1	Zentrallager 2	Markt 1	Markt 2	Markt 3	Nachfrage
Fabrik 1				12	11	1.013	1.008	1.027	
Fabrik 2				6	2	1.010	1.018	1.017	
Fabrik 3				5	17	1.005	1.009	1.024	
Zentrallager 1						15	10	8	
Zentrallager 2						0	4	13	7
Markt 1									800
Markt 2									900
Markt 3									300
Angebot	600	400	1000						

Abbildung Netz_1G_UK: Transportkosten und Parameter

Schritt 1: Eingabe der Bezeichnungen

Zur besseren Dokumentation unserer Modelle bezeichnen wir die wesentlichen Zellenbereiche:

- C_VersEmpf = $C$18:$J$25 Transportkosten der Verbindungen, falls nicht leer
- Angebot = $C$26:$J$26 Angebot des Versenders, falls nicht leer
- Nachfrage = $K$18:$K$25 Nachfrage des Empfängers, falls nicht leer
- UmschlKap = $C$16:$J$16 Umschlagskapazität der Zentrallager

Schritt 2: Aufbau der Boundmatrix

Wir fügen die BigNumber ein, kopieren den Zellenbereich der Kostenmatrix spaltenkonform nach unten und ändern ihn gemäß der folgenden Abbildung ab.

	A	B	C	D	E	F	G	H	I	J	K
27											
28	BigNumber	999.999									
29											
30											
31	Boundmatrix										
32											
33		Ukap_Empf	999.999	999.999	999.999	500	1 000	999.999	999.999	999.999	
34		von/ nach	Fabrik 1	Fabrik 2	Fabrik 3	Zentrallager 1	Zentrallager 2	Markt 1	Markt 2	Markt 3	PrimNachfr
35		Fabrik 1	0	0	0	999.999	999.999	999.999	999.999	999.999	0
36		Fabrik 2	0	0	0	999.999	999.999	999.999	999.999	999.999	0
37		Fabrik 3	0	0	0	999.999	999.999	999.999	999.999	999.999	0
38		Zentrallager 1	0	0	0	0	0	999.999	999.999	999.999	0
39		Zentrallager 2	0	0	0	0	999.999	999.999	999.999	999.999	0
40		Markt 1	0	0	0	0	0	0	0	0	800
41		Markt 2	0	0	0	0	0	0	0	0	900
42		Markt 3	0	0	0	0	0	0	0	0	300
43		PrimAngeb	600	400	1000	0	0	0	0	0	
44											

Abbildung Netz_1G_UK: Boundmatrix und BigNumber

Mit:

- BigNumber = $B$28 Große Zahl
- UB_VersEmpf = $C$35:$J$42 = Große Zahl, wenn Verbindung möglich ist
  = 0, wenn keine Verbindung möglich ist (C_VersEmpf = leer)
- PrimAngeb = $C$43:$J$43 = Angebot, falls Versender anbietet, sonst 0
- PrimNachfr = $K$35:$K$42 = Nachfrage, falls Empfänger nachfragt, sonst 0
- Ukap_Empf = $C$33:$J$33 = Umschlagskapazität für den Güterempfang, falls eine maximale Kapazität vorgegeben ist, sonst Große Zahl (keine Einschränkung)

Schritt 3: Aufbau der Transportmengenmatrix

Wir kopieren den Zellenbereich der Kostenmatrix spaltenkonform nach unten und ändern ihn gemäß der folgenden Abbildung ab.

	A	B	C	D	E	F	G	H	I	J	K	L
45												
46	Transportmengen											
47												
48		von/ nach	Fabrik 1	Fabrik 2	Fabrik 3	Zentrallager 1	Zentrallager 2	Markt 1	Markt 2	Markt 3	SekNachfr	GesNachfr
49		Fabrik 1	1	1	1	1	1	1	1	1	8	8
50		Fabrik 2	1	1	1	1	1	1	1	1	8	8
51		Fabrik 3	1	1	1	1	1	1	1	1	8	8
52		Zentrallager 1	1	1	1	1	1	1	1	1	8	8
53		Zentrallager 2	1	1	1	1	1	1	1	1	8	8
54		Markt 1	1	1	1	1	1	1	1	1	8	808
55		Markt 2	1	1	1	1	1	1	1	1	8	908
56		Markt 3	1	1	1	1	1	1	1	1	8	308
57		SekAngeb	8	8	8	8	8	8	8	8		
58		GesAngeb	608	408	1.008	8	8	8	8	8		
59												

Abbildung Netz_1G_UK: Transportmengenmatrix mit Vorgabewert 1

Mit:

- X_VersEmpf = $C$49:$J$56   Transportmengen vom Versender zum Empfänger
- SekAngeb = $C$57:$J$57   Spaltensumme von X_VersEmpf
- GesAngeb = $C$58:$J$58   = PrimAngeb + SekAngebot

- SekNachfr = $K$49:$K$56   Zeilensumme von X_VersEmpf
- GesNachfr = $L$49:$L$56   = PrimNachfr + SekNachfr

Schritt 4: Bestimmung der Gesamtkosten

Gesamtkosten ▼		f_x =SUMMENPRODUKT(X_VersEmpf;C_VersEmpf)		
	A	B	C	D	E
60					
61	Gesamtkosten				
62			9.241 €		
63					

Abbildung Netz_1G_UK: Eingabe der Formel für die Gesamtkosten

Mit:

- Gesamtkosten = $C$62   = Summenprodukt von C_VersEmpf und X_VersEmpf

Schritt 5: Eingabe des mathematischen Modells in den Solver

	A	B	C	D	E	F	G	H	I
93	Mathematisches Modell:								
94									
95		Entscheidungsvariablen:							
96			X_VersEmpf: die zu transportierenden ME von den Versendern zu den Empfängern.						
97		Zielfunktion:							
98			Die Gesamtkosten = C_VersEmpf x X_VersEmpf sind zu minimieren.						
99		Nebenbedingungen:							
100			GesAngeb >= GesNachfr						
101			SekAngeb <= Ukap_Empf						
102			X_VersEmpf <= UB_VersEmpf						
103			X_VersEmpf >= 0						
104									

Abbildung Netz_1G_UK: Mathematisches Modell mit den verwendeten Bezeichnungen

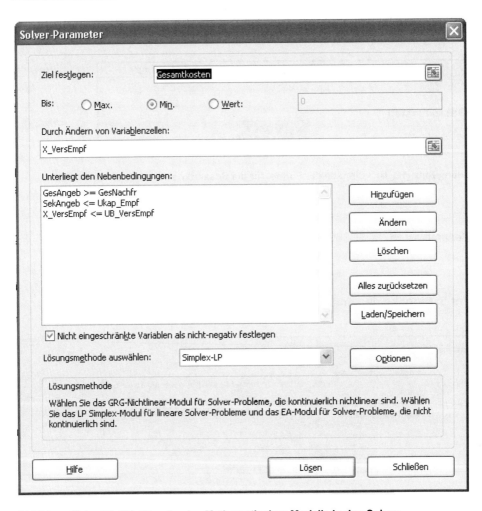

Abbildung Netz_1G_UK: Eingabe des Mathematischen Modells in den Solver

Mit obiger Solver-Eingabe erhält man das Ergebnis:

	A	B	C	D	E	F	G	H	I	J	K	L
45												
46	Transportmengen											
47												
48		von/ nach	Fabrik 1	Fabrik 2	Fabrik 3	Zentrallager 1	Zentrallager 2	Markt 1	Markt 2	Markt 3	SekNachfr	GesNachfr
49		Fabrik 1	0	0	0	0	600	0	0	0	600	600
50		Fabrik 2	0	0	0	0	400	0	0	0	400	400
51		Fabrik 3	0	0	0	500	0	0	500	0	1000	1000
52		Zentrallager 1	0	0	0	0	0	0	400	100	500	500
53		Zentrallager 2	0	0	0	0	0	800	0	200	1000	1000
54		Markt 1	0	0	0	0	0	0	0	0	0	800
55		Markt 2	0	0	0	0	0	0	0	0	0	900
56		Markt 3	0	0	0	0	0	0	0	0	0	300
57		SekAngeb	0	0	0	500	1.000	800	900	300		
58		GesAngeb	600	400	1.000	500	1.000	800	900	300		
59												
60												
61	Gesamtkosten											
62			523.800 €									
63												

Abbildung Netz_1G_UK: Ausgabe der optimalen Lösung

4.3.2.4 Netz_1G_UKBD

Im letzten Schritt ergänzen wir unser Netzflussmodell nun noch durch die Berücksichtigung von maximalen Transportkapazitäten (Oberen Grenzen bzw. Bounds) auf einigen Transportverbindungen.

Problembeschreibung

Drei Märkte sollen über zwei Zentrallager von drei Fabriken aus mit einem Gut beliefert werden. Die Transportkosten sowie die Angebote und die Nachfrage sind gegeben. (Bei leeren Feldern existiert keine Verbindung zwischen den jeweiligen Knoten.)

Für die Knoten sind die maximalen Umschlagsmengen bekannt, ebenso die oberen Grenzen für die Transporte zwischen den einzelnen Verbindungen.

Wie lauten die optimalen Transportmengen bei Berücksichtigung der Kapazitätseinschränkungen?

Als Basis ist hier die Kostenmatrix gegeben inklusive der angebotenen und nachgefragten Mengen. Zusätzlich sind die Umschlagskapazitäten der Zentrallager und die oberen Grenzen der Transportmengen bekannt.

Damit ergibt sich als zusammenfassende Problembeschreibung:

	A	B	C	D	E	F	G	H	I	J	K	L
15												
16	Kostenmatrix											
17												
18		UmschlKap				500	1.000					
19		von/ nach	Fabrik 1	Fabrik 2	Fabrik 3	Zentrallager 1	Zentrallager 2	Markt 1	Markt 2	Markt 3	Nachfrage	
20		Fabrik 1				12	11	1.013	1.008	1.027		
21		Fabrik 2				6	2	1.010	1.018	1.017		
22		Fabrik 3				5	17	1.005	1.009	1.024		
23		Zentrallager 1						15	10	8		
24		Zentrallager 2					0	4	13	7		
25		Markt 1									800	
26		Markt 2									900	
27		Markt 3									300	
28		Angebot	600	400	1000							
29												
30	Obere Grenzen der Transportmengen											
31												
32		von/ nach	Fabrik 1	Fabrik 2	Fabrik 3	Zentrallager 1	Zentrallager 2	Markt 1	Markt 2	Markt 3		
33		Fabrik 1					400					
34		Fabrik 2					400					
35		Fabrik 3				800						
36		Zentrallager 1							500			
37		Zentrallager 2						600	400	50		
38		Markt 1								150		
39		Markt 2										
40		Markt 3										
41												

Abbildung Netz_1G_UKBD: Transportkosten und Parameter

Schritt 1: Eingabe der Bezeichnungen

Zur besseren Dokumentation unserer Modelle bezeichnen wir die wesentlichen Zellenbereiche:

- C_VersEmpf   = $C$20:$J$27   Transportkosten der Verbindungen, falls nicht leer
- Angebot   = $C$28:$J$28   Angebot des Versenders, falls nicht leer
- Nachfrage   = $K$20:$K$27   Nachfrage des Empfängers, falls nicht leer
- UmschlKap   = $C$18:$J$18   Umschlagskapazität der Zentrallager
- Max_VersEmpf   = $C$33:$J$40   Maximale Kapazität für einen Transport über diese Verbindung

Schritt 2: Aufbau der Boundmatrix

Wir fügen BigNumber ein, kopieren den Zellenbereich der Kostenmatrix spaltenkonform nach unten und ändern ihn gemäß der folgenden Abbildung ab.

	A	B	C	D	E	F	G	H	I	J	K	L
41												
42	BigNumber	999.999										
43												
44												
45	Boundmatrix											
46												
47		Ukap_Empf	999.999	999.999	999.999	500	1.000	999.999	999.999	999.999		
48		von/nach	Fabrik 1	Fabrik 2	Fabrik 3	Zentrallager 1	Zentrallager 2	Markt 1	Markt 2	Markt 3	PrimNachfr	
49		Fabrik 1	0	0	0	999.999	400	999.999	999.999	999.999	0	
50		Fabrik 2	0	0	0	999.999	400	999.999	999.999	999.999	0	
51		Fabrik 3	0	0	0	800	999.999	999.999	500	999.999	0	
52		Zentrallager 1	0	0	0	0	0	999.999	400	50	0	
53		Zentrallager 2	0	0	0	999.999	600	999.999	150	0		
54		Markt 1	0	0	0	0	0	0	0	0	800	
55		Markt 2	0	0	0	0	0	0	0	0	900	
56		Markt 3	0	0	0	0	0	0	0	0	300	
57		PrimAngeb	600	400	1000	0	0	0	0	0		
58												

Abbildung Netz_1G_UKBD: Boundmatrix und BigNumber

Mit:

- BigNumber   = $B$42   Große Zahl
- UB_VersEmpf   = $C$49:$J$56   = Große Zahl, wenn Verbindung möglich ist und keine maximale Kapazität vorgegeben ist

  = Max_VersEmpf, wenn Verbindung möglich und maximale Kapazität vorgegeben ist

  = 0, wenn keine Verbindung möglich ist (C_VersEmpf = leer)

- PrimAngeb   = $C$57:$J$57   = Angebot, falls Versender anbietet, sonst 0

- PrimNachfr = $K$49:$K$56 = Nachfrage, falls Empfänger nachfragt, sonst 0
- Ukap_Empf = $C$47:$J$47 = Umschlagskapazität für den Güterempfang, falls eine maximale Kapazität vorgegeben ist, sonst Große Zahl (keine Einschränkung)

Schritt 3: Aufbau der Transportmengenmatrix

Wir kopieren den Zellenbereich der Kostenmatrix spaltenkonform nach unten und ändern ihn gemäß der folgenden Abbildung ab.

	A	B	C	D	E	F	G	H	I	J	K	L
59												
60	Transportmengen											
61												
62		von/ nach	Fabrik 1	Fabrik 2	Fabrik 3	Zentrallager 1	Zentrallager 2	Markt 1	Markt 2	Markt 3	SekNachfr	GesNachfr
63		Fabrik 1	1	1	1	1	1	1	1	1	8	8
64		Fabrik 2	1	1	1	1	1	1	1	1	8	8
65		Fabrik 3	1	1	1	1	1	1	1	1	8	8
66		Zentrallager 1	1	1	1	1	1	1	1	1	8	8
67		Zentrallager 2	1	1	1	1	1	1	1	1	8	8
68		Markt 1	1	1	1	1	1	1	1	1	8	808
69		Markt 2	1	1	1	1	1	1	1	1	8	908
70		Markt 3	1	1	1	1	1	1	1	1	8	308
71		SekAngeb	8	8	8	8	8	8	8	8		
72		GesAngeb	608	408	1 008	8	8	8	8	8		
73												

Abbildung Netz_1G_UKBD: Transportmengenmatrix mit Vorgabewert 1

Mit:

- X_VersEmpf = $C$63:$J$70 Transportmengen vom Versender zum Empfänger
- SekAngeb = $C$71:$J$71 Spaltensumme von X_VersEmpf
- GesAngeb = $C$72:$J$72 = PrimAngeb + SekAngebot

- SekNachfr = $K$63:$K$70 Zeilensumme von X_VersEmpf
- GesNachfr = $L$63:$L$70 = PrimNachfr + SekNachfr

Schritt 4: Bestimmung der Gesamtkosten

Gesamtkosten ▼		f_x =SUMMENPRODUKT(C_VersEmpf;X_VersEmpf)			
A	B	C	D	E	F
74					
75 Gesamtkosten					
76		9.241 €			
77					

Abbildung Netz_1G_UKBD: Eingabe der Formel für die Gesamtkosten

Mit:

- Gesamtkosten = $C$62 = Summenprodukt von C_VersEmpf und X_VersEmpf

Schritt 5: Eingabe des mathematischen Modells in den Solver

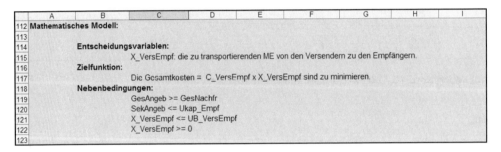

Abbildung Netz_1G_UKBD: Mathematisches Modell mit den verwendeten Bezeichnungen

4 Grundlegende Modelle zur Transportoptimierung

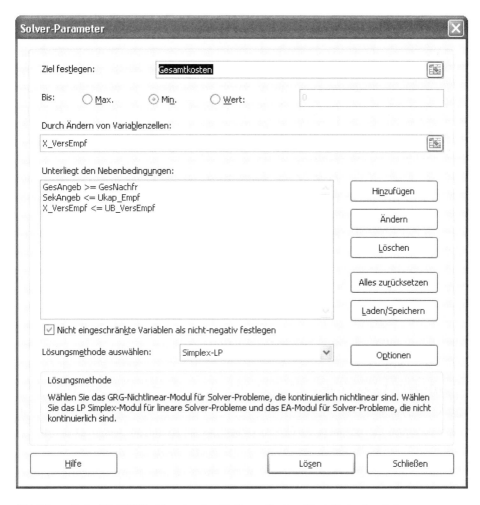

Abbildung Netz_1G_UKBD: Eingabe des Mathematischen Modells in den Solver

Das führt dann zu dem Ergebnis:

von/ nach	Fabrik 1	Fabrik 2	Fabrik 3	Zentrallager 1	Zentrallager 2	Markt 1	Markt 2	Markt 3	SekNachfr	GesNachfr
Fabrik 1	0	0	0	0	400	0	200	0	600	600
Fabrik 2	0	0	0	0	400	0	0	0	400	400
Fabrik 3	0	0	0	500	200	150	50	100	1.000	1.000
Zentrallager 1	0	0	0	0	0	50	400	50	500	500
Zentrallager 2	0	0	0	0	0	600	250	150	1.000	1.000
Markt 1	0	0	0	0	0	0	0	0	0	800
Markt 2	0	0	0	0	0	0	0	0	0	900
Markt 3	0	0	0	0	0	0	0	0	0	300
SekAngeb	0	0	0	500	1.000	800	900	300		
GesAngeb	600	400	1.000	500	1.000	800	900	300		

Gesamtkosten: 528.150 €

Abbildung Netz_1G_UKBD: Ausgabe der optimalen Lösung

4.3.3 Die Bestimmung des maximalen Flusses durch ein Netzwerk

Bei den vorangegangenen mehrstufigen Transportmodellen ging es primär um die Ermittlung eines Transportplanes bei minimalen gesamten Transportkosten. Eng verwandt mit dieser Fragestellung ist die Ermittlung von maximal möglichen Transportmengen unter Berücksichtigung von eingeschränkten Transportmöglichkeiten auf den jeweiligen Verbindungen.

4.3.3.1 Ökonomische Problembeschreibung

Beim Problem des maximalen Flusses durch ein Netzwerk sucht man eine maximale Summe von Transportmengen, die durch ein Netzwerk mit begrenzten Kapazitäten pro Transportverbindung von vorgegebenen Sendepunkten (Quellen) zu Empfangspunkten (Senken) fließen können.

Beispiele für derartige Fragestellungen sind der maximale Wasserfluss durch ein Kanal- oder Wasserstraßensystem von ausgehenden Wasserspendern zu Wasserverwendern, der maximale Energiefluss durch ein Leitungssystem von Energieversorgern zu Energieverbrauchern oder die maximale Informationsmenge durch ein Informationsnetzwerk von Informationsprovidern zu Informationsnutzern.

Das Problem lässt sich relativ einfach auf unser mehrstufiges Transportmodell zurückführen. Dabei werden die Angebote der Versandpunkte und die Nachfrage der Empfangspunkte als (unbeschränkte) Variablen betrachtet, alle anderen Angebote und Bedarfe auf Null gesetzt und die Summe dieser Angebote (= Summe der Bedarfe) maximiert.

Innerhalb eines Netzwerkes bezeichnet man solche Knoten als Quellen, deren Spalten leer sind, und als Senken diejenigen Knoten, deren Zeilen leer sind. Diese Quellen und Senken spielen eine natürliche Rolle als Angebots- bzw. Empfangspunkte.

4.3.3.2 Mathematische Formulierung des Problems

Ein bestimmtes Gut wird von r verschiedenen Knoten (Orten) angeboten und in s anderen Knoten nachgefragt. Die Orte sind durch ein Netzwerk von erlaubten

Transportverbindungen verknüpft, für das Kapazitätsrestriktionen für eine zugrundeliegende Zeiteinheit (ZE) gelten:

- Pro Zeiteinheit können maximal q_{ij} ME vom Ort i zum Ort j transportiert werden oder keine, d. h. von i nach j ist keine Verbindung möglich.

Wie viele Einheiten sollen von den r Orten verschickt werden, Wie viele Einheiten erreichen die s Empfänger und Wie viele Einheiten x_{ij} sollen vom Ort i zum Ort j transportiert werden,

- so dass durch das Netzwerk für diese ZE die maximal mögliche Transportmenge fließt?

4.3.3.3 Mathematisches Modell

Indices:

i =	1, …, n	Netzwerkknoten (Orte)
k =	1, …, n	Netzwerkknoten (Orte)
j =	1, …, n	Netzwerkknoten (Orte)

Gegebene Daten:

R	$R \subset \{1,...,n\}$	Mögliche Versandorte
S	$S \subset \{1,...,n\}$	Mögliche Empfangsorte; $R \cap S = \emptyset$
q_{ij}		Maximale Transportmenge pro ZE von Ort i zum Ort j falls eine Verbindung möglich ist, sonst keine Kapazitätsangabe, sei $G = \{(i,j) : q_{ij} \text{ ist Kapazitätsangabe}\}$ der Graph der möglichen Verbindungen

Entscheidungsvariablen:

a_i	Abflussmenge (ME) des Gutes von Ort i
b_j	Verbrauchsmengemenge (ME) des Gutes an Ort j
x_{ij}	ME des Gutes, die von Ort i nach Ort j transportiert werden sollen

Zielfunktion:

(ZF) $\sum_{i=1}^{n} a_i \to \max!$ Maximiere die gesamte Abflussmenge!

Restriktionen (Nebenbedingungen):

(1) $a_k + \sum_{i=1}^{n} x_{ik} = b_k + \sum_{j=1}^{n} x_{kj}$ für k = 1, ..., n (Materialbilanz)

(2) $x_{ij} \leq q_{ij}$ für i = 1, ..., n; j = 1, ..., n, $(i,j) \in G$

(NN) $0 \leq x_{ij}$ für i = 1, ..., n; j = 1, ..., n

  $0 \leq a_i$ für i = 1, ..., n

  $0 \leq b_j$ für j = 1, ..., n

(G) $x_{ij} = 0$ für $(i,j) \notin G$ (Graphenbedingung)

(R) $a_i = 0$ für $i \notin R$ (Ausstoss nur in R)

(S) $b_j = 0$ für $j \notin S$ (Empfang nur in S)

Alternative Bedingungen:

(ZF') $\sum_{j=1}^{n} b_j \to \max!$ Maximiere die gesamte Empfangsmenge!

(2') $x_{ij} \leq q_{ij}$ Für alle i, j = 1, ..., n
  mit zusätzlich: $q_{ij} = 0$ für $(i,j) \notin G$

4.3.3.4 Anmerkungen

Wegen (1) hätte man als Zielfunktion auch (ZF') verwenden können.
(2) und (G) kann man ersetzen durch die praktikablere Bedingung (2').
Ansonsten sind die Nichtnegativitätsbedingung sowie die Einschränkung auf die erlaubten Verbindungen auf die Ausstoß- und Empfangsmengen entsprechend zu übertragen.

4.3.4 Beispiel: Netz_1G_MaxFlow

Problembeschreibung

Es ist ein Netzwerk mit Quellen und Senken vorgegeben. Für jede mögliche Verbindung ist für eine zugrundeliegende Zeitperiode die obere Grenze des Durchflusses eines bestimmten Gutes angegeben. Wie viele Einheiten des Gutes können maximal von den Quellen zu den Senken fließen?

Damit ergibt sich als zusammenfassende Problembeschreibung:

	A	B	C	D	E	F	G	H	I	J	K
16											
17	Maximale Durchflusskapazitäten										
18	(kein Wert heißt: Grenze = 0)										
19											
20		von/nach	0	1	2	3	4	5	6	7	SenkenNachfr
21		0			5						
22		1				4					
23		2				2	6	5			
24		3					1			2	
25		4			4			6	3		
26		5									999.999
27		6									999.999
28		7							4		
29		QuellenAngeb	999.999	999.999							
30											

Abbildung Netz_1G_MaxFlow: Maximale Durchflusskapazitäten und Parameter

Schritt 1: Eingabe der Bezeichnungen

Zur besseren Dokumentation unserer Modelle bezeichnen wir die wesentlichen Zellenbereiche:

- Max_VersEmpf = $C$21:$J$28   Maximal mögliche Flussmenge einer Verbindung, falls nicht leer
- QuellenAngeb = $C$29:$J$29   Angebot einer Quelle, falls nicht leer
- SenkenNachfr = $K$21:$K$28   Nachfrage einer Senke, falls nicht leer

Schritt 2: Aufbau der Boundmatrix

Wir kopieren den Zellenbereich der maximalen Durchflusskapazitätenmatrix spaltenkonform nach unten und ändern ihn gemäß der folgenden Abbildung ab. In die Spalten/Zeilen der PrimNachf und PrimAngeb tragen wir zur Markierung eine 1 ein, da diese Zellen hier als variabel zu betrachten sind.

Modellbasiertes Logistikmanagement

	A	B	C	D	E	F	G	H	I	J	K	L	M
31													
32	Boundmatrix												
33													
34		Upper Bound	0	1	2	3	4	5	6	7	UB_Senken	PrimNachfr	
35		0	0	0	5	0	0	0	0	0	0	1	
36		1	0	0	0	4	0	0	0	0	0	1	
37		2	0	0	0	2	6	5	0	0	0	1	
38		3	0	0	0	0	1	0	0	2	0	1	
39		4	0	0	4	0	0	6	3	0	0	1	
40		5	0	0	0	0	0	0	0	0	999.999	1	
41		6	0	0	0	0	0	0	0	0	999.999	1	
42		7	0	0	0	0	0	0	4	0	0	1	
43		UB_Quellen	999.999	999.999	0	0	0	0	0	0			
44		PrimAngeb	1	1	1	1	1	1	1	1			
45													

Abbildung Netz_1G_MaxFlow: Boundmatrix und PrimNachf und PrimAngeb mit Vorgabewert 1

Mit:

- UB_VersEmpf = $C$35:$J$42 = Maximale Flussmenge, wenn Verbindung möglich ist, sonst 0
- UB_Quellen = $C$43:$J$43 = Maximal ausgehende Flussmenge einer Quelle, sonst 0
- UB_Senken = $K$35:$K$42 = Maximale Empfangsmenge einer Senke, sonst 0
- PrimAngeb = $C$44:$J$44 = Ausgangsmenge für Quellen, sonst 0
- PrimNachfr = $L$35:$L$42 = Empfangsmenge für Senken, sonst 0

Schritt 3: Aufbau der Transportmengenmatrix

Wir kopieren den Zellenbereich der maximalen Durchflusskapazitätenmatrix spaltenkonform nach unten und ändern ihn gemäß der folgenden Abbildung ab.

	A	B	C	D	E	F	G	H	I	J	K	L	M
46													
47	Transportmengen												
48	ME von /nach												
49		von/nach	0	1	2	3	4	5	6	7	SekNachfr	GesNachfr	
50		0	1	1	1	1	1	1	1	1	8	9	
51		1	1	1	1	1	1	1	1	1	8	9	
52		2	1	1	1	1	1	1	1	1	8	9	
53		3	1	1	1	1	1	1	1	1	8	9	
54		4	1	1	1	1	1	1	1	1	8	9	
55		5	1	1	1	1	1	1	1	1	8	9	
56		6	1	1	1	1	1	1	1	1	8	9	
57		7	1	1	1	1	1	1	1	1	8	9	
58		SekAngeb	8	8	8	8	8	8	8	8			
59		GesAngeb	9	9	9	9	9	9	9	9			
60													

Abbildung Netz_1G_MaxFlow: Transportmengenmatrix mit Vorgabewert 1

Mit:

- X_VersEmpf = $C$50:$J$57 Transportmengen vom Versender zum Empfänger
- SekAngeb = $C$58:$J$58 Spaltensumme von X_VersEmpf
- GesAngeb = $C$59:$J$59 = PrimAngeb + SekAngebot

- SekNachfr   = $K$50:$K$57   Zeilensumme von X_VersEmpf
- GesNachfr   = $L$50:$L$57   = PrimNachfr + SekNachfr

Schritt 4: Bestimmung der Gesamtmenge

Gesamtmenge ▼	f_x =SUMME(PrimAngeb)		
	A	B	C	D
61				
62	**Gesamte Transportmenge**			
63			8	
64				

Abbildung Netz_1G_MaxFlow: Eingabe der Formel für die Gesamtmenge

Mit:

- Gesamtmenge   = $C$63   Zeilensumme von PrimAngeb

Schritt 5: Eingabe des mathematischen Modells in den Solver

	A	B	C	D	E	F	G	H	I	J
96	**Mathematisches Modell:**									
97										
98		**Entscheidungsvariablen:**								
99			X_VersEmpf: die zu transportierenden ME von den Versendern zu den Empfängern.							
100			PrimAngeb: die ME, die von Quellen wegfließen.							
101			PrimNachfr: die ME, die in den Senken ankommen.							
102		**Zielfunktion:**								
103			Die Gesamtmenge = Summe(PrimAngeb) = Summe(PrimNachfr) ist zu maximieren.							
104		**Nebenbedingungen:**								
105			GesAngeb = GesNachfr							
106			X_VersEmpf <= UB_VersEmpf							
107			PrimAngeb <= UB_Quellen							
108			PrimNachfr <= UB_Senken							
109			X_VersEmpf >= 0; PrimAngeb >= 0; PrimNachfr >= 0							
110										

Abbildung Netz_1G_MaxFlow: Mathematisches Modell mit den verwendeten Bezeichnungen

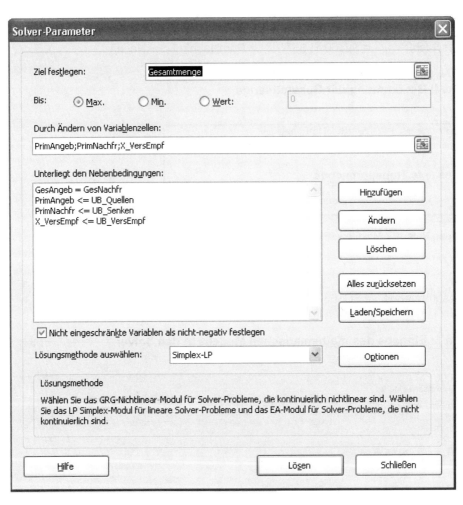

Abbildung Netz_1G_MaxFlow: Eingabe des Mathematischen Modells in den Solver

4 Grundlegende Modelle zur Transportoptimierung

Das führt dann zu dem Ergebnis:

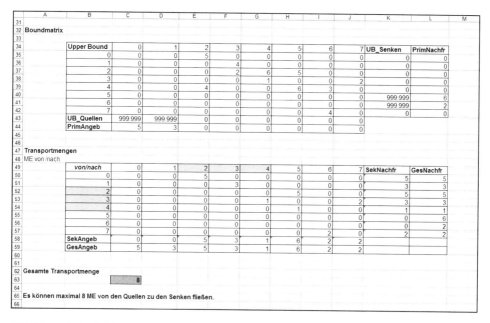

Abbildung Netz_1G_MaxFlow: Ausgabe der optimalen Lösung

4.4 Die Bestimmung kürzester Wege durch ein Netzwerk

Transportoptimierungen nutzen als Ausgangsdaten vielfach die kürzesten Entfernungen zwischen Versende- und Empfangsorten. Im vorangegangenen dritten Kapitel haben wir Verfahren beschrieben, wie hierzu die Distanzen per Luftlinie berechnet werden können. Vielfach hat man aber nur die Entfernungen für einen Teil der Abschnitte innerhalb eines Netzwerkes vorliegen. Gesucht sind deshalb auch Verfahren, die kürzesten Wege innerhalb dieses „Netzwerkes der Abschnitte" zu ermitteln. Die sich damit ergebende Distanzmatrix (auch Transitive Hülle im Sinne der Graphentheorie genannt) kann dann wiederum Ausgangspunkt einer erweiterten Transportoptimierung sein.[1]

Bevor wir auf graphentheoretische Verfahren eingehen, zeigen wir, wie sich die bereits dargestellten Verfahren der mehrstufigen Transportoptimierung umgekehrt auch zur Lösung dieser Problemstellung anwenden lassen.

4.4.1 Mathematische Formulierung der Grundprobleme

Es sei ein Netzwerk der direkten Entfernungen zwischen n Orten gegeben:

- Direkte Entfernung d_{ij} von einem Ort i zu einem Ort j oder die Information, dass von i nach j keine direkte Verbindung möglich ist.

Dann ergeben sich folgende Fragestellungen:

(p2q) Von einem Ort zu einem anderen Ort
Gesucht sind für ein vorgegebenes Paar p und q von Orten die Länge des kürzesten Weges von p nach q, also direkt oder über andere Orte, sowie ein kürzester Weg selbst.

---

[1] Nebenbei bemerkt kann dieses Verfahren auch benutzt werden, wenn bei der Luftlinienberechnung Barrieren in die Betrachtung einfließen, und man dann in dem Netzwerk um die Barrieren die kürzesten Entfernungen sucht.

(p2n) Von einem Ort zu allen anderen Orten

Gesucht sind für einen vorgegebenen Ort p die Längen der kürzesten Wege zu allen anderen Orten, also direkt oder über andere Orte, sowie jeweils ein kürzester Weg selbst.

(n2n) Von jedem Ort zu jedem anderen Ort

Gesucht sind für jedes Paar p und q von Orten die Länge der kürzesten Wege von p nach q, also direkt oder über andere Orte, sowie jeweils ein kürzester Weg selbst.

4.4.2 Die Bestimmung des kürzesten Weges zwischen zwei Knoten über ein mehrstufiges Transportmodell

Der kürzeste Weg zwischen zwei Knoten lässt sich leicht auf das mehrstufige Transportmodell zurückführen: Vom Versendeort p ist 1 TE (Transporteinheit) nach Empfangsort q zu transportieren. Sonst liegen keine weiteren Transportangebote und –nachfragen vor.

Indices:

i =	1, ..., n	Netzwerkknoten (Orte)
k =	1, ..., n	Netzwerkknoten (Orte)
j =	1, ..., n	Netzwerkknoten (Orte)

Gegebene Daten:

p	$p \in \{1,...,n\}$	Startknoten
q	$q \in \{1,...,n\}$	Zielknoten
a_i	$a_i = 1$ für $i = p$ $a_i = 0$ sonst	Angebot am Ort i (in TE)
b_j	$b_j = 1$ für $j = q$ $b_j = 0$ sonst	Nachfrage am Ort j (in TE)
d_{ij}		Entfernung vom Ort i zum Ort j falls eine Verbindung möglich ist, sonst keine Entfernungsangabe; sei $G = \{(i,j) : d_{ij} \text{ ist Entfernungsangabe}\}$ der Graph der möglichen direkten Verbindungen

Entscheidungsvariablen:

x_{ij} TE die von Ort i nach Ort j transportiert werden sollen

Zielfunktion:

(ZF) $\sum_{i=1}^{n}\sum_{j=1}^{n} d_{ij} x_{ij} \to \min!$ Minimiere die gesamte Transportlänge!

Restriktionen (Nebenbedingungen):

(1) $a_k + \sum_{i=1}^{n} x_{ik} = b_k + \sum_{j=1}^{n} x_{kj}$ für k = 1, ..., n

(NN) $0 \leq x_{ij}$ für alle i = 1, ..., n; j = 1, ..., n

(G) $x_{ij} = 0$ für $(i,j) \notin G$ (Graphenbedingung)

4.4.3 Beispiel: Netz_1G_KürzesterWeg

Problembeschreibung

In einem Netzwerk seien die Entfernungen zwischen den Knoten gegeben. Es ist der kürzeste Weg zwischen zwei vorgegebenen Knoten zu bestimmen.

Als Basis ist hier die Entfernungsmatrix mit dem Start- und Zielpunkt gegeben. Damit ergibt sich als zusammenfassende Problembeschreibung:

	A	B	C	D	E	F	G	H	I	J	K	L	M
11													
12		Enfernungsmatrix											
13		Entfernung = Kosten											
14													
15		von/nach	Depot	Knoten 1	Knoten 2	Knoten 3	Knoten 4	Knoten 5	Knoten 6	Knoten 7	Knoten 8	Ziel	
16		Depot		1		1							
17		Knoten 1			2								
18		Knoten 2				1	1	3					
19		Knoten 3					2		4				
20		Knoten 4						3	2	4			
21		Knoten 5								1			
22		Knoten 6								2	1		
23		Knoten 7									1		
24		Knoten 8										1	
25		Start	1										
26													

Abbildung Netz_1G_KürzesterWeg: Entfernungsmatrix und Parameter

Schritt 1: Eingabe der Bezeichnungen

Zur besseren Dokumentation unserer Modelle bezeichnen wir die wesentlichen Zellenbereiche:

- Dist_VersEmpf = $C$16:$K$24   Transportdistanz der Verbindung, falls nicht leer
- Start   = $C$25:$K$25   Markierung des Startpunktes mit 1
- Ziel   = $L$16:$L$24   Markierung des Zielpunktes mit 1

Schritt 2: Aufbau der Boundmatrix

Wir fügen die BigNumber ein, kopieren den Zellenbereich der Entfernungsmatrix spaltenkonform nach unten und ändern ihn gemäß der folgenden Abbildung ab.

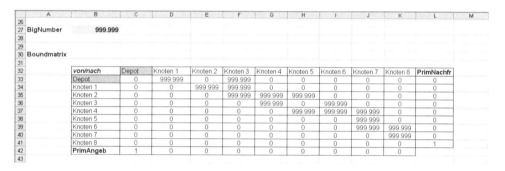

Abbildung Netz_1G_KürzesterWeg: Boundmatrix und BigNumber

Mit:

- BigNumber   = $B$27   Große Zahl
- UB_VersEmpf   = $C$33:$K$41   = Große Zahl, wenn Verbindung möglich ist, sonst 0
- PrimAngeb   = $C$42:$K$42   = Startmarkierung beim Startpunkt, sonst 0
- PrimNachfr   = $L$33:$L$41   = Zielmarkierung beim Zielpunkt, sonst 0

Schritt 3: Aufbau der Transportmengenmatrix

Wir kopieren den Zellenbereich der Entfernungsmatrix spaltenkonform nach unten und ändern ihn gemäß der folgenden Abbildung ab.

	A	B	C	D	E	F	G	H	I	J	K	L	M	N
44														
45	Transportmengen													
46	1: Wegverbindung, 0: keine Wegverbindung													
47														
48		von/nach	Depot	Knoten 1	Knoten 2	Knoten 3	Knoten 4	Knoten 5	Knoten 6	Knoten 7	Knoten 8	SekNachfr	GesNachfr	
49	0	Depot	1	1	1	1	1	1	1	1	1	9	9	
50	1	Knoten 1	1	1	1	1	1	1	1	1	1	9	9	
51	2	Knoten 2	1	1	1	1	1	1	1	1	1	9	9	
52	3	Knoten 3	1	1	1	1	1	1	1	1	1	9	9	
53	4	Knoten 4	1	1	1	1	1	1	1	1	1	9	9	
54	5	Knoten 5	1	1	1	1	1	1	1	1	1	9	9	
55	6	Knoten 6	1	1	1	1	1	1	1	1	1	9	9	
56	7	Knoten 7	1	1	1	1	1	1	1	1	1	9	9	
57	8	Knoten 8	1	1	1	1	1	1	1	1	1	9	10	
58		SekAngeb	9	9	9	9	9	9	9	9	9			
59		GesAngeb	10	9	9	9	9	9	9	9	9			
60														

Abbildung Netz_1G_KürzesterWeg: Transportmengenmatrix mit Vorgabewert 1

Mit:

- X_VersEmpf = $C$49:$K$57   Transportmengen vom Versender zum Empfänger
- SekAngeb = $C$58:$K$58   Spaltensumme von X_VersEmpf
- GesAngeb = $C$59:$K$59   = PrimAngeb + SekAngebot

- SekNachfr = $L$49:$L$57   Zeilensumme von X_VersEmpf
- GesNachfr = $M$49:$M$57   = PrimNachfr + SekNachfr

Schritt 4: Bestimmung der Gesamtdistanz

Gesamtdistanz ▼	f_x =SUMMENPRODUKT(Dist_VersEmpf;X_VersEmpf)				
	A	B	C	D	E	F
61						
62	Gesamtdistanz					
63			30			
64						

Abbildung Netz_1G_KürzesterWeg: Eingabe der Formel für die Gesamtdistanz

Mit:

- Gesamtdistanz = $C$63   = Summenprodukt von Dist_VersEmpf und X_VersEmpf

Schritt 5: Eingabe des mathematischen Modells in den Solver

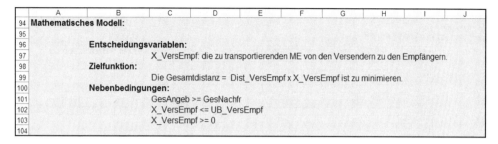

Abbildung Netz_1G_KürzesterWeg: Mathematisches Modell mit den verwendeten Bezeichnungen

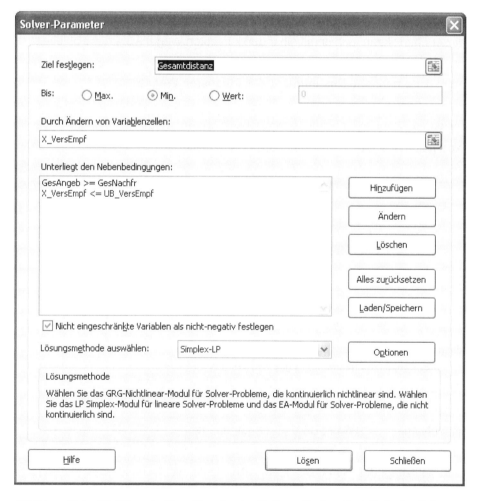

Abbildung Netz_1G_KürzesterWeg: Eingabe des Mathematischen Modells in den Solver

Mit obiger Solver-Eingabe erhält man als Ergebnis:

	von/nach	Depot	Knoten 1	Knoten 2	Knoten 3	Knoten 4	Knoten 5	Knoten 6	Knoten 7	Knoten 8	SekNachfr	GesNachfr
0	Depot	0	0	0	1	0	0	0	0	0	1	1
1	Knoten 1	0	0	0	0	0	0	0	0	0	0	0
2	Knoten 2	0	0	0	0	0	0	0	0	0	0	0
3	Knoten 3	0	0	0	0	0	0	1	0	0	1	1
4	Knoten 4	0	0	0	0	0	0	0	0	0	0	0
5	Knoten 5	0	0	0	0	0	0	0	0	0	0	0
6	Knoten 6	0	0	0	0	0	0	0	0	1	1	1
7	Knoten 7	0	0	0	0	0	0	0	0	0	0	0
8	Knoten 8	0	0	0	0	0	0	0	0	0	0	0
	SekAngeb	0	0	0	1	0	0	1	0	1		
	GesAngeb	1	0	0	1	0	0	1	0	1		

Gesamtdistanz: 6

Abbildung Netz_1G_KürzesterWeg: Ausgabe der optimalen Lösung

Aus dieser Matrix kann man unmittelbar den kürzesten Weg 0 – 3 – 6 – 8 ablesen.

Schritt 6: Automatische Bestimmung des kürzesten Weges

Wir zeigen im Anschluss noch eine Möglichkeit, wie man aus der optimalen Lösung mit Excel automatisch den Weg generieren lassen kann.

Berechnung der Vorgänger

Empfänger	Name	Knoten 1	Knoten 2	Knoten 3	Knoten 4	Knoten 5	Knoten 6	Knoten 7	Knoten 8
	Nr	1	2	3	4	5	6	7	8
Vorgänger	Nr	0	0	0	0	0	3	0	6
	Name	Depot	Depot	Depot	Depot	Depot	Knoten 3	Depot	Knoten 6

Wegberechnung:

Kürzester Weg nach (rückwärts)				Länge	Längen der Abschnitte		
8	6	3	0	6	1	4	1

Fazit

Kürzester Weg: 0-3-6-8

Abbildung Netz_1G_KürzesterWeg:
Automatische Bestimmung des kürzesten Weges

Mit:

- KnotenName   = $B$49:$B$47   Knotennamen

Über die Nutzung der Nummern kann jetzt direkt die Nummer des Vorgängers ermittelt werden:

- VorgNr = $D$69:$K$69 Nummer des Vorgängers
  = VERGLEICH(1;<Empf-Spalte von X_VersEmpf>;0)-1
- VorgName = $D$70:$K$70 Name des Vorgängers
  = INDEX(KnotenName;<VorgNr>+1)
- EmpfVorg = $D$68:$K$69 Unter jeder Empfänger-Nr. die Vorgänger-Nr.

Die Folge der Wegknoten:

In B76 gibt man nun die Nummer des Zielknoten an,

in C76 die Formel =WVERWEIS(B76;EmpfVorg;2)

und kopiert diese Formel nach rechts, bis die Nummer 0 des Startpunktes auftaucht.

Die Längen der Wegabschnitte:

In G76 gibt man die Formel =INDEX(Dist_VersEmpf;C76+1;B76+1) ein

und kopiert diese Formel nach rechts, bis nur noch 0 auftaucht.

Die Gesamtlänge der Wegabschnitte:

In F76 gibt man summiert die Zahlen rechts davon auf.

4.4.4 Die Bestimmung der kürzesten Wege von einem Knoten zu allen anderen Knoten über ein mehrstufiges Transportmodell

Auch dieser Fall ist auf das mehrstufige Transportmodell zurückführbar: Am Versendeort p sind n-1 TE (Transporteinheiten) vorhanden, sonst nirgendwo. Jeder andere Ort hat einen Bedarf von genau 1 TE.

Indices:

$i = 1, \ldots, n$ Netzwerkknoten (Orte)
$k = 1, \ldots, n$ Netzwerkknoten (Orte)
$j = 1, \ldots, n$ Netzwerkknoten (Orte)

Gegebene Daten:

p $\quad p \in \{1,\ldots,n\}$ Startknoten

a_i $\quad a_i = n-1$ für $i = p$ Angebot am Ort i (in TE)
$\quad\quad a_i = 0$ sonst

b_j $\quad b_j = 1$ für $j \neq p$ Nachfrage am Ort j (in TE)
$\quad\quad b_j = 0$ für $j = p$

d_{ij} $\quad$ Entfernung vom Ort i zum Ort j, falls eine Verbindung möglich ist, sonst keine Entfernungsangabe; sei $G = \{(i,j) : d_{ij} \text{ ist Entfernungsangabe}\}$ der Graph der möglichen direkten Verbindungen

Entscheidungsvariablen:

x_{ij} $\quad$ TE die von Ort i nach Ort j transportiert werden sollen

Zielfunktion:

(ZF) $\quad \sum_{i=1}^{n}\sum_{j=1}^{n} d_{ij} x_{ij} \to \min!$ $\quad$ Minimiere die gesamte Transportlänge!

Restriktionen (Nebenbedingungen):

(1) $\quad a_k + \sum_{i=1}^{n} x_{ik} = b_k + \sum_{j=1}^{n} x_{kj}$ $\quad$ für $k = 1, \ldots, n$

(NN) $\quad 0 \leq x_{ij}$ $\quad$ für alle $i = 1, \ldots, n; j = 1, \ldots, n$

(G) $x_{ij} = 0$ für $(i, j) \notin G$ (Graphenbedingung)

4.4.5 Beispiel: Netz_1G_KürzesterWeg2Rest

Problembeschreibung

In dem folgenden Netzwerk ist der kürzeste Weg von einem Depot (= Knoten 0) zu allen anderen Knoten zu bestimmen.

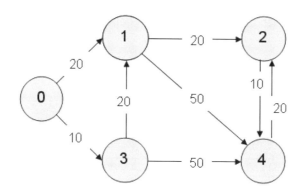

Überträgt man diesen Graphen in eine Matrix, so erhält man als zusammenfassende Problembeschreibung:

	A	B	C	D	E	F	G	H	I
23									
24	Enfernungsmatrix								
25	Entfernung = Kosten								
26									
27		von/nach	Depot	Knoten 1	Knoten 2	Knoten 3	Knoten 4	Ziel	
28		Depot		20		10			
29		Knoten 1			20		50	1	
30		Knoten 2					10	1	
31		Knoten 3		20			50	1	
32		Knoten 4			20			1	
33		Start	4						
34									

Abbildung Netz_1G_KürzesterWeg2Rest: Entfernungsmatrix und Parameter

Schritt 1: Eingabe der Bezeichnungen

Zur besseren Dokumentation unserer Modelle bezeichnen wir die wesentlichen Zellenbereiche:

- Dist_VersEmpf = $C$28:$G$32   Transportdistanz der Verbindung, falls nicht leer
- Start = $C$33:$G$33   Markierung des Startpunktes mit der Anzahl der Zielpunkte
- Ziel = $H$28:$H$32   Markierung der Zielpunkte mit 1

Schritt 2: Aufbau der Boundmatrix

Wir fügen die BigNumber ein und kopieren den Zellenbereich der Entfernungsmatrix spaltenkonform nach unten und ändern ihn gemäß der folgenden Abbildung ab.

	A	B	C	D	E	F	G	H
34								
35	BigNumber	999.999						
36								
37								
38	Boundmatrix							
39								
40		*von/nach*	Depot	Knoten 1	Knoten 2	Knoten 3	Knoten 4	**PrimNachfr**
41		Depot	0	999.999	0	999.999	0	0
42		Knoten 1	0	0	999.999	0	999.999	1
43		Knoten 2	0	0	0	0	999.999	1
44		Knoten 3	0	999.999	0	0	999.999	1
45		Knoten 4	0	0	999.999	0	0	1
46		**PrimAngeb**	4	0	0	0	0	
47								

Abbildung Netz_1G_KürzesterWeg2Rest: Boundmatrix und BigNumber

Mit:

- BigNumber = $B$35   Große Zahl
- UB_VersEmpf = $C$41:$G$45   = Große Zahl, wenn Verbindung möglich ist, sonst 0
- PrimAngeb = $C$46:$G$46   = Startmarkierung beim Startpunkt, sonst 0
- PrimNachfr = $H$41:$H$45   = Zielmarkierung beim Zielpunkt, sonst 0

Schritt 3: Aufbau der Transportmengenmatrix

	A	B	C	D	E	F	G	H	I
49	Transportmengen								
50	1: Wegverbindung, 0: keine Wegverbindung								
51									
52		von/nach	Depot	Knoten 1	Knoten 2	Knoten 3	Knoten 4	**SekNachfr**	**GesNachfr**
53	0	Depot	1	1	1	1	1	5	5
54	1	Knoten 1	1	1	1	1	1	5	6
55	2	Knoten 2	1	1	1	1	1	5	6
56	3	Knoten 3	1	1	1	1	1	5	6
57	4	Knoten 4	1	1	1	1	1	5	6
58		SekAngeb	5	5	5	5	5		
59		GesAngeb	9	5	5	5	5		
60									

Abbildung Netz_1G_KürzesterWeg2Rest: Transportmengenmatrix mit Vorgabewert 1

Mit:

- X_VersEmpf = $C$53:$G$57   Transportmengen vom Versender zum Empfänger
- SekAngeb = $C$58:$G$58   Spaltensumme von X_VersEmpf.
- GesAngeb = $C$59:$G$59   = PrimAngeb + SekAngebot

- SekNachfr = $H$53:$H$57   Zeilensumme von X_VersEmpf
- GesNachfr = $I$53:$I$57   = PrimNachfr + SekNachfr

Schritt 4: Bestimmung der Gesamtdistanz

Gesamtdistanz ▼ f_x =SUMMENPRODUKT(Dist_VersEmpf;X_VersEmpf)

	A	B	C	D	E
62	**Gesamtdistanz**				
63			200		
64					

Abbildung Netz_1G_KürzesterWeg2Rest: Eingabe der Formel für die Gesamtdistanz

- Gesamtdistanz = $C$63   = Dist_VersEmpf x X_VersEmpf

Schritt 5: Eingabe des mathematischen Modells in den Solver

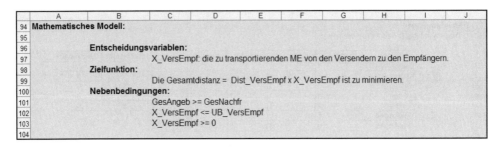

Abbildung Netz_1G_KürzesterWeg2Rest:
   Mathematisches Modell mit den verwendeten Bezeichnungen

Die Eingabe dieses Modells in den Solver ergibt:

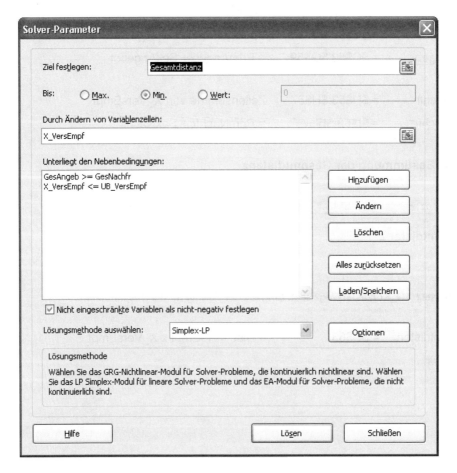

Abbildung Netz_1G_KürzesterWeg2Rest: Eingabe des Mathematischen Modells in den Solver

Das führt dann zu dem Ergebnis:

	A	B	C	D	E	F	G	H	I
49	Transportmengen								
50	1: Wegverbindung, 0: keine Wegverbindung								
51									
52		von/nach	Depot	Knoten 1	Knoten 2	Knoten 3	Knoten 4	SekNachfr	GesNachfr
53	0	Depot		3	0	1	0	4	4
54	1	Knoten 1	0		2	0	0	2	3
55	2	Knoten 2	0	0		0	1	1	2
56	3	Knoten 3	0	0	0		0	0	1
57	4	Knoten 4	0	0	0	0		0	1
58		SekAngeb	0	3	2	1	1		
59		GesAngeb	4	3	2	1	1		
60									
61									
62	Gesamtdistanz								
63			120						
64									

Abbildung Netz_1G_KürzesterWeg2Rest: Ausgabe der optimalen Lösung

Schritt 6: Bestimmung der kürzesten Wege

	A	B	C	D	E	F	G	H	I	J	K	L
65												
66	Berechnung der Vorgänger											
67												
68		Empfänger	Name	Knoten 1	Knoten 2	Knoten 3	Knoten 4		Es gibt genau einen Vorgänger!			
69			Nr	1	2	3	4					
70		Vorgänger	Nr	0	1	0	2					
71			Name	Depot	Knoten 1	Depot	Knoten 2					
72												
73												
74	Wegberechnung											
75												
76		Kürzester Weg nach (rückwärts)					Länge	Längen der Abschnitte				
77		1	0				20	20				
78		2	1	0			40	20	20	0		
79		3	0				10	10	0	0		
80		4	2	1	0		50	10	20	20	0	
81							120					
82	Fazit											
83				Länge								
84		Depot - 1		20								
85		Depot - 1-2		40								
86		Depot - 3		10								
87		Depot - 1-2-4		50								
88			Summe	120								
89												

Abbildung Netz_1G_KürzesterWeg2Rest: Bestimmung der kürzesten Wege

Für jeden Knoten **Empf** gibt es in der optimalen Lösung genau einen Knoten **Vers** mit X_VersEmpf > 0, den sogenannten Vorgänger. Also sucht man jetzt in der optimalen Lösung einfach rückwärts für jeden Knoten **Empf** den Vorgänger **Vers**.

Genauer:

- KnotenName   = $B$53:$B$57   Knotennamen

- VorgNr = $D$70:$G$70 Nummer des Vorgängers der Spalte
  =VERGLEICH(<SekAngeb_Empf>;<Empf-Spalte von X_VersEmpf>;0)-1
- VorgName = $D$71:$G$71 Name des Vorgängers der Spalte.
  =INDEX(KnotenName;<VorgNr>+1)
- EmpfVorg = $D$69:$K$70 Unter jeder Empfänger-Nr die Vorgänger-Nr.

Die Folge der Wegknoten:

In B77 gibt man nun die Nummer des ersten Zielknoten an,

in C77 die Formel =WVERWEIS(B77;EmpfVorg;2)

und kopiert diese Formel nach rechts bis die Nummer 0 des Startpunktes auftaucht.

Die Längen der Wegabschnitte:

In H77 gibt man die Formel =INDEX(Dist_VersEmpf;C77+1;B77+1) ein

und kopiert diese Formel nach rechts bis nur noch 0 auftaucht.

Die Gesamtlänge der Wegabschnitte:

In G77 summiert man die Zahlen rechts davon auf.

Schließlich kopiert man B77:L77 nach unten auf B78:L80 und erhält die Tabelle der Wegbestimmungen mit den zugehörigen Längenangaben.

4.4.6 Graphentheoretische Ansätze zur Bestimmung der kürzesten Wege in Netzwerken

4.4.6.1 Erreichbarkeit in Netzwerken

Ein grundsätzliches Problem der Graphentheorie besteht darin, für einen vorgegebenen Knoten alle diejenigen Knoten zu finden, die von diesem Knoten aus über einen Pfad erreichbar sind. Man erhält damit die sogenannten **Zusammenhangskomponenten** und die **transitive Hülle** des Graphen:

Sei $A = (a_{ij})$ die Adjazenzmatrix eines Graphen mit $a_{ij} = 1$ falls eine Verbindung von i nach j existiert und $a_{ij} = 0$ sonst. Dann ist die transitive Hülle von A definiert durch $T = (t_{ij})$ mit $t_{ij} = 1$ genau dann, wenn ein Pfad von i nach j existiert und $t_{ij} = 0$ sonst.

Wir zeigen für diesen Zusammenhang zwei klassische Algorithmen, die sich problemlos mithilfe der Tabellenkalkulation realisieren lassen und die vollständig OHNE den Solver auskommen. Damit haben diese Verfahren eine besondere Verwendung für Heuristiken, insbesondere in der später betrachteten Touren- und Routenplanung.

4.4.6.2 Der Dijkstra-Algorithmus für die Bestimmung des kürzesten Weges zwischen zwei Knoten

Der Dijkstra-Algorithmus liefert ein Verfahren zur Bestimmung eines kürzesten Weges zwischen zwei vorgegebenen Knoten, wobei davon ausgegangen wird, dass die vorgegebenen Distanzen alle nicht negativ sind.[1]

Wir gehen der Einfachheit halber von n+1 Knoten aus, der Startknoten sei 0, der Zielknoten einer der n anderen und die Entfernungsmatrix $D = (d_{ik})$ mit $d_{ij} \geq 0$. Zur Vermeidung lästiger Fallunterscheidungen nehmen wir darüber hinaus an, dass jeder Knoten von 0 aus über einen Pfad erreichbar sei.

Im Schritt **s = 0** erhält jeder Knoten j > 0 zunächst die Markierung $Mark_j = 0$. Dann wird die kürzeste bisher bekannte Entfernung $dist_{0j}$ zum Startknoten ermittelt sowie

---

[1] Siehe z. B. Krumke/Noltemeier (2009), S. 175 ff.; Dijkstra (1951) oder Müller-Mehrbach(1971), S.243

der Vorgänger v_j von j auf dem Weg von 0 zu j:

Für die Nachfolger von 0 ist: $\quad dist_{0j} = d_{0j} \quad$ und $v_j = 0$,

für alle anderen Knoten ist: $\quad dist_{0j} = \infty \quad$ und $v_j = -1$.

Iterationsschritt s

Man sucht sich nun einen Knoten k > 0, bei dem $dist_{0k} = \min\{dist_{0j} : Mark_j = 0\}$ gilt.

Ist k gleich dem Zielknoten, so ist das Verfahren beendet.

Anderenfalls markiert man k als „untersucht": $Mark_k := 1$.

Dann wird für jeden noch nicht markierten Knoten j > 0 getestet, ob sich der Weg von 0 nach j verkürzen lässt, indem zuerst von 0 nach k und dann von k nach j gegangen wird: $dist_{0j} := dist_{0k} + d_{kj} : dist_{0k} + d_{kj} < dist_{0j}$.

Im Falle der Verkürzung wird der Vorgänger von j ersetzt: $v_j = k$.

Dann wir **s:= s+1** gesetzt und der Iterationsschritt bis zum Abbruch wiederholt.

4.4.6.3 Der Tripel-Algorithmus für die Bestimmung der kürzesten Wege zwischen allen Knoten

Ein weiteres klassisches graphentheoretisches Verfahren ist der sogenannte Tripel-Algorithmus, mit dessen Hilfe kürzeste Wege zwischen ALLEN Knoten bestimmt werden können. Bei diesem Rechenverfahren geht man von der Idee aus, für jede bekannte Verbindung von i nach k zu prüfen, ob sich ein Umweg über einen dritten Punkt j lohnt. Wenn dieses der Fall ist, ersetzt man die bis dahin beste bekannte Verbindung von i nach k durch die Verbindung über j und sucht dann die anderen noch nicht betrachteten möglichen Umwege ab.

Dass dieses Verfahren funktioniert, möge man bitte in den einschlägigen Büchern zur Graphentheorie nachlesen.[1]

Beim Tripelalgorithmus geht man von n Knoten aus sowie von zwei Matrizen: der Entfernungsmatrix $D = (d_{ik})$ und der Vorgängermatrix $V = (v_{ik})$, die in n Iterationen sukzessive verändert werden.

---

[1] Siehe Domschke (2007) S.89 oder Krumke/Noltemeier (2009), S. 86 ff.

Im ersten Schritt ist d_{ik} die Entfernung von i nach k und v_{ik} die Nummer i des Vorgängers von k, bzw. -1, falls keine Entfernung angegeben ist.

Im n-ten Schritt ist d_{ik} die kürzeste Entfernung von i nach k und v_{ik} die Nummer des Vorgängers von k auf dem Wege von i nach k, bzw. -1, falls kein solcher Vorgänger existiert.

Start: j = 0
D ist die vorgegebene Distanzmatrix, v_{ik} gibt bei einer Distanzangabe d_{ik} den Wert i an, ansonsten den Wert -1.

Startbedingung: j = 1

Iteration:
Für i = 1, ..., n
    für k= 1, ..., n
        wenn $d_{ij} + d_{jk} < d_{ik} \Rightarrow d_{ik} := d_{ij} + d_{jk}; v_{ik} := v_{jk}$

j := j+1

Abbruchbedingung: j > n

Wie man sieht, handelt es sich bei beiden Algorithmen um rein graphentheoretische Verfahren, bei denen keine Optimierungssysteme verwendet werden.

4.4.7 Beispiele zur graphentheoretischen Bestimmung der kürzesten Wege in Netzwerken

4.4.7.1 Beispiel: Kürzester_Weg_im_Netz_mit_Dijkstra

Wir zeigen im nachfolgenden Beispiel eine halbautomatische Excel-Version des Dijkstra-Algorithmus, bei der es im Wesentlichen darum geht, nach einem Ausgangsrechenschema die nachfolgenden Matrizen ausschließlich mittels eines Kopiervorganges zu erhalten. Die Realisierung dieses Algorithmus kommt vollständig ohne Verwendung des Solver-Add-In aus. Für Vergleichszwecke benutzen wir die Zahlen aus **Netz_1G_KürzesterWeg.**

Problembeschreibung

In einem Netzwerk seien die Entfernungen zwischen den Knoten gegeben. Es ist ein kürzester Weg vom Knoten 0 zum Knoten 8 zu finden.

Entfernungsmatrix

D_ij	Kn 0	Kn 1	Kn 2	Kn 3	Kn 4	Kn 5	Kn 6	Kn 7	Kn 8
Kn 0		1		1					
Kn 1			1	2					
Kn 2				1	1	3			
Kn 3					2		4		
Kn 4						3	2	4	
Kn 5								1	
Kn 6								2	1
Kn 7									1
Kn 8									

Abbildung Netz_1G_KürzesterWeg_mit_Dijkstra: Entfernungsmatrix

Mit:

- Dij = $C$13:$K$21 Entfernung von i nach j, falls Zelle nicht leer, sonst: keine direkte Verbindung von i nach j.

Schritt 1: Aufbau der Hilfstabelle

Hilfstabelle BigNumber 999.999

	SNr	0	1	2	3	4	5	6	7	8
ZNr	H_ij	Kn 0	Kn 1	Kn 2	Kn 3	Kn 4	Kn 5	Kn 6	Kn 7	Kn 8
0	Kn 0	999.999	1	999.999	1	999.999	999.999	999.999	999.999	999.999
1	Kn 1	999.999	999.999	1	2	999.999	999.999	999.999	999.999	999.999
2	Kn 2	999.999	999.999	999.999	1	1	3	999.999	999.999	999.999
3	Kn 3	999.999	999.999	999.999	999.999	2	999.999	4	999.999	999.999
4	Kn 4	999.999	999.999	999.999	999.999	999.999	3	2	4	999.999
5	Kn 5	999.999	999.999	999.999	999.999	999.999	999.999	999.999	1	999.999
6	Kn 6	999.999	999.999	999.999	999.999	999.999	999.999	999.999	2	1
7	Kn 7	999.999	999.999	999.999	999.999	999.999	999.999	999.999	999.999	1
8	Kn 8	999.999	999.999	999.999	999.999	999.999	999.999	999.999	999.999	999.999

Abbildung Netz_1G_KürzesterWeg_mit_Dijkstra: Hilfstabelle

Mit:

- BigNumber = $F$24 Große Zahl
- Zeile SNr = C26:K26 Spaltennummern
- Spalte ZNr = A28:A36 Zeilennummern
- H_ij = $C$28:$K$36 = D_ij, wenn Verbindung möglich ist, = BigNumber sonst

Schritt 2: Aufbau Rechenschema

	A	B	C	D	E	F	G	H	I	J	K	L	M
39													
40	Rechenschema										NrZiel	8	
41													
42			KnNr	1	2	3	4	5	6	7	8		
43		Iteration	Knoten	Kn 1	Kn 2	Kn 3	Kn 4	Kn 5	Kn 6	Kn 7	Kn 8	minDist	Next
44		0	Weglänge	1	999 999	1	999 999	999 999	999 999	999 999	999 999		
45			Vorgänger	0	-1	0	-1	-1	-1	-1	-1		
46			Mark	0	0	0	0	0	0	0	0		
47			NxtLänge	1	999999	1	999999	999999	999999	999999	999999	1	1
48			Dist_NextKn	999 999	1	2	999 999	999 999	999 999	999 999	999 999		
49			Lange_viaNext	999 999	2	3	999 999	999 999	999 999	999 999	999 999		
50		1	Weglänge	1	2	1	999 999	999 999	999 999	999 999	999 999		Weiter!
51			Vorgänger	0	1	0	-1	-1	-1	-1	-1		
52													

Abbildung Kürzeste_Wege_im_Netz_mit_Dijkstra: Iteration 0

Mit:

- NrZiel   = $K$40   Nummer des Zielknotens
- Zeile KnNr   = D42:K42   Knotennummern ab 1

Iteration 0: Ermittlung aller Nachfolger von Knoten 0

- Zähler   B44=0   die Iterationszahl für den Ausgang: j=0
- Weglänge   D44:K44   Zeile 0 von H_ij ab Knoten 1
- Vorgänger   D45:K45   Nummer des Vorgängerknotens

    bzw. -1, falls kein Vorgänger existiert

    D45=WENN(D44<BigNumber;$A28;-1) usw. durchkopieren.

- Mark   D46:K46   Knotenmarkierung: 1: schon untersucht;

    0: noch nicht untersucht

    D46=WENN($B44=0;0;WENN(D$42=$M41;1;D40))

    usw. durchkopieren

- NxtLänge   D47:K47   Nur die Weglänge noch nicht untersuchter

    Knoten

    D47=WENN(D46=1;"";D44) usw. durchkopieren

- minDist   L47   Minimum von NxtLänge

    L47=MIN(D47:K47)

- Next   M47   Nummer eines Knotens mit minimaler Länge,

    der als nächster untersucht wird

    M47=VERGLEICH(L47;D47:K47;0)

- Dist_NextKn D48:K48   Zeile <Next> von H_ij ab Knoten 1

    D48=INDEX(H_ij;$M47+1;D$42+1) usw. durchkopieren

- Länge_viaNext   D49:K49   Weglänge vom Startknoten zum Spaltenknoten über den Knoten <Next>

D49=WENN(D48=BigNumber;BigNumber;INDEX($D44:$K44;$M47)+D48)

usw. durchkopieren

In der Iteration 0 wird die Markierungszeile Mark mit dem Wert 0 vorbelegt. Ab der Iteration 1 wird dann der berechnete nächste Knoten <Next> mit 1 markiert und ab dann als „schon untersucht" betrachtet.

Das Ergebnis der Iteration 0 ist dann der Ausgangspunkt der Iteration 1.

Iteration 1: Wegverkürzung über den untersuchten Knoten und Ermittlung weiterer Nachfolger

- Zähler   B50=0   Die Iterationszahl wird um 1 erhöht.

    B50=B44+1

- Weglänge   D50:K50   Länge des bisher bekannten kürzesten Weges vom Startknoten zum Spaltenknoten

    D50=MIN(D44;D49) usw. durchkopieren

- Vorgänger   D51:K51   Nummer des Vorgängerknotens des Spaltenknotens auf dem Weg vom Startknoten dorthin

    D51= WENN(D50=D44;D45;$M47) usw. durchkopieren

- Weiter/Fertig   M50   Abbruchmarkierung

    M50=WENN(M47=NrZiel;"Fertig!";"Weiter!")

Dabei wird jeweils untersucht, ob der Weg vom Startknoten zum Spaltenknoten über den Knoten <Next> verkürzt werden kann und dann gegebenfalls der Vorgänger auf <Next> verändert.

Iterationen 2 bis zur Erfüllung des Abbruchkriteriums

Man kann jetzt den Zeilenbereich <46 bis 51> direkt anschließend ab Zeile 51 kopieren, also keine Zeile zwischen den Bereichen freilassen, und diesen Kopierprozess so lange wiederholen, bis in der Zelle der Abbruchmarkierung der Wert „Fertig!" auftaucht. Dann ist der ermittelte nächste zu untersuchende Knoten der Zielknoten und die minimale Distanz die Länge des kürzesten Weges vom Startknoten dorthin.

Einen kürzesten Weg kann man jetzt rückwärts über die Vorgängerzeile ermitteln: Der Vorgänger von 8 ist 6, dessen Vorgänger 3, dessen Vorgänger wiederum 0, also in umgekehrter Reihenfolge: 8 – 6 – 3 – 0:

Formal: D99=ZielNr, E99=INDEX($D93:$K93;D99) usw. durchkopieren, bis 0 erscheint.

Abbildung Kürzeste_Wege_im_Netz_Dijkstra:
   Die Iterationen bis zum Abbruch in Iteration 8 (Ausschnitt)

4.4.7.2 Beispiel: Kürzeste_Wege_im_Netz_mit_Tripel

Das nachfolgende Beispiel zeigt eine halbautomatische Excel-Version des Tripel-Algorithmus. Nach einem Ausgangsrechenschema werden die nachfolgenden Matrizen mit den Möglichkeiten der Matrizenoperationen von Excel ausschließlich mittels eines Kopiervorganges erhalten. Auch dieses Verfahren kommt vollständig ohne Verwendung des Solver-Add-In aus.

Problembeschreibung[1]

In dem durch die nachfolgende Entfernungsmatrix D_ik gegebenen Graphen sollen kürzeste Wege und deren Länge zwischen allen Punkten bestimmt werden.

---

[1] Zur Vergleichbarkeit sind die Ausgangsdaten übernommen worden von Domschke (2007), S. 90.

Modellbasiertes Logistikmanagement

	A	B	C	D	E	F	G	H
10								
11	**Entfernungsmatrix**							
12								
13		Nr	D_ik	Kn 1	Kn 2	Kn 3	Kn 4	Kn 5
14		1	Kn 1	0	2	5		
15		2	Kn 2	3	0			-2
16		3	Kn 3			0	3	
17		4	Kn 4		1		0	
18		5	Kn 5				4	0
19								

Abbildung Kürzeste_Wege_im_Netz: Entfernungsmatrix mit Nr-Spalte

Zunächst einmal werden als Hilfsspalte die Zeilennummern links neben der Tabelle aufgeführt. Das ist hier von Vorteil, weil wir allgemeine Knotenbezeichnungen vorliegen haben.

Iteration 0: Entfernungsmatrix und Vorgängermatrix

Aus der Problembeschreibung werden nun zunächst eine vollständige Entfernungsmatrix und eine Vorgängermatrix abgeleitet. Sei dazu:

- j   A25=0   die Iterationszahl für den Ausgang: j=0
- BigNumber   = $G$23   eine Große Zahl

	A	B	C	D	E	F	G	H	I	J	K	L	M	N	O
22															
23		Entfernungsmatrix				BigNumber		999.999		Vorgängermatrix					
24		j													
25	0	D[0]	Kn 1	Kn 2	Kn 3	Kn 4	Kn 5		V[0]	Kn 1	Kn 2	Kn 3	Kn 4	Kn 5	
26		Kn 1	0	2	5	999.999	999.999		Kn 1	1	1	1	-1	-1	
27		Kn 2	3	0	999.999	999.999	-2		Kn 2	2	2	-1	-1	2	
28		Kn 3	999.999	999.999	0	3	999.999		Kn 3	-1	-1	3	3	-1	
29		Kn 4	999.999	1	999.999	0	999.999		Kn 4	-1	4	-1	4	-1	
30		Kn 5	999.999	999.999	999.999	4	0		Kn 5	-1	-1	-1	5	5	
31															

Abbildung Kürzeste_Wege_im_Netz: Iteration 0

Dann ergeben sich:

- D[0]   C26:G30   entsteht aus D_ik indem die leeren Zellen durch BigNumber ersetzt werden

    C26=WENN(C14="";BigNumber;C14)   usw. durchkopieren

- V[0]   J26:N30   gibt für jeden Knoten die Nummer des Vorgängerknotens an oder

– falls der nicht existiert – den Wert -1

J26=WENN(C14="";-1;$A14) usw. durchkopieren

Iteration 1: Entfernungsmatrix und Vorgängermatrix

In dieser Iteration wird nun das Rechenschema festgelegt. Zunächst setzen wir:
- j   A33=A25+1   vorangegangene Iterationszahl + 1

	O	P	Q	R	S	T	U	V	W	X	Y	Z	AA	AB	AC	AD	AE
31																	
32						Z_j	0	2	5	999999	999999		Zeile j von V[j-1]				
33		Nr	j	e_j	S_j	H_jk	Kn 1	Kn 2	Kn 3	Kn 4	Kn 5	Kn 1	Kn 2	Kn 3	Kn 4	Kn 5	
34		1	1	1	0	Kn 1	0	2	5	999.999	999.999	1	1	1	-1	-1	
35		2	1	0	3	Kn 2	3	5	8	1.000.002	1.000.002	1	1	1	-1	-1	
36		3	1	0	999999	Kn 3	999.999	1.000.001	1.000.004	1.999.998	1.999.998	1	1	1	-1	-1	
37		4	1	0	999999	Kn 4	999.999	1.000.001	1.000.004	1.999.998	1.999.998	1	1	1	-1	-1	
38		5	1	0	999999	Kn 5	999.999	1.000.001	1.000.004	1.999.998	1.999.998	1	1	1	-1	-1	
39																	

Abbildung Kürzeste_Wege_im_Netz: Hilfsmatrix für Iteration 1

Damit lässt sich jetzt die Hilfsmatrix aufbauen, mit der für jede Verbindung geprüft wird, ob sich ein Umweg über den Knoten j lohnt.
- Spalte „Nr"   P34:P38   laufende Zeilennummer
- Spalte j   übernimmt in gesamter Spalte die laufende Iterationsnummer

Dazu markiert man als Matrizenoperation zunächst die gesamte Spalte Q34:Q38, setzt den markierten Bereich =A33 und schließt die Operation mit Shift+Enter ab.
- e_j   R34:R38   Einheitsvektor mit 1 an j-ter Stelle

  R34=WENN(P34=Q34;1;0) usw. durchkopieren
- S_j   S34:S38   j-te Spalte von D[j-1]:

  D[j-1]*e_j als Matrizenoperation:

  S34:S38=MMULT(C26:G30;R34:R38)
- Z_j   U32:Y32   j-te Zeile von D[j-1]:

  Mtrans(e_j)*D[j-1] als Matrizenoperation:

  U32:Y32=MMULT(MTRANS(R34:R38);C26:G30)
- H_ik   U34:Y38   S_j+Z_j als Matrizenoperation:

  U34:Y38=U32:Y32+S34:S38

- Zeile j von V[j-1]   jeweils als Matrizenoperationen:

    Z34:AD34=MMULT(MTRANS(R34:R38);J26:N30)

    Z35:AD38=Z34:AD34

Damit erhält man dann die Distanzmatrix D[j] und die Vorgängermatrix V[j], die den Umweg über j = 1 berücksichtigen:

	A	B	C	D	E	F	G	H	I	J	K	L	M	N	O
32		j													
33		1	D[j]	Kn 1	Kn 2	Kn 3	Kn 4	Kn 5		V[j]	Kn 1	Kn 2	Kn 3	Kn 4	Kn 5
34			Kn 1	0	2	5	999.999	999.999		Kn 1	1	1	1	-1	-1
35			Kn 2	3	0	8	999.999	-2		Kn 2	2	2	1	-1	2
36			Kn 3	999.999	999.999	0	3	999.999		Kn 3	-1	-1	3	3	-1
37			Kn 4	999.999	1	999.999	0	999.999		Kn 4	-1	4	-1	4	-1
38			Kn 5	999.999	999.999	999.999	4	0		Kn 5	-1	-1	-1	5	5
39															

Abbildung Kürzeste_Wege_im_Netz: Distanzen und Vorgänger in Iteration 1

- D[j]   C34:G38   Distanzmatrix Iteration j=1

    C34=MIN(C26;U34) usw. durchkopieren

- V[j]   J34:N38   Vorgängermatrix Iteration j=1

    J34=WENN(C26>U34;Z34;J26) usw. durchkopieren

Iterationen 2 bis Knotenanzahl

Man kann jetzt den Zeilenbereich < 32 bis 38> ab Zeile 40 kopieren, also genau eine(!) Zeile zwischen den Bereichen freilassen, und diesen Kopierprozess so lange wiederholen, bis j = Anzahl der Knoten ist (hier: j=5). Man erhält als Abschlussmatrizen D[5] und V[5]:

	A	B	C	D	E	F	G	H	I	J	K	L	M	N	O
64		j													
65		5	D[j]	Kn 1	Kn 2	Kn 3	Kn 4	Kn 5		V[j]	Kn 1	Kn 2	Kn 3	Kn 4	Kn 5
66			Kn 1	0	2	5	4	0		Kn 1	1	1	1	5	2
67			Kn 2	3	0	8	2	-2		Kn 2	2	2	1	5	2
68			Kn 3	7	4	0	3	2		Kn 3	2	4	3	3	2
69			Kn 4	4	1	9	0	-1		Kn 4	2	4	1	4	2
70			Kn 5	8	5	13	4	0		Kn 5	2	4	1	5	5
71															

Abbildung Kürzeste_Wege_im_Netz: Distanzen und Vorgänger in Iteration 5

D[5] gibt für jede Zelle ik die kürzeste Verbindung von i nach k an, z. B. D[5]_53=13. Aus V[5] kann man jetzt einen kürzesten Weg ablesen: Auf dem Weg von 5 nach 3 ist der Vorgänger von 3 der Knoten 1. Auf dem Weg von 5 nach 1 ist der Vorgänger von 1 der Knoten 2. Auf dem Weg von 5 nach 2 ist der Vorgänger von 2 der Knoten 4 und dessen Vorgänger ist schließlich 5. Als kürzester Weg ergibt sich demnach: 5 – 4 – 2 – 1 – 3 mit einer Gesamtlänge von 4 + 1 + 3 + 5 = 13.

5 Erweiterte Modelle zur Transportoptimierung

Wir betrachten in diesem Abschnitt spezielle Erweiterungen unserer im vorigen Abschnitt behandelten klassischen Transportmodelle. Der Einfachheit halber konzentrieren wir uns dabei auf einstufige Modelle des Transportes direkt vom Versender zum Empfänger. Natürlich lassen sich die hier dargestellten Ansätze verallgemeinern und mit unseren vorangegangenen Modellen kombinieren.

5.1 Das Transportmodell mit Wirkkoeffizienten

5.1.1 Ökonomische Problembeschreibung

Zum Transport einheitlicher Objekte von mehreren Angebots-(Versende-) zu mehreren Nachfrage-(Empfangs-)orten ist wieder ein kostenminimaler Plan zu finden. Die vorhandenen und die zu liefernden Mengen an den einzelnen Standorten sind wie im klassischen Transportproblem bekannt, ebenso die jeweiligen Transportkosten pro Einheit zwischen allen Standorten. Hinzu kommt nun aber die Problematik, dass sich die Lieferungen eines Versenders für die Empfänger unterschiedlich eignen, also einen bekannten Wirkungsgrad für jede mögliche Verbindung aufweisen. Der Bedarf eines Empfängers wird damit nicht mehr durch die Summe der Liefermengen befriedigt, sondern durch die Summe der mit den Wirkkoeffizienten gewichteten Liefermengen.

Beispiele:
- Der Heizwert von Kohle kann sich bei Lieferanten unterscheiden.
- Nach der Öffnung des Eisernen Vorhanges sind vom Westen aus nur eingeschränkt Lieferungen im Osten eingetroffen, Ähnliches gilt für Transporte in politisch instabile Länder.
- Aufgrund der Piraterie an der ostafrikanischen Küste kommt nur ein Prozentsatz der Containerschiffe zwischen Asien und Europa an sein Ziel.
- Beim Bekämpfen von Krankheiten mit unterschiedlichen Medikamenten wird unterschiedliche Wirkung erzielt.
- Der Transport von einem Lieferanten zu einem Empfänger funktioniert nur mit einer bestimmten Wahrscheinlichkeit.

5.1.2 Mathematische Formulierung des Problems

Ein bestimmtes Gut wird an m verschiedenen Orten angeboten und an n verschiedenen Orten nachgefragt.
- Die Angebote a_i sowie der Bedarf b_j sind bekannt.
- Pro Einheit des Gutes sind die Transportkosten c_{ij} von jedem Angebotsort i zu jedem Nachfrageort j gegeben.
- Pro Einheit des Gutes sind die Wirkungsgrade p_{ij} von jedem Angebotsort i zu jedem Nachfrageort j gegeben.

Wie viele Einheiten x_{ij} sollen vom Angebotsort i zum Nachfrageort j transportiert werden,
- so dass das vorhandene Angebot eingehalten,
- der gesamte Bedarf unter Berücksichtigung der Wirkungsgrade gedeckt und dabei
- die gesamten Transportkosten minimal werden?

5.1.3 Mathematisches Modell

Indices:

$i = 1, \ldots, m$ Angebotsorte
$j = 1, \ldots, n$ Nachfrageorte

Gegebene Daten:

a_i Angebot des Gutes am Ort i (in ME)
b_j Nachfrage des Gutes am Ort j (in ME)
c_{ij} Transportkosten pro Einheit des Gutes vom Ort i zum Ort j
p_{ij} Wirkungsgrad pro Einheit des Gutes vom Ort i zum Ort j

Entscheidungsvariablen:

x_{ij} ME des Gutes, die von i nach j transportiert werden sollen

Zielfunktion:

(ZF) $\sum_{i=1}^{m}\sum_{j=1}^{n} c_{ij} x_{ij} \to \min!$ Minimiere die gesamten Transportkosten!

Restriktionen (Nebenbedingungen)

(1) $\sum_{j=1}^{n} x_{ij} \leq a_i$ für $i = 1, \ldots, m$

 Das Angebotslimit ist an jedem Ort i einzuhalten.

(2) $\sum_{i=1}^{m} p_{ij} x_{ij} \geq b_j$ für $j = 1, \ldots, n$

 Die Nachfrage ist für jeden Ort j zu erfüllen.

(NN) $x_{ij} \geq 0$ für alle $i = 1, \ldots, m; j = 1, \ldots, n$

 Es werden nur nicht negative Mengen transportiert.

5.1.4 Interpretation der Wirkkoeffizienten

Man muss die Wirkkoeffizienten nicht als Wahrscheinlichkeiten interpretieren. Ökonomisch ist dabei $p_{ij} \geq 0$ durchaus sinnvoll, jedoch muss nicht notwendig $p_{ij} \leq 1$ sein.

5.1.5 Existenz einer optimalen ganzzahligen Lösung

Das Transportproblem mit Wirkkoeffizienten ist nicht auf das Klassische Transportproblem zurückführbar und muss für beliebige Daten keine Lösung besitzen. Die Bedingung:

(3) $\sum_{i=1}^{m} a_i \geq \sum_{j=1}^{n} b_j$

reicht hier also nicht mehr aus. Die zugehörige Systemmatrix ist ebenfalls nicht mehr unimodular, so dass eine ganzzahlige optimale Lösung in der Regel nur unter Hinzufügen der Ganzzahligkeitsbedingung durch Solver-Software generiert wird.

5.2 Beispiel: Trsp_WirkKoef_Futtermittel

Problembeschreibung[1]

Ein Futtermittelhersteller produziert in 3 Werken mit unterschiedlichen Produktionsverfahren und unterschiedlichen Produktionskosten.

Die eingebrachten Rohmaterialien von 7 landwirtschaftlichen Betrieben werden je nach Modernisierungsgrad eines Werkes mit unterschiedlicher Effektivität verarbeitet.

In Abhängigkeit von den Lieferanten schwankt die Qualität. Vor allem muss der mittlere Eiweißgehalt sowie der Anteil der Beimischungen berücksichtigt werden.

Für die Sicherung der Futtermittelproduktion ist die Beschaffung so zu planen, dass bei voller Bedarfssicherung der Produktionsstätten die Gesamtkosten aus dem Kaufpreis und den Transportkosten der Rohmaterialien minimal werden.

Damit ergibt sich als zusammenfassende Problembeschreibung:

	A	B	C	D	E	F	G
19							
20	**Beschaffungskosten**						
21	pro ME und Monat von Lieferant **Lief** zum Werk **Werk**						
22							
23		*von/nach*	Werk 1	Werk 2	Werk 3	**Angebot**	
24		*Lieferant 1*	28	16	19	**54**	
25		*Lieferant 2*	15	40	29	**36**	
26		*Lieferant 3*	7	39	24	**22**	
27		*Lieferant 4*	31	40	26	**64**	
28		*Lieferant 5*	39	23	21	**35**	
29		*Lieferant 6*	27	30	7	**29**	
30		*Lieferant 7*	14	33	19	**40**	
31		**Bedarf**	85	65	50		
32							

Abbildung Trsp_WirkKoef_Futtermittel: Beschaffungskosten und Parameter

---

[1] Die Ausgangszahlen sind übernommen von Feige, D./Klaus, P. (2007), S. 224 ff.

Modellbasiertes Logistikmanagement

	A	B	C	D	E	F	G	H
33								
34	Wirkungskoeffizienten							
35	Effektivität pro gelieferter ME und Monat von Lieferant **Lief** hinsichtlich Produktion in Werk **Werk**							
36								
37		von/nach	Werk 1	Werk 2	Werk 3			
38		Lieferant 1	0,6	0,7	1,2			
39		Lieferant 2	1,0	1,0	1,8			
40		Lieferant 3	0,3	0,4	0,8			
41		Lieferant 4	0,8	0,8	1,5			
42		Lieferant 5	1,0	1,0	1,0			
43		Lieferant 6	1,2	1,2	2,0			
44		Lieferant 7	0,5	0,5	1,0			
45								

Abbildung Trsp_WirkKoef_Futtermittel: Wirkkoeffizienten

Schritt 1: Eingabe der Bezeichnungen

- C_LiefWerk   = $C$24:$E$30   Kosten für die Beschaffung einer ME von einem Lieferanten zu einem Werk
- Angebot   = $F$24:$F$30   Angebot der Lieferanten
- Bedarf   = $C$31:$E$31   Bedarf der Werke
- Eff_LiefWerk = $C$38:$E$44   Wirkungskoeffizient einer ME von einem Lieferanten zu einem Werk

Schritt 2: Aufbau der Tabelle für die Beschaffungsmengen

Wir kopieren den Zellenbereich der Beschaffungskosten spaltenkonform nach unten und ändern ihn gemäß der folgenden Abbildung ab.

	A	B	C	D	E	F	G
46							
47	Beschaffungsmengen						
48	in ME pro Monat von Lieferant **Lief** zum Werk **Werk**						
49							
50		von/nach	Werk 1	Werk 2	Werk 3	Ges4Lief	
51		Lieferant 1	1,0	1,0	1,0	**3,0**	
52		Lieferant 2	1,0	1,0	1,0	**3,0**	
53		Lieferant 3	1,0	1,0	1,0	**3,0**	
54		Lieferant 4	1,0	1,0	1,0	**3,0**	
55		Lieferant 5	1,0	1,0	1,0	**3,0**	
56		Lieferant 6	1,0	1,0	1,0	**3,0**	
57		Lieferant 7	1,0	1,0	1,0	**3,0**	
58		**Eff2Werk**	5,4	5,6	9,7		
59							

Abbildung Trsp_WirkKoef_Futtermittel: Beschaffungsmengentabelle mit Vorgabewert 1

5 Erweiterte Modelle zur Transportoptimierung

Mit:

- X_LiefWerk   = $C$51:$E$57   Transportmengen von einem Lieferanten zu einem Werk
- Ges4Lief   = $F$51:$F$57   Zeilensummen von X_LiefWerk
- Eff2Werk   = $C$58:$E$58   Effektiver Transport zu einem Werk für die Spalten von X_LiefWerk

  = Summenprodukt entsprechender Spalten Eff_LiefWerk x X_LiefWerk

Schritt 3: Bestimmung der Gesamtkosten

Gesamtkosten ▼	f_x =SUMMENPRODUKT(C_LiefWerk;X_LiefWerk)				
	A	B	C	D	E
60					
61	**Gesamtkosten**				
62			527,00 €		
63					

Abbildung Trsp_WirkKoef_Futtermittel: Eingabe der Formel für die Gesamtkosten

Mit:

- Gesamtkosten = $C$62   Summenprodukt von C_LiefWerk und X_LiefWerk

Schritt 4: Eingabe des mathematischen Modells in den Solver

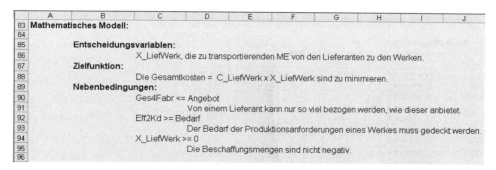

Abbildung Trsp_WirkKoef_Futtermittel: Mathematisches Modell mit den verwendeten Bezeichnungen

Abbildung Trsp_WirkKoef_Futtermittel: Eingabe des Mathematischen Modells in den Solver

Das führt dann zu dem Ergebnis:

	A	B	C	D	E	F	G
46							
47	**Beschaffungsmengen**						
48	in ME pro Monat von Lieferant **Lief** zum Werk **Werk**						
49							
50		von/nach	Werk 1	Werk 2	Werk 3	Ges4Lief	
51		Lieferant 1	0,0	54,0	0,0	**54,0**	
52		Lieferant 2	36,0	0,0	0,0	**36,0**	
53		Lieferant 3	22,0	0,0	0,0	**22,0**	
54		Lieferant 4	22,0	0,0	0,0	**22,0**	
55		Lieferant 5	0,0	27,2	0,0	**27,2**	
56		Lieferant 6	4,0	0,0	25,0	**29,0**	
57		Lieferant 7	40,0	0,0	0,0	**40,0**	
58		Eff2Werk	85,0	65,0	50,0		
59							
60							
61	**Gesamtkosten**						
62			3.708,60 €				
63							

Abbildung Trsp_WirkKoef_Futtermittel: Ausgabe der optimalen Lösung

5.3 Das Bottleneck Transportmodell (Modell der schnellsten Belieferung)

5.3.1 Ökonomische Problembeschreibung

In Katastrophenfällen soll der Transport einheitlicher Objekte (Transporteinheiten, Container) von mehreren Angebots-(Versende-) zu mehreren Nachfrage-(Empfangs-)orten nicht unbedingt kostenminimal, sondern so schnell wie nur eben möglich erfolgen.

Die vorhandenen und die zu liefernden Mengen an den einzelnen Standorten sind wie im klassischen Transportproblem bekannt, ebenso die jeweiligen Transportkosten pro Einheit zwischen allen Standorten.

5.3.2 Mathematische Formulierung des Problems

Ein bestimmtes Gut wird an m verschiedenen Orten angeboten und an n verschiedenen Orten nachgefragt.

- Die Angebote a_i sowie der Bedarf b_j sind bekannt.
- Pro Einheit des Gutes sind die Transportzeiten t_{ij} von jedem Angebotsort i zu jedem Nachfrageort j gegeben.

Wie viele Einheiten x_{ij} sollen vom Angebotsort i zum Nachfrageort j transportiert werden,

- so dass das vorhandene Angebot eingehalten,
- der gesamte Bedarf gedeckt und dabei
- die maximale auftretende Transportzeit minimal wird (MiniMax-Optimierung)?

5.3.3 Mathematisches Modell

Die obige Problemstellung wird mithilfe des Big M Ansatzes auf ein gemischt-ganzzahliges lineares Modell zurückgeführt:

Indices:

$i = 1, ..., m$ Angebotsorte

$j = 1, ..., n$ Nachfrageorte

Gegebene Daten:

a_i Angebot des Gutes am Ort i (in ME)

b_j Nachfrage des Gutes am Ort j (in ME)

t_{ij} Transportzeit für die Lieferung von Ort i zum Ort j.

Entscheidungsvariablen:

x_{ij} ME des Gutes, die von i nach j transportiert werden sollen.

y_{ij} Indikator, ob von i nach j transportiert werden sollen

T Obere Schranke für die maximal genutzte Transportzeit

Zielfunktion:

(ZF) $T \to \min!$ Minimiere die maximale Transportzeit!

Restriktionen (Nebenbedingungen)

(1) $\sum_{j=1}^{n} x_{ij} \leq a_i$ für $i = 1, ..., m$

Das Angebotslimit ist an jedem Ort i einzuhalten.

(2) $\sum_{i=1}^{m} x_{ij} \geq b_j$ für $j = 1, ..., n$

Die Nachfrage ist für jeden Ort j zu erfüllen.

(3) $My_{ij} \geq x_{ij}$ für alle $i = 1, ..., m; j = 1, ..., n$

mit hinreichend großem M

Big-M-Ansatz: Mit x_{ij} ist auch y_{ij} größer Null

(4) $y_{ij} t_{ij} \leq T$ für alle $i = 1, ..., m; j = 1, ..., n$

T ist eine obere Schranke für alle auftretenden

		Transportverbindungen.
(NN)	$x_{ij} \geq 0$	für alle i = 1, ..., m; j = 1, ..., n
		Es werden nur nicht negative Mengen transportiert.
(B)	$y_{ij} \in \{0,1\}$	für alle i = 1, ..., m; j = 1, ..., n
		Die Indikatoren sind binär.

5.3.4 Interpretation der oberen Schranke T

Ökonomisch sind nur Lieferzeiten $t_{ij} \geq 0$ sinnvoll, damit ist jedoch auch die obere Schranke $T \geq 0$. Wegen Bedingung (3) und (4) ist T die kleinste obere Schranke für die auftretenden Lieferverbindungen, also das Maximum der Lieferzeiten.

5.3.5 Zweistufige Optimierung

Das Bottleneck-Modell wird häufig in einer zweistufigen Optimierung verwendet. Zunächst wird die maximale Lieferzeit minimiert, dann die maximale Lieferzeit als Restriktion genutzt und die gesamte Transportzeit nachoptimiert.

Alternativ kann man dann auch den Fluss über die Verbindungen mit der maximalen Lieferzeit minimieren. Es handelt sich bei diesen Ansätzen um Konstruktionen, etwa in einem Katastrophenfall „so schnell wie möglich so viel wie möglich" zu transportieren. Da ein solches Vorgehen mathematischer Unsinn ist, wird ein zweistufiges Vorgehen gewählt (siehe dazu auch das nachfolgende Beispiel).

5.4 Beispiel: Trsp_Bottleneck_Katastropheneinsatz

Problembeschreibung[1]

Die Flutkatastrophe des Jahres 2002 in Sachsen erforderte länderübergreifende Hilfe. Aus den Erfahrungen dieser Hilfseinsätze sollen für zukünftige mögliche Katastrophen logistische Planungen vorbereitet werden.

Ein Szenario sieht dabei den Transport von Sandsäcken, Werkzeugen und Einsatzkräften von Katastrophendepots des Bundes zu definierten Einsatzorten in möglichst kurzer Zeit vor.

Als Planungsdaten sind gegeben:

- Material und Einsatzkräfte werden in fünf Depots bereitgestellt und sollen kurzfristig zu sieben Einsatzorten befördert werden.
- Der Transportbedarf wird als die Anzahl der benötigten LKW angegeben.
- Die Fahrzeiten in Stunden zwischen den Depots und den Einsatzorten wurden unter Berücksichtigung der aktuellen Situation ermittelt und liegen als Zeittabelle vor. Dabei wird davon ausgegangen, dass die Fahrzeuge eines Depots im Konvoi fahren.

Wie können die Einsatzorte so schnell wie möglich versorgt werden?
Wie sähe die Versorgung aus, wenn die gesamte Transportzeit minimiert würde?

Als zusammenfassende Problembeschreibung ergibt sich:

Transportbedarfe und Transportzeiten
in Std vom Depotort **Dep** zum Einsatzort **Eins**

T_DepEins	Einsatzort 1	Einsatzort 2	Einsatzort 3	Einsatzort 4	Einsatzort 5	Einsatzort 6	Einsatzort 7	Angebot [LKW]
Depotort 1	15	15	7	15	10	9	15	22
Depotort 2	11	12	10	11	9	18	20	18
Depotort 3	12	11	5	16	17	10	18	10
Depotort 4	20	7	8	9	19	4	10	27
Depotort 5	8	11	14	7	22	6	13	23
Bedarf [LKW]	15	12	4	6	37	18	8	

Abbildung Trsp_Bottleneck_Katastropheneinsatz: Transportzeiten und Parameter

---

[1] Problemstellung und Zahlen sind übernommen aus Feige, D./Klaus, P. (2007), S. 230 ff.

Schritt 1: Eingabe der Bezeichnungen

- T_DepEins   = $C$28:$I$32   Transportzeit vom Depot zum Einsatzort
- Angebot   = $J$28:$J$32   Angebot der Depots an LKW
- Bedarf   = $C$33:$I$33   Bedarf der Einsatzorte an LKW

Schritt 2: Aufbau der Tabelle für die Transportmengen

Wir kopieren den Zellenbereich der Transportzeiten spaltenkonform nach unten und ändern ihn gemäß der folgenden Abbildung ab.

X_DepEins	Einsatzort 1	Einsatzort 2	Einsatzort 3	Einsatzort 4	Einsatzort 5	Einsatzort 6	Einsatzort 7	Ges4Dep
Depotort 1	1	1	1	1	1	1	1	7
Depotort 2	1	1	1	1	1	1	1	7
Depotort 3	1	1	1	1	1	1	1	7
Depotort 4	1	1	1	1	1	1	1	7
Depotort 5	1	1	1	1	1	1	1	7
Ges2Eins	5	5	5	5	5	5	5	

Abbildung Trsp_Bottleneck_Katastropheneinsatz: Transportmengen mit Vorgabewert 1

Mit:

- X_DepEins   = $C$40:$I$44   Transportmengen von einem Depot zu einem Einsatzort
- Ges4Dep   = $J$40:$J$44   Zeilensummen von X_DepEins
- Ges2Eins   = $C$45:$I$45   Spaltensummen von X_DepEins

Schritt 3: Aufbau der Indikatoren für die genutzten Transportverbindungen

Y_DepEins	Einsatzort 1	Einsatzort 2	Einsatzort 3	Einsatzort 4	Einsatzort 5	Einsatzort 6	Einsatzort 7
Depotort 1	1	1	1	1	1	1	1
Depotort 2	1	1	1	1	1	1	1
Depotort 3	1	1	1	1	1	1	1
Depotort 4	1	1	1	1	1	1	1
Depotort 5	1	1	1	1	1	1	1

Indikatoren für genutzte Verbindungen
1: wird genutzt, 0: wird nicht genutzt

Abbildung Trsp_Bottleneck_Katastropheneinsatz: Indikatoren mit Vorgabewert 1

Mit:

- Y_DepEins = $C$52:$I$56   Indikator (0/1), ob die Verbindung vom Depot zum Einsatzort genutzt wird

Schritt 4: Tabelle für die Verbindung von Transportmengen und Indikatoren

	A	B	C	D	E	F	G	H	I	J
58										
59		Verbindung zwischenTransportmengen und Indikatoren								
60								Big M	100	
61										
62		MY_DepEins	Einsatzort 1	Einsatzort 2	Einsatzort 3	Einsatzort 4	Einsatzort 5	Einsatzort 6	Einsatzort 7	
63		Depotort 1	100	100	100	100	100	100	100	
64		Depotort 2	100	100	100	100	100	100	100	
65		Depotort 3	100	100	100	100	100	100	100	
66		Depotort 4	100	100	100	100	100	100	100	
67		Depotort 5	100	100	100	100	100	100	100	
68										

Abbildung Trsp_Bottleneck_Katastropheneinsatz:
Big-M-Verbindung zwischen Transportmengen und Indikatoren

Mit:

- BigM   = $I$60   Große Zahl (Summe der Angebote)
- MY_DepEins = $C$63:$I$67   = BigM * Y_DepEins

Schritt 5: Tabelle für die auftretenden Transportzeiten

	A	B	C	D	E	F	G	H	I	J
69										
70		Auftretende Transportzeiten								
71										
72		TY_DepEins	Einsatzort 1	Einsatzort 2	Einsatzort 3	Einsatzort 4	Einsatzort 5	Einsatzort 6	Einsatzort 7	
73		Depotort 1	15	15	7	15	10	9	15	
74		Depotort 2	11	12	10	11	9	18	20	
75		Depotort 3	12	11	5	16	17	10	18	
76		Depotort 4	20	7	8	9	19	4	10	
77		Depotort 5	8	11	14	7	22	6	13	
78										

Abbildung Trsp_Bottleneck_Katastropheneinsatz:
Auftretende Transportzeiten bei Indikatoren mit Vorgabewert 1

Mit:

- TY_DepEins = $C$73:$I$77   = T_DepEins * Y_DepEins

5 Erweiterte Modelle zur Transportoptimierung

Schritt 6: Bestimmung der beiden Zielzellen

GesamteTran... ▼ fx =SUMMENPRODUKT(X_DepEins;T_DepEins)

	A	B	C	D	E
79					
80	Maximale Transportzeit		22		
81					
82	Gesamte Transportzeit		424		
83					

Abbildung Trsp_Bottleneck_Katastropheneinsatz:
  Eingabe der Formel für die gesamte Transportzeit

Mit:

- Tmax   = $C$80   Obere Schranke für TY_DepEins
- GesamteTransportzeit   = $C$82   Summenprodukt von
                                       T_DepEins x X_DepEins

Schritt 7: Eingabe des mathematischen Modells in den Solver

	A	B	C	D	E	F	G	H	I
115	**Mathematisches Modell:**								
116									
117		Entscheidungsvariablen:							
118			X_DepEins	Transportmengen von einem Depot zu einem Einsatzort					
119			Y_DepEins	Indikator (0/1), ob die Verbindung vom Depot zum Einsatzort genutzt wird.					
120			Tmax	Obere Schranke für TxY_DepEins					
121		Zielfunktion:							
122			Tmax		Die maximale Transportzeit ist zu minimieren				
123			bzw. klassischer Ansatz:						
124			GesamteTransportzeit		Das Summenprodukt von T_DepEins x X_DepEins ist zu minimieren.				
125		Nebenbedingungen:							
126			Ges4Dep <= Angebot						
127				Von einem Depot kann nur so viel wegtransportiert werden, wie dort vorhanden ist.					
128			Ges2Eins = Bedarf						
129				Der Bedarf der Einsatzorte muss gedeckt werden.					
130			MY_DepEins = BigM * Y_Dep_Eins >= X_DepEins						
131				Wenn eine Transportverbindung genutzt wird, muss der Indikator = 1 sein.					
132			TY_DepEins=T_DepEins * Y_DepEins <= Tmax						
133				Tmax ist eine obere Schranke für die Werte in TY_DepEins.					
134			X_DepEins >= 0						
135				Die Transportmengen sind nicht negativ.					
136			Y_DepEins (0/1) binär						
137				Die Indikatoren sind binär.					
138			Tmax >= 0						
139				Die obere Schranke ist nicht negativ.					
140									

Abbildung Trsp_Bottleneck_Katastropheneinsatz:
  Mathematisches Modell mit den verwendeten Bezeichnungen

Die Eingabe dieses Modells in den Solver für die Minimierung der maximalen Transportzeit ergibt:

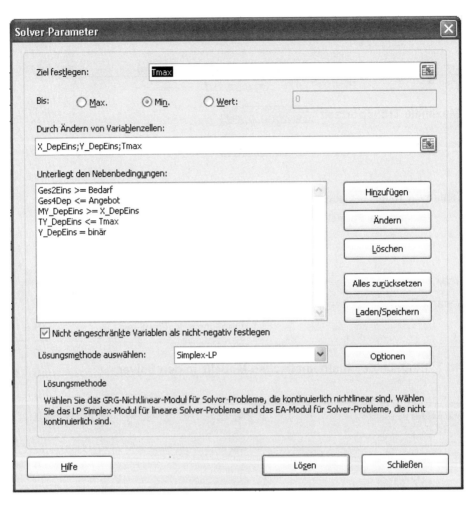

Abbildung Trsp_Bottleneck_Katastropheneinsatz:
  Eingabe der ersten Optimierungsstufe in den Solver

Man erhält Tmax=10. Fixiert man diesen Wert und minimiert die gesamte Transportzeit in der 2. Stufe, so ist die Eingabe in den Solver:

5 Erweiterte Modelle zur Transportoptimierung

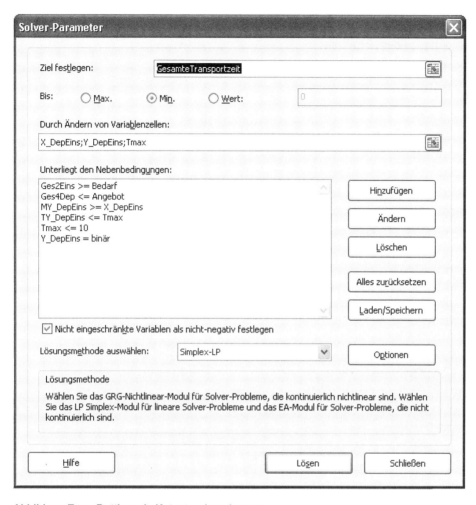

Abbildung Trsp_Bottleneck_Katastropheneinsatz:
    Eingabe der zweiten Optimierungsstufe in den Solver

Modellbasiertes Logistikmanagement

Diese hierarchische Optimierung zweier Zielfunktionen führt nach der zweiten Optimierung zu dem Ergebnis:

Transportmengen
in LKW vom Depotort **Dep** zum Einsatzort **Eins**

X_DepEins	Einsatzort 1	Einsatzort 2	Einsatzort 3	Einsatzort 4	Einsatzort 5	Einsatzort 6	Einsatzort 7	Ges4Dep
Depotort 1	0	0	0	0	19	3	0	22
Depotort 2	0	0	0	0	18	0	0	18
Depotort 3	0	0	4	0	0	6	0	10
Depotort 4	0	12	0	0	0	7	8	27
Depotort 5	15	0	0	6	0	2	0	23
Ges2Eins	15	12	4	6	37	18	8	

Indikatoren für genutzte Verbindungen
1: wird genutzt, 0: wird nicht genutzt

Y_DepEins	Einsatzort 1	Einsatzort 2	Einsatzort 3	Einsatzort 4	Einsatzort 5	Einsatzort 6	Einsatzort 7
Depotort 1	0	0	0	0	1	1	0
Depotort 2	0	0	0	0	1	0	0
Depotort 3	0	0	1	0	0	1	0
Depotort 4	0	1	0	0	0	1	1
Depotort 5	1	0	0	1	0	1	0

Verbindung zwischen Transportmengen und Indikatoren

Big M 100

MY_DepEins	Einsatzort 1	Einsatzort 2	Einsatzort 3	Einsatzort 4	Einsatzort 5	Einsatzort 6	Einsatzort 7
Depotort 1	0	0	0	0	100	100	0
Depotort 2	0	0	0	0	100	0	0
Depotort 3	0	0	100	0	0	100	0
Depotort 4	0	100	0	0	0	100	100
Depotort 5	100	0	0	100	0	100	0

Auftretende Transportzeiten

TY_DepEins	Einsatzort 1	Einsatzort 2	Einsatzort 3	Einsatzort 4	Einsatzort 5	Einsatzort 6	Einsatzort 7
Depotort 1	0	0	0	0	10	9	0
Depotort 2	0	0	0	0	9	0	0
Depotort 3	0	0	5	0	0	10	0
Depotort 4	0	7	0	0	0	4	10
Depotort 5	8	0	0	7	0	6	0

Maximale Transportzeit	10					maxTY	10
Gesamte Transportzeit	825						

Abbildung Trsp_Bottleneck_Katastropheneinsatz:
  Ausgabe der optimalen Lösung bei Minimierung der maximalen Transportzeit
  und anschließenden Minimierung der gesamten Transportzeit

Wollte man dagegen zunächst die gesamte Transportzeit minimieren, wäre die Eingabe:

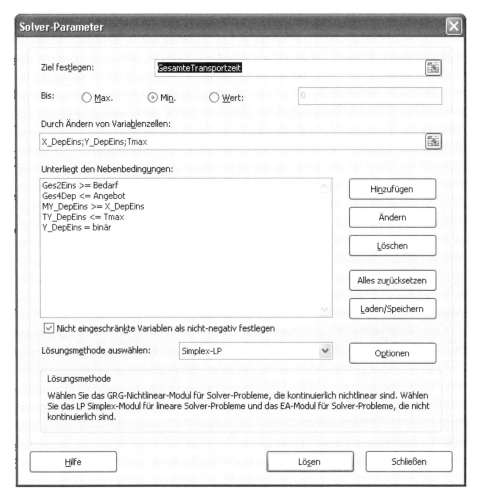

Abbildung Trsp_Bottleneck_Katastropheneinsatz:
    Eingabe der ersten Optimierungsstufe in den Solver

Hier ergäbe sich der Wert 813 für die gesamte Transportzeit. Fixiert man dieses Zielkriterium auf den optimalen Wert und minimiert nun die maximale Transportzeit in der zweiten Stufe, so ergibt sich für den Solver:

Modellbasiertes Logistikmanagement

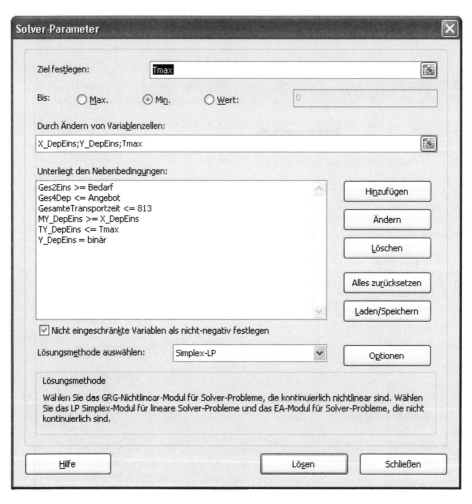

Abbildung Trsp_Bottleneck_Katastropheneinsatz:
    Eingabe der zweiten Optimierungsstufe in den Solver

5 Erweiterte Modelle zur Transportoptimierung

Mit folgendem Ergebnis:

	A	B	C	D	E	F	G	H	I	J	K
36	Transportmengen										
37	in LKW vom Depotort **Dep** zum Einsatzort **Eins**										
38											
39		X_DepEins	Einsatzort 1	Einsatzort 2	Einsatzort 3	Einsatzort 4	Einsatzort 5	Einsatzort 6	Einsatzort 7	Ges4Dep	
40		Depotort 1	0	0	0	0	19	3	0	22	
41		Depotort 2	0	0	0	0	18	0	0	18	
42		Depotort 3	0	6	4	0	0	0	0	10	
43		Depotort 4	0	6	0	0	0	13	8	27	
44		Depotort 5	15	0	0	6	0	2	0	23	
45		Ges2Eins	15	12	4	6	37	18	8		
46											

	A	B	C	D	E	F	G	H	I	J
70	Auftretende Transportzeiten									
71										
72		TY_DepEins	Einsatzort 1	Einsatzort 2	Einsatzort 3	Einsatzort 4	Einsatzort 5	Einsatzort 6	Einsatzort 7	
73		Depotort 1	0	0	0	0	10	9	0	
74		Depotort 2	0	0	0	0	9	0	0	
75		Depotort 3	0	11	5	0	0	0	0	
76		Depotort 4	0	7	0	0	0	4	10	
77		Depotort 5	8	0	0	7	0	6	0	
78										
79										
80	Maximale Transportzeit		11					maxTY	11	
81										
82	Gesamte Transportzeit		813							
83										

Abbildung Trsp_Bottleneck_Katastropheneinsatz:
Ausgabe der optimalen Lösung für die Minimierung der maximalen Transportzeit

5.5 Das Single-Source-Transportmodell

5.5.1 Ökonomische Problembeschreibung

Betrachtet wird der klassische Transportansatz für einheitliche Objekte mit der zusätzlichen Auflage, dass etwa aus Gründen einer festen Lieferbeziehung keine Liefersplittungen auftreten dürfen. Jeder Empfänger erhält ausschließlich Lieferungen von nur ein- und demselben Lieferanten. Zu diesem Transport von mehreren Angebots-(Versende-) zu mehreren Nachfrage-(Empfangs-)orten ist wieder ein kostenminimaler Plan zu finden. Die vorhandenen und die zu liefernden Mengen an den einzelnen Standorten sind wie im Klassischen Transportproblem bekannt, ebenso die jeweiligen Transportkosten pro Einheit zwischen allen Standorten.

5.5.2 Mathematische Formulierung des Problems

Ein bestimmtes Gut wird an m verschiedenen Orten angeboten und an n verschiedenen Orten nachgefragt.

- Die Angebote a_i sowie der Bedarf b_j sind bekannt.
- Pro Einheit des Gutes sind die Transportkosten c_{ij} von jedem Angebotsort i zu jedem Nachfrageort j gegeben.

Wie viele Einheiten x_{ij} sollen vom Angebotsort i zum Nachfrageort j transportiert werden,
- so dass das vorhandene Angebot eingehalten,
- der gesamte Bedarf gedeckt und dabei
- keine Liefersplittungen auftreten, also $x_{ij} \in \{b_j, 0\}$ gilt?

5.5.3 Mathematisches Modell

Die obige Problemstellung wird wieder auf ein gemischt-ganzzahliges lineares Modell zurückgeführt:

Indices:

$\quad$ i = $\quad$ 1, ..., m $\quad$ Angebotsorte

$\quad$ j = $\quad$ 1, ..., n $\quad$ Nachfrageorte

Gegebene Daten:

$\quad a_i \quad$ Angebot des Gutes am Ort i (in ME)

$\quad b_j \quad$ Nachfrage des Gutes am Ort j (in ME)

Entscheidungsvariablen:

$\quad x_{ij} \quad$ ME des Gutes, die von i nach j transportiert werden sollen

$\quad y_{ij} \quad$ Indikator, ob von i nach j transportiert werden sollen

Zielfunktion:

(ZF) $\quad \sum_{i=1}^{m}\sum_{j=1}^{n} c_{ij} x_{ij} \to \min! \quad$ Minimiere die gesamten Transportkosten!

Restriktionen (Nebenbedingungen)

(1) $\quad \sum_{j=1}^{n} x_{ij} \leq a_i \quad$ für i = 1, ..., m

$\quad\quad$ Das Angebotslimit ist an jedem Ort i einzuhalten.

(2) $\quad \sum_{i=1}^{m} x_{ij} \geq b_j \quad$ für j = 1, ..., n

$\quad\quad$ Die Nachfrage ist für jeden Ort j zu erfüllen.

(3) $\quad b_j y_{ij} = x_{ij} \quad$ für alle i = 1, ..., m; j = 1, ..., n

$\quad\quad$ Entspricht $x_{ij} \in \{b_j, 0\}$

(NN) $\quad x_{ij} \geq 0 \quad$ für alle i = 1, ..., m; j = 1, ..., n

$\quad\quad$ Es werden nur nicht negative Mengen transportiert.

(B) $\quad y_{ij} \in \{0,1\} \quad$ für alle i = 1, ..., m; j = 1, ..., n

Die Indikatoren sind binär.

5.5.4 Lösbarkeit des Single-Source-Problems

Das Single-Source-Problem ist nicht für beliebige Daten lösbar. Die Bedingungen

(4a) $\sum_{i=1}^{m} a_i \geq \sum_{j=1}^{n} b_j$ sowie

(4b) $\max\{a_i : i = 1,...m\} \geq \max\{b_j : j = 1,...,n\}$

sind notwendig, aber nicht hinreichend für die Existenz einer Lösung.

Aufgrund der Binärvariablen ist das Problem bei großem n*m schwierig zu lösen, so dass hier häufig Heuristiken Anwendung finden.

5.6 Beispiel: Trsp_SingleSource

Problembeschreibung[1]

Ein Unternehmen will die Lieferbeziehungen zwischen drei Werken und fünf Auslieferungslagern neu gestalten.

Produktionskapazitäten, geforderte Lagervorräte sowie die mengenabhängigen Transport- und Lagerkosten sind unten angegeben.

Die Lieferbeziehungen sollen so organisiert werden, dass keine gesplitteten Lieferungen auftreten, d. h., jeder Empfänger wird vollständig von einem einzigen Versender beliefert.

Wie können die Auslieferungslager kostenminimal versorgt werden?

	A	B	C	D	E	F	G	H	I
15									
16	Variable Transportkosten, Angebote und Bedarfsmengen								
17	pro ME vom Werk **Werk** zum Auslieferungslager **Lag**								
18									
19		C_WerkLag	Lager 1	Lager 2	Lager 3	Lager 4	Lager 5	Angebot	
20		Werk 1	28	18	22	19	17	**10**	
21		Werk 2	33	15	16	17	3	**12**	
22		Werk 3	26	32	31	1	25	**8**	
23		Bedarf	5	8	7	6	1		
24									

Abbildung Trsp_SingleSource: Transportkosten und Parameter

---

[1] Problemstellung und Zahlen sind übernommen aus Feige, D./Klaus, P. (2007), S. 242 ff.

Schritt 1: Eingabe der Bezeichnungen

- C_WerkLag   = $C$19:$G$22   Variable Transportkosten vom Werk zum Auslieferungslager
- Angebot   = $H$19:$H$22   Angebot der Werke
- Bedarf   = $C$23:$G$23   Bedarf der Auslieferungslager

Schritt 2: Aufbau der Tabelle für die Transportmengen

Wir kopieren den Zellenbereich der Transportkosten spaltenkonform nach unten und ändern ihn gemäß der folgenden Abbildung ab.

	A	B	C	D	E	F	G	H
25								
26	Transportmengen							
27	in ME vom Werk **Werk** zum Auslieferungslager **Lag**							
28								
29		X_WerkLag	Lager 1	Lager 2	Lager 3	Lager 4	Lager 5	Ges4Werk
30		Werk 1	1	1	1	1	1	5
31		Werk 2	1	1	1	1	1	5
32		Werk 3	1	1	1	1	1	5
33		Ges2Lag	3	3	3	3	3	
34								

Abbildung Trsp_SingleSource: Transportmengentabelle mit Vorgabewert 1

Mit:

- X_WerkLag   = $C$40:$G$43   Transportmengen vom Werk zum Auslieferungslager
- Ges4Werk   = $H$40:$H$43   Zeilensummen von X_WerkLag
- Ges2Lag   = $C$44:$G$44   Spaltensummen von X_WerkLag

Schritt 3: Aufbau der Indikatoren der genutzten Transportverbindungen

	A	B	C	D	E	F	G	H
35								
36	Indikatoren für genutzte Verbindungen							
37	1: wird genutzt, 0: wird nicht genutzt							
38								
39		Y_WerkLag	Lager 1	Lager 2	Lager 3	Lager 4	Lager 5	
40		Werk 1	1	1	1	1	1	
41		Werk 2	1	1	1	1	1	
42		Werk 3	1	1	1	1	1	
43								

Abbildung Trsp_SingleSource: Indikatoren mit Vorgabewert 1

Modellbasiertes Logistikmanagement

Mit:

- Y_WerkLag   = $C$51:$G$54   Indikator (0/1) für Nutzung der Verbindung vom Werk zum Auslieferungslager

Schritt 4: Tabelle für die Verbindung von Transportmengen und Indikatoren

	A	B	C	D	E	F	G	H
44								
45		Verbindung zwischenTransportmengen und Indikatoren						
46								
47		*BedarfY*	Lager 1	Lager 2	Lager 3	Lager 4	Lager 5	
48		Werk 1	5	8	7	6	1	
49		Werk 2	5	8	7	6	1	
50		Werk 3	5	8	7	6	1	
51								

Abbildung Trsp_SingleSource: Verbindung zwischen Transportmengen und Indikatoren

Mit:

- BedarfY   = $C$61:$G$64   = Bedarf * Y_WerkLag

Schritt 5: Bestimmung der Gesamtkosten

Gesamtkosten ▼	f_x =SUMMENPRODUKT(C_WerkLag;X_WerkLag)			
	A	B	C	D	E
52					
53		**Gesamte Transportkosten**			
54		ohne Splitten	303		
55					

Abbildung Trsp_SingleSource: Eingabe der Formel für die Gesamtkosten

Mit:

- Gesamtkosten = $C$71   Summenprodukt von C_WerkLag und X_WerkLag

Schritt 6: Eingabe des mathematischen Modells in den Solver

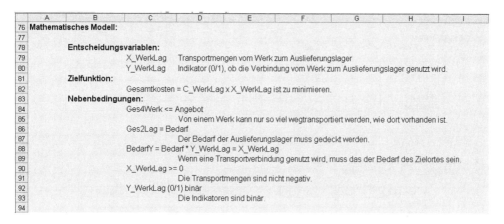

Abbildung Trsp_SingleSource: Mathematisches Modell mit den verwendeten Bezeichnungen

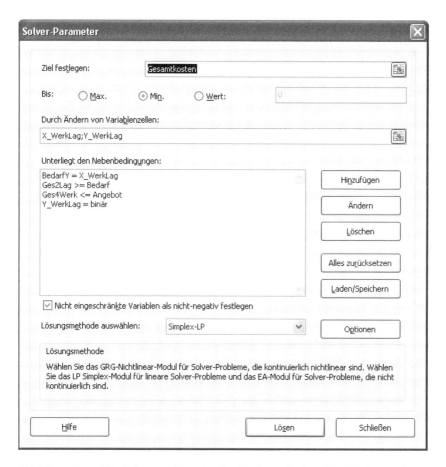

Abbildung Trsp_SingleSource: Eingabe des Mathematischen Modells in den Solver

Modellbasiertes Logistikmanagement

Das führt dann zu dem Ergebnis:

Transportmengen
in ME vom Werk **Werk** zum Auslieferungslager **Lag**

X_WerkLag	Lager 1	Lager 2	Lager 3	Lager 4	Lager 5	Ges4Werk
Werk 1	0	8	0	0	1	9
Werk 2	5	0	7	0	0	12
Werk 3	0	0	0	6	0	6
Ges2Lag	5	8	7	6	1	

Indikatoren für genutzte Verbindungen
1: wird genutzt, 0: wird nicht genutzt

Y_WerkLag	Lager 1	Lager 2	Lager 3	Lager 4	Lager 5
Werk 1	0	1	0	0	1
Werk 2	1	0	1	0	0
Werk 3	0	0	0	1	0

Verbindung zwischen Transportmengen und Indikatoren

BedarfY	Lager 1	Lager 2	Lager 3	Lager 4	Lager 5
Werk 1	0	8	0	0	1
Werk 2	5	0	7	0	0
Werk 3	0	0	0	6	0

Gesamte Transportkosten

	ohne Splitten	444		mit Splitten	389

Abbildung Trsp_SingleSource: Ausgabe der optimalen Lösung

Lässt man gesplittete Lieferungen zu, so ergeben sich optimale Transportkosten von 389.

5.7 Das Fixkosten-Transportmodell

5.7.1 Ökonomische Problembeschreibung

Betrachtet wird wieder der klassische Transportansatz für einheitliche Objekte. Zu diesem Transport von mehreren Angebots-(Versende-) zu mehreren Nachfrage-(Empfangs-)orten ist wieder ein kostenminimaler Plan zu finden. Die vorhandenen und die zu liefernden Mengen an den einzelnen Standorten sind wie im klassischen Transportproblem bekannt, ebenso die jeweiligen Transportkosten pro Einheit zwischen allen Standorten. Nun werden aber nicht nur die variablen Kosten betrachtet, sondern auch noch zusätzliche Fixkosten, die auftreten, sobald eine Verbindung genutzt wird.

Beispiel:
Mautgebühren oder Fährenkosten

5.7.2 Mathematische Formulierung des Problems

Ein bestimmtes Gut wird an m verschiedenen Orten angeboten und an n verschiedenen Orten nachgefragt.

- Die Angebote a_i sowie der Bedarf b_j sind bekannt.
- Pro Einheit des Gutes sind die variablen Transportkosten c_{ij} sowie die fixen Transportkosten f_{ij} von jedem Angebotsort i zu jedem Nachfrageort j gegeben.

Wie viele Einheiten x_{ij} sollen vom Angebotsort i zum Nachfrageort j transportiert werden,

- so dass das vorhandene Angebot eingehalten,
- der gesamte Bedarf gedeckt und dabei
- die gesamten Transportkosten minimal werden?

5.7.3 Mathematisches Modell

Die obige Problemstellung wird mithilfe des Big-M Ansatzes auf ein gemischt-ganzzahliges lineares Modell zurückgeführt:

Indices:

$i = 1, \ldots, m$ Angebotsorte

$j = 1, \ldots, n$ Nachfrageorte

Gegebene Daten:

a_i Angebot des Gutes am Ort i (in ME)

b_j Nachfrage des Gutes am Ort j (in ME)

c_{ij} Variable Transportkosten pro Einheit vom Ort i zum Ort j

f_{ij} Fixe Transportkosten
pro Nutzung der Verbindung vom Ort i zum Ort j

Entscheidungsvariablen:

x_{ij} ME des Gutes, die von i nach j transportiert werden sollen

y_{ij} Indikator, ob von i nach j transportiert werden sollen

Zielfunktion:

(ZF) $\sum_{i=1}^{m} \sum_{j=1}^{n} (c_{ij} x_{ij} + f_{ij} y_{ij}) \to \min!$ Minimiere die gesamten Transportkosten!

Restriktionen (Nebenbedingungen)

(1) $\sum_{j=1}^{n} x_{ij} \leq a_i$ für $i = 1, \ldots, m$

Das Angebotslimit ist an jedem Ort i einzuhalten.

(2) $\sum_{i=1}^{m} x_{ij} \geq b_j$ für $j = 1, \ldots, n$

Die Nachfrage ist für jeden Ort j zu erfüllen.

(3) $M y_{ij} \geq x_{ij}$ für alle $i = 1, \ldots, m; j = 1, \ldots, n$

mit hinreichend großem $M \geq \max\{a_1, \ldots, a_m, b_1, \ldots, b_n\}$.

Big-M-Ansatz: Mit x_{ij} ist auch y_{ij} größer Null.

(NN) $x_{ij} \geq 0$ für alle i = 1, ..., m; j = 1, ..., n

Es werden nur nicht negative Mengen transportiert.

(B) $y_{ij} \in \{0,1\}$ für alle i = 1, ..., m; j = 1, ..., n

Die Indikatoren sind binär.

5.8 Beispiel: Trsp_Fixkosten

Problembeschreibung[1]

Ein Unternehmen will die Lieferbeziehungen zwischen vier Werken und fünf Auslieferungslagern neu gestalten.

Produktionskapazitäten, geforderte Lagervorräte sowie die mengenabhängigen Transport- und Lagerkosten sind unten angegeben, ebenso die Fixkosten der möglichen Lieferbeziehungen.

Wie können die Auslieferungslager kostenminimal versorgt werden?

Als zusammenfassende Problembeschreibung ergibt sich:

	A	B	C	D	E	F	G	H	I
14									
15	Variable Transportkosten und Bedarfsmengen								
16	pro ME vom Werk **Werk** zum Auslieferungslager **Lag**								
17									
18		Cvar_WerkLag	Lager 1	Lager 2	Lager 3	Lager 4	Lager 5	Angebot	
19		Werk 1	12	31	6	8	66	14	
20		Werk 2	45	38	16	69	33	10	
21		Werk 3	55	7	40	6	65	20	
22		Werk 4	22	28	49	36	19	16	
23		Bedarf	12	8	14	9	17		
24									
25									
26	Fixe Transportkosten								
27	bei genutztem Transport vom Werk **Werk** zum Auslieferungslager **Lag**								
28									
29		Cfix_WerkLag	Lager 1	Lager 2	Lager 3	Lager 4	Lager 5		
30		Werk 1	24	16	21	36	35		
31		Werk 2	28	12	25	27	40		
32		Werk 3	36	24	14	27	34		
33		Werk 4	36	24	14	18	24		
34									

Abbildung Trsp_Fixkosten: Transportkosten und Parameter

---

[1] Problemstellung und Zahlen sind übernommen aus Feige, D./Klaus, P. (2007), S. 248 ff.

Schritt 1: Eingabe der Bezeichnungen

- Cvar_WerkLag = $C$19:$G$22   Variable Transportkosten vom Werk zum Auslieferungslager
- Angebot = $H$19:$H$22   Angebot der Werke
- Bedarf = $C$23:$G$23   Bedarf der Auslieferungslager
- Cfix_WerkLag = $C$30:$G$33   Fixe Transportkosten vom Werk zum Auslieferungslager

Schritt 2: Aufbau der Tabelle für die Transportmengen

Wir kopieren den Zellenbereich der Transportkosten spaltenkonform nach unten und ändern ihn gemäß der folgenden Abbildung ab.

	A	B	C	D	E	F	G	H	I
35									
36	Transportmengen								
37	in ME vom Werk **Werk** zum Auslieferungslager **Lag**								
38									
39		X_WerkLag	Lager 1	Lager 2	Lager 3	Lager 4	Lager 5	Ges4Werk	
40		Werk 1	1	1	1	1	1	5	
41		Werk 2	1	1	1	1	1	5	
42		Werk 3	1	1	1	1	1	5	
43		Werk 4	1	1	1	1	1	5	
44		Ges2Lag	4	4	4	4	4		
45									

Abbildung Trsp_Fixkosten: Transportmengentabelle mit Vorgabewert 1

Mit:

- X_WerkLag = $C$40:$G$43   Transportmengen vom Werk zum Auslieferungslager
- Ges4Werk = $H$40:$H$43   Zeilensummen von X_WerkLag
- Ges2Lag = $C$44:$G$44   Spaltensummen X_WerkLag

Schritt 3: Aufbau der Indikatoren der genutzten Transportverbindungen

	A	B	C	D	E	F	G	H
46								
47	Indikatoren für genutzte Verbindungen							
48	1: wird genutzt, 0: wird nicht genutzt							
49								
50		Y_WerkLag	Lager 1	Lager 2	Lager 3	Lager 4	Lager 5	
51		Werk 1	1	1	1	1	1	
52		Werk 2	1	1	1	1	1	
53		Werk 3	1	1	1	1	1	
54		Werk 4	1	1	1	1	1	
55								

Abbildung Trsp_Fixkosten: Indikatoren mit Vorgabewert 1

Mit:

- Y_WerkLag   = $C$51:$G$54   Indikator (0/1), Nutzung der Verbindung vom Werk zum Auslieferungslager

Schritt 4: Tabelle für die Verbindung von Transportmengen und Indikatoren

	A	B	C	D	E	F	G	H
56								
57	Verbindung zwischenTransportmengen und Indikatoren							
58						Big M	60	
59								
60		MY_WerkLag	Lager 1	Lager 2	Lager 3	Lager 4	Lager 5	
61		Werk 1	60	60	60	60	60	
62		Werk 2	60	60	60	60	60	
63		Werk 3	60	60	60	60	60	
64		Werk 4	60	60	60	60	60	
65								

Abbildung Trsp_Fixkosten:
Big-M-Ansatz: Verbindung zwischen Transportmengen und Indikatoren

Mit:

- BigM   = $G$58   Große Zahl (Summe der Angebote)
- MY_WerkLag   = $C$61:$G$64   = BigM * Y_WerkLag

Schritt 5: Bestimmung der Gesamtkosten

Gesamtkosten ▼	f_x =SUMME(C69:C70)		
A	B	C	D
67			
68	Gesamte Transportkosten		
69	variabel	651	
70	fix	515	
71	**Gesamt**	**1166**	
72			

Abbildung Trsp_Fixkosten: Eingabe der Formel für die Gesamtkosten

Mit:

- VariableKosten = $C$69   Summenprodukt: Cvar_WerkLag x X_WerkLag
- FixeKosten = $C$70   Summenprodukt: Cfix_WerkLag x Y_WerkLag
- Gesamtkosten = $C$71   = VariableKosten + FixeKosten

Schritt 6: Eingabe des mathematischen Modells in den Solver

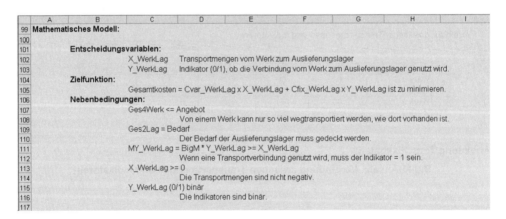

Abbildung Trsp_Fixkosten: Mathematisches Modell mit den verwendeten Bezeichnungen

Die Eingabe dieses Modells in den Solver ergibt:

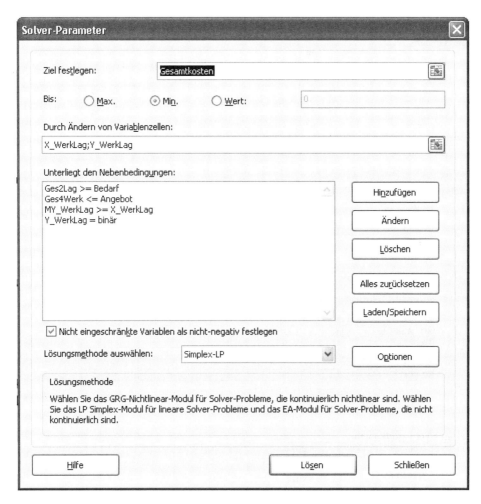

Abbildung Trsp_Fixkosten: Eingabe des Mathematischen Modells in den Solver

Das führt dann zu dem Ergebnis:

	A	B	C	D	E	F	G	H	I
35									
36	Transportmengen								
37	in ME vom Werk **Werk** zum Auslieferungslager **Lag**								
38									
39		X_WerkLag	Lager 1	Lager 2	Lager 3	Lager 4	Lager 5	Ges4Werk	
40		Werk 1	12	0	2	0	0	14	
41		Werk 2	0	0	9	0	1	10	
42		Werk 3	0	8	3	9	0	20	
43		Werk 4	0	0	0	0	16	16	
44		Ges2Lag	12	8	14	9	17		
45									

	A	B	C	D	E	F	G	H
35								
36	Indikatoren für genutzte Verbindungen							
37	1: wird genutzt, 0: wird nicht genutzt							
38								
39		Y_WerkLag	Lager 1	Lager 2	Lager 3	Lager 4	Lager 5	
40		Werk 1	0	1	0	0	1	
41		Werk 2	1	0	1	0	0	
42		Werk 3	0	0	0	1	0	
43								

	A	B	C	D	E	F	G	H
56								
57	Verbindung zwischenTransportmengen und Indikatoren							
58							Big M	60
59								
60		MY_WerkLag	Lager 1	Lager 2	Lager 3	Lager 4	Lager 5	
61		Werk 1	60	0	60	0	0	
62		Werk 2	0	0	60	0	60	
63		Werk 3	0	60	60	60	0	
64		Werk 4	0	0	0	0	60	
65								

	A	B	C	D
67				
68	Gesamte Transportkosten			
69		variabel	867	
70		fix	199	
71		**Gesamt**	**1066**	
72				

Abbildung Trsp_Fixkosten: Ausgabe der optimalen Lösung

5.9 Transportmodelle mit mehreren Gütern

5.9.1 Beispiel: SCM_Transp_2S_4G

Problembeschreibung

In Barcelona, Budapest, Helsinki und Prag seien Fabriken eines internationalen Konzerns. Für diese liegen die unten angegebenen Bestellungen aus den Märkten vor: Amsterdam, Berlin, Brüssel, London, Lissabon, Mailand und Stockholm. Das Unternehmen besitzt Distributionszentren in Frankfurt, Madrid und Rom. Über diese sollen die Belieferungen laufen.

Ferner: Transportkosten einer Einheit pro km: 1,90 €.

Frage 1:

Welches sind die optimalen Transportmengen, wenn die Güter in den Fabriken **NICHT** unterscheidbar sind?

Zunächst erhält man die bestellten Mengen der einzelnen Produkte an den einzelnen Orten und die Distanzen zwischen den Fabriken und Märkten.
Damit ergibt sich als zusammenfassende Problembeschreibung:

	A	B	C	D	E	F	G	H	I	J
20										
21	Bestellungen									
22										
23		von/nach	Amsterdam	Berlin	Brüssel	London	Lissabon	Mailand	Stockholm	
24		Barcelona	500	1.000	100	500	150	400	1.800	
25		Budapest	250	650	190	300	900	550	440	
26		Helsinki	200	350	300	550	890	1.550	1.200	
27		Prag	50	1.800	2.300	1.500	800	560	1.200	
28										
29	Distanzen									
30										
31		von/nach		Distributionszentrum						
32		Fabriken	Frankfurt	Madrid	Rom					
33		Barcelona	1.295	637	1.420					
34		Budapest	979	2.675	1.294					
35		Helsinki	1.843	3.532	3.148					
36		Prag	504	2.347	1.300					
37										
38										
39		von/nach				Märkte				
40		DistrZentrum	Amsterdam	Berlin	Brüssel	London	Lissabon	Mailand	Stockholm	
41		Frankfurt	416	552	409	764	2.542	710	1.460	
42		Madrid	1.781	2.509	1.561	1.718	639	1.728	3.466	
43		Rom	1.661	1.525	1.492	1.898	2.671	565	2.764	
44										
45		Kosten/km	1,90 €							
46										

Abbildung SCM_Transp_2S_4G: Bestellmengen und Distanzen

Schritt 1: Berechnung der gesamten Angebots- und Nachfragemenge und Eingabe der Bezeichnungen

Angebots- und Nachfragemengen errechnen sich aus den Summen einzelner Fabriken und Märkte wie nachfolgend dargestellt:

	A	B	C	D	E	F	G	H	I	J	K
16											
17		Bestellungen									
18											
19			von/ nach	Amsterdam	Berlin	Brüssel	London	Lissabon	Mailand	Stockholm	Mkt4Fabr
20			Barcelona	500	1.000	100	500	150	400	1.800	4.450
21			Budapest	250	650	190	300	900	550	440	3.280
22			Helsinki	200	350	300	550	890	1.550	1.200	5.040
23			Prag	50	1.800	2.300	1.500	800	560	1.200	8.210
24			Fabr2Mkt	1.000	3.800	2.890	2.850	2.740	3.060	4.640	
25											

Zur besseren Dokumentation unserer Modelle bezeichnen wir die wesentlichen Zellenbereiche:

- Best_FabrMkt   =$C$20:$I$23   Bestellmengen eines Marktes bei einer Fabrik
- Mkt4Fabr   =$J$20:$J$23   Zeilensummen von Best_FabrMkt
- Fabr2Mkt   =$C$24:$I$24   Spaltensummen von Best_FabrMkt
- Dist_FabrDistr   =$C$31:$E$33   Distanz zwischen Fabrik und Distributionszentrum
- Dist_DistrMkt   =$C$39:$I$41   Distanz zwischen Distributionszentrum und Markt
- Kosten_pro_km   =$C$43   Transportkosten pro km für eine ME

Schritt 2: Aufbau der Tabelle für die Transportkosten

	A	B	C	D	E	F	G	H	I	J
44										
45	Kostenmatrizen									
46	Fabr2Distr									
47		von/nach		Distributionszentren						
48		Fabriken	Frankfurt	Madrid	Rom	Angebot				
49		Barcelona	2.460,50 €	1.210,30 €	2.698,00 €	4.450				
50		Budapest	1.860,10 €	5.082,50 €	2.458,60 €	3.280				
51		Helsinki	3.501,70 €	6.710,80 €	5.981,20 €	5.040				
52		Prag	957,60 €	4.459,30 €	2.470,00 €	8.210				
53										
54	Distr2Mkt									
55		von/nach				Märkte				
56		DistrZentren	Amsterdam	Berlin	Brüssel	London	Lissabon	Mailand	Stockholm	
57		Frankfurt	790,40 €	1.048,80 €	777,10 €	1.451,60 €	4.829,80 €	1.349,00 €	2.774,00 €	
58		Madrid	3.383,90 €	4.767,10 €	2.965,90 €	3.264,20 €	1.214,10 €	3.283,20 €	6.585,40 €	
59		Rom	3.155,90 €	2.897,50 €	2.834,80 €	3.606,20 €	5.074,90 €	1.073,50 €	5.251,60 €	
60		Nachfrage	1.000	3.800	2.890	2.850	2.740	3.060	4.640	
61										

Abbildung SCM_Transp_2S_4G: Transportkosten und Parameter

Dabei gilt:

- C_FabrDistr   =$C$49:$E$52   = Kosten_pro_km * Dist_FabrDistr
- Angebot   =$F$49:$F$52   = Mkt4Fabr

- C_DistrMkt   =$C$57:$I$59   = Kosten_pro_km * Dist_DistrMkt
- Nachfrage   =$C$60:$I$60   = Fabr2Mkt

Schritt 3: Aufbau der Tabelle für die Transportmengen

Wir kopieren den Zellenbereich der Transportkosten spaltenkonform nach unten und ändern ihn gemäß der folgenden Abbildung ab.

	A	B	C	D	E	F	G	H	I	J	K
62											
63	Transportmengen										
64	Fabr2Distr										
65		von/nach	Distributionszentren								
66		Fabriken	Frankfurt	Madrid	Rom	Ges4Fabr					
67		Barcelona	1	1	1	3					
68		Budapest	1	1	1	3					
69		Helsinki	1	1	1	3					
70		Prag	1	1	1	3					
71		Fabr2Distr	4	4	4						
72											
73	Distr2Mkt										
74		von/nach				Märkte					
75		DistrZentren	Amsterdam	Berlin	Brüssel	London	Lissabon	Mailand	Stockholm	Mkt4Distr	
76		Frankfurt	1	1	1	1	1	1	1	7	
77		Madrid	1	1	1	1	1	1	1	7	
78		Rom	1	1	1	1	1	1	1	7	
79		Ges2Mkt	3	3	3	3	3	3	3		
80											

Abbildung SCM_Transp_2S_4G: Transportmengentabelle mit Vorgabewert 1

Mit:

- X_FabrDistr   =$C$67:$E$70   Transportmengen von einer Fabrik zu einem Distributionszentrum
- Ges4Fabr   =$F$67:$F$70   Zeilensummen von X_FabrDistr
- Fabr2Distr   =$C$71:$E$71   Spaltensummen von X_FabrDistr

- X_DistrMkt   =$C$76:$I$78   Transportmengen von einem Distributionszentrum zu einem Markt
- Mkt4Distr   =$J$76:$J$78   Zeilensummen von X_DistrMkt
- Ges2Mkt   =$C$79:$I$79   Spaltensummen von X_DistrMkt

Schritt 4: Bestimmung der Gesamtkosten

	A	B	C	D	E
	GesKosten		fx =SUMME(D83:D84)		
81					
82	**Gesamtkosten**				
83		Fabr2Distr		39.851 €	
84		Distr2Mkt		62.379 €	
85		**Gesamt**		**102.230 €**	
86					

Abbildung SCM_Transp_2S_4G: Eingabe der Formel für die Gesamtkosten

Mit:

- TK_FabrDistr   =$D$83   Summenprodukt von C_FabrDistr und X_FabrDistr
- TK_DistrMkt   =$D$84   Summenprodukt von C_DistrMkt und X_DistrMkt
- GesKosten   =$D$85   = TK_Fabr2Distr + TK_Distr2Mkt

Schritt 5: Eingabe des mathematischen Modells in den Solver

	A	B	C	D	E	F	G	H
120	**Mathematisches Modell**							
121								
122		**Entscheidungsvariablen:**						
123			X_FabrDistr: die zu transportierenden ME von den Fabriken zu den Distributionszentren					
124			X_DistrMkt: die zu transportierenden ME von den Distributionszentren zu den Märkten					
125		**Zielfunktion:**						
126			Die Gesamtkosten = C_FabrDistr x X_FabrDistr + C_DistrMkt x X_DistrMkt					
127			sind zu minimieren.					
128		**Nebenbedingungen:**						
129			Ges4Fabr <= Angebot					
130			Ges2Mkt >= Nachfrage					
131			Fabr2Distr = Mkt4Distr					
132			X_FabrDistr >= 0, X_DistrMkt >= 0					
133								

Abbildung SCM_Transp_2S_4G: Mathematisches Modell mit den verwendeten Bezeichnungen

Mit der nachfolgenden Solver Eingabe erhält man das anschließende Ergebnis.

5 Erweiterte Modelle zur Transportoptimierung

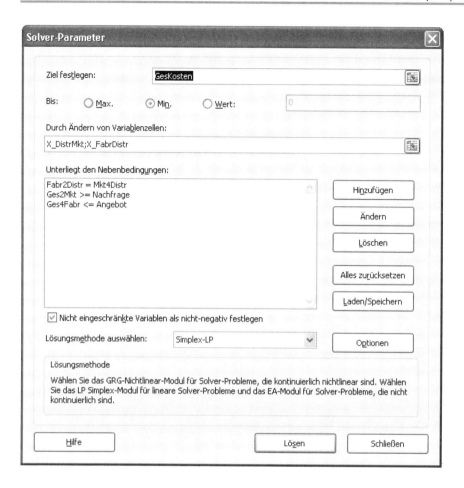

Abbildung SCM_Transp_2S_4G: Eingabe des Mathematischen Modells in den Solver

	A	B	C	D	E	F	G	H	I	J	K
62											
63	**Transportmengen**										
64	Fabr2Distr										
65			von/nach		Distributionszentren						
66			**Fabriken**	Frankfurt	Madrid	Rom	Ges4Fabr				
67			Barcelona	0	2.740	1.710	4.450				
68			Budapest	3.280	0	0	3.280				
69			Helsinki	5.040	0	0	5.040				
70			Prag	8.210	0	0	8.210				
71			**Fabr2Distr**	16.530	2.740	1.710					
72											
73	Distr2Mkt										
74			von/nach			Märkte					
75			**DistrZentren**	Amsterdam	Berlin	Brüssel	London	Lissabon	Mailand	Stockholm	Mkt4Distr
76			Frankfurt	1.000	3.800	2.890	2.850	0	1.350	4.640	16.530
77			Madrid	0	0	0	0	2.740	0	0	2.740
78			Rom	0	0	0	0	0	1.710	0	1.710
79			**Ges2Mkt**	1.000	3.800	2.890	2.850	2.740	3.060	4.640	
80											
81											
82	**Gesamtkosten**										
83			Fabr2Distr	39.541.394 €							
84			Distr2Mkt	31.013.548 €							
85			**Gesamt**	**70.554.942 €**							
86											

Abbildung SCM_Transp_2S_4G: Ausgabe der optimalen Lösung

Frage 2:

Welches sind die optimalen Transportmengen, **wenn die Güter in den Fabriken unterscheidbar sind**, also jede Fabrik ein individuelles Gut herstellt, das nicht mit dem Gut einer anderen Fabrik austauschbar ist?

Zunächst erhält man die bestellten Mengen der einzelnen Produkte an den einzelnen Orten und die Distanzen zwischen den Fabriken und Märkten.
Damit ergibt sich als zusammenfassende Problembeschreibung:

	A	B	C	D	E	F	G	H	I	J
20										
21	Bestellungen									
22										
23		von/nach	Amsterdam	Berlin	Brüssel	London	Lissabon	Mailand	Stockholm	
24		Barcelona	500	1.000	100	500	150	400	1.800	
25		Budapest	250	650	190	300	900	550	440	
26		Helsinki	200	350	300	550	890	1.550	1.200	
27		Prag	50	1.800	2.300	1.500	800	560	1.200	
28										
29	Distanzen									
30										
31		von/nach	Distributionszentrum							
32		Fabriken	Frankfurt	Madrid	Rom					
33		Barcelona	1.295	637	1.420					
34		Budapest	979	2.675	1.294					
35		Helsinki	1.843	3.532	3.148					
36		Prag	504	2.347	1.300					
37										
38						Märkte				
39		von/nach								
40		DistrZentrum	Amsterdam	Berlin	Brüssel	London	Lissabon	Mailand	Stockholm	
41		Frankfurt	416	552	409	764	2.542	710	1.460	
42		Madrid	1.781	2.509	1.561	1.718	639	1.728	3.466	
43		Rom	1.661	1.525	1.492	1.898	2.671	565	2.764	
44										
45		Kosten/km	1,90 €							
46										

Abbildung SCM_Transp_2S_4G: Bestellmengen und Distanzen

Schritt 1: Berechnung der gesamten Angebots- und Nachfragemenge und Eingabe der Bezeichnungen

Angebots- und Nachfragemengen errechnen sich aus den Summen einzelner Fabriken und Märkte genauso wie bei Frage 1:

	A	B	C	D	E	F	G	H	I	J	K
16											
17	Bestellungen										
18											
19		von/ nach	Amsterdam	Berlin	Brüssel	London	Lissabon	Mailand	Stockholm	Mkt4Fabr	
20		Barcelona	500	1.000	100	500	150	400	1.800	4.450	
21		Budapest	250	650	190	300	900	550	440	3.280	
22		Helsinki	200	350	300	550	890	1.550	1.200	5.040	
23		Prag	50	1.800	2.300	1.500	800	560	1.200	8.210	
24		Fabr2Mkt	1.000	3.800	2.890	2.850	2.740	3.060	4.640		
25											

Abbildung SCM_Transp_2S_4G: Bestellmengen

Zur besseren Dokumentation unserer Modelle bezeichnen wir die wesentlichen Zellenbereiche:

- Best_FabrMkt =$C$20:$I$23   Bestellmengen eines Marktes bei einer Fabrik
- Mkt4Fabr =$J$20:$J$23   Zeilensummen von Best_FabrMkt
- Fabr2Mkt =$C$24:$I$24   Spaltensummen von Best_FabrMkt
- Dist_FabrDistr =$C$31:$E$33   Distanz zwischen Fabrik und Distributionszentrum
- Dist_DistrMkt =$C$39:$I$41   Distanz zwischen Distributionszentrum und Markt
- Kosten_pro_km =$C$43   Transportkosten pro km für eine ME

Schritt 2: Aufbau der Tabelle für die Transportkosten

Hierzu kopieren wir den Zellenbereich der Transportdistanzen spaltenkonform nach unten und ändern ihn gemäß der folgenden Abbildung ab.

	A	B	C	D	E	F	G	H	I	J
44										
45	Kostenmatrizen									
46	Fabr2Distr									
47		von/nach	Distributionszentren							
48		Fabriken	Frankfurt	Madrid	Rom	Angebot				
49		Barcelona	2.460,50 €	1.210,30 €	2.698,00 €	4.450				
50		Budapest	1.860,10 €	5.082,50 €	2.458,60 €	3.280				
51		Helsinki	3.501,70 €	6.710,80 €	5.981,20 €	5.040				
52		Prag	957,60 €	4.459,30 €	2.470,00 €	8.210				
53										
54	Distr2Mkt									
55		von/nach				Märkte				
56		DistrZentren	Amsterdam	Berlin	Brüssel	London	Lissabon	Mailand	Stockholm	
57		Frankfurt	790,40 €	1.048,80 €	777,10 €	1.451,60 €	4.829,80 €	1.349,00 €	2.774,00 €	
58		Madrid	3.383,90 €	4.767,10 €	2.965,90 €	3.264,20 €	1.214,10 €	3.283,20 €	6.585,40 €	
59		Rom	3.155,90 €	2.897,50 €	2.834,80 €	3.606,20 €	5.074,90 €	1.073,50 €	5.251,60 €	
60										

Abbildung SCM_Transp_2S_4G: Transportkosten und Parameter

Dabei gilt:

- C_FabrDistr   =$C$49:$E$52   = Kosten_pro_km * Dist_FabrDistr
- C_1_FabrDistr   =$C$49:$E$49   = C_BarcelonaDistr

  (1. Zeile von C_FabrDistr)

- C_2_FabrDistr   =$C$50:$E$50   = C_BudapestDistr

  (2. Zeile von C_FabrDistr)

- C_3_FabrDistr   =$C$51:$E$51   = C_HelsinkiDistr

  (3. Zeile von C_FabrDistr)

- C_4_FabrDistr   =$C$52:$E$52   = C_PragDistr

  (4. Zeile von C_FabrDistr)

- Angebot   =$F$49:$F$52   = Ges4Fabr
- Angebot_1   =$F$49   = Ges4Barcelona
- Angebot_2   =$F$50   = Ges4Budapest
- Angebot_3   =$F$51   = Ges4Helsinki
- Angebot_4   =$F$52   = Ges4Prag

- C_DistrMkt   =$C$57:$I$59   = Kosten_pro_km * Dist_DistrMkt

Schritt 3: Aufbau der Tabellen für die Transportmengen

Wir kopieren den Zellenbereich der Transportkosten spaltenkonform nach unten und ändern ihn gemäß der folgenden Abbildung.

Gut 1: Barcelona

	A	B	C	D	E	F	G	H	I	J	K
63											
64	*Gut 1: Barcelona*										
65		Fabr2Distr									
66			von/nach	Distributionszentrum							
67			Fabriken	Frankfurt	Madrid	Rom	Distr4Fabr_1				
68			Barcelona	1	1	1	3				
69			Fabr2Distr_1	1	1	1					
70											
71		Distr2Mkt									
72			von/nach			Märkte					
73			DistrZentren	Amsterdam	Berlin	Brüssel	London	Lissabon	Mailand	Stockholm	Mkt4Distr_1
74			Frankfurt	1	1	1	1	1	1	1	7
75			Madrid	1	1	1	1	1	1	1	7
76			Rom	1	1	1	1	1	1	1	7
77			Distr2Mkt_1	3	3	3	3	3	3	3	
78			Nachfrage_1	500	1.000	100	500	150	400	1.800	
79											

Abbildung SCM_Transp_2S_4G: Transportmengentabelle mit Vorgabewert 1 (Gut 1)

Mit:

- X_1_FabrDistr =$C$68:$E$68   Transportmengen von einer Fabrik zu einem Distributionszentrum
- Distr4Fabr_1 =$F$68   Zeilensummen von X_FabrDistr_1
- Fabr2Distr_1 =$C$69:$E$69   Spaltensummen von X_FabrDistr_1

- X_1_DistrMkt =$C$74:$I$76   Transportmengen von einem Distributionszentrum zu einem Markt
- Mkt4Distr_1 =$J$74:$J$76   Zeilensummen von X_DistrMkt_1
- Distr2Mkt_1 =$C$77:$I$77   Spaltensummen von X_DistrMkt_1
- Nachfrage_1 =$C$78:$I$78   = Best_BarcelonaMkt

Gut 2: Budapest

	A	B	C	D	E	F	G	H	I	J	K
84											
85	*Gut 2: Budapest*										
86	Fabr2Distr										
87			von/nach		Distributionszentrum						
88			Fabriken	Frankfurt	Madrid	Rom	Distr4Fabr_2				
89			Budapest	1	1	1	3				
90			Fabr2Distr_2	1	1	1					
91											
92	Distr2Mkt										
93			von/nach				Märkte				
94			DistrZentren	Amsterdam	Berlin	Brüssel	London	Lissabon	Mailand	Stockholm	Mkt4Distr_2
95			Frankfurt	1	1	1	1	1	1	1	7
96			Madrid	1	1	1	1	1	1	1	7
97			Rom	1	1	1	1	1	1	1	7
98			Distr2Mkt_2	3	3	3	3	3	3	3	
99			Nachfrage_2	250	650	190	300	900	550	440	
100											

Abbildung SCM_Transp_2S_4G: Transportmengentabelle mit Vorgabewert 1 (Gut 2)

Mit:

- X_2_FabrDistr =$C$89:$E$89   Transportmengen von einer Fabrik zu einem Distributionszentrum
- Distr4Fabr_2 =$F$89   Zeilensummen von X_FabrDistr_2
- Fabr2Distr_2 =$C$90:$E$90   Spaltensummen von X_FabrDistr_2

- X_2_DistrMkt =$C$95:$I$97   Transportmengen von einem Distributionszentrum zu einem Markt
- Mkt4Distr_2 =$J$95:$J$97   Zeilensummen von X_DistrMkt_2
- Distr2Mkt_2 =$C$98:$I$98   Spaltensummen von X_DistrMkt_2
- Nachfrage_2 =$C$99:$I$99   = Best_BudapestMkt

Gut 3: Helsinki

	A	B	C	D	E	F	G	H	I	J	K
105											
106	*Gut 3: Helsinki*										
107	Fabr2Distr										
108		von/nach		Distributionszentrum							
109		**Fabriken**	Frankfurt	Madrid	Rom	Distr4Fabr_3					
110		Helsinki	1	1	1	3					
111		Fabr2Distr_3	1	1	1						
112											
113	Distr2Mkt										
114		von/nach				Märkte					
115		**DistrZentren**	Amsterdam	Berlin	Brüssel	London	Lissabon	Mailand	Stockholm	Mkt4Distr_3	
116		Frankfurt	1	1	1	1	1	1	1	7	
117		Madrid	1	1	1	1	1	1	1	7	
118		Rom	1	1	1	1	1	1	1	7	
119		Distr2Mkt_3	3	3	3	3	3	3	3		
120		Nachfrage_3	200	350	300	550	890	1.550	1.200		
121											

Abbildung SCM_Transp_2S_4G: Transportmengentabelle mit Vorgabewert 1 (Gut 3)

Mit:

- X_3_FabrDistr =$C$110:$E$110 Transportmengen von einer Fabrik zu einem Distributionszentrum
- Distr4Fabr_3 =$F$110 Zeilensummen von X_FabrDistr_1
- Fabr2Distr_3 =$C$111:$E$111 Spaltensummen von X_FabrDistr_1
- X_3_DistrMkt =$C$116:$I$118 Transportmengen von einem Distributionszentrum zu einem Markt
- Mkt4Distr_3 =$J$116:$J$118 Zeilensummen von X_DistrMkt_3
- Distr2Mkt_3 =$C$119:$I$119 Spaltensummen von X_DistrMkt_3
- Nachfrage_3 =$C$120:$I$120 = Best_HelsinkiMkt

Gut 4: Prag

	A	B	C	D	E	F	G	H	I	J	K
126											
127	*Gut 4: Prag*										
128	Fabr2Distr										
129		von/nach		Distributionszentrum							
130		**Fabriken**	Frankfurt	Madrid	Rom	Distr4Fabr_4					
131		Prag	1	1	1	3					
132		Fabr2Distr_4	1	1	1						
133											
134	Distr2Mkt										
135		von/nach				Märkte					
136		**DistrZentren**	Amsterdam	Berlin	Brüssel	London	Lissabon	Mailand	Stockholm	Mkt4Distr_4	
137		Frankfurt	1	1	1	1	1	1	1	7	
138		Madrid	1	1	1	1	1	1	1	7	
139		Rom	1	1	1	1	1	1	1	7	
140		Distr2Mkt_4	3	3	3	3	3	3	3		
141		Nachfrage_4	50	1.800	2.300	1.500	800	560	1.200		
142											

Abbildung SCM_Transp_2S_4G: Transportmengentabelle mit Vorgabewert 1 (Gut 4)

Mit:

- X_4_FabrDistr =$C$131:$E$131   Transportmengen von einer Fabrik zu einem Distributionszentrum
- Distr4Fabr_4 =$F$131   Zeilensummen von X_FabrDistr_3
- Fabr2Distr_4 =$C$132:$E$132   Spaltensummen von X_FabrDistr_3

- X_4_DistrMkt =$C$137:$I$139   Transportmengen von einem Distributionszentrum zu einem Markt
- Mkt4Distr_4 =$J$137:$J$139   Zeilensummen von X_DistrMkt_4
- Distr2Mkt_4 =$C$140:$I$140   Spaltensummen von X_DistrMkt_4
- Nachfrage_4 =$C$141:$I$141   = Best_PragMkt

Schritt 4: Bestimmung der Gesamtkosten

Zunächst bestimmen wir die Kosten für die einzelnen Güter.

Gut 1: Barcelona

Gesamtkoste...		f_x =SUMME(D81:D82)		
	A	B	C	D	E
79					
80	Gesamtkosten für Gut 1:				
81		Fabr2Distr		6.369 €	
82		Distr2Mkt		62.379 €	
83		**Gesamt**		**68.748 €**	
84					

Abbildung SCM_Transp_2S_4G: Gesamtkosten für Gut 1

Mit:

- TK_1_Fabr2Distr =$D$81   Summenprodukt von C_1_FabrDistr und X_1_FabrDistr
- TK_1_Distr2Mkt =$D$82   Summenprodukt von C_DistrMkt und X_1_DistrMkt
- Gesamtkosten_1 =$D$83   = TK_1_Fabr2Distr + TK_1_Distr2Mkt

Gut 2: Budapest

	A	B	C	D	E
	Gesamtkoste... ▼	f_x =SUMME(D102:D103)			
100					
101	Gesamtkosten für Gut 2:				
102		Fabr2Distr		9.401 €	
103		Distr2Mkt		62.379 €	
104		**Gesamt**		**71.780 €**	
105					

Abbildung SCM_Transp_2S_4G: Gesamtkosten für Gut 2

Mit:

- TK_2_Fabr2Distr =$D$102   Summenprodukt von C_2_FabrDistr und X_2_FabrDistr
- TK_2_Distr2Mkt =$D$103   Summenprodukt von C_DistrMkt und X_2_DistrMkt
- Gesamtkosten_2 =$D$104   = TK_2_Fabr2Distr + TK_2_Distr2Mkt

Gut 3: Helsinki

	A	B	C	D	E
	Gesamtkoste... ▼	f_x =SUMME(D123:D124)			
121					
122	Gesamtkosten für Gut 3:				
123		Fabr2Distr		16.194 €	
124		Distr2Mkt		62.379 €	
125		**Gesamt**		**78.573 €**	
126					

Abbildung SCM_Transp_2S_4G: Gesamtkosten für Gut 3

Mit:

- TK_3_Fabr2Distr =$D$123   Summenprodukt von C_3_FabrDistr und X_3_FabrDistr
- TK_3_Distr2Mkt =$D$124   Summenprodukt von C_DistrMkt und X_3_DistrMkt
- Gesamtkosten_3 =$D$125   = TK_3_Fabr2Distr + TK_3_Distr2Mkt

Gut 4: Prag

	A	B	C	D	E
142					
143	Gesamtkosten für Gut 4:				
144		Fabr2Distr		7.887 €	
145		Distr2Mkt		62.379 €	
146		**Gesamt**		**70.266 €**	
147					

Abbildung SCM_Transp_2S_4G: Gesamtkosten für Gut 4

Mit:

- TK_4_Fabr2Distr   =$D$144   Summenprodukt von C_4_FabrDistr und X_4_FabrDistr
- TK_4_Distr2Mkt   =$D$145   Summenprodukt von C_DistrMkt und X_4_DistrMkt
- Gesamtkosten_4   =$D$146   = TK_4_Fabr2Distr + TK_4_Distr2Mkt

Jetzt werden die Gesamtkosten aller Güter bestimmt.

Gesamtkosten ▼	f_x =SUMME(D149:D150)				
	A	B	C	D	E
147					
148	*Gesamtkosten für alle Güter:*				
149		Fabr2Distr		39.851 €	
150		Distr2Mkt		249.516 €	
151		**Gesamt**		**289.366 €**	
152					

Abbildung SCM_Transp_2S_4G: Eingabe der Formel für die Gesamtkosten aller Güter

Mit:

- TK_Fabr2Distr   =$D$149   = TK_1_Fabr2Distr + TK_2_Fabr2Distr + TK_3_Fabr2Distr + TK_4_Fabr2Distr
- TK_Distr2Mkt   =$D$150   = TK_1_Distr2Mkt + TK_2_Distr2Mkt + TK_3_Distr2Mkt + TK_4_Distr2Mkt
- Gesamtkosten   =$D$151   = TK_Fabr2Distr + TK_Distr2Mkt

Schritt 5: Eingabe des mathematischen Modells in den Solver

```
242  Mathematisches Modell
243
244  Für Gut i=1,2,3,4:
245             Entscheidungsvariablen:
246                    X_i_FabrDistr, die zu transportierenden ME von den Fabriken zu den Distributionszentren
247                    X_i_DistrMkt, die zu transportierenden ME von den Distributionszentren zu den Märkten
248             Nebenbedingungen:
249                    Ges4Fabr_i <= Angebot_i
250                    Ges2Mkt_i >= Nachfrage_i
251                    Fabr2Distr_i = Mkt4Distr_i
252                    X_i_FabrDistr >= 0, X_i_DistrMkt >= 0
253
254  Zielfunktion:
255             Die Gesamtkosten = C_1_FabrDistr x X_1_FabrDistr + C_DistrMkt x X_1_DistrMkt
256                              + C_2_FabrDistr x X_2_FabrDistr + C_DistrMkt x X_2_DistrMkt
257                              + C_3_FabrDistr x X_3_FabrDistr + C_DistrMkt x X_3_DistrMkt
258                              + C_4_FabrDistr x X_4_FabrDistr + C_DistrMkt x X_4_DistrMkt
259             sind zu minimieren.
260
```

Abbildung SCM_Transp_2S_4G: Mathematisches Modell mit den verwendeten Bezeichnungen

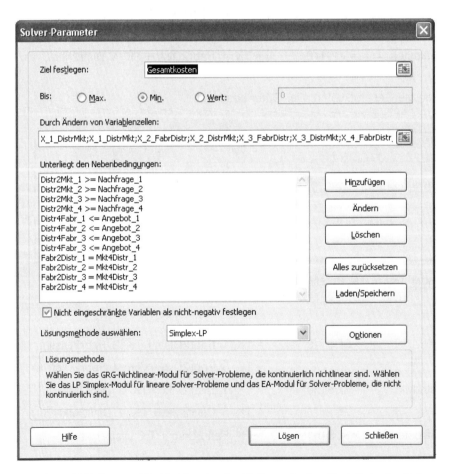

Abbildung SCM_Transp_2S_4G: Eingabe des Mathematischen Modells in den Solver

5 Erweiterte Modelle zur Transportoptimierung

Das führt dann zu dem Ergebnis:

Transportmengen

Gut 1: Barcelona
Fabr2Distr

von/nach	Distributionszentrum			
Fabriken	Frankfurt	Madrid	Rom	Distr4Fabr_1
Barcelona	3900	150	400	4.450
Fabr2Distr_1	3900	150	400	

Distr2Mkt

von/nach	Märkte							
DistrZentren	Amsterdam	Berlin	Brüssel	London	Lissabon	Mailand	Stockholm	Mkt4Distr_1
Frankfurt	500	1000	100	500	0	0	1800	3900
Madrid	0	0	0	0	150	0	0	150
Rom	0	0	0	0	0	400	0	400
Distr2Mkt_1	500	1.000	100	500	150	400	1.800	
Nachfrage_1	500	1.000	100	500	150	400	1.800	

Gesamtkosten für Gut 1:
- Fabr2Distr: 10.856.695 €
- Distr2Mkt: 7.852.225 €
- **Gesamt: 18.708.920 €**

Gut 2: Budapest
Fabr2Distr

von/nach	Distributionszentrum			
Fabriken	Frankfurt	Madrid	Rom	Distr4Fabr_2
Budapest	2380	900	0	3.280
Fabr2Distr_2	2380	900	0	

Distr2Mkt

von/nach	Märkte							
DistrZentren	Amsterdam	Berlin	Brüssel	London	Lissabon	Mailand	Stockholm	Mkt4Distr_2
Frankfurt	250	650	190	300	0	550	440	2380
Madrid	0	0	0	0	900	0	0	900
Rom	0	0	0	0	0	0	0	0
Distr2Mkt_2	250	650	190	300	900	550	440	
Nachfrage_2	250	650	190	300	900	550	440	

Gesamtkosten für Gut 2:
- Fabr2Distr: 9.001.288 €
- Distr2Mkt: 4.517.649 €
- **Gesamt: 13.518.937 €**

Gut 3: Helsinki
Fabr2Distr

von/nach	Distributionszentrum			
Fabriken	Frankfurt	Madrid	Rom	Distr4Fabr_3
Helsinki	4150	890	0	5.040
Fabr2Distr_3	4150	890	0	

Distr2Mkt

von/nach	Märkte							
DistrZentren	Amsterdam	Berlin	Brüssel	London	Lissabon	Mailand	Stockholm	Mkt4Distr_3
Frankfurt	200	350	300	550	0	1550	1200	4150
Madrid	0	0	0	0	890	0	0	890
Rom	0	0	0	0	0	0	0	0
Distr2Mkt_3	200	350	300	550	890	1.550	1.200	
Nachfrage_3	200	350	300	550	890	1.550	1.200	

Gesamtkosten für Gut 3:
- Fabr2Distr: 20.504.667 €
- Distr2Mkt: 8.056.969 €
- **Gesamt: 28.561.636 €**

	Gut 4: Prag								
128	Fabr2Distr								
129		von/nach	Distributionszentrum						
130		Fabriken	Frankfurt	Madrid	Rom	Distr4Fabr_4			
131		Prag	7410	800	0	8.210			
132		Fabr2Distr_4	7410	800	0				
133									
134	Distr2Mkt								
135		von/nach	Märkte						
136		DistrZentren	Amsterdam	Berlin	Brüssel	London	Lissabon	Mailand	Stockholm	Mkt4Distr_4
137		Frankfurt	50	1800	2300	1500	0	560	1200	7410
138		Madrid	0	0	0	0	800	0	0	800
139		Rom	0	0	0	0	0	0	0	0
140		Distr2Mkt_4	50	1.800	2.300	1.500	800	560	1.200	
141		Nachfrage_4	50	1.800	2.300	1.500	800	560	1.200	
142									
143	Gesamtkosten für Gut 4:								
144		Fabr2Distr	10.663.256 €						
145		Distr2Mkt	10.947.610 €						
146		Gesamt	21.610.866 €						
147									
148	Gesamtkosten für alle Güter:								
149		Fabr2Distr	51.025.906 €						
150		Distr2Mkt	31.374.453 €						
151		Gesamt	82.400.359 €						

Abbildung SCM_Transp_2S_4G: Ausgabe der optimalen Lösung

5.9.2 Beispiel: SCM_Transp_2S1S_3G_mit_Produktion

Problembeschreibung

Ein Unternehmen stellt drei Produkte in zwei Produktionsstätten her und hat vier Lagerhäuser. Fünf Kunden werden von den Lagern oder von den Fabriken beliefert. Die Produktionskosten der einzelnen Produkte in den Produktionsstätten sind bekannt, Kapazitätsrestriktionen treten bei der Produktion nicht auf. Die Kapazitäten der Lager sind beschränkt und die Kunden haben bestimmte Bedarfe. Im Lager sollen keine Bestände aufgebaut werden.

Wie viele Mengeneinheiten der einzelnen Güter sollen von welcher Fabrik zu welchem Kunden transportiert werden, so dass die gesamten Transportkosten minimal sind?

Produktion

Produktionskosten pro ME

	Produkt_1	Produkt_2	Produkt_3
Fabrik 1	4,00 €	5,00 €	3,00 €
Fabrik 2	2,00 €	8,00 €	6,00 €

Distribution Produkt 1

Transportkosten für Produkt 1

pro ME des Produktes von Fabrik zum Lager

von/nach	Lager 1	Lager 2	Lager 3	Lager 4	ProdKap_1
Fabrik 1	0,50 €	0,50 €	1,00 €	0,20 €	0
Fabrik 2	1,50 €	0,30 €	0,50 €	0,20 €	116.000

pro ME des Produktes vom Lager zum Kunden

von/nach	Kunde 1	Kunde 2	Kunde 3	Kunde 4	Kunde 5	LagKap_1
Lager 1	1,50 €	0,80 €	0,50 €	1,50 €	3,00 €	35.000
Lager 2	1,00 €	0,50 €	0,50 €	1,00 €	0,50 €	20.000
Lager 3	1,00 €	1,50 €	2,00 €	2,00 €	0,50 €	30.000
Lager 4	2,50 €	1,50 €	0,60 €	1,50 €	0,50 €	15.000
Bedarf_1	30.000	23.000	15.000	32.000	16.000	

pro ME des Produktes von Fabrik zum Kunden

von/nach	Kunde 1	Kunde 2	Kunde 3	Kunde 4	Kunde 5
Fabrik 1	2,75 €	3,50 €	2,50 €	3,00 €	2,50 €
Fabrik 2	3,00 €	3,50 €	3,50 €	2,50 €	2,00 €

Distribution Produkt 2

Transportkosten für Produkt 2

pro ME des Produktes von Fabrik zum Lager

von/nach	Lager 1	Lager 2	Lager 3	Lager 4	ProdKap_2
Fabrik 1	1,00 €	0,75 €	1,25 €	1,25 €	87.000
Fabrik 2	1,25 €	0,80 €	1,00 €	0,75 €	0

pro ME des Produktes vom Lager zum Kunden

von/nach	Kunde 1	Kunde 2	Kunde 3	Kunde 4	Kunde 5	LagKap_2
Lager 1	1,00 €	0,90 €	1,20 €	1,30 €	2,10 €	30.000
Lager 2	1,25 €	1,00 €	1,00 €	0,90 €	1,50 €	25.000
Lager 3	0,90 €	1,35 €	1,45 €	1,80 €	1,00 €	15.000
Lager 4	1,75 €	1,30 €	0,70 €	1,25 €	1,10 €	24.000
Bedarf_2	20.000	15.000	22.000	12.000	18.000	

pro ME des Produktes von Fabrik zum Kunden

von/nach	Kunde 1	Kunde 2	Kunde 3	Kunde 4	Kunde 5
Fabrik 1	2,50 €	3,00 €	2,00 €	2,75 €	2,60 €
Fabrik 2	2,25 €	2,95 €	2,20 €	2,50 €	2,10 €

Modellbasiertes Logistikmanagement

	A	B	C	D	E	F	G	H	I
76									
77	*Distribution Produkt 3*								
78									
79	**Transportkosten**								
80	pro ME des Produktes von Fabrik zum Lager								
81									
82		von/nach	Lager 1	Lager 2	Lager 3	Lager 4			
83		Fabrik 1	0,75 €	1,25 €	1,00 €	0,80 €			
84		Fabrik 2	1,40 €	0,90 €	0,95 €	1,10 €			
85									
86	pro ME des Produktes vom Lager zum Kunden								
87									
88		von/nach	Kunde 1	Kunde 2	Kunde 3	Kunde 4	Kunde 5	LagKap_3	
89		Lager 1	1,25 €	0,70 €	1,10 €	0,80 €	1,60 €	20.000	
90		Lager 2	1,10 €	1,10 €	0,90 €	1,40 €	1,75 €	20.000	
91		Lager 3	1,25 €	1,20 €	1,75 €	1,70 €	0,85 €	25.000	
92		Lager 4	1,50 €	1,10 €	1,50 €	1,10 €	0,90 €	20.000	
93		Bedarf	25.000	22.000	16.000	20.000	25.000		
94									
95	pro ME des Produktes von Fabrik zum Kunden								
96									
97		von/nach	Kunde 1	Kunde 2	Kunde 3	Kunde 4	Kunde 5		
98		Fabrik 1	2,90 €	3,00 €	2,25 €	2,80 €	2,35 €		
99		Fabrik 2	2,45 €	2,75 €	2,35 €	2,85 €	2,45 €		
100									

Abbildung SCM_Transp_2S1S_3G_mit_Produktion: Produktionskosten, Transportkosten und Parameter

Mit Produktionskosten, Transportkosten und Parametern für jedes einzelne Produkt ergibt sich die obige zusammenfassende Problembeschreibung:

Schritt 1: Eingabe der Bezeichnungen

Zur besseren Dokumentation unserer Modelle bezeichnen wir die wesentlichen Zellenbereiche:

Produktion

- C_FabrProd = $C$22:$E$23   Produktionskosten pro ME eines Produktes in einer Fabrik

Produkt 1

- C_1_FabrLag = $C$41:$F$42   Transportkosten pro ME von den Fabriken zu den Lagern
- ProdKap_1 = $G$41:$G$42   = X_FabrProdukt_1
  (Produkt_1 - Spalte in X_FabrProd)

- C_1_LagKd = $C$47:$G$50 Transportkosten pro ME von den Lagern zu den Kunden
- LagKap_1 = $H$47:$H$50 Umschlagskapazität der Lager
- C_1_FabrKd = $C$56:$G$57 Transportkosten pro ME von den Fabriken zu den Kunden
- Bedarf_1 = $C$51:$G$51 Bedarf der Kunden in ME

Produkt 2
- C_2_FabrLag = $C$99:$F$100 Transportkosten pro ME von den Fabriken zu den Lagern
- ProdKap_2 = $G$99:$G$100 =X_FabrProdukt_2 (Produkt_2 - Spalte in X_FabrProd)
- C_2_LagKd = $C$105:$G$108 Transportkosten pro ME von den Lagern zu den Kunden
- LagKap_2 = $H$105:$H$108 Umschlagskapazität der Lager
- C_2_FabrKd = $C$114:$G$115 Transportkosten pro ME von den Fabriken zu den Kunden
- Bedarf_2 = $C$109:$G$109 Bedarf der Kunden in ME

Produkt 3
- C_3_FabrLag = $C$157:$F$158 Transportkosten pro ME von den Fabriken zu den Lagern
- ProdKap_3 = $G$157:$G$158 = X_FabrProdukt_3 (Produkt_3 - Spalte in X_FabrProd)
- C_3_LagKd = $C$163:$G$166 Transportkosten pro ME von den Lagern zu den Kunden
- LagKap_3 = $H$163:$H$166 Umschlagskapazität der Lager
- C_3_FabrKd = $C$172:$G$173 Transportkosten pro ME von den Fabriken zu den Kunden
- Bedarf_3 = $C$167:$G$167 Bedarf der Kunden in ME

Schritt 2: Aufbau der Tabellen für die Produktions- und Transportmengen

Wir kopieren den Zellenbereich der Transportkosten spaltenkonform nach unten und ändern ihn gemäß der folgenden Abbildung ab.

Produktionsprogramm

	A	B	C	D	E	F
24						
25	**Produktionsprogramm in ME**					
26						
27			Produkt_1	Produkt_2	Produkt_3	
28		Fabrik 1	1	1	1	
29		Fabrik 2	1	1	1	
30						

Abbildung SCM_Transp_2S1S_3G_mit_Produktion: Produktionsmengen mit Vorgabewert 1

Mit:

- X_FabrProd   = $C$28:$E$29   Produktionsmengen eines Produktes in einer Fabrik

Produkt 1

	A	B	C	D	E	F	G	H	I	J
59										
60	**Transportmengen für Produkt 1**									
61	ME von Fabrik zum Lager									
62										
63		von/nach	Lager 1	Lager 2	Lager 3	Lager 4	**Lag4Fabr_1**			
64		Fabrik 1	1	1	1	1	4			
65		Fabrik 2	1	1	1	1	4			
66		**Fabr2Lag_1**	2	2	2	2				
67										
68	ME vom Lager zum Kunden									
69										
70		von/nach	Kunde 1	Kunde 2	Kunde 3	Kunde 4	Kunde 5	**Kd4Lag_1**		
71		Lager 1	1	1	1	1	1	5		
72		Lager 2	1	1	1	1	1	5		
73		Lager 3	1	1	1	1	1	5		
74		Lager 4	1	1	1	1	1	5		
75		**Lag2Kd**	4	4	4	4	4			
76										
77	ME von Fabrik zum Kunden									
78										
79		von/nach	Kunde 1	Kunde 2	Kunde 3	Kunde 4	Kunde 5	**Kd4Fabr_1**	**Ges4Fabr_1**	
80		Fabrik 1	1	1	1	1	1	5	9	
81		Fabrik 2	1	1	1	1	1	5	9	
82		**Fabr2Kd_1**	2	2	2	2	2			
83		**Ges2Kd_1**	6	6	6	6	6			
84										

Abbildung SCM_Transp_2S1S_3G_mit_Produktion:
Transportmengentabelle mit Vorgabewert 1 (Produkt 1)

5 Erweiterte Modelle zur Transportoptimierung

Mit:

- X_1_FabrLag = $C$64:$F$65   Transportmengen von Fabriken zu Lagern
- Lag4Fabr_1 = $G$64:$G$65   Zeilensummen von X_1_FabrLag
- Fabr2Lag_1 = $C$66:$F$66   Spaltensummen von X_1_FabrLag

- X_1_LagKd = $C$71:$G$74   Transportmengen von Lagern zu Kunden
- Kd4Lag_1 = $H$71:$H$74   Zeilensummen von X_1_LagKd
- Lag2Kd_1 = $C$75:$G$75   Spaltensummen von X_1_LagKd

- X_1_FabrKd = $C$80:$G$81   Transportmengen von den Fabriken zu den Kunden
- Kd4Fabr_1 = $H$80:$H$81   Zeilensumme von X_1_FabrKd
- Fabr2Kd_1 = $C$82:$G$82   Spaltensumme von X_1_FabrKd

- Ges4Fabr_1 = $I$80:$I$81   = Lag4Fabr_1 + Kd4Fabr_1
- Ges2Kd_1 = $C$83:$G$83   = Fabr2Kd_1 + Lag2Kd_1

Produkt 2

	A	B	C	D	E	F	G	H	I	J
117										
118		**Transportmengen für Produkt 2**								
119		ME von Fabrik zum Lager								
120										
121		von/nach	Lager 1	Lager 2	Lager 3	Lager 4	**Lag4Fabr_2**			
122		Fabrik 1	1	1	1	1	4			
123		Fabrik 2	1	1	1	1	4			
124		**Fabr2Lag_2**	2	2	2	2				
125										
126		ME vom Lager zum Kunden								
127										
128		von/nach	Kunde 1	Kunde 2	Kunde 3	Kunde 4	Kunde 5	**Kd4Lag_2**		
129		Lager 1	1	1	1	1	1	5		
130		Lager 2	1	1	1	1	1	5		
131		Lager 3	1	1	1	1	1	5		
132		Lager 4	1	1	1	1	1	5		
133		**Lag2Kd_2**	4	4	4	4	4			
134										
135		ME von Fabrik zum Kunden								
136										
137		von/nach	Kunde 1	Kunde 2	Kunde 3	Kunde 4	Kunde 5	**Kd2Fabr_2**	**Ges4Fabr_2**	
138		Fabrik 1	1	1	1	1	1	5	9	
139		Fabrik 2	1	1	1	1	1	5	9	
140		**Fabr2Kd_2**	2	2	2	2	2			
141		**Ges2Kd_2**	6	6	6	6	6			
142										

Abbildung SCM_Transp_2S1S_3G_mit_Produktion:
    Transportmengentabelle mit Vorgabewert 1 (Produkt 2)

Mit:

- X_2_FabrLag   = $C$122:$F$123   Transportmengen von Fabriken zu Lagern
- Lag4Fabr_2   = $G$122:$G$123   Zeilensummen von X_2_FabrLag
- Fabr2Lag_2   = $C$124:$F$124   Spaltensummen von X_2_FabrLag

- X_2_LagKd   = $C$129:$G$132   Transportmengen von Lagern zu Kunden
- Kd4Lag_2   = $H$129:$H$132   Zeilensummen von X_2_LagKd
- Lag2Kd_2   = $C$133:$G$133   Spaltensummen von X_2_LagKd

- X_2_FabrKd   = $C$138:$G$139   Transportmengen von den Fabriken zu den Kunden
- Kd4Fabr_2   = $H$138:$H$139   Zeilensumme von X_2_FabrKd
- Fabr2Kd_2   = $C$140:$G$140   Spaltensumme von X_2_FabrKd

- Ges4Fabr_2   = $I$138:$I$139   = Lag4Fabr_2 + Kd4Fabr_2
- Ges2Kd_2   = $C$141:$G$141   = Fabr2Kd_2 + Lag2Kd_2

Produkt 3

	A	B	C	D	E	F	G	H	I	J
175										
176	Transportmengen von Produkt 3									
177	ME von Fabrik zum Lager									
178										
179		von/nach	Lager 1	Lager 2	Lager 3	Lager 4	Lag4Fabr_2			
180		Fabrik 1	1	1	1	1	4			
181		Fabrik 2	1	1	1	1	4			
182		Fabr2Lag_2	2	2	2	2				
183										
184	ME vom Lager zum Kunden									
185										
186		von/nach	Kunde 1	Kunde 2	Kunde 3	Kunde 4	Kunde 5	Kd4Lag_3		
187		Lager 1	1	1	1	1	1	5		
188		Lager 2	1	1	1	1	1	5		
189		Lager 3	1	1	1	1	1	5		
190		Lager 4	1	1	1	1	1	5		
191		Lag2Kd	4	4	4	4	4			
192										
193	ME von Fabrik zum Kunden									
194										
195		von/nach	Kunde 1	Kunde 2	Kunde 3	Kunde 4	Kunde 5	Kd4Fabr_3	Ges4Fabr_3	
196		Fabrik 1	1	1	1	1	1	5	9	
197		Fabrik 2	1	1	1	1	1	5	9	
198		Fabr2Kd_3	2	2	2	2	2			
199		Ges2Kd_3	6	6	6	6	6			
200										

Abbildung SCM_Transp_2S1S_3G_mit_Produktion:
Transportmengentabelle mit Vorgabewert 1 (Produkt 3)

Mit:

- X_3_FabrLag = $C$180:$F$181 Transportmengen von Fabriken zu Lagern
- Lag4Fabr_3 = $G$180:$G$181 Zeilensummen von X_3_FabrLag
- Fabr2Lag_3 = $C$182:$F$182 Spaltensummen von X_3_FabrLag

- X_3_LagKd = $C$187:$G$190 Transportmengen von Lagern zu Kunden
- Kd4Lag_3 = $H$187:$H$190 Zeilensummen von X_3_LagKd
- Lag2Kd_3 = $C$191:$G$191 Spaltensummen von X_3_LagKd

- X_3_FabrKd = $C$196:$G$197 Transportmengen von den Fabriken zu den Kunden
- Kd4Fabr_3 = $H$196:$H$197 Zeilensumme von X_3_FabrKd
- Fabr2Kd_3 = $C$198:$G$198 Spaltensumme von X_3_FabrKd

- Ges4Fabr_3 = $I$196:$I$197 = Lag4Fabr_3 + Kd4Fabr_3
- Ges2Kd_3 = $C$199:$G$199 = Fabr2Kd_3 + Lag2Kd_3

Schritt 4: Bestimmung der Gesamtkosten

Zunächst bestimmen wir die Produktionskosten und die Kosten für die einzelnen Güter.

Produktion

	A	B	C	D	E
30					
31	**Produktionskosten**				
32			28 €		
33					

C32 f_x =SUMMENPRODUKT(X_FabrProd;C_FabrProd)

Abbildung SCM_Transp_2S1S_3G_mit_Produktion: Produktionskosten

Mit:

- PK_FabrProd = $D$210 = Summenprodukt von C_FabrProd und X_FabrProd

Produkt 1

	A	B	C	D	E
	Gesamtkoste... ▼		f_x =SUMME(D87:D89)		
85					
86	Gesamtkosten für Produkt 1				
87		von Fabrik zum Lager		5 €	
88		vom Lager zum Kunden		24 €	
89		von Fabrik zum Kunden		29 €	
90		Gesamt		**58 €**	
91					

Abbildung SCM_Transp_2S1S_3G_mit_Produktion: Gesamtkosten für Produkt 1

Mit:

- TK_1_FabrLag   = $D$87   Summenprodukt von C_1_FabrLag und X_1_FabrLag
- TK_1_LagKd   = $D$88   Summenprodukt von C_1_LagKd und X_1_LagKd
- TK_1_FabrKd   = $D$89   Summenprodukt von C_1_LagKd und X_1_LagKd
- Gesamtkosten_1 = $D$90   = TK_1_FabrLag + TK_1_LagKd + TK_1_FabrKd

Produkt 2

	A	B	C	D	E
	Gesamtkoste... ▼		f_x =SUMME(D145:D147)		
143					
144	Gesamtkosten für Produkt 2				
145		von Fabrik zum Lager		8 €	
146		vom Lager zum Kunden		25 €	
147		von Fabrik zum Kunden		25 €	
148		Gesamt		**58 €**	
149					

Abbildung SCM_Transp_2S1S_3G_mit_Produktion: Gesamtkosten für Produkt 2

Mit:

- TK_2_FabrLag   = $D$145   Summenprodukt von C_2_FabrLag und X_2_FabrLag
- TK_2_LagKd   = $D$146   Summenprodukt von C_2_LagKd und X_2_LagKd
- TK_2_FabrKd   = $D$147   Summenprodukt von C_2_LagKd und X_2_LagKd
- Gesamtkosten_2 = $D$148   = TK_2_FabrLag + TK_2_LagKd + TK_2_FabrKd

Produkt 3

	A	B	C	D	E
201					
202	**Gesamtkosten für Produkt 3**				
203		von Fabrik zum Lager		8 €	
204		vom Lager zum Kunden		25 €	
205		von Fabrik zum Kunden		26 €	
206		Gesamt		**59 €**	
207					

Zelle D206: fx =SUMME(D203:D205)

Abbildung SCM_Transp_2S1S_3G_mit_Produktion: Gesamtkosten für Produkt 3

Mit

- TK_3_FabrLag = $D$203   Summenprodukt von C_3_FabrLag und X_3_FabrLag
- TK_3_LagKd   = $D$204   Summenprodukt von C_3_LagKd und X_3_LagKd
- TK_3_FabrKd   = $D$205   Summenprodukt von C_3_LagKd und X_3_LagKd
- Gesamtkosten_3 = $D$206 = TK_3_FabrLag + TK_3_LagKd + TK_3_FabrKd

Jetzt werden die Gesamtkosten aller Produkte bestimmt.

	A	B	C	D	E	F	G	H
208								
209		*Zusammenfassung der Produktions- und gesamten Distributionskosten für alle Produkte*						
210		Produktionskosten		28 €				
211		von Fabrik zum Lager		21 €				
212		vom Lager zum Kunden		74 €				
213		von Fabrik zum Kunden		80 €				
214		**Gesamtkosten**		**202 €**				
215								

Zelle D214: fx =SUMME(D210:D213)

Abbildung SCM_Transp_2S1S_3G_mit_Produktion:
Eingabe der Formel für die Gesamtkosten aller Produkte

Mit:

- PK_FabrProd = $D$210 = Summenprodukt von C_FabrProd und X_FabrProd
- TK_FabrLag   = $D$211 = TK_1_FabrLag + TK_2_FabrLag + TK_3_FabrLag
- TK_LagKd   = $D$212 = TK_1_LagKd + TK_2_LagKd + TK_3_LagKd
- TK_FabrKd   = $D$213 = TK_1_FabrKd + TK_2_FabrKd + TK_3_FabrKd

- Gesamtkosten = $D$214   = PK_FabrProd + TK_FabrLag + TK_LagKd
                             + TK_FabrKd

Schritt 5: Eingabe des mathematischen Modells in den Solver

```
Mathematisches Modell

ProduktionsProblem
    Entscheidungsvariablen sind die zu produzierenden ME eines Produktes in einer Fabrik:
        X_FabrProd
        Diese Größe ist die vorgegebene Kapazität der Fabr in der jeweiligen Distribution eines Produktes.

DistributionsProblem
    Für jedes Produkt: i = 1, 2, 3
    Entscheidungsvariablen sind die zu transportierenden ME
        von den Fabriken zu den Kunden: X_i_FabrKd
        von den Fabriken zu den Lagern: X_i_FabrLag
        von den Lagern zu den Kunden: X_i_LagKd
    Nebenbedingungen:
        Ges4Fabr_i <= ProdKap_i
        Ges2Kd_i >= Bedarf_i
        Fabr2Lag_i <=LagKap_i
        Fabr2Lag_i = Kd4Lag_i
        X_i_FabrKd, X_i_FabrLag, X_i_LagKd >= 0

Zielfunktion:
    Die Gesamtkosten = C_FabrProd x X_FabrProd
        + C_1_FabrLag x X_1_FabrLag + C_1_LagKd x X_1_LagKd + C_1_FabrKd x X_1_FabrKd
        + C_2_FabrLag x X_2_FabrLag + C_2_LagKd x X_2_LagKd + C_2_FabrKd x X_2_FabrKd
        + C_3_FabrLag x X_3_FabrLag + C_3_LagKd x X_3_LagKd + C_3_FabrKd x X_3_FabrKd
    sind zu minimieren!

Anmerkung
    Die drei unabhängigen Transportprobleme werden über die Kosten verursachenden Produktionsmengen verknüpft.
```

Abbildung SCM_Transp_2S1S_3G_mit_Produktion:

Mathematisches Modell mit den verwendeten Bezeichnungen

Die Eingabe dieses Modells in den Solver ergibt:

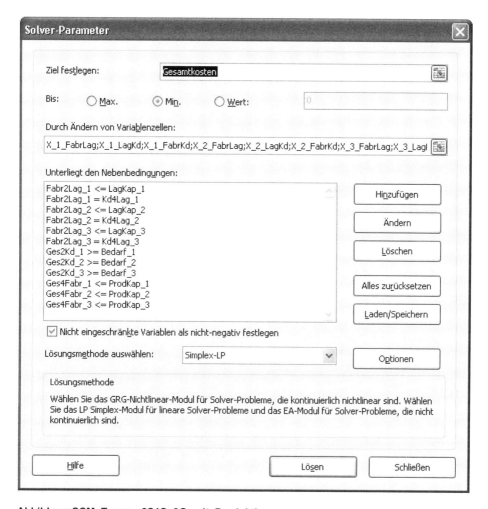

Abbildung SCM_Transp_2S1S_3G_mit_Produktion:
  Eingabe des Mathematischen Modells in den Solver

Das führt dann zu dem Ergebnis:

	A	B	C	D	E	F
24						
25	Produktionsprogramm in ME					
26						
27			Produkt_1	Produkt_2	Produkt_3	
28		Fabrik 1	0	87.000	108.000	
29		Fabrik 2	116.000	0	0	
30						
31	Produktionskosten					
32			991.000 €			
33						

Modellbasiertes Logistikmanagement

Transportmengen für Produkt 1

ME von Fabrik zum Lager

von/nach	Lager 1	Lager 2	Lager 3	Lager 4	Lag4Fabr_1
Fabrik 1	0	0	0	0	0
Fabrik 2	18.000	20.000	30.000	15.000	83.000
Fabr2Lag_1	18.000	20.000	30.000	15.000	

ME vom Lager zum Kunden

von/nach	Kunde 1	Kunde 2	Kunde 3	Kunde 4	Kunde 5	Kd4Lag_1
Lager 1	0	3.000	15.000	0	0	18.000
Lager 2	0	20.000	0	0	0	20.000
Lager 3	30.000	0	0	0	0	30.000
Lager 4	0	0	0	0	15.000	15.000
Lag2Kd	30.000	23.000	15.000	0	15.000	

ME von Fabrik zum Kunden

von/nach	Kunde 1	Kunde 2	Kunde 3	Kunde 4	Kunde 5	Kd4Fabr_1	Ges4Fabr_1
Fabrik 1	0	0	0	0	0	0	0
Fabrik 2	0	0	0	32.000	1.000	33.000	116.000
Fabr2Kd_1	0	0	0	32.000	1.000		
Ges2Kd_1	30.000	23.000	15.000	32.000	16.000		

Gesamtkosten für Produkt 1

von Fabrik zum Lager	51.000 €	
vom Lager zum Kunden	57.400 €	
von Fabrik zum Kunden	82.000 €	
Gesamt	**190.400 €**	

Transportmengen für Produkt 2

ME von Fabrik zum Lager

von/nach	Lager 1	Lager 2	Lager 3	Lager 4	Lag4Fabr_2
Fabrik 1	30.000	25.000	15.000	17.000	87.000
Fabrik 2	0	0	0	0	0
Fabr2Lag_2	30.000	25.000	15.000	17.000	

ME vom Lager zum Kunden

von/nach	Kunde 1	Kunde 2	Kunde 3	Kunde 4	Kunde 5	Kd4Lag_2
Lager 1	20.000	10.000	0	0	0	30.000
Lager 2	0	5.000	8.000	12.000	0	25.000
Lager 3	0	0	0	0	15.000	15.000
Lager 4	0	0	14.000	0	3.000	17.000
Lag2Kd_2	20.000	15.000	22.000	12.000	18.000	

ME von Fabrik zum Kunden

von/nach	Kunde 1	Kunde 2	Kunde 3	Kunde 4	Kunde 5	Kd2Fabr_2	Ges4Fabr_2
Fabrik 1	0	0	0	0	0	0	87.000
Fabrik 2	0	0	0	0	0	0	0
Fabr2Kd_2	0	0	0	0	0		
Ges2Kd_2	20.000	15.000	22.000	12.000	18.000		

Gesamtkosten für Produkt 2

von Fabrik zum Lager	88.750 €	
vom Lager zum Kunden	80.900 €	
von Fabrik zum Kunden	- €	
Gesamt	**169.650 €**	

Transportmengen von Produkt 3

ME von Fabrik zum Lager

von/nach	Lager 1	Lager 2	Lager 3	Lager 4	Lag4Fabr_2
Fabrik 1	20.000	20.000	25.000	20.000	85.000
Fabrik 2	0	0	0	0	0
Fabr2Lag_2	20.000	20.000	25.000	20.000	

ME vom Lager zum Kunden

von/nach	Kunde 1	Kunde 2	Kunde 3	Kunde 4	Kunde 5	Kd4Lag_3
Lager 1	0	20.000	0	0	0	20.000
Lager 2	20.000	0	0	0	0	20.000
Lager 3	5.000	2.000	0	0	18.000	25.000
Lager 4	0	0	0	20.000	0	20.000
Lag2Kd	25.000	22.000	0	20.000	18.000	

ME von Fabrik zum Kunden

von/nach	Kunde 1	Kunde 2	Kunde 3	Kunde 4	Kunde 5	Kd4Fabr_3	Ges4Fabr_3
Fabrik 1	0	0	16.000	0	7.000	23.000	108.000
Fabrik 2	0	0	0	0	0	0	0
Fabr2Kd_3	0	0	16.000	0	7.000		
Ges2Kd_3	25.000	22.000	16.000	20.000	25.000		

Gesamtkosten für Produkt 3

	von Fabrik zum Lager	81.000 €
	vom Lager zum Kunden	81.950 €
	von Fabrik zum Kunden	52.450 €
	Gesamt	**215.400 €**

Zusammenfassung der Produktions- und gesamten Distributionskosten für alle Produkte

	Produktionskosten	991.000 €
	von Fabrik zum Lager	220.750 €
	vom Lager zum Kunden	220.250 €
	von Fabrik zum Kunden	134.450 €
	Gesamtkosten	**1.566.450 €**

Abbildung SCM_Transp_2S1S_3G_mit_Produktion: Ausgabe der optimalen Lösung

5.9.3 Beispiel: SCM_Netz_3G_mit_Produktion

Problembeschreibung

Ein Unternehmen stellt drei Produkte in zwei Produktionsstätten her und hat vier Lagerhäuser. Es werden fünf Kunden entweder von den Lagern oder direkt von den Fabriken aus beliefert. Die Produktionskosten der einzelnen Produkte in den Produktionsstätten sind bekannt und unten angegeben. Die Kapazitäten der Lager sind beschränkt und die Kunden haben bestimmte Bedarfe. Im Lager sollen keine Bestände aufgebaut werden.

Die entsprechenden Daten zu den einzelnen Produkten sind in den Netzfluss-Matrizen unten beschrieben.

Frage 1:

Welche Gesamtkosten (Produktion+Distribution) entstehen, wenn man von den aufgeführten Produktionskapazitäten der Fabriken ausgeht und nur die Distribution optimiert?

Als Basis sind hier die Produktionskosten, das Produktionsprogramm und die Transportkostenmatrizen mit verschiedenen Parametern vorgegeben.

5 Erweiterte Modelle zur Transportoptimierung

Damit ergibt sich als zusammenfassende Problembeschreibung:

Produktion

Produktionskosten pro ME

pro [ME]	Produkt 1	Produkt 2	Produkt 3
Fabrik 1	4,00 €	5,00 €	3,00 €
Fabrik 2	2,00 €	8,00 €	6,00 €

Produktionsprogramm in ME

[ME]	Produkt 1	Produkt 2	Produkt 3
Fabrik 1	90.000	100.000	80.000
Fabrik 2	75.000	65.000	90.000

Distribution

Transportkosten für Produkt 1

LagKap_1			35.000	20.000	30.000	15.000						
von/nach	Fabrik 1	Fabrik 2	Lager 1	Lager 2	Lager 3	Lager 4	Kunde 1	Kunde 2	Kunde 3	Kunde 4	Kunde 5	Nachfrage_1
Fabrik 1			0,50 €	0,50 €	1,00 €	0,20 €	2,75 €	3,50 €	2,50 €	3,00 €	2,50 €	
Fabrik 2			1,50 €	0,30 €	0,50 €	0,20 €	3,50 €	3,50 €	3,50 €	2,50 €	2,00 €	
Lager 1							1,50 €	0,80 €	0,50 €	1,50 €	3,00 €	
Lager 2							1,00 €	0,50 €	0,50 €	1,00 €	0,50 €	
Lager 3							1,00 €	1,50 €	2,00 €	2,00 €	0,50 €	
Lager 4							2,50 €	1,50 €	0,00 €	1,50 €	0,50 €	
Kunde 1												30.000
Kunde 2												23.000
Kunde 3												15.000
Kunde 4												32.000
Kunde 5												16.000
Angebot_1	90.000	75.000										

Transportkosten für Produkt 2

LagKap_2			35.000	20.000	30.000	15.000						
von/nach	Fabrik 1	Fabrik 2	Lager 1	Lager 2	Lager 3	Lager 4	Kunde 1	Kunde 2	Kunde 3	Kunde 4	Kunde 5	Nachfrage_2
Fabrik 1			1,00 €	0,75 €	1,25 €	1,25 €	2,50 €	3,00 €	2,00 €	2,75 €	2,60 €	
Fabrik 2			1,25 €	0,80 €	1,00 €	0,75 €	2,25 €	2,95 €	2,20 €	2,50 €	2,10 €	
Lager 1							1,00 €	0,90 €	1,20 €	1,30 €	2,10 €	
Lager 2							1,25 €	1,00 €	1,00 €	0,90 €	1,50 €	
Lager 3							0,90 €	1,35 €	1,45 €	1,80 €	1,00 €	
Lager 4							1,75 €	1,30 €	0,70 €	1,25 €	1,10 €	
Kunde 1												20.000
Kunde 2												15.000
Kunde 3												22.000
Kunde 4												12.000
Kunde 5												18.000
Angebot_2	100.000	65.000										

Transportkosten für Produkt 3

LagKap_3			20.000	20.000	25.000	20.000						
von/nach	Fabrik 1	Fabrik 2	Lager 1	Lager 2	Lager 3	Lager 4	Kunde 1	Kunde 2	Kunde 3	Kunde 4	Kunde 5	Nachfrage_3
Fabrik 1			0,75 €	1,25 €	1,00 €	0,80 €	2,90 €	3,00 €	2,25 €	2,80 €	2,35 €	
Fabrik 2			1,40 €	0,90 €	0,95 €	1,10 €	2,45 €	2,75 €	2,35 €	2,85 €	2,45 €	
Lager 1							1,25 €	0,70 €	1,10 €	0,80 €	1,60 €	
Lager 2							1,10 €	1,10 €	0,90 €	1,40 €	1,75 €	
Lager 3							1,25 €	1,20 €	1,75 €	1,70 €	0,85 €	
Lager 4							1,50 €	1,10 €	1,50 €	1,10 €	0,90 €	
Kunde 1												25.000
Kunde 2												22.000
Kunde 3												16.000
Kunde 4												20.000
Kunde 5												25.000
Angebot_3	80.000	90.000										

Abbildung SCM_Netz_3G_mit_Produktion:
  Produktionskosten, Produktionsprogramm, Transportkosten und Parameter

Schritt 1: Eingabe der Bezeichnungen

Zur besseren Dokumentation unserer Modelle bezeichnen wir die wesentlichen Zellenbereiche:

Produktion

- C_FabrProd   =$C$25:$E$26   Produktionskosten für eine ME eines Produktes in einer Fabrik
- X_FabrProd   =$C$31:$E$32   Produktionsmengen eines Produktes in einer Fabrik

Produkt 1

- C_1_VersEmpf =$C$41:$M$51   Transportkosten der Verbindungen, falls nicht leer
- Angebot_1   =$C$52:$M$52   Angebot_1_Fabr = X_FabrProdukt_1, also in den Fabrik-Spalten die Produktionsmenge der Fabrik d. h. **in den Fabrik-Spalten von Angebot_1 die Menge von Produkt 1 der jeweiligen Fabrik**
- Nachfrage_1 =$N$41:$N$51   Nachfrage des Empfängers, falls nicht leer
- LagKap_1   = $C$39:$M$39 Lager-Umschlagskapazität, falls nicht leer

Produkt 2

- C_2_VersEmpf = $C$58:$M$68 Transportkosten der Verbindungen, falls nicht leer
- Angebot_2   = $C$69:$M$69 Angebot_2_Fabr = X_FabrProdukt_2, also in den Fabrik-Spalten die Produktionsmenge der Fabrik d. h. **in den Fabrik-Spalten von Angebot_2 die Menge von Produkt 2 der jeweiligen Fabrik**
- Nachfrage_2 = $N$58:$N$68 Nachfrage des Empfängers, falls nicht leer
- LagKap_2   = $C$56:$M$56 Lager-Umschlagskapazität, falls nicht leer

Produkt 3

- C_3_VersEmpf = $C$75:$M$85 Transportkosten der Verbindungen, falls nicht leer
- Angebot_3 = $C$86:$M$86 Angebot_3_Fabr = X_FabrProdukt_3, also in den Fabrik-Spalten die Produktionsmenge der Fabrik d. h. **in den Fabrik-Spalten von Angebot_3 die Menge von Produkt 3 der jeweiligen Fabrik**
- Nachfrage_3 = $N$74:$N$85 Nachfrage des Empfängers, falls nicht leer
- LagKap_3 = $C$73:$M$73 Lager-Umschlagskapazität, falls nicht leer

Schritt 2: Aufbau der Boundmatrix

Wir fügen BigNumber ein, kopieren den Zellenbereich der Kostenmatrix spaltenkonform nach unten und ändern ihn gemäß der folgenden Abbildung ab.

BigNumber 999.999

Boundmatrix für Produkt 1

Ukap_1	999.999	999.999	35.000	20.000	30.000	15.000	999.999	999.999	999.999	999.999	999.999	
von/nach	Fabrik 1	Fabrik 2	Lager 1	Lager 2	Lager 3	Lager 4	Kunde 1	Kunde 2	Kunde 3	Kunde 4	Kunde 5	**PrimNachfr_1**
Fabrik 1	0	0	999999	999999	999999	999999	999999	999999	999999	999999	999999	0
Fabrik 2	0	0	999999	999999	999999	999999	999999	999999	999999	999999	999999	0
Lager 1	0	0	0	0	0	0	999999	999999	999999	999999	999999	0
Lager 2	0	0	0	0	0	0	999999	999999	999999	999999	999999	0
Lager 3	0	0	0	0	0	0	999999	999999	999999	999999	999999	0
Lager 4	0	0	0	0	0	0	999999	999999	999999	999999	999999	0
Kunde 1	0	0	0	0	0	0	0	0	0	0	0	30.000
Kunde 2	0	0	0	0	0	0	0	0	0	0	0	23.000
Kunde 3	0	0	0	0	0	0	0	0	0	0	0	15.000
Kunde 4	0	0	0	0	0	0	0	0	0	0	0	32.000
Kunde 5	0	0	0	0	0	0	0	0	0	0	0	16.000
PrimAngeb_1	90.000	75.000	0	0	0	0	0	0	0	0	0	

Boundmatrix für Produkt 2

Ukap_2	999.999	999.999	35.000	20.000	30.000	15.000	999.999	999.999	999.999	999.999	999.999	
von/nach	Fabrik 1	Fabrik 2	Lager 1	Lager 2	Lager 3	Lager 4	Kunde 1	Kunde 2	Kunde 3	Kunde 4	Kunde 5	**PrimNachfr_2**
Fabrik 1	0	0	999999	999999	999999	999999	999999	999999	999999	999999	999999	0
Fabrik 2	0	0	999999	999999	999999	999999	999999	999999	999999	999999	999999	0
Lager 1	0	0	0	0	0	0	999999	999999	999999	999999	999999	0
Lager 2	0	0	0	0	0	0	999999	999999	999999	999999	999999	0
Lager 3	0	0	0	0	0	0	999999	999999	999999	999999	999999	0
Lager 4	0	0	0	0	0	0	999999	999999	999999	999999	999999	0
Kunde 1	0	0	0	0	0	0	0	0	0	0	0	20.000
Kunde 2	0	0	0	0	0	0	0	0	0	0	0	15.000
Kunde 3	0	0	0	0	0	0	0	0	0	0	0	22.000
Kunde 4	0	0	0	0	0	0	0	0	0	0	0	12.000
Kunde 5	0	0	0	0	0	0	0	0	0	0	0	18.000
PrimAngeb_2	100.000	65.000	0	0	0	0	0	0	0	0	0	

Boundmatrix für Produkt 3

Ukap_3	999.999	999.999	20.000	20.000	25.000	20.000	999.999	999.999	999.999	999.999	999.999	
von/nach	Fabrik 1	Fabrik 2	Lager 1	Lager 2	Lager 3	Lager 4	Kunde 1	Kunde 2	Kunde 3	Kunde 4	Kunde 5	**PrimNachfr_3**
Fabrik 1	0	0	999999	999999	999999	999999	999999	999999	999999	999999	999999	0
Fabrik 2	0	0	999999	999999	999999	999999	999999	999999	999999	999999	999999	0
Lager 1	0	0	0	0	0	0	999999	999999	999999	999999	999999	0
Lager 2	0	0	0	0	0	0	999999	999999	999999	999999	999999	0
Lager 3	0	0	0	0	0	0	999999	999999	999999	999999	999999	0
Lager 4	0	0	0	0	0	0	999999	999999	999999	999999	999999	0
Kunde 1	0	0	0	0	0	0	0	0	0	0	0	25.000
Kunde 2	0	0	0	0	0	0	0	0	0	0	0	22.000
Kunde 3	0	0	0	0	0	0	0	0	0	0	0	16.000
Kunde 4	0	0	0	0	0	0	0	0	0	0	0	20.000
Kunde 5	0	0	0	0	0	0	0	0	0	0	0	25.000
PrimAngeb_3	80.000	90.000	0	0	0	0	0	0	0	0	0	

Abbildung SCM_Netz_3G_mit_Produktion: Boundmatrizen und BigNumber

Mit:

- BigNumber = $C$88 Große Zahl

Produkt 1

- UB_1_VersEmpf = $C$95:$M$105 = Große Zahl, wenn Verbindung möglich ist

  = 0, wenn keine Verbindung möglich ist

- PrimAngeb_1 = $C$106:$M$106 = Angebot, falls Versender anbietet, sonst 0

- PrimNachfr_1 = $N$95:$N$105 = Nachfrage, falls Empfänger nachfragt, sonst 0

- Ukap_1 = $C$93:$M$93 = Lager-Umschlagskapazität für den Güterempfang, falls eine maximale Kapazität vorgegeben ist, sonst Große Zahl, d. h. keine Einschränkung

Produkt 2

- UB_2_VersEmpf = $C$112:$M$122 = Große Zahl, wenn Verbindung möglich ist

  = 0, wenn keine Verbindung möglich ist

- PrimAngeb_2 = $C$123:$M$123 = Angebot, falls Versender anbietet, sonst 0

- PrimNachfr_2 = $N$112:$N$122 = Nachfrage, falls Empfänger nachfragt, sonst 0

- Ukap_2 = $C$110:$M$110 = Lager-Umschlagskapazität für den Güterempfang, falls eine maximale Kapazität vorgegeben ist, sonst Große Zahl, d. h. keine Einschränkung

Produkt 3

- UB_3_VersEmpf = $C$129:$M$139 = Große Zahl, wenn Verbindung möglich ist,
  = 0, wenn keine Verbindung möglich ist
- PrimAngeb_3 = $C$140:$M$140 = Angebot, falls Versender anbietet, sonst 0
- PrimNachfr_3 = $N$129:$N$139 = Nachfrage, falls Empfänger nachfragt, sonst 0
- Ukap_3 = $C$127:$M$127 = Lager-Umschlagskapazität für den Güterempfang, falls eine maximale Kapazität vorgegeben ist, sonst Große Zahl, d. h. keine Einschränkung

Schritt 3: Aufbau der Transportmengenmatrix

Wir kopieren die Zellenbereiche der Kostenmatrizen spaltenkonform nach unten und ändern diese gemäß der folgenden Abbildung ab.

Abbildung SCM_Netz_3G_mit_Produktion: Transportmengenmatrizen mit Vorgabewert 1

Mit:

Produkt 1

- X_1_VersEmpf = $C$146:$M$156   Transportmengen vom Versender zum Empfänger
- SekAngeb_1 = $C$157:$M$157   Spaltensumme von X_1_VersEmpf
- GesAngeb_1 = $C$158:$M$158   = PrimAngeb_1 + SekAngebot_1

- SekNachfr_1 = $N$146:$N$156   Zeilensumme von X_1_VersEmpf
- GesNachfr_1 = $O$146:$O$156   = PrimNachfr_1 + SekNachfr_1

Produkt 2

- X_2_VersEmpf = $C$163:$M$173   Transportmengen vom Versender zum Empfänger
- SekAngeb_2 = $C$174:$M$174   Spaltensumme von X_2_VersEmpf
- GesAngeb_2 = $C$175:$M$175   = PrimAngeb_2 + SekAngebot_2

- SekNachfr_2 = $N$163:$N$173   Zeilensumme von X_2_VersEmpf
- GesNachfr_2 = $O$163:$O$173   = PrimNachfr_2 + SekNachfr_2

Produkt 3

- X_3_VersEmpf = $C$180:$M$190   Transportmengen vom Versender zum Empfänger
- SekAngeb_3 = $C$191:$M$191   Spaltensumme von X_2_VersEmpf
- GesAngeb_3 = $C$192:$M$192   = PrimAngeb_2 + SekAngebot_2

- SekNachfr_3 = $N$180:$N$190   Zeilensumme von X_3_VersEmpf
- GesNachfr_3 = $O$180:$O$190   = PrimNachfr_3 + SekNachfr_3

Schritt 4: Bestimmung der Gesamtkosten

Gesamtkosten		fx	=SUMME(D197:D200)	
A	B	C	D	E
194				
195	***Produktions- und Distributionskosten für alle Produkte***			
196				
197	Produktion		2.310.000 €	
198	Distribution	Prod1	58 €	
199		Prod2	58 €	
200		Prod3	59 €	
201	Gesamt		**2.310.174 €**	
202				

Abbildung SCM_Netz_3G_mit_Produktion: Eingabe der Formel für die Gesamtkosten

Mit:

- PK_FabrProd = $D$197   Summenprodukt von C_FabrProd und X_FabrProd

- TK_1 = $D$198   Summenprodukt: von C_1_VersEmpf und X_1_VersEmpf

- TK_2 = $D$199   Summenprodukt von C_2_VersEmpf und X_2_VersEmpf

- TK_3 = $D$200   Summenprodukt von C_3_VersEmpf und X_3_VersEmpf

- Gesamtkosten = $D$201   = PK_FabrProd + TK_1 + TK_2 + TK_3

Schritt 5: Eingabe des mathematischen Modells in den Solver

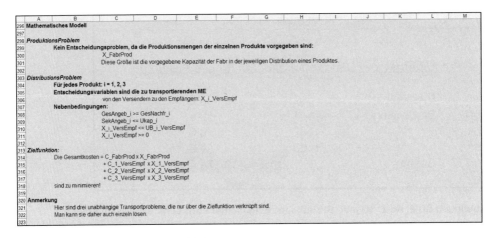

Abbildung SCM_Netz_3G_mit_Produktion:

Mathematisches Modell mit den verwendeten Bezeichnungen

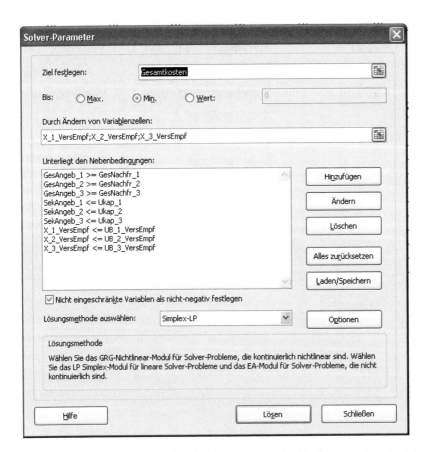

Abbildung SCM_Netz_3G_mit_Produktion: Eingabe des Mathematischen Modells in den Solver

5 Erweiterte Modelle zur Transportoptimierung

Das führt dann zu dem Ergebnis:

Transportmengen für Produkt 1

von/nach	Fabrik 1	Fabrik 2	Lager 1	Lager 2	Lager 3	Lager 4	Kunde 1	Kunde 2	Kunde 3	Kunde 4	Kunde 5	SekNachfr_1	GesNachfr_1
Fabrik 1			35000	0	0	6000	0	0	0	0	0	41.000	41.000
Fabrik 2			0	20000	30000	9000	0	0	0	15000	1000	75.000	75.000
Lager 1	0	0					0	20000	15000	0	0	35.000	35.000
Lager 2	0	0					0	3000	0	17000	0	20.000	20.000
Lager 3	0	0					30000	0	0	0	0	30.000	30.000
Lager 4	0	0					0	0	0	0	15000	15.000	15.000
Kunde 1	0	0	0	0	0	0						0	30.000
Kunde 2	0	0	0	0	0	0						0	23.000
Kunde 3	0	0	0	0	0	0						0	15.000
Kunde 4	0	0	0	0	0	0						0	32.000
Kunde 5	0	0	0	0	0	0						0	16.000
SekAngeb_1	0	0	35.000	20.000	30.000	15.000	30.000	23.000	15.000	32.000	16.000		
GesAngeb_1	90.000	75.000	35.000	20.000	30.000	15.000	30.000	23.000	15.000	32.000	16.000		

Transportmengen für Produkt 2

von/nach	Fabrik 1	Fabrik 2	Lager 1	Lager 2	Lager 3	Lager 4	Kunde 1	Kunde 2	Kunde 3	Kunde 4	Kunde 5	SekNachfr_2	GesNachfr_2
Fabrik 1			22000	20000	0	0	0	0	0	0	0	42.000	42.000
Fabrik 2			0	0	30000	15000	0	0	0	0	0	45.000	45.000
Lager 1	0	0					8000	14000	0	0	0	22.000	22.000
Lager 2	0	0					0	1000	7000	12000	0	20.000	20.000
Lager 3	0	0					12000	0	0	0	18000	30.000	30.000
Lager 4	0	0					0	0	15000	0	0	15.000	15.000
Kunde 1	0	0	0	0	0	0						0	20.000
Kunde 2	0	0	0	0	0	0						0	15.000
Kunde 3	0	0	0	0	0	0						0	22.000
Kunde 4	0	0	0	0	0	0						0	12.000
Kunde 5	0	0	0	0	0	0						0	18.000
SekAngeb_2	0	0	22.000	20.000	30.000	15.000	20.000	15.000	22.000	12.000	18.000		
GesAngeb_2	100.000	65.000	22.000	20.000	30.000	15.000	20.000	15.000	22.000	12.000	18.000		

Transportmengen für Produkt 3

von/nach	Fabrik 1	Fabrik 2	Lager 1	Lager 2	Lager 3	Lager 4	Kunde 1	Kunde 2	Kunde 3	Kunde 4	Kunde 5	SekNachfr_3	GesNachfr_3
Fabrik 1			20000	0	0	20000	0	0	16000	0	0	56.000	56.000
Fabrik 2			0	20000	25000	0	7000	0	0	0	0	52.000	52.000
Lager 1	0	0					0	20000	0	0	0	20.000	20.000
Lager 2	0	0					18000	2000	0	0	0	20.000	20.000
Lager 3	0	0					0	0	0	0	25000	25.000	25.000
Lager 4	0	0					0	0	0	20000	0	20.000	20.000
Kunde 1	0	0	0	0	0	0						0	25.000
Kunde 2	0	0	0	0	0	0						0	22.000
Kunde 3	0	0	0	0	0	0						0	16.000
Kunde 4	0	0	0	0	0	0						0	20.000
Kunde 5	0	0	0	0	0	0						0	25.000
SekAngeb_3	0	0	20.000	20.000	25.000	20.000	25.000	22.000	16.000	20.000	25.000		
GesAngeb_3	80.000	90.000	20.000	20.000	25.000	20.000	25.000	22.000	16.000	20.000	25.000		

Abbildung SCM_Netz_3G_mit_Produktion: Ausgabe der optimalen Lösung

Frage 2:

Wie viele Mengeneinheiten der einzelnen Güter sollten in welcher Fabrik produziert werden, so dass die Gesamtkosten aus Produktion und Distribution minimal sind?

Die Schritte 1 bis 4 entsprechen Frage 1.

Schritt 5: Eingabe des mathematischen Modells in den Solver

Mathematisches Modell

ProduktionsProblem
    Entscheidungsvariablen sind die zu produzierenden ME eines Produktes in einer Fabrik:
        X_FabrProd
        Diese Größe ist die vorgegebene Kapazität der Fabr in der jeweiligen Distribution eines Produktes.
    Nebenbedingungen:
        X_FabrProd >= 0

DistributionsProblem
    Für jedes Produkt: i = 1, 2, 3
    Entscheidungsvariablen sind die zu transportierenden ME
        von den Versendern zu den Empfängern: X_i_VersEmpf
    Nebenbedingungen:
        GesAngeb_i >= GesNachfr_i
        SekAngeb_i <= Ukap_i
        X_i_VersEmpf <= UB_i_VersEmpf
        X_i_VersEmpf >= 0

Zielfunktion:
    Die Gesamtkosten = C_FabrProd x X_FabrProd
        + C_1_VersEmpf x X_1_VersEmpf
        + C_2_VersEmpf x X_2_VersEmpf
        + C_3_VersEmpf x X_3_VersEmpf
    sind zu minimieren!

Anmerkung
    Die Angebote der Distribution der einzelnen Produkte sind nun die entsprechenden Outputs der Produktion.

Abbildung SCM_Netz_3G_mit_Produktion:
    Mathematisches Modell mit den verwendeten Bezeichnungen

Die Eingabe dieses Modells in den Solver ergibt:

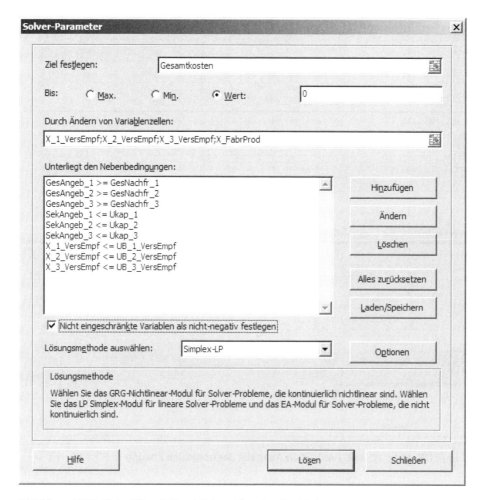

Abbildung SCM_Netz_3G_mit_Produktion: Eingabe des Mathematischen Modells in den Solver

Das führt dann zu dem Ergebnis:

	A	B	C	D	E	F
29						
30		[ME]	Produkt 1	Produkt 2	Produkt 3	
31		Fabrik 1	0	87.000	108.000	
32		Fabrik 2	116.000	0	0	
33						

Modellbasiertes Logistikmanagement

Transportmengen für Produkt 1

von/nach	Fabrik 1	Fabrik 2	Lager 1	Lager 2	Lager 3	Lager 4	Kunde 1	Kunde 2	Kunde 3	Kunde 4	Kunde 5	SekNachfr_1	GesNachfr_1
Fabrik 1		0	0	0	0	0	0	0	0	0	0	0	0
Fabrik 2	0		18000	20000	30000	15000	0	0	0	32000	1000	116.000	116.000
Lager 1	0	0					0	3000	15000	0	0	18.000	18.000
Lager 2	0	0					0	20000	0	0	0	20.000	20.000
Lager 3	0	0					30000	0	0	0	0	30.000	30.000
Lager 4	0	0					0	0	0	0	15000	15.000	15.000
Kunde 1	0	0	0	0	0	0						0	30.000
Kunde 2	0	0	0	0	0	0						0	23.000
Kunde 3	0	0	0	0	0	0						0	15.000
Kunde 4	0	0	0	0	0	0						0	32.000
Kunde 5	0	0	0	0	0	0						0	16.000
SekAngeb_1	0	0	18.000	20.000	30.000	15.000	30.000	23.000	15.000	32.000	16.000		
GesAngeb_1	0	116.000	18.000	20.000	30.000	15.000	30.000	23.000	15.000	32.000	16.000		

Transportmengen für Produkt 2

von/nach	Fabrik 1	Fabrik 2	Lager 1	Lager 2	Lager 3	Lager 4	Kunde 1	Kunde 2	Kunde 3	Kunde 4	Kunde 5	SekNachfr_2	GesNachfr_2
Fabrik 1		0	35000	20000	18000	14000	0	0	0	0	0	87.000	87.000
Fabrik 2	0		0	0	0	0	0	0	0	0	0	0	0
Lager 1	0	0					20000	15000	0	0	0	35.000	35.000
Lager 2	0	0					0	0	8000	12000	0	20.000	20.000
Lager 3	0	0					0	0	0	0	18000	18.000	18.000
Lager 4	0	0					0	0	14000	0	0	14.000	14.000
Kunde 1	0	0	0	0	0	0						0	20.000
Kunde 2	0	0	0	0	0	0						0	15.000
Kunde 3	0	0	0	0	0	0						0	22.000
Kunde 4	0	0	0	0	0	0						0	12.000
Kunde 5	0	0	0	0	0	0						0	18.000
SekAngeb_2	0	0	35.000	20.000	18.000	14.000	20.000	15.000	22.000	12.000	18.000		
GesAngeb_2	87.000	0	35.000	20.000	18.000	14.000	20.000	15.000	22.000	12.000	18.000		

Transportmengen für Produkt 3

von/nach	Fabrik 1	Fabrik 2	Lager 1	Lager 2	Lager 3	Lager 4	Kunde 1	Kunde 2	Kunde 3	Kunde 4	Kunde 5	SekNachfr_3	GesNachfr_3
Fabrik 1		0	20000	20000	25000	20000	0	0	16000	0	7000	108.000	108.000
Fabrik 2	0		0	0	0	0	0	0	0	0	0	0	0
Lager 1	0	0					0	20000	0	0	0	20.000	20.000
Lager 2	0	0					20000	0	0	0	0	20.000	20.000
Lager 3	0	0					5000	2000	0	0	18000	25.000	25.000
Lager 4	0	0					0	0	0	20000	0	20.000	20.000
Kunde 1	0	0	0	0	0	0						0	25.000
Kunde 2	0	0	0	0	0	0						0	22.000
Kunde 3	0	0	0	0	0	0						0	16.000
Kunde 4	0	0	0	0	0	0						0	20.000
Kunde 5	0	0	0	0	0	0						0	25.000
SekAngeb_3	0	0	20.000	20.000	25.000	20.000	25.000	22.000	16.000	20.000	25.000		
GesAngeb_3	108.000	0	20.000	20.000	25.000	20.000	25.000	22.000	10.000	20.000	25.000		

Produktions- und Distributionskosten für alle Produkte

Produktion		991.000 €
Distribution	Prod1	190.400 €
	Prod2	170.100 €
	Prod3	215.400 €
Gesamt		1.566.900 €

Abbildung SCM_Netz_3G_mit_Produktion: Ausgabe der optimalen Lösung

Frage 3:

Wie viele Mengeneinheiten der einzelnen Güter sollen in welcher Fabrik produziert werden und wie zu den Kunden transportiert werden, so dass die gesamten Produktions- und Transportkosten minimal sind, wenn in Fabrik 2 maximal 80.000 ME von Produkt 1 produziert werden können?

Die Schritte 1 bis 4 verlaufen wieder wie bei Frage 1.

Wir fügen nun nur noch die maximale Kapazität der Fabrik 2 in eine separate Zelle ein.

5 Erweiterte Modelle zur Transportoptimierung

	A	B	C	D	E	F	G	H	I
19									
20		*Produktion*							
21									
22		Produktionskosten pro ME							
23									
24		pro [ME]	Produkt 1	Produkt 2	Produkt 3				
25		Fabrik 1	4,00 €	5,00 €	3,00 €				
26		Fabrik 2	2,00 €	8,00 €	6,00 €				
27									
28		Produktionsprogramm in ME							
29									
30		[ME]	Produkt 1	Produkt 2	Produkt 3				
31		Fabrik 1	36.000	87.000	108.000				
32		Fabrik 2	80.000	0	0		MaxKapazität	80.000	
33									

Abbildung SCM_Netz_3G_mit_Produktion: Restriktion MaxKapazität

Dann benennen wir die Zellen der Fabrik 1 und MaxKapazität mit:

- X_Fabrik2Produkt1 =$C$32
- MaxKapazität_Fabrik2Produkt1 =$H$32

Schritt 5: Eingabe des mathematischen Modells in den Solver

	A	B	C	D	E	F	G	H	I	J
298	**Mathematisches Modell**									
299										
300	*ProduktionsProblem*									
301		Entscheidungsvariablen sind die zu produzierenden ME eines Produktes in einer Fabrik:								
302			X_FabrProd							
303			Diese Größe ist die vorgegebene Kapazität der Fabr in der jeweiligen Distribution eines Produktes.							
304		Nebenbedingungen:								
305			X_FabrProd >= 0							
306			X_Fabrik2Produkt1 <= MaxKapazität_Fabrik2Produkt1							
307	*DistributionsProblem*									
308		Für jedes Produkt: i = 1, 2, 3								
309		Entscheidungsvariablen sind die zu transportierenden ME								
310			von den Versendern zu den Empfängern: X_i_VersEmpf							
311		Nebenbedingungen:								
312			GesAngeb_i >= GesNachfr_i							
313			SekAngeb_i <= Ukap_i							
314			X_i_VersEmpf <= UB_i_VersEmpf							
315			X_i_VersEmpf >= 0							
316										
317	*Zielfunktion:*									
318			Die Gesamtkosten = C_FabrProd x X_FabrProd							
319			+ C_1_VersEmpf x X_1_VersEmpf							
320			+ C_2_VersEmpf x X_2_VersEmpf							
321			+ C_3_VersEmpf x X_3_VersEmpf							
322		sind zu minimieren!								
323										
324	**Anmerkung**									
325		Die Angebote der Distribution der einzelnen Produkte sind nun die entsprechenden Outputs der Produktion.								
326										

Abbildung SCM_Netz_3G_mit_Produktion:
    Mathematisches Modell mit den verwendeten Bezeichnungen

Die Eingabe dieses Modells in den Premium Solver ergibt (neben der Nichtnegativitätsbedingung):

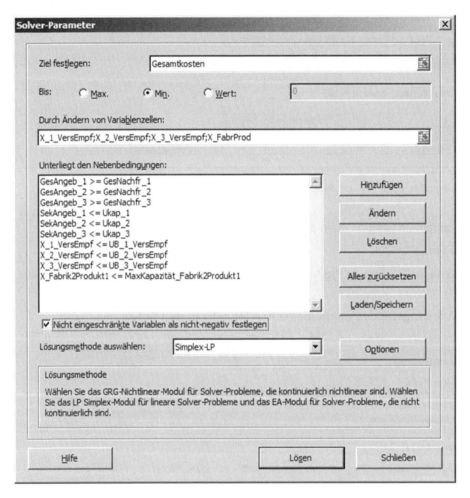

Abbildung SCM_Netz_3G_mit_Produktion: Eingabe des Mathematischen Modells in den Solver

Das führt dann zu dem Ergebnis:

	A	B	C	D	E	F
27						
28		**Produktionsprogramm in ME**				
29						
30		[ME]	Produkt 1	Produkt 2	Produkt 3	
31		Fabrik 1	36.000	87.000	108.000	
32		Fabrik 2	80.000	0	0	
33						

5 Erweiterte Modelle zur Transportoptimierung

Transportmengen für Produkt 1

von/nach	Fabrik 1	Fabrik 2	Lager 1	Lager 2	Lager 3	Lager 4	Kunde 1	Kunde 2	Kunde 3	Kunde 4	Kunde 5	SekNachfr_1	GesNachfr_1
Fabrik 1	0	0	35000	0	0	1000	0	0	0	0	0	36.000	36.000
Fabrik 2	0	0	0	20000	30000	14000	0	0	0	16000	0	80.000	80.000
Lager 1	0	0	0	0	0	0	0	20000	15000	0	0	35.000	35.000
Lager 2	0	0	0	0	0	0	1000	3000	0	16000	0	20.000	20.000
Lager 3	0	0	0	0	0	0	29000	0	0	0	1000	30.000	30.000
Lager 4	0	0	0	0	0	0	0	0	0	0	15000	15.000	15.000
Kunde 1	0	0	0	0	0	0	0	0	0	0	0	0	30.000
Kunde 2	0	0	0	0	0	0	0	0	0	0	0	0	23.000
Kunde 3	0	0	0	0	0	0	0	0	0	0	0	0	15.000
Kunde 4	0	0	0	0	0	0	0	0	0	0	0	0	32.000
Kunde 5	0	0	0	0	0	0	0	0	0	0	0	0	16.000
SekAngeb	0	0	35.000	20.000	30.000	15.000	30.000	23.000	15.000	32.000	16.000		
GesAngeb	36.000	80.000	35.000	20.000	30.000	15.000	30.000	23.000	15.000	32.000	16.000		

Transportmengen für Produkt 2

von/nach	Fabrik 1	Fabrik 2	Lager 1	Lager 2	Lager 3	Lager 4	Kunde 1	Kunde 2	Kunde 3	Kunde 4	Kunde 5	SekNachfr_2	GesNachfr_2
Fabrik 1	0	0	35000	20000	18000	14000	0	0	0	0	0	87.000	87.000
Fabrik 2	0	0	0	0	0	0	0	0	0	0	0	0	0
Lager 1	0	0	0	0	0	0	20000	15000	0	0	0	35.000	35.000
Lager 2	0	0	0	0	0	0	0	0	8000	12000	0	20.000	20.000
Lager 3	0	0	0	0	0	0	0	0	0	0	18000	18.000	18.000
Lager 4	0	0	0	0	0	0	0	0	14000	0	0	14.000	14.000
Kunde 1	0	0	0	0	0	0	0	0	0	0	0	0	20.000
Kunde 2	0	0	0	0	0	0	0	0	0	0	0	0	15.000
Kunde 3	0	0	0	0	0	0	0	0	0	0	0	0	22.000
Kunde 4	0	0	0	0	0	0	0	0	0	0	0	0	12.000
Kunde 5	0	0	0	0	0	0	0	0	0	0	0	0	18.000
SekAngeb	0	0	35.000	20.000	18.000	14.000	20.000	15.000	22.000	12.000	18.000		
GesAngeb	87.000	0	35.000	20.000	18.000	14.000	20.000	15.000	22.000	12.000	18.000		

Transportmengen für Produkt 3

von/nach	Fabrik 1	Fabrik 2	Lager 1	Lager 2	Lager 3	Lager 4	Kunde 1	Kunde 2	Kunde 3	Kunde 4	Kunde 5	SekNachfr_3	GesNachfr_3
Fabrik 1	0	0	20000	20000	25000	20000	0	0	16000	0	7000	108.000	108.000
Fabrik 2	0	0	0	0	0	0	0	0	0	0	0	0	0
Lager 1	0	0	0	0	0	0	0	20000	0	0	0	20.000	20.000
Lager 2	0	0	0	0	0	0	20000	0	0	0	0	20.000	20.000
Lager 3	0	0	0	0	0	0	5000	2000	0	0	18000	25.000	25.000
Lager 4	0	0	0	0	0	0	0	0	0	20000	0	20.000	20.000
Kunde 1	0	0	0	0	0	0	0	0	0	0	0	0	25.000
Kunde 2	0	0	0	0	0	0	0	0	0	0	0	0	22.000
Kunde 3	0	0	0	0	0	0	0	0	0	0	0	0	16.000
Kunde 4	0	0	0	0	0	0	0	0	0	0	0	0	20.000
Kunde 5	0	0	0	0	0	0	0	0	0	0	0	0	25.000
SekAngeb	0	0	20.000	20.000	25.000	20.000	25.000	22.000	16.000	20.000	25.000		
GesAngeb	108.000	0	20.000	20.000	25.000	20.000	25.000	22.000	16.000	20.000	25.000		

Produktions- und Distributionskosten für alle Produkte

Produktion		1.063.000 €
Distribution	Prod1	160.500 €
	Prod2	170.100 €
	Prod3	215.400 €
Gesamt		**1.609.000 €**

Abbildung SCM_Netz_3G_mit_Produktion: Ausgabe der optimalen Lösung

6 Modelle zur Zuordnungsoptimierung

6.1 Das Klassische Zuordnungsmodell

6.1.1 Ökonomische Problembeschreibung

Gegeben seien zwei gleich große Mengen von Objekten (Personen, Fahrzeuge) und Funktionen (Jobs, Fahrten). Die Eignung jedes Objektes für jede Funktion sei durch eine Bewertung bekannt. Je höher die Bewertung dabei ist, umso besser ist die Eignung. Gesucht wird eine Zuordnung, deren Summe der Bewertungen maximal ist.

Beispiele für Zuordnungen:

- Personen -> Jobs
- Personen/Crews -> Arbeitsschichten/Fahrpläne
- Flugzeugcrews -> Flugzeuge
- Fahrer -> Fahrzeuge
- Männer -> Frauen (Heiratsproblem)

6.1.2 Mathematische Formulierung des Problems

Gegeben seien zwei Mengen mit jeweils n Elementen

- $S = \{S_1, S_2, ..., S_n\}$ eine Menge von Objekten,
- $T = \{T_1, T_2, ..., T_n\}$ eine Menge von Funktionen sowie
- eine Bewertung c_{ij} von jedem Objekt i hinsichtlich jeder Funktion j.

Gesucht ist eine Zuordnung der Objekte auf die Funktionen, so dass die Gesamtsumme der Bewertungen maximal ist.

6.1.3 Mathematisches Modell

Indices:

$i = 1, \ldots, n$ Objekte

$j = 1, \ldots, n$ Funktionen

Gegebene Daten:

c_{ij} Bewertung der Zuordnung von S_i auf T_j

Entscheidungsvariablen:

$x_{ij} = 1$ falls Objekt S_i der Funktion T_j zugeordnet wird,

$x_{ij} = 0$ sonst.

Zielfunktion:

(ZF) $\sum_{i=1}^{n} \sum_{j=1}^{n} c_{ij} x_{ij} \to \max!$ Maximiere die gesamte Zuordnungsbewertung!

Restriktionen (Nebenbedingungen)

(1) $\sum_{j=1}^{n} x_{ij} = 1$ für $i = 1, \ldots, n$

Jedes Objekt i wird genau einer Funktion j zugeordnet.

(2) $\sum_{i=1}^{n} x_{ij} = 1$ für $j = 1, \ldots, n$

Jede Funktion j gehört zu genau einem Objekt i.

(B) $x_{ij} \in \{0,1\}$ für alle $i = 1, \ldots, n$; $j = 1, \ldots, n$

Binärvariable

(NN) $x_{ij} \geq 0$ für alle $i = 1, \ldots, n$; $j = 1, \ldots, n$

Es werden nur nicht negative Mengen transportiert.

6.1.4 Das Klassische Zuordnungsmodell als Transportmodell

Das klassische Zuordnungsproblem ist ein Spezialfall des klassischen Transportproblems, bei dem m = n ist sowie alle Angebote a_i und Bedarfe b_j gleich 1 sind.

6.1.5 Beschränkung auf die Nichtnegativitätsbedingung

Es lässt sich mathematisch zeigen, dass alle Eckpunkte des zulässigen Lösungsbereiches von (1) und (2) nur binäre Komponenten haben. Damit lässt sich (B) durch (NN) abschwächen.

6.2 Beispiele zum Klassischen Zuordnungsmodell

6.2.1 Zuord_n2n

Problembeschreibung

Gegeben seien gleich viele Mitarbeiter und Einsatzjobs (hier: Vertriebsgebiete). Für jeden Mitarbeiter sei die Qualifikation für jeden der möglichen Jobs bekannt.

Welcher Mitarbeiter soll welchen Job erhalten, so dass die gesamte Qualifikation maximal wird und jeder Mitarbeiter genau einmal eingesetzt wird?

Die Qualifikationsmatrix wird vorgegeben.
Damit ergibt sich als zusammenfassende Problembeschreibung:

	A	B	C	D	E	F	G	H	I	J
12										
13	**Qualifikationsmatrix**									
14										
15			NRW	Hessen	BadenW	Bayern	Hamburg	Bremen	Brandenburg	
16		Meier	50	100	300	250	300	10	0	
17		Müller	30	120	50	97	80	45	100	
18		Schulze	95	75	250	120	230	125	85	
19		Schmidt	125	189	248	363	214	80	15	
20		Kohl	220	260	125	720	162	59	30	
21		Schröder	387	512	402	103	237	99	600	
22		Merkel	130	230	330	430	530	450	200	
23										

Abbildung Zuord_n2n: Qualifikationsmatrix

6 Modelle zur Zuordnungsoptimierung

Schritt 1: Eingabe der Bezeichnungen

Zur besseren Dokumentation unserer Modelle bezeichnen wir die wesentlichen Zellenbereiche:

- Q_PersGebiet   = $C$16:$I$22   Qualifikationsgrad einer Person für ein Gebiet

Schritt 2: Aufbau der Zuordnungsmatrix

Wir kopieren den Zellenbereich der Qualifikationsmatrix spaltenkonform nach unten und ändern ihn gemäß der folgenden Abbildung ab.

	A	B	C	D	E	F	G	H	I	J
24										
25	Zuordnungsmatrix									
26										
27			NRW	Hessen	BadenW	Bayern	Hamburg	Bremen	Brandenburg	Ges4Pers
28		Meier	1	1	1	1	1	1	1	7
29		Müller	1	1	1	1	1	1	1	7
30		Schulze	1	1	1	1	1	1	1	7
31		Schmidt	1	1	1	1	1	1	1	7
32		Kohl	1	1	1	1	1	1	1	7
33		Schröder	1	1	1	1	1	1	1	7
34		Merkel	1	1	1	1	1	1	1	7
35		**Ges2Gebiet**	7	7	7	7	7	7	7	
36										

Abbildung Zuord_n2n: Zuordnungsmatrix mit Vorgabewert 1

Mit:

- X_PersGebiet = $C$28:$I$34   Zuordnungsindikator Person auf Gebiet
- Ges4Pers   = $J$28:$J$34   Zeilensummen von X_PersGebiet
- Ges2Gebiet   = $C$35:$I$35   Spaltensummen von X_PersGebiet

Schritt 3: Bestimmung der Gesamtqualifikation

Gesamtqualifi... ▼	f_x =SUMMENPRODUKT(Q_PersGebiet;X_PersGebiet)			
	A	B	C	D	E
37					
38	**Gesamtqualifikation**				
39			9.962		
40					

Abbildung Zuord_n2n: Eingabe der Formel für die Gesamtqualifikation

Mit:

- Gesamtqualifikation = $C$39   Summenprodukt von Q_PersGebiet und X_PersGebiet

Schritt 4: Eingabe des mathematischen Modells in den Solver

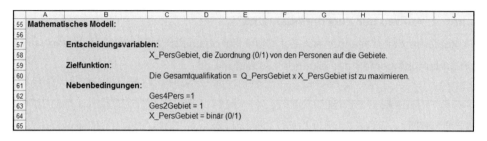

Abbildung Zuord_n2n: **Mathematisches Modell mit den verwendeten Bezeichnungen**

Die Eingabe dieses Modells in den Solver ergibt:

6 Modelle zur Zuordnungsoptimierung

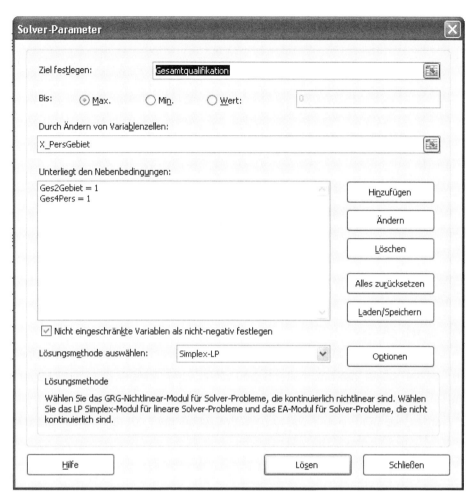

Abbildung Zuord_n2n: Eingabe des Mathematischen Modells in den Solver

Das führt dann zu dem Ergebnis:

	A	B	C	D	E	F	G	H	I	J	K
24											
25	Zuordnungsmatrix										
26											
27			NRW	Hessen	BadenW	Bayern	Hamburg	Bremen	Brandenburg	Ges4Pers	
28		Meier	0	0	0	0	1	0	0	1	
29		Müller	0	1	0	0	0	0	0	1	
30		Schulze	0	0	1	0	0	0	0	1	
31		Schmidt	1	0	0	0	0	0	0	1	
32		Kohl	0	0	0	1	0	0	0	1	
33		Schröder	0	0	0	0	0	0	1	1	
34		Merkel	0	0	0	0	0	1	0	1	
35		Ges2Gebiet	1	1	1	1	1	1	1		
36											
37											
38	Gesamtqualifikation										
39			2.565								
40											

Abbildung Zuord_n2n:Ausgabe der optimalen Lösung

Arbeitshilfe online

6.2.2 Zuord_n2nn

Problembeschreibung

Ein Unternehmen will 14 Mitarbeiter auf 10 Büros verteilen, wobei 4 Büros doppelt besetzt werden sollen. Die Mitarbeiter haben alle in einer Präferenzliste eingetragen, welche Büros sie bevorzugen.

Dabei wurden alle Büros von 1 bis 10 bewertet, wobei die 1 für das beliebteste und die 10 für das unbeliebteste Büro steht.

Wie können die Mitarbeiter so auf die Büros verteilt werden, dass die Summe der Präferenzen minimal ist und dabei kein Mitarbeiter ein Büro erhält, das er mit schlechter als 4 bewertet?

Die Präferenzmatrix inklusive Mindestpräferenz wird vorgegeben.

Damit ergibt sich als zusammenfassende Problembeschreibung:

6 Modelle zur Zuordnungsoptimierung

	A	B	C	D	E	F	G	H	I	J	K	L
12												
13		Präferenzmatrix										
14		Präferenzen (1= erste Wahl, 10=letzte Wahl)										
15												
16			Büro 1	Büro 2	Büro 3	Büro 4	Büro 5	Büro 6	Büro 7	Büro 8	Büro 9	Büro 10
17		Mitarbeiter 1	1	2	3	4	5	6	8	9	10	7
18		Mitarbeiter 2	1	2	3	5	6	7	9	8	4	10
19		Mitarbeiter 3	1	2	8	9	7	4	3	6	10	5
20		Mitarbeiter 4	2	3	1	9	10	4	8	6	7	5
21		Mitarbeiter 5	1	3	6	8	5	2	9	10	7	4
22		Mitarbeiter 6	2	1	3	5	6	8	4	7	10	9
23		Mitarbeiter 7	2	1	10	9	5	3	6	8	4	7
24		Mitarbeiter 8	1	3	2	4	5	6	7	8	9	10
25		Mitarbeiter 9	8	9	1	5	4	3	2	10	6	7
26		Mitarbeiter 10	1	10	3	2	5	4	9	7	8	6
27		Mitarbeiter 11	7	3	5	2	9	8	1	10	4	6
28		Mitarbeiter 12	6	5	1	9	10	2	3	4	7	8
29		Mitarbeiter 13	6	8	10	9	1	2	3	4	5	7
30		Mitarbeiter 14	6	3	5	9	1	2	10	4	8	7
31		**Platzangebot**	1	1	1	1	2	1	2	2	2	1
32												
33	Mindestpräferenz		4									
34												

Abbildung Zuord_n2nn: Präferenzmatrix und Mindestpräferenz

Schritt 1: Eingabe der Bezeichnungen

Zur besseren Dokumentation unserer Modelle bezeichnen wir die wesentlichen Zellenbereiche:

- Präf_PersBüro = $C$17:$L$30   Präferenzgrad einer Person für ein Büro
- Platzangebot = $C$31:$L$31   Anzahl der Plätze pro Büro
- Mindestpräferenz = $C$33   Mindestens zu erreichender Präferenzgrad für alle Personen

Schritt 2: Aufbau der Zuordnungsmatrix

Wir kopieren den Zellenbereich der Präferenzmatrix spaltenkonform nach unten und ändern ihn gemäß der folgenden Abbildung ab.

	A	B	C	D	E	F	G	H	I	J	K	L	M	N
35														
36		Zuordnungsmatrix												
37														
38			Büro 1	Büro 2	Büro 3	Büro 4	Büro 5	Büro 6	Büro 7	Büro 8	Büro 9	Büro 10	Ges4Pers	PersPräf
39		Mitarbeiter 1	1	1	1	1	1	1	1	1	1	1	10	55
40		Mitarbeiter 2	1	1	1	1	1	1	1	1	1	1	10	55
41		Mitarbeiter 3	1	1	1	1	1	1	1	1	1	1	10	55
42		Mitarbeiter 4	1	1	1	1	1	1	1	1	1	1	10	55
43		Mitarbeiter 5	1	1	1	1	1	1	1	1	1	1	10	55
44		Mitarbeiter 6	1	1	1	1	1	1	1	1	1	1	10	55
45		Mitarbeiter 7	1	1	1	1	1	1	1	1	1	1	10	55
46		Mitarbeiter 8	1	1	1	1	1	1	1	1	1	1	10	55
47		Mitarbeiter 9	1	1	1	1	1	1	1	1	1	1	10	55
48		Mitarbeiter 10	1	1	1	1	1	1	1	1	1	1	10	55
49		Mitarbeiter 11	1	1	1	1	1	1	1	1	1	1	10	55
50		Mitarbeiter 12	1	1	1	1	1	1	1	1	1	1	10	55
51		Mitarbeiter 13	1	1	1	1	1	1	1	1	1	1	10	55
52		Mitarbeiter 14	1	1	1	1	1	1	1	1	1	1	10	55
53		Pers2Büro	14	14	14	14	14	14	14	14	14	14		
54														

Abbildung Zuord_n2nn: Zuordnungsmatrix mit Vorgabewert 1

Mit:

- X_PersBüro   = $C$39:$L$52   Zuordnungsindikator einer Person auf ein Büro
- Ges4Pers   = $M$39:$M$52   Zeilensummen von X_PersBüro
- Pers2Büro   = $C$53:$L$53   Spaltensummen von X_PersBüro
- PersPräf   = $N$39:$N$52   = Zeilensummen von Präf_PersBüro * X_PersBüro

Schritt 3: Bestimmung der Gesamtpräferenz

Gesamtpräfer... ▼	f_x	=SUMMENPRODUKT(Präf_PersBüro;X_PersBüro)			
	A	B	C	D	E	F
55						
56	**Gesamtpräferenz**					
57			770			
58						

Abbildung Zuord_n2nn: Eingabe der Formel für die Gesamtpräferenz

Mit:

- Gesamtpräferenz   = $C$57   Summenprodukt von Präf_PersBüro und X_PersBüro

Schritt 4: Eingabe des mathematischen Modells in den Solver

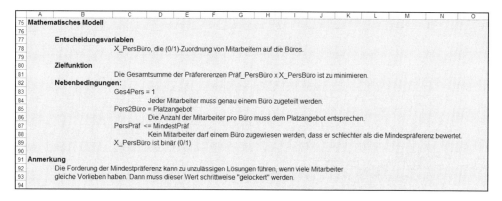

Abbildung Zuord_n2nn: Mathematisches Modell mit den verwendeten Bezeichnungen

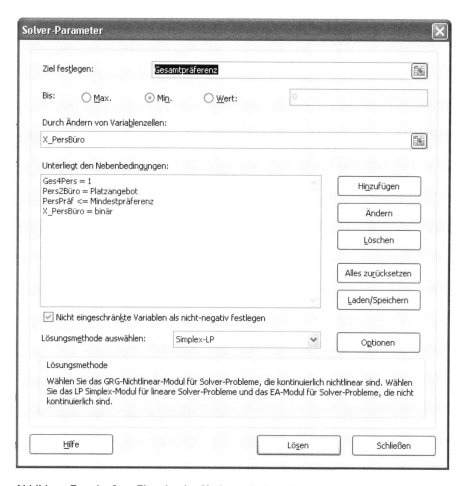

Abbildung Zuord_n2nn: Eingabe des Mathematischen Modells in den Solver

Das führt dann zu dem Ergebnis:

		Büro 1	Büro 2	Büro 3	Büro 4	Büro 5	Büro 6	Büro 7	Büro 8	Büro 9	Büro 10	Ges4Pers	PersPräf
	Mitarbeiter 1	1	0	0	0	0	0	0	0	0	0	1	1
	Mitarbeiter 2	0	0	0	0	0	0	0	1	0	0	1	4
	Mitarbeiter 3	0	0	0	0	0	0	1	0	0	0	1	3
	Mitarbeiter 4	0	0	1	0	0	0	0	0	0	0	1	1
	Mitarbeiter 5	0	0	0	0	0	0	0	0	1	0	1	4
	Mitarbeiter 6	0	1	0	0	0	0	0	0	0	0	1	1
	Mitarbeiter 7	0	0	0	0	0	0	0	1	0	0	1	4
	Mitarbeiter 8	0	0	0	1	0	0	0	0	0	0	1	4
	Mitarbeiter 9	0	0	0	0	1	0	0	0	0	0	1	4
	Mitarbeiter 10	0	0	0	0	0	1	0	0	0	0	1	4
	Mitarbeiter 11	0	0	0	0	0	0	1	0	0	0	1	1
	Mitarbeiter 12	0	0	0	0	0	0	0	1	0	0	1	4
	Mitarbeiter 13	0	0	0	0	1	0	0	0	0	0	1	1
	Mitarbeiter 14	0	0	0	0	0	0	0	1	0	0	1	4
	Pers2Büro	1	1	1	1	2	1	2	2	2	1		

Gesamtpräferenz: 40

Abbildung Zuord_n2nn: Ausgabe der optimalen Lösung

Ohne die Forderung der Mindestpräferenz von 4 wäre die optimale Lösung übrigens eine Gesamtpräferenz von 36 anstelle von 40.

6.3 Das verallgemeinerte Zuordnungsmodell[1]

6.3.1 Ökonomische Problembeschreibung

Gegeben seien zwei Mengen von Objekten (z. B. Personen, Fahrzeuge) und Funktionen (Jobs, Arbeitsaufträge, Fahrten), die nun nicht mehr gleich groß sein müssen. Jede Funktion soll durch ein einziges Objekt ausgeführt werden, jedes Objekt kann aber eine oder mehrere Funktionen zugeordnet bekommen. Bei der Zuordnung sind jetzt allerdings unterschiedliche Kapazitätsbedarfe zu berücksichtigen. Die Eignung jedes Objektes für jede Funktion sei wie vorher durch eine Bewertung bekannt. Je höher die Bewertung dabei ist, umso besser ist die Eignung. Gegeben ist ebenso der jeweilige Kapazitätsverbrauch. Gesucht wird eine Zuordnung, deren Summe der Bewertungen maximal ist und die vorhandenen Kapazitäten respektiert.

Beispiele für verallgemeinerte Zuordnungen:

- Personen mit fester Gesamtarbeitszeit werden Arbeitsaufträge mit unterschiedlichem Zeitaufwand zugeordnet,
- LKW pro vorgegebener Arbeitsschicht werden Fahrstrecken mit unterschiedlichem Zeitaufwand zugeordnet.

6.3.2 Mathematische Formulierung des Problems

Gegeben seien:

- $R = \{R_1, R_2, ..., R_p\}$ eine Menge von p Kapazitätsarten (Zeit, Gewicht, Raum, etc.),
- $S = \{S_1, S_2, ..., S_m\}$ eine Menge von m Objekten,
- $T = \{T_1, T_2, ..., T_n\}$ eine Menge von n Funktionen,
- eine Bewertung c_{ij} von jedem Objekt i hinsichtlich jeder Funktion j,
- Gesamtkapazitäten b_{ik} von jedem Objekt i hinsichtlich Kapazitätsart k

---

[1] Siehe auch Feige, D./Klaus, P. (2007), S. 275 ff.

- sowie der Kapazitätsverbrauch a_{ijk} von Kapazitätsart k bei der Zuordnung von Objekt i auf Funktion j.

Gesucht ist eine Zuordnung der Objekte auf die Funktionen, so dass die Gesamtsumme der Bewertungen maximal ist und alle Funktionen erfüllt werden.

6.3.3 Mathematisches Modell

Indices:

    k = 1, ..., p   Kapazitätsarten

    i = 1, ..., m   Objekte

    j = 1, ..., n   Funktionen

Gegebene Daten:

    c_{ij} Bewertung der Zuordnung von S_i auf T_j

    b_{ik} Gesamtkapazität von S_i hinsichtlich R_k

    a_{ijk} Kapazitätsverbrauch der Zuordnung von S_i auf T_j hinsichtlich R_k

Entscheidungsvariablen:

    x_{ij} = 1   falls Objekt S_i der Funktion T_j zugeordnet wird,

    x_{ij} = 0   sonst.

Zielfunktion:

(ZF) $\sum_{i=1}^{n} \sum_{j=1}^{n} c_{ij} x_{ij} \rightarrow \max!$ Maximiere die gesamte Zuordnungsbewertung!

Restriktionen (Nebenbedingungen)

(1) $\sum_{j=1}^{n} a_{ijk} x_{ij} \leq b_{ik}$ für i = 1, ..., n; k=1, ... ,p

    Für jedes Objekt i muss der Kapazitätsverbrauch pro Kapazitätsart die Gesamtkapazität berücksichtigen.

(2) $\sum_{i=1}^{m} x_{ij} = 1$ für j = 1, ..., n

Jede Funktion j ist genau einem Objekt i zugeordnet.

(B) $x_{ij} \in \{0,1\}$ für alle i = 1, ..., m; j = 1, ..., n

Binärvariable

6.3.4 Das Klassische Zuordnungsmodell als Sonderfall des verallgemeinerten Zuordnungsmodells

Das klassische Zuordnungsproblem ist ein Spezialfall des verallgemeinerten Zuordnungsproblems. Man setze m = n , p = 1 sowie $a_{ijk} = 1$ und $b_{ik} = 1$.

6.3.5 Beschränkung auf die Nichtnegativitätsbedingung i.A. nicht möglich

Im verallgemeinerten Zuordnungsproblem kann man in der Regel nicht die Binärbedingung (B) durch die Nichtnegativitätsbedingung abschwächen. Das Modell ist also nur mit entsprechend mächtigen (Mixed-Integer-) Solvern zu lösen.

6.4 Beispiel: VerallgZuord_VorholungSped

Problembeschreibung[1]

Ein Fuhrunternehmer hat drei 40t-Lastzüge auf den Fernverkehrslinien eines Speditionsnetzes für den Nachtsprung im Einsatz. Tagsüber können die Lastzüge für das Einrollen von Teilpartien von Großkunden zu den Depots der Spedition heran gezogen werden. Für diese Tätigkeit gelten folgende Rahmenbedingungen:

Dist	Auftrag 1	Auftrag 2	Auftrag 3	Auftrag 4	Auftrag 5	Auftrag 6	Auftrag 7	Auftrag 8	Auftrag 9	Auftrag 10
Lkw 1	171	134	85	43	82	70	123	153	240	203
Lkw 2	180	137	197	219	125	135	72	71	79	115
Lkw 3	72	97	165	272	219	168	177	119	121	58

Zeitrahmen für jeden Lastzug [Std pro Tag]: 9
Durchschnittliche Fahrgeschwindigkeit [km pro Std]: 70
Handlingszeit pro Kunde [min]: 45

Abbildung VerallgZuord_VorholungSped: Parameter

Mit:

- Dist_LkwAuftr = $C$13:$L$15   Distanz zum Kunden für einen Lkw
- Zeitlimit = $H$17   Zeitrahmen (Zeitkapazität) für jeden Lkw
- km_pro_Std = $H$19   Durchschnittliche Geschwindigkeit pro Lkw
- Handlingszeit = $H$21   Durchschnittliche Handlingszeit in Minuten pro Kunde
  (Aufnahme und Absetzen der Ladung)

Aufträge, die nicht selbst abgewickelt werden können, werden durch einen teuren Fremdunternehmer durchgeführt. Die drei Fahrzeuge sind so den Abholfahrten zuzuordnen, dass die zugehörigen Fahrstrecken als Kostentreiber minimiert werden.

Schritt 1: Aufbau der Kostenmatrix

Zur Berücksichtigung des Fremdunternehmers wird ein weiterer Lastzug Lkw_F eingeführt, dessen Nutzung allerdings weitestgehend vermieden werden soll. Dazu werden Strafkosten in das Modell integriert.

---

[1] in Anlehnung an Feige/Klaus (2007), S. 278 ff.

6 Modelle zur Zuordnungsoptimierung

	A	B	C	D	E	F	G	H	I	J	K	L	M
29													
30	Strafkosten für die Nutzung des Fremdunternehmers							1000					
31													
32	Transportkosten												
33	Im Schnittpunkt der Tabelle stehen die Transportkosten pro Durchführung von Auftrag **Auftr** durch Lastzug **Lkw**.												
34													
35			C	Auftrag 1	Auftrag 2	Auftrag 3	Auftrag 4	Auftrag 5	Auftrag 6	Auftrag 7	Auftrag 8	Auftrag 9	Auftrag 10
36			Lkw 1	171	134	85	43	82	70	123	153	240	203
37			Lkw 2	180	137	197	219	125	135	72	71	79	115
38			Lkw 3	72	97	165	272	219	168	177	119	121	58
39			Lkw F	1000	1000	1000	1000	1000	1000	1000	1000	1000	1000	Fremd!
40													

Abbildung VerallgZuord_VorholungSped: Kostenmatrix

Mit:

- Strafkosten = $H$30 — Strafkosten für die Nutzung des Fremdunternehmers

- C_LkwAuftr = $C$36:$L$39 — Transportkosten pro Durchführung von Auftrag Auftr durch Lastzug Lkw: Distanz oder Strafkosten für die Nutzung des Fremd-Lkw

Schritt 2: Aufbau der Kapazitätsmatrix

	A	B	C	D	E	F	G	H	I	J	K	L	M	N
41														
42	Zeitbedarf für die Auftragserfüllung in Std													
43	Im Schnittpunkt der Tabelle steht der Zeitbedarf des Fuhrunternehmers pro Durchführung von Auftrag **Auftr** durch Lastzug **Lkw**.													
44														
45			Zeit	Auftrag 1	Auftrag 2	Auftrag 3	Auftrag 4	Auftrag 5	Auftrag 6	Auftrag 7	Auftrag 8	Auftrag 9	Auftrag 10	MaxZeit
46			Lkw 1	5,64	4,58	3,18	1,98	3,09	2,75	4,26	5,12	7,61	6,55	9
47			Lkw 2	5,89	4,66	6,38	7,01	4,32	4,61	2,81	2,78	3,01	4,04	9
48			Lkw 3	2,81	3,52	5,46	8,52	7,01	5,55	5,81	4,15	4,21	2,41	9
49			Lkw F	0,00	0,00	0,00	0,00	0,00	0,00	0,00	0,00	0,00	0,00	0
50														

Abbildung VerallgZuord_VorholungSped: Matrix für den Zeitbedarf

Mit:

- Zeit_LkwAuftr = $C$46:$L$49 — Zeitbedarf des Fuhrunternehmers pro Durchführung von Auftr durch Lkw:

  C46 = 2*C36/km_pro_Std+Handlingszeit/60

  usw. durchkopieren bis L48

  C49 = 0.

- MaxZeit = $M$46:$M$49 — Maximal verfügbare Zeit pro Lkw

  M46 = Zeitlimit — usw. durchkopieren bis M48

  M49 = 0.

Modellbasiertes Logistikmanagement

Schritt 3: Aufbau der Zuordnungsmatrix

Wir kopieren den Zellenbereich der Kapazitätsmatrix spaltenkonform nach unten und ändern ihn gemäß der folgenden Abbildung ab.

	A	B	C	D	E	F	G	H	I	J	K	L	M	N
51														
52	Zuordnungsmatrix													
53	1: Ja; 0 Nein													
54		X	Auftrag 1	Auftrag 2	Auftrag 3	Auftrag 4	Auftrag 5	Auftrag 6	Auftrag 7	Auftrag 8	Auftrag 9	Auftrag 10	Zeit4Lkw	
55		Lkw 1	1	1	1	1	1	1	1	1	1	1	44,76	
56		Lkw 2	1	1	1	1	1	1	1	1	1	1	45,50	
57		Lkw 3	1	1	1	1	1	1	1	1	1	1	49,44	
58		Lkw F	1	1	1	1	1	1	1	1	1	1	0,00	
59		Lkw2Auftr	4	4	4	4	4	4	4	4	4	4		
60														

Abbildung VerallgZuord_VorholungSped: Zuordnungsmatrix mit Vorbelegung auf 1

Mit:

- X_LkwAuftr   = $C$55:$L$58   Zuordnungsindikator Lkw auf Auftrag
- Lkw2Auftr   = $C$59:$L$59   Spaltensummen von X_LKwAuftr
- Zeit4Lkw   = $M$55:$M$58   Zeitbedarf pro Lkw

    = Summenprodukt von <Lkw-Zeile von Zeit_LkwAuftr> und

    <Lkw-Zeile von X_LkwAuftr>)

Schritt 4: Bestimmung der Gesamtkosten

Gesamtkosten ▼		f_x =SUMMENPRODUKT(C_LkwAuftr;X_LkwAuftr)			
	A	B	C	D	E
61					
62	Gesamtkosten				
63					
64			14.102		
65					

Abbildung VerallgZuord_VorholungSped: Eingabe der Formel für die Gesamtqualifikation

Mit:

- Gesamtkosten = $C$64   Summenprodukt von C_LkwAuftr und X_LkwAuftr

Schritt 4: Eingabe des mathematischen Modells in den Solver

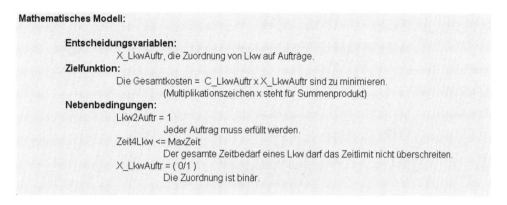

Mathematisches Modell:

    Entscheidungsvariablen:
        X_LkwAuftr, die Zuordnung von Lkw auf Aufträge.
    Zielfunktion:
        Die Gesamtkosten = C_LkwAuftr x X_LkwAuftr sind zu minimieren.
        (Multiplikationszeichen x steht für Summenprodukt)
    Nebenbedingungen:
        Lkw2Auftr = 1
            Jeder Auftrag muss erfüllt werden.
        Zeit4Lkw <= MaxZeit
            Der gesamte Zeitbedarf eines Lkw darf das Zeitlimit nicht überschreiten.
        X_LkwAuftr = (0/1)
            Die Zuordnung ist binär.

Abbildung VerallgZuord_VorholungSped:
    Mathematisches Modell mit den verwendeten Bezeichnungen

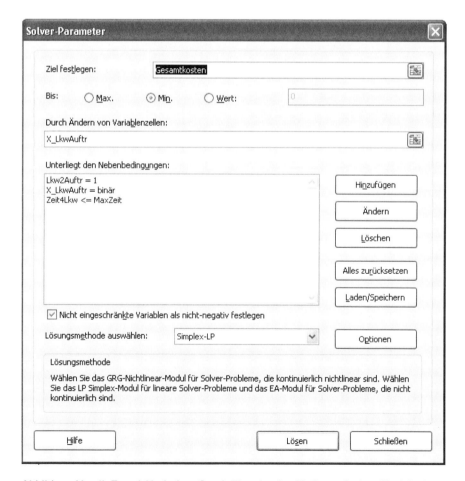

Abbildung VerallgZuord_VorholungSped: Eingabe des Mathematischen Modells in den Solver

Modellbasiertes Logistikmanagement

Das führt dann zu dem Ergebnis:

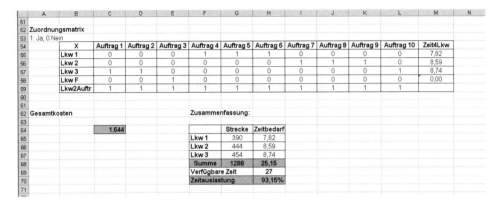

Abbildung VerallgZuord_VorholungSped: Ergebnis

6.5 Das Symmetrische Zuordnungsmodell

Bisher haben wir es bei Zuordnungen immer mit zwei verschieden Mengen zu tun gehabt (Objekte und Funktionen), deren Elemente einander zugewiesen werden sollten. Es kommt aber auch vor, dass man in einer Grundgesamtheit Paare oder Einzelelemente nach Kostengesichtspunkten bilden möchte. Damit kommen wir zu symmetrischen Zuordnungen,[1] die insbesondere für graphentheoretische Lösungsansätze der Logistik eine gewisse Bedeutung haben.[2]

6.5.1 Ökonomische Problembeschreibung

Gegeben sei eine Menge von Personen, in der für eine Auftragsbewältigung (LKW-Teams, Streifenbesatzung) Zweierteams oder Individualisten („Einzelkämpfer") identifiziert werden sollen. Hinsichtlich der Teamfähigkeit zwischen verschieden Personen liegen unterschiedliche Bewertungen vor, ebenfalls die Information über die Unmöglichkeit einer Zusammenarbeit. Man möchte nun eine möglichst gute Paar- und Einzelbildung vornehmen.

Ein Fahrunternehmer organisiert Fahrtouren mit mehreren Fahrzeugen. Für die Reduzierung der Fixkosten soll nun jedes Fahrzeug nach Möglichkeit zweimal eingesetzt werden. Damit lassen sich darüber hinaus unterschiedliche Kundenanforderungen besser ausgleichen und mittlere Zeit- und Streckenkosten reduzieren. Gesucht werden diejenigen Paare, bei denen eine Zusammenlegung zu maximalen Kosteneinsparungen führt.[3]

6.5.2 Mathematische Formulierung des Problems

Gegeben sei eine Menge mit n Elementen
- $S=\{S_1, S_2, ..., S_n\}$ eine Menge von Objekten,

---

[1] Feige, D./Klaus, P. (2007) sprechen von „Nonbipartiten" Zuordnungen.
[2] Siehe insbesondere das Problem des Minimalen Kosten Matchings bei der Christofides-Heuristik für die Tourenplanung.
[3] Siehe Feige, D./Klaus, P. (2007), S. 262 ff.

- sowie Kosten c_{ij} für eine Paarbildung von Objekt i mit Objekt j bzw. c_{ii} für die Einzelbelassung von Objekt i.

Gesucht ist eine Paarbildung oder Einzelbelassung der Objekte, so dass die Gesamtsumme der Kosten minimal wird.

6.5.3 Mathematisches Modell

Indices:

    i =   1, ..., n   Objekte

    j =   1, ..., n   Objekte

Gegebene Daten:

    c_{ij} Kosten der Paarbildung von S_i und S_j für i > j

           bzw. der Einzelbildung für i = j;

           falls keine Angabe erfolgt, ist eine Paar- bzw. Einzelbildung nicht möglich.

Entscheidungsvariablen:

    x_{ij} = 1   falls Objekt S_i mit Objekt S_j verbunden wird,

    x_{ij} = 0   sonst.

Zielfunktion:

(ZF) $\frac{1}{2}\sum_{i=1}^{n}\sum_{j=1}^{n} f_{ij} x_{ij} \to \min!$ Minimiere die gesamten Kosten der Paar- oder Einzelbildung.

    $f_{ii} = 2c_{ii}$ i = 1, ..., n[1]

    $f_{ij} = f_{ji} = c_{ij}$ i, j = 1, ..., n; i > j

---

[1] Falls die Paar- oder Einzelbildung nicht erlaubt ist (leere Zelle), sind die Formeln natürlich entsprechend zu interpretieren.

Restriktionen (Nebenbedingungen):

(1) $\sum_{j=1}^{n} x_{ij} = 1$ für i = 1, ..., n

   alternativ: Jedes Objekt i erhält genau einen Partner oder bleibt allein.

(2) $\sum_{i=1}^{n} x_{ij} = 1$ für j = 1, ..., n

        Jedes Objekt j erhält genau einen Partner oder bleibt allein.

(Sym) $x_{ij} = x_{ji}$ für alle i = 1, ..., n; j = 1, ..., n

        Symmetrie der Paarbildung.

(B) $x_{ij} \in \{0,1\}$ für alle i = 1, ..., n; j = 1, ..., n

        Binärvariable

(NN) $x_{ij} \geq 0$ für alle i = 1, ..., n; j = 1, ..., n

        Es werden nur nicht negative Mengen transportiert.

6.5.3.1 Anmerkung zu den erlaubten Verbindungen

Für die Definition der erlaubten Verbindungen haben wir wie gewohnt zwei Möglichkeiten:

1. Falls für c_{ij} keine Angabe erfolgt (leere Zelle), ist keine Verbindung von i mit j möglich, d. h. $x_{ij} = 0$ oder

2. $c_{ij} =$ GroßeZahl, d. h. für eine Nutzung von i nach j treten unendlich hohe Strafkosten auf.

6.5.3.2 Anmerkung zu der Zielfunktion

Hinsichtlich der Koeffizienten der Zielfunktion kann man ohne Beschränkung der Allgemeingültigkeit voraussetzen, dass die Kosten der Paar- bzw. Einzelbildung $c_{ij} : i \geq j$ angegeben sind, die Kosten sich sich also in der oberen rechten Dreiecksmatrix von (c_{ij}) befinden.

Unter Berücksichtigung der Symmetriebedingung $x_{ij} = x_{ji}$ leiten wir nun aus den Kosten c_{ij} eine neue symmetrische Kostenmatrix (f_{ij}) ab, welche die Kosten der Paar- und Einzelbildung doppelt bewertet. Somit erhält die neue Zielfunktion den Faktor $\frac{1}{2}$.

6.5.3.3 Anmerkung zu den Restriktionen

Wegen der Symmetriebedingung (Sym) sind (1) und (2) gleichbedeutend: Man braucht nur eine Bedingung, entweder muss für die Zeilensumme oder für die Spaltensumme der Wert 1 gefordert werden, der andere Summenwert ergibt sich dann automatisch.

Aufgrund der Unimodularität der Matrix kann man ferner auf die Binärbedingung verzichten, es reicht die Forderung der Nichtnegativitätsbedingung.

6.6 Beispiel: SymZuord[1]

Problembeschreibung

Ein Kraftverkehrsunternehmer bedient ein Nahgebiet mit mehreren Fahrzeugen. Für die Reduzierung der fixen Kosten wird geplant, jedes Fahrzeug nach Möglichkeit zweimal einzusetzen. Das betreffende Gebiet umfasst 8 Standardtouren (A, B, …, H), deren Kosten in der Diagonale der unten aufgeführten Kostenmatrix stehen. Die Kosten sinnvoller Paarungsmöglichkeiten sind ebenfalls aufgeführt.

	A	B	C	D	E	F	G	H	
C_ij	A	B	C	D	E	F	G	H	Einzelkosten
A	430,00 €				450,00 €		510,00 €		430,00 €
B		350,00 €			520,00 €			660,00 €	350,00 €
C			210,00 €				330,00 €	540,00 €	210,00 €
D				280,00 €			360,00 €		280,00 €
E					170,00 €				170,00 €
F						220,00 €		500,00 €	220,00 €
G							190,00 €		190,00 €
H								510,00 €	510,00 €
								Summe	2.360,00 €

Abbildung SymZuord: Ausgangskosten

Mit:

- C_ij = $C$16:$J$23   Kostenangabe für Paarung und Einzelbelassung

Das Herausfiltern der Diagonalwerte geschieht übrigens über folgende Formel:
- K16 =SUMMEWENN(C$15:J$15;$B16;C16:J16) usw. bis K23 durchkopieren.

Welche Paarbildung und Einzelbelassung minimiert die Gesamtkosten?

Schritt 1: Aufbau der Kostenmatrix

Wir kopieren den Zellenbereich von C_ij spaltenkonform nach unten und berechnen F_ij mit:

- F_ij = $C$29:$J$36   Vollständige Kostenmatrix für Paarung und Einzelbelassung

    $F\_ij = C\_ij + MTRANS(C\_ij)$

---
[1] in Anlehnung an Feige/Klaus (2007), S. 262 ff.

Modellbasiertes Logistikmanagement

Kosten für mögliche Tourkombinationen — Achtung: Unmögliche Verbindungen sind mit Kosten 0 aufgeführt!

F_ij	A	B	C	D	E	F	G	H
A	860,00 €	- €	- €	- €	450,00 €	- €	510,00 €	- €
B	- €	700,00 €	- €	- €	520,00 €	- €	- €	660,00 €
C	- €	- €	420,00 €	- €	- €	- €	330,00 €	540,00 €
D	- €	- €	- €	560,00 €	- €	- €	360,00 €	- €
E	450,00 €	520,00 €	- €	- €	340,00 €	- €	- €	- €
F	- €	- €	- €	- €	- €	440,00 €	- €	500,00 €
G	510,00 €	- €	330,00 €	360,00 €	- €	- €	380,00 €	- €
H	- €	660,00 €	540,00 €	- €	- €	500,00 €	- €	1.020,00 €

Abbildung SymZuord: Kosten für die Tourkombinationen

Schritt 2: Aufbau der Upper Bound Matrix

Upper Bounds   BigNumber   1

UB_ij	A	B	C	D	E	F	G	H
A	1	0	0	0	1	0	1	0
B	0	1	0	0	1	0	0	1
C	0	0	1	0	0	0	1	1
D	0	0	0	1	0	0	1	0
E	1	1	0	0	1	0	0	0
F	0	0	0	0	0	1	0	1
G	1	0	1	1	0	0	1	0
H	0	1	1	0	0	1	0	1

Abbildung SymZuord: Zuordnungsmatrix mit Vorgabewert 1

Wir benutzen die Eigenschaft, dass unmögliche Verbindungen in F_ij durch den Wert 0 gekennzeichnet sind:

- BigNumber   =$F$39   GroßeZahl: Festlegung des Upper Bounds
- UB_ij   = $C$42:$J$49   Matrix der Upper Bounds

Schritt 3: Aufbau der Zuordnungsindikatoren

Zuordnungsindikatoren

X_ij	A	B	C	D	E	F	G	H	Ges4i
A	1	1	1	1	1	1	1	1	8
B	1	1	1	1	1	1	1	1	8
C	1	1	1	1	1	1	1	1	8
D	1	1	1	1	1	1	1	1	8
E	1	1	1	1	1	1	1	1	8
F	1	1	1	1	1	1	1	1	8
G	1	1	1	1	1	1	1	1	8
H	1	1	1	1	1	1	1	1	8

Abbildung SymZuord: Zuordnungsmatrix mit Vorgabewert 1

6 Modelle zur Zuordnungsoptimierung

	L	M	N	O	P	Q	R	S	T	U
53										
54		X_ji	A	B	C	D	E	F	G	H
55		A	1	1	1	1	1	1	1	1
56		B	1	1	1	1	1	1	1	1
57		C	1	1	1	1	1	1	1	1
58		D	1	1	1	1	1	1	1	1
59		E	1	1	1	1	1	1	1	1
60		F	1	1	1	1	1	1	1	1
61		G	1	1	1	1	1	1	1	1
62		H	1	1	1	1	1	1	1	1
63										

Abbildung SymZuord: Transponierte der Zuordnungsmatrix mit Vorgabewert 1

Mit:

- X_ij = \$C\$55:\$J\$62   Zuordnungsindikator für die Touren
- Ges4i   = \$K\$55:\$K\$62   Zeilensummen von X_ij
- X_ji = \$N\$55:\$U\$62   Transponierte Matrix von X_ij

Man hätte hier auch Ges2j als Spaltensumme von X_ij nehmen können, aber Ges4i reicht aus.

Schritt 4: Bestimmung der Gesamtkosten

Gesamtkosten ▼		fx =0,5*SUMMENPRODUKT(F_ij;X_ij)	
	A	B	C	D
64				
65	Gesamtkosten			
66				
67			6.230,00 €	
68				

Abbildung SymZuord: Eingabe der Formel für die Gesamtkosten

Mit:

- Gesamtkosten   = \$C\$67   ½ * Summenprodukt von F_ij und X_ij

Schritt 5: Eingabe des mathematischen Modells in den Solver

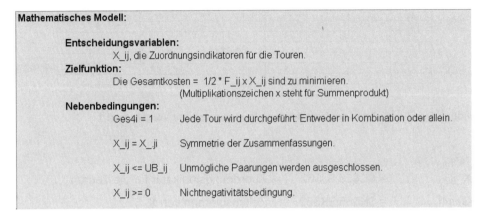

Abbildung SymZuord: Mathematisches Modell mit den verwendeten Bezeichnungen

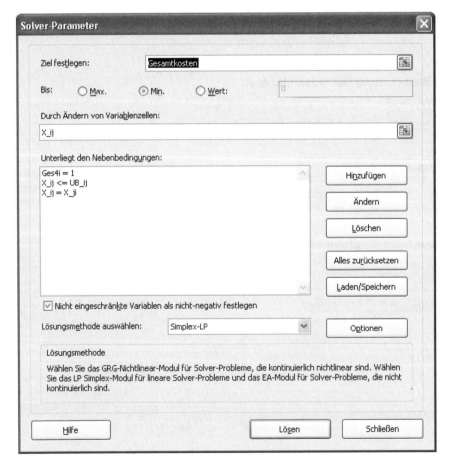

Abbildung SymZuord: Eingabe des Mathematischen Modells in den Solver

Das führt dann zu dem Ergebnis:

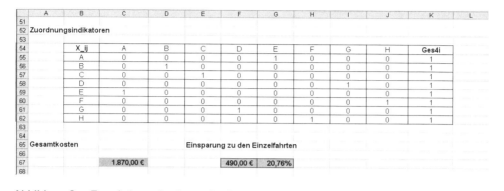

Abbildung SymZuord: Ausgabe der optimalen Lösung

6.7 Das Bottleneck Zuordnungsmodell oder die Maximierung der minimalen Effektivität

6.7.1 Ökonomische Problembeschreibung

Gegeben seien zwei Mengen von Objekten (Personen, Fahrzeuge) und Funktionen (Jobs, Fahrten), wobei mindestens so viele Objekte wie Funktionen vorhanden seien. Die Eignung (Effektivität, Qualifikation) jedes Objektes für jede Funktion sei durch eine Bewertung bekannt. Je höher die Bewertung dabei ist, umso besser ist die Eignung. Gesucht wird eine Zuordnung, die jedem Objekt eine Funktion zuweist, wobei die kleinste zugewiesene Eignung so groß wie nur möglich sei, kurz: eine Zuordnung mit möglichst großer Effektivität in allen Einzelzuordnungen.

6.7.2 Mathematische Formulierung des Problems

Gegeben seien zwei Mengen mit m und n Elementen, $m \geq n$.

- $S = \{S_1, S_2, ..., S_m\}$ eine Menge von Objekten,
- $T = \{T_1, T_2, ..., T_n\}$ eine Menge von Funktionen
- sowie eine Bewertung c_{ij} von jedem Objekt i hinsichtlich jeder Funktion j.

Gesucht ist eine Zuordnung der Objekte auf die Funktionen, so dass die minimal auftretende Bewertung maximal ist (MaxiMin-Optimierung).
Wie beim Bottleneck-Transportproblem führen wir das Problem auf eine gemischt-ganzzahlige lineare Optimierung zurück.

6.7.3 Mathematisches Modell

Indices:

  $i = $ 1, ..., m   Objekte

  $j = $ 1, ..., n   Funktionen

Gegebene Daten:

  c_{ij} Bewertung der Zuordnung von S_i auf T_j

Entscheidungsvariablen:

x_{ij} = 1   falls Objekt S_i der Funktion T_j zugeordnet wird,

x_{ij} = 0   sonst.

C   Untere Schranke für $\{c_{ij} : x_{ij} = 1\}$

Zielfunktion:

(ZF) $C \to \max!$ Maximiere die minimale Zuordnungsbewertung!

Restriktionen (Nebenbedingungen)

(1) $\sum_{j=1}^{n} x_{ij} \leq 1$ für i = 1, ..., m

Jedes Objekt i wird höchstens einer Funktion j zugeordnet.

(2) $\sum_{i=1}^{m} x_{ij} = 1$ für j = 1, ..., n

Jede Funktion j wird genau einem Objekt i zugordnet.

(3) $\sum_{i=1}^{m} c_{ij} x_{ij} \geq C$ für alle j = 1, ..., n

C ist eine unter Schranke für die Bewertung der Zuordnung auf die Funktion j.

(B) $x_{ij} \in \{0,1\}$ für alle i = 1, ..., m; j = 1, ..., n

Binärvariable

6.7.4 Zweistufige Optimierung

Auch das Bottleneck Zuordnungsproblem ist sehr häufig die erste Stufe einer zweistufigen Optimierung. Zunächst wird mit dem MaxiMin-Ansatz eine Mindestbewertung ermittelt. In der zweiten Stufe wird dann (3) auf dieses Mindestniveau fixiert und die gesamte Summe der Bewertungen maximiert.

6.8 Beispiel: Zuord_n2nn_Personalplanung

Problembeschreibung[1]

Für die Leitung einer neuen Unternehmensfiliale werden geeignete Personen aus einer vorbereiteten Kandidatenliste ausgewählt.

Die Eignung der Kandidaten für die jeweilige Leitungsfunktion wurde mit einem 10-Punkte-System bewertet. Bei bestmöglicher Eignung wurden 10 Punkte vergeben. Die schlechteste Bewertung ist 0 Punkte.

Die Ausgangsdaten für die Personalentscheidung sind in der unteren Tabelle zusammengefasst.

Bei der Personalzuordnung soll eine hohe Kompetenz des ausgewählten Kandidaten für die zugewiesene Leitungsaufgabe gesichert werden.

Berechnen Sie eine Zuordnung, bei der die Mindesteignung der erwählten Kandidaten so groß wie möglich ist und unter dieser Maßgabe auch die gesamte erreichte Eignung!

Damit ergibt sich als zusammenfassende Problembeschreibung:

	A	B	C	D	E	F	G
19							
20	Eignungsmatrix						
21	Beste Eignung: 10 Punkte, schlechteste Eignung: 0						
22							
23		**Eign_PersJob**	Direktor	Stellvertr.	Leiter Abt. A	Leiter Abt. B	
24		Grimm	8	10	4	4	
25		Schulz	10	8	7	6	
26		Meier	3	4	7	0	
27		Rode	6	3	0	4	
28		Gatze	5	0	9	0	
29		Lange	2	6	7	3	
30							

Abbildung Zuord_n2nn_Personalplanung: Eignungsmatrix

Schritt 1: Eingabe der Bezeichnungen

- Eign_PersJob   = $C$24:$F$29   Eignungsgrad einer Person für einen Job.

---

[1] Problemstellung analog zu Feige, D./Klaus, P. (2007), S. 237 ff.; geänderte Zahlen.

Schritt 2: Aufbau der Zuordnungsmatrix

Wir kopieren den Zellenbereich der Qualifikationsmatrix spaltenkonform nach unten und ändern ihn gemäß der folgenden Abbildung ab.

	A	B	C	D	E	F	G	H
31								
32	Zuordnungsmatrix							
33								
34		X_PersJob	Direktor	Stellvertr.	Leiter Abt. A	Leiter Abt. B	Ges4Pers	
35		Grimm	1	1	1	1	4	
36		Schulz	1	1	1	1	4	
37		Meier	1	1	1	1	4	
38		Rode	1	1	1	1	4	
39		Gatze	1	1	1	1	4	
40		Lange	1	1	1	1	4	
41		Pers2Job	6	6	6	6		
42		Eignungsgrad	34	31	34	17		
43								

Abbildung Zuord_n2nn_Personalplanung: Zuordnungsmatrix mit Vorgabewert 1

Mit:

- X_PersJob = $C$35:$F$40   Zuordnungsindikator einer Person auf einen Job
- Ges4Pers = $G$35:$G$40   Zeilensummen von X_PersBüro
- Pers2Job = $C$41:$F$41   Spaltensummen von X_PersBüro
- Eignungsgrad = $C$42:$F$42   = Summenprodukt entsprechender Spalten von Eign_PersJob und X_PersJob

Schritt 3: Bestimmung der Zielzellen

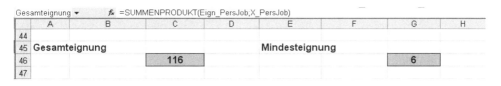

Abbildung Zuord_n2nn_Personalplanung: Eingabe der Formel für die Gesamteignung

Mit:

- Gesamteignung = $C$46   = Summenprodukt von Eign_PersJob und X_PersJob
- Mindesteignung = $G$46   Untere Schranke für die Eignungen

Schritt 4: Eingabe des mathematischen Modells in den Solver

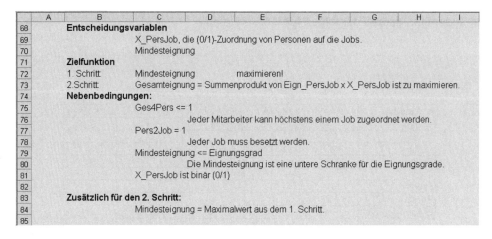

Abbildung Zuord_n2n: Mathematisches Modell mit den verwendeten Bezeichnungen

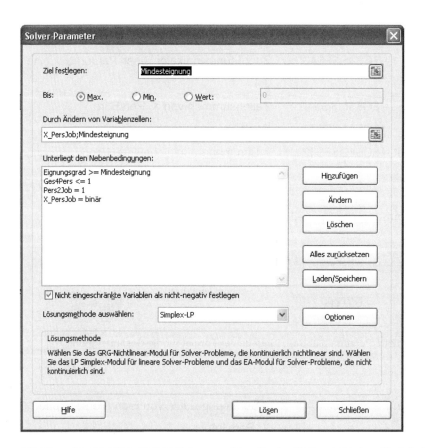

Abbildung Zuord_n2nn_Personalplanung: Eingabe des Mathematischen Modells in den Solver, 1. Stufe: Optimierung der Mindesteignung

Bei obiger Eingabe für die Optimierung der Mindesteignung in den Solver erhält man einen optimalen Wert von Level = 6.

Fixiert man die Mindesteignung auf den optimalen Level der ersten Optimierungsstufe, so erfordert die anschließende Optimierung der Gesamteignung in der zweiten Stufe folgende Solvereingabe:

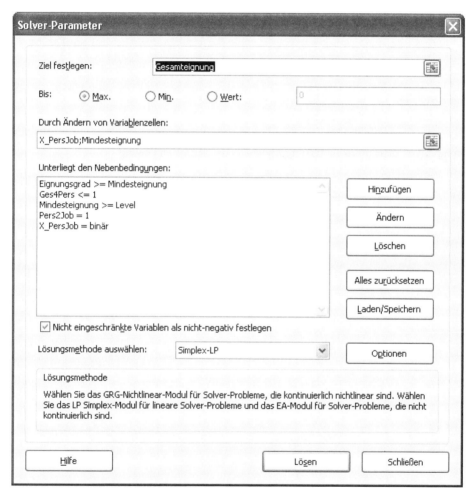

Abbildung Zuord_n2nn_Personalplanung: Eingabe des Mathematischen Modells in den Solver, 2. Stufe: Optimierung der Mindesteignung

Das führt dann zu dem Ergebnis:

	A	B	C	D	E	F	G	H
31								
32	Zuordnungsmatrix							
33								
34		X_PersJob	Direktor	Stellvertr.	Leiter Abt. A	Leiter Abt. B	Ges4Pers	
35		Grimm	0	1	0	0	1	
36		Schulz	0	0	0	1	1	
37		Meier	0	0	0	0	0	
38		Rode	1	0	0	0	1	
39		Gatze	0	0	1	0	1	
40		Lange	0	0	0	0	0	
41		Pers2Job	1	1	1	1		
42		**Eignungsgrad**	6	10	9	6		
43								
44								
45	**Gesamteignung**				**Mindesteignung**			
46			31				6	
47								

Abbildung Zuord_n2nn_Personalplanung: Ausgabe der optimalen Lösung

6.9 Das Quadratische Zuordnungsmodell

In diesem Abschnitt betrachten wir Zuordnungsprobleme mit der besonderen Problematik, dass jede gemachte Einzelzuordnung direkt die Kosten der anderen Zuordnungen beeinflusst. Hierbei erhält die Zielfunktion eine besondere Komplexität: Es ergeben sich quadratische Zielfunktionen.

6.9.1 Ökonomische Problembeschreibungen

6.9.1.1 Innerbetriebliche Standortzuordnung von Abteilungen auf Hallen

Für eine Werkstattfertigung soll eine innerbetriebliche Standortplanung durchgeführt werden. Grundlage dazu sind n verschiedene Hallen und n verschiedene organisatorische Einheiten (bzw. Abteilungen). Jede organisatorische Einheit kann in jede Halle gelegt werden und pro Halle kann nur eine organisatorische Einheit angesiedelt werden. (Zuordnungscharakter). Die Entfernungen zwischen den Hallen sind bekannt, ebenso die Transportintensitäten zwischen den organisatorischen Einheiten (z. B. Transport in ME in einem betrachteten Zeitintervall). Die Transportkosten werden als proportional zu den entstehenden Entfernungen, gewichtet mit den zugehörigen Transportmengen angesetzt. Dann wird eine Zuordnung gesucht, welche die entstehenden gesamten innerbetrieblichen Transportkosten minimiert.

6.9.1.2 Fabriken werden Städten zugeordnet

Es sollen n Fabriken auf n Städte verteilt werden. Zwischen den Fabriken gibt es unterschiedlichen Kommunikationsaufwand und die Städte sind unterschiedlich voneinander entfernt. Wie soll die Zuordnung geschehen, wenn die gesamten Kommunikationskosten (abhängig von den Entfernungen und dem Aufwand) minimal sein sollen?

6.9.1.3 Raumplanung in einem Krankenhaus

Hier geht es darum, die vorhandenen Räume mit verschiedenen Funktionen zu belegen. Es spielen die Wege zwischen den Räumen und die durch statistische

Erhebungen, Erfahrung des Personals und/oder durch Planung ermittelte durchschnittliche Höhe der Aktionen zwischen den einzelnen Funktionen eine Rolle. Dabei ist auch eine Gewichtung der Aktionen zwischen den Funktionen möglich, um zum Beispiel OP-Vorbereitungsräume und die OP-Räume nebeneinander zu legen. Dieses könnte bei der Anpassung des Modells an die Realität geschehen.

Ziel der Planung ist es, die Räume so mit den Funktionen zu besetzen, dass diese mit kleinstem Transportaufwand untereinander erreicht werden können.[1]

6.9.1.4 Planung von Verwaltungsgebäuden

Betrachtet werden Räume und verschiedene Abteilungen oder Teams und einzelne Personen, die diesen zugeordnet werden. Die für die Bearbeitung benötigten Daten sind die Längen der Wege zwischen den Räumen und die Häufigkeit der physischen Kontakte zwischen den einzelnen Abteilungen oder Teams und einzelnen Personen. Es ist möglich, einzelne Räume schon vor der Optimierung fest zu besetzen, wenn zum Beispiel der Abteilungsleiter ein bestimmtes Büro für sich ausgesucht hat.

Ziel ist es, die Raumverteilung so zu gestalten, dass möglichst viele Angestellte möglichst kurze Wege während der Arbeit zurücklegen müssen.[2]

6.9.1.5 Zuordnung von elektronischen Modulen auf Plätze einer Platine

Es sollen n elektronische Module auf n Plätze einer Platine untergebracht werden. Zwischen den Modulen gibt es unterschiedliche Anzahlen von Drahtverbindungen. Wie soll die Zuordnung vorgenommen werden, so dass die gesamten Drahtkosten minimal sind?

Ähnliche Probleme tauchen sowohl in der Computerindustrie, der Automobilindustrie, im Maschinenbau als auch in anderen Industriezweigen auf. Überall wo es Anbauplätze und auf diesen zu verteilende Einheiten wie zum Beispiel Transistoren, Mikrochips, Module, vielleicht sogar ganze Systeme gibt, kann mithilfe der quadratischen Zuordnungsoptimierung eine optimale Lösung gefunden werden. Eine Anwendung bei hydraulischen Systemen, wie diese in verschiedenen Maschinen zum Einsatz kommt, ist auch denkbar.

---

[1] Vgl. Burkard, 1975, S.183 f.
[2] Vgl. Burkard, 1975, S.183 f.

Zur Berechnung werden die Sendezeiten eines Chips zwischen allen Positionen und die Häufigkeit der Sendevorgänge zwischen allen Chips benötigt.

Durch die Optimierung dieses Modells wird die Reaktionszeit des gesamten Systems schneller. Außerdem können unter Umständen Kabel oder Verbindungen eingespart werden.[1]

6.9.1.6 Turbinenlauf-Problem

Turbinen erreichen im Betrieb teils sehr hohe Drehzahlen. Dabei ist es wichtig, dass der Schwerpunkt während dieser Zeit im Mittelpunkt liegt. Da die Schaufeln einer Turbine trotz präziser Herstellungsmethoden immer noch geringfügige Unterschiede im Gewicht aufweisen, müssen der Schwerpunkt und die Halteplätze der Turbinenschaufeln auf der Laufachse aufeinander abgestimmt werden. Dies kann unter Zuhilfenahme der quadratischen Zuordnungsoptimierung geschehen.[2]

6.9.1.7 Tastaturdesign

Im Jahr 1977 veröffentlichte die Zeitschrift für Operations Research einen Artikel von Burkard und Offermann, in dem es darum ging, das Design der Schreibmaschinentastatur mittels quadratischer Zuordnungsoptimierung zu verbessern.

Dazu wurden zweierlei Daten benötigt: zum einen die Häufigkeiten der Buchstabenkombinationen, zum anderen die Anschlagszeiten der einzelnen Tasten. Die Buchstabenkombinationen, also die Häufigkeiten von Buchstabenpaaren, wurden größtenteils durch die Auswertung von Texten großer Tageszeitungen gewonnen und lagen bei 100.000 Buchstabenpaaren. Die Anschlagszeiten zwischen den einzelnen Tasten wurden anhand von arbeitsmotorischen Untersuchungen ermittelt.

Das Ziel war die Erhöhung der Schreibgeschwindigkeit durch eine verbesserte Schreibmaschinentastatur im Vergleich zu den damals vorhandenen. Es gab zu dieser Zeit keine Methode, das Optimum zu berechnen. Aber es wurden gerade heuristische Verfahren entwickelt, mithilfe derer ein Suboptimum erreicht wurde. Im vorliegenden Fall wurde zunächst das Branch und Bound-Verfahren angewandt und

---

[1] Vgl. Burkard, 1975.

[2] Vgl. Burkard, Dell'Amico, Martello, 2009, S. 205.

die hieraus gewonnenen Ergebnisse mit einem Zweier- und Dreieraustauschverfahren weiter verbessert. Nach der Durchführung der Verfahren wurde die Schreibgeschwindigkeit in einer Größenordnung von 7–10 % gegenüber den damaligen Standardtastaturen verbessert.[1]

6.9.2 Mathematische Formulierung des Problems

Gegeben seien zwei Mengen mit jeweils n Elementen

- $S=\{S_1, S_2, ..., S_n\}$ eine Menge von organisatorischen Einheiten (OE),
- $T=\{T_1, T_2, ..., T_n\}$ eine Menge von Standorten (Hallen).

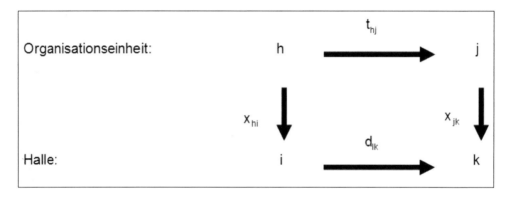

Abbildung: Verknüpfung der Zuordnungen i -> k und h -> j

Sei d_{ik} die Entfernung zwischen den Standorten i und k sowie t_{hj} die Transportintensität zwischen den organisatorischen Einheiten h und j. Mit der binären Variablen x_{hi} wird die Zuordnung der OE h auf den Standort i gekennzeichnet, also $x_{hi}=1$, wenn OE h dem Standort i zugeordnet ist und $x_{hi}=0$ anderenfalls.

Mit einer Zuordnung h zu i treten allerdings Seiteneffekte auf: Wird auch die Zuordnung j zu k getroffen, so entstehen Transportintensitäten t_{hj} und Distanzen d_{ik}.

---

[1] Vgl. Burkard, Offermann, 1977.

Die innerbetrieblichen Transportkosten der Zuordnung von OE h auf Standort i werden als proportional zu der durch die Zuordnung verursachten Transportleistung angesetzt:

$$c_{hi} = \sum_{j=1}^{n} \sum_{k=1}^{n} t_{hj} d_{ik} x_{jk} \, .$$

Wie sollen die organisatorischen Einheiten den Standorten zugeordnet werden, damit die gesamten innerbetrieblichen Transportkosten minimiert werden?

6.9.3 Mathematisches Modell

Indices:

  $h, j = 1, ..., n$ organisatorische Einheiten

  $i, k = 1, ..., n$ Standorte/Hallen

Gegebene Daten:

  d_{ik} Entfernung zw. Standort i und k

  t_{hj} Transportintensität in [ME] zwischen organisatorischer Einheit h und j

Entscheidungsvariablen:

  $x_{hi} = 1$ OE h ist dem Standort i zugeordnet

  $x_{hi} = 0$ OE h ist dem Standort i nicht zugeordnet

Zielfunktion:

(ZF) $\sum_{h=1}^{n} \sum_{i=1}^{n} \sum_{j=1}^{n} \sum_{k=1}^{n} t_{hj} d_{ik} x_{hi} x_{jk} \rightarrow \min!$ Minimiere die innerbetrieblichen Transportkosten!

Restriktionen (Nebenbedingungen):

(1) $\sum_{i=1}^{n} x_{hi} = 1$ für $h = 1, ..., n$

         Jede organisatorische Einheit ist genau einem Standort zugeordnet.

(2) $\sum_{h=1}^{n} x_{hi} = 1$ für i = 1, ..., n

Jedem Standort ist genau eine organisatorische Einheit zugeordnet.

(Bin) $x_{hi} \in \{0, 1\}$ für h = 1,..., n; i = 1,..., n

6.9.4 Das Quadratische Zuordnungsproblem ist schwierig lösbar

Das Quadratische Zuordnungsproblem hat in der innerbetrieblichen Standortplanung eine große Verbreitung gefunden. Es gehört wie das Travelling-Salesman-Problem zu den komplex zu lösenden (NP-vollständigen) Problemen.

6.9.5 Die Berechnung der Zielfunktion

Setzt man

(c_hi) $c_{hi} = \sum_{j=1}^{n} \sum_{k=1}^{n} t_{hj} d_{ik} x_{jk}$,

so vereinfacht sich die Gestalt von (ZF) zu

(ZF') $\sum_{h=1}^{n} \sum_{i=1}^{n} c_{hi} x_{hi} \rightarrow \min!$

Sei T_h die h-te Zeile der Intensitätsmatrix (t_{hj}):

$T_h = (t_{h1}, ..., t_{hj}, ..., t_{hn})$

und D_i die i-te Zeile der Distanzmatrix (d_{ik}):

$D_i = (d_{i1}, ..., d_{ik}, ..., d_{in})$.

Dann ist $D_i^T = \text{trans}(D_i)$ die i-Spalte der Transponierten von (d_{ik}).

Mit diesen Bezeichnungen ist dann aber (c_hi) gleichbedeutend mit:

(c_hi') $c_{hi} = \text{Summenprodukt}(\text{trans}(T_h) * \text{trans}(D_i^T); X)$,

wobei X die Zuordnungsmatrix bezeichnet.

Diesen Zusammenhang kann man in der Tabellenkalkulation praktisch umsetzen (siehe dazu die Beispiele).

6.10 Beispiel: QuadrZuord_InBetrStO

Wir betrachten das 10x10-Beispiel aus QuadrZuord_InBetrStO.[1]

Problembeschreibung

Ein Unternehmen plant einen Umzug auf ein neu erworbenes Gelände mit 10 Gebäuden. Die Anordnung der einzelnen Gebäude ist vorgegeben, die zugehörigen Entfernungen sind unten in der Distanzmatrix aufgeführt.

Zwischen den 10 einzuplanenden Abteilungen des Unternehmens müssen in der Planungsperiode Logistikeinheiten transportiert werden.

Die Transportintensitäten sind ebenfalls unten aufgeführt.

Die Transportkosten werden als proportional zur aufkommenden Entfernung mit ihren Transportmengen angesetzt.

Gesucht wird die kostenminimale Zuordnung der einzelnen Abteilungen auf die einzelnen Gebäude.

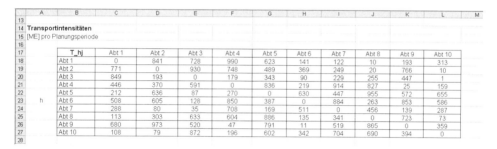

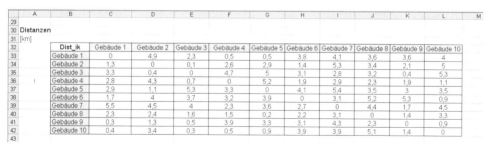

Abbildung QuadrZuord_InBetrStO: Problembeschreibung

---

[1] Die Zahlenbeispiele sind von E. Malsam in seiner Thesis 2009 per Zufallszahlen generiert worden. In der Excel-Datei findet man weitere Lösungen bis hin zu einer anspruchsvollen 25x25-Matrix.

Schritt 1: Eingabe der Bezeichnungen

- T_hj = $C$18:$L$27   Transportmengen zwischen den einzelnen Abteilungen pro Periode
- Dist_ik = $C$33:$L$42   Länge der Transportwege zwischen den Gebäuden

Schritt 2: Transponieren der Distanzmatrix

Hierzu wird der Zellenbereich der Distanzmatrix möglichst spaltenkonform nach unten kopiert und dann gemäß der folgenden Abbildung transponiert.

	A	B	C	D	E	F	G	H	I	J	K	L	M
44													
45	Distanzen transponiert												
46	(in km)												
47			Dist_ki	Gebäude 1	Gebäude 2	Gebäude 3	Gebäude 4	Gebäude 5	Gebäude 6	Gebäude 7	Gebäude 8	Gebäude 9	Gebäude 10
48			Gebäude 1	0	1,3	3,3	2,8	2,9	1,7	5,5	2,3	0,3	0,4
49			Gebäude 2	4,9	0	0,4	4,3	1,1	4	4,5	2,4	1,3	3,4
50			Gebäude 3	2,3	0,1	0	0,7	5,3	3,7	4	1,6	0,5	0,3
51			Gebäude 4	0,5	2,6	4,7	0	3,3	3,2	2,3	1,5	3,9	0,5
52			Gebäude 5	0,5	2,9	5	5,2	0	3,9	3,6	0,2	3,3	0,9
53			Gebäude 6	3,8	1,4	3,1	1,9	4,1	0	2,7	2,2	3,1	3,9
54			Gebäude 7	4,1	5,3	2,8	2,9	5,4	3,1	0	3,1	4,3	3,9
55			Gebäude 8	3,6	3,4	3,2	2,3	3,5	5,2	4,4	0	2,3	5,1
56			Gebäude 9	3,6	2,1	0,4	1,9	3	5,3	1,7	1,4	0	1,4
57			Gebäude 10	4	5	5,3	1,1	3,5	0,9	4,5	3,3	0,9	0

Abbildung QuadrZuord_InBetrStO: Distanzmatrix transponiert

- Dist_ki = $C$48:$L$57   transponierte Distanzmatrix

Schritt 3: Aufbau der Zuordnungsmatrix

Hierzu wird der Zellenbereich der Distanzmatrix möglichst spaltenkonform nach unten kopiert und gemäß der folgenden Abbildung geändert.

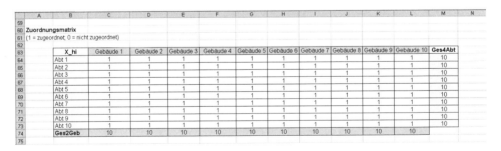

Abbildung QuadrZuord_InBetrStO: Zuordnungsmatrix mit Vorgabewert 1

- X_hi = $C$64:$L$73   Zuordnungsmatrix der Abteilungen auf die Gebäude
- Ges2Geb = $C$74:$L$74   Spaltensummen von X_hi

- Ges4Abt = $M$64:$M$73   Zeilensummen von X_hi

Schritt 4: Aufbau der Kostenmatrix

Hierzu wird der Zellenbereich der Distanzmatrix möglichst spaltenkonform nach unten kopiert und gemäß der folgenden Abbildung geändert.

	A	B	C	D	E	F	G	H	I	J	K	L	M
76													
77		Kostenmatrix											
78													
79			C_hi	Gebäude 1	Gebäude 2	Gebäude 3	Gebäude 4	Gebäude 5	Gebäude 6	Gebäude 7	Gebäude 8	Gebäude 9	Gebäude 10
80			Abt 1	108.135,30	95.460,10	111.700,20	91.499,10	127.148,10	122.791,00	131.505,20	71.298,00	78.823,90	78.427,80
81			Abt 2	118.809,60	104.883,20	122.726,40	100.531,20	139.699,20	134.912,00	144.486,40	78.336,00	86.604,80	86.169,60
82			Abt 3	70.597,80	62.322,60	72.925,20	59.736,60	83.010,60	80.166,00	85.855,20	46.548,00	51.461,40	51.202,80
83			Abt 4	119.765,10	105.726,70	123.713,40	101.339,70	140.822,70	135.997,00	145.648,40	78.966,00	87.301,30	86.862,60
84			Abt 5	121.867,20	107.582,40	125.884,20	103.118,40	143.294,40	138.384,00	148.204,80	80.352,00	88.833,60	88.387,20
85			Abt 6	138.247,20	122.042,40	142.804,80	116.978,40	162.554,40	156.984,00	168.124,80	91.152,00	100.773,60	100.267,20
86			Abt 7	72.972,90	64.419,30	75.378,60	61.746,30	85.803,30	82.863,00	88.743,60	48.114,00	53.192,70	52.925,40
87			Abt 8	104.040,30	91.845,10	107.470,20	88.034,10	122.333,10	118.141,00	126.525,20	68.598,00	75.838,90	75.457,80
88			Abt 9	130.084,50	114.836,50	134.373,00	110.071,50	152.956,50	147.715,00	158.198,00	85.770,00	94.823,50	94.347,00
89			Abt 10	108.845,10	96.086,70	112.433,40	92.099,70	127.982,70	123.597,00	132.368,40	71.766,00	79.341,30	78.942,50
90													

Abbildung QuadrZuord_InBetrStO: Kostenmatrix

- C_hi = $C$80:$L$89   c_hi ist das Summenprodukt von X_hi und einer Matrix, die durch die Multiplikation der transponierten h-ten Zeile von T_hj und der transponierten i-ten Spalte Dist_ki entsteht.

Vorgehensweise:

- In die nordwestliche Ecke der Kostenmatrix wird folgende Formel eingegeben:
C80=SUMMENPRODUKT(X_hi;
           MMULT(MTRANS($C18:$L18);MTRANS(C$48:C$57)))
(hierbei ist auf die richtige Platzierung der Feststellzeichen ($) zu achten!).
- Und mit STRG + Shift + Enter bestätigt (Matrizenoperation!).
- Jetzt kann die Formel in die restlichen Felder der Matrix kopiert werden.

Das untere Beispiel zeigt das Matrizenprodukt der transponierten 6-ten Zeile von T_hj und der transponierten 4-ten Spalte von Dist_ki: =MMULT(Q65:Q74;S63:AB63). Der Kunstgriff über die transponierten Distanzen wurde hier nur deshalb genutzt, weil damit die einmal eingegebene Formel in Excel durchkopiert werden kann.

Modellbasiertes Logistikmanagement

Beispiel:

	i = 4	2,8	4,3	0,7	0	5,2	1,9	2,9	2,3	1,9	1,1
h=6	c_hi	Abt 1	Abt 2	Abt 3	Abt 4	Abt 5	Abt 6	Abt 7	Abt 8	Abt 9	Abt 10
508	Abt 1	1422,4	2184,4	355,6	0	2641,6	965,2	1473,2	1168,4	965,2	558,8
605	Abt 2	1694	2601,5	423,5	0	3146	1149,5	1754,5	1391,5	1149,5	665,5
128	Abt 3	358,4	550,4	89,6	0	665,6	243,2	371,2	294,4	243,2	140,8
850	Abt 4	2380	3655	595	0	4420	1615	2465	1955	1615	935
387	Abt 5	1083,6	1664,1	270,9	0	2012,4	735,3	1122,3	890,1	735,3	425,7
0	Abt 6	0	0	0	0	0	0	0	0	0	0
884	Abt 7	2475,2	3801,2	618,8	0	4596,8	1679,6	2563,6	2033,2	1679,6	972,4
263	Abt 8	736,4	1130,9	184,1	0	1367,6	499,7	762,7	604,9	499,7	289,3
853	Abt 9	2388,4	3667,9	597,1	0	4435,6	1620,7	2473,7	1961,9	1620,7	938,3
586	Abt 10	1640,8	2519,8	410,2	0	3047,2	1113,4	1699,4	1347,8	1113,4	644,6

Abbildung QuadrZuord_InBetrStO: Berechnung von Element c_64 der Kostenmatrix

Das Element c_64 der Kostenmatrix ergibt sich nun aus dem Summenprodukt der obigen Matrix mit X_hi. Das Ergebnis ist in der Kostenmatrix farbig markiert.

Schritt 5: Bestimmung der Gesamtkosten

C92 f_x =SUMMENPRODUKT(C_hi;X_hi)

	A	B	C	D
91				
92	**Gesamtkosten**		**10.280.835,00**	
93				

Abbildung QuadrZuord_InBetrStO: Eingabe der Formel für die Gesamtkosten

- Gesamtkosten = $C$92   =Summenprodukt(X_hi ; C_hi)

Schritt 6: Eingabe des mathematischen Modells in den Solver

Im Rahmen der hier eingeführten Terminologie ergibt sich jetzt als mathematisches Modell:

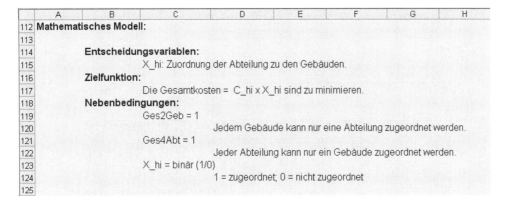

Abbildung QuadrZuord_InBetrStO:
Mathematisches Modell mit den verwendeten Bezeichnungen

Dieses Modell wird nun in den Premium Solver eingegeben:

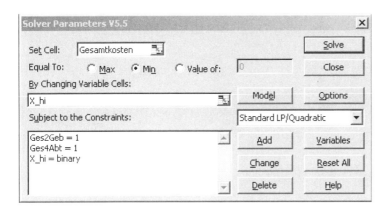

Abbildung QuadrZuord_InBetrStO: Eingabe des Mathematischen Modells in den Solver

Modellbasiertes Logistikmanagement

Die Berechnung des Solvers liefert schließlich folgende Lösung:

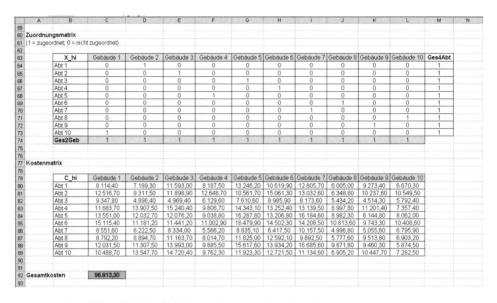

Abbildung QuadrZuord_InBetrStO: Ausgabe der optimalen Lösung

6.11 Heuristische Verfahren zum Quadratischen Zuordnungsproblem

6.11.1 Eröffnungsverfahren nach Müller-Merbach:

Setze:

$$TS(h) = \sum_{j=1}^{n} (t_{hj} + t_{jh}) \qquad \text{für } h = 1, \ldots, n$$

$$DS(i) = \sum_{k=1}^{n} (d_{ik} + d_{ki}) \qquad \text{für } i = 1, \ldots, n$$

Zunächst ordnet man die Indices der OE nach absteigenden TS(h) und die Indices der Standorte nach aufsteigenden DS(i). Danach ordnet man der ersten OE den ersten Standort zu, der zweiten OE den zweiten Standort usw.

6.11.2 Verbesserungsverfahren/Zweieraustauschverfahren

Man untersucht für alle Paare (h, j) von organisatorischen Einheiten, wie sich der Zielwert ändert, wenn h und j ihre Standorte austauschen. Somit kommt man auf insgesamt $\dfrac{n!}{2!(n-2)!}$ Austauschmöglichkeiten.

Derjenige Tausch, der zur besten Zielwertverbesserung führt, wird genommen.
Die erhaltene Lösung stellt ein Suboptimum dar.

6.12 Beispiel: QuadrZuord_Heuristik

Wir betrachten wieder das 10x10-Beispiel aus QuadrZuord_InBetrStO und wollen hierzu mit der oben beschriebenen Heuristik eine Näherungslösung bestimmen.

Problembeschreibung

Wir benutzen die gleichen Daten und Bezeichnungen wie im obigen Beispiel:
Jetzt sind aber auch die Zeilen- und Spaltensummen von Bedeutung.

Modellbasiertes Logistikmanagement

Aus praktischen Gründen wird auch wieder die Transponierte der Distanzmatrix berechnet.

	T_hj	Abt 1	Abt 2	Abt 3	Abt 4	Abt 5	Abt 6	Abt 7	Abt 8	Abt 9	Abt 10	Abt4Abt
	Abt 1	0	841	728	990	623	141	122	10	193	313	3961
	Abt 2	771	0	930	748	489	369	249	20	766	10	4352
	Abt 3	849	193	0	179	343	90	229	255	447	1	2586
	Abt 4	446	370	591	0	836	219	914	827	25	159	4387
	Abt 5	212	636	87	270	0	630	447	955	572	655	4464
h	Abt 6	508	605	128	850	387	0	884	263	853	586	5064
	Abt 7	288	80	35	708	169	511	0	456	139	287	2673
	Abt 8	113	303	633	604	886	135	341	0	723	73	3811
	Abt 9	680	973	520	47	791	11	519	865	0	359	4765
	Abt 10	108	79	872	196	602	342	704	690	394	0	3987
	Abt2Abt	3975	4080	4524	4592	5126	2448	4409	4341	4112	2443	

Distanzen [km]

Dist_ik	Gebäude 1	Gebäude 2	Gebäude 3	Gebäude 4	Gebäude 5	Gebäude 6	Gebäude 7	Gebäude 8	Gebäude 9	Gebäude 10	Geb4Geb
Gebäude 1	0	4,9	2,3	0,5	0,5	3,8	4,1	3,6	3,6	4	27,3
Gebäude 2	1,3	0	0,1	2,6	2,9	1,4	5,3	3,4	2,1	5	24,1
Gebäude 3	3,3	0,4	0	4,7	5	3,1	2,8	3,2	0,4	5,3	28,2
Gebäude 4	2,8	4,3	0,7	0	5,2	1,9	2,9	2,3	1,9	1,1	23,1
Gebäude 5	2,9	1,1	5,3	3,3	0	4,1	5,4	3,5	3	3,5	32,1
Gebäude 6	1,7	4	3,7	3,2	3,9	0	3,1	5,2	5,3	0,9	31
Gebäude 7	5,5	4,5	4	2,3	3,6	2,7	0	4,4	1,7	4,5	33,2
Gebäude 8	2,3	2,4	1,6	1,5	0,2	2,2	3,1	0	1,4	3,3	18
Gebäude 9	0,3	1,3	0,5	3,9	3,3	3,1	4,3	2,3	0	0,9	19,9
Gebäude 10	0,4	3,4	0,3	0,5	0,9	3,9	3,9	5,1	1,4	0	19,8
Geb2Geb	20,5	26,3	18,5	22,5	25,5	26,2	34,9	33	20,8	28,5	

Abbildung QuadrZuord_Heuristik: Problembeschreibung

Distanzen transponiert (in km)

Dist_ki	Gebäude 1	Gebäude 2	Gebäude 3	Gebäude 4	Gebäude 5	Gebäude 6	Gebäude 7	Gebäude 8	Gebäude 9	Gebäude 10
Gebäude 1	0	1,3	3,3	2,8	2,9	1,7	5,5	2,3	0,3	0,4
Gebäude 2	4,9	0	0,4	4,3	1,1	4	4,5	2,4	1,3	3,4
Gebäude 3	2,3	0,1	0	0,7	5,3	3,7	4	1,6	0,5	0,3
Gebäude 4	0,5	2,6	4,7	0	3,3	3,2	2,3	1,5	3,9	0,5
Gebäude 5	0,5	2,9	5	5,2	0	3,9	3,6	0,2	3,3	0,9
Gebäude 6	3,8	1,4	3,1	1,9	4,1	0	2,7	2,2	3,1	3,9
Gebäude 7	4,1	5,3	2,8	2,9	5,4	3,1	0	3,1	4,3	3,9
Gebäude 8	3,6	3,4	3,2	2,3	3,5	5,2	4,4	0	2,3	5,1
Gebäude 9	3,6	2,1	0,4	1,9	3	5,3	1,7	1,4	0	1,4
Gebäude 10	4	5	5,3	1,1	3,5	0,9	4,5	3,3	0,9	0

Abbildung QuadrZuord_Heuristik: Distanzmatrix transponiert

Bezeichnungen

- n   =$M$15   Anzahl der Abteilungen und Gebäude
- T_hj   = $C$18:$L$27   Transportmengen zwischen den einzelnen Abteilungen pro Periode
- Abt2Abt   = $C$28:$L$28   Spaltensummen von T_hj
- Abt4Abt   =$M$18:$M$27   Zeilensummen von T_hj

- Dist_ik   = $C$33:$L$42   Länge der Transportwege zwischen den Gebäuden
- Geb2Geb   = $C$43:$L$43   Spaltensummen von Dist_jk

- Geb4Geb   =$M$33:$M$42   Zeilensummen von Dist_jk
- Dist_ki   = $C$48:$L$57   transponierte Distanzmatrix

Heuristik Schritt 1: Eröffnungsverfahren

Berechnung der TS und DS Indikatoren:

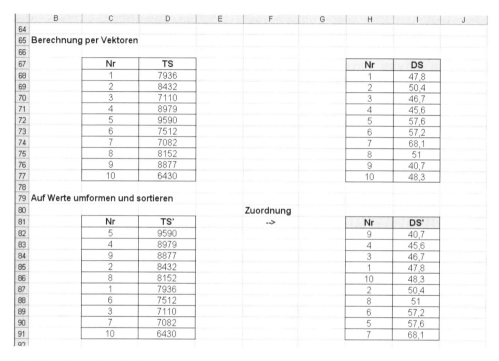

Abbildung QuadrZuord_Heuristik: Berechnung der TS und DS Indikatoren

Sei dazu

- TS   = $D$68:$D$77   Summe der Spalten- und Zeilensummen von T_hj
                                 = Abt4Abt + TRANSP(Abt2Abt)
- DS   = $I$68:$I$77   Summe der Spalten- und Zeilensummen von Dist_jk
                                 = Geb4Geb + TRANSP(Geb2Geb)
- TS'   = $D$82:$D$91   Werte von TS absteigend sortiert
- DS'   = $I$82:$I$91   Werte von DS absteigend sortiert
- T2D   = $C$82:$I$91   Zuordnung von Abteilungen auf Gebäude gemäß der TS' und DS' Sortierung

TS' erhält man dabei, indem man (nur) die Werte der oberen TS-Tabelle nach unten kopiert und dann gemäß des TS-Indikators absteigend sortiert. Gleiches gilt für DS'.

Indem man nun zeilenweise die links stehenden Nummern der Abteilungen den rechts stehenden Nummern der Gebäude zuordnet, erhält man die Ausgangszuordnung.

Heuristik Schritt 2: Verbesserungsverfahren

Um keine Makros verwenden zu müssen, benutzen wir ein halbautomatisches Zweier-Austauschverfahren.

Abbildung QuadrZuord_Heuristik: 2e-Austauschverfahren

Erläuterung

- LfdNr = $F$95 Laufende Nummer
- StartZuord = $E$98:$N$98 Startzuordnung aus Eröffnungsverfahren
  E98 =SVERWEIS(E97;T2D;6;FALSCH) usw. durchkopieren
- Vertauschungspaare:
  C99 = 1;   D99 = 2   Vorbelegung
  C100 = WENN(D99=n;C99+1;C99)
  D110 = WENN(D99=n;C100+1;D99+1)

  usw. durchkopieren
- Zuordnung = $E$97:$M$143 Tabelle der Zuordnungen, die sich über die Austauschpaare aus der StartZuordnung ergeben
  E99=WENN(E$97=$C99;INDEX(StartZuord;$D99);

WENN(E$97=$D99;INDEX(StartZuord;$C99);E$98))

usw. durchkopieren

Berechnung des Zielwertes für die Zuordnung aus Zeile <LfdNr>

Sei:

- X_hi   = $U$99:$AD$108   Zuordnungsmatrix der Abteilungen auf die Gebäude gem. Zuordn. <LfdNr>

  U99 = WENN(WVERWEIS($S99;Zuordnung;LfdNr+2)=U$97;1;0)

  usw. durchkopieren

- Ges2Geb   = $U$109:$AD$109   Spaltensummen von X_hi
- Ges4Abt   = $AE$99:$AE$108   Zeilensummen von X_hi
- C_hi   = $U$115:$AD$124   Kostenmatrix C_hi

c_hi ist das Summenprodukt von X_hi und einer Matrix, die durch die Multiplikation der transponierten h-ten Zeile von T_hj und der transponierten i-ten Spalte Dist_ki entsteht.:

=SUMMENPRODUKT(X_hi;

MMULT(MTRANS($C18:$L18);MTRANS(C$48:C$57)))

Vorgehensweise:

- In die nordwestliche Ecke der Kostenmatrix wird folgende Formel eingegeben:

  U99=SUMMENPRODUKT(X_hi;

  MMULT(MTRANS($C18:$L18);MTRANS(C$48:C$57)))

  (hierbei ist auf die richtige Platzierung der Feststellzeichen ($) zu achten!)

- und mit STRG + Shift + Enter bestätigt (Matrizenoperation!)
- Jetzt kann die Formel in die restlichen Felder der Matrix kopiert werden.

		S	T	U	V	W	X	Y	Z	AA	AB	AC	AD	AE
94														
95		Zuordnungsmatrix für LfdNr												
96		(1 = zugeordnet; 0 = nicht zugeordnet)												
97				1	2	3	4	5	6	7	8	9	10	
98			X_hi	Gebäude 1	Gebäude 2	Gebäude 3	Gebäude 4	Gebäude 5	Gebäude 6	Gebäude 7	Gebäude 8	Gebäude 9	Gebäude 10	Ges4Abt
99		1	Abt 1	0	1	0	0	0	0	0	0	0	0	1
100		2	Abt 2	1	0	0	0	0	0	0	0	0	0	1
101		3	Abt 3	0	0	0	0	1	0	0	0	0	0	1
102		4	Abt 4	0	0	0	1	0	0	0	0	0	0	1
103		5	Abt 5	0	0	0	0	0	0	0	1	0	0	1
104		6	Abt 6	0	0	0	0	0	0	1	0	0	0	1
105		7	Abt 7	0	0	0	0	1	0	0	0	0	0	1
106		8	Abt 8	0	0	0	0	0	0	0	0	1	0	1
107		9	Abt 9	0	0	0	0	0	1	0	0	0	0	1
108		10	Abt 10	0	0	0	0	0	0	0	0	0	1	1
109			Ges2Geb	1	1	0	1	1	1	2	1	1	1	
110														

Abbildung QuadrZuord_Heuristik: Zuordnungsmatrix für LfdNr

Modellbasiertes Logistikmanagement

	S	T	U	V	W	X	Y	Z	AA	AB	AC	AD	AE
111													
112		Kostenmatrix für LfdNr											
113													
114		C_hi	Gebäude 1	Gebäude 2	Gebäude 3	Gebäude 4	Gebäude 5	Gebäude 6	Gebäude 7	Gebäude 8	Gebäude 9	Gebäude 10	
115		Abt 1	8.187,40	9.559,80	12.465,30	7.358,80	13.820,60	10.686,20	11.031,80	7.519,10	9.281,80	7.345,10	
116		Abt 2	14.160,80	10.463,20	11.607,20	10.427,30	14.148,40	13.382,80	11.142,20	8.224,40	11.827,70	12.439,40	
117		Abt 3	8.779,70	6.056,10	5.993,90	7.820,30	6.740,00	9.094,20	8.244,70	5.506,30	4.978,30	5.945,80	
118		Abt 4	12.748,60	11.569,40	13.735,00	12.364,90	11.149,30	12.861,90	15.034,40	7.874,30	7.578,30	7.796,80	
119		Abt 5	12.846,60	16.367,00	16.470,40	11.239,90	15.498,60	12.475,70	13.986,60	9.612,60	10.848,80	9.850,10	
120		Abt 6	12.187,70	15.493,70	16.589,40	13.916,10	15.495,20	15.976,80	12.937,90	10.214,70	13.895,30	9.842,90	
121		Abt 7	7.916,80	8.623,90	9.127,70	4.762,30	9.220,60	8.837,30	8.046,60	5.076,20	6.685,60	6.005,80	
122		Abt 8	10.370,80	10.377,80	10.566,40	8.612,50	13.020,40	12.095,20	8.601,10	7.042,90	9.414,30	8.616,30	
123		Abt 9	13.410,10	11.546,40	13.852,10	12.856,00	13.234,40	12.689,50	17.077,60	10.263,00	7.031,40	7.783,40	
124		Abt 10	12.066,60	11.839,90	13.543,70	9.835,20	12.115,50	10.750,50	11.893,30	7.135,30	9.056,70	8.654,80	
125													

Abbildung QuadrZuord_Heuristik: Kostenmatrix für LfdNr

Schließlich:

Gesamtkosten ▼ f_x =SUMMENPRODUKT(C_hi;X_hi)

	H	I	J	K
94				
95	Gesamtkosten		113.051,00	
96				

Abbildung QuadrZuord_Heuristik: Eingabe der Formel für die Gesamtkosten

- Gesamtkosten = $C$92   =Summenprodukt(X_hi ; C_hi)

Sukzessive (händische) Übertragung der Zielwerte

Nach diesen Vorbereitungen startet man nun, indem zunächst LfdNr = 1 gesetzt wird. Man übernimmt die Gesamtkosten in die Zielwertspalte der Tabelle Zuordnung.

Nun wird LfdNr um 1 erhöht und der Wert aus Gesamtkosten in die Zeile <LfdNr> von Zuordnung übertragen.

Dieses wird so lange wiederholt, bis man die Zeile (n-1)*n/2 = 45 gefüllt hat.

Dann wird diejenige Zuordnung gewählt, die den kleinsten Zielwert besitzt.

In unserem Fall ist das die Zuordnung 21 mit einem Zielwert von 99.957,90.

Zum Vergleich: Das Optimum liegt bei: 96.830,30.

7 Modelle zur Standortoptimierung

Standortplanung führt oft zu kombinatorischen Optimierungsproblemen.

Das Absatzgebiet eines Unternehmens umfasse beispielsweise mehrere hundert regionale Schwerpunkte. Für diese seien durchschnittliche jährliche Nachfragemengen prognostiziert worden. Das Unternehmen könnte nun eine große Fabrik erbauen, von der aus der gesamte Markt versorgt werden würde. Dies würde relativ geringe Fixkosten, jedoch auch ein hohes Transportaufkommen mit entsprechenden Transportkosten verursachen. Um dieses Resultat zu vermeiden, könnte das Unternehmen mehrere Fabriken gleichmäßig auf das Absatzgebiet verteilen. Dann wäre jedoch mit erhöhten Fixkosten, aber auch mit verringerten Transportaufkommen und Transportkosten zu rechnen.

Somit müssen sich die Entscheidungsträger des Unternehmens folgende Fragen stellen:

- Wie viele Fabriken sollen errichtet werden?
- Wo sollen die einzelnen Fabriken erbaut werden?
- Wie soll das gesamte Absatzgebiet auf die Fabriken aufgeteilt werden?

Bei den Modellen zur Standortoptimierung unterscheidet man grundsätzlich zwischen kontinuierlichen und diskreten Standortplanungen.

Bei der **kontinuierlichen Standortplanung**, auch Standortplanung in der Ebene genannt, kommt jeder Punkt auf einer homogenen Fläche als potenzieller Standort in Frage. Dieser Ansatz wird in der innerbetrieblichen, aber auch in der betrieblichen Standortplanung angewendet. Dabei wird unterstellt, dass zwischen dem gesuchten Standort und den zugrundeliegenden n Standorten Transportverbindungen bestehen und dass das Errichten eines solchen Standortes grundsätzlich überhaupt möglich ist.

Beispiele: Airline-Hubs, Hubschrauber-Rettungsstationen etc.

Bei **diskreten Standortplanungen** geht man von Netzwerken mit Entfernungsdaten aus, bei denen als Standorte nur die Knoten eines vorgegebenen Netzwerkes zugelassen sind.

Das Ziel ist, den Gewinn des Unternehmens zu maximieren oder die gesamten Logistikkosten der **Standorte in einem Distributionssystem** zu minimieren. Jeder potenzielle Standort verursacht (bezogen auf eine feststehende Planungsperiode) in der Regel unterschiedliche Transportkosten (z. B. in Abhängigkeit von der Entfernung) und Fixkosten wie Kosten zur Standorterrichtung oder Betriebskosten.

Es soll die Anzahl der Lagerstandorte bestimmt werden, so dass bei vollständiger Kundenbelieferung die für die Standortplanung relevanten Kosten wie fixe Standortkosten und Transportkosten minimiert werden.

Bei der Standortplanung von Produktionsstätten im Netzwerk[1] sind Knoten und z. T. auch die Punkte auf Kanten bzw. Pfeilen eines Graphen potentielle Standorte. Es werden (fast) alle Elemente der Standortestruktur als variabel betrachtet. Das betrifft die Anzahl der Produktionsstätten und deren Standorte sowie die Ausstattung an Betriebsmitteln, aber auch die Zuordnung des Leistungsprogramms. Es wird unterstellt, dass das Unternehmen nur zwischen einer begrenzten Anzahl möglicher Standorte wählen kann und dass in der Regel von sicheren Daten ausgegangen wird. Die Leistungsmengen der einzelnen Produktarten werden häufig als Variablen in das Modell eingesetzt. Dafür sind vor allem lineare und statistische Optimierungsmodelle entwickelt worden.

Beispielsweise zählen folgende Komponenten zu den Variablen:
- Anzahl und Standorte der Produktionsstätten
- Mengen der Beschaffungsgüter
- Produktmengen
- transportierte Mengen verschiedener Produktarten
- Betrag einer Finanzinvestition
- Anzahl der spezifischen Anlagetypen in den Produktionsstätten

Die Gewinnmaximierung kann dabei als Zielsetzung angenommen werden. Bei der Aufstellung der Zielfunktion werden dann die relevanten Ertrags- und Leistungs- sowie die Kostenbestandteile berücksichtigt. Zu den Ertrags- und Leistungsbestandteilen gehören beispielsweise Umsätze und zu den Kosten z. B. Beschaffungskosten für Produktionsfaktoren, Transportkosten sowie fixe Kosten,

---

[1] Vgl. Bichler, K.; Krohn, R.; Philippi, P. (Hrsg.) (2005).

welche durch die Anlagen der Produktionsstätte verursacht werden. Die anfallenden Kosten sind jeweils standortabhängig.

Für die Formulierung der Zielfunktion sowie der Nebenbedingungen (z. B. Absatzhöchstmengen, Kapazitätsbeschränkungen, Beschaffungsbedingungen) ist eine Vielzahl von meist Standortespezifischen Daten erforderlich.

Bei anderen Ansätzen können die Variablen unterschiedlich ausgestaltet sein.
In der nachfolgenden Tabelle werden hierfür einige Beispiele aufgeführt:

Bereiche	**Annahmen**
Zielfunktion	Gewinnmaximierung oder Kostenminimierung
Anzahl der Produktarten	Ein- oder Mehrproduktbetrieb
Beschaffungsbereich inklusive Personalbeschaffung	Formulierung von Nebenbedingungen für Personal und/ oder Material u.a.
Absatzbereich	Marktform, Vorgabe oder simultane Festlegung der Absatzorte etc.
Transportbereich	Art der Transportverbindung, Kostenverläufe, explizite Berücksichtigung der Transporte von Beschaffungsgütern
Finanzierungsbereich	Einbeziehung von Finanzinvestitionen, Subventionen und/ oder Kapitalrestriktionen, Finanzierungsformen etc.

Tabelle: Übersicht über die Bereiche und deren Annahmen[1]

---

[1] Bichler, K.; Krohn, R.; Philippi, P. (Hrsg.) (2005).

7.1 Warehouse-Location-Probleme

Bei den Warehouse-Location-Problemen (WLP) handelt es sich um diskrete Standortmodelle. Dabei soll geklärt werden, welcher oder welche von potentiellen Standorten eines gegebenen Netzwerkes überhaupt für die Errichtung eines Werkes, Lagers etc. in Frage kommen. Das Modell berücksichtigt bei der Versorgung bestimmter Absatzgebiete nicht allein die variablen Transportkosten, sondern zusätzlich auch die fixen Betriebskosten an den Standorten.

Warehouse-Location-Probleme teilen sich ein in:
- ein- oder mehrstufige Probleme
- Vernachlässigung oder Berücksichtigung von Kapazitätsbeschränkungen
- Einprodukt- oder Mehrproduktprobleme
- lineare oder nichtlineare Kostenfunktionen

7.1.1 Das einstufige kapazitierte WLP

Es handelt sich bei diesem Modell um die Erweiterung des Klassischen Transportproblems hinsichtlich der Berücksichtigung von Fixkosten, wir betrachten also ein einstufiges Transportmodell hinsichtlich eines einzigen Gutes.

7.1.1.1 Ökonomische Problembeschreibung

Zum Transport einheitlicher Objekte von mehreren Angebots-(Versende-) zu mehreren Nachfrage-(Empfangs-)orten ist ein optimaler, d. h. kostenminimaler Plan zu finden. Gegeben sind dabei die vorhandenen und zu liefernden Mengen an den einzelnen Standorten, die jeweiligen Transportkosten pro Einheit zwischen allen Standorten sowie die fixen Betriebskosten der Versendeorte (Fabriken, Werke).

7.1.1.2 Mathematische Formulierung des Problems

Ein bestimmtes Gut wird an m verschiedenen Orten angeboten und an n verschiedenen Orten nachgefragt.

- Die Angebote a_i sowie der Bedarf b_j sind bekannt.
- Pro Einheit des Gutes sind die Transportkosten c_{ij} von jedem Angebotsort i zu jedem Nachfrageort j gegeben,
- ebenso die fixen Betriebskosten f_i an jedem Angebotsort i.

Wie viele Einheiten x_{ij} sollen vom Angebotsort i zum Nachfrageort j transportiert und welche Angebotsorte sollen aufrechterhalten werden,

- so dass das vorhandene Angebot eingehalten,
- der gesamte Bedarf gedeckt und dabei
- die gesamten Logistikkosten (variable Transportkosten plus fixe Betriebskosten) minimal werden?

7.1.1.3 Mathematisches Modell

Indices:

$i = 1, ..., m$ Angebotsorte
$j = 1, ..., n$ Nachfrageorte

Gegebene Daten:

a_i	Angebot des Gutes am Ort i (in ME)
b_j	Nachfrage des Gutes am Ort j (in ME)
c_{ij}	Transportkosten pro Einheit des Gutes vom Ort i zum Ort j
f_i	Betriebskosten am Ort i

Entscheidungsvariablen:

x_{ij} ME des Gutes, die von Ort i nach Ort j transportiert werden sollen

$y_i = 1$ Knoten i wird als Versendeort genutzt

$y_i = 0$ Knoten i wird nicht als Versendeort genutzt

Zielfunktion:

(ZF) $\sum_{i=1}^{m}\sum_{j=1}^{n} c_{ij} x_{ij} + \sum_{i=1}^{n} f_i y_i \to \min!$ Minimiere die gesamten Logistikkosten!

Restriktionen (Nebenbedingungen):

(1) $\sum_{j=1}^{n} x_{ij} \leq a_i y_i$ für i = 1, ..., m

Das Angebotslimit ist an jedem Ort i einzuhalten.

(2) $\sum_{i=1}^{m} x_{ij} \geq b_j$ für j = 1, ..., n

Die Nachfrage ist für jeden Ort j zu erfüllen.

(NN) $x_{ij} \geq 0$ für alle i = 1, ..., m; j = 1, ..., n

(B) $y_i \in \{0,1\}$ für i = 1, ..., n

Binärvariable

7.1.1.4 Verbindung zwischen Mengenflüssen und Indikatoren

Aus (1) folgt, dass ein Standort genutzt wird ($y_i = 1$), sobald ein Mengenfluss $x_{ij} > 0$ auftritt.

7.1.2 Beispiel: StO_WLP_Transp1S1G

Problembeschreibung[1]

Ein Unternehmen habe 5 Fabriken und beliefere damit 4 Lager. Es treten variable Transportkosten auf sowie für jede Fabrik auch Fixkosten. Die Kapazitäten der Fabriken sind bekannt, ebenso die Nachfrage der Lager.

Welche Fabriken sollen geschlossen werden, so dass die gesamten Distributionskosten minimal sind?

Als zusammenfassende Problembeschreibung erhält man die folgende Transportkostenmatrix inklusive Produktionskapazitäten, Nachfrage und Fixkosten der einzelnen Fabriken:

	A	B	C	D	E	F	G	H
11								
12	Transportkosten (für 1000 Produkte)							
13								
14			Lager 1	Lager 2	Lager 3	Lager 4	ProdKap	Fixk_Fabr
15		Fabrik 1	4.000 €	2.500 €	1.200 €	2.200 €	20	12.000 €
16		Fabrik 2	2.000 €	2.600 €	1.800 €	2.600 €	22	15.000 €
17		Fabrik 3	3.000 €	3.400 €	2.600 €	3.100 €	17	17.000 €
18		Fabrik 4	2.500 €	3.000 €	4.100 €	3.700 €	19	13.000 €
19		Fabrik 5	4.500 €	4.000 €	3.000 €	3.200 €	18	16.000 €
20		Nachfrage	15	18	14	20		
21								

Abbildung StO_WLP_Transp1S1G: Transportkosten und Parameter

Schritt 1: Eingabe der Bezeichnungen

Zur besseren Dokumentation unserer Modelle bezeichnen wir die wesentlichen Zellenbereiche:

- C_FabrLag = $C$15:$F$19   Matrix der Transportkosten Fabrik zum Lager
- ProdKap = $G$15:$G$19   Produktionskapazitäten der Fabriken
- Nachfrage = $C$20:$F$20   Nachfrage der Lager
- Fixk_Fabr = $H$15:$H$19   Fixkosten der Fabriken

---

[1] Die Zahlen entstammen einem Standardbeispiel zur Frontline Solver Software.

Schritt 2: Aufbau der Tabelle für die Transportmengen

Wir kopieren den Zellenbereich der Transportkosten spaltenkonform nach unten und ändern ihn gemäß der folgenden Abbildung ab.

	A	B	C	D	E	F	G	H	I	J
22										
23		Transportmengen (in Einheiten zu 1000 Produkten)								
24										
25			Lager 1	Lager 2	Lager 3	Lager 4	Ges4Fabr	Angebot	Y_Fabr	
26		Fabrik 1	1	1	1	1	4	20	1	
27		Fabrik 2	1	1	1	1	4	22	1	
28		Fabrik 3	1	1	1	1	4	17	1	
29		Fabrik 4	1	1	1	1	4	19	1	
30		Fabrik 5	1	1	1	1	4	18	1	
31		Ges2Lag	5	5	5	5				
32										

Abbildung StO_WLP_Transp1S1G: Transportmengentabelle mit Vorgabewert 1

Mit:

- X_FabrLag = $C$26:$F$30   Matrix der Transportmengen Fabrik zum Lager
- Y_Fabr = $I$26:$I$30   Indikator für das Schließen einer Fabrik 0/1
- Ges2Lag = $C$31:$F$31   Spaltensummen von X_FabrLag
- Ges4Fabr = $G$26:$G$30   Zeilensummen von X_FabrLag
- Angebot = $H$26:$H$30   Tatsächliches Angebot der Fabriken = ProdKap * Y_Fabr

Schritt 3: Bestimmung der Gesamtkosten

GesamtKosten ▼		f_x =SUMME(D35:D36)		
	A	B	C	D	E
33					
34	Gesamtkosten				
35		Transportkosten		59.000 €	
36		Fixkosten		73.000 €	
37		Gesamt		132.000 €	
38					

Abbildung StO_WLP_Transp1S1G: Eingabe der Formel für die Gesamtkosten

Mit:

- Transportkosten = $D$35   = Summenprodukt von C_FabrLag und X_FabrLag
- Fixkosten   = $D$36   = Summenprodukt von Y_Fab und Fixk_Fabr
- GesamtKosten   = $D$37   = Transportkosten + Fixkosten

Schritt 4: Eingabe des mathematischen Modells in den Solver

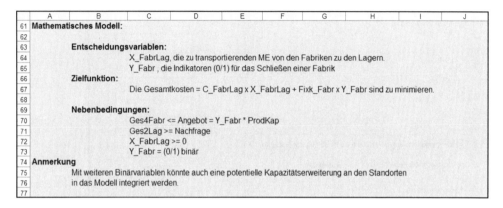

Abbildung StO_WLP_Transp1S1G:

    Mathematisches Modell mit den verwendeten Bezeichnungen

Die Eingabe dieses Modells in den Solver ergibt:

Modellbasiertes Logistikmanagement

Abbildung StO_WLP_Transp1S1G: Eingabe des Mathematischen Modells in den Solver

Das führt dann zu dem Ergebnis:

	A	B	C	D	E	F	G	H	I	J
22										
23		Transportmengen (in Einheiten zu 1000 Produkten)								
24										
25			Lager 1	Lager 2	Lager 3	Lager 4	Ges4Fabr	Angebot	Y_Fabr	
26		Fabrik 1	0	0	14	6	20	20	1	
27		Fabrik 2	14	0	0	8	22	22	1	
28		Fabrik 3	0	0	0	0	0	0	0	
29		Fabrik 4	1	18	0	0	19	19	1	
30		Fabrik 5	0	0	0	6	6	18	1	
31		Ges2Lag	15	18	14	20				
32										
33										
34	Gesamtkosten									
35		Transportkosten		154.500 €						
36		Fixkosten		56.000 €						
37		Gesamt		210.500 €						
38										

Abbildung StO_WLP_Transp1S1G: Ausgabe der optimalen Lösung

7.1.3 Das zweistufige kapazitierte WLP

Es handelt sich bei diesem Modell um die Erweiterung des klassischen Umladeproblems hinsichtlich der Berücksichtigung von Fixkosten für Werke und für Umschlagspunkte; wir betrachten also ein rein zweistufiges Transportmodell hinsichtlich eines einzigen Gutes.

7.1.3.1 Ökonomische Problembeschreibung

Einheitliche Objekte sind von mehreren Angebots-(Versende-)orten (z. B. Fabriken, Werke) über bestimmte Zwischenstationen (Hubs, Lager) zu mehreren Nachfrage-(Empfangs-)orten (Märkte) kostenminimal zu transportieren. An den Umschlagspunkten können dabei keine zusätzlichen Mengen entstehen. Gegeben sind die vorhandenen und die zu liefernden Mengen an den einzelnen Standorten, die jeweiligen Transportkosten pro Einheit zwischen allen Standorten, die fixen Betriebskosten für die Angebotsorte sowie die fixen Betriebskosten für die Umschlagspunkte.

7.1.3.2 Mathematische Formulierung des Problems

Ein bestimmtes Gut wird an m verschiedenen Orten angeboten und an n verschiedenen Orten nachgefragt. Der Transport soll über p Umschlagspunkte erfolgen.

- Die Angebote a_i sowie der Bedarf b_j sind bekannt.
- Pro Einheit des Gutes sind die Transportkosten c_{ik} von jedem Angebotsort i zu jedem Umschlagspunkt k sowie die Transportkosten d_{kj} von jedem Umschlagsort k zu jedem Nachfrageort j gegeben.
- Ferner sind die fixen Betriebskosten f_i an den Versandorten i sowie die fixen Betriebskosten g_k an den Umschlagspunkten k bekannt.

Wie viele Einheiten x_{ik} sollen vom Angebotsort i zu jedem Umschlagspunkt k, wie viele Einheiten y_{kj} von jedem Umschlagspunkt k zu jedem Nachfrageort j transportiert werden und welche Angebotsorte oder Umschlagspunkte sollen beibehalten werden,

- so dass das vorhandene Angebot eingehalten,
- der gesamte Bedarf gedeckt,
- keine zusätzlichen Mengen an den Umschlagsorten entstehen und dabei
- die gesamten Logistikkosten (variable Transport- plus fixe Betriebskosten) minimal werden?

7.1.3.3 Mathematisches Modell

Indices:

$i = 1, ..., m$ Angebotsorte (Fabriken, Werke)

$j = 1, ..., n$ Nachfrageorte (Märkte, Verkaufsläden)

$k = 1, ..., p$ Umschlagspunkte (Hubs, Lager)

Gegebene Daten:

a_i Angebot des Gutes am Ort i (in ME)

b_j Nachfrage des Gutes am Ort j (in ME)

c_{ik} Transportkosten pro Einheit des Gutes vom Ort i zum Umschlagspunkt k

d_{kj} Transportkosten pro Einheit des Gutes vom Umschlagspunkt k zum Ort j

f_i fixe Betriebskosten am Angebotsort i

g_k fixe Betriebskosten am Umschlagspunkt k

Entscheidungsvariablen:

x_{ik} ME des Gutes, die von Ort i nach Hub k transportiert werden sollen

y_{kj} ME des Gutes, die von Hub k nach Ort j transportiert werden sollen

$u_i = 1$ Knoten i wird als Versendeort genutzt

$u_i = 0$ Knoten i wird nicht als Versendeort genutzt

$v_k = 1$ Knoten k wird als Umschlagspunkt genutzt

$v_k = 0$ Knoten k wird nicht als Umschlagspunkt genutzt

Zielfunktion:

(ZF) $\sum_{i=1}^{m}\sum_{k=1}^{p}c_{ik}x_{ik} + \sum_{k=1}^{p}\sum_{j=1}^{n}d_{kj}y_{kj} + \sum_{i=1}^{m}f_{i}u_{i} + \sum_{k=1}^{p}g_{k}v_{k} \to \min!$

Minimiere die gesamten Logistikkosten!

Restriktionen (Nebenbedingungen)

(1) $\sum_{k=1}^{p}x_{ik} \leq a_{i}u_{i}$ für i = 1, ..., m

Das Angebotslimit ist an jedem Ort i einzuhalten.

(2) $\sum_{k=1}^{p}y_{kj} \geq b_{j}$ für j = 1, ..., n

Die Nachfrage ist für jeden Ort j zu erfüllen.

(3) $\sum_{i=1}^{m}x_{ik} \geq \sum_{j=1}^{n}y_{kj}$ für k = 1, ..., p

Im Hub entstehen keine zusätzlichen Bestände.

(4) $Mv_{k} \geq \sum_{i=1}^{m}x_{ik}$ für k = 1, ..., p

mit hinreichend großem M („Big M")

$v_{k}=1$, wenn der Umschlagspunkt genutzt wird

(NN) $x_{ik} \geq 0, y_{kj} \geq 0$ für alle i = 1, ..., m; k = 1, ..., p; j = 1, ..., n

Es werden nur nicht negative Mengen transportiert.

(B1) $u_{i} \in \{0,1\}$ für i = 1, ..., n

Binärvariable

(B2) $v_{k} \in \{0,1\}$ für k = 1, ..., p

Binärvariable

7.1.3.4 Bestimmung von Big M:

Für „Big M" eignet sich jede Zahl, die größer als der gesamte Fluss ist:

$$M \geq \sum_{j=1}^{n} b_j .$$

7.1.4 Beispiel: StO_WLP_Transp2S1G_EuroHubs

Problembeschreibung

An den aufgeführten Produktionsorten sei ein Vorrat an Paletten eines Elektronikartikels. An den aufgeführten Märkten sei ein Bedarf an diesen Elektronikartikeln, in Paletten gemessen. Die Transporte sollen über die angegebenen Regionallager umgeschlagen werden.

Transportkosten pro Pal und pro km   1,80 €

In den Regionallagern sind die unterschiedlichen Fixkosten zu berücksichtigen.

Frage 1

Bestimmen Sie die optimalen Transportmengen und -wege unter der Annahme, dass alle Lager beibehalten werden.

Zunächst erhält man die Distanzen inklusive Angebot, Nachfrage, den Fixkosten und den Kosten pro Kilometer und Palette.
Damit ergibt sich als zusammenfassende Problembeschreibung:

Distanzen und Parameter
Im Schnittpunkt der Tabelle stehen die km von der Fabrik **Fabr** zum Regionallager **Rlag**

Fixkosten	300.000 €	2.500.000 €	500.000 €	600.000 €	700.000 €	700.000 €	500.000 €	400.000 €	
von / nach	Barcelona	Berlin	Brüssel	Frankfurt/M.	Genf	Mailand	Paris	Zürich	Angebot [Pal]
Amsterdam	1.558	669	220	416	964	1.096	517	801	1.700
Budapest	2.093	904	1.358	979	1.320	1.034	1.527	1.004	1.000
Kopenhagen	2.234	367	1.030	802	1.533	1.507	1.252	1.205	1.500
Warschau	2.529	589	1.299	1.064	1.575	1.456	1.627	1.298	900

Im Schnittpunkt der Tabelle stehen die km vom Regionallager **Rlag** zum Markt **Mkt**

von / nach	Belgrad	Budapest	Helsinki	Istanbul	Lissabon	London	Madrid	Oslo	Rom	Wien
Barcelona	2.103	2.093	3.725	3.075	1.276	1.504	637	2.789	1.420	1.928
Berlin	1.332	904	1.459	2.304	3.148	1.114	2.509	1.026	1.525	648
Brüssel	1.804	1.358	1.962	2.276	2.098	371	1.561	1.529	1.492	1.107
Frankfurt/M.	1.389	979	1.843	2.361	2.542	764	1.903	1.410	1.275	723
Genf	1.391	1.320	2.422	2.363	2.019	991	1.380	1.989	882	1.016
Mailand	1.074	1.034	2.571	2.046	2.294	1.321	1.728	2.138	565	837
Paris	1.941	1.527	2.263	2.913	1.801	449	1.709	1.830	1.413	1.271
Zürich	1.247	1.004	2.260	2.219	2.299	942	1.641	1.827	871	748
Nachfrage [Pal]	400	300	200	500	150	600	700	350	200	800

Kosten pro km   1,80 €

Abbildung StO_WLP_Transp2S1G_EuroHubs: Distanzen und Parameter

Schritt 1: Eingabe der Bezeichnungen

Zur besseren Dokumentation unserer Modelle bezeichnen wir die wesentlichen Zellenbereiche:

- Dist_FabrRlag = $C$23:$J$26   Matrix der Distanzen von den Fabriken zu den Regionallagern
- Dist_RlagMkt = $C$31:$L$38   Matrix der Distanzen von den Regionallagern zu den Märkten
- Kosten_pro_km = $C$41   Transportkosten pro km für eine ME

Schritt 2: Aufbau der Tabelle für die Transportkosten

Hierzu kopieren wir den Zellenbereich der Transportdistanzen und Parameter spaltenkonform nach unten und ändern ihn gemäß der folgenden Abbildung ab.

	A	B	C	D	E	F	G	H	I	J	K	L	M
43													
44	Transportkosten												
45	Im Schnittpunkt der Tabelle stehen die Transportkosten pro ME von der Fabrik **Fabr** zum Regionallager **Rlag**												
46													
47		Fixk_Rlag	300.000 €	2.500.000 €	500.000 €	600.000 €	700.000 €	700.000 €	500.000 €	400.000 €			
48		von \ nach	Barcelona	Berlin	Brüssel	Frankfurt/M	Genf	Mailand	Paris	Zürich	Angebot		
49		Amsterdam	2.804,40 €	1.204,20 €	396,00 €	748,80 €	1.735,20 €	1.972,80 €	930,60 €	1.441,80 €	1.700		
50		Budapest	3.767,40 €	1.627,20 €	2.444,40 €	1.762,20 €	2.376,00 €	1.861,20 €	2.748,60 €	1.807,20 €	1.000		
51		Kopenhagen	4.021,20 €	660,60 €	1.854,00 €	1.443,60 €	2.759,40 €	2.712,60 €	2.253,60 €	2.169,00 €	1.500		
52		Warschau	4.552,20 €	1.060,20 €	2.338,20 €	1.915,20 €	2.835,00 €	2.620,80 €	2.928,60 €	2.336,40 €	900		
53													
54	Im Schnittpunkt der Tabelle stehen die Transportkosten pro ME vom Regionallager **Rlag** zum Markt **Mkt**												
55													
56		von \ nach	Belgrad	Budapest	Helsinki	Istanbul	Lissabon	London	Madrid	Oslo	Rom	Wien	
57		Barcelona	3.785,40 €	3.767,40 €	6.705,00 €	5.535,00 €	2.296,40 €	2.707,20 €	1.146,60 €	5.020,20 €	2.556,00 €	3.470,40 €	
58		Berlin	2.397,60 €	1.627,20 €	2.626,20 €	4.147,20 €	5.666,40 €	2.005,20 €	4.516,20 €	1.846,80 €	2.745,00 €	1.166,40 €	
59		Brüssel	3.247,20 €	2.444,40 €	3.531,60 €	4.096,80 €	3.776,40 €	667,20 €	2.809,80 €	2.752,20 €	2.685,60 €	1.992,60 €	
60		Frankfurt/M	2.500,20 €	1.762,20 €	3.317,40 €	4.249,80 €	4.575,60 €	1.375,20 €	3.425,40 €	2.538,00 €	2.295,00 €	1.301,40 €	
61		Genf	2.503,80 €	2.376,00 €	4.359,60 €	4.253,40 €	3.634,20 €	1.783,80 €	2.484,00 €	3.580,20 €	1.587,60 €	1.832,40 €	
62		Mailand	1.933,20 €	1.861,20 €	4.627,80 €	3.682,80 €	4.129,20 €	2.377,80 €	3.110,40 €	3.848,40 €	1.017,00 €	1.506,60 €	
63		Paris	3.493,80 €	2.748,60 €	4.073,40 €	5.243,40 €	3.241,80 €	808,20 €	3.076,20 €	3.294,00 €	2.543,40 €	2.287,80 €	
64		Zürich	2.244,60 €	1.807,20 €	4.068,00 €	3.994,20 €	4.138,20 €	1.695,60 €	2.953,80 €	3.288,60 €	1.567,80 €	1.346,40 €	
65		Nachfrage	400	300	200	500	150	600	700	350	200	800	
66													

Abbildung StO_WLP_Transp2S1G_EuroHubs: Transportkosten und Parameter

Dabei gilt:

- Fixk_Rlag = $C$47:$J$47   Fixkosten eines Regionallagers
- C_FabrRlag = $C$49:$J$52   = Kosten_pro_km * Dist_FabrRlag
- Angebot = $K$49:$K$52   Angebotsmengen der Fabriken

- C_RlagMkt = $C$57:$L$64   = Kosten_pro_km * Dist_RlagMkt
- Nachfrage = $C$65:$L$65   Nachfragemengen der Märkte

Schritt 3: Aufbau der Tabelle für die Transportmengen

Wir kopieren den Zellenbereich der Transportkosten spaltenkonform nach unten und ändern ihn gemäß der folgenden Abbildung ab.

Modellbasiertes Logistikmanagement

	A	B	C	D	E	F	G	H	I	J	K	L	M	N
67														
68	Transportmengen													
69	Im Schnittpunkt der Tabelle stehen die zu transportierenden ME von der Fabrik **Fabr** zum Regionallager **Rlag**													
70														
71		MY	4200	4200	4200	4200	4200	4200	4200	4200	BigM		AnzLager	
72		Y_Rlag	1	1	1	1	1	1	1	1	4.200		8	
73		von \ nach	Barcelona	Berlin	Brüssel	Frankfurt/M.	Genf	Mailand	Paris	Zürich	Ges4Fabr			
74		Amsterdam	1	1	1	1	1	1	1	1	8			
75		Budapest	1	1	1	1	1	1	1	1	8			
76		Kopenhagen	1	1	1	1	1	1	1	1	8			
77		Warschau	1	1	1	1	1	1	1	1	8			
78		Fabr2Rlag	4	4	4	4	4	4	4	4				
79														
80	Im Schnittpunkt der Tabelle stehen die zu transportierenden ME vom Regionallager **Rlag** zum Markt **Mkt**													
81														
82		von \ nach	Belgrad	Budapest	Helsinki	Istanbul	Lissabon	London	Madrid	Oslo	Rom	Wien	Mkt4Rlag	
83		Barcelona	1	1	1	1	1	1	1	1	1	1	10	
84		Berlin	1	1	1	1	1	1	1	1	1	1	10	
85		Brüssel	1	1	1	1	1	1	1	1	1	1	10	
86		Frankfurt/M.	1	1	1	1	1	1	1	1	1	1	10	
87		Genf	1	1	1	1	1	1	1	1	1	1	10	
88		Mailand	1	1	1	1	1	1	1	1	1	1	10	
89		Paris	1	1	1	1	1	1	1	1	1	1	10	
90		Zürich	1	1	1	1	1	1	1	1	1	1	10	
91		Ges2Mkt	8	8	8	8	8	8	8	8	8	8		
92														

Abbildung StO_WLP_Transp2S1G_EuroHubs: Transportmengentabelle mit Vorgabewert 1

Mit:

- X_FabrRlag   = $C$74:$J$77   Transportmengen von den Fabriken zu den Regionallagern
- Ges4Fabr   = $K$74:$K$77   Zeilensummen von X_FabrRlag
- Fabr2Rlag   = $C$78:$J$78   Spaltensummen von X_FabrRlag

- Y_Rlag   = $C$72:$J$72   Indikator (0/1) für die Nutzung eines Regionallagers: Ja = 1
- BigM   = $K$72   Große Zahl (Größer als gesamter möglicher Fluss, z. B. Zeilensumme von Nachfrage)
- AnzLager   = $J$64   Zeilensumme von Y_Rlag
- MY   = $C$71:$J$71   = BigM * Y_Rlag

- X_RlagMkt   = $C$83:$L$90   Transportmengen von den Regionallagern zu den Märkten
- Mkt4Rlag   = $M$83:$M$90   Zeilensummen von X_RlagMkt
- Ges2Mkt   = $C$91:$L$91   Spaltensummen von X_RlagMkt

Schritt 3: Bestimmung der Gesamtkosten

	A	B	C	D	E	F
	Gesamtkosten ▼	f_x =SUMME(E95:E97)				
93						
94	**Gesamtkosten**					
95		Transportkosten	von Fabr zum Rlag		68.089 €	
96			von Rlag zum Markt		235.483 €	
97		Fixkosten			6.200.000 €	
98		**Gesamt**			**6.503.572 €**	
99						

Abbildung StO_WLP_Transp2S1G_EuroHubs: Eingabe der Formel für die Gesamtkosten

Mit:

- TK_FabrRlag = $E$95   Summenprodukt von C_FabrRlag und X_FabrRlag
- TK_RlagMkt = $E$96   Summenprodukt von C_RlagMkt und X_RlagMkt
- FK_Rlag   = $E$97   Summenprodukt von Fixk_Rlag und Y_Rlag
- Gesamtkosten = $E$98 = TK_FabrRlag + TK_RlagMkt + FK_Rlag

Schritt 4: Eingabe des mathematischen Modells in den Solver

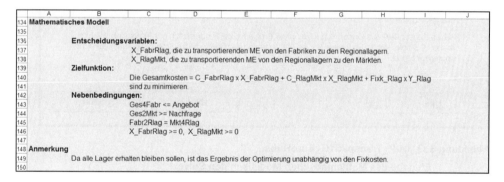

Abbildung StO_WLP_Transp2S1G_EuroHubs:
   Mathematisches Modell mit den verwendeten Bezeichnungen

Die Eingabe dieses Modells in den Solver ergibt:

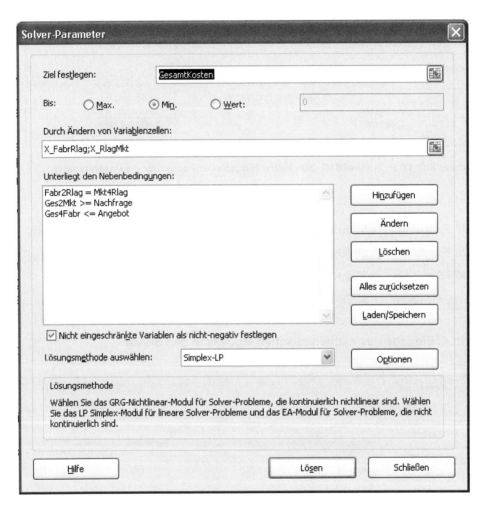

Abbildung StO_WLP_Transp2S1G_EuroHubs:
   Eingabe des Mathematischen Modells in den Solver

Das führt dann zu dem Ergebnis:

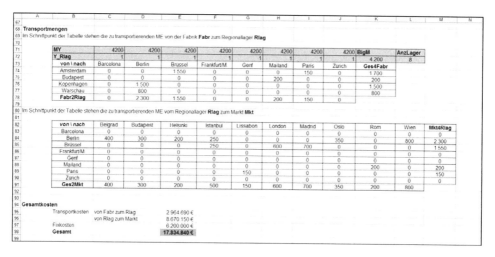

Abbildung StO_WLP_Transp2S1G_EuroHubs: Ausgabe der optimalen Lösung

Frage 2

Bestimmen Sie die optimale Anzahl und die optimalen Standorte der Regionallager sowie die Transportmengen und -wege.

Die Schritte 1 bis 3 verlaufen genauso wie bei Frage 1.

Schritt 4: Eingabe des mathematischen Modells in den Solver

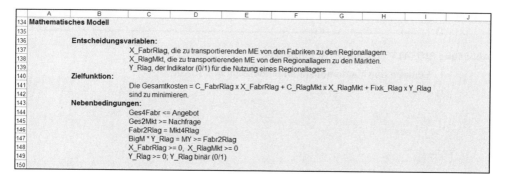

Abbildung StO_WLP_Transp2S1G_EuroHubs:
   Mathematisches Modell mit den verwendeten Bezeichnungen

Die Eingabe dieses Modells in den Solver ergibt:

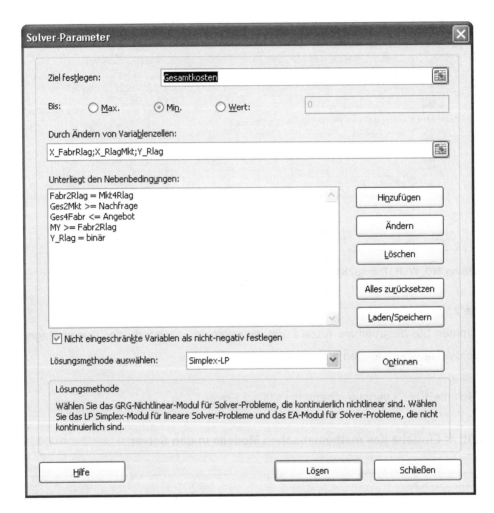

Abbildung StO_WLP_Transp2S1G_EuroHubs:
    Eingabe des Mathematischen Modells in den Solver

Das führt dann zu dem Ergebnis:

Transportmengen

Im Schnittpunkt der Tabelle stehen die zu transportierenden ME von der Fabrik **Fabr** zum Regionallager **Rlag**

MY		0	4200	4200	0	0	0	0	0	BigM		AnzLager
Y_Rlag		0	1	1	0	0	0	0	0	4.200		2
von \ nach	Barcelona	Berlin	Brussel	Frankfurt/M	Genf	Mailand	Paris	Zürich		Ges4Fabr		
Amsterdam	0	0	1.700	0	0	0	0	0		1.700		
Budapest	0	100	0	0	0	0	0	0		100		
Kopenhagen	0	1.500	0	0	0	0	0	0		1.500		
Warschau	0	900	0	0	0	0	0	0		900		
Fabr2Rlag	0	2.500	1.700	0	0	0	0	0				

Im Schnittpunkt der Tabelle stehen die zu transportierenden ME vom Regionallager **Rlag** zum Markt **Mkt**

von \ nach	Belgrad	Budapest	Helsinki	Istanbul	Lissabon	London	Madrid	Oslo	Rom	Wien	Mkt4Rlag
Barcelona	0	0	0	0	0	0	0	0	0	0	0
Berlin	400	300	200	450	0	0	0	350	0	800	2.500
Brüssel	0	0	0	50	150	600	700	0	200	0	1.700
Frankfurt/M	0	0	0	0	0	0	0	0	0	0	0
Genf	0	0	0	0	0	0	0	0	0	0	0
Mailand	0	0	0	0	0	0	0	0	0	0	0
Paris	0	0	0	0	0	0	0	0	0	0	0
Zürich	0	0	0	0	0	0	0	0	0	0	0
Ges2Mkt	400	300	200	500	150	600	700	350	200	800	

Gesamtkosten

Transportkosten	von Fabr zum Rlag	2.781.000 €
	von Rlag zum Markt	9.094.140 €
Fixkosten		3.000.000 €
Gesamt		**14.875.140 €**

Abbildung StO_WLP_Transp2S1G_EuroHubs: Ausgabe der optimalen Lösung

Frage 3

Bestimmen Sie den Standort eines optimalen Zentrallagers sowie die Transportmengen und -wege.

Die Schritte 1 bis 3 sind wieder so wie bei Frage 1.

Schritt 4: Eingabe des mathematischen Modells in den Solver

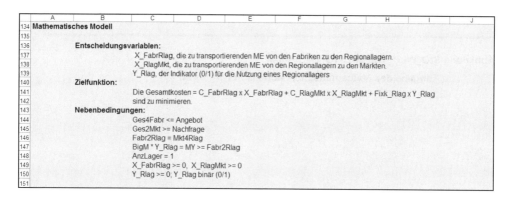

Mathematisches Modell

Entscheidungsvariablen:
X_FabrRlag, die zu transportierenden ME von den Fabriken zu den Regionallagern.
X_RlagMkt, die zu transportierenden ME von den Regionallagern zu den Märkten.
Y_Rlag, der Indikator (0/1) für die Nutzung eines Regionallagers

Zielfunktion:
Die Gesamtkosten = C_FabrRlag x X_FabrRlag + C_RlagMkt x X_RlagMkt + Fixk_Rlag x Y_Rlag
sind zu minimieren.

Nebenbedingungen:
Ges4Fabr <= Angebot
Ges2Mkt >= Nachfrage
Fabr2Rlag = Mkt4Rlag
BigM * Y_Rlag = MY >= Fabr2Rlag
AnzLager = 1
X_FabrRlag >= 0, X_RlagMkt >= 0
Y_Rlag >= 0; Y_Rlag binär (0/1)

Abbildung StO_WLP_Transp2S1G_EuroHubs:
Mathematisches Modell mit den verwendeten Bezeichnungen

Die Eingabe dieses Modells in den Solver ergibt:

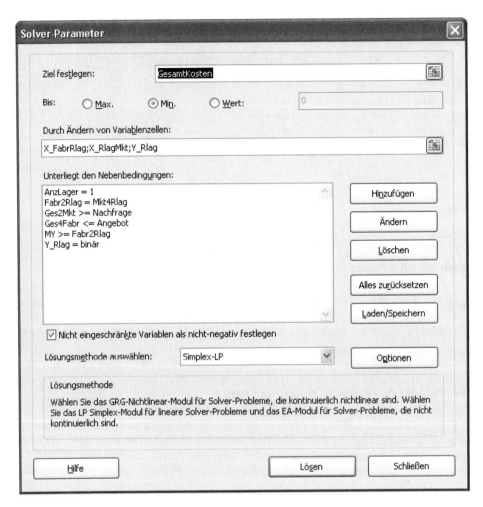

Abbildung StO_WLP_Transp2S1G_EuroHubs:
Eingabe des Mathematischen Modells in den Solver

Das führt dann zu dem Ergebnis:

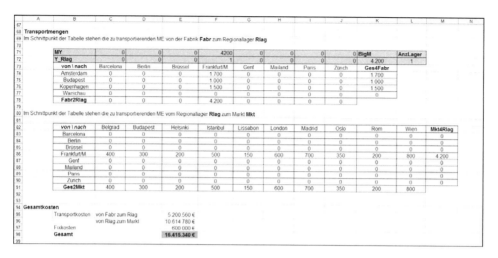

Abbildung StO_WLP_Transp2S1G_EuroHubs: Ausgabe der optimalen Lösung

Frage 4

Bestimmen Sie die optimale Anzahl und die Standorte der Regionallager sowie die Transportmengen und -wege durch interaktive Vorgabe der genutzten Lager, also ohne Nutzung der kombinatorischen Optimierung.

Schritte 1 bis 3 sind genauso wie bei Frage 1.

Schritt 4: Einfügen der Interaktiven Steuerung

Abbildung StO_WLP_Transp2S1G_EuroHubs: Interaktive Steuerung

Mit:

- Vorgabe_Rlag   = $C$103:$J$103   Vorgabe-Werte für die Festlegung, welche Lager genutzt werden sollen

Modellbasiertes Logistikmanagement

Schritt 5: Eingabe des mathematischen Modells in den Solver

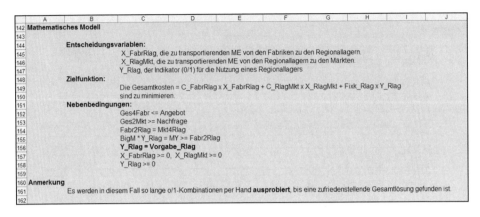

Abbildung StO_WLP_Transp2S1G_EuroHubs:
Mathematisches Modell mit den verwendeten Bezeichnungen

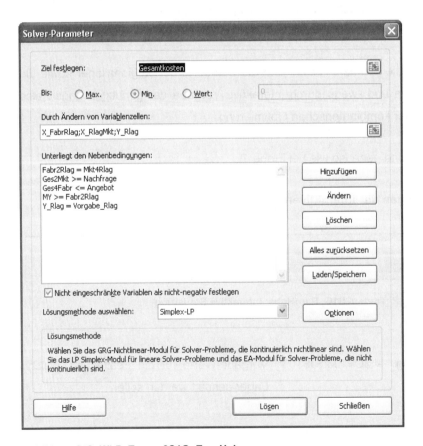

Abbildung StO_WLP_Transp2S1G_EuroHubs:
Eingabe des Mathematischen Modells in den Solver

Das führt, je nach Einstellung der interaktiven Steuerung, beispielsweise zu folgendem Ergebnis:

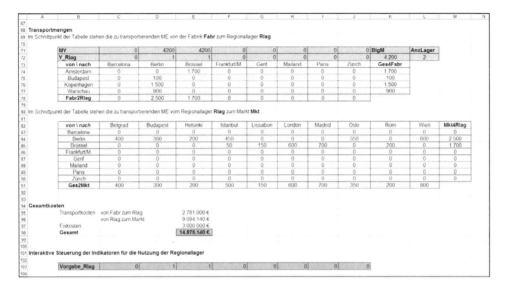

Abbildung StO_WLP_Transp2S1G_EuroHubs: Ausgabe der optimalen Lösung

7.1.5 Das mehrstufige kapazitierte WLP

Es handelt sich bei diesem Modell um das allgemeine Netzfluss-Problem unter Berücksichtigung von fixen Betriebskosten; wir betrachten also ein mehrstufiges Transportmodell hinsichtlich eines einzigen Gutes.

7.1.5.1 Ökonomische Problembeschreibung

Einheitliche Objekte sind in einem Netzwerk mehrerer Orte direkt oder über Zwischenstationen kostenminimal zu transportieren, wobei der Bedarf an jedem Standort befriedigt werden soll. Dabei können an jedem Netzwerkknoten (Ort) vorgegebene Angebots- und/oder Nachfragemengen nach dem Gut auftreten.

Die jeweiligen Transportkosten pro Einheit zwischen allen Standorten sind bekannt, ebenso die fixen Betriebskosten für Angebots-(Produktions-) und Umschlagsaktivitäten.

7.1.5.2 Mathematische Formulierung des Problems

Ein bestimmtes Gut wird an n verschiedenen Knoten (Orten) angeboten und/oder nachgefragt. Die Orte sind durch ein Netzwerk von Transportverbindungen verknüpft.

- Die Angebote a_k sowie der Bedarf b_k sind für jeden Ort k bekannt.
- Pro Einheit des Gutes sind für die zulässigen Verbindungen die Transportkosten c_{ij} von jedem Ort i zu jedem Ort j gegeben, ferner
- die fixen Angebotskosten f_k und die fixen Umschlagskosten g_k an jedem Ort k.

Welche Orte sollen als Produktionsstandorte, welche als Umschlagsstandorte genutzt werden, Wie viele Einheiten x_{ij} sollen vom Ort i zum Ort j transportiert werden,

- so dass an jedem Ort das vorhandene Angebot (Produktion) eingehalten,
- der gesamte Bedarf gedeckt,
- an keinem Ort zusätzliche Mengen auftreten,
- nur zulässige Verbindungen benutzt werden
- und die gesamten Logistikkosten (variable Transportkosten plus fixe Betriebskosten) minimal werden?

7.1.5.3 Mathematisches Modell

Indices:

i =	1, …, n	Netzwerkknoten (Orte)
j =	1, …, n	Netzwerkknoten (Orte)
k =	1, …, n	Netzwerkknoten (Orte)

Gegebene Daten:

a_i	Angebot des Gutes am Ort i (in ME)
b_j	Nachfrage des Gutes am Ort i (in ME)
c_{ij}	Transportkosten pro Einheit des Gutes vom Ort i zum Ort j, falls die Verbindung von i nach j erlaubt ist, sonst keine Angabe (leer); sei $G = \{(i,j) : c_{ij} \text{ ist Kostenangabe}\}$ der Graph der möglichen direkten Verbindungen
f_i	fixe Betriebskosten für Angebotserstellung am Ort i
g_i	fixe Betriebskosten den Lagerumschlag am Ort i

Entscheidungsvariablen:

x_{ij}		ME des Gutes, die von Ort i nach Ort j transportiert werden sollen
u_i	= 1	Knoten i wird als Produktionsstandort genutzt.
u_i	= 0	Knoten i wird nicht als Produktionsstandort genutzt.
v_i	= 1	Knoten i wird als Umschlagspunkt genutzt.
v_i	= 0	Knoten i wird nicht als Umschlagspunkt genutzt.

Zielfunktion:

(ZF) $\sum_{i=1}^{n}\sum_{j=1}^{n} c_{ij} x_{ij} + \sum_{k=1}^{n} f_k u_k + \sum_{k=1}^{n} g_k v_k \to \min!$ Minimiere die gesamten Logistikkosten!

Restriktionen (Nebenbedingungen):

(1) $\quad u_k a_k + \sum_{i=1}^{n} x_{ik} \geq b_k + \sum_{j=1}^{n} x_{kj} \quad$ für k = 1, ..., n

An jedem Ort k muss das eigene (primäre) Angebot und das antransportierte (sekundäre) Angebot den eigenen (primären) Bedarf und den (sekundären) Bedarf für den Weitertransport decken.

(2) $\quad Mv_k \geq \sum_{i=1}^{n} x_{ik} \quad$ für k = 1, ... ,n

mit hinreichend großem M („Big M");

$v_k = 1$, wenn die Eingangsaktivitäten für einen möglichen Umschlag genutzt werden

(B1) $\quad u_k \in \{0,1\} \quad$ für k = 1, ..., n

Binärvariable

(B2) $\quad v_k \in \{0,1\} \quad$ für k = 1, ..., n

Binärvariable

(NN) $\quad 0 \leq x_{ij} \quad$ für alle i = 1, ..., n; j = 1, ..., n

Es werden nur nicht negative Mengen transportiert.

(G) $\quad x_{ij} = 0 \quad$ für (i, j) $\notin$ G Graphenbedingung

Nur die definierten Graphenverbindungen dürfen genutzt werden.

7.1.5.4 Implizite Definition der erlaubten Verbindungen

Zur Kennzeichnung der nicht erlaubten Verbindungen benutzen wir in der Regel die Möglichkeit, keine Angabe bei c_{ij} zu machen, nutzen also eine leere Zelle für diesen Zweck.

Wie gewohnt wird (G) dann über die Upper Bounds berücksichtigt:

(UB) $x_{ij} \leq UB_{ij}$ mit $UB_{ij} = 0$, falls keine Verbindung von i nach j besteht,

$UB_{ij} = $ GroßeZahl sonst.

7.1.5.5 Das allgemeine Netzflussmodell umfasst die einfacheren Modelle

Aus den entsprechenden Restriktionssystemen lässt sich unmittelbar ableiten, dass das mehrstufige WLP das klassische Transport- und das Umladeproblem unter gleichzeitiger Berücksichtigung von Fixkosten mit einschließt.

7.1.5.6 Fixkosten für den Umschlag bei Quellen und Senken

Ökonomisch macht es in der Regel keinen Sinn, Fixkosten für den Umschlag in graphentheoretischen Quellen oder Senken anzusetzen, weil dort kein Umschlag stattfindet.

Wir können also $f_k = 0$ für jede Quelle und Senke k annehmen.

7.1.6 Beispiel zum mehrstufigen kapazitierten WLP: StO_WLP_Netz

Problembeschreibung

Drei Märkte sollen über zwei Zentrallager von drei Fabriken aus mit einem Gut beliefert werden. Die Transportkosten sowie die Angebote und die Nachfrage sind gegeben. Bei leeren Feldern existiert keine Verbindung zwischen den jeweiligen Knoten.

Wie lauten die optimalen Transportmengen und -wege?

Als Basis ist hier die Kostenmatrix inklusive der Fixkosten der Fabriken und der Zentrallager vorgegeben.
Damit ergibt sich als zusammenfassende Problembeschreibung:

	A	B	C	D	E	F	G	H	I	J	K
12											
13	Kostenmatrix										
14											
15		FixKo Umschlag				5.000	8.000				
16		FixKo Prod	10.000	15.000	20.000						
17		von/ nach	Fabrik 1	Fabrik 2	Fabrik 3	Zentrallager 1	Zentrallager 2	Markt 1	Markt 2	Markt 3	Nachfrage
18		Fabrik 1				12	11	1.013	1.008	1.027	
19		Fabrik 2				6	2	1.010	1.018	1.017	
20		Fabrik 3				5	17	1.005	1.009	1.024	
21		Zentrallager 1						15	10	8	
22		Zentrallager 2						4	13	7	
23		Markt 1									800
24		Markt 2									900
25		Markt 3									300
26		Angebot	1.000	1.000	1.000						
27											

Abbildung StO_WLP_Netz: Transportkosten und Parameter

Schritt 1: Eingabe der Bezeichnungen

Zur besseren Dokumentation unserer Modelle bezeichnen wir die wesentlichen Zellenbereiche:

- C_VersEmpf = $C$18:$J$25   Transportkosten der Verbindung vom Versender zum Empfänger, falls nicht leer
- Angebot   = $C$24:$J$24   Angebot des Versenders, falls nicht leer
- Nachfrage = $K$16:$K$23   Nachfrage des Empfängers, falls nicht leer

Schritt 2: Aufbau der Boundmatrix

Wir fügen die BigNumber ein, kopieren den Zellenbereich der Kostenmatrix spaltenkonform nach unten und ändern ihn gemäß der folgenden Abbildung ab.

	A	B	C	D	E	F	G	H	I	J	K	L
27												
28	BigNumber	999.999										
29												
30												
31	Boundmatrix											
32												
33		Fixk_Umschl	0	0	0	5.000	8.000	0	0	0		
34		Fixk_Prod	10.000	15.000	20.000	0	0	0	0	0		
35		von/ nach	Fabrik 1	Fabrik 2	Fabrik 3	Zentrallager 1	Zentrallager 2	Markt 1	Markt 2	Markt 3	PrimNachfr	
36		Fabrik 1	0	0	0	999.999	999.999	999.999	999.999	999.999	0	
37		Fabrik 2	0	0	0	999.999	999.999	999.999	999.999	999.999	0	
38		Fabrik 3	0	0	0	999.999	999.999	999.999	999.999	999.999	0	
39		Zentrallager 1	0	0	0	0	0	999.999	999.999	999.999	0	
40		Zentrallager 2	0	0	0	0	0	999.999	999.999	999.999	0	
41		Markt 1	0	0	0	0	0	0	0	0	800	
42		Markt 2	0	0	0	0	0	0	0	0	900	
43		Markt 3	0	0	0	0	0	0	0	0	300	
44		PrimAngeb	1.000	1.000	1.000	0	0	0	0	0		

Abbildung StO_WLP_Netz: Boundmatrix und BigNumber

Mit:

- BigNumber   = $B$28   Große Zahl
- UB_VersEmpf = $C$36:$J$43   = Große Zahl, wenn Verbindung möglich ist, sonst 0
- PrimAngeb   = $C$44:$J$44   = Angebot, falls Versender anbietet, sonst 0
- PrimNachfr   = $K$36:$K$43   = Nachfrage, falls Empfänger nachfragt, sonst 0
- Fixk_Umschl = $C$33:$J$33   Fixkosten für den Umschlag eingehender Mengen, falls nicht leer
- Fixk_Prod   = $C$34:$J$34   Fixkosten für die Produktion, falls nicht leer

Schritt 3: Aufbau der Transportmengenmatrix

Wir kopieren den Zellenbereich der Kostenmatrix spaltenkonform nach unten und ändern ihn gemäß der folgenden Abbildung ab.

	A	B	C	D	E	F	G	H	I	J	K	L	M
46													
47	Transportmengen												
48													
49		MY	2.000	2.000	2.000	2.000	2.000	2.000	2.000	2.000			
50		Y_Umschl	1	1	1	1	1	1	1	1	BigM		
51		Z_Prod	1	1	1	1	1	1	1	1	2.000		
52		von/ nach	Fabrik 1	Fabrik 2	Fabrik 3	Zentrallager 1	Zentrallager 2	Markt 1	Markt 2	Markt 3	SekNachfr	GesNachfr	
53		Fabrik 1	1	1	1	1	1	1	1	1	8	8	
54		Fabrik 2	1	1	1	1	1	1	1	1	8	8	
55		Fabrik 3	1	1	1	1	1	1	1	1	8	8	
56		Zentrallager 1	1	1	1	1	1	1	1	1	8	8	
57		Zentrallager 2	1	1	1	1	1	1	1	1	8	8	
58		Markt 1	1	1	1	1	1	1	1	1	8	808	
59		Markt 2	1	1	1	1	1	1	1	1	8	908	
60		Markt 3	1	1	1	1	1	1	1	1	8	308	
61		SekAngeb	8	8	8	8	8	8	8	8			
62		GesAngeb	1.008	1.008	1.008	8	8	8	8	8			
63			Quelle	Quelle	Quelle	Umschlagspkt	Umschlagspkt	Senke	Senke	Senke			

Abbildung StO_WLP_Netz: Transportmengenmatrix mit Vorgabewert 1

Mit:

- Y_Umschl = $C$50:$J$50   Indikator (0/1) für Nutzung eines Knotens zum Umschlag der Eingangsmengen: Ja = 1
- BigM = $K$51   Große Zahl (Größer als gesamter möglicher Fluss, z. B. Spaltensumme von Nachfrage)
- MY = $C$49:$J$49   = BigM * Y_Rlag
- Z_Prod = $C$51:$J$51   Indikator (0/1) für die Nutzung eines Knotens als Produktionsstätte: Ja =1
- X_VersEmpf = $C$53:$J$60   Transportmenge vom Versender zum Empfänger
- SekAngeb = $C$61:$J$61   Spaltensumme von X_VersEmpf
- GesAngeb = $C$62:$J$62   = PrimAngeb * Z_Prod + SekAngebot
- SekNachfr = $K$53:$K$60   Zeilensumme von X_VersEmpf
- GesNachfr = $L$53:$L$60   = PrimNachfr + SekNachfr

Schritt 4: Bestimmung der Gesamtkosten

Gesamtkosten ▼	f_x =SUMME(C66:C68)		
A	B	C	D
64			
65 **Gesamtkosten**			
66	Transport	9.241,00 €	
67	Umschlag	13.000,00 €	
68	Produktion	45.000,00 €	
69	**Gesamt**	**67.241,00 €**	
70			

Abbildung StO_WLP_Netz: Eingabe der Formel für die Gesamtkosten

Mit:

- Transportkosten = $C$66   = C_VersEmpf x X_VersEmpf
- Umschlagskosten = $C$67   = Fixk_Umschl x Y_Umschl
- Produktionskosten = $C$68   = Fixk_Prod x Z_Prod
- Gesamtkosten = $C$69   = Transportkosten + Umschlagskosten + Produktionskosten

Schritt 5: Eingabe des mathematischen Modells in den Solver

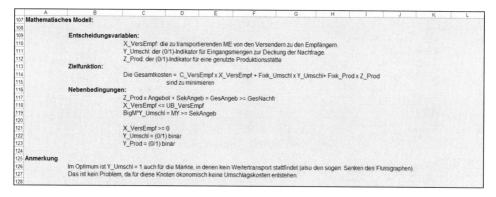

Abbildung StO_WLP_Netz: Mathematisches Modell mit den verwendeten Bezeichnungen

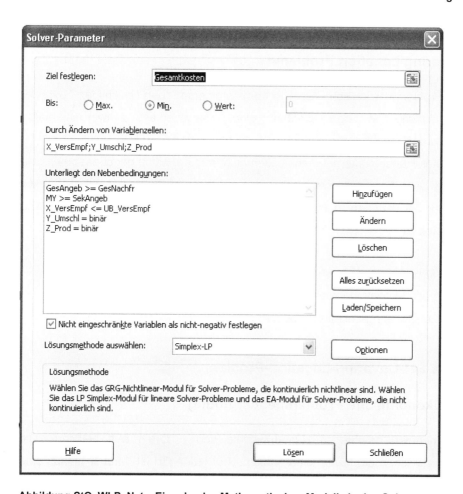

Abbildung StO_WLP_Netz: Eingabe des Mathematischen Modells in den Solver

Das führt dann zu dem Ergebnis:

	A	B	C	D	E	F	G	H	I	J	K	L	M
46													
47	Transportmengen												
48													
49		MY	0	0	0	0	2.000	2.000	2.000	2.000			
50		Y_Umschl	0	0	0	0	1	1	1	1	BigM		
51		Z_Prod	1	1	0	0	0	0	0	0	2.000		
52		von/ nach	Fabrik 1	Fabrik 2	Fabrik 3	Zentrallager 1	Zentrallager 2	Markt 1	Markt 2	Markt 3	SekNachfr	GesNachfr	
53		Fabrik 1	0	0	0	0	1.000	0	0	0	1.000	1.000	
54		Fabrik 2	0	0	0	0	1.000	0	0	0	1.000	1.000	
55		Fabrik 3	0	0	0	0	0	0	0	0	0	0	
56		Zentrallager 1	0	0	0	0	0	0	0	0	0	0	
57		Zentrallager 2	0	0	0	0	0	800	900	300	2.000	2.000	
58		Markt 1	0	0	0	0	0	0	0	0	0	800	
59		Markt 2	0	0	0	0	0	0	0	0	0	900	
60		Markt 3	0	0	0	0	0	0	0	0	0	300	
61		SekAngeb	0	0	0	0	2.000	800	900	300			
62		GesAngeb	1.000	1.000	0	0	2.000	800	900	300			
63			Quelle	Quelle	Quelle	Umschlagspkt	Umschlagspkt	Senke	Senke	Senke			
64													
65	Gesamtkosten												
66		Transport	30.000,00 €										
67		Umschlag	8.000,00 €										
68		Produktion	25.000,00 €										
69		Gesamt	63.000,00 €										
70													

Abbildung StO_WLP_Netz: Ausgabe der optimalen Lösung

7.2 Covering Location Probleme

Covering-Probleme (deutsch: Überdeckungsprobleme) berücksichtigen bei der Standortermittlung in den Knoten eines Netzwerkes schwerpunktmäßig Serviceanforderungen bei vorgegebenen Erreichbarkeiten:

Kunden eines Handelsunternehmens sollen nicht mehr als eine gegebene maximale Entfernung oder Fahrtzeit vom nächsten Servicecenter entfernt sein, wobei die Versorgung der Kunden durch eine minimale Anzahl von Servicecentern zu gewährleisten ist.

Nachfolgend werden zwei Arten von Covering-Problemen beschrieben:
- Set-Covering-Location-Problem und
- Maximum-Covering-Location-Problem.

7.2.1 Das Set-Covering-Location-Problem

7.2.1.1 Ökonomische Problembeschreibung

Ein Unternehmen möchte m Kundenbezirke von n Orten aus beliefern. Die Fahrzeiten zwischen den Orten sind bekannt. Für jeden Ort ist darüber hinaus eine maximale Reaktionszeit/Entfernungsradius gegeben, innerhalb derer dieser Ort versorgt werden muss. Wo sollen in dem Netzwerk Lager errichtet werden, so dass die maximalen Reaktionszeiten pro Ort respektiert werden und die Anzahl der Lager minimal ist?

Beispiel:

Die Servicecenter in 6 benachbarten Städten sollen in maximal 11 Stunden von einem Regionallager beliefert werden. In welchen Städten sollen Regionallager errichtet werden, so dass alle Servicecenter beliefert werden und die Gesamtzahl der Lager minimal ist?

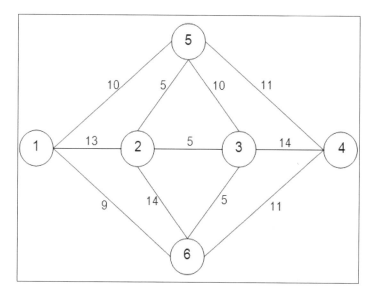

Abbildung: Beispielnetzwerk zum Covering Location Problem[1]

Da Stadt 1 eine große Entfernung zu den Nachbarstädten besitzt, kommt sie als Standort nicht in Frage. Ein Regionallager ist in Stadt 5 und ein weiteres in Stadt 4 einzurichten. Alternativ zu Stadt 4 kann auch Stadt 6 als Standort gewählt werden.

7.2.1.2 Mathematische Formulierung

Gegeben seien m Kundenbezirke, n potentielle Versorgungsorte, die Entfernungen d_{ij} zwischen den Knoten und für jeden Knoten j = 1, ..., n ein Radius der Erreichbarkeit $rad_j > 0$.

---

[1] Vergl. Vahrenkamp, R./Mattfeld, D.C. (2007), S. 156.

Sei ferner $U(j) = \{i = 1,...,m : d_{ij} \leq rad_j\}$ die Menge der Kundenbezirke i, die j als Regionallager innerhalb der Vorgabemöglichkeit erreichen (versorgen) kann.

Gesucht ist eine minimale Anzahl von Versorgungsorten j, deren U(j) die Gesamtmenge der Kundenbezirke überdeckt.

Zusatz:

Sind darüber hinaus auch die monatlichen Betriebs- oder Fixkosten f_j an einem Standort zu berücksichtigen, so sucht man eine Menge von Knoten j mit minimalen gesamten Fixkosten, deren U(j) die Menge der Kundenbezirke überdeckt.

7.2.1.3 Mathematisches Modell

Indices:

i =	1, ..., m	Kundenbezirke
j =	1, ..., n	Potentielle Versorgungsstandorte

Gegebene Daten:

d_{ij}		Entfernung von Knoten j nach Knoten i
rad_j		Radius der Erreichbarkeit des Knoten j
a_{ij}	= 1	falls $d_{ij} \leq rad_j$, Standort j kann Kundenbezirk i versorgen
a_{ij}	= 0	sonst, Standort j kann Kundenbezirk i nicht versorgen

optional:

f_j	Fixkosten für einen Standort j

Entscheidungsvariablen:

x_j	= 1	Knoten j wird zum Lagerstandort
x_j	= 0	Knoten j wird nicht zum Lagerstandort

Zielfunktion:

(ZF) $\quad \sum_{j=1}^{n} x_j \to \min!$ $\qquad$ Minimiere die Anzahl der Lager!

bzw.
(ZFa) $\sum_{j=1}^{n} f_j x_j \to \min!$ Minimiere die gesamten Fixkosten!

Restriktionen (Nebenbedingungen)

(1) $\sum_{j=1}^{n} a_{ij} x_j \geq 1$ für i = 1, ..., m

Jeder Kundenbezirk kann versorgt werden.

(B) $x_j \in \{0,1\}$ für j = 1, ..., n

Binärvariable

7.2.1.4 Anmerkungen zur Lösbarkeit und praktischen Relevanz

Eines der Probleme des Set-Covering-Location-Ansatzes besteht darin, dass die Anzahl von Standorten, die eine vollständige Marktbelieferung ermöglicht, etwa aus Kostengründen schnell eine maximal mögliche Anzahl überschreitet.

Außerdem unterscheidet das Set-Covering-Location-Problem nicht nach der Gewichtung der Nachfrager, etwa nach deren Nachfrage oder Kaufkraft.

7.2.2 Beispiel: StO_CLP_SetCovering

Problembeschreibung

Ein Unternehmen habe die unten angegebenen Kundenbereiche von diesen Standorten aus selbst zu versorgen. Die Entfernungen zwischen den Kundenbereichen sind angegeben. Ebenso angegeben sind für jeden Standort die Radien für eine mögliche Versorgung von Nachbargebieten.

Frage 1

Wo sollen Regionallager errichtet werden, so dass der gesamte Markt mit minimaler Anzahl der Lager versorgt werden kann?

Als Basis sind hier die Distanzen, Radien und Fixkosten angegeben (Fixkosten werden für die Frage 2 benötigt).

Damit ergibt sich als zusammenfassende Problembeschreibung:

Modellbasiertes Logistikmanagement

	A	B	C	D	E	F	G	H	I	J	K
17											
18	Distanzen: Städte/ Städte										
19	[km]										
20		Radius	1.000	1.000	750	1.000	1.000	500	750	1.000	
21		nach \ von	Amsterdam	Barcelona	Belgrad	Berlin	Brüssel	Bucarest	Budapest	Frankfurt/M.	
22		Amsterdam	0	1.558	1.823	669	220	2.370	1.395	416	
23		Barcelona	1.558	0	2.103	1.847	1.338	2.859	2.093	1.295	
24		Belgrad	1.823	2.103	0	1.332	1.804	732	428	1.389	
25		Berlin	669	1.847	1.332	0	781	1.749	904	552	
26		Brüssel	220	1.338	1.804	781	0	2.295	1.358	409	
27		Bucarest	2.370	2.859	732	1.749	2.295	0	895	1.950	
28		Budapest	1.395	2.093	428	904	1.358	895	0	979	
29		Frankfurt/M.	416	1.295	1.389	552	409	1.950	979	0	
30											
31		Fixkosten	100.000	80.000	20.000	120.000	120.000	10.000	20.000	100.000	
32											

Abbildung StO_CLP_SetCovering: Distanzen, Radien und Fixkosten

Schritt 1: Eingabe der Bezeichnungen

Zur besseren Dokumentation unserer Modelle bezeichnen wir die wesentlichen Zellenbereiche:

- Radius_Lag = $C$16:$J$16 Entfernungs-Radius für die Versorgung durch ein Lager

- Dist_KdLag = $C$18:$J$25 Distanzen von den Kunden (Orten) zu den Lagerstandorten

Schritt 2: Aufbau der Versorgbarkeitsmatrix

Wir kopieren den Zellenbereich der Distanzmatrix spaltenkonform nach unten und ändern ihn gemäß der folgenden Abbildung ab.

	A	B	C	D	E	F	G	H	I	J	K	L
27												
28		Versorgbarkeitsmatrix										
29												
30											AnzLag	
31		X_Lag	1	1	1	1	1	1	1	1	8	
32		versorgt durch	Amsterdam	Barcelona	Belgrad	Berlin	Brüssel	Bucarest	Budapest	Frankfurt/M.	GesVers	
33		Amsterdam	1	1	1	1	1	1	1	1	8	
34		Barcelona	1	1	1	1	1	1	1	1	8	
35		Belgrad	1	1	1	1	1	1	1	1	8	
36		Berlin	1	1	1	1	1	1	1	1	8	
37		Brüssel	1	1	1	1	1	1	1	1	8	
38		Bucarest	1	1	1	1	1	1	1	1	8	
39		Budapest	1	1	1	1	1	1	1	1	8	
40		Frankfurt/M.	1	1	1	1	1	1	1	1	8	
41												

Abbildung StO_CLP_SetCovering: Versorgbarkeitsmatrix mit Vorgabewert 1

Mit:

- X_Lag = $C$31:$J$31 Indikator, ob in einem Ort ein Lager errichtet wird: Ja = 1

- AnzLag = $K$31 Zeilensumme von X_Lag

- Vers_KdLag = $C$33:$J$40   Indikator, ob ein Kundenort durch ein Lager versorgt werden kann:
  Vers_KdLag = 1,
  wenn Dist_KdLag <= Radius_Lag

- GesVers = $K$33:$K$40   Anzahl Lager, die den Zeilenort versorgen können
  = Vers_KdLag * Transp(X_Lag)

Schritt 3: Eingabe des mathematischen Modells in den Solver

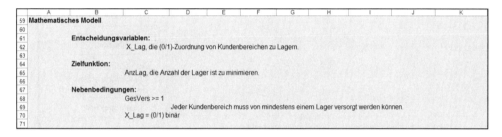

Abbildung StO_CLP_SetCovering:
Mathematisches Modell mit den verwendeten Bezeichnungen

Die Eingabe dieses Modells in den Solver ergibt:

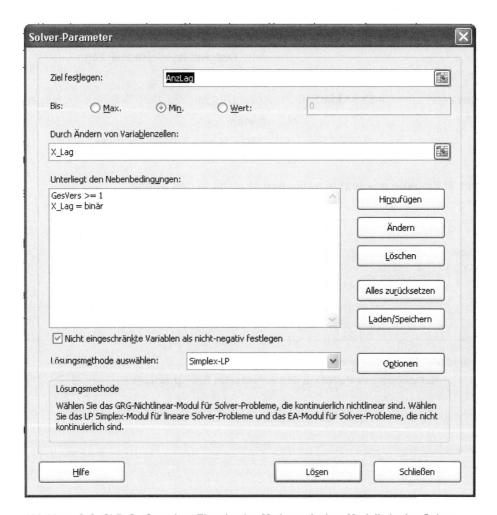

Abbildung StO_CLP_SetCovering: Eingabe des Mathematischen Modells in den Solver

Das führt dann zur optimalen AnzLag = 3 mit beispielsweise folgendem Ergebnis:

X_Lag	0	1	1	0	1	0	0	0	AnzLag 3
versorgt durch	Amsterdam	Barcelona	Belgrad	Berlin	Brüssel	Bucarest	Budapest	Frankfurt/M.	GesVers
Amsterdam	1	0	0	1	1	0	0	1	1
Barcelona	0	1	0	0	0	0	0	0	1
Belgrad	0	0	1	0	0	1	0	0	1
Berlin	1	0	0	1	1	0	0	1	1
Brüssel	1	0	0	1	1	0	0	1	1
Bucarest	0	0	1	0	0	1	0	0	1
Budapest	0	0	1	1	0	0	1	1	1
Frankfurt/M.	1	0	0	1	1	0	0	1	1

Abbildung StO_CLP_SetCovering: Ausgabe einer optimalen Lösung

Frage 2

Für jeden Lagerstandort sind auch die möglichen Fixkosten wie unten angegeben. Wo sollen Regionallager errichtet werden, so dass der gesamte Markt mit minimalen Fixkosten versorgt wird?

Als Basis sind hier die Distanzen, Radien und Fixkosten angegeben.
Damit ergibt sich als zusammenfassende Problembeschreibung:

	A	B	C	D	E	F	G	H	I	J	K
13											
14		Distanzen: Städte/ Städte									
15		[km]									
16		Radius	1.000	1.000	750	1.000	1.000	500	750	1.000	
17		nach \ von	Amsterdam	Barcelona	Belgrad	Berlin	Brüssel	Bucarest	Budapest	Frankfurt/M.	
18		Amsterdam	0	1.558	1.823	669	220	2.370	1.395	416	
19		Barcelona	1.558	0	2.103	1.847	1.338	2.859	2.093	1.295	
20		Belgrad	1.823	2.103	0	1.332	1.804	732	428	1.389	
21		Berlin	669	1.847	1.332	0	781	1.749	904	552	
22		Brüssel	220	1.338	1.804	781	0	2.295	1.358	409	
23		Bucarest	2.370	2.859	732	1.749	2.295	0	895	1.950	
24		Budapest	1.395	2.093	428	904	1.358	895	0	979	
25		Frankfurt/M.	416	1.295	1.389	552	409	1.950	979	0	
26		Fixk_Lag	100.000	80.000	20.000	120.000	120.000	10.000	20.000	100.000	
27											

Abbildung StO_CLP_SetCovering: Distanzen, Radien und Fixkosten

Schritt 1: Eingabe der Bezeichnungen

Zur besseren Dokumentation unserer Modelle bezeichnen wir die wesentlichen Zellenbereiche:

- Radius_Lag = $C$16:$J$16 Entfernungs-Radius für die Versorgung durch ein Lager
- Dist_KdLag = $C$18:$J$25 Distanzen von den Kunden (Orten) zu den Lagerstandorten
- Fixk_Lag = $C$26:$J$26 Fixkosten für die einzelnen Lager

Schritt 2: ist so wie bei Frage 1.

Schritt 3: Bestimmung der Gesamtkosten

Gesamtkosten		fx =SUMMENPRODUKT(Fixk_Lag;X_Lag)	
	A	B	C	D
41				
42		Gesamtkosten		
43			570.000 €	
44				

Abbildung StO_CLP_SetCovering: Eingabe der Formel für die Gesamtkosten

Mit:

- Gesamtkosten   = $C$43   = Summenprodukt von Fixk_Lag und X_Lag

Schritt 4: Eingabe des mathematischen Modells in den Solver

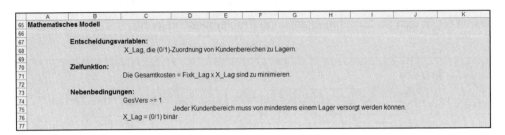

Abbildung StO_CLP_SetCovering:
   Mathematisches Modell mit den verwendeten Bezeichnungen

7 Modelle zur Standortoptimierung

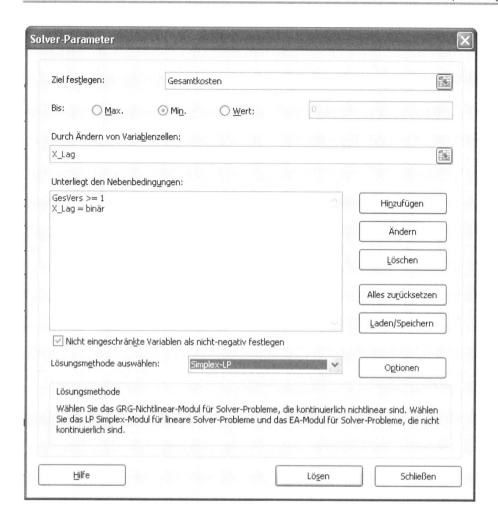

Abbildung StO_CLP_SetCovering: Eingabe des Mathematischen Modells in den Solver

Das führt dann zu dem Ergebnis:

Abbildung StO_CLP_SetCovering: Ausgabe der optimalen Lösung

7.2.3 Das Maximum-Covering-Location-Problem

7.2.3.1 Ökonomische Problembeschreibung

Ein Unternehmen soll nun weitestgehend den Bedarf nach einem bestimmten Gut in m Kundenbezirken von n möglichen Standorten aus befriedigen. Die Fahrzeiten zwischen den Orten sind bekannt. Für jeden Ort ist darüber hinaus eine/ein maximale/r Reaktionszeit/Entfernungsradius gegeben, innerhalb derer dieser Ort versorgt werden muss. An welchem der möglichen Standorte soll ein Lager errichtet werden, so dass die maximalen Reaktionszeiten pro Ort respektiert werden, die Anzahl der Lager ein vorgegebenes Maximum nicht übersteigt und die Kundennachfrage maximal gedeckt wird?

7.2.3.2 Mathematische Formulierung

Gegeben seien m Kundenbezirke, n mögliche Standorte für Lager, die Entfernungen d_{ij} zwischen den Knoten und für jeden Standort j ein Radius der Erreichbarkeit rad_j >0.

$U(j)=\{i=1,...,m : d_{ij} \leq rad_j\}$ sei die Menge der Knoten i, die von j aus versorgt werden können.

Für jeden Kundenbezirk i sei der Bedarf b_i nach einem bestimmten Gut bekannt.

In welchen Orten sollen Lager errichtet werden, so dass die Anzahl der Lager eine Maximalgröße p nicht übersteigt und die Nachfrage der versorgbaren Kundenbezirke maximiert wird?

7.2.3.3 Mathematisches Modell

Indices:

    i =   1, ..., m   Kundenbezirke

    j =   1, ..., n   Potentielle Standorte für Lager

Gegebene Daten:

    d_{ij} Entfernung von Knoten j nach Knoten i

    rad_j Radius der Erreichbarkeit des Knoten j

a_{ij} = 1 falls $d_{ij} \leq rad_j$, Standort j kann Kundenbezirk i versorgen.

a_{ij} = 0 sonst, Standort j kann Kundenbezirk i nicht versorgen.

b_i Bedarf des Kundenbezirkes i in ME eines Gutes

p maximale Anzahl an Lagerstandorten

Entscheidungsvariablen:

x_j = 1 Knoten j wird zum Standort eines Lagers.

x_j = 0 Knoten j wird nicht zum Standort eines Lagers.

y_i = 1 Kundenbezirk i wird beliefert.

y_i = 0 Kundenbezirk i wird nicht beliefert.

Zielfunktion:

(ZF) $\sum_{i=1}^{m} b_i y_i \to \max!$ Maximiere die versorgte Kunden-Nachfrage!

Restriktionen (Nebenbedingungen)

(1) $\sum_{j=1}^{n} a_{ij} x_j \geq y_i$ für i = 1, ..., m

Der Kundenbezirk i wird nur dann beliefert, wenn er sich in Reichweite eines Lagers befindet.

(2) $\sum_{j=1}^{n} x_j \leq p$ Es dürfen höchstens p Lager entstehen.

(B1) $x_j \in \{0,1\}$ für j = 1, ..., n

Binärvariable

(B2) $y_i \in \{0,1\}$ für i = 1, ..., m

Binärvariable

7.2.3.4 Anmerkung zur praktischen Relevanz

Die Situation, dass die Nachfrage nach einem Gut in Abhängigkeit von der Entfernung zum Versorgungslager stetig sinken kann, ist hier nicht berücksichtigt.

7.2.4 Beispiel: StO_CLP_MaximumCovering

Arbeitshilfe online

Problembeschreibung

Ein Unternehmen möchte die Nachfrage in den unten angegebenen Kundenbereichen versorgen. Die Entfernungen zwischen den Kundenbereichen sind angegeben. Ebenso angegeben sind für jeden Standort die Radien für eine mögliche Versorgung von Nachbargebieten. Wegen beschränkter Liquidität können maximal p Lager errichtet werden: p = 1, 2, 3, 4, 5, 6, 7.

Wo sollen Regionallager errichtet werden, so dass weitestgehend die Marktnachfrage gedeckt wird?

Als Basis sind hier die Distanzen, Radien und Nachfragemengen angegeben. Damit ergibt sich als zusammenfassende Problembeschreibung:

	A	B	C	D	E	F	G	H	I	J	K	L
14												
15	Distanzen: Städte/ Städte											
16	[km]											
17		Radius	1.000	1.000	750	1.000	1.000	500	750	1.000		
18		nach \ von	Amsterdam	Barcelona	Belgrad	Berlin	Brüssel	Bucarest	Budapest	Frankfurt/M.	Nachfrage	
19		Amsterdam	0	1.558	1.823	669	220	2.370	1.395	416	10	
20		Barcelona	1.558	0	2.103	1.847	1.338	2.859	2.093	1.295	20	
21		Belgrad	1.823	2.103	0	1.332	1.804	732	428	1.389	15	
22		Berlin	669	1.847	1.332	0	781	1.749	904	552	30	
23		Brüssel	220	1.338	1.804	781	0	2.295	1.358	409	20	
24		Bucarest	2.370	2.859	732	1.749	2.295	0	895	1.950	5	
25		Budapest	1.395	2.093	428	904	1.358	895	0	979	10	
26		Frankfurt/M.	416	1.295	1.389	552	409	1.950	979	0	25	
27												

Abbildung StO_CLP_MaximumCovering: Distanzen, Radien und Nachfragemengen

Schritt 1: Eingabe der Bezeichnungen

Zur besseren Dokumentation unserer Modelle bezeichnen wir die wesentlichen Zellenbereiche:

- Radius_Lag = $C$17:$J$17   Entfernungs-Radius für die Versorgung durch ein Lager
- Dist_KdLag = $C$19:$J$26   Distanzen von den Kunden (Orten) zu den Lagerstandorten
- Nachfrage = $K$19:$K$26   Kundennachfrage in ME

Schritt 2: Aufbau der Versorgbarkeitsmatrix

Wir kopieren den Zellenbereich der Distanzmatrix spaltenkonform nach unten und ändern ihn gemäß der folgenden Abbildung ab.

	A	B	C	D	E	F	G	H	I	J	K	L	M
27													
28	Versorgbarkeitsmatrix												
29											AnzLag	p	
30		X_Lag	1	1	1	1	1	1	1	1	8	1	
31		versorgt durch	Amsterdam	Barcelona	Belgrad	Berlin	Brüssel	Bucarest	Budapest	Frankfurt/M	GesVers	Y_Kd	
32		Amsterdam	1	1	1	1	1	1	1	1	8	1	
33		Barcelona	1	1	1	1	1	1	1	1	8	0	
34		Belgrad	1	1	1	1	1	1	1	1	8	0	
35		Berlin	1	1	1	1	1	1	1	1	8	1	
36		Brüssel	1	1	1	1	1	1	1	1	8	1	
37		Bucarest	1	1	1	1	1	1	1	1	8	0	
38		Budapest	1	1	1	1	1	1	1	1	8	1	
39		Frankfurt/M	1	1	1	1	1	1	1	1	8	1	
40													

Abbildung StO_CLP_MaximumCovering: Versorgbarkeitsmatrix mit Vorgabewert 1

Mit:

- X_Lag = $C$30:$J$30 Indikator, ob in einem Ort ein Lager errichtet wird: Ja = 1

- p = $L$30 Vorgegebene Anzahl von maximal zu errichtenden Lagern

- AnzLag = $K$30 Zeilensumme von X_Lag

- Vers_KdLag = $C$32:$J$39 Indikator, ob ein Kundenort durch ein Lager versorgt werden kann: Ja = 1; Vers_KdLag = 1, wenn Dist_KdLag <= Radius_Lag

- GesVers = $K$32:$K$39 Anzahl Lager, die den Zeilenort versorgen können
  = Vers_KdLag ° Transp(X_Lag)

- Y_Kd = $L$32:$L$39 Indikator, ob ein Kundenort beliefert werden kann: Ja = 1

Schritt 3: Bestimmung der gedeckten Marktnachfrage

Liefermenge		f_x =SUMMENPRODUKT(Nachfrage;Y_Kd)	
A	B	C	D
42 **Gedeckte Marktnachfrage**			
43		95	
44			

Abbildung StO_CLP_MaximumCovering: Eingabe der Formel für die gedeckte Marktnachfrage

Mit:

- Liefermenge = $C$43 = Summenprodukt von Nachfrage und Y_Kd, gedeckte Marktnachfrage

Schritt 4: Eingabe des mathematischen Modells in den Solver

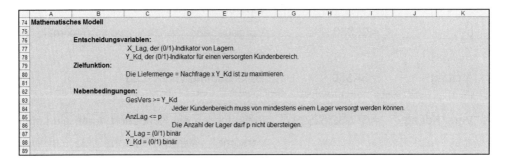

Abbildung StO_CLP_MaximumCovering:
  Mathematisches Modell mit den verwendeten Bezeichnungen

7 Modelle zur Standortoptimierung

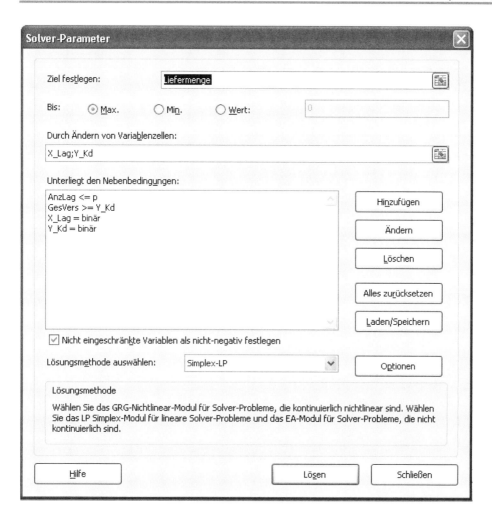

Abbildung StO_CLP_MaximumCovering: Eingabe des Mathematischen Modells in den Solver

Das führt bei p = 1 dann zu dem Ergebnis:

	A	B	C	D	E	F	G	H	I	J	K	L	M
27													
28	Versorgbarkeitsmatrix												
29											AnzLag	p	
30		X_Lag	0	0	0	0	0	0	0	1	1	1	
31		versorgt durch	Amsterdam	Barcelona	Belgrad	Berlin	Brüssel	Bucarest	Budapest	Frankfurt/M	GesVers	Y_Kd	
32		Amsterdam	1	0	0	1	1	0	0	1	1	1	
33		Barcelona	0	1	0	0	0	0	0	0	0	0	
34		Belgrad	0	0	1	0	0	1	0	0	0	0	
35		Berlin	1	0	0	1	1	0	1	1	1	1	
36		Brüssel	1	0	0	1	1	0	0	1	1	1	
37		Bucarest	0	0	1	0	0	1	0	0	0	0	
38		Budapest	0	0	1	1	0	1	1	1	1	1	
39		Frankfurt/M	1	0	0	1	1	0	1	1	1	1	
40													
41													
42	Gedeckte Marktnachfrage												
43				95									

Abbildung StO_CLP_MaximumCovering: Ausgabe der optimalen Lösung, bei p = 1

Ergebnisse bei unterschiedlichen p:

p	1	2	3	4	5	6	7
Liefermenge	95	115	135	135	135	135	135

Setzt man nun sukzessive p auf die Werte 1, ...,7 so erhält man folgende Ergebnistabelle.

Abbildung StO_CLP_MaximumCovering: Ausgabe der optimalen Lösung, bei verschiedenen p

7.3 Mediane und Center in Netzwerken

Das klassische Median-Problem (auch 1-Median-Problem genannt)[1] in Netzwerken besteht in der Bestimmung eines Zentrallagers zur Versorgung eines Nachfragegebietes. Die Distanzen sind dabei über ein diskretes Netzwerk gegeben. Derjenige Ort ist als Zentrallager oder Median zu wählen, bei dem die Summe der gewichteten Entfernungen zu den Nachfragepunkten minimal ist. Diese gewichtete Entfernung ist dabei definiert als das Produkt aus Entfernung und Nachfragemenge (Tonnenkilometer [t*km], Palettenkilometer [PAL*km], Paketkilometer [PKT*km], Verkaufeinheitenkilometer [VE*km]).

Das Kriterium der Transportleistung wird gewählt, weil man annimmt, dass sich die Transportkosten direkt proportional zur Transportleistung verhalten.

Verwandt ist dieses Problem mit dem klassischen Center-, genauer: 1-Center-Problem. Innerhalb eines Netzwerkes ist der zentrale Knoten zu finden. Die Entfernungen zwischen allen Knoten sind gegeben und gesucht ist dann derjenige Knoten, für den die maximale Entfernung zu allen anderen Knoten des Netzwerkes minimal ist („Min-Max-Problem").

7.3.1 Beispiel: StO_Netz_1Center1Median

Problembeschreibung

In welchem Knoten muss der Anbieter mit dem unten angegebenen Netzwerk und dem angegebenen Bedarf ein Werk oder Lagerhaus einrichten?

Frage 1

Welcher Standort hat die geringste Transportleistung zur Versorgung der Standorte (1-Median)?

Frage 2

Bei welchem Standort ist die maximale Entfernung zu allen anderen Standorten minimal (1-Center)?

---

[1] Als Spezialfall des p-Median-Problems, welches im nächsten Abschnitt behandelt wird.

Als Basis sind hier die Distanzmatrix und der Bedarf vorgegeben.
Damit ergibt sich als zusammenfassende Problembeschreibung:

	A	B	C	D	E	F	G	H	I	J	K	L
16												
17		Distanzen: Städte/ Städte										
18		in km										
19												
20		nach/von	Amsterdam	Barcelona	Belgrad	Berlin	Brüssel	Bucarest	Budapest	Frankfurt/M.	Bedarf	
21		Amsterdam	0	1.558	1.823	669	220	2.370	1.395	416	10	
22		Barcelona	1.558	0	2.103	1.847	1.338	2.859	2.093	1.295	20	
23		Belgrad	1.823	2.103	0	1.332	1.804	732	428	1.389	15	
24		Berlin	669	1.847	1.332	0	781	1.749	904	552	30	
25		Brüssel	220	1.338	1.804	781	0	2.295	1.358	409	20	
26		Bucarest	2.370	2.859	732	1.749	2.295	0	895	1.950	5	
27		Budapest	1.395	2.093	428	904	1.358	895	0	979	10	
28		Frankfurt/M.	416	1.295	1.389	552	409	1.950	979	0	25	
29												

Abbildung StO_Netz_1Center1Median: Distanzmatrix

Schritt 1: Berechnung von Transportleistung und Maximaler Distanz

	A	B	C	D	E	F	G	H	I	J	K	L
16												
17		Distanzen: Städte/ Städte										
18		in km										
19												
20		nach/von	Amsterdam	Barcelona	Belgrad	Berlin	Brüssel	Bucarest	Budapest	Frankfurt/M.	Bedarf	
21		Amsterdam	0	1.558	1.823	669	220	2.370	1.395	416	10	
22		Barcelona	1.558	0	2.103	1.847	1.338	2.859	2.093	1.295	20	
23		Belgrad	1.823	2.103	0	1.332	1.804	732	428	1.389	15	
24		Berlin	669	1.847	1.332	0	781	1.749	904	552	30	
25		Brüssel	220	1.338	1.804	781	0	2.295	1.358	409	20	
26		Bucarest	2.370	2.859	732	1.749	2.295	0	895	1.950	5	
27		Budapest	1.395	2.093	428	904	1.358	895	0	979	10	
28		Frankfurt/M.	416	1.295	1.389	552	409	1.950	979	0	25	
29		Transportleistung	119.175	196.895	178.995	110.815	114.730	247.930	145.460	95.175	95.175	min!
30		Maximale Distanz	2.370	2.859	2.103	1.847	2.295	2.859	2.093	1.950	1.847	
31												

Abbildung StO_Netz_1Center1Median: Distanz und Kostenmatrix

Mit:

- Bedarf = $K$21:$K$28   Lieferbedarf der Orte
- Transportleistung = $C$29:$J$29   Transportleistung für die Belieferung aller Orte vom Spaltenort aus

  Summenprodukt der Distanzspalte mit Bedarf

- Maximale Distanz = $C$30:$J$30   Maximale mögliche Distanz für die Versorgung aller Orte vom Spaltenort aus

  = Maximum der Spaltenwerte der Distanzmatrix

Die jeweils niedrigsten Werte ergeben als 1-Median Frankfurt und als 1-Center Berlin.

7.3.2 Das p-Median-Problem in Netzwerken

7.3.2.1 Ökonomische Problembeschreibung

Ein Unternehmen soll den Bedarf nach einem bestimmten Gut in m Kundenbezirken befriedigen. Für mögliche Lager stehen n Standorte zur Wahl. Die Fahrzeiten zwischen den Orten sind bekannt, ebenso der Bedarf in jedem Kundenbezirk.
Wo sollen in dem Netzwerk maximal p Lager errichtet werden, so dass die Summe der Transportleistungen minimal ist?

Anmerkung:
Die Kosten für den Aufbau und den Betrieb von Lagerhäusern sollen gering gehalten werden. Darum geht man von einer durch p beschränkten Anzahl von Lagerhäusern aus. Die Transportkosten nehmen mit wachsendem p ab, weil die mittlere Entfernung zu den Nachfragepunkten und somit die Transportleistung sinkt. Dagegen steigt die Summe der Betriebskosten.

7.3.2.2 Mathematische Formulierung

Gegeben seien m Kundenbezirke und n mögliche Standorte, die Entfernungen d_{ij} zwischen den Kundenbezirken und den Standorten sowie für jeden Kundenbezirk i dessen Bedarf b_i nach einem bestimmten Gut bzw. nach einer bestimmten Logistikeinheit (LE).
An welchen Orten sollen Lager errichtet werden, so dass die Anzahl der Lager eine Maximalgröße p nicht übersteigt und die gesamte Transportleistung minimal wird?

Optional:
An welchen Orten sollen die Lager errichtet werden, wenn darüber hinaus auch noch die Fixkosten f_j für den Betrieb eines Lagers am Ort j bekannt sind?

7.3.2.3 Mathematisches Modell

Indices:
$\quad$ i = $\quad$ 1, ..., m $\quad$ Kundenbezirke

j = 1, ..., n   Potenzielle Lagerstandorte

Gegebene Daten:

d_{ij} Entfernung zwischen den Knoten i und j

b_i Bedarf [LE] am Knoten i

p   maximale Anzahl der zu errichtenden Lager

optional:

c   Proportionalitätsfaktor zur Umrechnung von Leistung auf Kosten

f_j Fixkosten für einen Standort j

Entscheidungsvariablen:

x_{ij} = 1   Kundenbezirk i wird versorgt durch Lagerstandort j.

x_{ij} = 0   Kundenbezirk i wird nicht durch Lagerstandort j versorgt.

y_j = 1   Knoten j wird zum Standort eines Lagers.

y_j = 0   Knoten j wird nicht zum Standort eines Lagers.

Zielfunktionen:

(ZF) $\sum_{i=1}^{m}\sum_{j=1}^{n} b_i d_{ij} x_{ij} \rightarrow \min!$ Minimiere die gesamte Transportleistung!

(ZFa) $c\sum_{i=1}^{m}\sum_{j=1}^{n} b_i d_{ij} x_{ij} + \sum_{j=1}^{n} f_j y_j \rightarrow \min!$ Minimiere die gesamten Kosten!

Restriktionen (Nebenbedingungen)

(1) $\sum_{j=1}^{n} y_j \leq p$ Es können maximal p Lager errichtet werden.

(2) $\sum_{j=1}^{n} x_{ij} = 1$ für i = 1, ..., m

Jeder Kundenbezirk wird beliefert/versorgt.

(3) $y_j \geq x_{ij}$ für i = 1, ..., m; j = 1, ..., n

j kann Bezirk i nur als Lagerstandort versorgen.

bzw.
(3a) $m y_j \geq \sum_{i=1}^{m} x_{ij}$ für j = 1, ..., n

(B1) $x_{ij} \in \{0,1\}$ für i = 1, ..., m; j = 1, ..., n

Binärvariable

(NN) $x_{ij} \geq 0$ für i = 1, ..., m; j = 1, ..., n

(B2) $y_j \in \{0,1\}$ für j = 1, ..., n

Binärvariable

7.3.2.4 Anmerkungen zu den Restriktionen

- (3a) entspricht (3), reduziert aber die Anzahl der Restriktionen von n*m auf n.
- (NN) kann wegen der Zuordnungsbedingung (2) die Binärbedingung (B1) ersetzen.
- Das p-Median-Problem entspricht bis auf die Zielfunktion dem später folgenden p-Center-Problem.
- Wie eingangs gezeigt, muss man im Falle p = 1 lediglich das Skalarprodukt der Spalten der Entfernungsmatrix mit dem Bedarf bilden. Eine Spalte mit minimalem Wert gibt dann einen Median an.
- Das p-Median-Problem kann bei großer Knotenzahl n und p > 3 nur sehr schwierig gelöst werden. Aus diesem Grunde kommen für diese Problemstellung Heuristiken in Betracht.

7.3.3 Beispiel: StO_Netz_pMedian

Problembeschreibung

Ein Unternehmen habe einen Bedarf nach einem Gut in den unten angegebenen Kundenbereichen. Die Entfernungen zwischen den Kundenbereichen sind ebenfalls angegeben. Das Unternehmen plant, in maximal p Bereichen zur schnelleren Marktversorgung Regionallager einzurichten: p = 1, 2, 3, 4, 5, 6, 7.

Frage 1

Wo sollen diese Lager liegen, so dass die Summe der Transportleistung minimal wird? Als Transportleistung ist dabei die mit dem Bedarf gewichtete Distanz zu verstehen.

Als Basis sind hier die Distanzen inklusive Bedarfe und Fixkosten angegeben (Die Fixkosten brauchen wir erst bei der Frage 2).

Damit ergibt sich als zusammenfassende Problembeschreibung:

nach \ von	Amsterdam	Barcelona	Belgrad	Berlin	Brüssel	Bucarest	Budapest	Frankfurt/M.	Bedarf
Amsterdam	0	1.558	1.823	669	220	2.370	1.395	416	10
Barcelona	1.558	0	2.103	1.847	1.338	2.859	2.093	1.295	20
Belgrad	1.823	2.103	0	1.332	1.804	732	428	1.389	15
Berlin	669	1.847	1.332	0	781	1.749	904	552	30
Brüssel	220	1.338	1.804	781	0	2.295	1.358	409	20
Bucarest	2.370	2.859	732	1.749	2.295	0	895	1.950	5
Budapest	1.395	2.093	428	904	1.358	895	0	979	10
Frankfurt/M.	416	1.295	1.389	552	409	1.950	979	0	25
Fixkosten	100.000	80.000	20.000	120.000	120.000	10.000	20.000	100.000	

Abbildung StO_Netz_pMedian: Distanzen und Parameter

Schritt 1: Eingabe der Bezeichnungen

Zur besseren Dokumentation unserer Modelle bezeichnen wir die wesentlichen Zellenbereiche:

- Dist_KdLag   = $C$24:$J$31   Distanzen von den Kunden (Orten) zu den Lagerstandorten
- Bedarf   = $K$24:$K$31   Kundenbedarf in ME

Schritt 2: Aufbau der Zuordnungsmatrix

Wir kopieren den Zellenbereich der Distanzmatrix spaltenkonform nach unten und ändern ihn gemäß der folgenden Abbildung ab.

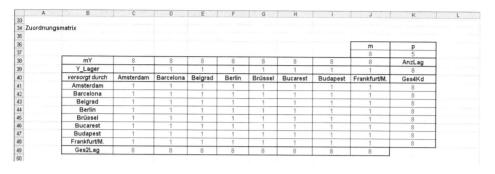

Abbildung StO_Netz_pMedian: Zuordnungsmatrix mit Vorgabewert 1

Mit:

- m   = $J$37   Anzahl aller Kundenbezirke
- p   = $K$37   Vorgegebene Anzahl von maximal zu errichtenden Lagern

- mY   = $C$38:$J$38   = m*Y_Lag
- Y_Lag   = $C$39:$J$39   Indikator, ob in einem Ort ein Lager errichtet wird: Ja = 1
- AnzLag   = $K$39   Zeilensumme von Y_Lag

- X_KdLag   = $C$41:$J$48   Indikator, ob ein Kundenort einem Lager zugeordet ist: Ja = 1
- Ges4Kd   = $K$41:$K$48   Zeilensumme von X_KdLag
- Ges2Lag   = $C$49:$J$49   Spaltensummen von X_KdLag

Schritt 3: Aufbau der Transportleistungsmatrix

Wir kopieren den Zellenbereich der Zuordnungsmatrix spaltenkonform nach unten und ändern ihn gemäß der folgenden Abbildung ab.

	A	B	C	D	E	F	G	H	I	J	K
51											
52	Transportleistung bei der Versorgung durch das Lager										
53											
54		versorgt durch	Amsterdam	Barcelona	Belgrad	Berlin	Brüssel	Bucarest	Budapest	Frankfurt/M.	
55		Amsterdam	0	15.580	18.230	6.690	2.200	23.700	13.950	4.160	
56		Barcelona	31.160	0	42.060	36.940	26.760	57.180	41.860	25.900	
57		Belgrad	27.345	31.545	0	19.980	27.060	10.980	6.420	20.835	
58		Berlin	20.070	55.410	39.960	0	23.430	52.470	27.120	16.560	
59		Brüssel	4.400	26.760	36.080	15.620	0	45.900	27.160	8.180	
60		Bucarest	11.850	14.295	3.660	8.745	11.475	0	4.475	9.750	
61		Budapest	13.950	20.930	4.280	9.040	13.580	8.950	0	9.790	
62		Frankfurt/M.	10.400	32.375	34.725	13.800	10.225	48.750	24.475	0	
63											

Abbildung StO_Netz_pMedian:
    Transportmengenmatrix

Mit:

- L_KdLag = $C$55:$J$62   Transportleistung bei der Versorgung des Kundenortes durch das Lager
  = Bedarf * Dist_KdLag

Schritt 4: Bestimmung der gesamten Transportleistung

	A	B	C	D
64				
65	Gesamte Transportleistung			
66			1.209.175	
67				

Abbildung StO_Netz_pMedian: Eingabe der Formel für die gesamte Transportleistung

Mit:

- Transportleistung = $C$66   Summenprodukt von L_KdLag und X_KdLag

Schritt 5: Eingabe des mathematischen Modells in den Solver

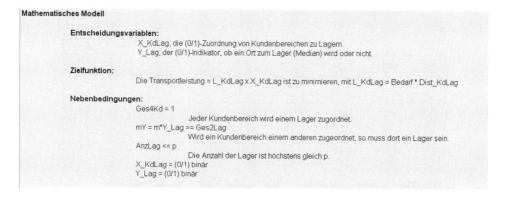

Abbildung StO_Netz_pMedian: Mathematisches Modell mit den verwendeten Bezeichnungen

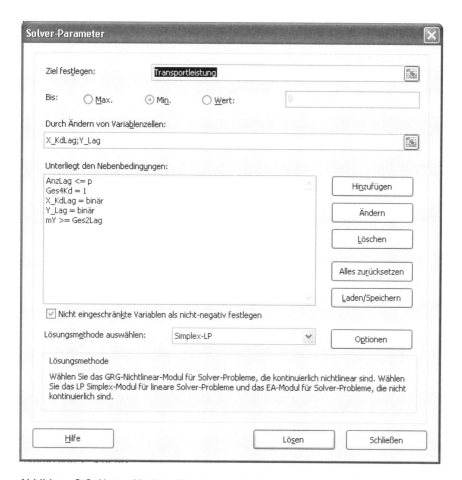

Abbildung StO_Netz_pMedian: Eingabe des Mathematischen Modells in den Solver

Modellbasiertes Logistikmanagement

Das führt dann zu dem beispielhaften Ergebnis:

Zuordnungsmatrix

								m	p
								8	5
mY	0	8	8	8	8	0	0	8	AnzLag
Y_Lager	0	1	1	1	1	0	0	1	5
versorgt durch	Amsterdam	Barcelona	Belgrad	Berlin	Brüssel	Bucarest	Budapest	Frankfurt/M.	Ges4Kd
Amsterdam	0	0	0	0	1	0	0	0	1
Barcelona	0	1	0	0	0	0	0	0	1
Belgrad	0	0	1	0	0	0	0	0	1
Berlin	0	0	0	1	0	0	0	0	1
Brüssel	0	0	0	0	1	0	0	0	1
Bucarest	0	0	1	0	0	0	0	0	1
Budapest	0	0	1	0	0	0	0	0	1
Frankfurt/M.	0	0	0	0	0	0	0	1	1
Ges2Lag	0	1	3	1	2	0	0	1	

Transportleistung bei der Versorgung durch das Lager

versorgt durch	Amsterdam	Barcelona	Belgrad	Berlin	Brüssel	Bucarest	Budapest	Frankfurt/M.
Amsterdam	0	15.580	18.230	6.690	2.200	23.700	13.950	4.160
Barcelona	31.160	0	42.060	36.940	26.760	57.180	41.860	25.900
Belgrad	27.345	31.545	0	19.980	27.060	10.980	6.420	20.835
Berlin	20.070	55.410	39.960	0	23.430	52.470	27.120	16.560
Brüssel	4.400	26.760	36.080	15.620	0	45.900	27.160	8.180
Bucarest	11.850	14.295	3.660	8.745	11.475	0	4.475	9.750
Budapest	13.950	20.930	4.280	9.040	13.580	8.950	0	9.790
Frankfurt/M.	10.400	32.375	34.725	13.800	10.225	48.750	24.475	0

Gesamte Transportleistung: 10.140

Abbildung StO_Netz_pMedian: Ausgabe der optimalen Lösung

Alle Ergebnisse:

Setzt man nun sukzessive p auf die Werte 1, ...,7 so erhält man folgende Ergebnistabelle:
(markiert sind die jeweiligen Mediane)

p	1	2	3	4	5	6	7
Amsterdam							
Barcelona			x	x	x	x	x
Belgrad		x	x	x	x	x	x
Berlin				x	x	x	x
Brüssel					x	x	x
Bucarest							x
Budapest						x	x
Frankfurt/M.	x	x	x	x	x	x	x
TranspLeistung	95.175	62.740	36.840	20.280	10.140	5.860	2.200

Abbildung StO_Netz_pMedian: Ausgabe der optimalen Lösung

Frage 2

Der Bedarf sei in Tonnen [t] angegeben, die Transportleistung also in [t*km] Der Umrechnungsfaktor von Leistung auf € sei: 10 [€ / t / km].
Ferner seien pro Lagerstandort die Fixkosten wie unten angegeben.

Wo sollen diese Lager liegen, so dass die Summe der variablen und fixen Distributionskosten minimal wird?
Als Basis sind hier die Distanzen inklusive Bedarfe, Fixkosten und dem Umrechnungsfaktor angegeben.
Damit ergibt sich als zusammenfassende Problembeschreibung:

	A	B	C	D	E	F	G	H	I	J	K	L
19												
20		Distanzen und Parameter										
21		Im Schnittpunkt der Tabelle stehen die Distanz zwischen den Orten in km										
22												
23		nach \ von	Amsterdam	Barcelona	Belgrad	Berlin	Brüssel	Bucarest	Budapest	Frankfurt/M	Bedarf	
24		Amsterdam	0	1.558	1.823	669	220	2.370	1.395	416	10	
25		Barcelona	1.558	0	2.103	1.847	1.338	2.859	2.093	1.295	20	
26		Belgrad	1.823	2.103	0	1.332	1.804	732	428	1.389	15	
27		Berlin	669	1.847	1.332	0	781	1.749	904	552	30	
28		Brüssel	220	1.338	1.804	781	0	2.295	1.358	409	20	
29		Bucarest	2.370	2.859	732	1.749	2.295	0	895	1.950	5	
30		Budapest	1.395	2.093	428	904	1.358	895	0	979	10	
31		Frankfurt/M	416	1.295	1.389	552	409	1.950	979	0	25	
32		Fixkosten	100.000	80.000	20.000	120.000	120.000	10.000	20.000	100.000		
33		c	10									
34												

Abbildung StO_Netz_pMedian: Distanzen und Parameter

Schritt 1: Eingabe der Bezeichnungen

Zur besseren Dokumentation unserer Modelle bezeichnen wir die wesentlichen Zellenbereiche:

- Dist_KdLag = $C$24:$J$31   Distanzen von den Kunden (Orten) zu den Lagerstandorten
- Bedarf   = $K$24:$K$31   Kundenbedarf in ME
- Fixk_Lag   = $C$32:$J$32   Fixkosten für die Lager
- c   = $C$33   Umrechnungsfaktor Leistung [t*km] auf €

Die Schritte 2 und 3 sind wie bei Frage 1.

Schritt 4: Bestimmung der gesamten Transportleistung

Gesamtkosten	▼	f_x =SUMME(D66:D67)		
A	B	C	D	E
64				
65 **Gesamte Transportkosten**				
66	Leistung [t*km]	**16.620**	166.200 €	
67	Fixkosten		330.000 €	
68	**Gesamt**		**496.200 €**	
69				

Abbildung StO_Netz_pMedian: Eingabe der Formel für die gesamte Transportleistung

Mit:

- Transportleistung = $C$66   = Summenprodukt von L_KdLag und X_KdLag
- TL_in_Kosten   = $D$66   = Transportleistung * c
- Fixkosten   = $D$67   = Summenprodukt von Fixk_Lag und Y_Lag
- Gesamtkosten   = $D$68   = TL_in_Kosten + Fixkosten

Schritt 5: Eingabe des mathematischen Modells in den Solver

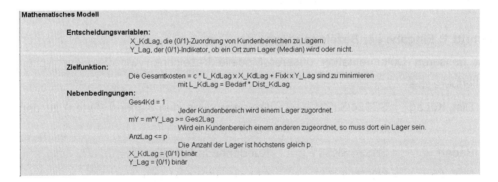

Abbildung StO_Netz_pMedian: Mathematisches Modell mit den verwendeten Bezeichnungen

Die Eingabe dieses Modells in den Solver ergibt:

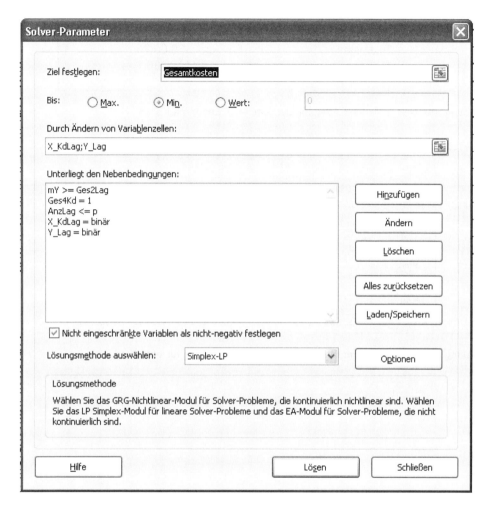

Abbildung StO_Netz_pMedian: Eingabe des Mathematischen Modells in den Solver

Das führt dann bei beispielsweise bei p = 5 zu dem Ergebnis:

	A	B	C	D	E	F	G	H	I	J	K	L
34												
35	Zuordnungsmatrix											
36											m	p
37											8	5
38		mY	0	8	8	8	0	8	0	8	AnzLag	
39		Y_Lager	0	1	1	1	0	1	0	1	5	
40		versorgt durch	Amsterdam	Barcelona	Belgrad	Berlin	Brüssel	Bucarest	Budapest	Frankfurt/M.	Ges4Kd	
41		Amsterdam	0	0	0	0	0	0	0	1	1	
42		Barcelona	0	1	0	0	0	0	0	0	1	
43		Belgrad	0	0	1	0	0	0	0	0	1	
44		Berlin	0	0	0	1	0	0	0	0	1	
45		Brüssel	0	0	0	0	0	0	0	1	1	
46		Bucarest	0	0	0	0	0	1	0	0	1	
47		Budapest	0	0	1	0	0	0	0	0	1	
48		Frankfurt/M.	0	0	0	0	0	0	0	1	1	
49		Ges2Lag	0	1	2	1	0	1	0	3		

	A	B	C	D	E
64					
65	**Gesamte Transportkosten**				
66		Leistung [t*km]	**16.620**	166.200 €	
67		Fixkosten		330.000 €	
68		**Gesamt**		**496.200 €**	
69					

Abbildung StO_Netz_pMedian: Ausgabe der optimalen Lösung für p = 5

Alle Ergebnisse:

	A	B	C	D	E	F	G	H	I	J
70										
71	Setzt man nun sukzessive p auf die Werte 1, ...,7 so erhält man folgende Ergebnistabelle:									
72	(markiert sind die jeweiligen Mediane)									
73										
74		p	1	2	3	4	5	6	7	
75		Amsterdam								
76		Barcelona			x	x	x	x	x	
77		Belgrad		x	x	x	x	x	x	
78		Berlin				x	x	x	x	
79		Brüssel								
80		Bucarest					x	x	x	
81		Budapest						x	x	
82		Frankfurt/M.	x	x	x	x	x	x	x	
83		Gesamtkosten	1.051.750 €	747.400 €	568.400 €	522.800 €	496.200 €	473.400 €	473.400 €	
84										

Abbildung StO_Netz_pMedian: Ausgabe der optimalen Lösung für verschiedene p

7.3.4 Heuristische Verfahren zum diskreten p-Median-Problem

Die folgenden heuristischen Verfahren liefern zwar nicht zwingend optimale Lösungen, generieren in der Regel aber gute Lösungen.

Das Add-Verfahren

Die Add-Heuristik geht zunächst von einem Zentrallager aus. Man fügt dann schrittweise Standorte hinzu („Add"), bis p Standorte erreicht sind, oder bricht vorher ab, wenn keine Abnahme der Gesamtkosten (=Summe von Fixkosten und variablen Kosten) durch Einrichtung eines neuen Standortes erreicht werden kann.

Gestartet wird mit demjenigen Knoten als erstem Standort, der die Gesamtkosten der Versorgung aller Nachfrageorte minimiert.

Das Drop-Verfahren

Bei der Drop-Heuristik geht man zunächst davon aus, dass in jedem der n Knoten ein Lagerstandort eingerichtet ist und baut dann schrittweise Standorte ab („Drop"), bis p Standorte erreicht sind.

Das Kriterium für die Streichung eines LagerStandortes ist die höchste Abnahme der Summe von variablen Kosten und Fixkosten.

7.3.5 Das p-Center-Problem in Netzwerken

7.3.5.1 Ökonomische Problembeschreibung

Gegeben sei ein Netzwerk mit m Kundenbezirken und n möglichen Standorten, um dort Servicestellen wie Feuerwehren, Rettungsstationen o. Ä. einzurichten. Aus Kostengründen können allerdings nur p ($1 \leq p < n$) zentrale Standorte ausgewählt werden. Die Entfernungen zwischen allen Knoten sind bekannt.

Gesucht sind diejenigen p Standorte, bei denen die maximale Entfernung zu einem Kundenbezirk von seiner nächstgelegenen Servicestation aus minimal wird („Min-Max-Problem").

7.3.5.2 Mathematische Formulierung des Problems

Gegeben seien m Kundenbezirke, n mögliche Standorte für Center, die Entfernungen d_{ij} zwischen den Knoten und eine vorgegebene Anzahl p von auszuwählenden Centern.

Von den Knoten sind nun p Center auszuwählen und jeder Kundenbezirk genau einem Center zuzuordnen, so dass die maximale Entfernung von einem Center zu seinem oder seinen Kundenbezirken minimal wird:

$$\max\{d_{ij} : i = 1,\ldots,n;\ j\ \text{zugeh. Center von } i\} \to \min!$$

7.3.5.3 Mathematisches Modell

Indices:

$i =$ 1, ..., m   Kundenbezirke

$j =$ 1, ..., n   Potentielle Standorte für Center

Gegebene Daten:

d_{ij} =   Entfernung von Knoten j nach Knoten i

p =   Anzahl zu errichtender Center

Entscheidungsvariablen:

$x_{ij} = 1$ Kundenbezirk i ist dem Center j angeschlossen.
$x_{ij} = 0$ Kundenbezirk i ist nicht dem Center j angeschlossen.
$y_j = 1$ Knoten j wird zu einem Center.
$y_j = 0$ Knoten j wird nicht zu einem Center.
d maximaler Abstand von den Centern zu den Kundenbezirken

Zielfunktion:

(ZF) $d \rightarrow \min!$ Finde die Zuordnung der Kunden auf die p Center, so dass die maximale Entfernung von den Centern zu den Kundenbezirken minimal ist!

Restriktionen (Nebenbedingungen)

(1) $\sum_{j=1}^{n} y_j = p$ Es sind genau p Center zu bestimmen.

(2) $\sum_{j=1}^{n} x_{ij} = 1$ für i= 1, ..., m

Jeder Kundenbezirk i wird an genau ein Center angeschlossen.

(3) $y_j \geq x_{ij}$ für i = 1, ..., m, j = 1, ..., n

Kunden können nur an Center angeschlossen werden.

bzw.
(3a) $m y_j \geq \sum_{i=1}^{m} x_{ij}$ für j = 1, ..., n

(B1) $x_{ij} \in \{0,1\}$ für i = 1, ..., m, j = 1,...,n

Binärvariable

(B2) $y_j \in \{0,1\}$ für j= 1, ..., n

Binärvariable

$d_{ij} x_{ij} \leq d$ für i = 1, ..., m, j = 1, ..., n

Die Abstände zu den Centern sind nach oben beschränkt.

7.3.5.4 Anmerkungen zur Lösbarkeit:

- Das p-Center-Problem kann für eine kleine Knotenzahl bis zu n = m = 100 mit p = 2 bzw. p = 3 gelöst werden (10.100 Binärvariablen!).
- Das Problem lässt sich zur Lösung auch in ein „Covering Location Problem" umwandeln.
- Für große Knotenzahlen n und für p > 3 gibt es eine Reihe heuristischer Verfahren.

7.3.6 Beispiel: StO_Netz_pCenter

Problembeschreibung

Ein Unternehmen ist in den unten angegeben Standorten mit Filialen vertreten. Das Unternehmen plant, von diesen Filialen genau p zu Regionallagern (= Centern) auszubauen: p = 1, 2, 3, 4, 5, 6, 7.

Wo sollen diese Center liegen, so dass die maximale Entfernung von jedem Standort zu mindestens einem Center minimal wird?

Als Basis sind hier die Distanzen angegeben.
Damit ergibt sich als zusammenfassende Problembeschreibung:

	A	B	C	D	E	F	G	H	I	J	K
16											
17		Distanzen: Städte/ Städte									
18		[km]									
19											
20		von \ nach	Amsterdam	Barcelona	Belgrad	Berlin	Brüssel	Bucarest	Budapest	Frankfurt/M.	
21		Amsterdam	0	1.558	1.823	669	220	2.370	1.395	416	
22		Barcelona	1.558	0	2.103	1.847	1.338	2.859	2.093	1.295	
23		Belgrad	1.823	2.103	0	1.332	1.804	732	428	1.389	
24		Berlin	669	1.847	1.332	0	781	1.749	904	552	
25		Brüssel	220	1.338	1.804	781	0	2.295	1.358	409	
26		Bucarest	2.370	2.859	732	1.749	2.295	0	895	1.950	
27		Budapest	1.395	2.093	428	904	1.358	895	0	979	
28		Frankfurt/M.	416	1.295	1.389	552	409	1.950	979	0	
29											

Abbildung StO_Netz_pCenter: Distanzen

Schritt 1: Eingabe der Bezeichnungen

Zur besseren Dokumentation unserer Modelle bezeichnen wir die wesentlichen Zellenbereiche:

- Dist_OrtCntr = $C$19:$J$26   Distanzen von den Orten (Filialen) zu den Centern

Schritt 2: Aufbau der Zuordnungsmatrix

Wir kopieren den Zellenbereich der Distanzmatrix spaltenkonform nach unten und ändern ihn gemäß der folgenden Abbildung ab.

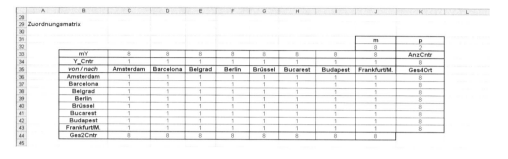

Abbildung StO_Netz_pCenter: Zuordnungsmatrix mit Vorgabewert 1

Mit:

- m   = $J$32   Anzahl aller Kundenbezirke (Filialen)
- p   = $K$32   Vorgegebene Anzahl von zu errichtenden Centern

- mY   = $C$33:$J$33   = m*Y_Cntr
- Y_Cntr   = $C$34:$J$34   Indikator, ob ein Ort zum Center wird: Ja = 1
- AnzCntr   = $K$34   Zeilensumme von Y_Cntr

- X_OrtCntr   = $C$36:$J$43   Indikator, ob ein Ort einem Center zugeordnet ist: Ja = 1
- Ges4Ort   = $K$36:$K$43   Zeilensumme von X_OrtCntr
- Ges2Cntr   = $C$44:$J$44   Spaltensummen von X_OrtCntr

Schritt 3: Aufbau der Entfernungsmatrix

Wir kopieren den Zellenbereich der Zuordnungsmatrix spaltenkonform nach unten und ändern ihn gemäß der folgenden Abbildung ab.

	A	B	C	D	E	F	G	H	I	J	K	L
46												
47		Entfernung zum Center										
48												
49		von / nach	Amsterdam	Barcelona	Belgrad	Berlin	Brüssel	Bucarest	Budapest	Frankfurt/M.	maxDist	
50		Amsterdam	0	1.558	1.823	669	220	2.370	1.395	416	1.295	
51		Barcelona	1.558	0	2.103	1.847	1.338	2.859	2.093	1.295		
52		Belgrad	1.823	2.103	0	1.332	1.804	732	428	1.389		
53		Berlin	669	1.847	1.332	0	781	1.749	904	552		
54		Brüssel	220	1.338	1.804	781	0	2.295	1.358	409		
55		Bucarest	2.370	2.859	732	1.749	2.295	0	895	1.950		
56		Budapest	1.395	2.093	428	904	1.358	895	0	979		
57		Frankfurt/M.	416	1.295	1.389	552	409	1.950	979	0		
58												

Abbildung StO_Netz_pCenter: Entfernungsmatrix

Mit:

- VD_OrtCntr = $C$50:$J$57   Auftretende Versorgungsdistanz, falls Ort dem Cntr zugeordnet ist, sonst 0

  = Dist_OrtCntr * X_OrtCntr

- maxDist = $K$50   Obere Schranke für alle auftretenden Versorgungsdistanzen

Schritt 4: Eingabe des mathematischen Modells in den Solver

Mathematisches Modell

Entscheidungsvariablen:
X_OrtCntr, die (0/1)-Zuordnung von Orten zu Centern.
Y_Cntr, der (0/1)-Indikator, ob ein Ort zum Center wird oder nicht.
maxDist, obere Schranke für alle Orte für die Distanz zum nächst gelegenen Center

Zielfunktion:
maxDist ist zu minimieren.

Nebenbedingungen:
Ges4Ort = 1
   Jeder Ort wird einem Center zugeordnet.
m*Y_Cntr = mY >= Ges2Cntr
   Wird ein Ort einem anderen zugeordnet, so muss das ein Center sein.
Dist_OrtCntr * X_Ort_Cntr = VD_OrtCntr <= maxDist
   Die Entfernung zum zugeordneten Center beträgt maximal maxDist.
AnzCntr = p
   Die Anzahl der Center ist p.
X_OrtCntr = (0/1) binär
Y_Cntr = (0/1) binär

Abbildung StO_Netz_pCenter: Mathematisches Modell mit den verwendeten Bezeichnungen

Die Eingabe dieses Modells in den Solver ergibt:

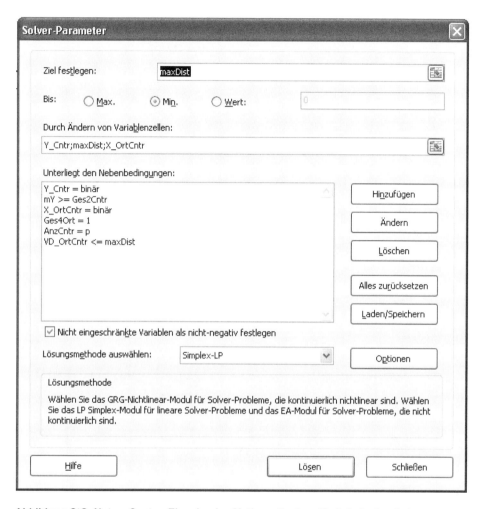

Abbildung StO_Netz_pCenter: Eingabe des Mathematischen Modells in den Solver

Das führt dann z. B. bei p = 2 zu dem Ergebnis:

Zuordnungsmatrix

									m	p
									8	2
	mY	0	0	8	0	0	0	0	8	AnzCntr
	Y_Cntr	0	0	1	0	0	0	0	1	2
	von / nach	Amsterdam	Barcelona	Belgrad	Berlin	Brüssel	Bucarest	Budapest	Frankfurt/M.	Ges4Ort
	Amsterdam	0	0	0	0	0	0	0	1	1
	Barcelona	0	0	0	0	0	0	0	1	1
	Belgrad	0	0	1	0	0	0	0	0	1
	Berlin	0	0	0	0	0	0	0	1	1
	Brüssel	0	0	0	0	0	0	0	1	1
	Bucarest	0	0	1	0	0	0	0	0	1
	Budapest	0	0	0	0	0	0	0	1	1
	Frankfurt/M.	0	0	0	0	0	0	0	1	1
	Ges2Cntr	0	0	2	0	0	0	0	6	

Entfernung zum Center

von / nach	Amsterdam	Barcelona	Belgrad	Berlin	Brüssel	Bucarest	Budapest	Frankfurt/M.	maxDist
Amsterdam	0	0	0	0	0	0	0	416	1.295
Barcelona	0	0	0	0	0	0	0	1.295	
Belgrad	0	0	0	0	0	0	0	0	
Berlin	0	0	0	0	0	0	0	552	
Brüssel	0	0	0	0	0	0	0	409	
Bucarest	0	0	732	0	0	0	0	0	
Budapest	0	0	0	0	0	0	0	979	
Frankfurt/M.	0	0	0	0	0	0	0	0	

Abbildung StO_Netz_pCenter: Ausgabe der optimalen Lösung für p = 2

Alle Ergebnisse:

Setzt man nun sukzessive p auf die Werte 1, ...,7 so erhält man folgende Ergebnistabelle:
(angegeben sind die jeweiligen maxDist-Werte in den Zeilen der Center)

p	1	2	3	4	5	6	7
Amsterdam					416		220
Barcelona		0	0	0	0	0	0
Belgrad		732	732		428	0	0
Berlin	1.847				0	0	0
Brüssel					0	409	
Bucarest				0		0	0
Budapest				428		0	0
Frankfurt/M.		1.295	552	552			0

Abbildung StO_Netz_pCenter: Ausgabe optimaler Lösungen für verschiedene p

7.4 Mediane und Center auf Landkarte oder Globus

Im vorangegangenen Abschnitt haben wir Mediane und Center in Netzwerken betrachtet. Häufig wird jedoch eine Standortplanung mithilfe einer Landkarte oder des Globus durchgeführt. Die einzelnen Orte werden dabei mithilfe von X-Y-Koordinaten in der Ebene oder von Breiten- und Längengraden (Latitude und Longitude) beschrieben.

Es ergeben sich nun analoge Problembeschreibungen zur Standortbestimmung in Netzwerken, für die wir dann jedoch nicht mehr die Hilfe der linearen gemischt ganzzahligen Lösungsalgorithmen heranziehen können. Stattdessen kommen nichtlineare Optimierungsalgorithmen oder Approximationsverfahren zur Anwendung.

7.4.1 Das 1-Median-Problem in der Ebene (Der klassische kontinuierliche Steiner-Weber-Ansatz)

7.4.1.1 Ökonomische Problembeschreibung

Gegeben seien m Standorte in der Ebene (auf einer Landkarte) durch ihre X-Y-Koordinaten, bei denen es sich um Absatzorte, Beschaffungsorte oder andere Standorte eines Unternehmens handelt. Gesucht wird ein Standort in dieser Ebene für eine zu errichtende Produktions- oder Lagerstätte.

Für die Standorte sind Liefermengen b_i zu befördern. Für den Transport einer Einheit der zu befördernden Ware gilt der Transportkostensatz c. Er ist für alle Orte gleich und unabhängig von der Entfernung konstant.

Für den Transport wird unterstellt, dass zwischen allen Orten gradlinige Verbindungen bestehen, so dass sich die zu überwindenden Strecken als Luftlinien- bzw. euklidische Entfernungen messen lassen.

Der gesuchte Standort ist so zu platzieren, dass die Transportkosten zu/von den Lieferorten minimal sind. Andere Kosten (z. B. fixe und variable Kosten des Standortes) werden nicht berücksichtigt.

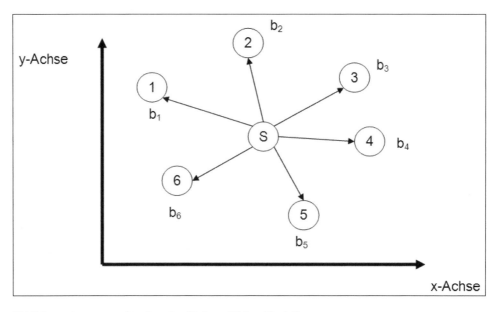

Abbildung: Ausgangssituation des Steiner-Weber-Modells

7.4.1.2 Mathematische Formulierung des Problems

Innerhalb eines X-Y-Koordinatensystems seien m Kundenstandorte durch ihre Koordinaten (x_i, y_i) i = 1, ..., m gegeben.

Ferner seien:

    c :   Transportkostensatz [€/ kg/ km]

    b_i :   Liefermenge [kg] für Kundenstandort i

Gesucht werden Koordinaten (x, y), die den gewichteten euklidischen Abstand zu den Kundenstandorten minimieren:

$$c \cdot \sum_{i=1}^{m} b_i \cdot \sqrt{(x - x_i)^2 + (y - y_i)^2} \rightarrow \min!$$

7.4.1.3 Mathematisches Modell

Indices:

 $i = 1, \ldots, m$ Vorgegebene Kundenstandorte

Gegebene Daten:

 (x_i, y_i) Koordinaten des Kundenstandortes $i = 1, \ldots, m$.
 c Transportkostensatz [€/ kg/km]
 b_i Liefermenge [kg] für Standort i

Entscheidungsvariablen:

 (x, y) Koordinaten des gesuchten zentralen Standortes

Zielfunktion:

(ZF) $c \cdot \sum_{i=1}^{m} b_i \cdot \sqrt{(x - x_i)^2 + (y - y_i)^2} \to \min!$ Minimiere die gesamten Transportkosten!

7.4.1.4 Modelleinschränkungen

Beim Steiner-Weber-Modell ist festzustellen, dass die Transportkosten als einzige Standortfaktoren berücksichtigt werden. Qualitative Faktoren wie Arbeitskräftepotenzial, Verkehrsanbindung oder Infrastruktur werden nicht betrachtet. Weiterhin sind die Transportmengen unabhängig vom Standort und es werden keine Kostenunterschiede für die verschiedenen Orte festgelegt.

7.4.1.5 Iterativer Lösungsansatz

Es handelt sich hier um ein nichtlineares Optimierungsmodell. Der optimale Standort kann z. B. anhand des iterativen Verfahrens von Weiszfeld/Miehle[1] bestimmt werden, bei dem man in der Regel mit den Schwerpunktkoordinaten beginnt und sich im Verfahrensverlauf schrittweise dem kostenminimalen Standort annähert.

---

[1] Hier geringfügig für Excel-Zwecke verändert, die Verhinderung der Division durch 0 geschieht außerhalb des Wurzel-Zeichens.

Schwerpunkt/0-te Iteration:

$$x_S = \frac{\sum_{i=1}^{m} b_i x_i}{\sum_{i=1}^{m} b_i} \qquad y_S = \frac{\sum_{i=1}^{m} b_i y_i}{\sum_{i=1}^{m} b_i}$$

k-te Iteration, k>0:

$$x^{(k)} = \frac{\sum_{i=1}^{m} \frac{b_i x_i}{\sqrt{(x^{(k-1)} - x_i)^2 + (y^{(k-1)} - y_i)^2} + \varepsilon}}{\sum_{i=1}^{m} \frac{b_i}{\sqrt{(x^{(k-1)} - x_i)^2 + (y^{(k-1)} - y_i)^2} + \varepsilon}} \qquad y^{(k)} = \frac{\sum_{i=1}^{m} \frac{b_i y_i}{\sqrt{(x^{(k-1)} - x_i)^2 + (y^{(k-1)} - y_i)^2} + \varepsilon}}{\sum_{i=1}^{m} \frac{b_i}{\sqrt{(x^{(k-1)} - x_i)^2 + (y^{(k-1)} - y_i)^2} + \varepsilon}}.$$

Dabei ist ε ein klein gewählter Parameter (z. B. ε = 0,001), der die Division durch Null im Nenner verhindern soll.

7.4.1.6 Mechanische Lösung mit dem VARIGNONschen Apparat

(Abbé Pierre Varignon, franz. Mathematiker, 1654–1722, Parallelogramm der Kräfte)

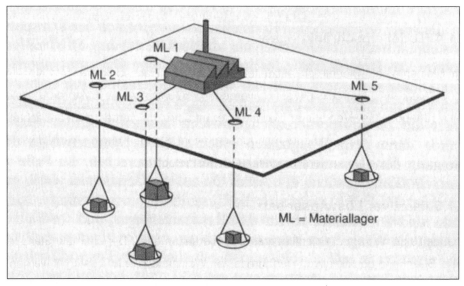

Abbildung: Standortplanung mit dem VARIGNONschen Apparat.[1]

---

[1] Siehe Reichart, T. (1999), S. 44.

7.4.2 Beispiele zum 1-Median-Problem in der Ebene

7.4.2.1 Approximationsansatz: StO_2D_SteinerWeber

Problembeschreibung

In einem x-y-Koordinatensystem (Landkarte) sind die Koordinaten von 6 Standorten gegeben sowie die Liefermengen. Gesucht sind die Koordinaten für einen zentralen Standort, so dass die gesamten Transportkosten minimiert werden (Steiner-Weber-Ansatz mit dem Transportkostensatz c = 1).

Als Basis sind hier die Koordinaten und die Liefermengen vorgegeben.
Damit ergibt sich als zusammenfassende Problembeschreibung:

	A	B	C	D	E	F
11						
12		**Koordinaten**	X	Y	**Liefermenge**	
13		Hamburg	2	2	10	
14		Hannover	2	3	20	
15		Berlin	4	3	15	
16		Freiburg	1	5	5	
17		Nürnberg	3	5	10	
18		Frankfurt/Main.	2	4	20	
19						

Abbildung StO_2D_SteinerWeber: Koordinaten und Liefermengen

Die Steiner-Weber-Formeln lassen sich in das folgende Rechenschema in Excel übertragen:

Arbeitshilfe online

Modellbasiertes Logistikmanagement

	B	F	G	H	I	J	K	L
22								
23		\multicolumn{6}{c}{LieferMge}	
24		10	20	15	5	10	20	
25								
26	Iterationen	\multicolumn{6}{c}{Nenner}	
27	Schritt k	1	2	3	4	5	6	SumN
28	0	10,000	20,000	15,000	5,000	10,000	20,000	80,000
29	1	6,396	30,058	9,138	2,405	6,238	30,058	84,293
30	2	6,624	36,161	8,309	2,535	5,933	34,588	94,150
31	3	6,697	38,230	8,104	2,567	5,829	35,359	96,785
32	4	6,737	39,070	8,064	2,569	5,789	35,196	97,426
33	5	6,765	39,570	8,060	2,565	5,768	34,910	97,638
34	6	6,787	39,937	8,062	2,560	5,753	34,655	97,754
35	7	6,805	40,225	8,065	2,557	5,741	34,449	97,842
36	8	6,819	40,456	8,067	2,554	5,732	34,286	97,914
37	9	6,830	40,641	8,069	2,551	5,725	34,158	97,974
38	10	6,839	40,788	8,070	2,550	5,719	34,057	98,024
39	11	6,846	40,907	8,071	2,548	5,715	33,978	98,064
40	12	6,851	41,001	8,072	2,547	5,711	33,915	98,097
41	13	6,856	41,076	8,073	2,546	5,708	33,865	98,124
42	14	6,859	41,136	8,073	2,545	5,706	33,826	98,146
43	15	6,862	41,184	8,074	2,545	5,704	33,794	98,164
44	16	6,864	41,222	8,074	2,544	5,703	33,770	98,178
45	17	6,866	41,253	8,074	2,544	5,702	33,750	98,189
46	18	6,868	41,277	8,075	2,544	5,701	33,734	98,198

	B	M	N	O	P	Q	R	S
22								
23		\multicolumn{6}{c}{X}	
24		2	2	4	1	3	2	
25								
26	Iterationen	\multicolumn{6}{c}{X_Zähler}	
27	Schritt k	X1	X2	X3	X4	X5	X6	SumX
28	0	20,000	40,000	60,000	5,000	30,000	40,000	195,000
29	1	12,792	60,116	36,551	2,405	18,715	60,116	190,694
30	2	13,247	72,322	33,235	2,535	17,800	69,177	208,316
31	3	13,395	76,459	32,416	2,567	17,487	70,717	213,041
32	4	13,474	78,140	32,256	2,569	17,368	70,393	214,200
33	5	13,531	79,140	32,239	2,565	17,303	69,820	214,598
34	6	13,575	79,874	32,247	2,560	17,258	69,310	214,825
35	7	13,610	80,451	32,258	2,557	17,224	68,898	214,997
36	8	13,638	80,912	32,268	2,554	17,196	68,573	215,140
37	9	13,660	81,281	32,275	2,551	17,175	68,317	215,259
38	10	13,678	81,577	32,281	2,550	17,158	68,115	215,357
39	11	13,692	81,813	32,285	2,548	17,144	67,956	215,438
40	12	13,703	82,002	32,289	2,547	17,133	67,830	215,503
41	13	13,712	82,153	32,291	2,546	17,125	67,730	215,557
42	14	13,719	82,273	32,293	2,545	17,118	67,651	215,600
43	15	13,725	82,369	32,295	2,545	17,113	67,589	215,634
44	16	13,729	82,445	32,296	2,544	17,108	67,539	215,662
45	17	13,733	82,505	32,297	2,544	17,105	67,500	215,684
46	18	13,735	82,554	32,298	2,544	17,102	67,469	215,702

7 Modelle zur Standortoptimierung

	B	T	U	V	W	X	Y	Z
22								
23					Y			
24			2	3	3	5	5	4
25								
26	Iterationen				Y_Zähler			
27	Schritt k	Y1	Y2	Y3	Y4	Y5	Y6	SumY
28	0	20,000	60,000	45,000	25,000	50,000	80,000	280,000
29	1	12,792	90,173	27,413	12,027	31,192	120,231	293,829
30	2	13,247	108,484	24,926	12,675	29,667	138,354	327,353
31	3	13,395	114,689	24,312	12,835	29,145	141,434	335,809
32	4	13,474	117,211	24,192	12,844	28,947	140,785	337,452
33	5	13,531	118,710	24,179	12,823	28,839	139,641	337,723
34	6	13,575	119,811	24,185	12,802	28,764	138,620	337,757
35	7	13,610	120,676	24,194	12,783	28,706	137,796	337,765
36	8	13,638	121,368	24,201	12,769	28,661	137,145	337,781
37	9	13,660	121,922	24,206	12,757	28,625	136,633	337,802
38	10	13,678	122,365	24,211	12,748	28,596	136,230	337,827
39	11	13,692	122,720	24,214	12,740	28,574	135,911	337,850
40	12	13,703	123,003	24,216	12,735	28,556	135,659	337,872
41	13	13,712	123,229	24,218	12,730	28,541	135,460	337,891
42	14	13,719	123,409	24,220	12,726	28,530	135,303	337,907
43	15	13,725	123,553	24,221	12,724	28,521	135,178	337,921
44	16	13,729	123,667	24,222	12,721	28,514	135,079	337,932
45	17	13,733	123,758	24,223	12,720	28,508	135,000	337,942
46	18	13,735	123,831	24,224	12,718	28,504	134,938	337,949

	B	AA	AB	AC	AD	AE	AF	AG
25								
26	Iterationen			Distanzen				
27	Schritt k	Dist1	Dist2	Dist3	Dist4	Dist5	Dist6	
28	0	1,563	0,664	1,641	2,078	1,602	0,664	
29	1	1,509	0,552	1,804	1,971	1,684	0,577	
30	2	1,492	0,522	1,850	1,947	1,715	0,565	
31	3	1,483	0,511	1,859	1,945	1,726	0,567	
32	4	1,477	0,504	1,860	1,949	1,733	0,572	
33	5	1,472	0,500	1,860	1,952	1,737	0,576	
34	6	1,469	0,496	1,859	1,955	1,741	0,580	
35	7	1,466	0,493	1,858	1,957	1,744	0,582	
36	8	1,463	0,491	1,858	1,959	1,746	0,585	
37	9	1,461	0,489	1,858	1,960	1,747	0,586	
38	10	1,460	0,488	1,857	1,961	1,749	0,588	
39	11	1,459	0,487	1,857	1,962	1,750	0,589	
40	12	1,458	0,486	1,857	1,963	1,751	0,590	
41	13	1,457	0,485	1,857	1,963	1,752	0,590	
42	14	1,456	0,485	1,857	1,964	1,752	0,591	
43	15	1,456	0,484	1,857	1,964	1,753	0,591	
44	16	1,455	0,484	1,857	1,964	1,753	0,592	
45	17	1,455	0,484	1,857	1,965	1,753	0,592	
46	18	1,455	0,483	1,857	1,965	1,753	0,592	

	A	B	C	D	E
20					
21	**Steiner-Weber-Rechenschema**				
22					
23		EPS	0,001		
24					
25					
26			Iterationen		
27		Schritt k	x(k)	y(k)	Zielwert
28	Schwerpunkt	0	2,438	3,500	93,217
29		1	2,262	3,486	91,439
30		2	2,213	3,477	91,286
31		3	2,201	3,470	91,274
32		4	2,199	3,464	91,270
33		5	2,198	3,459	91,268
34		6	2,198	3,455	91,267
35		7	2,197	3,452	91,266
36		8	2,197	3,450	91,265
37		9	2,197	3,448	91,265
38		10	2,197	3,446	91,265
39		11	2,197	3,445	91,265
40		12	2,197	3,444	91,265
41		13	2,197	3,443	91,264
42		14	2,197	3,443	91,264
43	Optimum!	15	2,197	3,442	91,264
44		16	2,197	3,442	91,264
45		17	2,197	3,442	91,264
46		18	2,197	3,442	91,264
47					

Abbildung StO_2D_SteinerWeber: Steiner-Weber Rechenschema

Erläuterung des Rechenschemas

Sowohl zur besseren Dokumentation als auch zur Vereinfachung der Formeleingabe bezeichnen wir wieder die wesentlichen Zellenbereiche:

- EPS   = $C$23   Epsilon: Kleine Zahl
- LieferMge = $F$24:$K$24   Liefermenge pro Ort
- X   = $M$24:$R$24   X-Koordinaten der Orte
- Y   = $T$24:$Y$24   Y-Koordinaten der Orte

Iteration 0:

- Nenner_0   = $F$28:$K$28   = LieferMge
- SumN_0   = $L$28   = Summe(Nenner_0)

- X_Zähler_0   = $M$28:$R$28   = LieferMge * X (elementweise)
- SumX_0   = $S$28   = Summe(X_Zähler_0)

- Y_Zähler_0   = $T$28:$Y$28   = LieferMge * Y (elementweise)
- SumY_0   = $Z$28   = Summe(Y_Zähler_0)

- X_0   = $C$28   = SumX_0/Sum_N_0
- Y_0   = $D$28   = SumY_0/Sum_N_0

- Distanzen_0   = $AA$28:$AF$28 Euklidischer Abstand zu (X_0,Y_0)
                                 Dist_i_0 = Wurzel($(X_i-X\_0)^2+(Y_i-Y\_0)^2$)

- Z_0   = $E$28   = Zielwert von (X_0,Y_0)

Iteration 1:

- Nenner_1   = $F$29:$K$29   Nenner_1_i = LieferMge_i / (Dist_i_0 +EPS)
- X_Zähler_1   = $M$29:$R$29   = Nenner_1 * X (elementweise)
- Y_Zähler_1   = $T$29:$Y$29   = Nenner_1 * Y (elementweise)

Alle weiteren Felder ergeben sich durch Herunterkopieren der Felder darüber!

Die Iterationen werden abgebrochen, sobald sich X und Y nicht mehr merklich verändern. Man erhält einen hinreichend guten Näherungswert für das Optimum.

7.4.2.2 Optimierungsansatz: StO_2D_1Median

Problembeschreibung

Wir lösen nun das letzte Beispiel mit dem Solver unter Verwendung des Evolutionary Algorithmus anstelle des Steiner-Weber-Approximationsverfahrens.

Die vorgegebenen Koordinaten der Standorte werden gemäß folgender Abbildung ergänzt:

	A	B	C	D	E	F	G
11							
12		Koordinaten	X	Y	Liefermenge	Distanz	
13		Hamburg	2	2	10	1,453454	
14		Hannover	2	3	20	0,481911	
15		Berlin	4	3	15	1,856684	
16		Freiburg	1	5	5	1,965741	
17		Nürnberg	3	5	10	1,754759	
18		Frankfurt/Main.	2	4	20	0,593252	
19		Max	4	5			
20		Min	1	2			
21							
22		1Median	2,1962401	3,4401449	T-Leistung	91,26435	
23							
24		n. Approximation:	2,196605	3,4415112		91,26437	
25							

Abbildung StO_2D_1Median: Erweiterte Tabelle

Mit:

- XiYi = $C$13:$D$18   Die Koordinaten (Xi,Yi) der vorgegebenen Orte
- Liefermge= $E$13:$E$18   Liefermengen pro Kundenort
- Distanz = $F$13:$E$18   Die Euklidischen Abstände zwischen Kundenort und Median:

    Dist((Xi,Yi),(X,Y)) = Wurzel((Xi-X)^2 + (Yi-Y)^2)).

- MaxX = $C$19   Maximum der Xi-Koordinaten
- MinX = $C$20   Minimum der Xi-Koordinaten
- MaxY = $D$19   Maximum der Yi-Koordinaten
- MinY = $D$20   Minimum der Yi-Koordinaten

- X = $C$22   X-Koordinate des gesuchten Medians
- Y = $D$22   Y-Koordinate des gesuchten Medians

- TranspLeistung = $F$22   Transportleistung = Liefermge x Distanz

Schritt 2: Eingabe des mathematischen Modells in den Solver

Mathematisches Modell:

    Entscheidungsvariablen:
        X;Y: die Koordinaten des gesuchten Standortes

    Zielfunktion: TranspLeistung = Liefermge x Distanz   ist zu minimieren!

    Nebenbedingungen:
        MinX <= X <= MaxX
        MinY <= Y <= MaxY

Anmerkung:
    Es handelt sich um ein nichtlineares Optimierungsmodell.

Abbildung StO_2D_1Median: Mathematisches Modell mit den verwendeten Bezeichnungen

Die Eingabe dieses Modells in den Solver ergibt:

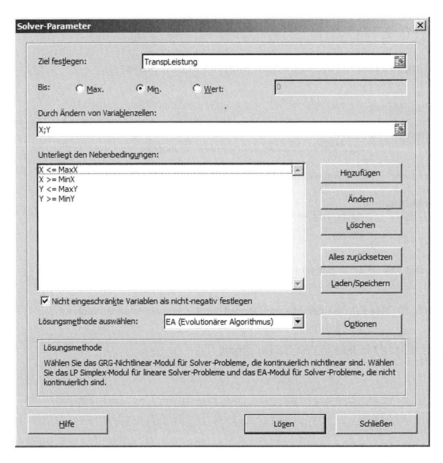

Abbildung StO_2D_1Median: Eingabe des Mathematischen Modells in den Solver

Als Ergebnis erhält man die Mediankoordinaten der oben angegebenen erweiterten Tabelle. Das Ergebnis des Approximationsverfahrens ist zum Vergleich ebenfalls aufgeführt.

7.4.3 Das p-Median-Problem im Koordinatensystem

7.4.3.1 Ökonomische Problembeschreibung

Beim p-Median-Problem handelt es sich um eine Verallgemeinerung des klassischen Median-Problems. Gegeben sind wiederum m Kundenstandorte auf einer Landkarte oder auf dem Globus durch ihre X-Y-Koordinaten bzw. durch Breiten- und Längengrade, bei denen es sich um Absatzorte, Beschaffungsorte oder andere Standorte eines Unternehmens handelt. Gesucht werden jetzt aber p Regionalstandorte, um „auf der grünen Wiese" neue Lager- oder Produktionsstätten zu errichten.

Für diese Standorte sind Liefermengen b_i zu befördern mit einem Transportkostensatz c_i pro Einheit der zu befördernden Ware. Er muss nicht für alle Orte gleich sein, ist aber unabhängig von der Entfernung konstant.

Für den Transport wird unterstellt, dass zwischen allen Orten direkte Verbindungsmöglichkeiten bestehen und dass sich die zu überwindenden Strecken mithilfe einer Abstandsfunktion messen lassen. In der Ebene wären das Luftlinien- bzw. euklidische Entfernungen, auf dem Globus allgemein dann die entsprechenden Großkreisbögen auf der Kugeloberfläche.

Die gesuchten Standorte sind so zu platzieren, dass die Summe der Transportkosten zu/von den Lieferorten minimal wird. Wie beim Steiner-Weber-Modell werden nur die Transportkosten als Standortfaktoren berücksichtigt, andere Kosten (z. B. fixe und variable Kosten der Standorte) wieder ignoriert.

7.4.3.2 Mathematische Formulierung des Problems

Innerhalb eines X-Y-Koordinatensystems seien m Kundenstandorte durch ihre Koordinaten (x_i, y_i) i = 1, ..., m gegeben.

Ferner seien:

c_i : Transportkostensatz [GE/ ME/ LE]

b_i : Liefermenge [ME] für Standort i

z_{ij} : Indikatoren, ob Kundenstandort i dem Lagerstandort j zugeordnet werden soll (= 1) oder nicht (= 0)

Gesucht werden nun für die Lagerstandorte p Koordinatenpaare (u_j, v_j): $j = 1,...,p$ mit minimalen gewichteten Transportkosten für die Versorgung dieser Kundenstandorte:

$$\sum_{j=1}^{p}\sum_{i=1}^{m} c_i \cdot b_i \cdot z_{ij} \cdot dist((u_j, v_j),(x_i, y_i)) \to min!$$

Dabei ist $dist((u_j, v_j),(x_i, y_i))$ der Abstand zwischen Lagerort j und Kundenort i, z. B. in der Ebene: $dist((u_j, v_j),(x_i, y_i)) = \sqrt{(u_j - x_i)^2 + (v_j - y_i)^2}$.

7.4.3.3 Mathematisches Modell

Indices:

i =	1, ..., m	Vorgegebene Standorte (von Kunden)
j =	1, ..., p	Gesuchte Standorte (von Lagern oder Produktionsstätten)

Gegebene Daten:

(x_i, y_i)	Koordinaten des Kundenstandortes i = 1, ..., m
c_i	Transportkostensatz [GE/ ME/ LE] [1] für Standort i
b_i	Liefermenge [ME] für Standort i

Entscheidungsvariablen:

(u_j, v_j)		Koordinaten der gesuchten regionalen Standorte j = 1, ..., p
z_{ij}	=0	Kundenbezirk i wird nicht an das Lager j angeschlossen.
z_{ij}	=1	Kundenbezirk i wird an das Lager j angeschlossen.

---

[1] GE: Geldeinheiten, ME: Mengeneinheiten, LE: Längeneinheiten.

Zielfunktion:

(ZF) $\sum_{j=1}^{p}\sum_{i=1}^{m} c_i \cdot b_i \cdot z_{ij} \cdot \text{dist}((u_j, v_j), (x_i, y_i)) \to \min!$ Minimiere die gesamten Transportkosten!

Restriktionen (Nebenbedingungen)

(1) $\sum_{j=1}^{p} z_{ij} = 1$ für i= 1,…, m

Jeder Kundenbezirk i wird an genau ein Lager j angeschlossen.

(B) $z_{ij} \in \{0, 1\}$ für i = 1, …, m, j = 1,…, p

Binärvariable

(2) $\min\{x_i : i = 1,...,m\} \leq u_j \leq \max\{x_i : i = 1,...,m\}$ Schranken für u_j : j = 1,...,p

(3) $\min\{y_i : i = 1,...,m\} \leq v_j \leq \max\{y_i : i = 1,...,m\}$ Schranken für v_j : j = 1,...,p

Mögliche Zusatzrestriktionen für die Behandlung von Kapazitätsbeschränkungen:

(4) $\sum_{i=1}^{m} b_i \cdot z_{ij} \leq a_j$ für j= 1,…, p

Jedes Lager j hat nur die beschränkte Lieferkapazität a_j.

(NN) $z_{ij} \geq 0$ für i = 1, …, m, j = 1,…, p

Nichtnegativität des Anteils des Kundenbedarfes b_i, der durch Lager j gedeckt wird.

7.4.3.4 Anmerkungen zum allgemeinen Modell

Zunächst einmal können für die Bestimmung des Abstandes oder der Distanz zwischen zwei Punkten unterschiedliche Entfernungsmessungen herangezogen werden: der euklidische Abstand in der Ebene nach dem Satz des Pythagoras, die verbesserte Abstandsbestimmung auf der Kugeloberfläche oder die exakte Abstandsbestimmung auf der Kugeloberfläche.[1]

Die Restriktionen (2) und (3) sind an sich nur implizit: innerhalb dieser Schranken muss ein Median liegen. Manche Algorithmen wie z. B. der im Solver integrierte Evolutionsalgorithmus fordern die Angabe von Begrenzungen (Lower und Upper Bounds) für die Variablen. Für diesen Zweck kann man in der Regel (bis auf exotische Globus-Beispiele) die Koordinatenminima und -maxima nutzen.

Das Problem ist mit diesen Bedingungen schon recht komplex. Zusätzlich erschwert wird die Lösung, wenn Kapazitätsbeschränkungen wie (4) hinzukommen. In solchen Fällen kann man eventuell zulassen, dass ein Kundenstandort auch von mehreren Lagern bedient wird, also auf die Binärbedingung (B) verzichten und stattdessen eingeschränkt nur (NN) für den Anteil z_{ij} der Bedarfsdeckung fordern.

7.4.3.5 Modellvereinfachungen für den Evolutionsalgorithmus

Wir verzichten auf die Kapazitätsbeschränkungen für die Lager und gehen davon aus, dass ein Kundenstandort i von dem nächstliegenden Lagerstandort j bedient wird, für den also die Transportkosten minimal sind. Sollte diese Minimalität für mehr als ein Lager j gelten, kann man z. B. den ersten Lagerstandort mit dieser Eigenschaft wählen.

Mit diesem Kunstgriff lässt sich die Verwendung der binären Variablen z_{ij} vermeiden. Man erhält als vereinfachtes Modell:

Entscheidungsvariablen:

(u_j, v_j) Koordinaten der gesuchten regionalen Standorte

                  $j = 1, \ldots, p$

---

[1] Siehe dazu das nachfolgende Beispiel.

Zielfunktion:

(ZF) $\sum_{i=1}^{m} c_i \cdot b_i \cdot d_i \to \min!$ Minimiere die gesamten Transportkosten!

Restriktionen (Nebenbedingungen)

(1) $d_i = \min\{\text{dist}((u_j, v_j), (x_i, y_i)) : j = 1, ..., p\}$ für i= 1,..., m

                Kundenbezirk i wird an das nächste Lager angeschlossen.

(2) $\min\{x_i : i = 1,...,m\} \leq u_j \leq \max\{x_i : i = 1,...,m\}$ Schranken für $u_j : j = 1,...,p$

(3) $\min\{y_i : i = 1,...,m\} \leq v_j \leq \max\{y_i : i = 1,...,m\}$ Schranken für $v_j : j = 1,...,p$

Das Modell wird damit nichtlinear, lässt sich aber mit dem Evolutionsalgorithmus des Solvers lösen.

7.4.4 Beispiel: StO_3D_pMedian

Problembeschreibung

Eine Europäische Handelskette plant neue Auslieferungslager für ihre 100 Kaufhäuser. Die Standorte dieser Kaufhäuser sind nach ihren Breiten- und Längengraden unten aufgeführt. Das Kaufvolumen in LE wird als proportional zu den Einwohnerzahlen der Orte angesehen. Die Handelskette möchte Szenarien von p Auslieferungslagern p = 1, 2, 3, 4, 5, 6, 7 durchrechnen. Wo sollen diese Lager platziert werden, wenn man eine "Planung auf der grünen Wiese" durchführte?

Wir zeigen hier die Lösung für den Fall p = 3.

Ort	Breiten- und Längengrade lat (y)	lon (x)	Einw	Ort	Breiten- und Längengrade lat (y)	lon (x)	Einw	Ort	Breiten- und Längengrade lat (y)	lon (x)	Einw
Cadiz	36,52969	-6,29266	126.766	Le Havre	49,49259	0,10650	179.751	Essen	51,45794	7,01483	576.259
Malaga	36,71965	-4,42002	568.305	Luxembourg	49,81527	6,12958	502.066	Göttingen	51,53261	9,92844	121.457
Cordoba	37,88473	-4,77915	328.43	Mailand	45,46369	9,18814	1.307.495	Leipzig	51,33967	12,37136	518.862
Lissabon	38,70705	-9,13549	499.700	Verona	45,43837	10,99175	264.475	Dresden	51,05099	13,73363	517.052
Toledo	39,85678	-4,02448	82.291	Venedig	45,43434	12,33878	270.801	Wroclaw	51,10789	17,03854	632
Madrid	40,41669	-3,70035	3.255.94	Basel	47,55870	7,58660	170.648	Krakau	50,06465	19,94498	755.546
Porto	41,14997	-8,61024	216.080	Turin	45,07056	7,68662	909.538	Posnan	52,40637	16,92517	554.221
Valencia	39,47024	-0,37680	814.208	Bologna	44,49422	11,34648	377.220	Lodz	51,75925	19,45598	739.832
Burgos	42,34087	-3,69973	178.966	Genua	44,40706	8,93399	609.746	Warschau	52,22968	21,01223	1.716.855
Zaragoza	41,65629	-0,87654	699.240	Rom	41,89547	12,48232	2.743.796	Stettin	53,42854	14,55281	406.307
Barcelona	41,38792	2,16992	1.621.537	Neapel	40,84010	14,25164	962.940	Brügge	51,20998	3,22040	117.073
Girona	41,98181	2,82370	96.188	Bari	41,12600	16,86838	320.150	Brüssel	50,85030	4,35171	1.067.557
Santiago de	42,88045	-8,54630	95.092	Salerno	40,67796	14,76591	139.704	Amsterdam	52,37306	4,89222	767.849
La Coruna	43,37087	-0,39504	246.056	Lecce	40,35320	18,17401	94.919	Groningen	53,21938	6,56650	187.622
Bilbao	43,25696	-2,92344	354.860	Bern	46,94707	7,44414	123.466	Zwolle	52,51294	6,10715	118.943
Beziers	43,34163	3,21782	72.462	Zürich	47,38333	8,53333	382.906	Bielefeld	52,42922	9,66797	323.084
Toulouse	43,60436	1,44295	439.453	Konstanz	47,66194	9,17243	83.644	Magdeburg	52,13096	11,63670	230.456
Montpellier	43,60818	3,87945	253.712	Innsbruck	47,25784	11,40536	119.249	Osnabrück	52,26728	8,05319	163.514
Marseille	43,29761	5,38104	852.395	Graz	47,07071	15,43950	257.328	Hannover	52,37207	9,73569	520.966
Toulon	43,12516	5,93111	166.537	Linz	48,30694	14,28583	189.311	Berlin	52,52341	13,41140	3.445.026
Monaco	43,73842	7,42462	32.965	Wien	48,20662	16,38282	1.712.903	Bremen	53,07498	8,80708	547.685
Bordeaux	44,83737	-0,57614	235.178	Zagreb	45,81491	15,97851	779.145	Hamburg	53,55381	9,99158	1.778.336
Lyon	45,76730	4,83433	472.330	Belgrad	44,80242	20,46560	1.265.574	Bremerhaven	53,54194	8,57804	114.031
Genf	46,20576	6,14159	191.415	Budapest	47,49841	19,04076	1.721.556	Cuxhaven	53,86170	8,69407	50.846
Nantes	47,21684	-1,55675	283.025	München	48,13913	11,58019	1.330.440	Kiel	54,32268	10,13586	238.049
Rennes	48,11176	-1,68027	207.922	Augsburg	48,36546	10,89477	263.646	Flensburg	54,78040	9,43571	88.511
Tours	47,39029	0,68885	136.578	Stuttgart	48,77711	9,18077	601.646	Rostock	54,09023	12,13295	201.442
Orleans	47,90139	1,90398	113.234	Regensburg	49,01649	12,10090	134.218	Schwerin	53,62574	11,41689	95.041
Saint Malo	48,64818	-2,02609	48.563	Nürnberg	49,45052	11,08048	503.673	Neubrandenburg	53,55805	13,26122	65.137
Brest	48,39060	-4,48690	142.722	Mannheim	49,48468	8,47672	311.969	Arhus	56,16294	10,20392	242.914
Paris	48,85667	2,35099	2.193.030	Frankfurt	50,11151	8,68051	671.927	Aalborg	57,02881	9,91777	196
Strasbourg	48,58293	7,74375	272.123	Koblenz	50,35670	7,59962	106.445	Kopenhagen	55,69340	12,58305	528.208
Dijon	47,32721	5,04399	151.543	Siegen	50,87380	8,02341	103.984	Göteburg	57,69699	11,98650	507.330
Reims	49,25660	4,03309	183.500								

Abbildung StO_3D_pMedian: Standorte mit Position und Einwohnerzahl[1]

Wir benutzen die drei vorgestellten Arten zur Entfernungsberechnung. Dafür werden geografische Parameter benutzt, die in der folgenden Abbildung zusammengestellt sind:

---

[1] Die Positionen wurden mithilfe von GeoPosition http://www.kompf.de/trekka/geoposition.php bestimmt, die Einwohnerzahlen mithilfe von Wikipedia.

7 Modelle zur Standortoptimierung

	A	B	C	D	E	F	G
116							
117	Geographische Parameter						
118							
119		Mittlerer Abstand zwischen zwei Breitenkreisen [km]					111,3
120		Mittlerer Abstand zwischen zwei Längenkreisen in Deutschland [km]					71,5
121		(variiert in Abh. von der geographischen Breite)					
122							
123		Umrechnungsfaktor von Grad auf Radiant (Bogenmass)					0,0174533
124							
125		Erdradius [km]					6378,388
126							
127		Äquatorlänge [km]					40076,594
128							

Abbildung StO_3D_pMedian: Parameter für die geografischen Entfernungsberechnungen

Dabei nutzen wir folgende Parameter:

- AbstLat = $G$119   Abstand zwischen zwei Breitenkreisen [km]
- AbstLon = $G$120   Mittlerer Abstand zwischen zwei Längenkreisen in Deutschland [km]
- Grad2Rad = $G$123   Umrechnungsfaktor von Grad auf Radiant (Bogenmaß) = PI()/180
- Radius = $G$125   Länge des Erdradius in [km]

Schritt 1: Rechenschema für die Medianbestimmung

	A	B	C	D	E	F	G	H	I	J	K
3	Distanzberechnung nach einfachster Entfernungsberechnung										
4											
5		Ort	Breiten- und Längengrade		Bedarf	Distanz	Distanz	Distanz	Distanz	versorgt durch	
6			LAT (y)	LON (x)	[PE]	Next	Median1	Median2	Median3	Median #	
7		Cadiz	36,52969	-6,29266	126.766	953,2151	1.692,1382	953,2151	2.209,4804	2	
8		Malaga	36,71965	-4,42002	568.305	865,1278	1.572,9642	865,1278	2.114,4073	2	
68		Regensburg	49,01649	12,10090	134.218	378,8222	390,6043	981,7441	378,8222	3	
69		Nürnberg	49,45052	11,08048	503.673	340,4962	452,4662	957,8100	340,4962	3	
70		Mannheim	49,48468	8,47672	311.969	422,7802	536,5301	834,7087	422,7802	3	
71		Frankfurt	50,11151	8,68051	671.927	361,1486	587,6563	899,2479	361,1486	3	
72		Koblenz	50,35670	7,59962	106.445	402,9553	652,0210	879,5297	402,9553	3	
73		Siegen	50,87380	8,02341	103.984	346,5708	684,6285	944,4877	346,5708	3	
74		Essen	51,45794	7,01483	576.259	388,0343	777,4561	968,4537	388,0343	3	
104		Aalberg	57,02881	9,91777	196.290	539,0774	1.295,6020	1.619,8480	539,0774	3	
105		Kopenhagen	55,69340	12,58305	528.208	365,2986	1.130,8307	1.572,1799	365,2986	3	
106		Göteborg	57,69699	11,98650	507.330	587,6940	1.354,9236	1.748,2496	587,6940	3	
107		Min	36,52969	-9,135488		953,2151					
108		Max	57,69699	21,01223	TranspLeist						
109		Median 1	45,533956	12,776479	1,872E+10						
110		Median 2	43,568342	1,302409							
111		Median 3	52,419068	12,231578							
112											

Abbildung StO_3D_pMedian: Rechenschema für die Medianbestimmung p=3, Distanzen nach Pythagoras berechnet (Ausschnitt)

Mit:

- Bedarf = $E$7:$E$106   Einwohnerzahlen für die Orte
- Min   = $C$107:$D$107 Minimalwerte der Breiten- und Längengrade
- Max   = $C$108:$D$108 Maximalwerte der Breiten- und Längengrade

- Median1 = $C$109:$D$109 Koordinaten des ersten Medians
- Median2 = $C$110:$D$110 Koordinaten des zweiten Medians
- Median3 = $C$111:$D$111 Koordinaten des dritten Medians
- YM_1 = $C$109   Breitengrad des ersten Medians
- YM_2 = $C$110   Breitengrad des zweiten Medians
- YM_3 = $C$111   Breitengrad des dritten Medians
- XM_1 = $D$109   Längengrad des ersten Medians
- XM_2 = $D$110   Längengrad des zweiten Medians
- XM_3 = $D$111   Längengrad des dritten Medians

- Distanz_1 =$G$7:$G$106 Distanz des Zeilenortes zum ersten Median
- Distanz_2 =$H$7:$H$106 Distanz des Zeilenortes zum zweiten Median
- Distanz_3 =$I$7:$I$106 Distanz des Zeilenortes zum dritten Median
- NextDist =$F$7:$F$106 Distanz des Zeilenortes zum nächsten Median

  F7 = Min(G7:I7) usw. durchkopieren.

- TranspLeist = $E$109   Gesamte Transportleistung
  = Summenprodukt(Bedarf;NextDist)

Die Distanzen zum ersten Median werden dabei folgendermaßen berechnet:

Nach Pythagoras:
G7 = WURZEL((AbstLat*($C7-YM_1))^2+(AbstLon*($D7-XM_1))^2)
usw. durchkopieren bis G106

Nach der verbesserten Distanzberechnung auf der Kugeloberfläche:
G7=
AbstLat*WURZEL(($C7-YM_1)^2+(COS(($C7+YM_1)/2*Grad2Rad)*($D7-XM_1))^2)
usw. durchkopieren bis G106

Nach der exakten Distanzberechnung auf der Kugeloberfläche:

G7=

Radius*ARCCOS(SIN($C7*Grad2Rad)*SIN(YM_1*Grad2Rad)+
    COS($C7*Grad2Rad)*COS(YM_1*Grad2Rad)*COS(Grad2Rad*(XM_1-$D7)))

usw. durchkopieren bis G106

Die Berechnung der Distanzen zu den anderen Medianen erfolgt analog. Die letzte Spalte gibt zusätzlich noch den ersten Median an, welcher den kleinsten Abstand zum Zeilenort aufweist, z. B.: J7=VERGLEICH(F7;G7:I7;0).

Schritt 2: Eingabe des mathematischen Modells in den Solver

Mathematisches Modell:

    Entscheidungsvariablen:
        Median_i: i = 1, 2, 3   Koordinaten der Mediane

    Zielfunktion:
        Die TranspLeist = Bedarf x NextDist ist zu minimieren.

    Nebenbedingungen:
        Min <= Median_i <= Max   i = 1, 2, 3

Abbildung StO_3D_pMedian: Mathematisches Modell mit den verwendeten Bezeichnungen

Die Eingabe dieses Modells in den Solver ergibt:

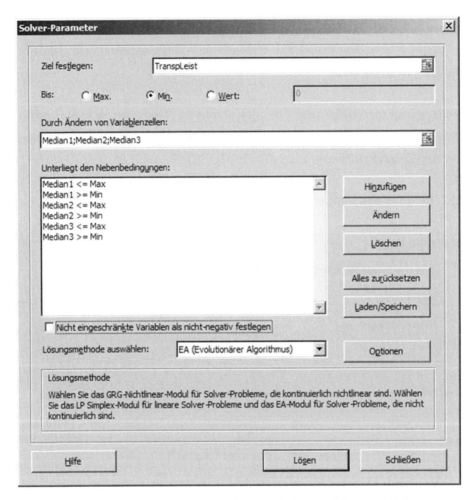

Abbildung StO_3D_pMedian: Eingabe des Mathematischen Modells in den Solver

7 Modelle zur Standortoptimierung

Als Ergebnis erhält man je nach Art der Distanzberechnung die folgenden Mediankoordinaten.

Berechnung:	Exakt auf Kugeloberfläche		Phythagoras modifiziert		Pythagoras	
	lat	lon	lat	lon	lat	lon
Median 1	52,501625	12,280062	52,511210	12,309522	52,419068	12,231578
Median 2	45,654860	12,790152	45,645162	12,849557	43,568342	1,302409
Median 3	43,615820	1,310578	43,592150	1,220748	45,533956	12,776479
Transportleistung	19.043.661.107		20.296.725.371		19.841.935.333	

Abbildung StO_3D_pMedian: Ergebniszusammenfassung

Grafische Darstellung:

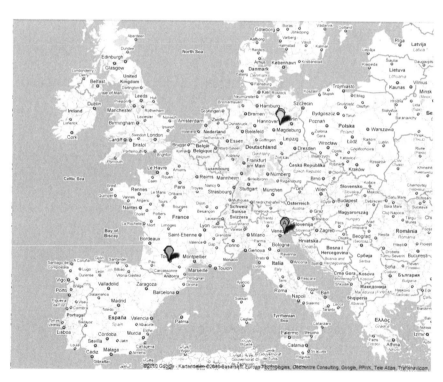

Abbildung StO_3D_pMedian: Geografische Ergebniszusammenfassung[1]

Dass die ermittelten Mediankoordinaten sehr dicht beieinander liegen, ist hier trotz der unterschiedlichen Distanzen nicht sehr verwunderlich. Die zu versorgenden Orte liegen in einem maximalen Abstand von ca. 1.000 km von den Medianen entfernt. Bei dieser Distanz fällt die Erdkrümmung nicht besonders ins Gewicht.

---

[1] Die Grafik wurde mit Google Maps generiert.

7.4.5 Das 1-Center-Problem der Ebene

7.4.5.1 Ökonomische Problembeschreibung

Gegeben seien m Standorte in der Ebene (auf einer Landkarte) durch ihre X-Y-Koordinaten. Das Ziel ist es, die Koordinaten eines „zentralen" Standortes zu ermitteln, so dass die maximale Entfernung zu allen anderen Standorten minimal ist („Min-Max-Problem").

7.4.5.2 Mathematische Formulierung des Problems

Innerhalb eines X-Y-Koordinatensystems seien n Standorte durch ihre Koordinaten (x_i, y_i) i = 1, ..., m gegeben.

Sei $dist_i(x,y) = \sqrt{(x-x_i)^2 + (y-y_i)^2}$ die (euklidische) Entfernung von Standort i zum Standort (x, y).

Gesucht sind Koordinaten (x, y) mit $\max\{dist_i(x,y) : i = 1,...,m\} \rightarrow \min!$

7.4.5.3 Mathematisches Modell

Indices:
  i =   1, ..., m   Standorte

Gegebene Daten:
  (x_i, y_i) Koordinaten der Standorte i = 1, ..., m

Entscheidungsvariablen:
  (x , y)   Koordinaten des gesuchten zentralen Standortes
  d   Obere Schranke für den Abstand zu allen Standorten

Zielfunktion:

(ZF) $d \to \min!$ Minimiere den maximalen Abstand!

Nebenbedingung:

(1) $\sqrt{(x-x_i)^2 + (y-y_i)^2} \leq d$ für i = 1, ..., m

7.4.5.4 Anmerkungen

Es handelt sich hier um ein nichtlineares Optimierungsmodell, das mit dem Gradientenverfahren gelöst werden kann.[1]

Das Modell berücksichtigt keinerlei Marktdaten über die Nutzung der Strecken und den Standort selbst, sondern sucht lediglich einen zentralen Punkt.

Im Optimum muss die obere Schranke gleich dem maximalen Abstand aller Punkte zu den optimalen Koordinaten sein.

---

[1] Der Evolutionsalgorithmus kann auch genutzt werden, wie das anschließende Beispiel pCenter zeigt.

Arbeitshilfe online

7.4.6 Beispiel zum 1-Center-Problem der Ebene: StO_2D_1Center

Problembeschreibung

In einem x-y-Koordinatensystem (Landkarte) seien die Koordinaten von n Standorten gegeben. Gesucht sind die Koordinaten für einen zentralen Standort, dessen maximaler Abstand zu allen anderen Standorten minimal ist.

	A	B	C	D	E
10					
11		Koordinaten	X	Y	
12		Hamburg	2	2	
13		Hannover	2	3	
14		Berlin	4	3	
15		Freiburg	1	5	
16		Nürnberg	3	5	
17		Frankfurt/Main.	2	4	
18					

Abbildung StO_2D_1Center: Koordinaten

Schritt 1: Erweiterung der Tabelle

Wir ändern die Tabelle gemäß der folgenden Abbildung ab.

	A	B	C	D	E	F
10						
11		Koordinaten	X	Y	Distanz	
12		Hamburg	2	2	1,4142	
13		Hannover	2	3	2,2361	
14		Berlin	4	3	3,6056	
15		Freiburg	1	5	4,0000	
16		Nürnberg	3	5	4,4721	
17		Frankfurt/Main.	2	4	3,1623	
18		**Ges. Standort**	1,0000	1,0000	1,0000	
19						

Abbildung StO_2D_1Center: Erweiterte Tabelle

Mit:

- XiYi   = $C$12:$D$17   Die Koordinaten (Xi,Yi) der vorgegebenen Orte
- XY   = $C$18:$D$18   Die Koordinaten (X,Y) des gesuchten Centers

- Distanz = $E$12:$E$17   Die Euklidischen Abstände der vorgegebenen Punkte
  zum Center: Distanz_i = Dist((Xi,Yi),(X,Y))
  = Wurzel($(Xi-X)^2 + (Yi-Y)^2$)

- maxDist = $E$18   Obere Schranke für den Abstand aller (Xi,Yi) zu XY

Schritt 2: Eingabe des mathematischen Modells in den Solver

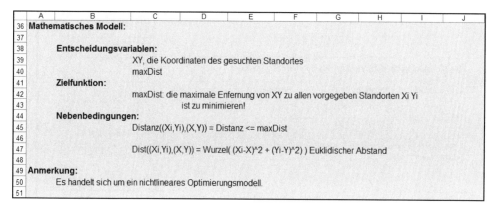

Abbildung StO_2D_1Center: Mathematisches Modell mit den verwendeten Bezeichnungen

Abbildung StO_2D_1Center: Eingabe des Mathematischen Modells in den Solver

Mit obiger Eingabe in den Solver führt das dann zu dem Ergebnis:

	A	B	C	D	E	F
10						
11		**Koordinaten**	**X**	**Y**	**Distanz**	
12		Hamburg	2	2	1,8211	
13		Hannover	2	3	0,8631	
14		Berlin	4	3	1,8211	
15		Freiburg	1	5	1,8211	
16		Nürnberg	3	5	1,3740	
17		Frankfurt/Main.	2	4	0,4165	
18		**Ges. Standort**	2,3571	3,7857	1,8211	
19						

Abbildung StO_2D_1Center: Ausgabe der optimalen Lösung

7.4.7 Das p-Center-Problem im Koordinatensystem

7.4.7.1 Ökonomische Problembeschreibung

Gegeben seien m Kundenstandorte auf einer Landkarte oder auf dem Globus durch ihre X-Y-Koordinaten. Das Ziel ist es, die Koordinaten von p „regionalen" Lager- oder Servicestandorten zu ermitteln, so dass die maximale Entfernung zwischen einem Kunden und einem Lagerstandort minimal wird („Min-Max-Problem").

7.4.7.2 Mathematische Formulierung des Problems

Innerhalb eines X-Y-Koordinatensystems seien n Standorte durch ihre Koordinaten (x_i, y_i) i = 1, ..., m gegeben.

Gesucht werden p Lagerorte durch ihre Koordinatenpaare (u_j, v_j): $j = 1, ..., p$ und eine Zuordnung z_{ij}, die jedem Kundenstandort i sein versorgendes Lager j zuordnet, so dass die maximal auftretende Entfernung minimal wird:

$$\max\left\{\text{dist}((u_j, v_j),(x_i, y_i)) : z_{ij} = 1; i = 1,...,m; j = 1,...,p\right\} \to \min!$$

Dabei ist $\text{dist}((u_j, v_j),(x_i, y_i))$ die Distanz von Lagerort j zum Kundenort i,

z. B. $\text{dist}((u_j, v_j),(x_i, y_i)) = \sqrt{(u_j - x_i)^2 + (v_j - y_i)^2}$ die euklidische Luftlinienentfernung.

7.4.7.3 Mathematisches Modell

Indices:

i = 1, ..., m   Vorgegebene Standorte von Kunden

j = 1, ..., p   Gesuchte Standorte von Lagern (oder Produktionsstätten)

Gegebene Daten:

(x_i, y_i) Koordinaten der Standorte i = 1, ..., m

Entscheidungsvariablen:

(u_j, v_j) Koordinaten der gesuchten regionalen Standorte

z_{ij} =0 $j = 1, \ldots, p$
Kundenbezirk i wird nicht an das Lager j angeschlossen.

z_{ij} =1   Kundenbezirk i wird an das Lager j angeschlossen.

d   Obere Schranke für die Abstände zwischen Kunden- und Lagerstandorten

Zielfunktion:

(ZF) $d \to \min!$ Minimiere den maximalen Abstand!

Restriktionen (Nebenbedingungen)

(1) $\sum_{j=1}^{p} z_{ij} = 1$ für i = 1, …, m

Jeder Kundenbezirk i wird an genau ein Lager j angeschlossen.

(B) $z_{ij} \in \{0,1\}$ für i = 1, …, m, j = 1, …, p

Binärvariable

(S) $z_{ij} \cdot \text{dist}((u_j, v_j),(x_i, y_i)) \leq d$ für i = 1, …, m, j = 1, …, p

(2) $\min\{x_i : i = 1,\ldots,m\} \leq u_j \leq \max\{x_i : i = 1,\ldots,m\}$ Schranken für u_j : j = 1,…,p

(3) $\min\{y_i : i = 1,\ldots,m\} \leq v_j \leq \max\{y_i : i = 1,\ldots,m\}$ Schranken für v_j : j = 1,…,p

Mögliche Zusatzrestriktionen für die Behandlung von Kapazitätsbeschränkungen

(4) $\sum_{i=1}^{m} b_i \cdot z_{ij} \leq a_j$ für j = 1, …, p

Jedes Lager j hat nur die beschränkte Lieferkapazität a_j.

(NN) $z_{ij} \geq 0$ für i = 1, …, m, j = 1, …, p

Nichtnegativität des Anteils z_{ij}

(S') $\text{dist}((u_j, v_j),(x_i, y_i)) \leq d$ für i = 1, …, m, j = 1, …, p mit $z_{ij} > 0$

7.4.7.4 Anmerkungen zum allgemeinen Modell

Für die Bestimmung des Abstandes oder der Distanz zwischen zwei Punkten können wieder unterschiedliche Entfernungsmessungen herangezogen werden: der euklidische Abstand in der Ebene nach dem Satz des Pythagoras, die verbesserte Abstandsbestimmung auf der Kugeloberfläche oder die exakte Abstandsbestimmung auf der Kugeloberfläche.[1]

Die Restriktionen (2) und (3) sind auch hier nur implizit für den Solver gewählt: Innerhalb dieser Schranken muss ein Center liegen.

Will man bei den zusätzlich erschwerenden Kapazitätsbeschränkungen (4) zulassen, dass ein Kundenstandort auch von mehreren Lagern bedient wird, also auf die Binärbedingung (B) verzichten und stattdessen eingeschränkt nur (NN) für den Anteil z_{ij} der Bedarfsdeckung fordern, so muss man (S) durch (S') ersetzen.

7.4.7.5 Modellvereinfachungen für den Evolutionsalgorithmus

Wir verzichten auf die Kapazitätsbeschränkungen für die Lager und gehen davon aus, dass ein Kundenstandort i vom nächstliegenden Lagerstandort j bedient wird

Mit diesem Kunstgriff lässt sich wieder die Verwendung der binären Variablen z_{ij} vermeiden und man erhält vereinfacht:

Entscheidungsvariablen:

    (u_j, v_j) Koordinaten der gesuchten regionalen Standorte
                                $j = 1, ..., p$
    d   Obere Schranke für die Abstände zwischen Kunden- und Lagerstandorten

---

[1] Siehe dazu das nachfolgende Beispiel.

Zielfunktion:

(ZF) $d \to \min!$ Minimiere den maximalen Abstand!

Restriktionen (Nebenbedingungen)

(S) $\min\{\text{dist}((u_j, v_j), (x_i, y_i)) : j = 1, \ldots, p\} \leq d$ für $i = 1, \ldots, m$, $j = 1, \ldots, p$

Jeder Kundenbezirk i wird ans nächste Lager angeschlossen.

(2) $\min\{x_i : i = 1, \ldots, m\} \leq u_j \leq \max\{x_i : i = 1, \ldots, m\}$ Schranken für $u_j : j = 1, \ldots, p$

(3) $\min\{y_i : i = 1, \ldots, m\} \leq v_j \leq \max\{y_i : i = 1, \ldots, m\}$ Schranken für $v_j : j = 1, \ldots, p$

Auch dieses nichtlineare Modell lässt sich mit dem Evolutionsalgorithmus des Solvers lösen.

7.4.8 Beispiel zum p-Center-Problem im Koordinatensystem: StO_3D_pCenter

Problembeschreibung

Das Europäische Katastropheneinsatzkommando plant neue Zentren für die Stationierung ihrer Hubschrauberflotte. Die Standorte der Basisstationen für den Katastropheneinsatz sind in Koordinaten einer Landkarte unten aufgeführt. Die Kommandozentrale möchte Szenarien von p Hubschrauberzentren p = 1, 2, 3, 4, 5, 6, 7 durchrechnen. Wo sollen diese Centren platziert werden, wenn man eine "Planung auf der grünen Wiese" durchführte?

Wir benutzen die gleichen Standorte wie im p-Median-Problem und beschränken uns wie dort auf den Fall p = 3.

Für die Entfernungsberechnung werden wieder die gleichen Parameter verwendet:

- AbstLat = $G$119   Abstand zwischen zwei Breitenkreisen [111,3 km]
- AbstLon = $G$120   Mittlerer Abstand zwischen zwei Längenkreisen in Deutschland [71,5 km]
- Grad2Rad = $G$123   Umrechnungsfaktor von Grad auf Radiant (Bogenmaß) = PI()/180
- Radius = $G$125   Länge des Erdradius in [6.378,388 km]

Schritt 1: Rechenschema für die Centerbestimmung

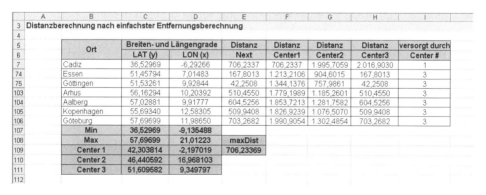

Abbildung StO_3D_pCenter: Rechenschema für die Centerbestimmung p=3, Distanzen nach Pythagoras berechnet (Ausschnitt)

435

Mit:

- Min = $C$107:$D$107   Minimalwerte der Breiten- und Längengrade
- Max = $C$108:$D$108   Maximalwerte der Breiten- und Längengrade

- Center1 = $C$109:$D$109   Koordinaten des ersten Centers
- Center2 = $C$110:$D$110   Koordinaten des zweiten Centers
- Center3 = $C$111:$D$111   Koordinaten des dritten Centers
- YC_1 = $C$109   Breitengrad des ersten Centers
- YC_2 = $C$110   Breitengrad des zweiten Centers
- YC_3 = $C$111   Breitengrad des dritten Centers
- XC_1 = $D$109   Längengrad des ersten Centers
- XC_2 = $D$110   Längengrad des zweiten Centers
- XC_3 = $D$111   Längengrad des dritten Centers

- Distanz_1 =$F$7:$F$106   Distanz des Zeilenortes zum ersten Center
- Distanz_2 =$G$7:$G$106   Distanz des Zeilenortes zum zweiten Center
- Distanz_3 =$H$7:$H$106   Distanz des Zeilenortes zum dritten Center
- NextDist =$E$7:$E$106   Distanz des Zeilenortes zum nächsten Center
  E7 = Min(F7:H7) usw. durchkopieren

- maxDist = $E$109   Obere Schranke für die Distanz zum nächsten Center

Die Distanzen zum ersten Center werden dabei folgendermaßen berechnet:

Nach Pythagoras:
F7 = WURZEL((AbstLat*($C7-YC_1))^2+(AbstLon*($D7-XC_1))^2)
   usw. durchkopieren bis F106

Nach der verbesserten Distanzberechnung auf der Kugeloberfläche:
F7=
AbstLat*WURZEL(($C7-YC_1)^2+(COS(($C7+YC_1)/2*Grad2Rad)*($D7-XC_1))^2)
   usw. durchkopieren bis F106

Nach der exakten Distanzberechnung auf der Kugeloberfläche:

F7=

Radius*ARCCOS(SIN($C7*Grad2Rad)*SIN(YC_1*Grad2Rad)+

    COS($C7*Grad2Rad)*COS(YC_1*Grad2Rad)*COS(Grad2Rad*(XC_1-$D7)))

    usw. durchkopieren bis F106

Schritt 2: Eingabe des mathematischen Modells in den Solver

Mathematisches Modell:

    Entscheidungsvariablen:
        Center_i: $i = 1, 2, 3$ Koordinaten der Center
        maxDist   Obere Schranke für die Versorgungsdistanzen

    Zielfunktion:
        maxDist ist zu minimieren.

    Nebenbedingungen:
        NextDist <= maxDist

        Min <= Center_i <= Max $i = 1, 2, 3$
        0 <= maxDist <= 2000

Abbildung StO_3D_pCenter: Mathematisches Modell mit den verwendeten Bezeichnungen

Die Eingabe dieses Modells in den Solver ergibt:

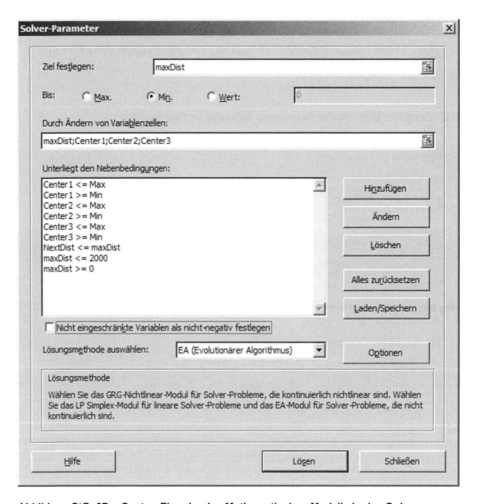

Abbildung StO_3D_pCenter: Eingabe des Mathematischen Modells in den Solver

Als Ergebnis erhält man je nach Art der Distanzberechnung die folgenden Centerkoordinaten.

Berechnung:	Exakt auf Kugeloberfläche		Phythagoras modifiziert		Pythagoras	
	lat	lon	lat	lon	lat	lon
Center 1	42,317270	-2,871293	42,110042	-1,872641	42,303814	-2,197019
Center 2	46,653178	15,742001	46,655109	15,738826	46,440592	16,968103
Center 3	51,262102	9,989398	51,256075	9,988773	51,609582	9,349797
maxDist	728,202		728,422		706,234	

Abbildung StO_3D_pCenter: Ergebniszusammenfassung

Grafische Darstellung:

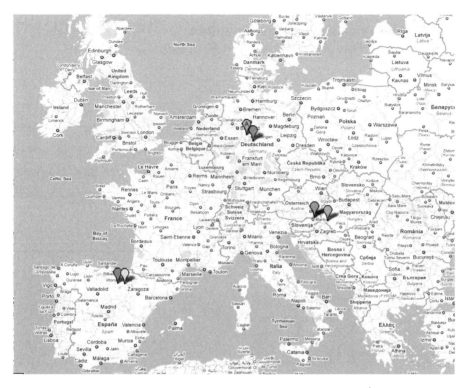

Abbildung StO_3D_pCenter: Geografische Ergebniszusammenfassung[1]

Auch hier liegen die Center bei unterschiedlicher Distanzberechnung wieder eng beieinander.

---

[1] Die Grafik wurde mit Google Maps generiert.

8 Modelle zur Rundreise- und Tourenplanung

8.1 Das Problem des Handlungsreisenden (Klassisches Travelling-Salesman-Problem)

8.1.1 Ökonomische Problembeschreibung

Ein Handlungsreisender möchte von seinem Ausgangsort aus n Kunden besuchen, die an verschiedenen Orten wohnen. Nachdem er alle Kunden besucht hat, soll er zum Ausgangsort zurückkehren. Er soll dabei eine möglichst kurze bzw. möglichst kostengünstige Strecke fahren. In welcher Reihenfolge soll der Handlungsreisende die Kunden besuchen?

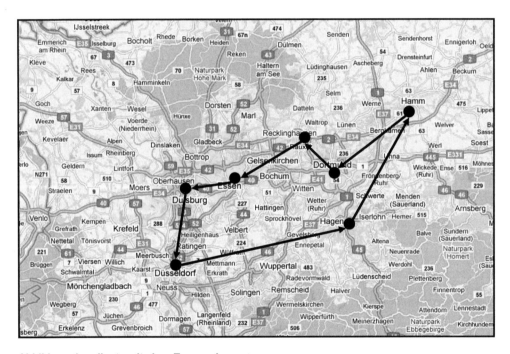

Abbildung: Landkarte mit einer Tourenplanung

Beispiele:

Vom klassischen TSP lassen sich viele weitere Anwendungsgebiete ableiten, so z. B. die Tourenplanung in der Distribution oder in der Abholung, der Verlauf von Drähten in Schaltkästen, der Einsatz von Großfräsen oder Großbohrern, die

Reihenfolge der Lötpunkte für elektronische Platinen oder der Schweißpunkte bei Produktionsprozessen mit Robotern.

8.1.2 Mathematische Formulierung des Problems (TSP)

Von einem Ausgangspunkt i = 0 sind n verschiedene Orte i = 1, ..., n genau einmal zu besuchen und danach an den Ausgangsort zurückzukehren.

Die Entfernungen d_{ij} i, j = 0, ..., n zwischen den Orten sind bekannt.

Gesucht ist eine Route (ein Weg): $0, i_1, ..., i_n, 0$, so dass die gesamte gefahrene Entfernung minimal ist.

8.1.3 Mathematisches Modell

Indices:

i = 0, ... ,n   Knoten: 0: Ausgangsort; 1, ..., n anzufahrende Orte
j = 0, ... ,n   Knoten: 0: Ausgangsort; 1, ..., n anzufahrende Orte

Gegebene Daten:

d_{ij} Entfernung zwischen Knoten i und Knoten j; i, j = 0, ..., n

Entscheidungsvariablen:

x_{ij} = 1   wenn auf der Tour von i nach j gefahren wird, i, j = 0, ..., n

x_{ij} = 0   wenn auf der Tour nicht von i nach j gefahren wird, i, j = 0, ..., n

u_i (ordinale) Folgenummer, in der Knoten i auf der Tour angefahren wird, i = 1, ..., n:
i wird genau dann vor j angefahren, wenn $u_i < u_j$ ist.

Zielfunktion:

(ZF) $\sum_{i=0}^{n}\sum_{j=0}^{n} d_{ij} x_{ij} \to \min!$ Minimiere die gesamte Transportdistanz!

Restriktionen (Nebenbedingungen):

(1) $\sum_{i=0}^{n} x_{ij} = 1$ für j = 0, ..., n

Genau eine Wegstrecke der Tour darf zum Knoten j führen (j hat genau einen Vorgänger).

(2) $\sum_{j=0}^{n} x_{ij} = 1$ für i = 0, ..., n

Von einem Knoten i geht genau eine Wegstrecke aus (i hat genau einen Nachfolger).

(B) $x_{ij} \in \{0,1\}$ Für alle i = 0, ..., n und j = 0, ..., n

Binärvariablen

(MTZ) $u_i - u_j + n x_{ij} \leq n - 1$ für alle i, j = 1, ... n; i ≠ j

Die Variablen x_{ij} dürfen keine Subtour definieren.

(NN) $u_i \geq 0$ für i = 1, ..., n. (Nichtnegativität)

Alternative Restriktion:

(MTZ') $1 \leq u_i \leq n$ für i = 1, ..., n

8.1.4 Das TSP ist ein schwer zu lösendes Optimierungsproblem

Das Travelling-Salesman-Problem besitzt eine einfache Beschreibung, die Lösung des Problems ist bei einer größeren Anzahl zu besuchender Kunden jedoch äußerst komplex und zeitraubend.

So ergeben sich bei n zu besuchenden Orten:

- $(n+1)^2$ Binärvariablen
- n nicht negative Variablen
- $2(n+1)$ Gleichheitsforderungen
- $n^2 - n$ MTZ-Bedingungen

8.1.5 Die MTZ-Bedingung verhindert Subtouren

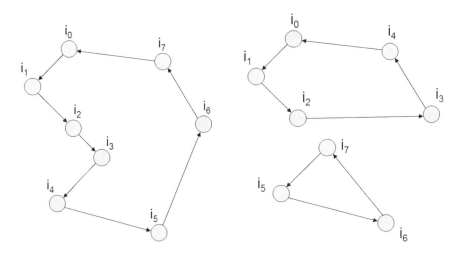

Abbildung: Rundreise ohne Kurzzyklen   **Abbildung: Beispiel zweier Kurzzyklen**[1]

Die Miller-Tucker-Zemlin (MTZ)-Bedingung ist eine von mehreren Alternativen zur Verhinderung von Kurzzyklen (Subtouren), also Touren, die nicht alle Knoten besuchen. Wir verwenden hier diese Formel, weil sie sehr einfach in Excel eingegeben werden kann (siehe dazu die nachfolgenden Beispiele).

Auf den Beweis dieser Formel wird an dieser Stelle verzichtet. Man sieht jedoch unmittelbar ein, dass jede optimale Tour die zusätzliche MTZ-Restriktion erfüllen muss. Dazu setze man die Variablen u_i einfach gleich den Folgenummern 1, ..., n gemäß der Reihenfolge bei der Tour.

Fall 1: i ist Vorgänger von j,
    dann ist $x_{ij} = 1$ und $u_i - u_j + n x_{ij} = u_i - (u_i + 1) + n \leq n - 1$.

Fall 2: i ist nicht Vorgänger von j,
    dann ist $x_{ij} = 0$ und $u_i - u_j + n x_{ij} = u_i - u_j \leq n - u_j \leq n - 1$.

Damit sieht man gleichzeitig, dass man im obigen Modell anstelle von (NN) die Beschränkung der Folgenummern durch (MTZ') ersetzen kann. Das beschleunigt je nach Solver die Suche nach einem Optimum.

---

[1] siehe Feige, D. und Klaus, P. (2008), S. 351.

8.1.6 Offene und geschlossene TSP (Durchfahrtprobleme)

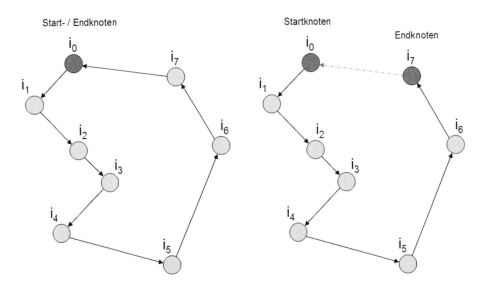

Abbildung: Geschlossenes TSP   Abbildung: Offenes TSP

Bei offenen Travelling-Salesman-Touren oder sogenannten „Durchfahrtproblemen"[1] wird wie bei den geschlossenen Touren jeder Ort genau einmal besucht, sie berücksichtigen jedoch nicht die Abfahrt vom und/oder die Rückfahrt zum Depot, was einer Reihe von praktischen Problemstellungen entspricht.

Die Lösung solcher Probleme kann man auf die Lösung eines geschlossenen TSP zurückführen, wobei dann die Rückverbindung vom Zielknoten zum Startknoten gestrichen wird.

Insgesamt gibt es 4 Möglichkeiten von offenen Travelling-Salesman-Problemen:

Vom Depot zu einem beliebigen Zielknoten
(Fester Start- und beliebiger Zielknoten)
Man setze die Transportkosten/Distanzen von jedem Knoten zum Depot gleich Null und löse das TSP wie gewohnt.

---

[1] Vgl. Feige, D. und Klaus, P. (2008), S. 373.

Beispiel:

Eilige Frischwarenbelieferung (Eis, Fisch, Lebensmittel) oder Paketauslieferung, für welche die Rückfahrzeit für die Planung nicht berücksichtigt wird.

Vom Depot zu einem bestimmten Zielknoten
(Fester Start- und fester Zielknoten)

Ist k der gewählte Zielknoten, so setze man $x_{k0} = 1$.

Alternativ kann man auch $d_{k0} = 0$ sowie $d_{i0} = \text{BigM}$ für $i = 0,...,n; i \neq k$ setzen.

Beispiel:

Liefertour, die in einer Servicestation, Werkstatt, Produktionsstätte oder Abholstation enden soll.

Von einem beliebigen Startknoten zum Depot zurück
(Beliebiger Start- und fester Zielknoten)

Man setze die Transportkosten/Distanzen vom Depot zu jedem Knoten gleich Null und löse das TSP wie gewohnt.

Beispiel:

Abholtour, für die die Hinreisezeit irrelevant ist, die jedoch ab einem Startzeitpunkt (z. B. allgemeine Öffnungszeit) so schnell wie möglich im Depot zurück sein soll, um Folgetransporte zu erreichen (Vorlauf beim speditionellen Ablauf).

Von einem beliebigen Start- zu einem beliebigen Zielknoten

Hier füge man einen fiktiven Startknoten ein, der hin und zurück von allen anderen Knoten Transportkosten/Distanz gleich Null aufweist und löse das geschlossene Problem.

Beispiel:

Standortplanung für einen Umschlagspunkt (Kühlhaus) von Frischwaren, die so schnell wie möglich beim Kunden sein sollen und für die die Rücktour irrelevant ist. Beispielsweise Eisauslieferung im Sommer in Feriengebieten.

8.2 Beispiele zum Travelling-Salesman-Problem

8.2.1 TSP_Ruhrgebiet

Problembeschreibung

Ein LKW soll von Dortmund aus die unten mit ihren Entfernungen angegebenen Orte besuchen und Ladung abfertigen. Ermitteln Sie eine Rundreise mit dem kürzesten Gesamtweg.

Sind die angegebenen Geschwindigkeiten mit den vorgegebenen Lenk-/Ruhezeiten verträglich?

	Dist_ij	Dortmund	Essen	Duisburg	Hamm	Hagen	Düsseldorf	Herne
	Dortmund	9999	50	70	50	40	80	30
	Essen	50	9999	40	90	50	50	40
	Duisburg	70	40	9999	110	80	50	60
	Hamm	50	90	110	9999	70	120	70
	Hagen	40	50	80	70	9999	80	50
	Düsseldorf	80	50	50	120	80	9999	70
	Herne	30	40	60	70	50	70	9999

Parameter

Durchschnittsgeschwindigkeit [km/h]	60
durchschnittliche Lade-/Abfertigungszeit [min]	20
Lenk/Ruhezeiten: [h]	8

Abbildung TSP_Ruhrgebiet: Entfernungsmatrix und Parameter

Schritt 1: Eingabe der Bezeichnungen

Zur besseren Dokumentation unserer Modelle bezeichnen wir die wesentlichen Zellenbereiche:

- Dist_ij = $C$15:$I$21   Distanz von i nach i
- DSGeschw = $F$25   Durchschnittsgeschwindigkeit
- Abfertigungszeit = $F$26   Nachfrage des Empfängers, falls nicht leer
- LenkRuheZeit = $F$27   Gesetzlich zulässige Lenk- und Ruhezeit

Schritt 2: Aufbau der Tabelle für die Wegverbindungen

Hierzu kopieren wir den Zellenbereich der Entfernungsmatrix spaltenkonform nach unten und ändern ihn gemäß der folgenden Abbildung ab.

8 Modelle zur Rundreise- und Tourenplanung

	A	B	C	D	E	F	G	H	I	J	K
29											
30		Wegverbindungen									
31											
32		X_ij	Dortmund	Essen	Duisburg	Hamm	Hagen	Düsseldorf	Herne	Ges4i	
33		Dortmund	1	1	1	1	1	1	1	7	
34		Essen	1	1	1	1	1	1	1	7	
35		Duisburg	1	1	1	1	1	1	1	7	
36		Hamm	1	1	1	1	1	1	1	7	
37		Hagen	1	1	1	1	1	1	1	7	
38		Düsseldorf	1	1	1	1	1	1	1	7	
39		Herne	1	1	1	1	1	1	1	7	
40		Ges2j	7	7	7	7	7	7	7		
41											

Abbildung TSP_Ruhrgebiet: Wegverbindungen mit Vorgabewert 1

Dabei gilt:

- X_ij   = $C$33:$I$39   Zuordnung, ob von i direkt nach j gefahren werden soll
- Ges4i   = $J$33:$J$39   Zeilensumme von X_ij
- Ges2j   = $C$40:$I$40   Spaltensumme von X_ij

Schritt 3: Aufbau der Tabelle für die Zusatzrestriktionen

Wir kopieren den Zellenbereich der Wegverbindungsmatrix spaltenkonform nach unten und ändern ihn gemäß der folgenden Abbildung ab.

	A	B	C	D	E	F	G	H	I	J	K
46	Zusatzrestriktionen zur Vermeidung von Kurzzyklen										
47											
48		MTZ_ij	FolgeNr	Essen	Duisburg	Hamm	Hagen	Düsseldorf	Herne	n	
49		FolgeNr	U/Utrans	1	1	1	1	1	1	6	
50		Essen	1	6	6	6	6	6	6	n-1	
51		Duisburg	1	6	6	6	6	6	6	5	
52		Hamm	1	6	6	6	6	6	6		
53		Hagen	1	6	6	6	6	6	6		
54		Düsseldorf	1	6	6	6	6	6	6		
55		Herne	1	6	6	6	6	6	6		
56											

Abbildung TSP_Ruhrgebiet: Tabelle für die Zusatzrestriktionen mit Vorgabewert 1

Mit:

- U   = $C$50:$C$55   Ordinale Folgenummer zum Anfahren eines Ortes
- Utransp   = $D$49:$I$49   U transponiert
- MTZ_ij   = $D$50:$I$55   MTZ-Bedingung für i und j:
                                  $MTZ\_ij = U\_i - U\_j + n*X\_ij$
- n   = $J$49   Anzahl der anzufahrenden Orte (also ohne Dortmund)

- n_1   = $J$51   n-1

Utransp gibt man dabei natürlich über die Matrizentransposition ein:
- = MTRANS(C50:C55)
- Strg + Shift + Enter

Vorgehen zur Eingabe von MTZ_ij:
- Eingabe von MTZ_11 in Feld D50: = $C50-D$49+n*D34
  (auf das $-Zeichen achten!)
- Kopieren der Formel auf den Rest der Tabelle

Schritt 4: Bestimmung der Gesamtdistanz

Gesamtdistanz ▼		f_x =SUMMENPRODUKT(Dist_ij;X_ij)	
A	B	C	D
41			
42 **Gesamtdistanz**			
43		72.693	
44			

Abbildung TSP_Ruhrgebiet: Eingabe der Formel für die Gesamtdistanz

Mit:
- Gesamtdistanz = $C$43   = Summenprodukt von Dist_ij und X_ij

Schritt 5: Eingabe des mathematischen Modells in den Solver

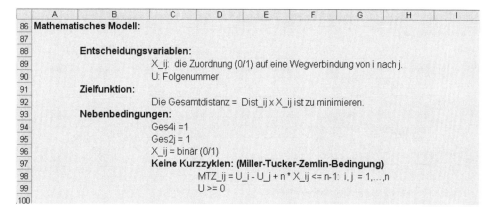

Abbildung TSP_Ruhrgebiet: Mathematisches Modell mit den verwendeten Bezeichnungen

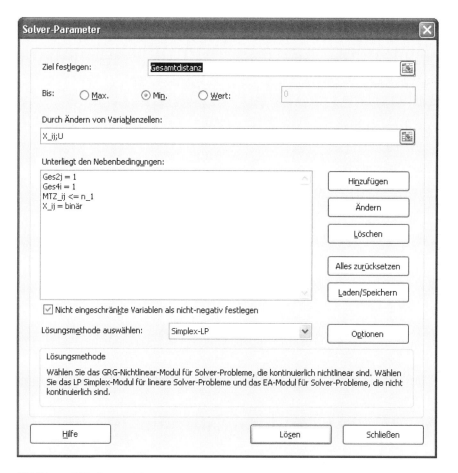

Abbildung TSP_Ruhrgebiet: Eingabe des Mathematischen Modells in den Solver

Modellbasiertes Logistikmanagement

Das führt dann zu dem Ergebnis:

Wegverbindungen

X_ij	Dortmund	Essen	Duisburg	Hamm	Hagen	Düsseldorf	Herne	Ges4i
Dortmund	0	0	0	0	0	0	1	1
Essen	0	0	1	0	0	0	0	1
Duisburg	0	0	0	0	0	1	0	1
Hamm	1	0	0	0	0	0	0	1
Hagen	0	0	0	1	0	0	0	1
Düsseldorf	0	0	0	0	1	0	0	1
Herne	0	1	0	0	0	0	0	1
Ges2j	1	1	1	1	1	1	1	

Gesamtdistanz

360

Zusatzrestriktionen zur Vermeidung von Kurzzyklen

MTZ_ij	FolgeNr	Essen	Duisburg	Hamm	Hagen	Düsseldorf	Herne	n
FolgeNr	U /Utrans	1	2	5	4	3	0	6
Essen	1	0	5	-4	-3	-2	1	n-1
Duisburg	2	1	0	-3	-2	5	2	5
Hamm	5	4	3	0	1	2	5	
Hagen	4	3	2	5	0	1	4	
Düsseldorf	3	2	1	-2	5	0	3	
Herne	0	5	-2	-5	-4	-3	0	

Lösung:

Optimale Rundreise:	Dortmund-Herne-Essen-Duisburg-Düsseldorf-Hagen-Hamm-Dortmund	
Gesamte Fahrzeit: [h]	8,00	==> verträglich mit Lenk/Ruhezeitvorgabe

Abbildung TSP_Ruhrgebiet: Ausgabe der optimalen Lösung

Eine alternative optimale Rundreise wäre übrigens:

Dortmund – Hamm – Hagen – Essen – Duisburg – Düsseldorf – Herne – Dortmund.

8.2.2 TSP_DepotDdorf

Problembeschreibung[1]

Ein Handlungsreisender soll von Düsseldorf aus die unten mit ihren Entfernungen angegebenen Orte besuchen. Ermitteln Sie eine Rundreise mit dem kürzesten Gesamtweg!

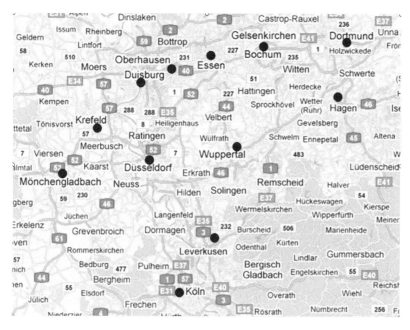

Abbildung TSP_DepotDdorf: Landkarte

Die Distanzen werden vorgegeben.

Damit ergibt sich als zusammenfassende Problembeschreibung:

	Düsseldorf	Wuppertal	Hagen	Dortmund	Bochum	Essen	Mülheim	Duisburg	Krefeld	M'Gladbach	Köln	Leverkusen
Düsseldorf	0	33	61	72	50	36	35	33	28	36	38	27
Wuppertal	33	0	31	58	40	57	68	66	61	69	64	46
Hagen	61	31	0	27	50	67	79	90	89	97	77	59
Dortmund	72	58	27	0	23	40	52	63	93	116	104	86
Bochum	50	40	50	23	0	17	29	40	70	86	88	77
Essen	36	57	67	40	17	0	12	23	53	72	74	63
Mülheim	35	68	79	52	29	12	0	11	41	66	73	62
Duisburg	33	66	90	63	40	23	11	0	30	55	71	60
Krefeld	28	61	89	93	70	53	41	30	0	25	66	55
M'Gladbach	36	69	97	116	86	72	66	55	25	0	70	63
Köln	38	64	77	104	88	74	73	71	66	70	0	18
Leverkusen	27	46	59	86	77	63	62	60	55	63	18	0

Abbildung TSP_DepotDdorf: Entfernungsmatrix

---

[1] Zahlen siehe Vahrenkamp, R./Mattfeld, D.C. (2007), S. 280.

Schritt 1: Eingabe der Bezeichnungen

- Dist_ij = $C$16:$N$27 Distanz von i nach i

Schritt 2: Aufbau der Tabelle für die Wegverbindungen

Der Zellenbereich der Entfernungsmatrix wird spaltenkonform nach unten kopiert und gemäß der folgenden Abbildung abgeändert.

	A	B	C	D	E	F	G	H	I	J	K	L	M	N	O	P
29																
30	**Wegverbindungen**															
31			i = 0													
32		**X_ij**	Düsseldorf	Wuppertal	Hagen	Dortmund	Bochum	Essen	Mülheim	Duisburg	Krefeld	M'Gladbach	Köln	Leverkusen	**Ges4i**	
33	j = 0	Düsseldorf	1	1	1	1	1	1	1	1	1	1	1	1	12	
34		Wuppertal	1	1	1	1	1	1	1	1	1	1	1	1	12	
35		Hagen	1	1	1	1	1	1	1	1	1	1	1	1	12	
36		Dortmund	1	1	1	1	1	1	1	1	1	1	1	1	12	
37		Bochum	1	1	1	1	1	1	1	1	1	1	1	1	12	
38		Essen	1	1	1	1	1	1	1	1	1	1	1	1	12	
39		Mülheim	1	1	1	1	1	1	1	1	1	1	1	1	12	
40		Duisburg	1	1	1	1	1	1	1	1	1	1	1	1	12	
41		Krefeld	1	1	1	1	1	1	1	1	1	1	1	1	12	
42		M'Gladbach	1	1	1	1	1	1	1	1	1	1	1	1	12	
43		Köln	1	1	1	1	1	1	1	1	1	1	1	1	12	
44		Leverkusen	1	1	1	1	1	1	1	1	1	1	1	1	12	
45		**Ges2j**	12	12	12	12	12	12	12	12	12	12	12	12		
46																

Abbildung TSP_DepotDdorf: Wegverbindungen mit Vorgabewert 1

Dabei gilt:

- X_ij = $C$33:$N$44 Zuordnung, ob von i direkt nach j gefahren werden soll
- Ges4i = $O$33:$O$44 Zeilensumme von X_ij
- Ges2j = $C$45:$N$45 Spaltensumme von X_ij

Schritt 3: Bestimmung der Gesamtdistanz

Gesamtdistanz ▾ fx =SUMMENPRODUKT(X_ij;Dist_ij)

	A	B	C	D	E
46					
47	**Gesamtdistanz**				
48			**7.382**		
49					

Abbildung TSP_DepotDdorf: Eingabe der Formel für die Gesamtdistanz

Mit:

- Gesamtdistanz = $C$48 = Summenprodukt von Dist_ij und X_ij

8 Modelle zur Rundreise- und Tourenplanung

Schritt 4: Aufbau der Tabelle für die MTZ-Restriktionen

Wir kopieren den Zellenbereich der Wegverbindungsmatrix spaltenkonform nach unten und ändern ihn gemäß der folgenden Abbildung ab.

	A	B	C	D	E	F	G	H	I	J	K	L	M	N	O	P
50																
51		Zusatzrestriktionen zur Vermeidung von Kurzzyklen														
52																
53		MTZ_ij	FolgeNr	Wuppertal	Hagen	Dortmund	Bochum	Essen	Mülheim	Duisburg	Krefeld	M'Gladbach	Köln	Leverkusen	n	
54		FolgeNr	U /Utrans	1	1	1	1	1	1	1	1	1	1	1	11	
55		Wuppertal	1	11	11	11	11	11	11	11	11	11	11	11	n-1	
56		Hagen	1	11	11	11	11	11	11	11	11	11	11	11	10	
57		Dortmund	1	11	11	11	11	11	11	11	11	11	11	11		
58		Bochum	1	11	11	11	11	11	11	11	11	11	11	11		
59		Essen	1	11	11	11	11	11	11	11	11	11	11	11		
60		Mülheim	1	11	11	11	11	11	11	11	11	11	11	11		
61		Duisburg	1	11	11	11	11	11	11	11	11	11	11	11		
62		Krefeld	1	11	11	11	11	11	11	11	11	11	11	11		
63		M'Gladbach	1	11	11	11	11	11	11	11	11	11	11	11		
64		Köln	1	11	11	11	11	11	11	11	11	11	11	11		
65		Leverkusen	1	11	11	11	11	11	11	11	11	11	11	11		
66																

Abbildung TSP_DepotDdorf: Tabelle für die Zusatzrestriktionen mit Vorgabewert 1

Mit:

- U   = $C$55:$C$65   Ordinale Folgenummer zum Anfahren eines Ortes
- Utransp   = $D$54:$N$54   U transponiert
- MTZ_ij   = $D$55:$N$65   MTZ-Bedingung für i und j:

  $MTZ\_ij = U\_i - U\_j + n*X\_ij$

- n   = $O$54   Anzahl der anzufahrenden Orte (ohne Düsseldorf)
- n_1   = $O$56   n-1

Schritt 5: Eingabe des mathematischen Modells in den Solver

	A	B	C	D	E	F	G	H
91	Mathematisches Modell:							
92								
93		Entscheidungsvariablen:						
94			X_ij: die Zuordnung (0/1) auf eine Wegverbindung von i nach j.					
95			U: Folgenummer					
96		Zielfunktion:						
97			Die Gesamtdistanz = Dist_ij x X_ij ist zu minimieren.					
98		Nebenbedingungen:						
99			Ges4i =1					
100			Ges2j =1					
101			X_ij = binär (0/1)					
102			Keine Kurzzyklen: (Miller-Tucker-Zemlin-Bedingung)					
103				MTZ_ij = U_i - U_j + n * X_ij <= n-1: i, j = 1,...,n				
104				U >= 0				
105								

Abbildung TSP_DepotDdorf: Mathematisches Modell mit den verwendeten Bezeichnungen

Die Eingabe dieses Modells in den Premium Solver ergibt:

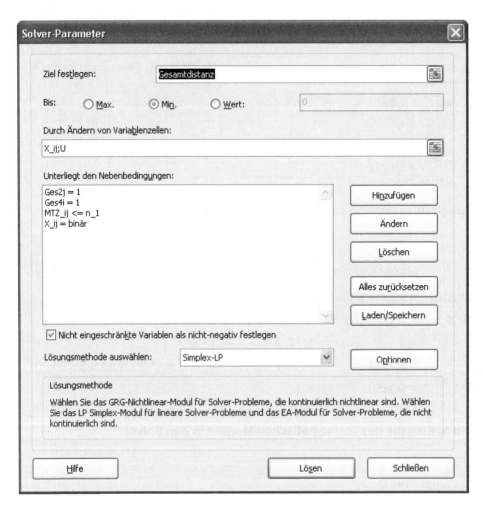

Abbildung TSP_DepotDdorf: Eingabe des Mathematischen Modells in den Solver

8 Modelle zur Rundreise- und Tourenplanung

Das führt dann zu dem Ergebnis:

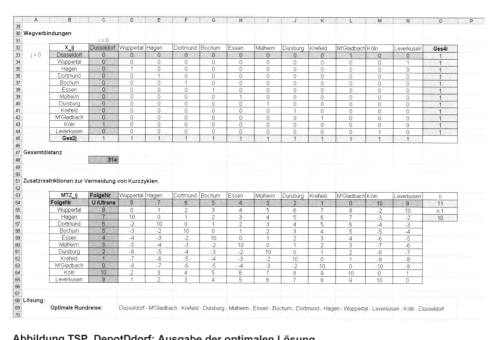

Abbildung TSP_DepotDdorf: Ausgabe der optimalen Lösung

8.2.3 TSPDf_DepotDdorf

Problembeschreibung

Wir setzen das Beispiel des Handlungsreisenden (TSP_DepotDdorf) fort, der von Düsseldorf aus die angegebenen Orte besuchen soll. Jetzt sind aber für folgende Fälle Durchfahrten mit dem kürzesten Gesamtweg zu ermitteln:

- Die Fahrt muss im Abholwerk in Krefeld beginnen und im Depot enden.
- Die Fahrt muss mit einem Werkstattbesuch in Essen enden, bevor es zurück ins Depot geht.
- Die Fahrt muss im Abholwerk in Krefeld beginnen und mit dem Werkstattbesuch in Essen enden.
- Die Fahrt soll zwischen den Besuchsorten außerhalb des Depots so schnell (kurz) wie nur möglich ablaufen.

Durchfahrt ab Krefeld (1. Möglichkeit)

Wir gehen von der Lösung des Rundreiseproblems aus und ergänzen die Bezeichnungen mit:

- U_Krefeld   = $C$62   Ordinale Folgenummer von Krefeld

Als nächstes setzen wir Dist_DüsseldorfKrefeld = 0, weil die Hinfahrt von Düsseldorf nach Krefeld für die Betrachtung irrelevant geworden ist.

Fixiert man nun U_Krefeld auf den Wert 1, so ergibt sich als neues mathematisches Modell:

8 Modelle zur Rundreise- und Tourenplanung

Mathematisches Modell:

Entscheidungsvariablen:
X_ij: die Zuordnung (0/1) auf eine Wegverbindung von i nach j.
U: Folgenummer

Zielfunktion:
Die Gesamtdistanz = Dist_ij x X_ij ist zu minimieren.

Nebenbedingungen:
Ges4i =1
Ges2j = 1
X_ij = binär (0/1)
Keine Kurzzyklen: (Miller-Tucker-Zemlin-Bedingung)
MTZ_ij = U_i - U_j + n * X_ij <= n-1: i, j = 1,...,n
1 <= U <= n

Durchfahrtbedingung:
U_Krefeld = 1
Ordinale Folgenummer von Krefeld wird auf 1 fixiert.

Abbildung TSPDf_DepotDdorf: Durchfahrt ab Krefeld (1. Möglichkeit):
Mathematisches Modell mit den verwendeten Bezeichnungen

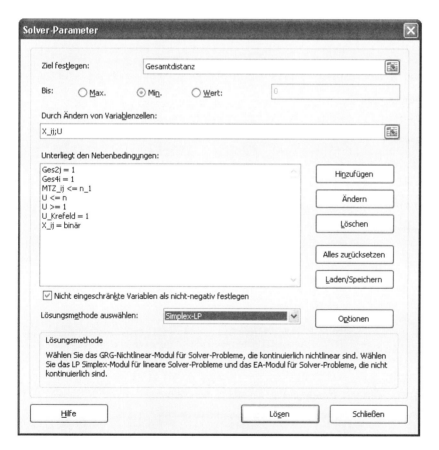

Abbildung TSPDf_DepotDdorf: Durchfahrt ab Krefeld (1. Möglichkeit):
Eingabe des Mathematischen Modells in den Solver

Als optimale Durchfahrt ergibt sich mit einer Gesamtlänge von 303 km:

Krefeld – M'Gladbach – Duisburg – Mülheim – Essen – Bochum – Dortmund – Hagen – Wuppertal – Leverkusen – Köln – Düsseldorf.

Durchfahrt ab Krefeld (2. Möglichkeit)

Wir gehen von der Lösung des Rundreiseproblems aus und ergänzen die Bezeichnungen mit:

- X_DdorfKrefeld   = $K$33   Zuordnung, ob von Ddorf direkt nach Krefeld gefahren werden soll
- Ges4Ddorf   = $O$33   Zeilensumme von X_ij für Ddorf

Wieder setzen wir Dist_DüsseldorfKrefeld = 0, weil die Hinfahrt von Düsseldorf nach Krefeld für die Betrachtung irrelevant geworden ist.

Fixiert man nun X_DdorfKrefeld = Ges4Ddorf (= 1)[1], so ergibt sich als alternatives mathematisches Modell:

Mathematisches Modell:

    Entscheidungsvariablen:
        X_ij: die Zuordnung (0/1) auf eine Wegverbindung von i nach j.
        U: Folgenummer

    Zielfunktion:
        Die Gesamtdistanz = $Dist\_ij \times X\_ij$ ist zu minimieren.

    Nebenbedingungen:
        Ges4i = 1
        Ges2j = 1
        X_ij = binär (0/1)
        Keine Kurzzyklen: (Miller-Tucker-Zemlin-Bedingung)
            $MTZ\_ij = U\_i - U\_j + n * X\_ij \leq n-1$; $i, j = 1,...,n$
            $1 \leq U \leq n$

    Durchfahrtbedingung:
        X_DdorfKrefeld = Ges4Ddorf
            Von Ddorf ist nur die Verbindung nach Krefeld möglich.

Abbildung TSPDf_DepotDdorf: Durchfahrt ab Krefeld (2. Möglichkeit):
    Mathematisches Modell mit den verwendeten Bezeichnungen

---

[1] Dieser Kunstgriff ist hier nötig, weil manche Versionen des Solvers die Restriktion X_DdorfKrefeld = 1 wegen der binären Variablen nicht akzeptieren.

Die Eingabe dieses Modells in den Premium Solver ergibt:

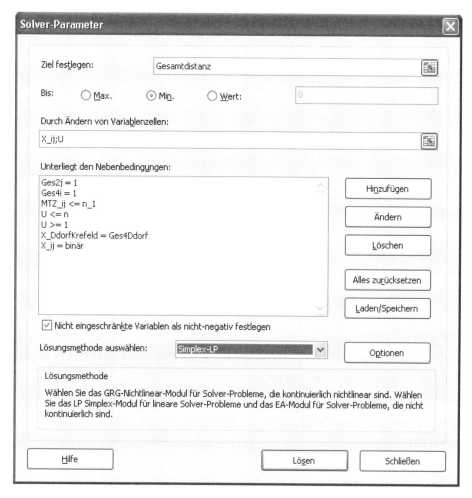

Abbildung TSPDf_DepotDdorf: Durchfahrt ab Krefeld (2. Möglichkeit):
   Eingabe des Mathematischen Modells in den Solver

Und liefert die gleiche optimale Durchfahrt.

Durchfahrt ab Krefeld (3. Möglichkeit)

Als dritte Möglichkeit ändern wir lediglich die Distanzmatrix ab:

Entfernungsmatrix

Dist_ij	Düsseldorf	Wuppertal	Hagen	Dortmund	Bochum	Essen	Mülheim	Duisburg	Krefeld	M'Gladbach	Köln	Leverkusen	
Düsseldorf	999999	999999	999999	999999	999999	999999	999999	999999	0	999999	999999	999999	Veränderung
Wuppertal	33	0	31	58	40	57	68	66	61	69	64	46	
Hagen	61	31	0	27	50	67	79	90	89	97	77	59	
Dortmund	72	58	27	0	23	40	52	63	93	116	104	86	
Bochum	50	40	50	23	0	17	29	40	70	86	88	77	
Essen	36	57	67	40	17	0	12	23	53	72	74	63	
Mülheim	35	68	79	52	29	12	0	11	41	66	73	62	
Duisburg	33	66	90	63	40	23	11	0	30	55	71	60	
Krefeld	28	61	89	93	70	53	41	30	0	25	66	55	
M'Gladbach	36	69	97	116	86	72	66	55	25	0	70	63	
Köln	38	64	77	104	88	74	73	71	66	70	0	18	
Leverkusen	27	46	59	86	77	63	62	60	55	63	18	0	

Abbildung TSPDf_DepotDdorf: Durchfahrt ab Krefeld (3. Möglichkeit):
      Modifizierte Distanzmatrix

Benutzt man das mathematische Modell der Rundreise, so erhält man wiederum die gleiche optimale Durchfahrt mit der Gesamtlänge 303.

Durchfahrt bis Essen

(Wir zeigen hier nur die erste Möglichkeit zur Modellierung, die anderen sind analog zu den oben angegebenen Alternativen.)

Ausgehend von der Lösung des Rundreiseproblems ergänzen wir die Bezeichnungen mit:

- U_Essen   = $C$59   Ordinale Folgenummer von Essen

Wir setzen die Dist_EssenDüsseldorf = 0, weil die Rückfahrt von Essen nach Düsseldorf für die Betrachtung irrelevant geworden ist.

Fixiert man nun U_Essen auf den Wert $n = 11$, so ergibt sich als neues mathematisches Modell:

8 Modelle zur Rundreise- und Tourenplanung

Mathematisches Modell:

Entscheidungsvariablen:
X_ij: die Zuordnung (0/1) auf eine Wegverbindung von i nach j.
U: Folgenummer

Zielfunktion:
Die Gesamtdistanz = Dist_ij x X_ij ist zu minimieren.

Nebenbedingungen:
Ges4i = 1
Ges2j = 1
X_ij = binär (0/1)
Keine Kurzzyklen: (Miller-Tucker-Zemlin-Bedingung)
MTZ_ij = U_i - U_j + n * X_ij <= n-1: i, j = 1,...,n
1 <= U <= n

Durchfahrtbedingung:
U_Essen = n
Ordinale Folgenummer von Essen wird auf n fixiert.

Abbildung TSPDf_DepotDdorf: Durchfahrt bis Essen:
Mathematisches Modell mit den verwendeten Bezeichnungen

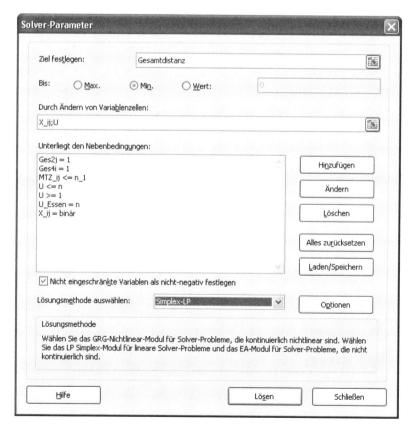

Abbildung TSPDf_DepotDdorf: Durchfahrt bis Essen:
Eingabe des Mathematischen Modells in den Solver

Als optimale Durchfahrt ergibt sich mit einer Gesamtlänge von 331 km:

Düsseldorf – Krefeld – M'Gladbach – Köln – Leverkusen – Wuppertal – Hagen – Dortmund – Bochum – Duisburg – Mülheim – Essen.

Durchfahrt ab Krefeld bis Essen

(Wir zeigen nur die erste Möglichkeit zur Modellierung)

Ausgehend von der Lösung des Rundreiseproblems ergänzen wir:

- U_Krefeld   = $C$62   Ordinale Folgenummer von Krefeld
- U_Essen   = $C$59   Ordinale Folgenummer von Essen

Als nächstes setzen wir Dist_DüsseldorfKrefeld = 0 und Dist_EssenDüsseldorf = 0, weil die Hinfahrt von Düsseldorf nach Krefeld sowie die Rückfahrt von Essen nach Düsseldorf für die Betrachtung irrelevant geworden sind.

Fixiert man schließlich U_Krefeld = 1 sowie U_Essen auf den Wert n = 11, so ergibt sich als neues mathematisches Modell:

Mathematisches Modell:

Entscheidungsvariablen:
X_{ij}: die Zuordnung (0/1) auf eine Wegverbindung von i nach j.
U: Folgenummer

Zielfunktion:
Die Gesamtdistanz = $Dist_{ij} \times X_{ij}$ ist zu minimieren.

Nebenbedingungen:
$Ges4i = 1$
$Ges2j = 1$
X_{ij} = binär (0/1)
Keine Kurzzyklen: (Miller-Tucker-Zemlin-Bedingung)
$MTZ_{ij} = U\_i - U\_j + n * X_{ij} <= n-1 : i, j = 1,...,n$
$1 <= U <= n$

Durchfahrtbedingung:
$U\_Krefeld = 1$
Ordinale Folgenummer von Krefeld wird auf 1 fixiert.
$U\_Essen = n$
Ordinale Folgenummer von Essen wird auf n fixiert.

Abbildung TSPDf_DepotDdorf: Durchfahrt ab Krefeld bis Essen: Mathematisches Modell mit den verwendeten Bezeichnungen

Die Eingabe dieses Modells in den Solver ergibt:

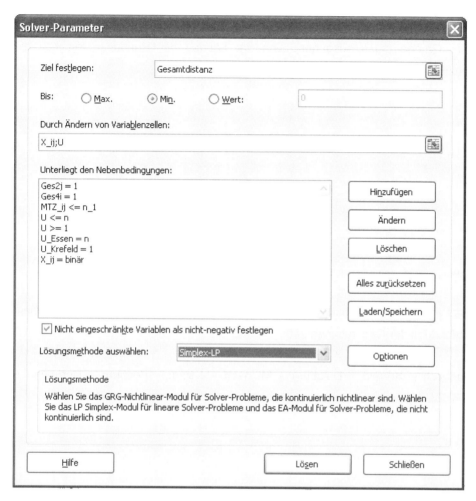

Abbildung TSPDf_DepotDdorf: Durchfahrt ab Krefeld bis Essen:
   Eingabe des Mathematischen Modells in den Solver

Als optimale Durchfahrt ergibt sich mit einer Gesamtlänge von 303 km:

Krefeld – M'Gladbach – Köln – Leverkusen – Wuppertal – Hagen – Dortmund – Bochum – Mülheim – Duisburg – Essen.

Durchfahrt für schnelle Marktbelieferung

In diesem Fall sind die Hinreise zu den Lieferorten und die Rückreise von der Belieferung irrelevant. Im Markt soll schnell wie möglich zugestellt werden. Aus diesem Grunde muss ausgehend von der Lösung der Rundreise lediglich die Distanzmatrix abgeändert werden:

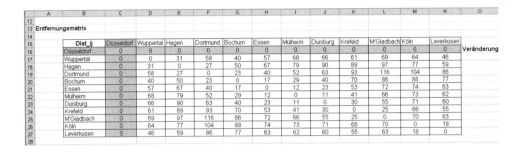

Abbildung TSPDf_DepotDdorf: Durchfahrt für schnelle Belieferung des Marktes

Benutzt man das mathematische Modell der Rundreise, so erhält man als optimale Durchfahrt mit der Gesamtlänge 240:

M'Gladbach – Krefeld – Duisburg – Mülheim – Essen – Bochum – Dortmund – Hagen – Wuppertal – Leverkusen – Köln.

8.3 Heuristische Verfahren zum Travelling-Salesman-Problem

Rundreiseprobleme sind in der Praxis wegen der großen Anzahl an theoretisch möglichen Lösungen oft nur mit unverhältnismäßig großem Rechenaufwand bzw. gar nicht zu lösen. Aus diesem Grund greift man häufig auf sogenannte Näherungsverfahren oder Heuristiken zurück.

In der Literatur lässt sich eine große Anzahl an heuristischen Verfahren zur Lösung des Travelling-Salesman-Problems finden. Sie werden in Eröffnungs- und Verbesserungsverfahren unterteilt. Mithilfe eines Eröffnungsverfahrens wird eine im Normalfall nicht optimale Ausgangslösung ermittelt, die dann durch ein Verbesserungsverfahren näher an das Optimum herangebracht werden soll.

Heuristiken liefern nicht zwingend optimale Lösungen für das Problem, allerdings lassen sich mit vergleichsweise geringerem Rechenaufwand kostengünstige, gute Resultate erzielen. Wie groß die Abweichung zur Optimallösung dabei jedoch ist, lässt sich nicht ohne Weiteres abschätzen.

8.3.1 Eröffnungsverfahren

Die bekanntesten Eröffnungsverfahren sind das Verfahren des besten Nachfolgers, die sukzessive Einbeziehung und das Verfahren von Christofides. Liegen dazu noch Koordinaten in Form von Landkarten vor, so empfiehlt es sich, zunächst die Orte nach den Polarwinkeln zu sortieren.

Wir illustrieren die Verfahren an unserer Tourenplanung um das Depot Düsseldorf.

8.3.1.1 Das Sortieren der Orte nach Polarwinkeln

Das Sortieren der zu besuchenden Orte nach aufsteigenden Polarwinkeln bezieht geografisch-geometrische Zusammenhänge in den Lösungsansatz für die Tourenplanung mit ein. Die Idee dabei besteht darin, die vom Depot aus anzufahrenden Orte nach ihrer Richtung vom Depot aus zu sortieren, wobei man im Osten beginnt und entgegen dem Uhrzeigersinn verläuft.

Bekanntlich lässt sich jeder Punkt in der euklidischen Ebene über seine Polarkoordinaten beschreiben, also über seinen Abstand und seine Richtung zum Koordinatenursprung.

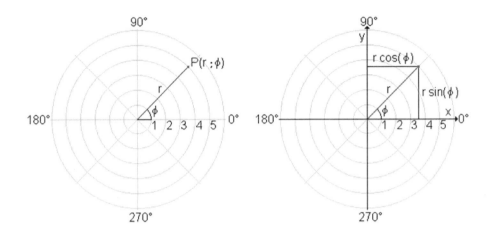

Abbildung: Polarkoordinaten[1]

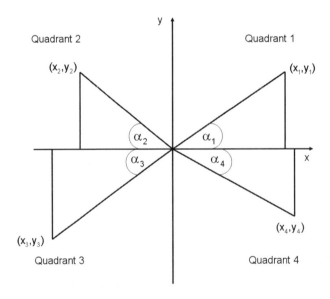

Abbildung: Bestimmung der Polarwinkel nach den Koordinaten

Nach Abhängigkeit der Lage in einem der vier Quadranten lässt sich der Polarwinkel φ eines Punktes (x,y) mithilfe von $\alpha = \arcsin \dfrac{x}{\sqrt{x^2 + y^2}}$ bestimmen.

---

[1] Siehe Wikipedia Stichwort: Polarkoordinaten.

Sind sowohl φ als auch α in Grad angegeben, so gilt:

- Quadrant 1: $\varphi = \alpha$ (α ist positiv)
- Quadrant 2: $\varphi = 180° - \alpha$ (α ist positiv)
- Quadrant 3: $\varphi = 180° - \alpha$ (α ist negativ)
- Quadrant 4: $\varphi = 360° + \alpha$ (α ist negativ)

Man betrachtet nun das Depot als Koordinatenursprung, berechnet diesbezüglich für jeden aufzusuchenden Ort den Polarwinkel und sortiert die Orte nach aufsteigendem Winkel.

8.3.1.2 Beispiel: TSP_DepotDdorf_Polarwinkel

Problembeschreibung

Wir gehen von den Koordinaten aus einer Landkartenbeschreibung des Depots in Düsseldorf aus. Die Orte sind nach den Polarwinkeln um das Depot in Düsseldorf aufsteigend zu sortieren.

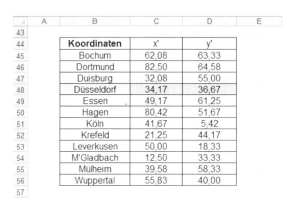

Abbildung TSP_DepotDdorf_Polarwinkel: Koordinaten der Orte

Bezeichnungen

- Koordinaten   = $B$45:$D$56   Tabelle der Koordinaten

Damit erhalten wir folgendes Rechenschema:

	A	B	C	D	E	F	G	H	I	J	K	L	M
43													
44		Koordinaten	x'	y'	x	y	Abstand r	sin Alpha	Quadrant	Alpha [Grad]	Phi [Grad]	Reihenfolge	
45		Bochum	62,08	63,33	27,92	26,67	38,60636	0,69073	1	43,68811	43,68811	4	
46		Dortmund	82,50	64,58	48,33	27,92	55,81623	0,50015	1	30,01014	30,01014	3	
47		Duisburg	32,08	55,00	-2,08	18,33	18,45132	0,99361	2	83,51693	96,48307	7	
48		Düsseldorf	34,17	36,67	0	0	0	0		0	0	0	
49		Essen	49,17	61,25	15,00	24,58	28,79827	0,85364	1	58,60973	58,60973	5	
50		Hagen	80,42	51,67	46,25	15,00	48,62163	0,30850	1	17,96914	17,96914	2	
51		Köln	41,67	5,42	7,50	-31,25	32,13740	-0,97239	4	-76,50427	283,49573	10	
52		Krefeld	21,25	44,17	-12,92	7,50	14,93621	0,50214	2	30,14139	149,85861	8	
53		Leverkusen	50,00	18,33	15,83	-18,33	24,22407	-0,75682	4	-49,18492	310,81508	11	
54		M'Gladbach	12,50	33,33	-21,67	-3,33	21,92158	-0,15206	3	-8,74616	188,74616	9	
55		Mülheim	39,58	58,33	5,42	21,67	22,33349	0,97014	1	75,96376	75,96376	6	
56		Wuppertal	55,83	40,00	21,67	3,33	21,92158	0,15206	1	8,74616	8,74616	1	
57													

Abbildung TSP_DepotDdorf_Polarwinkel: Rechenschema

Mit:

- Spalte „x" x Koordinate mit Depot im Ursprung

  E45 = C45-C$48 usw. durchkopieren

- Spalte „y" y Koordinate mit Depot im Ursprung

  F45 = D45-D$48 usw. durchkopieren

- Spalte „Abstand r" Euklidischer Abstand zum Depot (Ursprung)

  G45 = WURZEL(E45^2+F45^2) usw. durchkopieren

- Spalte „sin Alpha" Sin Alpha = x / r

  H45 = F45 / G45 usw. durchkopieren

- Spalte „Quadrant" Angabe des zugehörigen Quadranten

  I45 =WENN(E45>=0;WENN(F45>=0;1;4);WENN(F45>=0;2;3))

  usw. durchkopieren

- Spalte „Alpha" Hauptwinkel Alpha in Gradangabe konvertiert

  J45 =GRAD(ARCSIN(H45)) usw. durchkopieren

- Spalte „Phi" Polarwinkel Phi in Gradangabe

  K45 =WENN(I45=1;J45;WENN(I45=2;180-J45;WENN(I45=3;180-J45;360+J45)))

  usw. durchkopieren

- Spalte „Reihenfolge" Reihenfolge gem. aufsteigendem Polarwinkel

  L45 =RANG(K45;$K$45:$K$56;1)-1 usw. durchkopieren

In den nachfolgenden Beispielen verwenden wir die Reihenfolge nach den Polarwinkeln und die genauen Distanzen nach den Straßenkilometern.

8.3.1.3 Das Sortieren der Orte nach Kurswinkeln auf der Kugeloberfläche

Bei der Navigation von Schiffen, Flugzeugen oder anderen Fahrzeugen auf der Kugeloberfläche spielen die Kurswinkel eine zentrale Rolle. Der Kurswinkel ist der Winkel zwischen der Nordrichtung und der Fahrtrichtung im Uhrzeigersinn. Ein Kurswinkel von 0° bedeutet für ein Fahrzeug also, dass es nach Norden fährt, bei 90° in Richtung Osten, bei 180° nach Süden und bei 270° nach Westen.

Ähnlich dem Polarwinkel-Ansatz kann man nun die aufzusuchenden Orte nach ihrem vom Depot aus gesehenen aufsteigenden Kurswinkel sortieren. Dabei beginnt man also nördlich vom Depot und folgt dem Uhrzeigersinn. Auf diese Weise erhält man eine Sortierung, die um 90° versetzt genau entgegengesetzt zur Polarwinkelsortierung verläuft.

Der Vorteil dieses Verfahrens besteht darin, dass man wieder in natürlicher Weise auf die Breiten- und Längengrade der einzelnen Orte zurückgreifen kann.

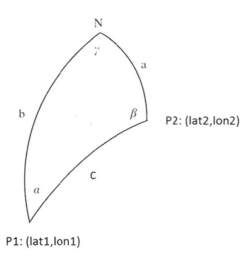

Abbildung: Kurswinkel auf der Kugeloberfläche

In dem obigen Beispiel sind P1: (lat_1, lon_1) und P2: (lat_2, lon_2) zwei Orte auf der Kugeloberfläche mit ihren Breiten- und Längengraden, α ist der Kurswinkel von P1 in

Richtung P2, $360° - \beta$ der Kurswinkel bei der Ankunft bzw. der Kurswinkel von P2 in Richtung P1.

Für das obige Kugeldreieck können nicht nur die Winkel, sondern auch die Seiten in Graden oder im Bogenmaß angegeben werden. Dabei gelten die folgenden Formeln der sphärischen Trigonometrie:

Sinussatz der sphärischen Trigonometrie:

$$\sin(\alpha) : \sin(\beta) : \sin(\gamma) = \sin(a) : \sin(b) : \sin(c),$$

Seitenkosinussatz der sphärischen Trigonometrie:

$$\cos(c) = \cos(b)\cos(a) + \sin(b)\sin(a)\cos(\gamma),$$

Winkelkosinussatz der sphärischen Trigonometrie:

$$\cos(\gamma) = -\cos(\beta)\cos(\alpha) + \sin(\beta)\sin(\alpha)\cos(c)$$

sowie bekanntermaßen:

$$\sin(\alpha) = \sin(180° - \alpha) = -\sin(180° + \alpha) = -\sin(360° - \alpha) = -\sin(-\alpha).$$

Aus dem Kugeldreieck kann man nun ablesen:

$$\gamma = lon_2 - lon_1;\ b = 90° - lat_1;\ a = 90° - lat_2$$

und ferner c als Entfernung von P1 nach P2.

Dann folgt mit $\sin(90° - lat_2) = \cos(lat_2)$ aus dem Sinussatz:

$$\sin(\alpha) = \frac{\sin(lon_2 - lon_1)\cos(lat_2)}{\sin(c)}.$$

Ist $A = \arcsin \alpha$ der Hauptwert von α in Grad gemessen, so gilt je nach Quadrant um P1:

- Quadrant 1: $\alpha = A$ (A ist positiv)
- Quadrant 2: $\alpha = 360° + A$ (A ist negativ)
- Quadrant 3: $\alpha = 180° - A$ (A ist negativ)
- Quadrant 4: $\alpha = 180° - A$ (A ist positiv)

8.3.1.4 Beispiel: TSP_DepotDdorf_Kurswinkel

Problembeschreibung

Wir gehen von den Koordinaten des Depots in Düsseldorf und seiner Anfahrorte in Breiten- und Längengraden aus. Die Orte sind nach den aufsteigenden Polar- und nach den aufsteigenden Kurswinkeln um das Depot zu sortieren.

	A	B	C	D	E
4					
5		Ort	Breiten- und Längengrade [Grad]		
6			lat (y)	lon (x)	
7		Düsseldorf	51,23484	6,77445	
8		Bochum	51,48630	7,21149	
9		Dortmund	51,51985	7,46040	
10		Duisburg	51,44160	6,76277	
11		Essen	51,45794	7,01483	
12		Hagen	51,36599	7,46212	
13		Köln	50,94805	6,96121	
14		Krefeld	51,33533	6,55987	
15		Leverkusen	51,03729	6,98662	
16		M'Gladbach	51,19484	6,44211	
17		Mülheim	51,42854	6,88568	
18		Wuppertal	51,25805	7,15004	
19					

Abbildung TSP_DepotDdorf_Kurswinkel: Koordinaten der Orte

Als geografische Parameter werden wie gewohnt benutzt:

	A	B	C	D	E	F	G
21							
22		Geographische Parameter					
23							
24			Abstand zwischen zwei Breitenkreisen [km]			111,3	
25			Mittlerer Abstand zwischen zwei Längenkreisen in Deutschland [km]			71,5	
26			(variiert in Abh. von der geographischen Breite)				
27							
28		Erdradius [km]				6378,388	
29							

Abbildung TSP_DepotDdorf_Kurswinkel: Geographische Parameter

Bezeichnungen

- KO   = $B$7:$D$18   Tabelle der Koordinaten
- AbstLat   = $F$26   Abstand zwischen zwei Breitenkreisen
- AbstLon   = $F$27   Abstand zwischen zwei Längenkreisen
- Radius   = F$32   Erdradius

Damit erhalten wir folgendes Schema für die Berechnung der Polarkoordinaten:

Modellbasiertes Logistikmanagement

	A	B	C	D	E	F	G	H
31								
32		Reihenfolgebestimmung nach Polarwinkeln (in der angenäherten Ebene)						
33								
34		Koordinaten	lat	lon	x'	y'	x	y
35		Düsseldorf	51,23484	6,77445	484,37	5.702,44	0,00	0,00
36		Bochum	51,48630	7,21149	515,62	5.730,43	31,25	27,99
37		Dortmund	51,51985	7,46040	533,42	5.734,16	49,05	31,72
38		Duisburg	51,44160	6,76277	483,54	5.725,45	-0,83	23,01
39		Essen	51,45794	7,01483	501,56	5.727,27	17,19	24,83
40		Hagen	51,36599	7,46212	533,54	5.717,04	49,17	14,60
41		Köln	50,94805	6,96121	497,73	5.670,52	13,35	-31,92
42		Krefeld	51,33533	6,55987	469,03	5.713,62	-15,34	11,18
43		Leverkusen	51,03729	6,98662	499,54	5.680,45	15,17	-21,99
44		M'Gladbach	51,19484	6,44211	460,61	5.697,99	-23,76	-4,45
45		Mülheim	51,42854	6,88568	492,33	5.724,00	7,95	21,56
46		Wuppertal	51,25805	7,15004	511,23	5.705,02	26,86	2,58
47								

	A	B	I	J	K	L	M	N
31								
32		Reihenfolgebestimmung nach Polarwinkeln (in der angenäherten Ebene)						
33								
34		Koordinaten	Abstand r	sin Alpha	Quadrant	Alpha [Grad]	Phi [Grad]	Reihenfolge
35		Düsseldorf	0	0,00000	1	0,00000	0,00000	0
36		Bochum	42	0,66717	1	41,84887	41,84887	4
37		Dortmund	58	0,54309	1	32,89424	32,89424	3
38		Duisburg	23	0,99934	2	87,92289	92,07711	7
39		Essen	30	0,82225	1	55,31040	55,31040	5
40		Hagen	51	0,28461	1	16,53557	16,53557	2
41		Köln	35	-0,92252	4	-67,29781	292,70219	10
42		Krefeld	19	0,58910	2	36,09321	143,90679	8
43		Leverkusen	27	-0,82309	4	-55,39520	304,60480	11
44		M'Gladbach	24	-0,18416	3	-10,61201	190,61201	9
45		Mülheim	23	0,93819	1	69,75060	69,75060	6
46		Wuppertal	27	0,09576	1	5,49480	5,49480	1
47								

Abbildung TSP_DepotDdorf_Kurswinkel: Rechenschema Polarkoordinaten

Mit:

- „x'-Spalte" x' - Koordinate, als Projektion des Längengrades
  E35= AbstLon*D35 usw. durchkopieren

- „y'-Spalte'" y' - Koordinate als Projektion des Breitengrades
  F35= AbstLat*C35 usw. durchkopieren

- Spalte „x" x Koordinate mit Depot im Ursprung
  G35=E35-E$35 usw. durchkopieren

- Spalte „y" y Koordinate mit Depot im Ursprung
  H35=F35-F$35 usw. durchkopieren

- Spalte „Abstand r" Euklidischer Abstand zum Depot (Ursprung)
  I35=WURZEL(G35^2+H35^2) usw. durchkopieren

8 Modelle zur Rundreise- und Tourenplanung

- Spalte „sin Alpha"   Sin Alpha = x / r

  J35=0; J36=H36/I36 usw. durchkopieren

- Spalte „Quadrant"   Angabe des zugehörigen Quadranten

  K35= WENN(G35>=0;WENN(H35>=0;1;4);WENN(H35>=0;2;3))

  usw. durchkopieren

- Spalte „Alpha"   Winkel Alpha in Gradangabe konvertiert

  L35=GRAD(ARCSIN(J35))   usw. durchkopieren

- Spalte „Phi"   Polarwinkel Phi in Gradangabe

  M35=WENN(K35=1;L35;

  WENN(K35=2;180-L35;WENN(K35=3;180-L35;360+L35)))

  usw. durchkopieren

- Spalte „Reihenfolge"   Reihenfolge gem. aufsteigendem Polarwinkel

  N35=RANG(M35;$M$35:$M$46;1)-1 usw. durchkopieren

Man erhält die nachfolgende Reihenfolge nach den Polarwinkeln:

Orte	Reihenfolge P
Düsseldorf	0
Wuppertal	1
Hagen	2
Dortmund	3
Bochum	4
Essen	5
Mülheim	6
Duisburg	7
Krefeld	8
M'Gladbach	9
Köln	10
Leverkusen	11

Abbildung TSP_DepotDdorf_Kurswinkel: Reihenfolge nach Polarwinkeln

Für die Berechnung der Reihenfolge nach den Kurswinkeln benutzen wir folgendes Rechenschema:

Koordinaten	lat	lon	Abstand c	sin Kurswinkel	Quadrant	Hauptwert KW [Grad]	Kurswinkel [Grad]	Reihenfolge
Düsseldorf	51,23484	6,77445	0	0,00000	1	0	0,00000	0
Bochum	51,48630	7,21149	41	0,73338	1	47,17063466	47,17063	3
Dortmund	51,51985	7,46040	57	0,82984	1	56,0820524	56,08205	4
Duisburg	51,44160	6,76277	23	-0,03517	2	-2,015415835	357,98458	11
Essen	51,45794	7,01483	30	0,55697	1	33,84629624	33,84630	2
Hagen	51,36599	7,46212	50	0,95511	1	72,76792112	72,76792	5
Köln	50,94805	6,96121	34	0,37975	4	22,31838956	157,68161	8
Krefeld	51,33533	6,55987	19	-0,79958	2	-53,09036139	306,90964	10
Leverkusen	51,03729	6,98662	27	0,56006	4	34,06012654	145,93987	7
M'Gladbach	51,19484	6,44211	24	-0,98246	3	-79,25277785	259,25278	9
Mülheim	51,42854	6,88568	23	0,33701	1	19,69469943	19,69470	1
Wuppertal	51,25805	7,15004	26	0,99491	1	84,21541387	84,21541	6

Abbildung TSP_DepotDdorf_Kurswinkel: Rechenschema Kurswinkel

Dabei ist:

- Spalte „Abstand c" Abstand zum Depot auf der Kugeloberfläche

    E52=Radius*ARCCOS(SIN(BOGENMASS(SVERWEIS($B52;KO;2;FALSCH)))*
    SIN(BOGENMASS($C$52))+
    COS(BOGENMASS(SVERWEIS($B52;KO;2;FALSCH)))*
    COS(BOGENMASS($C$52))*
    COS(BOGENMASS(SVERWEIS($B52;KO;3;FALSCH)-$D$52)))
    usw. durchkopieren

- Spalte „sin Kurswinkel" sin(Kurswinkel) nach Sinussatz.

    F52=0;
    F53=SIN(BOGENMASS(D53-$D$52))*
    COS(BOGENMASS(C53))/SIN(E53/Radius) usw. durchkopieren

- Spalte „Quadrant" Angabe des zugehörigen Quadranten

    G52=WENN(C52>=$C$52;WENN(D52>=$D$52;1;2);
    WENN(D52>=$D$52;4;3)) usw. durchkopieren

- Spalte „Hauptwert KW" Hauptwert des Kurswinkels in Gradangabe

    H52=GRAD(ARCSIN(F52)) usw. durchkopieren

- Spalte „Kurswinkel" Kurswinkel in Gradangabe

    I52=WENN(G52=1;H52;WENN(G52=4;180-H52;
    WENN(G52=3;180-H52;360+H52))) usw. durchkopieren

- Spalte „Reihenfolge" Reihenfolge gem. aufsteigendem Kurswinkel

    J52=RANG(I52;$I$52:$I$63;1)-1usw. durchkopieren

Die folgende Abbildung zeigt, dass sich die Reihenfolge der Kurswinkel um 90° versetzt invers zur Reihenfolge der Polarwinkel verhält.

8 Modelle zur Rundreise- und Tourenplanung

	L	M	N	O	P	Q	R
50							
51		Orte	Reihenfolge K		Orte	inv Reihenf K	
52		Düsseldorf	0		Duisburg	11	
53		Mülheim	1		Krefeld	10	
54		Essen	2		M'Gladbach	9	
55		Bochum	3		Köln	8	
56		Dortmund	4		Leverkusen	7	
57		Hagen	5		Wuppertal	6	
58		Wuppertal	6		Hagen	5	
59		Leverkusen	7		Dortmund	4	v
60		Köln	8		Bochum	3	
61		M'Gladbach	9		Essen	2	
62		Krefeld	10		Mülheim	1	
63		Duisburg	11		Düsseldorf	0	
64							

Abbildung TSP_DepotDdorf_Kurswinkel: Reihenfolge nach Kurswinkeln und inverse Reihenfolge zum Vergleich für die Reihenfolge nach Polarwinkeln

Zum Vergleich sind nachfolgend auch noch die Entfernungstabellen gemäß der Berechnung aus „Entfernung_Kugeloberfläche" aufgeführt.

Entfernungsberechnung nach Pythagoras

Dist1	Düsseldorf	Bochum	Dortmund	Duisburg	Essen	Hagen	Köln	Krefeld	Leverkusen	M'Gladbach	Mülheim	Wuppertal
Düsseldorf	0,00	41,95	58,41	23,03	30,20	51,29	34,60	18,99	26,71	24,18	22,98	26,98
Bochum	41,95	0,00	18,18	32,47	14,41	22,37	62,52	49,53	52,50	63,86	24,17	25,78
Dortmund	58,41	18,18	0,00	50,64	32,60	17,13	72,97	67,58	63,50	81,30	42,33	36,63
Duisburg	23,03	32,47	50,64	0,00	18,11	50,71	56,74	18,72	47,76	35,78	8,91	34,41
Essen	30,20	14,41	32,60	18,11	0,00	33,58	56,88	35,28	46,86	50,34	9,80	24,26
Hagen	51,29	22,37	17,13	50,71	33,58	0,00	58,71	64,60	49,94	75,38	41,80	25,34
Köln	34,60	62,52	72,97	56,74	56,88	58,71	0,00	51,78	10,10	46,17	53,75	37,05
Krefeld	18,99	49,53	67,58	18,72	35,28	64,60	51,78	0,00	45,07	17,76	25,50	43,07
Leverkusen	26,71	52,50	63,50	47,76	46,86	49,94	10,10	45,07	0,00	42,70	44,14	27,21
M'Gladbach	24,18	63,86	81,30	35,78	50,34	75,38	46,17	17,76	42,70	0,00	41,02	51,10
Mülheim	22,98	24,17	42,33	8,91	9,80	41,80	53,75	25,50	44,14	41,02	0,00	26,78
Wuppertal	26,98	25,78	36,63	34,41	24,26	25,34	37,05	43,07	27,21	51,10	26,78	0,00

Entfernungsberechnung nach verbessertem Pythagoras

Dist2	Düsseldorf	Bochum	Dortmund	Duisburg	Essen	Hagen	Köln	Krefeld	Leverkusen	M'Gladbach	Mülheim	Wuppertal
Düsseldorf	0,00	41,30	57,25	23,03	29,93	50,03	34,49	18,66	26,51	23,60	22,91	26,30
Bochum	41,30	0,00	17,64	31,51	14,00	21,95	62,40	48,26	52,37	62,56	23,49	25,76
Dortmund	57,25	17,64	0,00	49,13	31,64	17,13	72,53	65,78	63,03	79,48	41,12	36,25
Duisburg	23,03	31,51	49,13	0,00	17,58	49,28	56,65	18,40	47,63	35,38	8,65	33,79
Essen	29,93	14,00	31,64	17,58	0,00	32,69	56,87	34,41	46,86	49,44	9,54	24,15
Hagen	50,03	21,95	17,13	49,28	32,69	0,00	58,19	62,81	49,38	73,52	40,63	24,81
Köln	34,49	62,40	72,53	56,65	56,87	58,19	0,00	51,41	10,09	45,52	53,74	36,94
Krefeld	18,66	48,26	65,78	18,40	34,41	62,81	51,41	0,00	44,57	17,66	24,90	41,96
Leverkusen	26,51	52,37	63,03	47,63	46,86	49,38	10,09	44,57	0,00	41,89	44,11	27,09
M'Gladbach	23,60	62,56	79,48	35,38	49,44	73,52	45,52	17,66	41,89	0,00	40,36	49,84
Mülheim	22,91	23,49	41,12	8,65	9,54	40,63	53,74	24,90	44,11	40,36	0,00	26,42
Wuppertal	26,30	25,76	36,25	33,79	24,15	24,81	36,94	41,96	27,09	49,84	26,42	0,00

Entfernungsberechnung auf Kugeloberfläche

Dist3	Düsseldorf	Bochum	Dortmund	Duisburg	Essen	Hagen	Köln	Krefeld	Leverkusen	M'Gladbach	Mülheim	Wuppertal
Düsseldorf	0,00	41,31	57,26	23,03	29,94	50,04	34,49	18,66	26,52	23,60	22,91	26,30
Bochum	41,31	0,00	17,65	31,52	14,00	21,95	62,41	48,27	52,38	62,57	23,50	25,77
Dortmund	57,26	17,65	0,00	49,14	31,65	17,13	72,54	65,80	63,04	79,50	41,13	36,25
Duisburg	23,03	31,52	49,14	0,00	17,58	49,29	56,66	18,40	47,64	35,39	8,65	33,80
Essen	29,94	14,00	31,65	17,58	0,00	32,70	56,89	34,42	46,87	49,45	9,54	24,16
Hagen	50,04	21,95	17,13	49,29	32,70	0,00	58,21	62,82	49,39	73,54	40,64	24,82
Köln	34,49	62,41	72,54	56,66	56,89	58,21	0,00	51,43	10,09	45,53	53,75	36,95
Krefeld	18,66	48,27	65,80	18,40	34,42	62,82	51,43	0,00	44,58	17,66	24,90	41,97
Leverkusen	26,52	52,38	63,04	47,64	46,87	49,39	10,09	44,58	0,00	41,90	44,12	27,10
M'Gladbach	23,60	62,57	79,50	35,39	49,45	73,54	45,53	17,66	41,90	0,00	40,37	49,85
Mülheim	22,91	23,50	41,13	8,65	9,54	40,64	53,75	24,90	44,12	40,37	0,00	26,42
Wuppertal	26,30	25,77	36,25	33,80	24,16	24,82	36,95	41,97	27,10	49,85	26,42	0,00

Abbildung TSP_DepotDdorf_Kurswinkel: Entfernungstabellen im Vergleich

8.3.1.5 Das Verfahren des besten Nachfolgers

Beim Verfahren des besten Nachfolgers beginnt man beim Startknoten, danach sucht man denjenigen Knoten, der die geringste Entfernung zum Startknoten hat bzw. dessen Erreichen die geringsten Kosten verursacht. Dieser Knoten ist dann der zweite Knoten auf der Rundreise. Vom zweiten Knoten ausgehend sucht man wiederum den Knoten mit der geringsten Entfernung. Dieser bildet dann den dritten Knoten auf der Rundreise. Dieses wiederholt man so oft, bis keine Knoten mehr ohne Zuordnung zu einem Rang auf der Rundreise übrig sind. Vom letzten Knoten kehrt man zum Startknoten zurück.

Dieses Verfahren zählt zu den sogenannten **Greedy-Algorithmen**, welche in jeder Iteration immer die augenblicklich günstigste Alternative auswählen. Dies hat zur Folge, dass gegen Ende des Verfahrens ungünstige Verknüpfungen in Kauf genommen werden müssen. Im Normalfall werden mit dieser Vorgehensweise keine besonders guten Ergebnisse erzielt.

8.3.1.6 Beispiel: TSP_DepotDdorf_BesterNachfolger

Problembeschreibung

Wir gehen von der bekannten Entfernungsmatrix aus, bezeichnen zusätzlich die Knoten und n:

Dist_ij	Düsseldorf	Wuppertal	Hagen	Dortmund	Bochum	Essen	Mülheim	Duisburg	Krefeld	M'Gladbach	Köln	Leverkusen	n
0 Düsseldorf	0	33	61	72	50	36	35	33	29	36	39	27	11
1 Wuppertal	33	0	31	58	40	57	68	66	61	69	64	46	
2 Hagen	61	31	0	27	50	67	79	90	89	97	77	59	
3 Dortmund	72	58	27	0	23	40	52	63	93	116	104	86	
4 Bochum	50	40	50	23	0	17	29	40	70	86	88	77	
5 Essen	36	57	67	40	17	0	12	23	53	72	74	63	
6 Mülheim	35	68	79	52	29	12	0	11	41	66	73	62	
7 Duisburg	33	66	90	63	40	23	11	0	30	55	71	60	
8 Krefeld	29	61	89	93	70	53	41	30	0	25	66	55	
9 M'Gladbach	36	69	97	116	86	72	66	55	25	0	70	63	
10 Köln	39	64	77	104	88	74	73	71	66	70	0	18	
11 Leverkusen	27	46	59	86	77	63	62	60	55	63	18	0	

Abbildung TSP_DepotDdorf_BesterNachfolger: Grunddaten

Bezeichnungen

- Dist_ij = $C$14:$N$25   Distanz von i nach j
- Knoten = $A$14:$B$25   KnotenNr mit KnotenName
  (für die Anzeige der Ortsnamen)
- n = $O$14   Anzahl der anzufahrenden Knoten

8 Modelle zur Rundreise- und Tourenplanung

Zur Vermeidung von Makroprogrammierung beschreiben wir unten ein halbautomatisches Verfahren, bei dem sukzessive die folgende Tabelle gefüllt wird:

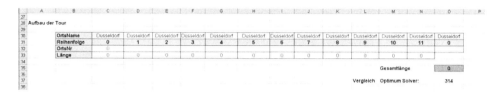

Abbildung TSP_DepotDdorf_BesterNachfolger: Aufbau der Tour

Bezeichnungen

- Tour =$C$31:$O$32 Tabelle mit Ortsname, ReihenfolgeNr, OrtsNr und Längen der Streckenabschnitte
- Ortsname: Ortsnamen
  C30=SVERWEIS(C32;Knoten;2;FALSCH) usw. durchkopieren
- Reihenfolge: Natürliche Reihenfolge ab 0
- OrtsNr = $C32:$O32 Wird sukzessive nach unterem Verfahren gefüllt
- Länge Längen der Streckenabschnitte
  C33 =INDEX(Dist_ij;C32+1;D32+1) usw. durchkopieren
- Gesamtlänge = $O$35 Summe der Längen der Streckenabschnitte

Heuristik zur Bestimmung des besten Nachfolgers

Wir verwenden das folgende Rechenschema:

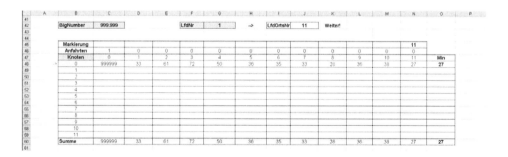

Abbildung TSP_DepotDdorf_BesterNachfolger: Rechenschema

Sei dazu

- BigNumber = $C$42 Große Zahl

- LfdNr = $G$42 Laufende Nummer
  =ZÄHLENWENN(OrtsNr;">=0").
- LfdOrtsNr = $J$42 Bester Nachfolger: OrtsNr, die der laufenden Nummer zugeordnet wird
  = WENN(LfdNr=0;0;MIN(C45:N45)).
- Weiter/Fertig: Hinweis auf Fortsetzung oder Abbruch
  K42 = WENN(LfdNr >n+1;"Fertig!";"Weiter!")
- Markierung:
  C45 = WENN(C60=$O60;C47;"") usw. durchkopieren
- Anfahrten:
  C46 = ZÄHLENWENN(OrtsNr;C47)) usw. durchkopieren
- Randspalte:
  A48=WENN(B48=WVERWEIS(LfdNr-1;Tour;2);"->";""))
  usw. durchkopieren
- TabellenInneres: Herausfiltern der Distanzen für noch nicht erfasste Knoten
  C48=WENN($A48="";"";
    WENN(ODER($B48=C$47;C$46>=1);BigNumber;C14))
  usw. durchkopieren
- Summe: Spaltensumme
  C60 = SUMME(C48:C59) usw. durchkopieren
- Min: Zeilensumme für die markierte Zeile
  O48 = WENN(A48="->";MIN(C48:N48);"") usw. durchkopieren
- Gesamtminimum = $O$60 Referenzwert für die Markierung der Zeilen

Sukzessive (händische) Übertragung der OrtsNr

Im 1. Schritt bekommt die Reihenfolge 0 in Tour die OrtsNr 0. Die restlichen Zellen sind leer.

Daraufhin ist LfdNr = 1 und LfdOrtsNr = 11.

In Tour wird für die Reihenfolge 1 die OrtsNr 11 eingetragen.

Dieser Prozess wird so lange fortgesetzt, wie „Weiter" angezeigt wird.

8 **Modelle** zur Rundreise- und Tourenplanung

	A	B	C	D	E	F	G	H	I	J	K	L	M	N	O	P
27																
28	Aufbau der Tour															
29																
30		OrtsName	Düsseldorf	Leverkusen	Köln	Wuppertal	Hagen	Dortmund	Bochum	Essen	Mülheim	Duisburg	Krefeld	M'Gladbach	Düsseldorf
31		Reihenfolge	0	1	2	3	4	5	6	7	8	9	10	11	12
32		OrtsNr	0	11	10	1	2	3	4	5	6	7	8	9	0
33		Länge	27	18	64	31	27	23	17	12	11	30	25	36	
34																
35												Gesamtlänge			321	
36																
37										Vergleich	Optimum Solver:			314		
38																

Abbildung TSP_DepotDdorf_BesterNachfolger: Ergebnis der Heuristik

Wir erhalten eine Tour mit Länge 321, das Optimum lag bei 314.

8.3.1.7 Das Verfahren der sukzessiven Einbeziehung

Aus n Knoten sucht man sich einen Kurzzyklus (v_0,v_1,v_0) mit 2 Knoten (v_0,v_1). Dieser Kurzzyklus wird in jeder Iteration sukzessive um einen noch nicht in der Rundreise vorhandenen Knoten (v_j) so ergänzt, dass sich die Länge der Tour dabei möglichst wenig erhöht.

Bei jedem Schritt verringert sich die Auswahl der noch unverplanten Knoten um 1 und die Zahl der möglichen Einfügepositionen innerhalb der Rundreise erhöht sich um 1.

Bei dieser Vorgehensweise wird empfohlen, mit zwei weit voneinander entfernten Knoten (v_0,v_1) zu beginnen. In jedem Folgeschritt wird derjenige Knoten (v_j) in die Rundreise eingebaut, dessen kleinste Entfernung zu einem sich in der Tour befindlichen Knoten am größten ist. Durch dieses Vorgehen hofft man, die wesentliche Struktur der Rundreise bereits in einem frühen Stadium des Verfahrens festzulegen.

Bei kleinen und mittleren Problemen benötigt das Verfahren der sukzessiven Einbeziehung etwa zweieinhalb Mal so viel Rechenzeit im Vergleich zum Verfahren des besten Nachfolgers. Allerdings liefert es dafür häufig kürzere Rundreisen.[1]

---

[1] Vgl. Domschke (1997), S. 111 ff. und Zimmermann, W. (1999), S. 151.

8.3.1.8 Beispiel: TSP_DepotDdorf_SukzEinbeziehung

Problembeschreibung

Wir gehen wieder von der bekannten Entfernungsmatrix des letzten Beispiels aus.

Bezeichnungen

- Dist_ij   = $C$14:$N$25   Distanz von i nach j
- Knoten   = $A$14:$B$25   KnotenNr mit KnotenName
                              (für die Anzeige der Ortsnamen)
- n   = $O$14   Anzahl der anzufahrenden Knoten

Zur Vermeidung von Makroprogrammierung verwenden wir auch hier ein halbautomatisches Verfahren, bei dem sukzessive die Tour-Tabelle gefüllt wird:

Bezeichnungen

- Tour   =$C$31:$O$32   Tabelle mit Ortsname, ReihenfolgeNr, OrtsNr und Längen der Streckenabschnitte.
- Ortsname: Ortsnamen
                             C30=SVERWEIS(C32;Knoten;2;FALSCH) usw. durchkopieren.
- Reihenfolge: Natürliche Reihenfolge ab 0
- OrtsNr   = $C32:$O32   Wird sukzessive nach unterem Verfahren gefüllt
- Länge   Längen der Streckenabschnitte
                             C33 =INDEX(Dist_ij;C32+1;D32+1) usw. durchkopieren
- Gesamtlänge = $O$35   Summe der Längen der Streckenabschnitte

Wir betrachten nun zwei mögliche Heuristiken für die Sukzessive Einbeziehung von Folgeknoten:

- Sukzessive Statische Einbeziehung
- Sukzessive Dynamische Einbeziehung

Beispiel 1: Heuristik zur Sukzessiven Statischen Einbeziehung

In diesem Fall ist eine feste Reihenfolge von Ortsnummern gegeben, die sukzessive die Tour aufbauen sollen, wobei jeder Knoten optimal in die vorliegende Tour integriert wird. Der Einfachheit halber gehen wir hier von der natürlichen Reihenfolge der Orte aus.

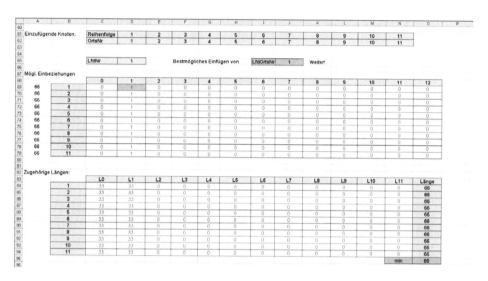

Abbildung TSP_DepotDdorf_SukzEinbeziehung:

Rechenschema für die Sukzessive Statische Einbeziehung

Bezeichnungen

Tabelle der einzufügenden Knoten:

- SukzEinbez = $D$61:$N62   Tabelle für die sukzessive Einbeziehung für jede ReihenfolgeNr die einzubeziehende OrtsNr
- LfdNr = $D$65   Laufende Nummer
  =ZÄHLENWENN(OrtsNr;">=0")+1
- LfdOrtsNr = $J$65   OrtsNr, die zur laufenden Nummer einbezogen werden soll
  = WVERWEIS(LfdNr;SukzEinbez;2).
- Weiter/Fertig: Hinweis auf Fortsetzung oder Abbruch
  K65 = WENN(LfdNr >n+1;"Fertig!";"Weiter!")

Tabelle der möglichen Einbeziehungen:

- Spalte 0   Tour Anfang:

  C69 = 0 usw. durchkopieren

- Spalte n+1   Tour Ende:

  O69 = 0 usw. durchkopieren

- Spalten 1 bis n: Mögliche Kombinationen für das Einfügen von LfdOrtsNr in die aktuelle Tour

  D69 = LfdOrtsNr   Diagonalwert festlegen

  E69:N69 = D32:M32   Übernahme der aktuellen Tour:

  die ersten n-1 Werte von OrtsNr

  D70=WENN($B70>LfdNr;D69;WENN($B70=D$68;LfdOrtsNr;

  WENN($B70<D$68;D$69;E$69))) usw. durchkopieren.

- Randspalte: Markierung der Kombinationen mit minimaler Länge

  A69=WENN(O84=$O$95;O84;"") usw. durchkopieren

Tabelle der zugehörigen Längen:

- Tabelleninneres: Für die möglichen Kombinationen die zugehörigen Längen der Streckenabschnitte

  C84=INDEX(Dist_ij;C69+1;D69+1) usw. durchkopieren

- Spalte „Länge":   Zeilensumme

  O84 = SUMME(C84:N84) usw. durchkopieren

- Min: Zeilenminimum für die markierte Zeile

  O48 = WENN(A48="->";MIN(C48:N48);"") usw. durchkopieren

- Gesamtminimum = $O$95   Minimum der Zeilensummen

Sukzessive (händische) Entwicklung der Tour

In Schritt 0 werden alle OrtsNr in Tour auf 0 gesetzt.

In Schritt k wird der Ort mit der LfdOrtsNr einbezogen. Man überschreibt die aktuelle Tour mit einer Reihenfolge, die als minimale Länge markiert ist.

Dieser Prozess wird so lange fortgesetzt, wie „Weiter" angezeigt wird.

In unserem Beispiel ergibt sich folgender Aufbau der Tour:

8 Modelle zur Rundreise- und Tourenplanung

Aufbau der Tour:

Schritt/OrtsNr	0	1	2	3	4	5	6	7	8	9	10	11	12
0	0	0	0	0	0	0	0	0	0	0	0	0	0
1	0	1	0	0	0	0	0	0	0	0	0	0	0
2	0	2	1	0	0	0	0	0	0	0	0	0	0
3	0	3	2	1	0	0	0	0	0	0	0	0	0
4	0	4	3	2	1	0	0	0	0	0	0	0	0
5	0	5	4	3	2	1	0	0	0	0	0	0	0
6	0	6	5	4	3	2	1	0	0	0	0	0	0
7	0	7	6	5	4	3	2	1	0	0	0	0	0
8	0	8	7	6	5	4	3	2	1	0	0	0	0
9	0	9	8	7	6	5	4	3	2	1	0	0	0
10	0	9	8	7	6	5	4	3	2	1	10	0	0
11	0	9	8	7	6	5	4	3	2	1	11	10	0

Abbildung TSP_DepotDdorf_SukzEinbeziehung:
Aufbau der Tour für die Sukzessive Statische Einbeziehung

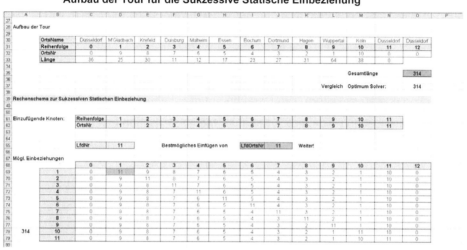

Abbildung TSP_DepotDdorf_SukzEinbeziehung:
Schritt 10 für die Sukzessive Statische Einbeziehung

Als Endergebnis erhält man:

Abbildung TSP_DepotDdorf_SukzEinbeziehung:
Schritt 10 für die Sukzessive Statische Einbeziehung

Wir erhalten eine Tour mit Länge 314, die sogar optimal ist.

Beispiel 2: Heuristik zur Sukzessiven Dynamischen Einbeziehung

In diesem Fall ist die Reihenfolge der einzubeziehenden Ortsnummern nicht vorgegeben, sondern wird schrittweise berechnet.

Wir betrachten hier die Regel, dass derjenige Knoten in die vorhandene Tour integriert werden soll, dessen kleinster Abstand zu einem derzeitigen Tourenknoten maximal ist. Man versucht also, so schnell wie möglich die am weitesten entfernten Knoten in die Tour zu integrieren. In der Praxis verspricht man sich von dieser Entscheidungsregel eine möglichst schnelle Stabilität der Tourenreihenfolge.

Unser Rechenschema aus dem ersten Fall ist jetzt um die Berechnung des Nachfolgeknotens zu erweitern. Die Berechnung der optimalen Einbeziehung erfolgt dann für den ermittelten Folgeknoten genauso wie im statischen Fall.

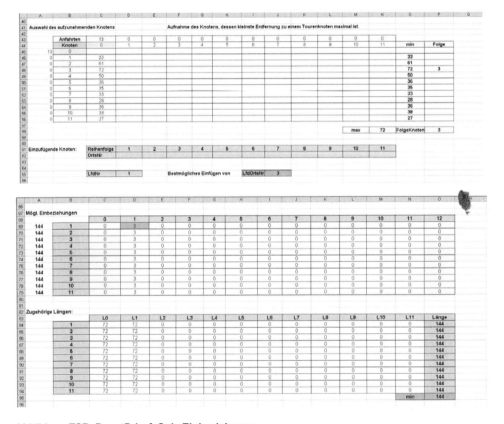

Abbildung TSP_DepotDdorf_SukzEinbeziehung:
Rechenschema für die Sukzessive Dynamische Einbeziehung

Bezeichnungen

Tabelle Auswahl des aufzunehmenden Knotens:

- Zeile „Anfahrten": Markierung, ob ein Knoten bereits zur gebildeten Tour gehört

    C43=ZÄHLENWENN(OrtsNr;C44) usw. durchkopieren

- Randspalte: Markierung, ob ein Knoten bereits zur gebildeten Tour gehört

    A45:A56 = MTRANS(C43:N43)

- Tabelleninneres: Herausfiltern der Distanzen von nicht erfassten Knoten zu Tourenknoten

    C45=WENN(ODER($B45=C$44;$A45>0;C$43=0);"";C14)

    usw. durchkopieren

- Spalte „min": Zeilenminima für Knoten außerhalb der Tour

    O45=WENN($A45>0;"";MIN(C45:N45)) usw. durchkopieren

- Max =$N$58 Maximum der Spalte „min"

    =MAX(O45:O56)

- FolgeKnoten =$P$58 Knoten mit kleinster OrtsNr, dessen kleinste Entfernung zu einem Tourenknoten maximal ist

    =MIN(P45:P56)

Die anderen Bezeichnungen und Berechnungen sind wie im statischen Fall, mit einer einzigen Ausnahme:

- LfdOrtsNr = $J$65 OrtsNr, die zur laufenden Nummer einbezogen werden soll

    = FolgeKnoten

Sukzessive (händische) Entwicklung der Tour

In Schritt 0 werden alle OrtsNr in Tour auf 0 gesetzt, die OrtsNr in SukzEinbez haben keinen Eintrag.

In Schritt k wird der FolgeKnote = LfdOrtsNr in die aktuelle Tour integriert. Zur Dokumentation wird diese Nummer in SukEinbez unter LfdNr eingetragen. Man überschreibt die aktuelle Tour mit einer Reihenfolge, die mit minimaler Länge markiert ist. Dieser Prozess wird so lange fortgesetzt, wie „Weiter" angezeigt wird.

Abbildung TSP_DepotDdorf_SukzEinbeziehung:
   Aufbau der Tour für die Sukzessive Statische Einbeziehung

Abbildung TSP_DepotDdorf_SukzEinbeziehung:
   Schritt 10 für die Sukzessive Statische Einbeziehung

Als Endergebnis erhält man Tour mit Länge 341, die optimale Tourenlänge ist 314.

Abbildung TSP_DepotDdorf_SukzEinbeziehung:
   Schritt 10 für die Sukzessive Statische Einbeziehung

8.3.1.9 Das Verfahren von Christofides[1]

Bei den bisher behandelten Heuristiken zum Travelling-Salesman-Problem kann die Güte des Algorithmus je nach dem vorliegenden Fall stark divergieren, die gefundene Lösung kann sehr gut oder sehr schlecht sein. Aus diesem Grunde ist man an Heuristiken interessiert, die eine bestimmte Qualität der Lösung garantieren. Nicos Christofides hat 1976 hierzu ein graphentheoretisches Verfahren vorgestellt, bei dem die Länge der ermittelten Tour maximal 50 % über der Länge der minimalen Tour liegt.[2]

Problembeschreibung

Ein Handlungsreisender soll wieder die mit ihren Entfernungen untereinander angegebenen Orte besuchen. Wir gehen beim Verfahren von Christofides zusätzlich von einer symmetrischen Entfernungsmatrix aus, welche außerdem die Dreiecksungleichung für die auftretenden Entfernungen erfüllt, also dass ein direkter Weg von Knoten i nach Knoten k nicht durch einen Umweg über einen anderen Knoten j kleiner wird:

- Dist_ij = Dist_.ji   für alle i, j   (Symmetrieeigenschaft)
- Dist_ik <= Dist_ij + Dist_.jk   für alle i, j, k.   (Dreiecksungleichung)

Aufgrund der Symmetrieeigenschaft können wir die Entfernungsmatrix als einen ungerichteten, vollständigen bewerteten Graphen interpretieren: Zwischen je zwei Orten/Knoten gibt es eine Kante mit der Entfernungsbewertung zwischen diesen Orten. Das Verfahren von Christofides läuft nun in drei Schritten ab:

1. Schritt (MSB): Bestimmung eines minimalen spannenden Baums

Eine Teilmenge der ungerichteten Kanten heißt **spannender Baum**, wenn jeder Knoten als Eckpunkt der Kanten auftritt und keine Zyklen existieren.

Als Bewertung dieses Baums bezeichnet man die Summe der zugehörigen Kantenbewertungen.

Ein spannender Baum heißt dann **minimal**, wenn es keinen anderen spannenden Baum mit einer kleineren Gesamtbewertung gibt.

---

[1] Vergl. Domschke, W. (1997), S. 113 ff.

[2] Vergl. z. B. Krumke, S.O.; Noltemeier, H. (2009); S. 293, oder Domschke, W. (1997), S. 114.

Für die Berechnung eines MSB gibt es den Kruskal- und den Prim-Algorithmus. Wir bevorzugen hier das zweite Verfahren, weil es sich besonders einfach mit den Mitteln der Tabellenkalkulation umsetzen lässt.

Prim-Algorithmus

Der Algorithmus beginnt mit einem trivialen Graphen T, der aus einem beliebigen Knoten des gegebenen Graphen besteht. In jedem Schritt wird nun eine Kante mit *minimaler Bewertung* gesucht, die einen weiteren Knoten mit T verbindet. Diese und der entsprechende Knoten werden zu T hinzugefügt. Das Ganze wird solange wiederholt, bis alle Knoten in T vorhanden sind; dann ist T ein minimaler Spannbaum:

(Schritt 0) Wähle einen beliebigen Knoten als Startgraphen T.

(Schritt k) Solange T noch nicht alle Knoten enthält:
Wähle eine Kante e mit minimaler Bewertung aus, die einen noch nicht in T enthaltenen Knoten v mit T verbindet.
Füge e und v dem Graphen T hinzu.

Im MSB werden abschließend die Knoten mit ungeradem Grad (= Anzahl der Kanten, die mit diesem Knoten verbunden sind) bestimmt.
Die Anzahl dieser Knoten muss übrigens immer eine gerade Zahl sein.

2. Schritt (MKM): Bestimmung eines Minimalen Kosten Matching

Die Entfernungsmatrix wird nun auf die Knoten des MSB mit ungeradem Grad beschränkt. Bezüglich dieses Teilgraphen G wird nun ein Minimales Kosten Matching ermittelt:

Sei V die Knotenmenge und E die Kantenmenge eines Graphen G mit einer geraden Anzahl n von Knoten.
Eine Teilmenge E' von E mit n/2 Elementen heißt **Matching** von G, wenn jeder Knoten von G Endpunkt oder Anfangspunkt von genau einer Kante von E' ist.
Darüber hinaus heißt ein Matching minimal, wenn es kein anderes Matching mit geringerer Gesamtsumme der Kantenbewertungen gibt.

Ein solches Minimales Matching lässt sich über ein symmetrisches Zuordnungsproblem wie in Abschnitt 4.5 bestimmen[1].

3. Schritt (Rundreise): Bestimmung einer Rundreise mit allen Knoten

Abschließend werden die Kanten von MSB mit den Kanten von MKM zu einer Kantenliste MSBuMKM zusammengefasst. Dabei können Kanten doppelt vorkommen.

Für diese Kantenliste ist gesichert, dass darin ein sogenannter **EULER-Weg** existiert, also ein Weg, in dem jede Kante genau einmal vorkommt.

In der aus MSB und MKM gebildeten gemeinsamen Kantenliste bestimmt man nun eine Rundreise, die alle Knoten enthält. Wegen MSB sind alle Knoten enthalten, wegen MKM ist gesichert, dass ein solcher Weg existiert.

Wegen der Gültigkeit der Dreiecksungleichung kann man schließlich bei der Wegkonstruktion bereits vorherkommende Knoten auslassen und stattdessen die benachbarten Knoten direkt verbinden.

Das nachfolgende Beispiel illustriert das Christofides-Verfahren mit den Mitteln der Tabellenkalkulation.

---

[1] Vergl. auch Domschke, W. (1997), S. 187.

8.3.1.10 Beispiel zur Berechnung eines Minimalen Spannenden Baumes (MSB): TSP_DepotDdorf_Christofides/MSB

Problembeschreibung

Für die bekannte symmetrische Entfernungsmatrix unseres Standardbeispiels ist ein Minimimaler Spannender Baum (MSB) zu ermitteln.

Bezeichnungen für die Entfernungsmatrix:

- Dist_ij = $C$14:$N$25   Distanz von i nach j
- n   = $O$14   Anzahl der anzufahrenden Knoten

Für die MSB Berechnung benutzen wir folgende Rechenschemata:

	A	B	C	D	E	F	G	H	I	J	K	L	M	N	O
30															
31			0	1	2	3	4	5	6	7	8	9	10	11	
32		MSB_Knoten	0	0	0	0	0	0	0	0	0	0	0	0	Weiter!
33															

Abbildung TSP_DepotDdorf_Christofides: MSB-Knoten

Bezeichnungen für die MSB-Knoten:

- MSB_Knoten = $C$32:$N$32   Markierung der MSB-Knoten
  C32=ZÄHLENWENN($K$37:$L$102;C31) usw. durchkopieren

- Fertig/Weiter-Markierung   Hinweis auf Fortsetzung oder Beendigung des Verfahrens
  O32=WENN(MIN(C32:N32)>0;"Fertig!";"Weiter!")

	A	B	C	D	E
33					
34		Kantenliste (ungerichtete Kanten)			
35					
36			i	j	Dist_ij
37			0	1	33
38			0	2	61
39			0	3	72
40			0	4	50
41			0	5	36
42			0	6	35
43			0	7	33
44			0	8	28
45			0	9	36
46			0	10	38
47			0	11	27
48			1	2	31
49			1	3	58

Abbildung TSP_DepotDdorf_Christofides: Kantenliste (Ausschnitt)

Bezeichnungen für die Kantenliste:

- Spalte „i":   Nummer des Anfangsknotens

  B37 = 0   Vorbelegung

  B38=WENN(C37=n;B37+1;B37) usw. durchkopieren

- Spalte „j":   Nummer des Endknotens

  C37=1   Vorbelegung

  C38=WENN(C37=n;B38+1;C37+1) usw. durchkopieren

- Spalte „Dist_ij":   Zugehörige Distanz

  D37=INDEX(Dist_ij;B37+1;C37+1) usw. durchkopieren

Dabei werden die Kanten in der Form i < j aufgelistet, bis i = n und j = n-1 ist

E	F	G	H	I	J	K	L	M	N	O
	Aufsteigend sortierte Kantenliste									
	i	j	Dist_ij	i_Verb	j_Verb	i_MSB	j_MSB	MSB	Mark	
	6	7	11	0	0	6	7	1		
	5	6	12	0	1			0	38	<--
	4	5	17	0	0			0		
	10	11	18	0	0			0		
	3	4	23	0	0			0		
	5	7	23	0	1			0	42	
	8	9	25	0	0			0		
	0	11	27	0	0			0		
	2	3	27	0	0			0		
	0	8	28	0	0			0		
	4	6	29	0	1			0	47	
	7	8	30	1	0			0	48	
	1	2	31	0	0			0		
	0	1	33	0	0			0		

Abbildung TSP_DepotDdorf_Christofides: Aufsteigend sortierte Kantenliste (Ausschnitt)

Für die nächste Tabelle werden diese Werte aus der Kantenliste zunächst gemäß aufsteigender Distanzen nach dem üblichen Excel-Prozess umsortiert und dann um zusätzliche Spalten ergänzt:

Bezeichnungen für das Rechenschema des PRIM-Algorithmus:

- Spalten „i", „j", „Dist_ij":   Umsortierung der Kantenliste nach aufsteigenden Distanzen

- Spalte „i-Verb":   Angabe, ob im bisherigen Teilbaum eine Verbindung über i zu einem noch nicht erfassten Knoten möglich ist

  I37=WENN(UND(INDEX(MSB_Knoten;F37+1)=1;

                INDEX(MSB_Knoten;G37+1)=0);1;0) usw. durchkopieren

- Spalte „j-Verb": Angabe, ob im bisherigen Teilbaum eine Verbindung über j zu einem noch nicht erfaßten Knoten möglich ist

  J37=WENN(UND(INDEX(MSB_Knoten;F37+1)=0;
  INDEX(MSB_Knoten;G37+1)=1);1;0) usw. durchkopieren

- Spalte „i_MSB": Auflistung der MSB-Knoten

  K37=WENN(M37=1;F37;"") usw. durchkopieren

- Spalte „j_MSB": Auflistung der MSB-Knoten

  L37=WENN(M37=1;G37;"") usw. durchkopieren

- Spalte „MSB" Markierung, ob Kante zum MSB gehört
  1: Ja, 0: Nein

- Mark =$N$37:$N$102 Hilfsspalte für die Zeilenmarkierung der Kanten, die den bisherigen Baum erweitern

  N37=WENN(ODER(M37=1;MAX(I37:J37)=0);"";ZEILE(N37))
  usw. durchkopieren

- Rechte Randspalte: Markierungsspalte für die Kante, die in den Baum aufgenommen werden soll

  O37=WENN(N37=MIN(Mark);"<--";"") usw. durchkopieren

Sukzessive (händische) Berechnung des MSB

In Schritt 1 werden alle Werte der MSB-Spalte auf 0 gesetzt bis auf die 1. Zeile. Hier wird eine 1 eingetragen.

Schritt k: Falls „Weiter!" angezeigt wird, so wird in der Zeile mit der Randmarkierung „←" in der MSB-Spalte eine „1" eingetragen.

Das Verfahren ist beendet, sobald „Fertig!" angezeigt wird.

In unserem Fall erhalten wir folgende Endtabellen:

Abbildung TSP_DepotDdorf_Christofides: MSB-Knoten (Endtabelle)

8 Modelle zur Rundreise- und Tourenplanung

	E	F	G	H	I	J	K	L	M	N	O
33											
34		Aufsteigend sortierte Kantenliste									
35											
36		i	j	Dist_ij	i_Verb	j_Verb	i_MSB	j_MSB	MSB	Mark	
37		6	7	11	0	0	6	7	1		
38		5	6	12	0	0	5	6	1		
39		4	5	17	0	0	4	5	1		
40		10	11	18	0	0	10	11	1		
41		3	4	23	0	0	3	4	1		
42		5	7	23	0	0			0		
43		8	9	25	0	0	8	9	1		
44		0	11	27	0	0	0	11	1		
45		2	3	27	0	0	2	3	1		
46		0	8	28	0	0			0		
47		4	6	29	0	0			0		
48		7	8	30	0	0	7	8	1		
49		1	2	31	0	0	1	2	1		
50		0	1	33	0	0	0	1	1		
51		0	7	33	0	0			0		

Abbildung TSP_DepotDdorf_Christofides: Aufsteigend sortierte Kantenliste (Ausschnitt Endtabelle)

Das ergibt zusammengefasst:

Abbildung TSP_DepotDdorf_Christofides: MSB-Ergebnis

	O	P	Q	R	S
50					
51		Gradberechnung im MSB			
52					
53		Knoten	Grad	Ungerade?	
54		0	2	0	
55		1	2	0	
56		2	2	0	
57		3	2	0	
58		4	2	0	
59		5	2	0	
60		6	2	0	
61		7	2	0	
62		8	2	0	
63		9	1	1	
64		10	1	1	
65		11	2	0	
66		Anzahl	2		
67					

Abbildung TSP_DepotDdorf_Christofides: Gradberechnung im MSB-Ergebnis

Schließlich ergibt sich für die Berechnung der Knoten mit ungeradem Grad:

Bezeichnungen für die Gradberechnung der Knoten im MSB:

- Spalten „Knoten": Knotennummer
- Spalte „Grad": Anzahl, wie oft die Knotennummer im MSB erscheint

  Q54=ZÄHLENWENN($K$37:$L$102;P54) usw. durchkopieren

- Spalte „Ungerade?": Markierung für ungeraden Grad

  R54=WENN(Q54=GERADE(Q54);0;1) usw. durchkopieren

Als Knoten mit ungeradem Grad im MSB ergeben sich also die Knoten 9 und 10.

8.3.1.11 Beispiel zur Berechnung eines Minimalen Kosten Matchings (MKM): TSP_DepotDdorf_Christofides/MKM

Wir betrachten zunächst eine etwas allgemeinere Problemstellung und kommen dann auf unser Beispiel zurück.

Problembeschreibung

Für die bekannte symmetrische Entfernungsmatrix unseres Standardbeispiels ist ein Minimales Kosten Matching (MKM) bezüglich einer vorgegebenen Teilmenge von relevanten Knoten zu bestimmen. Die Anzahl dieser relevanten Knoten sei gerade.

Mit der Markierung der relevanten Knoten in der linken Randspalte erhält man folgende modifizierte Distanzmatrix:

	A	B	C	D	E	F	G	H	I	J	K	L	M	N	O
10															
11	Distanzmatrix		BigNumber		999.999		Knoten relevant, wenn Markierung = 1								
12			1	0	0	0	0	0	0	1	0	1	1	1	0
13		DistR_ij	Düsseldorf	Wuppertal	Hagen	Dortmund	Bochum	Essen	Mülheim	Duisburg	Krefeld	M'Gladbach	Köln	Leverkusen	n
14	1	Düsseldorf	999999	999999	999999	999999	999999	999999	999999	33	999999	36	38	999999	11
15	0	Wuppertal	999999	0	999999	999999	999999	999999	999999	999999	999999	999999	999999	999999	
16	0	Hagen	999999	999999	0	999999	999999	999999	999999	999999	999999	999999	999999	999999	
17	0	Dortmund	999999	999999	999999	0	999999	999999	999999	999999	999999	999999	999999	999999	
18	0	Bochum	999999	999999	999999	999999	0	999999	999999	999999	999999	999999	999999	999999	
19	0	Essen	999999	999999	999999	999999	999999	0	999999	999999	999999	999999	999999	999999	
20	0	Mülheim	999999	999999	999999	999999	999999	999999	0	999999	999999	999999	999999	999999	
21	1	Duisburg	33	999999	999999	999999	999999	999999	999999	0	999999	55	71	999999	
22	0	Krefeld	999999	999999	999999	999999	999999	999999	999999	999999	0	999999	999999	999999	
23	1	M'Gladbach	36	999999	999999	999999	999999	999999	999999	55	999999	0	70	999999	
24	1	Köln	38	999999	999999	999999	999999	999999	999999	71	999999	70	0	999999	
25	0	Leverkusen	999999	999999	999999	999999	999999	999999	999999	999999	999999	999999	999999	0	
26															

Abbildung TSP_DepotDdorf_Christofides: Distanzmatrix bezüglich relevanter Knoten

Mit:

- BigNumber = $E$11   Große Zahl

8 Modelle zur Rundreise- und Tourenplanung

- Linke Randspalte: Knotenmarkierung: 1: relevant; 0: nicht

    A14:A25

- Obere Randzeile   Knotenmarkierung: 1: relevant; 0: nicht

    C12:N12 = {MTRANS(A14:A25)}

- DistR_ij   = $C$14:$N$25   Falls i und j relevant sind: Dist_ij

    Falls i oder j nicht relevant sind:

    BigNumber (i<> j) oder 0 (i = j)

    C14=WENN($A14*C$12=0;0;WENN($B14=C$13;

    BigNumber;MSB!C14)) usw. durchkopieren

Aufbau der Zuordnungsmatrizen

Wir bauen die Zuordnungsmatrix X_ij , deren transponierte X_ji und die Zielfunktion in gewohnter Manier auf und erhalten:

	X_ij	Düsseldorf	Wuppertal	Hagen	Dortmund	Bochum	Essen	Mülheim	Duisburg	Krefeld	M'Gladbach	Köln	Leverkusen	Ges4i
31	Düsseldorf	0	0	0	0	0	0	0	0	0	0	1	0	1
32	Wuppertal	0	1	0	0	0	0	0	0	0	0	0	0	1
33	Hagen	0	0	1	0	0	0	0	0	0	0	0	0	1
34	Dortmund	0	0	0	1	0	0	0	0	0	0	0	0	1
35	Bochum	0	0	0	0	1	0	0	0	0	0	0	0	1
36	Essen	0	0	0	0	0	1	0	0	0	0	0	0	1
37	Mülheim	0	0	0	0	0	0	1	0	0	0	0	0	1
38	Duisburg	0	0	0	0	0	0	0	0	1	0	0	0	1
39	Krefeld	0	0	0	0	0	0	0	1	0	0	0	0	1
40	M'Gladbach	0	0	0	0	0	0	0	0	0	1	0	0	1
41	Köln	1	0	0	0	0	0	0	0	0	0	0	0	1
42	Leverkusen	0	0	0	0	0	0	0	0	0	0	0	1	1
43	Ges2j	1	1	1	1	1	1	1	1	1	1	1	1	

	X_ji	Düsseldorf	Wuppertal	Hagen	Dortmund	Bochum	Essen	Mülheim	Duisburg	Krefeld	M'Gladbach	Köln	Leverkusen
47	Düsseldorf	0	0	0	0	0	0	0	0	0	0	1	0
48	Wuppertal	0	1	0	0	0	0	0	0	0	0	0	0
49	Hagen	0	0	1	0	0	0	0	0	0	0	0	0
50	Dortmund	0	0	0	1	0	0	0	0	0	0	0	0
51	Bochum	0	0	0	0	1	0	0	0	0	0	0	0
52	Essen	0	0	0	0	0	1	0	0	0	0	0	0
53	Mülheim	0	0	0	0	0	0	1	0	0	0	0	0
54	Duisburg	0	0	0	0	0	0	0	0	1	0	0	0
55	Krefeld	0	0	0	0	0	0	0	1	0	0	0	0
56	M'Gladbach	0	0	0	0	0	0	0	0	0	1	0	0
57	Köln	1	0	0	0	0	0	0	0	0	0	0	0
58	Leverkusen	0	0	0	0	0	0	0	0	0	0	0	1

Abbildung TSP_DepotDdorf_Christofides: Zuordnungsmatrizen mit Optimum

Gesamtkosten f_x =1/2*SUMMENPRODUKT(DistR_ij;X_ij)

	A	B	C	D
60				
61	Zielfunktion		93	
62				

Abbildung TSP_DepotDdorf_Christofides: Eingabe der Formel für die Gesamtdistanz (Optimaler Wert)

Mit:

- X_ij   = $C$31:$N$42   Zuordnungsindikator für i -> j
- Ges4i   = $O$31:$O$42   Zeilensummen von X_ij
- Ges2j   = $C$43:$N$43   Spaltensummen von X_ij
- X_.ji   = $C$47:$N$58   X_ij transponiert
- Gesamtkosten = $C$61   Summenprodukt von DistR_ij und X_ij

Eingabe des mathematischen Modells in den Solver

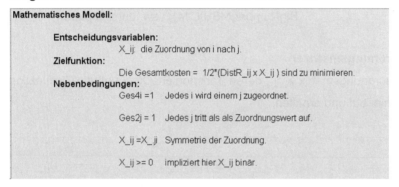

Abbildung TSP_DepotDdorf_Christofides: Mathematisches Modell mit den verwendeten Bezeichnungen

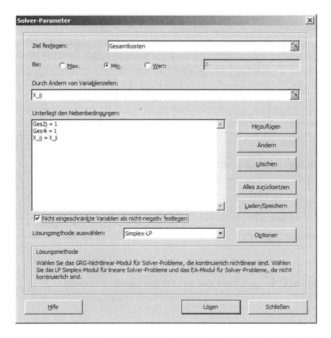

Abbildung TSP_DepotDdorf_Christofides: Eingabe des Mathematischen Modells in den Solver

Das führt dann zu dem Ergebnis:

	A	B	C	D	E	F	G	H	I
63									
64	MK-Matching					MKM-Kantenliste			
65									
66		MKM	i_MKM	j_MKM	-->	MKM	i_MKM	j_MKM	
67		1	0	10		1	0	10	
68		0	1	1		1	7	9	
69		0	2	2					
70		0	3	3					
71		0	4	4					
72		0	5	5					
73		0	6	6					
74		1	7	9					
75		0	8	8					
76		1	9	7					
77		1	10	0					
78		0	11	11					
79									

Abbildung TSP_DepotDdorf_Christofides: Ausgabe des Minimalen Kosten Matchings

Mit:

- Spalte „MKM": Markierung der relevanten Knoten
   = {A14:A25}.
- i_MKM   = $D$66:$D$77   Spalte der Knotennummern
- j_MKM   = $E$66:$E$77   Spalte der zugeordneten Knotennummern
   ={MMULT(X_ij;i_MKM)}

Kommen wir schließlich auf unsere Situation aus MSB zurück. Dazu ändern wir die Markierungen, so dass nur die Knoten 9 und 10 mit ungeradem Grad im MSB relevant sind. Als MKM ergibt sich:

	A	B	C	D	E	F	G	H	I	J	K	L	M
151													
152	MK-Matching					MKM-Kantenliste				Zusammenfassung von MSB und MKM			
153													
154		MKM	i_MKM	j_MKM	-->	MKM	i_MKM	j_MKM		MSBuMKM	i	j	
155		0	0	0		1	9	10		MSB	0	1	
156		0	1	1						MSB	0	11	
157		0	2	2						MSB	1	2	
158		0	3	3						MSB	2	3	
159		0	4	4						MSB	3	4	
160		0	5	5						MSB	4	5	
161		0	6	6						MSB	5	6	
162		0	7	7						MSB	6	7	
163		0	8	8						MSB	7	8	
164		1	9	10						MSB	8	9	
165		1	10	9						MSB	10	11	
166		0	11	11						MKM	9	10	
167													

Abbildung TSP_DepotDdorf_Christofides: Ausgabe des Minimalen Kosten Matching für die Knoten 9 und 10 mit ungeradem Grad aus dem Minimalen Spannenden Baum

Modellbasiertes Logistikmanagement

8.3.1.12 Beispiel zur Berechnung einer Rundreise in MSBuMKM: TSP_DepotDdorf_Christofides/Rundreise

Problembeschreibung

Wir gehen wieder von der im vorigen Beispiel konstruierten Kantenliste MSBuMKM aus und wollen hierin eine Rundreise bestimmen.

Zur Vermeidung von Makroprogrammierung verwenden wir wie gewohnt wieder ein halbautomatisches Verfahren, bei dem sukzessive die Rundreise aufgebaut wird. Zur Berücksichtigung der Fahrtrichtung ist es dabei zweckmäßig, für jede Kante die beiden zugehörigen Pfeile zu betrachten.

	A	B	C	D	E	F	G	H	I	J	K	L	M	N
10														
11	Steuerungsdaten													
12			Düsseldorf	Wuppertal	Hagen	Dortmund	Bochum	Essen	Mülheim	Duisburg	Krefeld	M'Gladbach	Köln	Leverkusen
13			0	1	2	3	4	5	6	7	8	9	10	11
14		Anfahrten	1	0	0	0	0	0	0	0	0	0	0	0
15														
16														
17		Nächster Schritt:		PfeilNr	3	-->	LfdNr	2				Weiter!		
18														
19		Zyklus-Infos:		ZyklusNr	1		ZyklAnfang	0	Pfeilende	1				
20														

	A	B	C	D	E	F	G	H	I	J	K	L
20												
21	Pfeilliste											
22		Nr	i	j	ii	FolgePfeil	AnfahrKn	Zyklus	PfeilFolge	NextPfeil	NextZyklus	
23		1	0	1		3	0	1	1			
24		2	0	11	0	14						
25		3	1	2	1	4				<--		
26		4	2	3	2	5						
27		5	3	4	3	6						
28		6	4	5	4	7						
29		7	5	6	5	8						
30		8	6	7	6	9						
31		9	7	8	7	10						
32		10	8	9	8	12						
33		11	10	11	10	14						
34		12	9	10	9	11						
35		13	1	0	1	2						
36		14	11	0	11	2						
37		15	2	1	2	3						
38		16	3	2	3	4						
39		17	4	3	4	5						
40		18	5	4	5	6						
41		19	6	5	6	7						
42		20	7	6	7	8						
43		21	8	7	8	9						
44		22	9	8	9	10						
45		23	11	10	11	11						
46		24	10	9	10	12						
47												

Abbildung TSP_DepotDdorf_Christofides:
  Rechenschema für die Rundreisbestimmung in MSBuMKM

Bezeichnungen

Steuerungsdaten:

- Anfahrten   = $C$14:$N$14   Anzahl der bisher erfolgten Anfahrten pro Ort
  C14=ZÄHLENWENN(AnfahrKn;C13) usw. durchkopieren

- PfeilNr =$E$17 Nummer des Pfeils, bei dem die Laufende Nummer eingetragen werden soll
  =WENN(ZyklAnfang=Pfeilende;VERGLEICH("<--";NextZyklus;0); INDEX(FolgePfeil;VERGLEICH(LfdNr-1;PfeilFolge;0)))
- LfdNr = $H$17 Laufende Nummer für die Pfeilerfassung
  =MAX(PfeilFolge)+1
- Weiter!/Fertig!-Markierung: Hinweis auf Vollständigkei der Rundreise
  =WENN(MIN(Anfahrten)>0;"Fertig!";"Weiter!")
- ZyklusNr =$E$19 Nummer des laufenden Zyklus
  =MAX(Zyklus)
- ZyklAnfang =$H$19 Nummer des Anfangsknotens des laufenden Zyklus
  =INDEX(AnfKnoten;VERGLEICH(ZyklusNr;Zyklus;0))
- Pfeilende =$J$19 Nummer des Endknotens zur LfdNr-Zeile
  =INDEX(EndKnoten;VERGLEICH(LfdNr-1;PfeilFolge;0))
- Zyklus!-Markierung Markierung, falls LfdNr-Pfeil den Zyklus beendet
  L19=WENN(ZyklAnfang=Pfeilende;"Zyklus!";"")

Pfeilliste:
- Spalte „Nr": Nummer des MSB oder MKM-Pfeils
- AnfKnoten =$C$23:$C$46 Anfangsknoten der Pfeile
- EndKnoten =$D$23:$D$46 Endknoten der Pfeile
- ii =$E$23:$E$46 Anfangspunkt des Pfeils, solange dieser noch nicht erfasst wurde
  E23=WENN(I23="";C23;"") usw. durchkopieren
- FolgePfeil =$F$23:$F$46 Angabe des ersten möglichen Nachfolgers für den Pfeil der Zeile
  F23=VERGLEICH(D23;ii;0) usw. durchkopieren
- AnfahrKn =$G$23:$G$46 zeigt Anfangsknoten der erfassten Pfeile an
  G23=WENN(I23="";"";C23) usw. durchkopieren
- Zyklus =$H$23:$H$46 Eintragungsspalte für Beginn eines neuen Zyklus, gleiche Nummer wie Pfeilfolge

- Pfeilfolge =$I$23:$I$46 Eintragungsspalte der laufenden Nummer für die Erfassung des Pfeils der Zeile

  mit I23=WENN(H23="";"";H23) usw. **vorbelegen**

- Spalte „NextPfeil": Markierung der nächsten Zeile, welche die laufende Nummer erhält

  J23=WENN(B23=PfeilNr;"<--";"")

- NextZyklus =$K$23:$K$46 Markierung der Zeilen, in denen ein neuer Zyklus starten kann

  K23=WENN($L$19="Zyklus!";
       WENN(UND(INDEX(Anfahrten;C23+1)>0;
       INDEX(Anfahrten;D23+1)=0);"<--";"");"")

  usw. durchkopieren

Sukzessive (händische) Entwicklung der Pfeilfolge

Schritt 0:
Die Spalte "Zyklus" ist leer und die Spalte "Pfeilfolge" ist für die Datenübernahme aus Spalte "Zyklus" vorbelegt.

Schritt 1:
In Zeile 1 wird der Wert 1 in Spalte „Zyklus" eingetragen.

Schritt k:
Zwei Fälle sind zu unterscheiden, solange „Weiter!" angezeigt ist:

   Keine Markierung „Zyklus!":
       Zeile PfeilNr erhält in Spalte "Pfeilfolge" den Wert LfdNr.
   Markierung „Zyklus!":
       Zeile PfeilNr erhält in Spalte "Zyklus" den Wert LfdNr.

In unserem Beispiel wird dieses Verfahren mit dem nachfolgend dargestellten Tabellenstand beendet. Für die gewählte Reihenfolge der Elemente von MSB und MKM ergibt sich ein besonders einfaches Ergebnis. Es gibt nur einen einzigen Zyklus, die erhaltene Rundreise ist durch die natürliche Reihenfolge gegeben. Diese hat (wie wir in den anderen Beispielen schon gesehen haben) eine Gesamtlänge von 324 km, das sind 3,2 % über dem Optimum (314 km).

Ändert man jedoch die Reihenfolge der Pfeile, etwa indem man nach Spalte „i" und dann nach Spalte „j" sortiert, so ändert sich auch die Ermittlung der Pfeilfolge. Es treten viel mehr Zyklen auf, die nachträglich „ineinander zu schachteln" sind.

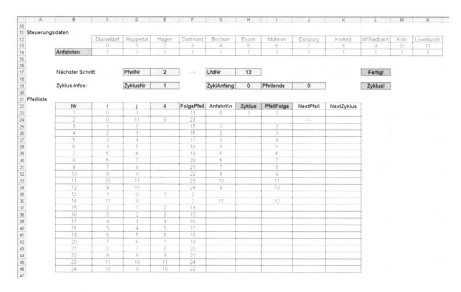

Abbildung TSP_DepotDdorf_Christofides:
    1. Fall: Endstand für die für die Rundreisebestimmung in MSBuMKM

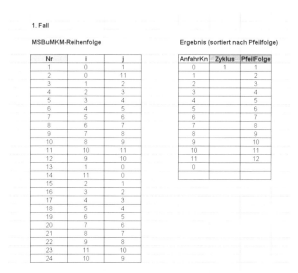

Abbildung TSP_DepotDdorf_Christofides:
    1. Fall: Ergebniszusammenfassung für die Rundreisebestimmung in MSBuMKM

Modellbasiertes Logistikmanagement

Steuerungsdaten

	Düsseldorf	Wuppertal	Hagen	Dortmund	Bochum	Essen	Mülheim	Duisburg	Krefeld	M'Gladbach	Köln	Leverkusen
	0	1	2	3	4	5	6	7	8	9	10	11
Anfahrten	2	2	2	2	2	2	2	2	2	2	1	1

Nächster Schritt: PfeilNr #NV --> LfdNr 23 Fertig!

Zyklus-Infos: ZyklusNr 21 ZyklAnfang 9 Pfeilende 9 Zyklus!

Pfeilliste

Nr	i	j	ii	FolgePfeil	AnfahrKn	Zyklus	PfeilFolge	NextPfeil	NextZyklus
1	0	1		#NV	0	1	1	#NV	
2	0	11		24	0	3	3	#NV	
3	1	0		#NV	1		2	#NV	
4	1	2		#NV	1	5	5	#NV	
5	2	1		#NV	2		6	#NV	
6	2	3		#NV	2	7	7	#NV	
7	3	2		#NV	3		8	#NV	
8	3	4		#NV	3	9	9	#NV	
9	4	3		#NV	4		10	#NV	
10	4	5		#NV	4	11	11	#NV	
11	5	4		#NV	5		12	#NV	
12	5	6		#NV	5	13	13	#NV	
13	6	5		#NV	6		14	#NV	
14	6	7		#NV	6	15	15	#NV	
15	7	6		#NV	7		16	#NV	
16	7	8		#NV	7	17	17	#NV	
17	8	7		#NV	8		18	#NV	
18	8	9		#NV	8	19	19	#NV	
19	9	8		#NV	9		20	#NV	
20	9	10		22	9	21	21	#NV	
21	10	9		#NV	10		22	#NV	
22	10	11	10	24				#NV	
23	11	0		#NV	11		4	#NV	
24	11	10	11	22				#NV	

Abbildung TSP_DepotDdorf_Christofides:

2. Fall: Endstand für die für die Rundreisebestimmung in MSBuMKM

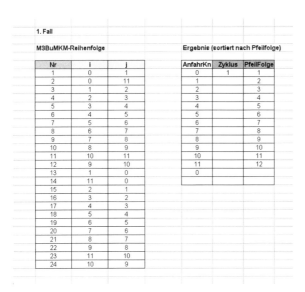

Abbildung TSP_DepotDdorf_Christofides:

2. Fall: Ergebniszusammenfassung für die Rundreisebestimmung in MSBuMKM

8 Modelle zur Rundreise- und Tourenplanung

Konstruktion der Rundreise aus der Pfeilfolge

Schritt 1: Der aktuelle Weg ist Zyklus 1.

Schritt k: In den aktuellen Weg wird Zyklus k an einer Stelle eingefügt, die dem Anfangspunkt von Zyklus k entspricht.

Abbruch: Alle Zyklen sind im aktuellen Weg integriert.

Bereinigung: Im aktuellen Weg werden alle Knoten gestrichen, die bereits vorher aufgesucht wurden („schon links davon stehen").

In unserem 2. Fall ergibt sich folgender Aufbau der Tour:

Sortierte Pfeilliste
Werte kopieren und sortieren!

AnfahrKn	Zyklus	PfeilFolge	Zyklen	Rundreiseaufbau
0	1	1	0 - 1 - 0	0 - 1 - 0
1		2		
0	3	3	0 - 11 - 0	0 - 1 - 0_0 - 11 - 0
11		4		
1	5	5	1 - 2 - 1	0 - 1_1 - 2 - 1 - 0_0 - 11 - 0
2		6		
2	7	7	2 - 3 - 2	0 - 1_1 - 2_2 - 3 - 2 - 1 - 0_0 - 11 - 0
3		8		
3	9	9	3 - 4 - 3	0 - 1_1 - 2_2 - 3_3 - 4 - 3 - 2 - 1 - 0_0 - 11 - 0
4		10		
4	11	11	4 - 5 - 4	0 - 1_1 - 2_2 - 3_3 - 4_4 - 5 - 4 - 3 - 2 - 1 - 0_0 - 11 - 0
5		12		
5	13	13	5 - 6 - 5	0 - 1_1 - 2_2 - 3_3 - 4_4 - 5_5 - 6 - 5 - 4 - 3 - 2 - 1 - 0_0 - 11 - 0
6		14		
6	15	15	6 - 7 - 6	0 - 1_1 - 2_2 - 3_3 - 4_4 - 5_5 - 6_6 - 7 - 6 - 5 - 4 - 3 - 2 - 1 - 0_0 - 11 - 0
7		16		
7	17	17	7 - 8 - 7	0 - 1_1 - 2_2 - 3_3 - 4_4 - 5_5 - 6_6 - 7_7 - 8 - 7 - 6 - 5 - 4 - 3 - 2 - 1 - 0_0 - 11 - 0
8		18		
8	19	19	8 - 9 - 8	0 - 1_1 - 2_2 - 3_3 - 4_4 - 5_5 - 6_6 - 7_7 - 8_8 - 9 - 8 - 7 - 6 - 5 - 4 - 3 - 2 - 1 - 0_0 - 11 - 0
9		20		
9	21	21	9 - 10 - 9	0 - 1_1 - 2_2 - 3_3 - 4_4 - 5_5 - 6_6 - 7_7 - 8_8 - 9_9 - 10 - 9 - 8 - 7 - 6 - 5 - 4 - 3 - 2 - 1 - 0_0 - 11 - 0
10		22		
			Rundreise	0 - 1 - 2 - 3 - 4 - 5 - 6 - 7 - 8 - 9 - 10 - 9 - 8 - 7 - 6 - 5 - 4 - 3 - 2 - 1 - 0 - 11 - 0
			bereinigt:	0 - 1 - 2 - 3 - 4 - 5 - 6 - 7 - 8 - 9 - 10 - 11 - 0

Abbildung TSP_DepotDdorf_Christofides:
    2. Fall: Aufbau der Rundreise aus den Zyklen

Nach dem Herausstreichen von Knoten, die bereits vorher aufgesucht wurden, erhalten wir wieder die Tour mit der natürlichen Reihenfolge der Knoten.

8.3.2 Verbesserungsverfahren: 2-opt-, 3-opt- und k-opt-Verfahren

Das 2-opt-Verfahren, das 3-opt-Verfahren und allgemein das k-opt-Verfahren beruhen auf der Vertauschung (Permutation) von Anfahrreihenfolgen. In jeder Iteration werden beim 2-opt-Verfahren zwei anzufahrende Knoten gewählt, welche die Reihenfolge ihrer Anfahrt bei der Tour austauschen. Durch diesen Austausch hofft man, eine Verbesserung der aktuellen Rundreise zu entdecken. Falls eine Verbesserung gefunden worden ist, bleibt der Austausch der Anfahrfolge bestehen und beginnt man die Iteration noch einmal. Falls keine Verbesserung mehr gefunden wird, bricht man die Iteration ab. Die beste bis hierher gefundene Lösung nennt man dann 2-optimal.

Das 3-opt-Verfahren und das k-opt-Verfahren funktionieren analog zum 2-opt-Verfahren, nur dass jeweils 3- bzw. k-Knoten nach allen Möglichkeiten untereinander ausgetauscht werden. Im Vergleich zum 2-opt-Verfahren nehmen dabei die Kombinationen bei k-opt mit wachsendem k natürlich erheblich zu. In der Praxis beschränkt man sich deshalb in der Regel auf k=2 oder k=3.

Beispiel:
Man betrachte die Anfahrreihenfolge 1 – 2 – 3.
Das 2-opt-Verfahren betrachtet dann dabei alle paarweisen Tauschmöglichkeiten und erhält die Anfahrreihenfolgen: 2 – 1 – 3; 1 – 3 – 2 und 3 – 2 – 1.
Beim 3-opt Verfahren bezüglich 1 – 2 – 3 werden alle Tauschmöglichkeiten von drei Elementen betrachtet, also hier von allen Knoten. Man erhält zusätzlich zu den Anfahrreihenfolgen des 2-opt-Verfahrens noch die Anfahrfolgen 2 – 3 – 1 und 3 – 1 – 2.

8.3.2.1 Beispiel: TSP_DepotDdorf_2opt

Arbeitshilfe online

Problembeschreibung

Zur spaltenkonformen Übersicht verschieben wir zunächst die Entfernungsmatrix um eine Spalte nach rechts und betrachten die vorgegebene Tour, die sich über die Heuristik des Besten Nachfolgers ergeben hat.

Abbildung TSP_DepotDdorf_2-opt: Grunddaten

Abbildung TSP_DepotDdorf_2-opt: Vorgegebene Tour des Besten Nachfolgers

Bezeichnungen

- Dist_ij = $D$14:$O$25   Distanz von i nach j
- Knoten = $B$14:$C$25   KnotenNr mit KnotenName
  (für die Anzeige der Ortsnamen)
- n = $P$14   Anzahl der anzufahrenden Knoten

- Ortsname: Ortsnamen
  D30=SVERWEIS(D32;Knoten;2;FALSCH) usw. durchkopieren
- Reihenfolge: Natürliche Reihenfolge
- OrtsNr = $D32:$P32   Vorgegebene Tour, die verbessert werden soll
- Länge   Längen der Streckenabschnitte
  D33 =INDEX(Dist_ij;D32+1;E32+1) usw. durchkopieren
- Gesamtlänge = $P$35   Summe der Längen der Streckenabschnitte

Modellbasiertes Logistikmanagement

Heuristik 2-opt

Abbildung TSP_DepotDdorf_2-opt: Rechenschema

Beim 2-opt Verfahren geht es darum, in der Ausgangstour zwei Positionen der Reihenfolge auszuwählen und die Orte, die zu diesen Positionen gehören, auszutauschen. Auf diese Weise hofft man, kürzere Touren zu erhalten. Insgesamt gibt es n*(n-1)/2 Möglichkeiten für die Auswahl von zwei verschieden Positionen und diese werden alle ausprobiert. Die Schwierigkeit besteht allein darin, diese Kombinationen zu generieren. Wir verwenden dazu das obige Rechenschema.

Bezeichnungen

- Min   = $Q$42   Minimum der ermittelten Tourenlängen
  =MIN(Q44:Q277)
- Linke Randspalte: Markierung der Zeile mit der minimalen Tourenlänge, sofern die Tour der Zeile minimale
  A44=WENN(Q44=Min;Q44;"") usw. durchkopieren
- Spalte „TP1"   Angabe der Tauschposition 1
  B44 = 1   Vorbelegung
  B45=WENN(C44=n;B44+1;B44) usw. n*(n-1)/2 mal durchkopieren

- Spalte „TP2" Angabe der Tauschposition 2

  C44 = 1 Vorbelegung

  C45=WENN(C44=n;B45+1;C44+1) usw. n*(n-1)/2 mal durchkopieren

Spaltenbereich Tourkombinationen:
- 1. Zeile: Übernahme der aktuellen Tour

  D44:P44 = OrtsNr
- T =$E$44:$O$44 Hilfsvektor der vorgegebenen Anfahrreihenfolge
- Ab 2. Zeile: Bildung der Austauschkombinationen

  D45=0 Spalte „0" durchkopieren

  E45= WENN($B45=E$43;INDEX(T;$C45);

  WENN($C45=E$43;INDEX(T;$B45);E$44))

  Spalten 1 bis n durchkopieren

  P45 = 0 Spalte „n+1" durchkopieren
- Spalte „Länge": Länge der Tour dieser Zeile

  Q44 =SUMME(R44:AC44)

Spaltenbereich Abschnittslängen:
- Spalte „Abschn1" bis „Abschn<n>" Längen der Streckenabschnitte

  R44=INDEX(Dist_ij;D44+1;E44+1) usw. durchkopieren

In diesem Beispiel liefert 2-opt als beste Gesamtlänge 314, also eine optimale Tour.

Für die Ausgangstouren, die sich über die Heuristiken der Sukzessiven Einbeziehung weiter entfernter Knoten oder der natürlichen Reihenfolge ergeben haben, lassen sich hier dagegen keine Verbesserungen erzielen.

8.3.2.2 Beispiel: TSP_DepotDdorf_3opt

Arbeitshilfe online

Problembeschreibung

Zur spaltenkonformen Übersicht verschieben wir die Entfernungsmatrix um eine weitere Spalte nach rechts und betrachten wieder die vorgegebene Tour, die sich über die Heuristik des Besten Nachfolgers ergeben hat.

Dist_ij		Düsseldorf	Wuppertal	Hagen	Dortmund	Bochum	Essen	Mülheim	Duisburg	Krefeld	M'Gladbach	Köln	Leverkusen	n
Düsseldorf	0	0	33	61	72	50	36	35	33	28	36	38	27	11
Wuppertal	1	33	0	31	58	40	57	68	66	61	69	64	46	
Hagen	2	61	31	0	27	50	67	79	90	89	97	77	59	
Dortmund	3	72	58	27	0	23	40	52	63	93	116	104	86	
Bochum	4	50	40	50	23	0	17	29	40	70	86	88	77	
Essen	5	36	57	67	40	17	0	12	23	53	72	74	63	
Mülheim	6	35	68	79	52	29	12	0	11	41	66	73	62	
Duisburg	7	33	66	90	63	40	23	11	0	30	55	71	60	
Krefeld	8	28	61	89	93	70	53	41	30	0	25	66	55	
M'Gladbach	9	36	69	97	116	86	72	66	55	25	0	70	63	
Köln	10	38	64	77	104	88	74	73	71	66	70	0	18	
Leverkusen	11	27	46	59	86	77	63	62	60	55	63	18	0	

Abbildung TSP_DepotDdorf_3-opt: Grunddaten

Vorgegebene Tour   Bester Nachfolger

Ortsname	Düsseldorf	Leverkusen	Köln	Wuppertal	Hagen	Dortmund	Bochum	Essen	Mülheim	Duisburg	Krefeld	M'Gladbach	Düsseldorf
Reihenfolge	0	1	2	3	4	5	6	7	8	9	10	11	12
OrtsNr	0	11	10	1	2	3	4	5	6	7	8	9	0
Länge	27	18	64	31	27	23	17	12	11	30	25	36	

Gesamtlänge **321**

Abbildung TSP_DepotDdorf_3-opt: Vorgegebene Tour des Besten Nachfolgers

Bezeichnungen

- Dist_ij   = $E$14:$P$25   Distanz von i nach j
- Knoten = $C$14:$D$25   KnotenNr mit KnotenName

    (für die Anzeige der Ortsnamen)

- n   = $Q$14   Anzahl der anzufahrenden Knoten

- Ortsname: Ortsnamen

    E30=SVERWEIS(E32;Knoten;2;FALSCH) usw. durchkopieren

- Reihenfolge: Natürliche Reihenfolge
- OrtsNr   = $E32:$Q32   Vorgegebene Tour, die verbessert werden soll
- Länge   Längen der Streckenabschnitte

    E33 =INDEX(Dist_ij;E32+1;F32+1) usw. durchkopieren

- Gesamtlänge = $Q$35   Summe der Längen der Streckenabschnitte

8 Modelle zur Rundreise- und Tourenplanung

Heuristik 3-opt

Das 3-opt Verfahren verallgemeinert das 2-opt Verfahren, indem in der Ausgangstour drei statt zwei Positionen der Reihenfolge auszuwählen sind und die Orte, die zu diesen Positionen gehören, ausgetauscht werden.

Insgesamt gibt es n*(n-1)*(n-2)/(1*2*3) Möglichkeiten für die Auswahl von drei verschieden Positionen P1, P2, P3 innerhalb der n Anfahrpositionen, in diesem Falle bei n=11 also 165. Bei jeder dieser Dreierauswahl gibt es dann jedoch noch fünf Möglichkeiten, für die Reihenfolge P1 – P2 – P3 eine neue Reihenfolge der ausgewählten Positionen festzulegen, und zwar die Permutationen: P1 – P3 – P2, P2 – P1 – P3, P2 – P3 – P1, P3 –P1 – P2 und P3 – P2 – P1.

Die Hauptschwierigkeit des 3-opt-Verfahrens besteht darin, die verschiedenen Permutationen der Ausgangstour zu generieren. Für jede der oben angegebenen Reihenfolgen empfiehlt es sich dabei, einen speziellen Block zu generieren. Wir erklären das Rechenschema deshalb zweckmäßig von rechts nach links. Wie beim 2-opt-Verfahren dient der rechte Teil des Rechenschemas der Berechnung der Distanzberechnung über die Abschnittslängen.

	Länge	Abschn1	Abschn2	Abschn3	Abschn4	Abschn5	Abschn6	Abschn7	Abschn8	Abschn9	Abschn10	Abschn11	Abschn12	LfdNr	
42	314					Abschnittslängen									
44	321	27	18	64	31	27	23	17	12	11	30	25	36	0	Aktuelle Vorgabetour
45	395	27	46	64	77	27	23	17	12	11	30	25	36	1	Reihenfolge P1 - P3 - P2
46	439	27	59	31	64	104	23	17	12	11	30	25	36	2	
209	338	27	18	64	31	27	23	17	12	11	55	25	28	165	
210	314	38	18	46	31	27	23	17	12	11	30	25	36	166	Reihenfolge P2 - P1 - P3
374	381	27	18	64	31	27	23	17	12	41	30	55	36	330	
375	388	38	64	46	59	27	23	17	12	11	30	25	36	331	Reihenfolge P2 - P3 - P1
539	373	27	18	64	31	27	23	17	12	41	25	55	33	495	
540	355	33	46	18	77	27	23	17	12	11	30	25	36	496	Reihenfolge P3 - P1 - P2
704	398	27	18	64	31	27	23	17	12	66	55	30	28	660	
705	355	33	64	18	59	27	23	17	12	11	30	25	36	661	Reihenfolge P3 - P2 - P1
869	373	27	18	64	31	27	23	17	12	66	25	30	33	825	

Abbildung TSP_DepotDdorf_3-opt: Rechenschema: Distanzberechnung (Ausschnitt)

Bezeichnungen

- Min = $R$42   Minimum der ermittelten Tourenlängen
  =MIN(R44:R869)

Spaltenbereich „Länge":

-                                      Länge der Tour der zugehörigen Zeile
  R44 =SUMME(S44:AD44) usw. durchkopieren

Spaltenbereich Abschnittslängen:

- Spalte „Abschn1" bis „Abschn<n>"   Längen der Streckenabschnitte

    S44=INDEX(Dist_ij;E44+1;F44+1) usw. durchkopieren

	A	B	C	D	E	F	G	H	I	J	K	L	M	N	O	P	Q	R
41																		
42		Tauschpositionen							Tourkombinationen								min	314
43		P1	P2	P3	0	1	2	3	4	5	6	7	8	9	10	11	12	Länge
44					0	11	10	1	2	3	4	5	6	7	8	9	0	321
45		1	2	3	0	11	1	10	2	3	4	5	6	7	8	9	0	395
46		1	2	4	0	11	2	1	10	3	4	5	6	7	8	9	0	439
209		9	10	11	0	11	10	1	2	3	4	5	6	7	9	8	0	338
210	314	1	2	3	0	10	11	1	2	3	4	5	6	7	8	9	0	314
374		9	10	11	0	11	10	1	2	3	4	5	6	8	7	9	0	381
375		1	2	3	0	10	1	11	2	3	4	5	6	7	8	9	0	388
539		9	10	11	0	11	10	1	2	3	4	5	6	8	9	7	0	373
540		1	2	3	0	1	11	10	2	3	4	5	6	7	8	9	0	355
704		9	10	11	0	11	10	1	2	3	4	5	6	9	7	8	0	398
705		1	2	3	0	1	10	11	2	3	4	5	6	7	8	9	0	355
869		9	10	11	0	11	10	1	2	3	4	5	6	9	8	7	0	373
870																		

Abbildung TSP_DepotDdorf_3-opt: Rechenschema: Generieren der Permutationen (Ausschnitt)

- Linke Randspalte: Markierung von Zeilen mit minimaler
                            Tourenlänge mit dem Minimalwert

    A44=WENN(R44=Min;R44;"") usw. durchkopieren

- 1. Zeile: Übernahme der aktuellen Tour

    E44:Q44 = OrtsNr

- T =$F$44:$P$44   Hilfsvektor der vorgegebenen Anfahrreihenfolge

Bei den Tourkombinationen werden zunächst die gesamten Depot-Spalten 0 und 12 grundsätzlich mit 0 vorbelegt.

Hinsichtlich der Tauschpositionen werden dann alle $\binom{n}{3}$ Möglichkeiten generiert, von n Positionen drei verschiedene auszuwählen. Diese Tauschpositionen werden für jede Reihenfolgemöglichkeit genutzt. Damit ergibt sich blockweise:

Block 1:

Für die ersten n*(n-1)*(n-2)/(1*2*3) =165 Zeilen ergeben sich:

- P1-Spalte   Tauschposition 1

    B45 = 1   Vorbelegung

    B46=WENN(D45<n;B45;WENN(C45=n-1;B45+1;B45))

        usw. bis Blockende durchkopieren

- P2-Spalte   Tauschposition 2

    C45 = 2   Vorbelegung

    C46=WENN(D45<n;C45;WENN(C45=n-1;B46+1;C45+1))

    usw. bis Blockende durchkopieren

- P3-Spalte   Tauschposition 3

    D45 = 3   Vorbelegung

    D46=WENN(D45=n;C46+1;D45+1)

    usw. bis Blockende durchkopieren

- Reihenfolge: P1 – P3 – P2:

    F45=WENN(F$43=$C45;INDEX(T;$D45);

    WENN(F$43=$D45;INDEX(T;$C45);F$44))

    bis P45 durchkopieren

    F45:P45 bis zum Blockende durchkopieren

Block 2:

Für die nächsten n*(n-1)*(n-2)/(1*2*3) =165 Zeilen lassen sich die Spalten P1, P2 und P3 aus dem vorgegangenen Block übernehmen.

- Reihenfolge: P2 – P1 – P3:

    F210=WENN(F$43=$B210;INDEX(T;$C210);

    WENN(F$43=$C210;INDEX(T;$B210);F$44))

    bis P210 durchkopieren

    F210:P210 bis zum Blockende durchkopieren

Block 3:

Für die nächsten n*(n-1)*(n-2)/(1*2*3) =165 Zeilen lassen sich die Spalten P1, P2 und P3 analog aus dem vorgegangenen Block übernehmen.

- Reihenfolge: P2 – P3 – P1:

    F375=WENN(F$43=$B375;INDEX(T;$C375);

    WENN(F$43=$C375;INDEX(T;$D375);

    WENN(F$43=$D375;INDEX(T;$B375);F$44)))

    bis P375 durchkopieren

    F375:P375 bis zum Blockende durchkopieren

Block 4:

Für die nächsten n*(n-1)*(n-2)/(1*2*3) =165 Zeilen lassen sich die Spalten P1, P2 und P3 wieder aus dem vorgegangenen Block übernehmen.

- Reihenfolge: P3 – P1 – P2:

    F540=WENN(F$43=$B540;INDEX(T;$D540);

        WENN(F$43=$C540;INDEX(T;$B540);

            WENN(F$43=$D540;INDEX(T;$C540);F$44)))

    bis P540 durchkopieren

    F540:P540 bis zum Blockende durchkopieren

Block 5:

Für die nächsten n*(n-1)*(n-2)/(1*2*3) =165 Zeilen lassen sich die Spalten P1, P2 und P3 wieder aus dem vorgegangenen Block übernehmen.

- Reihenfolge: P3 – P2 – P1:

    F705=WENN(F$43=$B705;INDEX(T;$D705);

        WENN(F$43=$D705;INDEX(T;$B705);F$44))

    bis P705 durchkopieren

    F707:P705 bis zum Blockende durchkopieren

In diesem Beispiel liefert 3-opt als beste Gesamtlänge 314, also eine optimale Tour.

Für die Ausgangstouren, die sich über die Heuristiken der Sukzessiven Einbeziehung weiter entfernter Knoten oder der natürlichen Reihenfolge ergeben haben, lassen sich auch hier keine Verbesserungen erzielen.

8.4 Kapazitätsbeschränkte Tourenplanung (Capacitated Vehicle Routing Problem)

8.4.1 Ökonomische Problembeschreibung

Von einem Depot werden n Kunden per LKW beliefert. Für jeden Kunden ist der Ladebedarf des LKW bekannt, ebenso die Gesamtkapazität der einzelnen LKW. Nach der Belieferung kehrt der LKW ins Depot zurück. Alle Distanzen zwischen Depot und Kunden sind bekannt. In welcher Reihenfolge sollen die LKW die Kunden anfahren, so dass alle Kunden beliefert werden und die gesamte Fahrstrecke dafür minimal ist?

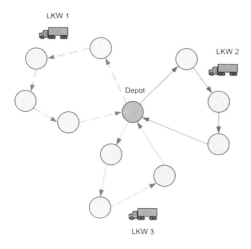

Abbildung: Tourenplanung

8.4.2 Mathematische Formulierung des Problems (CVRP)

Es seien n+1 verschiedene Knoten i= 0, ..., n gegeben. Dabei sei Knoten 0 das Lieferdepot und die anderen Knoten die Standorte der Kunden 1, ..., n.

Jeder Kunde i habe einen Bedarf q_i an Liefermenge, die nicht gesplittet geliefert werden darf. Die Auslieferung soll mittels p LKW erfolgen mit Ladekapazität Q_k für LKW k. Die Distanzen d_{ij} zwischen den einzelnen Knoten sind bekannt.

Gesucht sind die Liefertouren der einzelnen LKW, so dass alle Kunden beliefert werden und die gesamte Fahrstrecke minimal ist.

8.4.3 Mathematisches Modell

Indices:

$i = 0, ..., n$ Knoten (0: Depot ; 1, ..., n: Ladestellen)
$j = 0, ..., n$ Knoten (0: Depot ; 1, ..., n: Ladestellen)
$k = 1, ..., p$ LKW

Gegebene Daten:

d_{ij} Entfernung von Knoten i zu Knoten j,
für alle $i, j = 0, ..., n$

Q_k Ladekapazität [ME] von LKW k, $k = 1, ..., p$

q_i Liefermenge [ME] an Knoten i, $i = 1, ..., n$

Entscheidungsvariablen:

$x_{ijk} = 1$ wenn LKW k von i nach j fährt
$i, j = 0, ..., n; k = 1, ..., p$

$x_{ijk} = 0$ wenn LKW k nicht von i nach j fährt
$i, j = 0, ..., n; k = 1, ..., p$

$y_{ik} = 1$ wenn Knoten i auf der Tour des LKW k liegt
$i = 0, ..., n; k = 1, ..., p$

$y_{ik} = 0$ wenn Knoten i nicht auf der Tour des LKW k liegt
$i = 0, ..., n; k = 1, ..., p$

u_{ik} (ordinale) Folgenummer, in der Knoten i auf der Tour des LKW k liegt (angefahren wird)
$i = 1, ..., n; k = 1, ..., p$

Zielfunktion:

(ZF) $\sum_{k=1}^{p}\sum_{i=0}^{n}\sum_{j=0}^{n} d_{ij} x_{ijk} \to \min!$ Minimiere die gesamte Transportstrecke!

8 Modelle zur Rundreise- und Tourenplanung

Restriktionen (Nebenbedingungen):

(1) $\quad \sum_{i=1}^{n} q_i y_{ik} \leq Q_k \quad$ für k = 1, ..., p

Ladekapazität der LKW einhalten

(2) $\quad \sum_{k=1}^{p} y_{0k} = p \quad$ Knoten 0 ist Ausgangspunkt aller Touren.

(3) $\quad \sum_{k=1}^{p} y_{ik} = 1 \quad$ für i = 1, ..., n

Jeder anzufahrende Knoten wird nur einmal angefahren (Kein Splitten der Lieferung).

(4) $\quad \sum_{j=0}^{n} x_{ijk} = y_{ik} \quad$ für i = 0, ..., n; k = 1, ..., p

LKW k fährt nur dann von i nach j, wenn i zur Tour von LKW k gehört.

(5) $\quad \sum_{i=0}^{n} x_{ijk} = y_{jk} \quad$ für j = 0, ..., n; k = 1, ..., p

LKW k fährt nur dann von i nach j, wenn j zur Tour von LKW k gehört.

(B1) $\quad x_{ijk} \in \{0,1\} \quad$ für i, j = 0, ..., n und k = 1, ..., p

Binärvariablen

(B2) $\quad y_{ik} \in \{0,1\} \quad$ für i = 0, ..., n und k = 1, ..., p

Binärvariablen

(MTZ_1) $\quad u_{ik} - u_{jk} + Q_k x_{ijk} \leq Q_k - q_i \quad$ für alle i, j = 1, ..., n; i ≠ j; k = 1, ..., p

Verhinderung von Subtouren

(MTZ_2) $\quad q_i \leq u_{ik} \leq Q_k \quad$ für i = 1, ..., n; k = 1, ..., p

Bounds für die Folgenummern

8.4.4 Das TSP als Spezialfall des CVRP

Das Travelling-Salesman-Problem (TSP) kann aus dem Capacitated Vehicle Routing Problem (CVRP) abgeleitet werden, indem man p = 1, $q_i = 1$ für i = 1, ..., n sowie $Q_k = Q = n$ setzt.

Beim m-TSP sind von einem Ausgangspunkt i = 0 aus i = 1, ..., n Kundenorte von p Handlungsreisenden zu besuchen. Jeder Kundenort muss von genau einem Handlungsreisenden besucht werden, so dass die Gesamtlänge aller p Touren minimal ist.

Das m-TSP lässt sich natürlich mit dem Ansatz des kapazitätsbeschränkten Tourenplanungsproblems lösen. Die Rolle der LKW übernehmen jetzt die Handlungsreisenden. Man setzte die gemeinsame Fahrzeugkapazität Q auf n und den Bedarf jedes Kunden auf 1.

8.4.5 Die verallgemeinerte MTZ-Bedingung

(MTZ_1) und (MTZ_2) verallgemeinern die MTZ-Bedingung, die wir bei dem Travelling-Salesman-Problem angegeben haben, indem hier die Lademengen und Ladekapazitäten direkt berücksichtigt werden.

Zum Ableiten einer leicht kopierbaren Formel in Excel (siehe hierzu die Beispiele) eignet sich (MTZ_1) besser in der Form:

(MTZ_1') $u_{ik} - u_{jk} + Q_k x_{ijk} + q_i \leq Q_k$. für i, j = 1, ..., n; i ≠ j; k = 1, ..., p.

8.4.6 Gleichzeitige Auslieferung und Abholung von Gütern

Während der Auslieferung sind manchmal auch gleichzeitig Güter an bestimmten Orten abzuholen.

Typisches Beispiel ist der gleichzeitige Transport von Getränken und Leergut. In diesem Falle sind zusätzliche Kapazitätsrestriktionen hinsichtlich der Ladekapazität der LKW zu berücksichtigen.

8.5 Beispiele zur kapazitätsbeschränkten Tourenplanung

8.5.1 CVRP

Problembeschreibung

Ein Unternehmen soll die unten aufgeführten Kunden von seinem Depot aus mit den angegebenen Bedarfsmengen beliefern.

Die Liefermengen dürfen dabei nicht gesplittet werden (also keine Teillieferungen!).

Für die Belieferung stehen 2 LKW mit den angegebenen Gewichtskapazitäten zur Verfügung. Die Entfernungen zwischen den Orten sind der aufgeführten Entfernungsmatrix zu entnehmen.

Wie sollen die LKW eingesetzt werden, so dass die Kapazitäten der LKW berücksichtigt werden und die insgesamt zurückgelegte Distanz minimal ist?

Dokumentieren Sie Ihr Optimierungsmodell mittels Namensgebung der Matrixbereiche.

Als zusammenfassende Problembeschreibung ergibt sich:

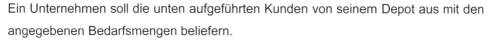

Abbildung CVRP: Entfernungsmatrix mit Lieferbedarf und Fuhrparkkapazitäten

Schritt 1: Eingabe der Bezeichnungen

- Dist_ij   = $C$20:$G$24   Distanz von i nach i
- q   = $H$21:$H$24   Bedarfsmengen q_i d. Kunden i
- maxKap   = $C$29:$D$29   maximale LKW Kapazitäten
- maxKap_1   = $C$29   Maximalkapazität LKW 1
- maxKap_2   = $D$29   Maximalkapazität LKW 2

Schritt 2_1: Aufbau der Tabelle für die Wegverbindungen

	A	B	C	D	E	F	G	H	I
32									
33	Tour 1:								
34	Wegverbindungen								
35									
36		X_ij_1	Depot	Müller	Meier	Schulze	Schmidt	Ges4i_1	
37		Depot	1	1	1	1	1	5	
38		Müller	1	1	1	1	1	5	
39		Meier	1	1	1	1	1	5	
40		Schulze	1	1	1	1	1	5	
41		Schmidt	1	1	1	1	1	5	
42		Ges2j_1	5	5	5	5	5		
43									

Abbildung CVRP: Wegverbindungen für LKW 1 mit Vorgabewert 1

Dabei gilt:

- X_ij_1   = $C$37:$G$41   Zuordnung, ob LKW 1 von i nach j fährt
- Ges4i_1   = $H$37:$H$41   Zeilensumme von X_ij_1
- Ges2j_1   = $C$42:$G$42   Spaltensumme von X_ij_1

Schritt 2_2: Aufbau der Tabelle für die Wegverbindungen für Tour 2

Analog zu Schritt 2_1 mit:

- X_ij_2   = $K$37:$O$41   Zuordnung, ob LKW 2 von i nach j fährt
- Ges4i_2   = $P$37:$P$41   Zeilensumme von X_ij_2
- Ges2j_2   = $K$42:$O$42   Spaltensumme von X_ij_2

Schritt 3_1: Bestimmung der Gesamtlänge für Tour 1

GesLänge_1 ▼	f_x =SUMMENPRODUKT(X_ij_1;Dist_ij)		
	A	B	C	D
44				
45		Länge [km]	1.286	
46				

Abbildung CVRP: Eingabe der Formel für die Gesamtlänge von LKW 1

Mit:

- GesLänge_1   = $C$45   = Summenprodukt: Dist_ij x X_ij_1

Schritt 3_2: Bestimmung der Gesamtlänge für Tour 2

Analog zu Schritt 3_1 mit:

- GesLänge_2 = $K$45   = Summenprodukt: Dist_ij x X_ij_2

Schritt 4_1: Aufbau der Tabelle für die MTZ-Restriktionen für Tour 1

Wir kopieren den Zellenbereich der Wegverbindungsmatrix spaltenkonform nach unten und ändern ihn gemäß der folgenden Abbildung ab.

	A	B	C	D	E	F	G	H
46								
47	Verhinderung von Subtouren							
48								
49			MTZ_ij_1	FolgeNr	Müller	Meier	Schulze	Schmidt
50		FolgeNr		U_i_1/U_j_1	1	1	1	1
51		Müller	1	3	3	3	3	
52		Meier	1	3	3	3	3	
53		Schulze	1	3	3	3	3	
54		Schmidt	1	3	3	3	3	
55								

Abbildung CVRP: Tabelle für die MTZ-Restriktionen bei LKW 1 mit Vorgabewert 1

Mit:

- U_i_1   = $C$51:$C$54   Folgenummer des Ortes i zum Anfahren durch LKW 1
- U_.j_1   = $D$50:$G$50   U_i_1 transponiert
- MTZ_ij_1   = $D$51:$G$54   MTZ-Bedingung für i und j hinsichtlich LKW 1:
    MTZ_ij_1 = U_i_1 - U_.j_1 + maxKap_1 * X_ij_1 + q_i <= maxKap_1

U_.j_1 gibt man dabei natürlich wieder über die Matrizentransposition ein:

- = MTRANS(C51:C54)
- Strg + Shift + Enter

Vorgehen zur Eingabe von MTZ_ij_1:

- Eingabe von MTZ_11_1 in Feld D51: = $C51-D$50+maxKap_1*D38+$H21 (auf das $-Zeichen achten!)
- Kopieren der Formel auf den Rest der Tabelle

Schritt 4_2: Aufbau der Tabelle für die MTZ-Restriktionen für Tour 2

Analog zu Schritt 4_1 mit:

- U_i_2   = $K$51:$K$54   Folgenummer des Ortes i zum Anfahren durch LKW 2
- U_.j_2   U_i_2 transponiert
- MTZ_ij_2 = $L$51:$O$54   MTZ-Bedingung für i und j hinsichtlich LKW 2:

MTZ_ij_2 = U_i_2 - U_.j_2 + maxKap_2 * X_ij_2 + q_i <= maxKap_2

Schritt 5: Eingabe der gemeinsamen Restriktionen für alle LKW

	A	B	C	D	E	F	G
57							
58	*Gemeinsam:*						
59	Entscheidungsvariablen: Welcher LKW fährt welchen Knoten an?						
60							
61			Y_ik	LKW 1	LKW 2	Ges4i	AnzAnfahrt
62			Depot	1	1	2	2
63			Müller	1	1	2	1
64			Meier	1	1	2	1
65			Schulze	1	1	2	1
66			Schmidt	1	1	2	1
67			**Liefermenge**	4	4		
68							
69							
70							
71	Gesamtbetrachtung						
72							
73			**Gesamtlänge**	2.572			
74							

Abbildung CVRP: Tabelle der Indikatoren Kunde/Ort pro LKW mit Vorgabewert 1

Mit

- Y_ik   = $C$62:$D$66   Zuordnung, ob Ort i durch LKW k angefahren wird
- Ges4i   = $E$62:$E$66   Zeilensumme von Y_ik
- AnzAnfahrt   = $F$62:$F$66   Anzahl, wie oft jeder Ort angefahren wird
- Liefermenge = $C$67:$D$67   gesamte Liefermenge per LKW
                                = Summenprodukt <k-te Spalte v. Y_ik> x q
- Gesamtlänge = $C$73   = GesLänge_1 + GesLänge_2

8 Modelle zur Rundreise- und Tourenplanung

	I	J	K	L	M	N	O	P	Q
58									
59		Orte mit Nachfolger pro LKW-Tour				Orte mit Vorgänger pro LKW-Tour			
60									
61		**Ges4_ik**	LKW 1	LKW 2		**Ges2_ik**	LKW 1	LKW 2	
62		Depot	5	5		Depot	5	5	
63		Müller	5	5		Müller	5	5	
64		Meier	5	5		Meier	5	5	
65		Schulze	5	5		Schulze	5	5	
66		Schmidt	5	5		Schmidt	5	5	
67									

Abbildung CVRP: Tabelle der Nachfolger und Vorgängerverknüpfung

Mit:

- Ges4_ik = $K$62:$L$66 = Ges4i_k mit k = 1, 2
- Ges2_ik = $O$62:$P$66 = Ges2i_k mit k = 1, 2

Schritt 6: Eingabe des mathematischen Modells in den Solver

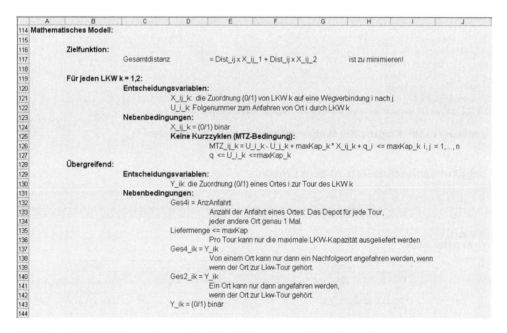

Abbildung CVRP: Mathematisches Modell mit den verwendeten Bezeichnungen

Die Eingabe dieses Modells in den Premium Solver ergibt:

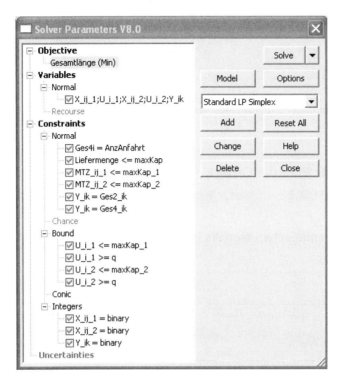

Abbildung CVRP: Eingabe des Mathematischen Modells in den Solver

Das führt dann schließlich zu dem Ergebnis:

	A	B	C	D	E	F	G	H	I
32									
33	*Tour 1:*								
34	Wegverbindungen								
35									
36		X_ij_1	Depot	Müller	Meier	Schulze	Schmidt	Ges4i_1	
37		Depot	0	1	0	0	0	1	
38		Müller	0	0	0	0	1	1	
39		Meier	0	0	0	0	0	0	
40		Schulze	0	0	0	0	0	0	
41		Schmidt	1	0	0	0	0	1	
42		Ges2j_1	1	1	0	0	1		
43									
44									
45		Länge [km]	186						
46									
47	Verhinderung von Subtouren								
48									
49		MTZ_ij_1	FolgeNr	Müller	Meier	Schulze	Schmidt		
50		FolgeNr	U_i_1/U_j_1	1	1	1	2		
51		Müller	1	1	1	1	2		
52		Meier	1	1	1	1	0		
53		Schulze	1	1	1	1	0		
54		Schmidt	2	2	2	2	1		
55									

8 Modelle zur Rundreise- und Tourenplanung

Tour 2:

X_ij_2	Depot	Müller	Meier	Schulze	Schmidt	Ges4i_2
Depot	0	0	1	0	0	1
Müller	0	0	0	0	0	0
Meier	0	0	0	1	0	1
Schulze	1	0	0	0	0	1
Schmidt	0	0	0	0	0	0
Ges2j_2	1	0	1	1	0	

Länge [km]	172

MTZ_ij_2	FolgeNr	Müller	Meier	Schulze	Schmidt
FolgeNr	U_i_2/U_j_2	1	1	2	1
Müller	1	1	1	0	1
Meier	1	1	1	2	1
Schulze	2	2	2	1	2
Schmidt	1	1	1	0	1

Gemeinsam:

Entscheidungsvariablen: Welcher LKW fährt welchen Knoten an?

Y_ik	LKW 1	LKW 2	Ges4i	AnzAnfahrt
Depot	1	1	2	2
Müller	1	0	1	1
Meier	0	1	1	1
Schulze	0	1	1	1
Schmidt	1	0	1	1
Liefermenge	2	2		

Gesamtbetrachtung

Gesamtlänge	358

Orte mit Nachfolger pro LKW-Tour

Ges4_ik	LKW 1	LKW 2
Depot	1	1
Müller	1	0
Meier	0	1
Schulze	0	1
Schmidt	1	0

Orte mit Vorgänger pro LKW-Tour

Ges2_ik	LKW 1	LKW 2
Depot	1	1
Müller	1	0
Meier	0	1
Schulze	0	1
Schmidt	1	0

Abbildung CVRP: Ausgabe der optimalen Lösung

8.5.2 CVRP_DepotDdorf

Problembeschreibung[1]

Ein Unternehmen soll die unten aufgeführten Orte von seinem Depot in Düsseldorf aus mit den angegebenen Bedarfsmengen beliefern. Die Liefermengen dürfen dabei nicht gesplittet werden (keine Teillieferungen!).

Für die Belieferung stehen drei LKW mit den angegebenen Gewichtskapazitäten zur Verfügung. Die Entfernungen zwischen den Orten sind der aufgeführten Entfernungsmatrix zu entnehmen.

Wie sollen die LKW eingesetzt werden, so dass die Kapazitäten der LKW berücksichtigt werden und die insgesamt gefahrene Distanz minimal ist?

Dokumentieren Sie Ihr Optimierungsmodell mittels Namensgebung der Matrixbereiche.

Als zusammenfassende Problembeschreibung ergibt sich:

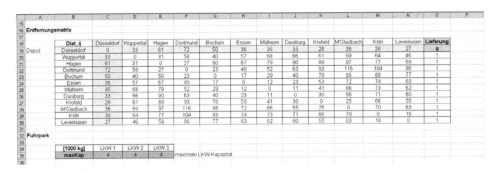

Abbildung CVRP_DepotDdorf: Entfernungsmatrix mit Lieferbedarf und Fuhrparkkapazitäten

Schritt 1: Eingabe der Bezeichnungen

- Dist_ij   =$C$19:$N$30   Distanz von i nach j
- q   =$O$20:$O$30   Bedarfsmengen q_i der Orte i
- maxKap   =$C$35:$E$35   maximale LKW Kapazitäten
- maxKap_1   =$C$35   Maximalkapazität LKW 1
- maxKap_2   =$D$35   Maximalkapazität LKW 2
- maxKap_3   =$E$35   Maximalkapazität LKW 3

---

[1] Zahlen siehe Vahrenkamp, R./Mattfeld, D.C. (2007), S. 280.

Schritt 2_1: Aufbau der Tabelle für die Wegverbindungen für Tour 1

Der Zellenbereich der Entfernungsmatrix wird spaltenkonform nach unten kopiert und gemäß der folgenden Abbildung abgeändert.

	A	B	C	D	E	F	G	H	I	J	K	L	M	N	O
37															
38	Tour 1:														
39	Wegverbindungen														
40															
41		X_ij_1	Düsseldorf	Wuppertal	Hagen	Dortmund	Bochum	Essen	Mülheim	Duisburg	Krefeld	M'Gladbach	Köln	Leverkusen	Ges4i_1
42		Düsseldorf	1	1	1	1	1	1	1	1	1	1	1	1	12
43		Wuppertal	1	1	1	1	1	1	1	1	1	1	1	1	12
44		Hagen	1	1	1	1	1	1	1	1	1	1	1	1	12
45		Dortmund	1	1	1	1	1	1	1	1	1	1	1	1	12
46		Bochum	1	1	1	1	1	1	1	1	1	1	1	1	12
47		Essen	1	1	1	1	1	1	1	1	1	1	1	1	12
48		Mülheim	1	1	1	1	1	1	1	1	1	1	1	1	12
49		Duisburg	1	1	1	1	1	1	1	1	1	1	1	1	12
50		Krefeld	1	1	1	1	1	1	1	1	1	1	1	1	12
51		M'Gladbach	1	1	1	1	1	1	1	1	1	1	1	1	12
52		Köln	1	1	1	1	1	1	1	1	1	1	1	1	12
53		Leverkusen	1	1	1	1	1	1	1	1	1	1	1	1	12
54		Ges2j_1	12	12	12	12	12	12	12	12	12	12	12	12	

Abbildung CVRP_DepotDdorf: Wegverbindungen für LKW 1 mit Vorgabewert 1

Dabei gilt:

- X_ij_1   =$C$42:$N$53   Zuordnung, ob LKW 1 von i nach j fährt
- Ges4i_1   =$O$42:$O$53   Zeilensumme von X_ij_1
- Ges2j_1   =$C$54:$N$54   Spaltensumme von X_ij_1

Schritt 3_1: Bestimmung der Gesamtdistanz für Tour 1

GesamtDist_1		f_x =SUMMENPRODUKT(X_ij_1;Dist_ij)	
	A	B	C	D
56				
57		Länge Tour 1	7.382	
58				

Abbildung CVRP_DepotDdorf: Eingabe der Formel für die Gesamtdistanz von LKW 1.

Mit:

- GesamtDist_1   =$C$57   = Summenprodukt: Dist_ij x X_ij_1

Schritt 4_1: Aufbau der Tabelle für die MTZ-Restriktionen für Tour 1

Wir kopieren den Zellenbereich der Wegverbindungsmatrix spaltenkonform nach unten und ändern ihn gemäß der folgenden Abbildung ab.

LKW 1	Hilfsvariable	Wuppertal	Hagen	Dortmund	Bochum	Essen	Mülheim	Duisburg	Krefeld	M'Gladbach	Köln	Leverkusen
Hilfsvariable	U_j_1/U_i_1	1	1	1	1	1	1	1	1	1	1	1
Wuppertal	1	5	5	5	5	5	5	5	5	5	5	5
Hagen	1	5	5	5	5	5	5	5	5	5	5	5
Dortmund	1	5	5	5	5	5	5	5	5	5	5	5
Bochum	1	5	5	5	5	5	5	5	5	5	5	5
Essen	1	5	5	5	5	5	5	5	5	5	5	5
Mülheim	1	5	5	5	5	5	5	5	5	5	5	5
Duisburg	1	5	5	5	5	5	5	5	5	5	5	5
Krefeld	1	5	5	5	5	5	5	5	5	5	5	5
M'Gladbach	1	5	5	5	5	5	5	5	5	5	5	5
Köln	1	5	5	5	5	5	5	5	5	5	5	5
Leverkusen	1	5	5	5	5	5	5	5	5	5	5	5

Abbildung CVRP_DepotDdorf: Tabelle für die MTZ-Restriktionen bei LKW 1 mit Vorgabewert 1

Mit:

- U_i_1 = \$C\$64:\$C\$74   Folgenummer des Ortes i zum Anfahren durch LKW 1
- U_j_1 = \$D\$63:\$N\$63 U_i_1 transponiert
- MTZ_ij_1 = \$D\$64:\$N\$74   MTZ-Bedingung für i und j hinsichtlich LKW 1:

$MTZ\_ij\_1 = U\_i\_1 - U\_j\_1 + maxKap\_1 * X\_ij\_1 + q\_i <= maxKap\_1$

U_j_1 gibt man dabei natürlich über die Matrizentransposition ein:

- = MTRANS(C64:C74)
- Strg + Shift + Enter

Vorgehen zur Eingabe von MTZ_ij_1:

- Eingabe von MTZ_11_1 in Feld D64: = =\$C64-D\$63+maxKap_1*D43+\$O20 (auf das \$-Zeichen achten!)
- Kopieren der Formel auf den Rest der Tabelle

Schritt 2_2: Aufbau der Tabelle für die Wegverbindungen für Tour 2

Analog zu Schritt 2_1 mit:

- X_ij_2 = \$C\$81:\$N\$92   Zuordnung, ob LKW 2 von i nach j fährt
- $Ges4i\_2$ = \$O\$81:\$O\$92   Zeilensumme von X_ij_2
- $Ges2j\_2$ = \$C\$93:\$N\$93   Spaltensumme von X_ij_2

Schritt 3_2: Bestimmung der Gesamtdistanz für Tour 2

Analog zu Schritt 3_1 mit:

- $GesamtDist\_2$ = \$C\$95   = Summenprodukt: $Dist\_ij \times X\_ij\_2$

Schritt 4_2: Aufbau der Tabelle für die MTZ-Restriktionen für Tour 2

Analog zu Schritt 4_1 mit:

- U_i_2 = $C$101:$C$111 Folgenummer des Ortes i zum Anfahren durch LKW 2
- U_.j_2   U_i_2 transponiert
- MTZ_ij_2 = $D$101:$N$111 MTZ-Bedingung für i und j hinsichtlich LKW 2:
  MTZ_ij_2 = U_i_2 - U_.j_2 + maxKap_2 * X_ij_2 + q_i <= maxKap_2

Schritt 2_3: Aufbau der Tabelle für die Wegverbindungen für Tour 3

Analog zu Schritt 2_1 mit:

- X_ij_3   = $C$118:$N$129 Zuordnung, ob LKW 3 von i nach j fährt
- Ges4i_3   = $O$118:$O$129 Zeilensumme von X_ij_3
- Ges2j_3   = $C$130:$N$130 Spaltensumme von X_ij_3

Schritt 3_3: Bestimmung der Gesamtdistanz für Tour 3

Analog zu Schritt 3_1 mit:

- GesamtDist_3 =$C$132   = Summenprodukt Dist_ij x X_ij_3

Schritt 4_3: Aufbau der Tabelle für die MTZ-Restriktionen für Tour 3

Analog zu Schritt 4_1 mit:

- U_i_3 = $C$138:$C$148 Folgenummer des Ortes i zum Anfahren durch LKW 2
- U_.j_3   U_i_3 transponiert
- MTZ_ij_3 = $D$138:$N$148 MTZ-Bedingung für i und j hinsichtlich LKW 3:
  MTZ_ij_3 = U_i_3 - U_.j_3 + maxKap_3 * X_ij_3 + q_i <= maxKap_3

Schritt 5: Eingabe der gemeinsamen Restriktionen für alle LKW

	A	B	C	D	E	F	G	H
150								
151	*Gemeinsam:*							
152	Entscheidungsvariablen: Welcher LKW fährt welchen Knoten an?							
153								
154		Y_ik	LKW 1	LKW 2	LKW 3	Ges4i	AnzAnfahrt	
155		Düsseldorf	1	1	1	3	3	Depot!
156		Wuppertal	1	1	1	3	1	
157		Hagen	1	1	1	3	1	
158		Dortmund	1	1	1	3	1	
159		Bochum	1	1	1	3	1	
160		Essen	1	1	1	3	1	
161		Mülheim	1	1	1	3	1	
162		Duisburg	1	1	1	3	1	
163		Krefeld	1	1	1	3	1	
164		M'Gladbach	1	1	1	3	1	
165		Köln	1	1	1	3	1	
166		Leverkusen	1	1	1	3	1	
167		Liefermenge	11	11	11			
168								
169		GesamtDistanz	22.146					
170								

Abbildung CVRP_DepotDdorf: Tabelle der Indikatoren Ort pro LKW mit Vorgabewert 1

Mit:

- Y_ik   = $C$155:$E$166   Zuordnung, ob Ort i durch LKW k angefahren wird
- Ges4i   =$F$155:$F$166   Zeilensumme von Y_ik
- AnzAnfahrt   =$G$155:$G$166   Anzahl, wie oft jeder Ort angefahren wird
- Liefermenge   =$C$167:$E$167   gesamte Liefermenge per LKW

  = Summenprodukt (k-te Spalte von Y_ik) x q

- GesamtDistanz =$C$169   = GesamtDist_1 + GesamtDist_2 + GesamtDist_3

	A	B	C	D	E	F
170						
171	Variablenverknüpfung: Orte mit Nachfolger pro LKW-Tour					
172						
173		Ges4_ik	LKW 1	LKW 2	LKW 3	
174		Düsseldorf	12	12	12	
175		Wuppertal	12	12	12	
176		Hagen	12	12	12	
177		Dortmund	12	12	12	
178		Bochum	12	12	12	
179		Essen	12	12	12	
180		Mülheim	12	12	12	
181		Duisburg	12	12	12	
182		Krefeld	12	12	12	
183		M'Gladbach	12	12	12	
184		Köln	12	12	12	
185		Leverkusen	12	12	12	
186						

Abbildung CVRP_DepotDdorf: Tabelle der Nachfolgerorte pro LKW

Mit:

- Ges4_ik   =$C$174:$E$185   = Ges4i_k für k= 1, 2, 3

	A	B	C	D	E	F
186						
187	Variablenverknüpfung: Orte mit Vorgänger pro LKW-Tour					
188						
189		Ges2_ik	LKW 1	LKW 2	LKW 3	
190		Düsseldorf	12	12	12	
191		Wuppertal	12	12	12	
192		Hagen	12	12	12	
193		Dortmund	12	12	12	
194		Bochum	12	12	12	
195		Essen	12	12	12	
196		Mülheim	12	12	12	
197		Duisburg	12	12	12	
198		Krefeld	12	12	12	
199		M'Gladbach	12	12	12	
200		Köln	12	12	12	
201		Leverkusen	12	12	12	
202						

Abbildung CVRP_DepotDdorf: Tabelle der Vorgängerorte pro LKW.

Mit:

- Ges2_ik   =$C$190:$E$201   = Ges2i_k für k = 1, 2, 3

Schritt 6: Eingabe des mathematischen Modells in den Solver

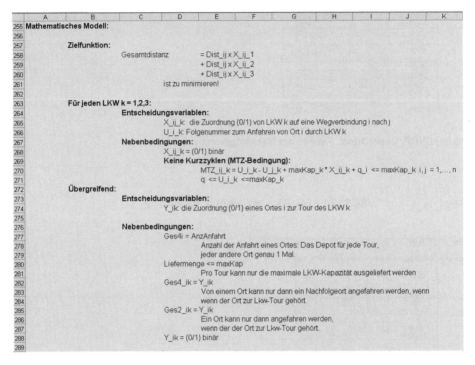

Abbildung CVRP_DepotDdorf: Mathematisches Modell mit den verwendeten Bezeichnungen

8 Modelle zur Rundreise- und Tourenplanung

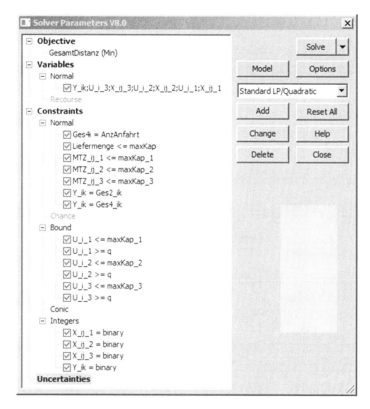

Abbildung CVRP_DepotDdorf: Eingabe des Mathematischen Modells in den Solver

Das führt dann schließlich zu dem Ergebnis:

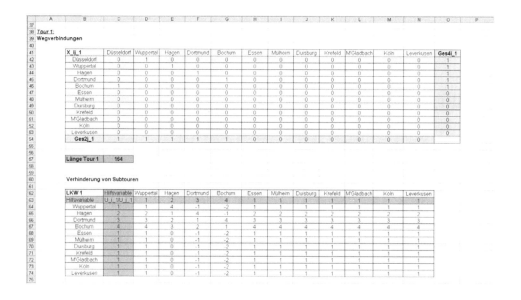

531

Modellbasiertes Logistikmanagement

Tour 2:
Wegverbindungen

X_ij_2	Düsseldorf	Wuppertal	Hagen	Dortmund	Bochum	Essen	Mülheim	Duisburg	Krefeld	M'Gladbach	Köln	Leverkusen	Ges4i_2
Düsseldorf	0	0	0	0	0	1	0	0	0	0	0	0	1
Wuppertal	0	0	0	0	0	0	0	0	0	0	0	0	0
Hagen	0	0	0	0	0	0	0	0	0	0	0	0	0
Dortmund	0	0	0	0	0	0	0	0	0	0	0	0	0
Bochum	0	0	0	0	0	0	0	0	0	0	0	0	0
Essen	0	0	0	0	0	0	1	0	0	0	0	0	1
Mülheim	0	0	0	0	0	0	0	1	0	0	0	0	1
Duisburg	1	0	0	0	0	0	0	0	0	0	0	0	1
Krefeld	0	0	0	0	0	0	0	0	0	0	0	0	0
M'Gladbach	0	0	0	0	0	0	0	0	0	0	0	0	0
Köln	0	0	0	0	0	0	0	0	0	0	0	0	0
Leverkusen	0	0	0	0	0	0	0	0	0	0	0	0	0
Ges2j_2	1	0	0	0	0	1	1	1	0	0	0	0	

Länge Tour 2: 92

Verhinderung von Subtouren

LKW 2	Hilfsvariable	Wuppertal	Hagen	Dortmund	Bochum	Essen	Mülheim	Duisburg	Krefeld	M'Gladbach	Köln	Leverkusen
Hilfsvariable	U_i_2/U_j_2	1	1	1	1	2	4	1	1	1	1	1
Wuppertal	1	1	1	1	1	1	0	-2	1	1	1	1
Hagen	1	1	1	1	1	1	0	-2	1	1	1	1
Dortmund	1	1	1	1	1	1	0	-2	1	1	1	1
Bochum	1	1	1	1	1	1	0	-2	1	1	1	1
Essen	2	1	1	1	1	1	4	-2	1	1	1	1
Mülheim	2	2	2	2	2	2	2	3	2	2	2	2
Duisburg	4	4	4	4	4	4	3	1	4	4	4	4
Krefeld	1	1	1	1	1	1	0	-2	1	1	1	1
M'Gladbach	1	1	1	1	1	1	0	-2	1	1	1	1
Köln	1	1	1	1	1	1	0	-2	1	1	1	1
Leverkusen	1	1	1	1	1	1	0	-2	1	1	1	1

Tour 3:
Wegverbindungen

X_ij_3	Düsseldorf	Wuppertal	Hagen	Dortmund	Bochum	Essen	Mülheim	Duisburg	Krefeld	M'Gladbach	Köln	Leverkusen	Ges4i_3
Düsseldorf	0	0	0	0	0	0	0	0	1	0	0	0	1
Wuppertal	0	0	0	0	0	0	0	0	0	0	0	0	0
Hagen	0	0	0	0	0	0	0	0	0	0	0	0	0
Dortmund	0	0	0	0	0	0	0	0	0	0	0	0	0
Bochum	0	0	0	0	0	0	0	0	0	0	0	0	0
Essen	0	0	0	0	0	0	0	0	0	0	0	0	0
Mülheim	0	0	0	0	0	0	0	0	0	0	0	0	0
Duisburg	0	0	0	0	0	0	0	0	0	0	0	0	0
Krefeld	0	0	0	0	0	0	0	0	0	1	0	0	1
M'Gladbach	0	0	0	0	0	0	0	0	0	0	1	0	1
Köln	0	0	0	0	0	0	0	0	0	0	0	1	1
Leverkusen	1	0	0	0	0	0	0	0	0	0	0	0	1
Ges2j_3	1	0	0	0	0	0	0	0	1	1	1	1	

Länge Tour 3: 168

Verhinderung von Subtouren

LKW 3	Hilfsvariable	Wuppertal	Hagen	Dortmund	Bochum	Essen	Mülheim	Duisburg	Krefeld	M'Gladbach	Köln	Leverkusen
Hilfsvariable	U_i_3/U_j_3	1	1	1	1	1	1	1	2	3	4	
Wuppertal	1	1	1	1	1	1	1	1	0	-1	-2	
Hagen	1	1	1	1	1	1	1	1	0	-1	-2	
Dortmund	1	1	1	1	1	1	1	1	0	-1	-2	
Bochum	1	1	1	1	1	1	1	1	0	-1	-2	
Essen	1	1	1	1	1	1	1	1	0	-1	-2	
Mülheim	1	1	1	1	1	1	1	1	0	-1	-2	
Duisburg	1	1	1	1	1	1	1	1	0	-1	-2	
Krefeld	1	1	1	1	1	1	1	1	4	-1	-2	
M'Gladbach	2	2	2	2	2	2	2	2	1	4	-1	
Köln	3	3	3	3	3	3	3	3	2	1	4	
Leverkusen	4	4	4	4	4	4	4	4	3	2	1	

Gemeinsam:
Entscheidungsvariablen: Welcher LKW fährt welchen Knoten an?

Y_ik	LKW 1	LKW 2	LKW 3	Ges4i	AnzAnfahrt	
Düsseldorf	1	1	1	3	3	Depot!
Wuppertal	1	0	0	1	1	
Hagen	1	0	0	1	1	
Dortmund	1	0	0	1	1	
Bochum	1	0	0	1	1	
Essen	0	1	0	1	1	
Mülheim	0	1	0	1	1	
Duisburg	0	1	0	1	1	
Krefeld	0	0	1	1	1	
M'Gladbach	0	0	1	1	1	
Köln	0	0	1	1	1	
Leverkusen	0	0	1	1	1	
Liefermenge	4	3	4			
Zielwert	424					

Variablenverknüpfung: Orte mit Nachfolger pro LKW-Tour

Ges4_ik	LKW 1	LKW 2	LKW 3
Düsseldorf	1	1	1
Wuppertal	1	0	0
Hagen	1	0	0
Dortmund	1	0	0
Bochum	1	0	0
Essen	0	1	0
Mülheim	0	1	0
Duisburg	0	1	0
Krefeld	0	0	1
M'Gladbach	0	0	1
Köln	0	0	1
Leverkusen	0	0	1

Variablenverknüpfung: Orte mit Vorgänger pro LKW-Tour

Ges2_ik	LKW 1	LKW 2	LKW 3
Düsseldorf	1	1	1
Wuppertal	1	0	0
Hagen	1	0	0
Dortmund	1	0	0
Bochum	1	0	0
Essen	0	1	0
Mülheim	0	1	0
Duisburg	0	1	0
Krefeld	0	0	1
M'Gladbach	0	0	1
Köln	0	0	1
Leverkusen	0	0	1

Abbildung CVRP_DepotDdorf: Ausgabe der optimalen Lösung

8.6 Heuristiken für Tourenplanungsprobleme

Auch hier existiert eine Reihe von heuristischen Näherungsverfahren, welche für unterschiedliche Aufgaben mehr oder weniger gut geeignet sind. Gewöhnlich bestehen diese wieder aus einem Eröffnungsverfahren und einem anschließenden Verbesserungsverfahren.

Im Kern enthält das Tourenplanungsproblem zwei eng miteinander verflochtene Teilprobleme:

- **Allocations- oder Clustering-Problem**
  Zusammenfassen von Kundenbedarf zu Fahrzeugladungen
- **Reihenfolge- oder Routing-Problem**
  Festlegung der Reihenfolge der Kunden pro Fahrzeugtour[1]

Nachfolgend werden drei klassische heuristische Lösungsverfahren der Tourenplanung näher betrachtet:

- das Savings-Verfahren (parallel)
- das Sweep-Verfahren (sequentiell)
- das Petal-Verfahren (sequentiell)

8.6.1 Das Savings-Verfahren

8.6.1.1 Allgemeine Idee des Savings-Verfahren

Das Savingsverfahren nach Clarke und Wright ist das am häufigsten in der Praxis eingesetzte Verfahren zur Lösung knotenorientierter Tourenplanungsprobleme.[2] Es handelt sich um ein *Parallel-* oder *Simultanverfahren*, da Erstellung und Modifikation der Touren gleichzeitig erfolgen.[3] Ein Ansatz auf Basis dieses Verfahrens ist sehr gut dazu geeignet, „den Kern einer schnellen und flexiblen Tourenplanungsheuristik mit einer akzeptablen Lösungsqualität zu bilden".[4]

---

[1] Vgl. Domschke (1997), S. 234ff. und Feige, D. und Klaus, P. (2008), S. 396 und Vahrenkamp, R. und Mattfeld, D. (2007), S. 277.
[2] Vgl. Clarke und Wright (1964), S. 568ff.
[3] Vgl. Domschke(1997), S. 243ff.
[4] Gietz (1994), S. 251.

Die Voraussetzung für dieses Verfahren ist eine symmetrische Distanzmatrix sowie maximal n Fahrzeuge gleichen Typs, also mit gleicher Kapazität.

Mithilfe einer iterativen Lösungsheuristik wird nicht notwendig eine optimale Lösung gefunden, aber eine mit hinreichender Güte.

Das Verfahren startet mit einer Anfangslösung, bei der zunächst alle Kunden auf individuellen Pendeltouren bedient werden.[1]

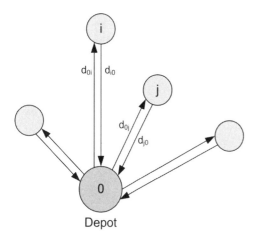

Abbildung Savings-Verfahren: Pendeltouren

Im weiteren Verlauf des Verfahrens werden dann die Einsparungen (Savings) berechnet, welche man erhält, wenn man zwei Kunden i und j auf einer gemeinsamen Tour beliefern würde.

Der Savingswert errechnet sich dabei durch die neue Verbindung d_{ij} sowie durch den Wegfall der beiden Fahrstrecken d_{i0} und d_{0j}:

$s_{ij} = d_{i0} + d_{j0} - d_{ij}$.

Er ist umso größer, je näher die Kunden i und j beieinander liegen und je weiter sie vom Depot entfernt sind.

---

[1] Feige, D. und Klaus, P. (2008): S. 398.

Modellbasiertes Logistikmanagement

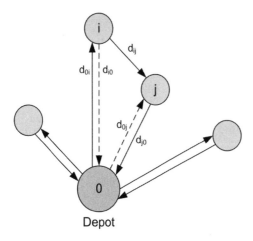

Abbildung Savings-Verfahren: Saving (i, j)

8.6.1.2 Iterativer Lösungsansatz[1]

Indices:

$i = 0$	Depot
$i, j = 1, ..., n$	Kunden
$k = 1, ..., p$	Fahrzeuge

Gegebene Daten:

$d_{ij} = d_{ji}$	Symmetrische Distanz zwischen Knoten i und Knoten j
s_{ij}	Ersparnis bei durch direkten Transport von Kunde i und j
Q	Ladekapazität [ME] eines Fahrzeugs
q_i	Ladebedarf an Knoten i

Schritt 1:

Erstellen einer Anfangslösung, bei der jeder Kunde für sich eine Tour (*Pendeltour*) bildet. Die Route der i-ten Tour ist [0, i, 0]. Die Länge der einzelnen Pendeltouren beträgt $2 * d_{0i}$. Die Gesamtlänge aller Pendeltouren ist $2 * \sum_{i=1}^{n} d_{0i}^{2}$.

---

[1] Vgl. Domschke (1997), S. 243ff.

[2] Vgl. Larson/Odoni (1999).

Schritt 2:

Erstellen von *Kombinationstouren*[1], bei denen zwei unter Schritt 1 gebildete Pendeltouren unter Beachtung der Kapazitätsrestriktionen $q_i + q_j \leq Q$ miteinander verknüpft werden. Erster und letzter Kunde einer Tour werden *Randkunden*[2] genannt. Die Anzahl der Kombinationen ist dabei $n * \frac{n-1}{2}$.

Die entstehende Ersparnis ist der Savingswert: $s_{ij} = d_{0i} + d_{0j} - d_{ij}$.[3]

Schritt 3:

Sortieren der Savingswerte nach absteigender Größe. Die größte Ersparnis der Kombination von zwei Touren resultiert dabei aus dem ersten Savingswert der sortierten Liste.

Schritt 4:

Verbinden der Kundenpaare zu größeren Touren, beginnend mit dem höchsten Savingswert, endend beim niedrigsten Savingswert. Die Kapazitätsrestriktion wird bei jeder Tour eingehalten. Dabei können Kombinationstouren zu bereits zusammengefassten Touren hinzugefügt werden. Es wird vorausgesetzt, dass die Reihenfolge einer Tour bei Bedarf umgekehrt werden kann, damit eine Kombinationstour entstehen kann. Jede zulässige Verknüpfung spart genau eine Tour ein und bringt eine dem Savingswert entsprechende Streckenersparnis.

Schritt 5:

Kunden, die nach dem Abarbeiten aller Kombinationstouren keiner neuen, längeren Tour zugewiesen wurden, werden über Einzeltouren bedient.

8.6.1.3 Qualität des Savings-Verfahren

Das Savings-Verfahren gelangt zu guten Lösungen und besticht durch Einfachheit und geringen Rechenaufwand. Die einzelnen Touren der Fahrzeuge sind wie Blätter einer Blüte um das Depot aufgebaut. Depotnahe Kunden werden meist in eigenen

---

[1] Vgl. Gietz (1994), S. 39.

[2] Vgl. Gietz (1994), S. 39.

[3] Vgl. Domschke (1997), S. 244.

Touren versorgt.[1] Die nachstehende Abbildung zeigt Tourenpläne, die durch ein Savings-Verfahren erzeugt worden sind.

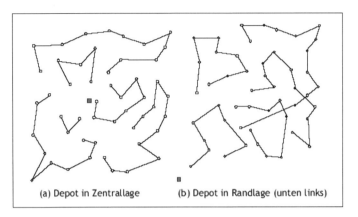

(a) Depot in Zentrallage   (b) Depot in Randlage (unten links)

Abbildung Savings-Verfahren: Ergebnisse eines Savings-Verfahrens[2]

Arbeitshilfe online

8.6.2 Beispiel CVRP_Depot_Ddorf_Savings

Wir betrachten unser Standardbeispiel der Planung für das Depot Düsseldorf.

Abbildung CVRP_Depot_Ddorf_Savings: Problembeschreibung
Die Distanzen zwischen den Orten sind symmetrisch

Bezeichnungen

- Dist_ij   =$C$19:$N$30   Distanzen von i nach j
- Knoten   =$A$19:$B$30   KnotenNr mit KnotenName
                                    (für die Anzeige der Ortsnamen)
- n   =$P$19   Anzahl der anzufahrenden Knoten

---

[1] Vgl. Suhl, L. und Mellouli (2006), S. 247ff., Feige, D. und Klaus, P. (2008), S. 398f. und Vahrenkamp, R. und Mattfeld, D. (2007), S. 283ff.
[2] Vahrenkamp, R. und Mattfeld, D. (2007): S.286.

- q   =$O$19:$O$30   Liefermengen für die einzelnen Orte inklusive Depot
- LKWKap   =$C$35   max. LKW Kapazität (Beladungsmenge)

Steuerungsschema für das Savings-Verfahren

Zur Vermeidung von Makros stellen wir wieder ein halbautomatisches Verfahren dar, das zentral über die beiden folgenden Tabellen mit den anschließenden drei Hilfstabellen gesteuert wird:

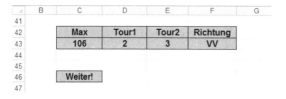

Abbildung CVRP_Depot_Ddorf_Savings: Output des Rechenschemas

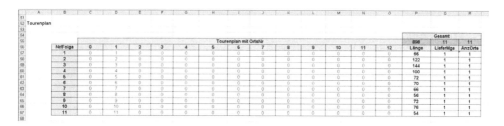

Abbildung CVRP_Depot_Ddorf_Savings: Tourenplan

NrfFolge	0	1	2	3	4	5	6	7	8	9	10	11	12	Länge	LieferMge
1		Wuppertal												66	1
2		Hagen												122	1
3		Dortmund												144	1
4		Bochum												100	1
5		Essen												72	1
6		Mülheim												70	1
7		Duisburg												66	1
8		Krefeld												56	1
9		M'Gladbach												72	1
10		Köln												76	1
11		Leverkusen												54	1

Abbildung CVRP_Depot_Ddorf_Savings: Tourenplan mit Ortsnamen

	AJ	AK	AL	AM	AN	AO	AP	AQ	AR	AS	AT	AU	AV	AW	AX
54															
55								Abschnittslängen							
56		Nr/Folge	Abschn1	Abschn2	Abschn3	Abschn4	Abschn5	Abschn6	Abschn7	Abschn8	Abschn9	Abschn10	Abschn11	Abschn12	
57		1	33	33	0	0	0	0	0	0	0	0	0	0	
58		2	61	61	0	0	0	0	0	0	0	0	0	0	
59		3	72	72	0	0	0	0	0	0	0	0	0	0	
60		4	50	50	0	0	0	0	0	0	0	0	0	0	
61		5	36	36	0	0	0	0	0	0	0	0	0	0	
62		6	35	35	0	0	0	0	0	0	0	0	0	0	
63		7	33	33	0	0	0	0	0	0	0	0	0	0	
64		8	28	28	0	0	0	0	0	0	0	0	0	0	
65		9	36	36	0	0	0	0	0	0	0	0	0	0	
66		10	38	38	0	0	0	0	0	0	0	0	0	0	
67		11	27	27	0	0	0	0	0	0	0	0	0	0	
68															

Abbildung CVRP_Depot_Ddorf_Savings: Abschnittsberechnung für den Tourenplan

	AX	AY	AZ	BA	BB	BC	BD	BE	BF	BG	BH	BI	BJ	BK	BL	BM
54																
55									Lieferung pro Ort							
56		Nr/Folge	0	1	2	3	4	5	6	7	8	9	10	11	12	
57		1	0	1	0	0	0	0	0	0	0	0	0	0	0	
58		2	0	1	0	0	0	0	0	0	0	0	0	0	0	
59		3	0	1	0	0	0	0	0	0	0	0	0	0	0	
60		4	0	1	0	0	0	0	0	0	0	0	0	0	0	
61		5	0	1	0	0	0	0	0	0	0	0	0	0	0	
62		6	0	1	0	0	0	0	0	0	0	0	0	0	0	
63		7	0	1	0	0	0	0	0	0	0	0	0	0	0	
64		8	0	1	0	0	0	0	0	0	0	0	0	0	0	
65		9	0	1	0	0	0	0	0	0	0	0	0	0	0	
66		10	0	1	0	0	0	0	0	0	0	0	0	0	0	
67		11	0	1	0	0	0	0	0	0	0	0	0	0	0	
68																

Abbildung CVRP_Depot_Ddorf_Savings: Liefermengenberechnung für den Tourenplan

Als Zusammenfassung der Savings-Berechnung ergeben sich aus dem unten beschriebenen Rechenschema die folgenden Werte:

- Max = $C$43 Maximaler Savingswert
  =MAX(N75:N129) Maximaler Wert der Z-Max-Spalte
- Tour 1 = $D$43 Nummer der Ausgangstour, die mit Tour 2 zu kombinieren ist
  =VERWEIS(Max;O75:O129;P75:P129)
- Tour 2 = $E$43 Nummer der Verbindungstour für Tour 1
  =VERWEIS(Max;P75:P129;Q75:Q129)
- Richtung = $F$43 Richtungssinn XY für die Touren:
  V: Vorwärts, R: Rückwärts
  X ist der Richtungssinn für Tour 1; Y für Tour 2.
- Fertig = $C$46 Markierung, ob Verfahren fortgesetzt werden muss (Weiter!) oder nicht (Fertig!)
  =WENN(Max=0;"Fertig!";"Weiter!")

8 Modelle zur Rundreise- und Tourenplanung

Die nachfolgenden Werte beziehen sich auf den aktuellen Stand des Tourenplanes und die Hilfstabellen zur Berechnung der dafür relevanten Werte.

Tabelle Tourenplan:

- TP   = $D$57:$N$67   Tabelle Tourenplan mit Angabe der Ortsnummern.
- Nr der Zeile: Tournummer
- Nr der Spalte: Reihenfolgenummer
- Zelle_ij: OrtsNr für den j-ten Ort auf der i-ten Tour
- Spalte „Länge":   Gesamtlänge aller Touren

  P55=SUMME(P57:P67)

      Längen der einzelnen Touren

  P57=SUMME(AL57:AW57) usw. durchkopieren

- Spalte „LieferMge"   Gesamte Liefermenge

  Q55=SUMME(Q57:Q67)

  LieferMge =$Q$57:$Q$67   Liefermengen der einzelnen Touren

  Q57=SUMME(AZ57:BL57) usw. durchkopieren

- Spalte „AnzOrte"   Gesamte Anzahl der angefahrenen Orte

  R55=SUMME(R57:R67)

  AnzOrte =$R$57:$R$67   Anzahl der angefahrenen Orte pro Tour

  R57=ZÄHLENWENN(C57:O57;">0") usw. durchkopieren

Hilfstabelle Tourenplan mit Ortsname:

    Übertragung der OrtsNr aus TP in den Ortsnamen. Aus Gründen der Übersichtlichkeit wird der Depotname ausgeblendet.

- U57=WENN(C57=0;"";SVERWEIS(C57;Knoten;2)) usw. durchkopieren

Hilfstabelle Abschnittslängen:

    Längenberechnung für die einzelnen Touren

- AL57=INDEX(Dist_ij;C57+1;D57+1) usw. durchkopieren

Hilfstabelle Lieferung pro Ort:

    Liefermengenberechnung für die einzelnen Touren

- AZ57=INDEX(q;C57+1) usw. durchkopieren

Rechenschema für das Savings-Verfahren

Das nachfolgende Rechenschema berücksichtigt den aktuellen Stand des Tourenplanes und berechnet daraus den maximalen Savingswert sowie die zu kombinierenden Touren mit ihrem jeweiligen Richtungssinn V bzw. R. Das Ergebnis wird dann im oben angegebenen Output des Rechenschemas angezeigt.

	A	B	C	D	E	F	G	H	I	J	K	L	M	N	O	P	Q	R	S	T	U	V	W
72																							
73										Richtung	VV	VR	RV	RR	VV	VR	RV	RR					
74		T1	T2	Anfang 1	Ende 1	Anfang 2	Ende 2	GesLief	Kombi?	E1A2	E1E2	A1A2	A1E2	E2A1	E2E1	A2A1	A2E1	Z-Max	Max	Tour1	Tour2	Richtung	
75	1	1	2	1	1	2	2	2	1	63	63	63	63	63	63	63	63	63					
76	2	1	3	1	1	3	3	2	1	47	47	47	47	47	47	47	47	47					
77	3	1	4	1	1	4	4	2	1	43	43	43	43	43	43	43	43	43					
78	4	1	5	1	1	5	5	2	1	12	12	12	12	12	12	12	12	12					
79	5	1	6	1	1	6	6	2	1	0	0	0	0	0	0	0	0	0					
80	6	1	7	1	1	7	7	2	1	0	0	0	0	0	0	0	0	0					
81	7	1	8	1	1	8	8	2	1	0	0	0	0	0	0	0	0	0					
82	8	1	9	1	1	9	9	2	1	0	0	0	0	0	0	0	0	0					
83	9	1	10	1	1	10	10	2	1	7	7	7	7	7	7	7	7	7					
84	10	1	11	1	1	11	11	2	1	14	14	14	14	14	14	14	14	14					
85	11	2	3	2	2	3	3	2	1	106	106	106	106	106	106	106	106	106	106	2	3	VV
86	12	2	4	2	2	4	4	2	1	61	61	61	61	61	61	61	61	61					
87	13	2	5	2	2	5	5	2	1	30	30	30	30	30	30	30	30	30					

Abbildung CVRP_Depot_Ddorf_Savings: Rechenschema (Ausschnitt)

Erläuterung:

- Spalte „T1" Nummer der 1. Tour, die kombiniert werden soll mit der 2-ten Tour

    B75=1 Vorbelegung

    B76=WENN(C75=n;B75+1;B75) usw.

    für alle Kombinationen durchkopieren

- Spalte „T2" Nummer der 2. Tour, mit der die 1-te Tour verbunden werden soll

    C75=2 Vorbelegung

    C76=WENN(C75=n;B76+1;C75+1)

    usw. für alle Kombinationen durchkopieren

- Spalte „Anfang 1" Anfangsknoten der Tour 1

    D75=INDEX(TP;B75;1) usw. durchkopieren

- Spalte „Ende 1" Endknoten der Tour 1

    E75=INDEX(TP;B75;INDEX(AnzOrte;B75)) usw. durchkopieren

- Spalte „Anfang 2" Anfangsknoten der Tour 1

    F75=INDEX(TP;C75;1) usw. durchkopieren

- Spalte „Ende 2" Endknoten der Tour 1

    G75=INDEX(TP;C75;INDEX(AnzOrte;C75)) usw. durchkopieren

8 Modelle zur Rundreise- und Tourenplanung

- Spalte „GesLief" Summe der Lieferungen von Tour 1 und Tour 2

    H75=INDEX(LieferMge;B75)+INDEX(LieferMge;C75)

    usw. durchkopieren

- Spalte „Kombi?" Markierung, ob eine Kombination von Tour 1 mit Tour 2 zulässig ist

    I75=WENN(UND(H75<=LKWKap;E75>0;G75>0);1;0)

    usw. durchkopieren

Über den nachfolgenden Kombinationsspalten steht oben in der Richtungszeile die jeweilige Tourenrichtung XY für die erste und die zweite Tour

mit X,Y=V oder R (Vorwärts bzw. Rückwärts)

- Spalte „E1A2" Saving bei Verbindung von Endpunkt 1 mit Anfangspunkt 2: T1 vorwärts; T2 vorwärts.

    J75=INDEX(Dist_ij;E75+1;1)+INDEX(Dist_ij;1;F75+1)

    -INDEX(Dist_ij;E75+1;F75+1)

    usw. durchkopieren

- Spalte „E1E2" Saving bei Verbindung von Endpunkt 1 mit Endpunkt 2: T1 vorwärts; T2 rückwärts.

    K75=INDEX(Dist_ij;E75+1;1)+INDEX(Dist_ij;1;G75+1)

    -INDEX(Dist_ij;E75+1;G75+1)

    usw. durchkopieren

- Spalte „A1A2" Saving bei Verbindung von Anfangspunkt 1 mit Anfangspunkt 2: T1 rückwärts; T2 vorwärts.

    L75=INDEX(Dist_ij;D75+1;1)+INDEX(Dist_ij;1;F75+1)

    -INDEX(Dist_ij;D75+1;F75+1)

    usw. durchkopieren

- Spalte „A1E2" Saving bei Verbindung von Anfangspunkt 1 mit Endpunkt 2: T1 rückwärts; T2 rückwärts.

    M75=INDEX(Dist_ij;D75+1;1)+INDEX(Dist_ij;1;G75+1)

    -INDEX(Dist_ij;D75+1;G75+1)

    usw. durchkopieren

- Spalte „E2A1" Saving bei Verbindung von Endpunkt 2 mit Anfangspunkt 1: T2 vorwärts; T1 vorwärts.

    N75=INDEX(Dist_ij;G75+1;1)+INDEX(Dist_ij;1;D75+1)

- Spalte „E2E1"

   Saving bei Verbindung von Endpunkt 2 mit Endpunkt 1: T2 vorwärts; T1 rückwärts.

   O75=INDEX(Dist_ij;G75+1;1)+INDEX(Dist_ij;1;E75+1)

   -INDEX(Dist_ij;G75+1;E75+1)

   usw. durchkopieren

- Spalte „A2A1"

   Saving bei Verbindung von Anfangspunkt 2 mit Anfangspunkt 1: T2 rückwärts; T1 vorwärts.

   P75=INDEX(Dist_ij;F75+1;1)+INDEX(Dist_ij;1;D75+1)

   -INDEX(Dist_ij;F75+1;D75+1)

   usw. durchkopieren

- Spalte „A2E1"

   Saving bei Verbindung von Anfangspunkt 2 mit Endpunkt 1: T2 rückwärts; T1 rückwärts.

   Q75=INDEX(Dist_ij;F75+1;1)+INDEX(Dist_ij;1;E75+1)

   -INDEX(Dist_ij;F75+1;E75+1)

   usw. durchkopieren

- Spalte „Z-Max"

   Zeilenmaximum der Savings-Werte oder 0, falls keine Kombination zulässig ist

   R75=MAX(J75:Q75)*I75 usw. bis n*(n-1)/2 durchkopieren

- Spalte „Max"

   Herausfiltern der Maximalwerte

   S75= WENN(R75=Max;R75;"") usw. bis n*(n-1)/2 durchkopieren

- Spalte „Tour 1"

   Herausfiltern der Tour, die ergänzt werden soll

   T75=WENN(S75="";"";WENN(Max=MAX(J75:M75);B75;C75))

   usw. durchkopieren

- Spalte „Tour 2"

   Herausfiltern der Tour, die mit Tour 1 verbunden werden soll

   U75=WENN(S75="";"";WENN(T75=B75;C75;B75))

   usw. durchkopieren

- Spalte „Richtung"

   Herausfiltern der Richtungen XY, in denen Tour 2 und Tour 1 aus T1 und T2 gebildet werden sollen

   X, Y= V bzw. R (Vorwärts bzw. Rückwärts)

   V75=WENN(S75="";"";INDEX($J$73:$Q$73; VERGLEICH(S75;J75:R75;0))) usw. durchkopieren.

Vorgehensweise

Im ersten Schritt wird der Tourenplan mit den n Pendeltouren belegt (siehe obige Abbildung!).

Das Rechenschema liefert als Output eine maximale Einsparung (Saving) von 106 durch eine Vorwärtsankoppelung von Tour 3 an Tour 2 (Ort 2 wird mit Ort 3 verbunden). Tour 3 wird auf „0" gesetzt. Wir erhalten die neue Tour 2 = 0 – 2 – 3 – 0.

Entsprechend werden die nächsten Ergebnisse des Rechenschemas bis zur Markierung „Fertig" übertragen. Die anzukoppelnde Tour 2 wird jeweils hinter der aufnehmenden Tour 1 eingefügt und und dann deaktiviert, indem sie auf „0" gesetzt wird.

Als Ergebnis erhalten wir einen Tourenplan mit Gesamtlänge 436 km, zum Vergleich: Das Optimum liegt bei 424 km.

Schritt	Saving	Tour 1	Tour 2	Richtung
1	106	2	3	VV
2	99	2	4	VV
3	69	2	5	VV
4	57	6	7	VV
5	47	10	11	VV
6	39	8	9	VV
7	31	6	8	VV
8	14	1	10	VR

Abbildung CVRP_Depot_Ddorf_Savings: Schritte des Savings-Verfahrens

Modellbasiertes Logistikmanagement

Der Tourenplan entsteht wie folgt:

Schritt 1	Kopplung	Neue Tour	Länge			Ersparnis
	0-2-0 0-3-0	0-2-3-0	61+27+72	=	160	106

Schritt 2	Kopplung	Neue Tour	Länge			Ersparnis
	0-2-3-0 0-4-0	0-2-3-4-0	61+27+23+50	=	161	99

Schritt 3	Kopplung	Neue Tour	Länge			Ersparnis
	0-2-3-4-0 0-5-0	0-2-3-4-5-0	61+27+23+17+36	=	164	69

Schritt 4	Kopplung	Neue Tour	Länge			Ersparnis
	0-6-0 0-7-0	0-6-7-0	35+11+33	=	79	57

Schritt 5	Kopplung	Neue Tour	Länge			Ersparnis
	0-10-0 0-11-0	0-10-11-0	38+18+27	=	83	47

Schritt 6	Kopplung	Neue Tour	Länge			Ersparnis
	0-8-0 0-9-0	0-8-9-0	28+25+36	=	89	39

Schritt 7	Kopplung	Neue Tour	Länge			Ersparnis
	0-6-7-0 0-8-9-0	0-6-7-8-9-0	35+11+30+25+36	=	137	31

Schritt 8	Kopplung	Neue Tour	Länge			Ersparnis
	0-10-11-0 0-1-0	0-10-11-1-0	38+18+46+33	=	135	14

Abbildung CVRP_Depot_Ddorf_Savings: Schritte des Savings-Verfahrens

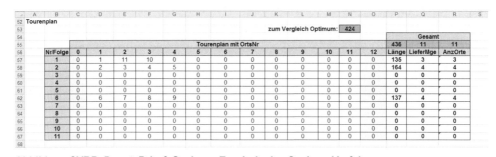

Abbildung CVRP_Depot_Ddorf_Savings: Ergebnis des Savings-Verfahrens

8 Modelle zur Rundreise- und Tourenplanung

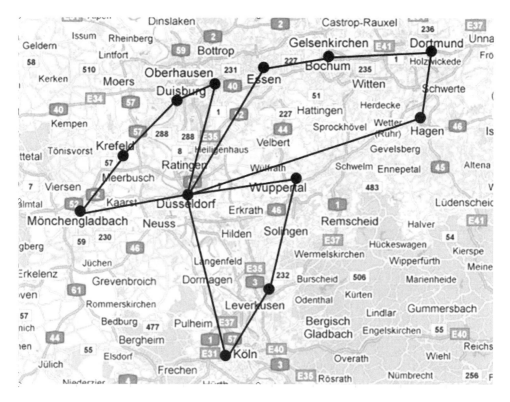

Abbildung CVRP_Depot_Ddorf_Savings: Tourenplan nach Savings-Verfahren

8.6.3 Das Sweep-Verfahren[1]

8.6.3.1 Allgemeine Idee des Sweep-Verfahrens

Das Sweep-Verfahren[2] ist koordinatenorientiert und sequentiell. Das Depot liegt dabei im Ursprung des Koordinatensystems (0,0). Die Kunden verteilen sich innerhalb eines (x,y)-Koordinatensystems. Das Sweep-Verfahren tastet nun die Kunden gegen den Uhrzeigersinn (also nach aufsteigenden Polarwinkeln) wie ein Radarstrahl ab und fügt sie zu Touren zusammen.[3]

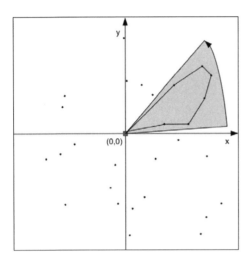

Abbildung Sweep-Verfahren: Kundenabtastung beim Sweep-Verfahren[4]

Dabei werden sukzessive so lange Kunden zu einer Tour zusammengefasst, bis die maximale Fahrzeugkapazität erreicht ist. Anschließend kann man dann noch zusätzlich die optimale Route einer Tour mithilfe einer Travelling-Salesman-Heuristik approximieren.

---

[1] Vgl. Feige, D. und Klaus, P. (2008): S. 401.

[2] Gillett/Miller (1974).

[3] Man könnte hier auch entgegen dem Uhrzeigersinn und nach aufsteigenden Kurswinkeln vorgehen.

[4] Vgl. Feige, D. und Klaus, P. (2008): S. 401.

8.6.3.2 Iterativer Lösungsalgorithmus

Start

Kunden nach aufsteigenden Polarwinkeln ordnen und von 1 bis n durchnummerieren.

Iteration (i = 1, ..., n)

Erstellung eines Tourenplans (TP_i), beginnend bei Kunde i;
- Eröffnung einer neuen Tour
- Der Tour werden solange Kunden hinzugefügt, bis die Ladekapazität des Fahrzeugs erreicht ist.
- Mithilfe des TSP die Route sowie die Gesamtlänge ermitteln
- Diese Schritte werden solange wiederholt, bis alle Kunden einer Tour zugeordnet sind.

Ermittlung der Gesamtlänge des Tourenplans TP_i

Abbruch

Sobald alle TP_n Tourenpläne erzeugt wurden

8.6.3.3 Qualität des Sweep-Algorithmus

Das Sweep-Verfahren liefert häufig gute Tourenpläne mit geringer Gesamtlänge. Einzelne Tourengebiete sind voneinander getrennt und überschneiden sich in der Regel nicht. Besonders gute Ergebnisse werden mit diesem Verfahren insbesondere dann erzielt, wenn das Depot relativ zentral zwischen den Kunden liegt.[1]

---

[1] Vgl. Suhl, L. und Mellouli (2006), S. 249ff.; Feige, D. und Klaus, P. (2008), S. 400f. sowie Vahrenkamp, R. und Mattfeld, D. C. (2007), S. 278ff.

Modellbasiertes Logistikmanagement

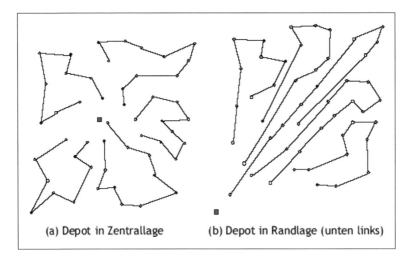

(a) Depot in Zentrallage   (b) Depot in Randlage (unten links)

Abbildung Sweep-Verfahren: Ergebnisse eines Sweep-Verfahrens[1]

8.6.4 Beispiel CVRP_Depot_Ddorf_Sweep

Ausgangssituation ist wieder die Planung für das Depot Düsseldorf.

Zuerst werden die Orte nach aufsteigenden Polarwinkeln nummeriert.

	Dist_ij	Düsseldorf	Wuppertal	Hagen	Dortmund	Bochum	Essen	Mülheim	Duisburg	Krefeld	M'Gladbach	Köln	Leverkusen	q	n
0	Düsseldorf	0	33	61	72	50	36	35	33	28	36	38	27	0	11
1	Wuppertal	33	0	31	58	40	57	68	66	61	69	64	46	1	
2	Hagen	61	31	0	27	50	67	79	90	89	97	77	59	1	
3	Dortmund	72	58	27	0	23	40	52	63	93	116	104	86	1	
4	Bochum	50	40	50	23	0	17	29	40	70	86	88	77	1	
5	Essen	36	57	67	40	17	0	12	23	53	72	74	63	1	
6	Mülheim	35	68	79	52	29	12	0	11	41	66	73	62	1	
7	Duisburg	33	66	90	63	40	23	11	0	30	55	71	60	1	
8	Krefeld	28	61	89	93	70	53	41	30	0	25	66	55	1	
9	M'Gladbach	36	69	97	116	86	72	66	55	25	0	70	63	1	
10	Köln	38	64	77	104	88	74	73	66	70	0	18		1	
11	Leverkusen	27	46	59	86	77	63	62	60	55	63	18	0	1	

Fuhrpark

	[1000 kg]	LKW 1
	LKWKap	4	maximale LKW-Kapazität

Abbildung CVRP_Depot_Ddorf_Sweep: Problembeschreibung
Die Orte sind nach aufsteigenden Polarwinkeln sortiert

Bezeichnungen

- Dist_ij   =$C$19:$N$30   Distanzen von i nach j
- Knoten   =$A$19:$B$30   KnotenNr mit KnotenName
                                   (für die Anzeige der Ortsnamen)

---

[1] Vahrenkamp, R. und Mattfeld, D. C. (2007): S. 279.

8 Modelle zur Rundreise- und Tourenplanung

- n   =$P$19   Anzahl der anzufahrenden Knoten
- q   =$O$19:$O$30   Liefermengen für die einzelnen Orte inklusive Depot
- LKWKap   =$C$35   max. LKW Kapazität (Beladungsmenge)

Rechenschema für das Sweep-Verfahren

Wir bilden nun die Tourenpläne, indem wir bei einem beliebigen Knoten starten und dann in der Reihenfolge der Polarwinkel die Touren so lange zusammensetzen, bis die LKW-Kapazität erreicht ist.

	A	B	C	D	E	F	G	H	I	J	K
40											
41		Tourenstart	TourNr	OrtsNr	Ortsname						
42		8	0	0	Düsseldorf	Distanz	LieferMge	LKWLadg	LiefGes	Nachfolger	Lad4Nachf
43		Länge	1	8	Krefeld	28	1	1	1	9	1
44		424	1	9	M'Gladbach	25	1	2	2	10	1
45			1	10	Köln	70	1	3	3	11	1
46			1	11	Leverkusen	18	1	4	4	1	1
47			1	0	Düsseldorf	27	0	0	4	1	1
48			2	1	Wuppertal	33	1	1	5	2	1
49			2	2	Hagen	31	1	2	6	3	1
50			2	3	Dortmund	27	1	3	7	4	1
51			2	4	Bochum	23	1	4	8	5	1
52			2	0	Düsseldorf	50	0	0	8	5	1
53			3	5	Essen	36	1	1	9	6	1
54			3	6	Mülheim	12	1	2	10	7	1
55			3	7	Duisburg	11	1	3	11	0	0
56			3	0	Düsseldorf	33	0	0	11	0	0
57											

Abbildung CVRP_Depot_Ddorf_Sweep: Rechenschema

Sei dazu

- Tourenstart   = $B$42   Eingabefeld für die Angabe der OrtsNr des Ortes, der nach dem Verlassen des Depots angefahren werden soll
- Länge   = $B$44   Gesamtlänge der Touren (Summe der Distanz-Spalte)
                 =SUMME(F43:F57)
- Spalte „TourNr"   Kennung der einzelnen Touren (Laufende Nummer)
                 C42=0   Vorbelegung
                 C43=WENN(D42=0;C42+1;C42) usw. durchkopieren
- Spalte „OrtsNr"   Nummer des anzufahrenden Ortes, falls Weiterbelieferung möglich ist, sonst Depot
                 D42=0   Vorbelegung

- Spalte „Ortsname"

- Spalte „Distanz"

- Spalte „LieferMge"

- Spalte „LKWLadg"

- Spalte „LiefGes"

- Spalte „Nachfolger"

- Spalte „Lad4Nachf"

D43=Tourenstart

D44=WENN(H43+K43>LKWKap;0;J43) usw. durchkopieren

Zugehöriger Ortsname

C45 = WENN(C60=$O60;C47;"") usw. durchkopieren

Streckendistanz zum Ort der Zeile

F43=INDEX(Dist_ij;D42+1;D43+1) usw. durchkopieren

Liefermenge für den Ort der Zeile

G43=INDEX(q;D43+1) usw. durchkopieren

Kumulierte Beladung des LKW dieser Tour

H43=G43   Vorbelegung

H44=WENN(D44=0;0;G44+H43) usw. durchkopieren

Kumulierte Liefermengen zur Feststellung, ob weitere Anfahrten nötig sind

I43=G43   Vorbelegung

I44=G44+I43 usw. durchkopieren

Bestimmung der Nummer des nächsten anzufahrenden Ortes

J43=WENN(I43=SUMME(q);0;

WENN(D43=0;J42;WENN(D43=n;1;D43+1)))

usw. durchkopieren

Ladung für den nächsten anzufahrenden Ort

K43 =INDEX(q;J43+1) usw. durchkopieren

Vorgehensweise

Man gibt nun eine OrtsNr für den Tourenstart ein und überträgt das Ergebnis in eine Ergebnistabelle. Das Verfahren bricht ab, wenn man alle oder genügend Startpunkte ausprobiert hat.

Aus unserer Ergebnistabelle ist ersichtlich, dass der Tourenplan 8 die geringste Gesamtdistanz von 424 km besitzt. Dieser bildet also die beste Lösung des Sweep-Verfahrens für das gezeigte Beispiel (und ist gleichzeitig sogar eine optimale Lösung!). Die Erstellung aller möglichen Tourenpläne rechtfertigt sich dadurch, dass sich die Gesamtlängen der Touren zum Teil erheblich voneinander unterscheiden. Im direkten Vergleich zum Savings-Verfahren (436 km) erreicht das Sweep-

Verfahren bei diesem Beispiel eine bessere Lösung. Dieses Ergebnis lässt sich jedoch nicht verallgemeinern. Ob das Savings- oder das Sweep-Verfahren die bessere Lösung liefert, ist von Fall zu Fall unterschiedlich.

	M	N	O	P
40				
41		\multicolumn{2}{c}{Ergebnistabelle}	
42		Tourenstart	Länge	
43		1	432	
44		2	436	
45		3	520	
46		4	454	
47		5	481	
48		6	479	
49		7	513	
50		8	424	<--
51		9	471	
52		10	477	
53		11	487	
54		Min	424	
55				

Abbildung CVRP_Depot_Ddorf_Sweep: Ergebnistabelle

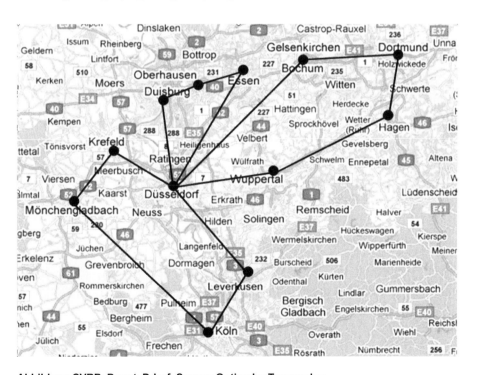

Abbildung CVRP_Depot_Ddorf_Sweep: Optimaler Tourenplan

8.6.5 Petal-Algorithmen[1]

8.6.5.1 Allgemeine Idee der Petal-Algorithmen

Auch bei Petal-Algorithmen werden die einzelnen Liefertouren der Fahrzeuge wie Blätter einer Blüte um das Depot aufgebaut.[2] Wie beim Sweep-Verfahren geht man zunächst von einer festen Reihenfolge aller Orte aus und versucht auf dieser Basis im zweiten Schritt zulässige Liefertouren zusammenzustellen.[3] Beim Sweep-Verfahren ist die Anfahrfolge durch die Anordnung nach den Polarkoordinaten gegeben, bei den Petal-Algorithmen geht man dagegen von einer optimalen oder suboptimalen Gesamttour im Sinne des Travelling-Salesman-Problems aus. Innerhalb dieser alles umfassenden Tour versucht man dann die besten Rückfahrten zum Depot zu finden. Die so entstehenden Liefertouren müssen dabei zulässig sein, also die vorgegebenen Kapazitätsbedingungen der Lieferfahrzeuge erfüllen.

Anschließend kann man auch hier noch zusätzlich die Route einer Liefertour mithilfe eines Travelling-Salesman-Verfahrens nachoptimieren oder verbessern.

8.6.5.2 Lösungsalgorithmus

Sei $r_0, r_1, \ldots, r_n, r_{n+1}$ eine vorgegebene (optimale oder nichtoptimale) Reihenfolge von Ortsnummern für die n Anfahrpunkte mit $r_0 = r_{n+1} = 0$, wobei 0 wieder für das Depot steht.

Ferner sei $T_{ij} = (0, r_i, r_{i+1}, \ldots, r_j, 0)$ ($j > i$) die Liefertour vom Depot 0 nach i, entlang der Gesamttour bis j, und wieder zurück zum Depot 0.

$T_{ij} : i, j = 0, \ldots, n$ ist dabei genau dann eine zulässige Liefertour,

- wenn j >i ist und
- wenn die LKW-Kapazität durch T_{ij} eingehalten wird.

---

[1] Vgl. Domschke (1997): S. 239ff.

[2] Petal: engl. Blütenblatt.

[3] Man spricht auch von „route first - cluster second"-Verfahren.

Sei $d(T_{ij}) = d_{0r_i} + \sum_{k=i+1}^{j-1} d_{r_k r_{k+1}} + d_{r_j 0}$ die Gesamtlänge von $T_{ij} : i,j = 0,...,n$, wobei d_{rs} wie gewohnt die Distanz von Ort r nach Ort s sei $0 \leq r,s \leq n$.

Schließlich sei für i, j = 0, ..., n: $H_{ij} = \infty$, falls T_{ij} unzulässig ist und $H_{ij} = d(T_{ij})$ sonst.

Der durch diese Tabelle erzeugte Graph gibt nun für jede Position i, j an, ob die zugehörige Liefertour von 0 über i nach j entlang der Gesamttour und zurück zum Depot zulässig ist und gegebenenfalls deren Länge.

Ein kürzester Weg von 0 nach n durch diesen Graphen liefert damit den kürzesten Gesamttourenplan auf der Basis der vorgegebenen Gesamtroute.

8.6.5.3 Qualität und Erweiterungsmöglichkeiten

Wie nicht anders zu erwarten, hängt die Güte der durch den Petal-Algorithmus gefundenen Lösungen natürlich stark von der vorgegebenen Gesamttour ab. Selbst wenn diese im Sinne des TSP-Ansatzes optimal ist, muss diese keinen optimalen Tourenplan liefern.[1] Die Lösung ist jedoch häufig recht gut. Zudem liefern auch einfache TSP-Heuristiken wie die des besten Nachfolgers auf diese Weise überraschend gute Tourenpläne.

Ein weiterer Vorteil liegt in der Erweiterung des Begriffes der Zulässigkeit für die Liefertouren. Im nachfolgenden Beispiel ist eine Liefertour zulässig, wenn die Lieferkapazität des LKW nicht überschritten wird. Man kann diesen Ansatz in natürlicher Weise ausdehnen auf die Vorgabe einer Touren-Gesamtdauer oder die Berücksichtigung von Zeitfenstern für die Anlieferung.

---

[1] Siehe hierzu das anschließende Beispiel.

Arbeitshilfe online

8.6.6 Beispiel CVRP_Depot_Ddorf_Petal

Problembeschreibung

Zur Vergleichbarkeit mit den anderen Verfahren betrachten wir auch hier wieder die Planung für das Depot Düsseldorf. Die Liefermengen dürfen nicht gesplittet werden und es stehen drei LKW mit der unten angegebenen Gewichtskapazität zur Verfügung.

Zur Gewährleistung, dass nicht mehr als drei LKW zum Einsatz kommen, wird als zusätzliche Restriktion gefordert, dass jeder LKW mindestens zu 75 % ausgelastet wird.

Entfernungsmatrix

	Dist_ij	Düsseldorf	Wuppertal	Hagen	Dortmund	Bochum	Essen	Mülheim	Duisburg	Krefeld	M'Gladbach	Köln	Leverkusen	q
0	Düsseldorf	0	33	61	72	50	36	35	33	28	36	38	27	0
1	Wuppertal	33	0	31	58	40	57	68	66	61	69	64	46	1
2	Hagen	61	31	0	27	50	67	79	90	89	97	77	59	1
3	Dortmund	72	58	27	0	23	40	52	63	93	116	104	86	1
4	Bochum	50	40	50	23	0	17	29	40	70	86	88	77	1
5	Essen	36	57	67	40	17	0	12	23	53	72	74	63	1
6	Mülheim	35	68	79	52	29	12	0	11	41	66	73	62	1
7	Duisburg	33	66	90	63	40	23	11	0	30	55	71	60	1
8	Krefeld	28	61	89	93	70	53	41	30	0	25	66	55	1
9	M'Gladbach	36	69	97	116	86	72	66	55	25	0	70	63	1
10	Köln	38	64	77	104	88	74	73	71	66	70	0	18	1
11	Leverkusen	27	46	59	86	77	63	62	60	55	63	18	0	1

Fuhrpark

1000 kg	LKW
maxLkwKap	4

Abbildung CVRP_Depot_Ddorf_Petal: Problembeschreibung

Bezeichnungen

- Dist_ij =\$C\$19:\$N\$30 Distanzen von i nach j
- Knoten =\$A\$19:\$B\$30 OrtsNr mit OrtsNamen (Tabelle für die Anzeige der Ortsnamen)
- q =\$O\$19:\$O\$30 Liefermengen für die einzelnen Orte inklusive Depot mit Liefermenge 0
- maxLKWKap =\$C\$35 max. LKW Kapazität (Beladungsmenge)

Rechenschema für den Petal-Algorithmus

Wir gehen in diesem Beispiel zunächst von einer optimalen Gesamttour für die vollständige Rundreise aus, wie sie beispielsweise in TSP_DepotDdorf bestimmt wurde. Für diese Tour sind zunächst ein paar Hilfszeilen zu berechnen.

8 Modelle zur Rundreise- und Tourenplanung

	A	B	C	D	E	F	G	H	I	J	K	L	M	N	O
37															
38	Aufbau einer Gesamttour (vorgegeben)														
39															
40		OrtsName	Düsseldorf	M'Gladbach	Krefeld	Duisburg	Mülheim	Essen	Bochum	Dortmund	Hagen	Wuppertal	Leverkusen	Köln	Düsseldorf
41		Reihenfolge	0	1	2	3	4	5	6	7	8	9	10	11	12
42		OrtsNr	0	9	8	7	6	5	4	3	2	1	11	10	0
43		Länge	0	36	25	30	11	12	17	23	27	31	46	18	38
44		Lges	0	36	61	91	102	114	131	154	181	212	258	276	314
45		Qges	0	1	2	3	4	5	6	7	8	9	10	11	
46															

Abbildung CVRP_Depot_Ddorf_Petal: Vorgegebene Gesamttour

Sei dazu:

- Zeile „OrtsName" C40:O40   Ortsname zu der OrtsNr

  C40=SVERWEIS(C42;Knoten;2;FALSCH) usw. durchkopieren

- Zeile „Reihenfolge" C41:O41   Natürliche Reihenfolge der Gesamttour

- OrtsNr   C42:O42   Ortsnummern der vorgegebenen

  Gesamttour in Reihenfolge

- Zeile „Länge"   C43:O43   Längen der Streckenabschnitte, jeweils

  C43=0   Distanz zum Vorgänger

  D43=INDEX(Dist_ij;C42+1;D42+1) usw. durchkopieren

- Lges   = $C$44:$O$44   Kumulierte Längen der Streckenabschnitte

  („km-Stand" nach Anfang der Gesamttour)

  C44=0; D44=C44+D43 usw. durchkopieren

- Qges   = $C$45:$O$45   Kumulierte Liefermengen der Gesamttour

  C45=0; D45=C45+INDEX(q;D42+1) usw. durchkopieren

Berechnung der zulässigen Liefertouren

	A	B	C	D	E	F	G	H	I	J	K	L	M	N	O	P
47																
48	Hilfstabelle												BigNumber		999999	
49																
50			Reihenfolge	0	1	2	3	4	5	6	7	8	9	10	11	
51	Reihenfolge	H_ij	Düsseldorf	M'Gladbach	Krefeld	Duisburg	Mülheim	Essen	Bochum	Dortmund	Hagen	Wuppertal	Leverkusen	Köln	OrtsNr	Ziel
52	0	Düsseldorf	999999	999999	999999	124	137	999999	999999	999999	999999	999999	999999	999999	0	0
53	1	M'Gladbach	999999	999999	999999	999999	104	117	999999	999999	999999	999999	999999	999999	9	0
54	2	Krefeld	999999	999999	999999	999999	999999	92	123	999999	999999	999999	999999	999999	8	0
55	3	Duisburg	999999	999999	999999	999999	999999	999999	114	159	999999	999999	999999	999999	7	0
56	4	Mülheim	999999	999999	999999	999999	999999	999999	148	164	999999	999999	999999	999999	6	0
57	5	Essen	999999	999999	999999	999999	999999	999999	999999	161	164	999999	999999	999999	5	0
58	6	Bochum	999999	999999	999999	999999	999999	999999	999999	999999	163	203	999999	999999	4	0
59	7	Dortmund	999999	999999	999999	999999	999999	999999	999999	999999	999999	165	194	999999	3	0
60	8	Hagen	999999	999999	999999	999999	999999	999999	999999	999999	999999	999999	135	999999	2	0
61	9	Wuppertal	999999	999999	999999	999999	999999	999999	999999	999999	999999	999999	999999	999999	1	0
62	10	Leverkusen	999999	999999	999999	999999	999999	999999	999999	999999	999999	999999	999999	999999	11	0
63	11	Köln	999999	999999	999999	999999	999999	999999	999999	999999	999999	999999	999999	999999	10	1
64		Ortsnr	0	9	8	7	6	5	4	3	2	1	11	10		
65		Start	1	0	0	0	0	0	0	0	0	0	0	0		
66																

Abbildung CVRP_Depot_Ddorf_Petal: Hilfstabelle

In der nachstehenden Hilfstabelle wird nun für jeden Streckenabschnitt von i nach j der Gesamttour zunächst festgestellt, ob er als Liefertour vom Depot aus zulässig ist (die Kapazitätsrestriktionen erfüllt) und wie lang diese Liefertour dann wäre.
Mit:

- BigNumber = $N$48   Große Zahl
- Zeile „Reihenfolge" C50:N50   Natürliche Reihenfolge, beginnend mit 0
- Kopfzeile von H_ij C51:N51   Zugehörige Ortsnamen
  C51=C40 usw. durchkopieren
- Spalte „Reihenfolge" C50:N50   Natürliche Reihenfolge, beginnend mit 0
- Kopfspalte von H_ij B52:B63   Zugehörige Ortsnamen
  Transponierte der Kopfzeile von H_ij
- Spalte OrtsNr O52:O63   Zugehörige OrtsNr zu den OrtsNamen
  O52 =VERGLEICH(B52;$B$19:$B$30;0)-1 usw. durchkopieren
- Zeile OrtsNr C64:N64   Zugehörige OrtsNr zu den OrtsNamen
  C64 =VERGLEICH(C51;$B$19:$B$30;0)-1 usw. durchkopieren
- H_ij = $C$52:$N$63   Tabelle der zulässigen Touren mit ihren Gesamtlängen:
  C52=WENN(ODER($A52>=C$50;
  INDEX(Qges;C$50+1)-INDEX(Qges;$A52+1)>maxLKWKap;
  INDEX(Qges;C$50+1)-INDEX(Qges;$A52+1)<0,75*maxLKWKap
  );BigNumber;
  INDEX(Dist_ij;1;$O53+1)-INDEX(Lges;$A53+1)+
  INDEX(Lges;C$50+1)+INDEX(Dist_ij;C$64+1;1))
  usw. durchkopieren
- Start = $C$65:$N$65   Markierung Startpunkt mit 1, Rest auf 0
- Ziel = $L$16:$L$24   Markierung Zielpunkt mit 1, Rest auf 0

H_ij liefert dabei den Wert BigNumber, der für „nicht zulässig" steht,
- wenn j kein Nachfolger von i auf der Tour ist oder
- wenn die LKW-Kapazität überschritten wird oder
- wenn die LKW-Auslastung von 75% unterschritten wird.

Ansonsten wird die Liefertourlänge vom Depot über i nach j zurück zum Depot angegeben.

Berechnung der optimalen Zusammensetzung der Liefertouren

Im letzten Schritt wird nun die optimale Zusammensetzung der Liefertouren bestimmt oder anders ausgedrückt: die optimalen Rückfahrpunkte auf der Gesamttour zum Depot. Diese Fragestellung lässt sich übersetzen mit der Bestimmung des kürzesten Weges von Knoten 0 nach Knoten n durch den Graphen, der durch die Hilfstabelle H_ij bestimmt wird.

Ansatz 1: Berechnung des kürzesten Weges über ein mehrstufiges Transportmodell

	X_ij	Düsseldorf	M'Gladbach	Krefeld	Duisburg	Mülheim	Essen	Bochum	Dortmund	Hagen	Wuppertal	Leverkusen	Köln	SekNachfr	GesNachfr
	Düsseldorf	0	0	0	0	0	0	0	0	0	0	0	0	0	0
	M'Gladbach	0	0	0	0	0	0	0	0	0	0	0	0	0	0
	Krefeld	0	0	0	0	0	0	0	0	0	0	0	0	0	0
	Duisburg	0	0	0	0	0	0	0	0	0	0	0	0	0	0
	Mülheim	0	0	0	0	0	0	0	0	0	0	0	0	0	0
	Essen	0	0	0	0	0	0	0	0	0	0	0	0	0	0
	Bochum	0	0	0	0	0	0	0	0	0	0	0	0	0	0
	Dortmund	0	0	0	0	0	0	0	0	0	0	0	0	0	0
	Hagen	0	0	0	0	0	0	0	0	0	0	0	0	0	0
	Wuppertal	0	0	0	0	0	0	0	0	0	0	0	0	0	0
	Leverkusen	0	0	0	0	0	0	0	0	0	0	0	0	0	0
	Köln	0	0	0	0	0	0	0	0	0	0	0	0	0	1
	SekAngeb	0	0	0	0	0	0	0	0	0	0	0	0		
	GesAngeb	1	0	0	0	0	0	0	0	0	0	0	0		

Gesamtlänge   0

Abbildung CVRP_Depot_Ddorf_Petal: Transportmengenmatrix mit Vorgabewert 0

Mit:

- X_ij = $C$71:$N$82   Transportindikator vom Versender zum Empfänger
- Kopfzeile von X_ij: C70:N70   Zugehörige Ortsnamen
  C70=C40 usw. durchkopieren
- Kopfspalte von X_ij: B71:B82   Zugehörige Ortsnamen
  B71=B52 usw. durchkopieren
- SekAngeb = $C$83:$N$83   Spaltensumme von X_ij
- GesAngeb = $C$84:$N$84   = Start + SekAngebot
- SekNachfr = $O$71:$O$82   Zeilensumme von X_ij
- GesNachfr = $M$71:$M$82   = Ziel + SekNachfr

- Gesamtlänge = $C$86   =SUMMENPRODUKT(H_ij;X_ij)

Eingabe des mathematischen Modells in den Solver

Mathematisches Modell für die Bestimmung des kürzesten Weges:

Entscheidungsvariablen:
   X_ij: die genutzten Verbindungen von i nach j.

Zielfunktion:
   Die Gesamtlänge = H_ij x X_ij ist zu minimieren.

Nebenbedingungen:
   GesAngeb >= GesNachfr
   X_ij >= 0

Abbildung CVRP_Depot_Ddorf_Petal: Mathematisches Modell mit den verwendeten Bezeichnungen

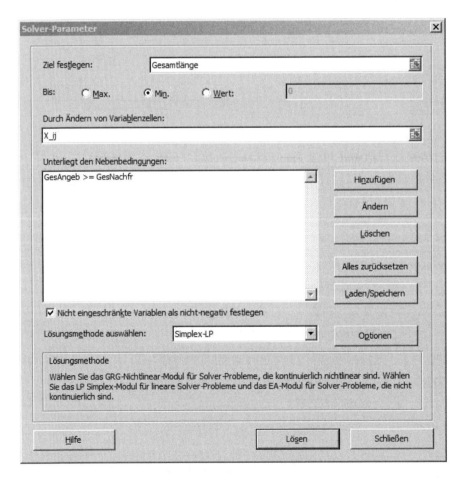

Abbildung CVRP_Depot_Ddorf_Petal: Eingabe des Mathematischen Modells in den Solver

Mit obiger Solver-Eingabe erhält man als Ergebnis:

8 Modelle zur Rundreise- und Tourenplanung

Bestimmung des kürzesten Weges

X_ij	Düsseldorf	M'Gladbach	Krefeld	Duisburg	Mülheim	Essen	Bochum	Dortmund	Hagen	Wuppertal	Leverkusen	Köln	SekNachfr	GesNachfr
Düsseldorf	0	0	0	0	1	0	0	0	0	0	0	0	1	1
M'Gladbach	0	0	0	0	0	0	0	0	0	0	0	0	0	0
Krefeld	0	0	0	0	0	0	0	0	0	0	0	0	0	0
Duisburg	0	0	0	0	0	0	0	0	0	0	0	0	0	0
Mülheim	0	0	0	0	0	0	0	1	0	0	0	0	1	1
Essen	0	0	0	0	0	0	0	0	0	0	0	0	0	0
Bochum	0	0	0	0	0	0	0	0	0	0	0	0	0	0
Dortmund	0	0	0	0	0	0	0	0	0	0	0	0	0	0
Hagen	0	0	0	0	0	0	0	0	0	1	0	0	1	1
Wuppertal	0	0	0	0	0	0	0	0	0	0	0	0	0	0
Leverkusen	0	0	0	0	0	0	0	0	0	0	0	0	0	0
Köln	0	0	0	0	0	0	0	0	0	0	0	0	0	1
SekAngeb	0	0	0	0	1	0	0	1	0	1	0	1		
GesAngeb	1	0	0	0	1	0	0	1	0	1	0	1		

Gesamtlänge 436

Abbildung CVRP_Depot_Ddorf_Petal: Ausgabe der optimalen Lösung

Aus dieser Matrix kann man unmittelbar den kürzesten Weg und damit die optimalen Rückfahrpunkte Mülheim, Hagen und Köln auf der Gesamttour ablesen.

Als Gesamtlänge der Liefertouren ergibt sich der Wert 436 km. Zum Vergleich: Das Optimum lag bei 424 km.

Ansatz 2: Berechnung des kürzesten Weges über den Dijkstra-Algorithmus

Will man dagegen auf Optimierungsmodelle wegen der auftretenden Größe gänzlich verzichten, so kann man anstelle des mehrstufigen Transportmodells auch den graphentheoretischen Dijkstra-Algorithmus anwenden. Hierzu können wir direkt die oben angegebene Hilfstabelle H_ij verwenden.

Rechenschema für den Dijkstra-Algorithmus

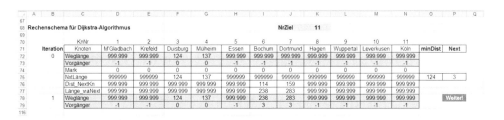

Abbildung CVRP_Depot_Ddorf_Petal_mit_Dijkstra: Iteration 0

Mit:

- NrZiel = $K$68 Nummer des Zielknotens
- Zeile KnNr = D70:K70 Knotennummern ab 1

Iteration 0: Ermittlung aller Nachfolger von Knoten 0

- Zähler   B72=0   die Iterationszahl für den Ausgang: j=0
- Weglänge   D72:N72   Zeile 0 von H_ij ab Knoten 1
- Vorgänger   D73:N73   Nummer des Vorgängerknotens
                                          bzw. -1 falls kein Vorgänger existiert
                 D73=WENN(D72<BigNumber;$A52;-1) usw. durchkopieren.
- Mark   D74:N74   Knotenmarkierung: 1: schon untersucht;
                                          0: noch nicht untersucht
                 D74=WENN($B72=0;0;WENN(D$70=$P69;1;D68))
                                                              usw. durchkopieren
- NxtLänge   D75:N75   Nur die Weglänge noch nicht untersuchter Knoten
                 D75=WENN(D74=1;"";D72) usw. durchkopieren.
- minDist   O75   Minimum von NxtLänge
                 O75=MIN(D75:N75)
- Next   P75   Nummer eines Knotens mit minimaler Länge,
                                          der als nächster untersucht wird
                 P75=VERGLEICH(O75;D75:N75;0)
- Dist_NextKn   D76:N76   Zeile <Next> von H_ij ab Knoten 1
                 D76=INDEX(H_ij;$P75+1;D$70+1) usw. durchkopieren
- Länge_viaNext D77:N77   Weglänge vom Startknoten zum Spaltenknoten über den Knoten <Next>
                 D77=WENN(D76=BigNumber;BigNumber;INDEX($D72:$N72;$P75)+D76)
                                                              usw. durchkopieren

In der Iteration 0 wird die Markierungszeile Mark mit dem Wert 0 vorbelegt. Ab der Iteration 1 wird dann der berechnete nächste Knoten <Next> mit 1 markiert und ab dann als „schon untersucht" betrachtet.

Das Ergebnis der Iteration 0 ist dann der Ausgangspunkt der Iteration 1.

Iteration 1: Wegverkürzung über den untersuchten Knoten und Ermittlung weiterer Nachfolger

- Zähler   B78=0   Die Iterationszahl wird um 1 erhöht.
               B78=B72+1
- Weglänge   D78:N78   Länge des bisher bekannten kürzesten
                               Weges vom Startknoten zum Spaltenknoten
               D78=MIN(D72;D77) usw. durchkopieren
- Vorgänger   D79:N79   Nummer des Vorgängerknotens des
                               Spaltenknotens auf dem Weg vom
                               Startknoten dort hin
               D79= WENN(D78=D72;D73;$P75) usw. durchkopieren
- Weiter/Fertig P78   Abbruchmarkierung
               P78=WENN(P75=NrZiel;"Fertig!";"Weiter!")

Dabei wird jeweils untersucht, ob der Weg vom Startknoten zum Spaltenknoten über den Knoten <Next> verkürzt werden kann und dann gegebenfalls der Vorgänger auf <Next> verändert.

Iterationen 2 bis zur Erfüllung des Abbruchkriteriums

Man kann jetzt den Zeilenbereich <74 bis 79> direkt anschließend ab Zeile 80 kopieren, also keine Zeile zwischen den Bereichen freilassen, und diesen Kopierprozess so lange wiederholen, bis in der Zelle der Abbruchmarkierung der Wert „Fertig!" auftaucht. Dann ist der ermittelte nächste zu untersuchende Knoten der Zielknoten und die minimale Distanz die Länge des kürzesten Weges vom Startknoten dort hin.

Auch hier kann man über die Vorgängerangabe sofort den kürzesten Weg und damit die optimalen Rückfahrpunkte Mülheim, Hagen und Köln auf der Gesamttour ablesen. Als Gesamtlänge der Liefertouren ergibt sich natürlich wieder der Wert 436 km.

Modellbasiertes Logistikmanagement

	A	B	C	D	E	F	G	H	I	J	K	L	M	N	O	P	Q
67																	
68		Rechenschema für Dijkstra-Algorithmus							NrZiel	11							
69																	
70			KnNr	1	2	3	4	5	6	7	8	9	10	11			
71		Iteration	Knoten	M'Gladbach	Krefeld	Duisburg	Mülheim	Essen	Bochum	Dortmund	Hagen	Wuppertal	Leverkusen	Köln	minDist	Next	
72		0	Weglänge	999.999	999.999	124	137	999.999	999.999	999.999	999.999	999.999	999.999	999.999			
73			Vorgänger	-1	-1	0	0	-1	-1	-1	-1	-1	-1	-1			
74			Mark	0	0	0	0	0	0	0	0	0	0	0			
75			NxtLänge	999999	999999	124	137	999999	999999	999999	999999	999999	999999	999999	124	3	
76			Dist_NextKn	999 999	999 999	999 999	999 999	999 999	114	159	999 999	999 999	999 999	999 999			
77			Länge_viaNext	999 999	999 999	999 999	999 999	999 999	238	283	999 999	999 999	999 999	999 999			
78		1	Weglänge	999.999	999.999	124	137	999.999	238	283	999.999	999.999	999.999	999.999		Weiter!	
79			Vorgänger	-1	-1	0	0	-1	3	3	-1	-1	-1	-1			
80			Mark	0	0	1	0	0	0	0	0	0	0	0			
81			NxtLänge	999999	999999		137	999999	238	283	999999	999999	999999	999999	137	4	
82			Dist_NextKn	999 999	999 999			999 999			148	164	999 999	999 999			
83			Länge_viaNext	999 999	999 999		999 999	999 999			285	301	999 999	999 999			
108		6	Weglänge	999.999	999.999	124	137	999.999	238	283	301	401	441	436		Weiter!	
109			Vorgänger	-1	-1	0	0	-1	3	3	4	6	6	8			
110			Mark	0	0	1	1	0	1	1	1	1	1	0			
111			NxtLänge	999999	999999			999999					441	436	436	11	
112			Dist_NextKn	999 999	999 999	999 999	999 999	999 999	999 999	999 999	999 999	999 999	999 999	999 999			
113			Länge_viaNext	999 999	999 999	999 999	999 999	999 999	999 999	999 999	999 999	999 999	999 999	999 999			
114		7	Weglänge	999.999	999.999	124	137	999.999	238	283	301	401	441	436		Fertig!	
115			Vorgänger	-1	-1	0	0	-1	3	3	4	6	6	8			

Abbildung CVRP_Depot_Ddorf_Petal_mit_Dijkstra:
Die Iterationen bis zum Abbruch in Iteration 7 (Ausschnitt)

Anmerkungen zu den Ergebnisses des Petal-Verfahrens

Im obigen Beispiel haben wir als vorgegebene Gesamttour die bzgl. TSP optimale Rundreise OptTSP gewählt. Man kann aber auch gute Lösungen mit heuristisch bestimmten Gesamttouren erhalten. In der nachfolgenden Abbildung sind Alternativen angegeben. Man erhält das Ergebnis, indem man die OrtsNr in Zeile 42 abändert und einmal nachoptimiert. Der Rest erfolgt automatisch.

	A	B	C	D	E	F	G	H	I	J	K	L	M	N	O
3															
4	Vorgegebene Gesamttouren														
5															
6		Reihenfolge	0	1	2	3	4	5	6	7	8	9	10	11	12
7		BestNachfolger	0	11	10	1	2	3	4	5	6	7	8	9	0
8		OptTSP	0	9	8	7	6	5	4	3	2	1	11	10	0
9		OptCVRP	0	1	2	3	4	5	6	7	8	9	10	11	0
10															

Abbildung CVRP_Depot_Ddorf_Petal: Alternative Gesamttouren.

Wenn man übrigens auf die zusätzliche Restriktion der mindestens 75 %-Auslastung der LKW verzichtet, so liefert der Petal-Algorithmus im Falle BestNachfolger und OptTSP kürzere Gesamttouren, die jedoch nicht nur die geforderten drei, sondern vier LKW benötigen!

	A	B	C	D	E	F
11						
12	Ergebnisse:					
13						
14			Tour 1	Tour 2	Tour 3	
15		BestNachfolger	Düsseldorf	Düsseldorf	Düsseldorf	
16			Leverkusen	Hagen	Mülheim	
17			Köln	Dortmund	Duisburg	
18			Wuppertal	Bochum	Krefeld	
19			Düsseldorf	Essen	M'Gladbach	
20				Düsseldorf	Düsseldorf	
21		443	142	164	137	
22		OptTSP	Düsseldorf	Düsseldorf	Düsseldorf	
23			M'Gladbach	Essen	Wuppertal	
24			Krefeld	Bochum	Leverkusen	
25			Duisburg	Dortmund	Köln	
26			Mülheim	Hagen	Düsseldorf	
27			Düsseldorf	Düsseldorf		
28		436	137	164	135	
29		OptCVRP	Düsseldorf	Düsseldorf	Düsseldorf	
30			Wuppertal	Essen	Krefeld	
31			Hagen	Mülheim	M'Gladbach	
32			Dortmund	Duisburg	Köln	
33			Bochum	Düsseldorf	Leverkusen	
34			Düsseldorf		Düsseldorf	
35		424	164	92	168	
36						

Abbildung CVRP_Depot_Ddorf_Petal: Zugehörige Pläne für Liefertouren

Die natürliche Reihenfolge (nach den Polarwinkeln sortiert) liefert hier sogar das Optimum.

8.7 Kapazitätsbeschränkte Tourenplanung mit Zeitfenstern (Capacitated Vehicle Routing Problem with Time Windows)

8.7.1 Ökonomische Problembeschreibung

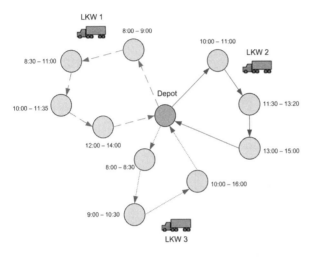

Abbildung: Tourenplanung mit Zeitfenstern

Bei dieser Problemstellung wird das kapazitätsbeschränkte Tourenplanungsproblem um (harte) Zeitfenster erweitert. Jeder Kunde (Knoten) besitzt ein eigenes Zeitfenster mit der frühesten und der spätesten Ankunftszeit, in dem er von einem Fahrzeug angefahren werden muss.[1] Die restlichen Voraussetzungen sind mit denen des CVRP identisch. Als Optimierungsziele können hier u.a. die minimale Gesamtfahrtdauer der Auslieferungstouren oder die Minimierung der spätesten Rückkehr ins Depot auftreten.

Für eine realitätsgerechte Bearbeitung von Tourenplanungsproblemen sind die Zeitfenster absolut relevant und in der Transportwirtschaft gängige Praxis (City Logistik, Just-in-Time-Belieferung). In der Regel haben diese Zeitvorgaben einen enormen Einfluss auf den Verlauf der einzelnen Touren. Enge Zeitfenster verursachen oftmals eine nicht unerhebliche Steigerung der zurückzulegenden Gesamtdistanz und führen damit auch zu höheren Kosten.

---

[1] Stimmen früheste und späteste Ankunftszeit überein, so ist der Bedienungszeitpunkt fest vorgegeben (fixed schedule).

Beispiele:

Tourenplanungen mit Zeitfenstern ergeben sich im Zusammenhang mit Öffnungs- und Leerungszeiten. So findet man sie unter anderem bei der Leerung von Postkästen oder bei Geldtransporten. Probleme mit nahezu identischen Zeitfenstern gibt es bei der Auslieferung von morgendlichen Tageszeitungen oder Backwaren. Manche Innenstädte dürfen wegen der Verkehrsbelastung nur noch zu bestimmten Zeiten beliefert werden. Viele Unternehmen teilen ihren Lieferanten Zeitfenster für die Anlieferung mit, um ihr Personal im Entladebereich gleichmäßig zu belasten und Warteschlangen im Anlieferbereich zu vermeiden.

8.7.2 Mathematische Formulierung des Problems (CVRPTW)

Es seien n+1 verschiedene Knoten i = 0, ..., n gegeben. Dabei sei Knoten 0 das Lieferdepot und seien die anderen Knoten die Standorte der Kunden 1, ..., n.

Jeder Kunde i habe einen Bedarf q_i an Liefermenge, die nicht gesplittet geliefert werden darf. Frühester Lieferbeginn ist z_i^{Anf}, spätester Lieferbeginn ist z_i^{Ende}. Für die Lieferung wird dabei eine Servicezeit z_i^{Serv} unterstellt (Formalitäten, Abladen, Aufladen). Die Zeiten seien dabei alle in [ZE] nach dem gemeinsamen Verlassen des Depots zum Zeitpunkt $z_0^{Anf} = 0$ ausgedrückt.

Die Auslieferung soll mittels p LKW erfolgen, wobei LKW k die Ladekapazität Q_k habe. Die Fahrzeiten t_{ij} zwischen den einzelnen Knoten sind bekannt.

Gesucht sind die Liefertouren der einzelnen LKW, so dass alle Kunden innerhalb der Zeitfenster beliefert werden und die gesamte Lieferzeit minimal oder der späteste LKW so früh wie möglich im Depot zurück sei.

8.7.3 Mathematisches Modell

Indices:

i =	0, ..., n	Knoten (0: Depot ;1, ..., n: Ladestellen)
j =	0, ..., n	Knoten (0: Depot ;1, ..., n: Ladestellen)
k =	1, ..., p	LKW

Gegebene Daten:

t_{ij}	Fahrzeit (-dauer) [ZE] von Knoten i zu Knoten j, für alle i, j = 0, ..., n
Q_k	Ladekapazität [ME] von LKW k, k = 1, ..., p
q_i	Liefermenge [ME] an Knoten i, i = 1, ..., n
z_i^{Anf}	frühester Lieferbeginn bei Knoten i, i = 1, ..., n; gemessen in [ZE] nach Verlassen des Depots
z_i^{Ende}	spätester Lieferbeginn [ZE] bei Knoten i, i = 1, ..., n; gemessen in [ZE] nach Verlassen des Depots
z_i^{Serv}	Servicedauer [ZE] bei Knoten i, i = 1, ..., n

Entscheidungsvariablen:

x_{ijk}	= 1	wenn LKW k von i nach j fährt i, j = 0, ..., n; k = 1, ..., p
x_{ijk}	= 0	wenn LKW k nicht von i nach j fährt i, j = 0, ..., n; k = 1, ..., p
u_{ik}		(ordinale) Folgenummer, in der Knoten i auf der Tour des LKW k angefahren wird, i = 1, ..., n; k = 1, ..., p
y_{ik}	= 1	wenn Knoten i auf der Tour des LKW k liegt i = 0, ..., n; k = 1, ..., p
y_{ik}	= 0	wenn Knoten i nicht auf der Tour des LKW k liegt i = 0, ..., n; k = 1, ..., p
z_i		Beginn der Belieferung des Kunden i : i = 1, ..., n; gemessen in [ZE] nach Verlassen des Depots
$z_0^{k\_Ende}$		obere Schranke für den Zeitpunkt der Rückkehr des LKW k ins Depot; k = 1, ..., p; gemessen in [ZE] nach Verlassen des Depots
z_0^{Ende}		obere Schranke für den Zeitpunkt der Rückkehr des letzten LKW ins Depot; gemessen in [ZE] nach Verlassen des Depots

8 Modelle zur Rundreise- und Tourenplanung

Mögliche Zielfunktionen:

(ZF_1) $\sum_{k=1}^{p}\sum_{i=0}^{n}\sum_{j=0}^{n} t_{ij} x_{ijk} \to \min!$ Minimiere die gesamte Fahrzeit!

(ZF_2) $\sum_{k=1}^{p} z_0^{k\_Ende} \to \min!$ Minimiere die gesamte Fahrdauer!

(ZF_3) $z_0^{Ende} \to \min!$ Minimiere die späteste Rückkehr ins Depot!

Restriktionen (Nebenbedingungen):

(1) $\sum_{i=1}^{n} q_i y_{ik} \leq Q_k$ für k = 1, …, p
Ladekapazität der LKW einhalten

(2) $\sum_{k=1}^{p} y_{0k} = p$ Knoten 0 ist Ausgangspunkt aller Touren.

(3) $\sum_{k=1}^{p} y_{ik} = 1$ für i = 1, …, n
Jeder anzufahrende Knoten kann nur einmal angefahren werden (kein Splitten der Lieferung).

(4) $\sum_{j=0}^{n} x_{ijk} = y_{ik}$ für i = 0, …, n; k = 1, …, p
LKW k fährt nur dann von i nach j, wenn i zur Tour von LKW k gehört.

(5) $\sum_{i=0}^{n} x_{ijk} = y_{jk}$ für j = 0, …, n; k = 1, …, p
LKW k fährt nur dann von i nach j, wenn j zur Tour von LKW k gehört.

(B1) $x_{ijk} \in \{0,1\}$ für alle i, j = 0, …, n und k = 1, …, p
Binärvariablen

(B2) $y_{ik} \in \{0,1\}$ für alle i = 0, …, n und k = 1, …, p
Binärvariablen

(MTZ_1) $u_{ik} - u_{jk} + Q_k x_{ijk} \leq Q_k - q_i$ für alle i, j = 1, …, n; i≠j; k = 1, …, p
Verhinderung von Subtouren

(MTZ_2) $q_i \leq u_{ik} \leq Q_k$ für i = 1, …, n; k = 1, …, p

(TW) $z_i^{Anf} \leq z_i \leq z_i^{Ende}$ Einhalten der Zeitfenster
i = 1, …, n

(ZD_ij) $z_i + z_i^{Serv} + t_{ij} - (1 - x_{ijk})T \leq z_j$ Verknüpfung Lieferbeginn und Fahrzeit

für $i = 0, \ldots, n; j = 1, \ldots, n; k = 1, \ldots, p$;

wobei T eine große Zahl sei

sowie $z_0 = z_0^{Serv} = 0$

(ZD_i0_k) $z_i + z_i^{Serv} + t_{i0} - (1 - x_{i0k})T \leq z_0^{k\_Ende}$ Verknüpfung Lieferbeginn und Rückkehr für $i = 0, \ldots, n; k = 1, \ldots, p$;

wobei T eine große Zahl sei

(Z_End) $z_0^{k\_Ende} \leq z_0^{Ende}$ Verknüpfung der Rückkehr-Zeitpunkte für $k = 1, \ldots, p$

8.7.4 Anmerkung zu den Zielfunktionen

Für den Fall der Zielfunktion (ZF_1), also der Minimierung der gesamten Fahrzeit, sind die Variablen z_0^{Ende} sowie $z_0^{k\_Ende}$ nicht nötig, genauso wenig wie die Restriktionen (ZD_i0_k) und (Z_End).

Im Falle der Zielfunktion (ZF_2), also der Minimierung der gesamten Fahrdauer inklusive Service- und Wartezeiten, braucht man alle Variablen und alle Restriktionen.

Eine Lösung des Systems mit $z_0^{k\_Ende} = 0$ bedeutet übrigens, dass LKW k im Depot verbleibt.

Im Falle von (ZF_3), also der frühesten letzten Rückkehr ins Depot, kann man sich bei der oberen Schranke auf z_0^{Ende} beschränken. Dann ersetzt man (ZD_i0_k) durch:

(ZD_i0) $z_i + z_i^{Serv} + t_{i0} - (1 - x_{i0k})T \leq z_0^{Ende}$ für $i = 0, \ldots, n; k = 1, \ldots, p$

Offenbar muss eine optimale Lösung bezüglich (ZF_3) nicht unbedingt optimal hinsichtlich (ZF_2) sein.

8.7.5 Anmerkung zu den Zeitrestriktionen

Sei T eine große Zahl, die größer sei als jeder mögliche Ausdruck von $z_i + z_i^{Serv} + t_{ij}$.
Ist j Nachfolger von i auf der Tour von LKW k, so ist $x_{ijk} = 1$. Dann ist (ZD_ij) gleichbedeutend mit der natürlichen Forderung: $z_i + z_i^{Serv} + t_{ij} \leq z_j$. In diesem Fall ist
$z_j^{Warte} = z_j - (z_i + z_i^{Serv} + t_{ij})$ die Wartezeit am Knoten j vor Beginn der Belieferung.

Ist j nicht Nachfolger von i auf der Tour von LKW k, so ist $x_{ijk} = 0$ und (ZD_ij) bei hinreichend großem T immer erfüllt.

Die Rückkehrbedingung (ZD_i0) ist ähnlich zu interpretieren.

8.7.6 Anmerkung zu Modellerweiterungen

In unserem Fall sind die einzuhaltenden Zeitfenster fest vorgegeben, man spricht dann von harten Zeitfenstern (hard time windows). Andere Ansätze bestehen darin, Strafkosten zu berücksichtigen, wenn das Zeitfenster nicht eingehalten wird (soft time windows) oder alternative Zeitfenster zuzulassen (multiple time windows). Derartige Bedingungen kann man dann über logische Variablen ins Modell einbeziehen.

8.8 Beispiel: CVRPTW

Anmerkung zur Zeitberechnung mit Excel.

	P	Q	R	S
2				
3		Zeitformate in Excel		
4		Uhrzeit	08:00	
5		Anteil Tag	0,3333333	
6		Minute des Tages	480	
7				

R4 ▼ fx 08:00:00

Abbildung CVRPTW: Zeitformate in Excel

In Excel hat man die Möglichkeit, eine Zeitangabe im Stunden:Minuten:Sekunden-Format hh:mm:ss oder im Format hh:mm anzugeben. Dieses Format ist für praktische Zwecke sehr schön lesbar. Intern transferiert Excel den Wert einer Zelle mit diesem Format in eine Dezimalzahl (Format Zahl), die den Anteil des Tages ausmacht.

Multipliziert man diesen Wert mit der Anzahl 1440 der Minuten eines Tages, so erhält man den Zeitpunkt als Minute des Tages nach 00:00:00 Uhr.

In dem nachfolgenden Beispiel werden wir die Zeitrechnung auf dieser Minutenbasis durchführen.

Problembeschreibung

Ein Unternehmen soll die unten aufgeführten Kunden von seinem Depot aus mit den angegebenen Bedarfsmengen beliefern.

Die Liefermengen dürfen dabei nicht gesplittet werden (keine Teillieferungen!).

Für die Belieferung stehen 2 LKW mit den angegebenen Gewichtskapazitäten zur Verfügung. Die Entfernungen zwischen den Orten sind der aufgeführten Entfernungsmatrix zu entnehmen.

Wie sollen die LKW eingesetzt werden, so dass die Kapazitäten der LKW und die Zeitfenster berücksichtigt werden und die gesamte Fahrlänge oder die gesamte Fahrdauer minimal ist?

Als zusammenfassende Problembeschreibung ergibt sich:

	A	B	C	D	E	F	G	H	I
15									
16	Entfernungsmatrix Dist_ij								
17									
18		[km]	Depot	Müller	Meier	Schulze	Schmidt	Lieferung	
19		Depot	0	52	27	86	93	q	
20		Müller	52	0	79	62	41	1	
21		Meier	27	79	0	59	89	1	
22		Schulze	86	62	59	0	55	1	
23		Schmidt	93	41	89	55	0	1	
24									
25	Fuhrpark								
26									
27		[1000 kg]	LKW 1	LKW 2					
28		maxKap	2	2	maximale LKW-Kapazität				
29									
30	Umrechnungsfaktoren								
31			Geschwindigkeit [km/h]		60				
32			Minuten pro Tag:		1440				
33									

Abbildung CVRPTW:

Entfernungsmatrix mit Lieferbedarf und Fuhrparkkapazitäten und Umrechnungsfaktoren

Schritt 1: Eingabe der Bezeichnungen

Mit:

- Dist_ij = $C$19:$G$23 Distanz von i nach j.
- q = $H$20:$H$23 Bedarfsmengen q_i d. Kunden i.
- maxKap = $C$28:$D$28 maximale LKW Kapazitäten.
- maxKap_1 = $C$28 Maximalkapazität LKW 1.
- maxKap_2 = $D$28 Maximalkapazität LKW 2.
- km_pro_h = $E$31 Durchschnittliche LKW-Geschwindigkeit in km/h.
- Minuten_pro_Tag = $E$32 Anzahl Minuten pro Tag.

Schritt 2: Aufbau von Fahrzeitmatrix und Zeitfenstern

	A	B	C	D	E	F	G	H	I
33									
34		Fahrzeitmatrix T_ij							
35								Servicezeit	
36		[Minute]	Depot	Müller	Meier	Schulze	Schmidt	SZ	
37		Depot	0	52	27	86	93	0	
38		Müller	52	0	79	62	41	15	
39		Meier	27	79	0	59	89	15	
40		Schulze	86	62	59	0	55	15	
41		Schmidt	93	41	89	55	0	15	
42									

	I	J	K	L	M	N	O	P	Q
33									
34		Fahrzeitmatrix T_ij im hh:mm-Format							
35								Servicezeit	
36		[hh:mm]	Depot	Müller	Meier	Schulze	Schmidt	SZ	
37		Depot	0:00	0:52	0:27	1:26	1:33	0:00	
38		Müller	0:52	0:00	1:19	1:02	0:41	0:15	
39		Meier	0:27	1:19	0:00	0:59	1:29	0:15	
40		Schulze	1:26	1:02	0:59	0:00	0:55	0:15	
41		Schmidt	1:33	0:41	1:29	0:55	0:00	0:15	
42									

Abbildung CVRPTW: Fahrzeitmatrix mit Servicezeit in den unterschiedlichen Zeitformaten

Mit:

- T_{ij} = $C$37:$G$41 Fahrzeit von i nach j in Minuten = Dist_ij*km_pro_h*60
- SZ = $H$37:$H$41 Servicezeit in Minuten

Dabei gilt für das hh:mm-Format:

- T'_{ij} = $K$37:$O$41 = T_ij * Minuten_pro_Tag
- SZ' = $P$37:$P$41 = SZ *Minuten_pro_Tag

Modellbasiertes Logistikmanagement

	A	B	C	D	E	F	G	H
42								
43	Zeitfenster für die Belieferung							
44								
45				Zeit nach Depotabfahrt				
46		[Minute]	Depot	Müller	Meier	Schulze	Schmidt	
47		KdZ_Anfang	0	90	30	125	0	
48		KdZ_Ende	0	110	50	145	720	
49								

	I	J	K	L	M	N	O	P
42								
43		Zeitfenster für die Belieferung im hh:mm-Format						
44								
45			Abfahrt					
46		[hh:mm]	Depot	Müller	Meier	Schulze	Schmidt	
47		KdZ_Anfang	08:00	9:30	8:30	10:05	8:00	
48		KdZ_Ende	08:00	9:50	8:50	10:25	20:00	
49								

Abbildung CVRPTW: Zeitfenster für die Belieferung in den beiden Zeitformaten

Dann ergibt sich für das Minutenformat:

- KdZ_Anfang = $D$47:$G$47 früheste Anfangszeit für Kundenbelieferung in Minuten nach Depotabfahrt
  =Dist_ij*km_pro_h*60

- KdZ_Ende = $D$48:$G$48 späteste Anfangszeit für Kundenbelieferung in Minuten nach Depotabfahrt
  =Dist_ij*km_pro_h*60

Hier sei zunächst im hh:mm-Format:

- KdZ_Anfang' = $K$47:$O$47 früheste Anfangszeit für Kundenbelieferung bzw. Depotabfahrt

- KdZ_Ende' = $K$48:$O$48 späteste Anfangszeit für Kundenbelieferung bzw. Depotabfahrt

Dann ergibt sich für das Minutenformat:

- KdZ_Anfang = $D$47:$G$47 früheste Anfangszeit für Kundenbelieferung in Minuten nach Depotabfahrt
  =KdZ_Anfang - Dep_Abfahrt)*Minuten_pro_Tag

- KdZ_Ende = $D$48:$G$48 späteste Anfangszeit für Kundenbelieferung in Minuten nach Depotabfahrt
  =KdZ_Ende - Dep_Abfahrt)*Minuten_pro_Tag

Schritt 3_1: Aufbau der Tabelle für die Wegverbindungen

	A	B	C	D	E	F	G	H	I
50									
51	*Tour 1:*								
52	Wegverbindungen								
53									
54		X_ij_1	Depot	Müller	Meier	Schulze	Schmidt	Ges4i_1	
55		Depot	1	1	1	1	1	5	
56		Müller	1	1	1	1	1	5	
57		Meier	1	1	1	1	1	5	
58		Schulze	1	1	1	1	1	5	
59		Schmidt	1	1	1	1	1	5	
60		Ges2j_1	5	5	5	5	5		
61									

Abbildung CVRPTW: Wegverbindungen für LKW 1 mit Vorgabewert 1

Dabei gilt:

- X_ij_1   = $C$55:$G$59   Zuordnung, ob LKW 1 von i nach j fährt
- Ges4i_1   = $H$55:$H$59   Zeilensumme von X_ij_1
- Ges2j_1   = $C$60:$G$60   Spaltensumme von X_ij_1

Schritt 3_2: Aufbau der Tabelle für die Wegverbindungen für Tour 2

Analog zu Schritt 3_1 mit:

- X_ij_2   = $K$55:$O$59   Zuordnung, ob LKW 2 von i nach j fährt
- Ges4i_2   = $P$55:$P$59   Zeilensumme von X_ij_2
- Ges2j_2   = $K$60:$O$60   Spaltensumme von X_ij_2

Schritt 4_1: Bestimmung von gesamter Länge und Fahrzeit für Tour 1

GesLänge_1 f_x =SUMMENPRODUKT(X_ij_1;Dist_ij)

	A	B	C	D
62				
63		Länge [km]	1.286	
64		Fahrzeit [min]	1.286	
65				

Abbildung CVRP: Eingabe der Formel für die Gesamtlänge von LKW 1

Mit:

- GesLänge_1   = $C$63   = Summenprodukt: Dist_ij x X_ij_1
- GesFahrzeit_1 = $C$64   = Summenprodukt: T_ij x X_ij_1

Schritt 4_2: Bestimmung der Gesamtlänge für Tour 2

Analog zu Schritt 4_1 mit:

- GesLänge_2 = $K$63 = Summenprodukt: Dist_ij x X_ij_2
- GesFahrzeit_2 = $K$64 = Summenprodukt: T_ij x X_ij_1

Schritt 5_1: Aufbau der Tabelle für die MTZ-Restriktionen für Tour 1

Wir kopieren den Zellenbereich der Wegverbindungsmatrix spaltenkonform nach unten und ändern ihn gemäß der folgenden Abbildung ab.

	A	B	C	D	E	F	G	H
65								
66	Verhinderung von Subtouren							
67								
68			MTZ_ij_1	FolgeNr	Müller	Meier	Schulze	Schmidt
69			FolgeNr	U_i_1/U_j_1	1	1	1	1
70			Müller	1	3	3	3	3
71			Meier	1	3	3	3	3
72			Schulze	1	3	3	3	3
73			Schmidt	1	3	3	3	3
74								

Abbildung CVRPTW: Tabelle für die MTZ-Restriktionen bei LKW 1mit Vorgabewert 1

Mit:

- U_i_1 = $C$70:$C$73 Folgenummer des Ortes i zum Anfahren durch LKW 1
- U_.j_1 = $D$69:$G$69 U_i_1 transponiert
- MTZ_ij_1 = $D$70:$G$73 MTZ-Bedingung für i und j hinsichtlich LKW 1:
  MTZ_ij_1 = U_i_1 - U_.j_1 + maxKap_1 * X_ij_1 + q_i <= maxKap_1

U_.j_1 gibt man dabei natürlich wieder über die Matrizentransposition ein:

- = MTRANS(C70:C73)
- Strg + Shift + Enter

Vorgehen zur Eingabe von MTZ_ij_1:

- Eingabe von MTZ_11_1 in Feld D70: =$C70-D$69+maxKap_1*D56+$H20 (auf das $-Zeichen achten!)
- Kopieren der Formel auf den Rest der Tabelle

Schritt 5_2: Aufbau der Tabelle für die MTZ-Restriktionen für Tour 2

Analog zu Schritt 5_1 mit:

- U_i_2 = $K$70:$K$73   Folgenummer des Ortes i zum Anfahren durch LKW 2
- U_.j_2   U_i_2 transponiert
- MTZ_ij_2 = $L$70:$O$73   MTZ-Bedingung für i und j hinsichtlich LKW 2:
  MTZ_ij_2 = U_i_2 - U_.j_2 + maxKap_2 * X_ij_2 + q_i <= maxKap_2

Schritt 6: Eingabe der gemeinsamen Restriktionen für alle LKW

	A	B	C	D	E	F	G
76							
77	*Gemeinsam:*						
78	Entscheidungsvariablen: Welcher LKW fährt welchen Knoten an?						
79							
80		Y_ik	LKW 1	LKW 2	Ges4i	AnzAnfahrt	
81		Depot	1	1	2	2	
82		Müller	1	1	2	1	
83		Meier	1	1	2	1	
84		Schulze	1	1	2	1	
85		Schmidt	1	1	2	1	
86		**Liefermenge**	4	4			
87							

Abbildung CVRP: Tabelle der Indikatoren Kunde/Ort pro LKW mit Vorgabewert 1

Mit

- Y_ik   = $C$81:$D$85   Zuordnung, ob Ort i durch LKW k angefahren wird
- Ges4i   = $E$81:$E$85   Zeilensumme von Y_ik
- AnzAnfahrt = $F$81:$F$85   Anzahl, wie oft jeder Ort angefahren wird
- Liefermenge = $C$86:$D$86 gesamte Liefermenge per LKW
  = Summenprodukt (k-te Spalte von Y_ik) x q

	I	J	K	L	M	N	O	P	Q
77									
78		Orte mit Nachfolger pro LKW-Tour				Orte mit Vorgänger pro LKW-Tour			
79									
80		**Ges4_ik**	LKW 1	LKW 2		**Ges2_ik**	LKW 1	LKW 2	
81		Depot	5	5		Depot	5	5	
82		Müller	5	5		Müller	5	5	
83		Meier	5	5		Meier	5	5	
84		Schulze	5	5		Schulze	5	5	
85		Schmidt	5	5		Schmidt	5	5	
86									

Abbildung CVRPTW: Tabelle der Nachfolger und Vorgängerverknüpfung

Mit:

- Ges4_ik   = $K$81:$L$85   = Ges4i_k mit k= 1,2
- Ges2_ik   = $O$81:$P$85   = Ges2i_k mit k= 1,2

Schritt 7_1: Aufbau der Tabelle für die ZD-Restriktionen von Tour 1

	A	B	C	D	E	F	G	H	I
89									
90	Zeitbetrachtungen			BigT	100.000				
91									
92		ZD_ij_1	AnfBelief	Müller	Meier	Schulze	Schmidt	ZD_i0_1	
93		AnfBelief	AZ_i/AZ_j	1	1	1	1	Zurück	
94		Depot	0	-51	-26	-85	-92	0	
95		Müller	1	-15	-94	-77	-56	68	
96		Meier	1	-94	-15	-74	-104	43	
97		Schulze	1	-77	-74	-15	-70	102	
98		Schmidt	1	-56	-104	-70	-15	109	
99							TourEnde_1	1	
100									

Abbildung CVRPTW: Tabelle der ZD-Restriktionen für Tour 1

Mit:

- BigT   = $E$90   Große Zahl für Minutenvergleich
- AZ_0   = $C$94   =0 , fiktive Depotbelieferung
- AZ_i   = $C$95:$C$98   Beginn der Kundenbelieferung in Minuten nach Depotabfahrt
- AZ_.j   = $D$93:$G$93   AZ_i transponiert
- ZD_ij_1   = $D$94:$G$98   = AZ_.j - AZ_i - SZ_i - T_ij - (1-X_ij_1)*BigT
                                entspricht WZ_.j, falls LKW 1 von i nach j fährt
- ZD_00_1   = $H$94   = 0 , fiktive Depotrückkehr
- ZD_i0_1   = $H$94:$H$98   = AZ_i + SZ_i + T_i0 - (1-X_i0_1)*BigT
- TourEnde_1 = $H$99   obere Schranke für ZD_i0_1

AZ_.j gibt man dabei natürlich wieder über die Matrizentransposition ein:

- = MTRANS(C95:C98)
- Strg + Shift + Enter

Vorgehen zur Eingabe von ZD_ij_1:

- Eingabe von ZD_11_1 in Feld D94: = D$93-($C94+$H37+D37-(1-D55)*BigT) (auf das $-Zeichen achten!)
- Kopieren der Formel auf den Rest der Tabelle

Vorgehen zur Eingabe von ZD_i0_1:

- Eingabe von ZD_10_1 in Feld H95: = C95+H38+C20-(1-C56)*BigT
  (auf das $-Zeichen achten!)
- Kopieren der Formel auf den Rest der Spalte

Schritt 7_2: Aufbau der Tabelle für die ZD-Restriktionen von Tour 2

Analog zu Schritt 7_1 mit:

- ZD_ij_2   = $L$94:$O$98   = AZ_j - AZ_i - SZ_i - T_ij - (1-X_ij_2)*BigT
  entspricht WZ_j, falls LKW 2 von i nach j fährt
- ZD_i0_2   = $P$94:$P$98   = AZ_i +SZ_i + T_i0 -(1-X_i0_2)*BigT
- TourEnde_2 = $P$99   obere Schranke für ZD_i0_2

Dabei werden die AZ_i bzw. die AZ_j aus der Tabelle von Tour 1 übernommen und die Restriktionen wieder nach dem obigen Muster gebildet.

Schritt 9: Aufbau der Zielwerte

Als mögliche Zielwerte ergeben sich hier:

- Gesamtlänge = $C$104   = GesLänge_1 + GesLänge_2
- GesFahrzeit = $C$105   = GesFahrzeit_1 + GesFahrzeit_2
- Gesamtdauer = $C$106   = TourEnde_1 + TourEnde_2
- Tourenende   = $C$107   = max(TourEnde_1 , TourEnde_2)

Modellbasiertes Logistikmanagement

Schritt 10: Eingabe des mathematischen Modells in den Solver

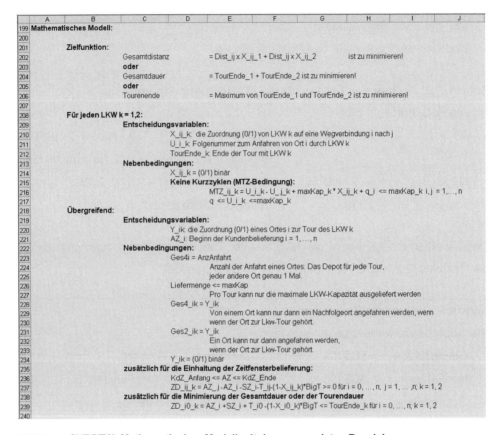

Abbildung CVRPTW: Mathematisches Modell mit den verwendeten Bezeichnungen

Die Eingabe dieses Modells in den Premium Solver ergibt für die unterschiedlichen Zielwerte:

8 Modelle zur Rundreise- und Tourenplanung

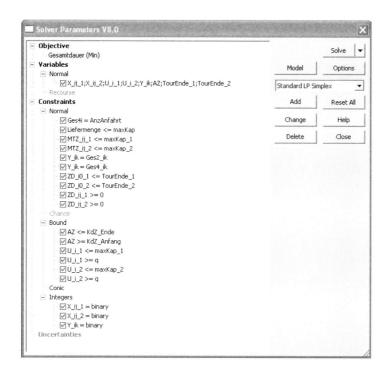

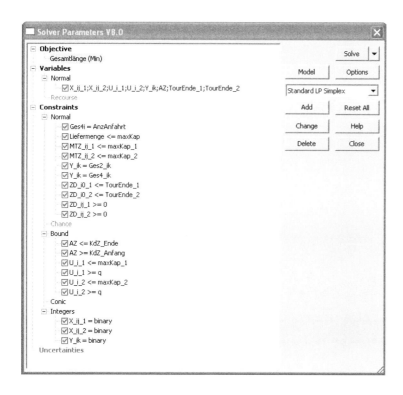

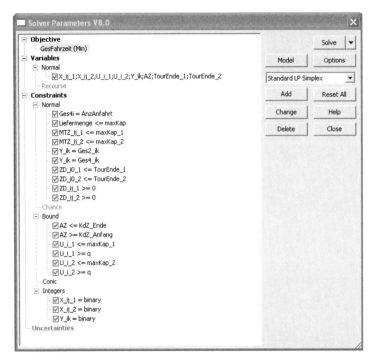

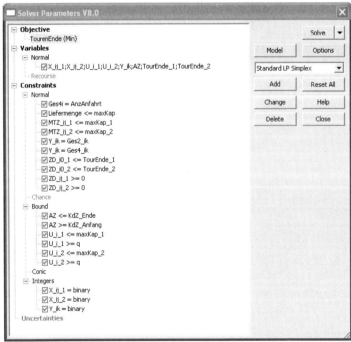

Abbildung CVRPTW: Eingabe des Mathematischen Modells in den Solver

8 Modelle zur Rundreise- und Tourenplanung

Das führt dann schließlich bei Optimierung der Gesamtdistanz zu dem Ergebnis:

Tour 1:
Wegverbindungen

X_ij_1	Depot	Müller	Meier	Schulze	Schmidt	Ges4i_1
Depot	0	0	1	0	0	1
Müller	0	0	0	0	0	0
Meier	0	0	0	1	0	1
Schulze	1	0	0	0	0	1
Schmidt	0	0	0	0	0	0
Ges2j_1	1	0	1	1	0	

Länge [km]	172
Fahrzeit [min]	172

Verhinderung von Subtouren

MTZ_ij_1	FolgeNr	Müller	Meier	Schulze	Schmidt
FolgeNr	U_i_1/U_j_1	2	1	2	1
Müller	2	1	2	1	2
Meier	1	0	1	2	1
Schulze	2	1	2	1	2
Schmidt	1	0	1	0	1

Tour 2:

X_ij_2	Depot	Müller	Meier	Schulze	Schmidt	Ges4i_2
Depot	0	1	0	0	0	1
Müller	0	0	0	0	1	1
Meier	0	0	0	0	0	0
Schulze	0	0	0	0	0	0
Schmidt	1	0	0	0	0	1
Ges2j_2	1	1	0	0	1	

Länge [km]	186
Fahrzeit [min]	186

MTZ_ij_2	FolgeNr	Müller	Meier	Schulze	Schmidt
FolgeNr	U_i_2/U_j_2	1	1	1	2
Müller	1	1	1	1	2
Meier	1	1	1	1	0
Schulze	1	1	1	1	0
Schmidt	2	2	2	2	1

Modellbasiertes Logistikmanagement

	A	B	C	D	E	F	G
76							
77	*Gemeinsam:*						
78	Entscheidungsvariablen: Welcher LKW fährt welchen Knoten an?						
79							
80		Y_ik	LKW 1	LKW 2	Ges4i	AnzAnfahrt	
81		Depot	1	1	2	2	
82		Müller	0	1	1	1	
83		Meier	1	0	1	1	
84		Schulze	1	0	1	1	
85		Schmidt	0	1	1	1	
86		**Liefermenge**	2	2			
87							

	I	J	K	L	M	N	O	P	Q
77									
78		Orte mit Nachfolger pro LKW-Tour				Orte mit Vorgänger pro LKW-Tour			
79									
80			Ges4_ik	LKW 1	LKW 2		Ges2_ik	LKW 1	LKW 2
81			Depot	1	1		Depot	1	1
82			Müller	0	1		Müller	0	1
83			Meier	1	0		Meier	1	0
84			Schulze	1	0		Schulze	1	0
85			Schmidt	0	1		Schmidt	0	1
86									

	A	B	C	D	E	F	G	H	I
89									
90	Zeitbetrachtungen				BigT	100.000			
91									
92			ZD_ij_1	AnfBelief	Müller	Meier	Schulze	Schmidt	ZD_i0_1
93			AnfBelief	AZ_i /AZ_j	90	30	125	146	Zurück
94			Depot	0	100038	3	100039	100053	0
95			Müller	90	99985	99846	99958	100000	-99843
96			Meier	30	99966	99985	21	100012	-99928
97			Schulze	125	99888	99831	99985	99951	226
98			Schmidt	146	99888	99780	99909	99985	-99746
99								TourEnde_1	226
100									

	I	J	K	L	M	N	O	P	Q
91									
92			ZD_ij_2	AnfBelief	Müller	Meier	Schulze	Schmidt	ZD_i0_2
93			AnfBelief	AZ_i /AZ_j	90	30	125	146	Zurück
94			Depot	0	38	100003	100039	100053	0
95			Müller	90	99985	99846	99958	0	-99843
96			Meier	30	99966	99985	100021	100012	-99928
97			Schulze	125	99888	99831	99985	99951	-99774
98			Schmidt	146	99888	99780	99909	99985	254
99								TourEnde_2	254
100									

	A	B	C	D	E	F	G	H	I	J	K
101											
102	Gesamtbetrachtung										
103											
104		Gesamtlänge	358								
105		GesFahrzeit	358								
106		Gesamtdauer	480								
107		TourenEnde	254								
108											
109											
110	Zeitübersicht										
111			Wartezeiten	Müller	Meier	Schulze	Schmidt				
112			WZ	38	3	21	0				
113											
114			LKW 1	LKW 2	Ankunftszeit	Wartezeit	KdZ_Anfang	AnfBelief	KdZ_Ende	Servicezeit	
115		Depot	1	1	0	0	0	0	0	0	
116		Müller	0	1	52	38	90	90	110	15	
117		Meier	1	0	27	3	30	30	50	15	
118		Schulze	1	0	104	21	125	125	145	15	
119		Schmidt	0	1	146	0	0	146	720	15	
120		TourEnde	226	254							
121											

Abbildung CVRPTW: Ausgabe der optimalen Lösung

8.9 Erweiterte Problemstellungen

8.9.1 Mehrfache Kapazitätsrestriktionen

Die Ladekapazität eines Fahrzeugs ist begrenzt durch das Gewicht G, das Volumen V und die Stellfläche S. Sollte das verwendete Modell nur eine dieser Kapazitätsrestriktionen berücksichtigen, müssen Auftragsdaten in ein gemeinsames Ladungsmaß umgerechnet werden.[1]

8.9.2 Kombiniertes Verteilen und Einsammeln

Hierbei handelt es sich um Problemstellungen, bei denen Waren zugestellt und gleichzeitig andere Waren (z. B. Leergut) eingesammelt werden sollen. Die Lösung dieses Tourenplanungsproblems muss für jeden Haltepunkt sicherstellen, dass nach der Zustellung und Abholung von Waren bei einem Kunden die Fahrzeugkapazität nicht überschritten wird.[2]

8.9.3 Mehrere Depots

Wenn n Kunden aus m verschiedenen Depots beliefert werden können, spricht man von einem Mehrdepotproblem. Hierbei müssen die einzelnen Kunden sowohl Touren

---

[1] Feige, D. und Klaus, P. (2008), S. 405.

[2] Vgl. Feige, D. und Klaus, P. (2008), S. 408.

als auch Depots zugeordnet werden. Kann man im Vorfeld die Kunden eindeutig einem Depot zuordnen, sind im Anschluss nur noch m Eindepotprobleme zu lösen.[1]

8.9.4 Heterogener Fuhrpark

Im einfachsten Fall der Tourenplanung geht man von einer Flotte beliebig vieler Fahrzeuge eines einheitlichen Typs aus. Es kann aber auch erforderlich sein, unterschiedliche Fahrzeugtypen nicht nur mit verschiedenen Ladekapazitäten, sondern auch mit unterschiedlicher technischer Einrichtung (z. B. Hubvorrichtungen für Schwergüter) bei der Planung zu berücksichtigen.[2]

8.9.5 Mehrperiodenproblem

Die Planung von Touren erfolgt nicht immer nur für einen Tag. In der Praxis beträgt der Planungszeitraum oft mehrere Tage. In diesem Zeitraum ist es möglich, Kunden unterschiedlich oft zu beliefern. Ziel ist die rechtzeitige Belieferung aller Kunden unter dem Gesichtspunkt, Fahrstrecken und -kosten zu minimieren. Die Belieferung von Tankstellen durch eine Raffinerie ist ein Beispiel für diese Art der Problemstellung.[3]

8.9.6 Capacitated Chinese Postman Problem

Bei diesem Tourenplanungsproblem müssen alle m Kanten eines gegebenen Graphen mindestens einmal durchfahren werden. Es stehen k gleichartige Fahrzeuge mit identischer Ladekapazität zur Verfügung, welche alle am Depot stationiert sind. Die Gesamtdistanz aller Touren soll dabei unter Einhaltung sämtlicher Nebenbedingungen minimiert werden. Dieses Problem tritt beispielsweise bei der Entleerung von Mülltonnen oder beim Streuen von Straßen bei Schnee und Glätte auf.[4]

---

[1] Vgl. Domschke (1997), S. 255 und Feige, D. und Klaus, P. (2008), S. 409.

[2] Vgl. Domschke (1997), S. 256 und Feige, D. und Klaus, P. (2008), S. 409.

[3] Vgl. Domschke (1997), S. 255f. und Feige, D. und Klaus, P. (2008), S. 409f.

[4] Vgl. Domschke (1997), S. 212f., S.259ff.

8.10 Briefträgerprobleme

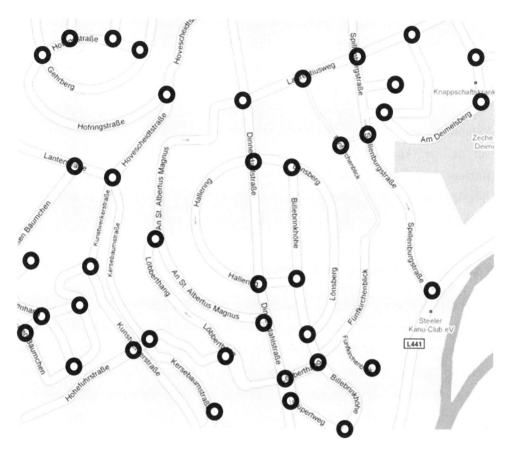

Abbildung Briefträgerproblem: Reales Straßennetz mit Straßenkreuzungen

Gegeben sei ein Straßennetzwerk mit Verbindungen zwischen Straßenkreuzungen, wobei die Verbindungen in beliebiger oder vorgegebener Fahrtrichtung zu befahren sind. Bei den sogenannten Briefträgerproblemen sucht man in einem solchen Netzwerk (dem Zustellbezirk des Postboten) den kürzesten oder kostenminimalen Verbindungsweg, der alle Straßenverbindungen im Sinne der vorgegebenen Fahrtrichtungen beinhaltet. Um die Post auszuteilen, muss der Briefträger jede Straße einmal und bei breiteren Straßen sogar zweimal durchlaufen. Unter Umständen ist es dabei sogar erforderlich, bereits zurückgelegte Wegstrecken erneut zu durchlaufen, um noch nicht bediente Straßen zu erreichen.

Derartige Probleme treten beispielsweise bei der Verteilung von Zeitungen und Postsendungen, der Müllentsorgung oder Straßenreinigung sowie beim Ablesen von Strom- und Wasserzählern in Haushalten auf. Im Englischen spricht man häufig vom Chinese Postman Problem, wobei diese Bezeichnung auf den chinesischen Wissenschaftler M. Guan (M.-K. Kwang)[1] zurückgeht, der diese Typen von Optimierungsaufgaben zuerst behandelte.[2]

Während es beim Problem des Handlungsreisenden (Travelling-Salesman-Problem) und bei der kapazitätsbegrenzten LKW-Tourenplanung darum ging, alle Orte (Knoten) anzufahren, geht es beim Briefträgerproblem jetzt darum, alle Verbindungen (Kanten) mindestens einmal abzuarbeiten. Man spricht im Gegensatz zu den knotenorientierten deshalb auch von kantenorientierten Verfahren.

8.10.1 Ökonomische Problembeschreibung

Wie man der obigen Abbildung eines Straßennetzwerkes entnehmen kann, gibt es Verbindungen zwischen Straßenkreuzungen ohne vorgegebene Fahrtrichtung, die man also in beiden Richtungen befahren kann, sowie Straßen, die man in einer Richtung befährt (Einbahnstraßen) und (meist größere, in der Abbildung gelbe) Straßen mit zwei entgegengesetzten Richtungen. Bei Straßen mit beliebiger Fahrtrichtung sprechen wir im Sinne der Graphentheorie von **Kanten,** bei Straßen mit Fahrtrichtung von **Pfeilen.**

Ziel des Briefträgerproblems ist es, einen geschlossenen Weg mit minimaler Länge zu ermitteln, der jede Kante und jeden Pfeil mindestens einmal enthält. Bei der Wegbildung kann es dabei notwendig sein, gewisse Strecken mehr als einmal abfahren zu müssen, um damit weitere, bisher nicht abgearbeitete Strecken zu erreichen. Solche Strecken werden **unproduktive Strecken** genannt.

---

[1] Siehe Guan (1962).

[2] Und nicht etwa auf chinesische Postboten, wie vielfach angenommen wird.

8.10.2 Mathematische Umformulierung eines gemischten Graphen als Matrizenmodell

Mathematisch kann man ein Straßennetzwerk als einen Graphen abbilden. Straßen werden als mit Kosten oder Längen bewertete Kanten oder Pfeile dargestellt, Kreuzungen und Endpunkte von Sackgassen als Knoten.

Für die matrizentechnische Darstellung eines solchen Graphen müssen wir ihn auf den Fall zurückführen, dass zwischen zwei Knoten i und j maximal zwei Pfeile mit entgegengesetzter Richtung verlaufen: (i,j) oder (j,i).

Modellschritt 1: Überführung von Kanten in zwei entgegengesetzte Pfeile
Jede Kante [i,j] wird in zwei Pfeile (i,j) und (j,i) mit gleicher Bewertung überführt, gleichzeitig merken wir uns die freie Fahrtrichtung durch eine Markierung:
$f_{ij} = 1$ und $f_{ji} = 1$.

Modellschritt 2: (Nutzung des Kreisverkehrs)
Führen vom Knoten i mehrere (parallel verlaufende) Pfeile zum Knoten j, so wird der Knoten als „Kreisverkehr" mit mehreren Ausgängen (= neuen Knoten) interpretiert, die jeweils genau einem Pfeil entsprechen. Zwischen den einzelnen Ausgängen merken wir uns eine kleine symbolische Entfernung EPS (für Epsilon).

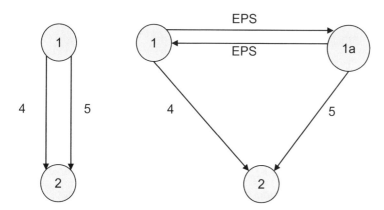

Abbildung Briefträger_gerichtet:
    Äquivalente Erweiterung eines gerichteten Graphen zur Erfassung durch ein Matrizenmodell

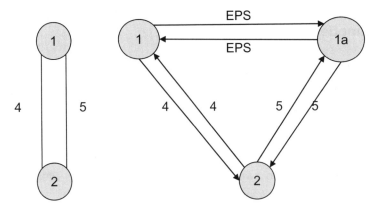

Abbildung Briefträger_ungerichtet:
Äquivalente Erweiterung eines ungerichteten Graphen zur Erfassung durch ein Matrizenmodell

Für das nachfolgende Modell gehen wir davon aus, dass die obigen Umformungen für ein Matrizenmodell aus dem realen Straßennetz bereits vorliegen. Die nicht notwendig zu beschreitenden Hilfsverbindungen im „Kreisverkehr" seien dabei durch Distanzen in Höhe einer vorgegebenen kleinen Zahl ε charakterisiert. Wir haben somit Kanten, Pfeile und Hilfsverbindungen zu betrachten.

8.10.3 Mathematisches Modell

Indices:

$i = 1, ..., n$ Straßenkreuzung
$k = 1, ..., n$ Straßenkreuzung
$j = 1, ..., n$ Straßenkreuzung

Gegebene Daten:

ε Vorgegebene kleine Entfernungsdistanz für Hilfsverbindungen (im Kreisverkehr)

d_{ij} Distanz vom Kreuzungspunkt i zum Kreuzungspunkt j, falls die Verbindung möglich ist, ansonsten keine Angabe (leer); der Graph der möglichen Verbindungen sei gegeben durch: $G = \{(i,j) : d_{ij} \text{ ist Längenangabe}\}$

f_{ij} Kantenmarkierung:

also beliebige (freie) Fahrtrichtung zwischen i und j

= 1, falls Fahrtrichtung beliebig ist

= 0, falls die Fahrtrichtung nicht beliebig ist

Entscheidungsvariablen:

x_{ij} Anzahl der Nutzung der Verbindung von i nach j

Zielfunktion:

(ZF) $\sum_{i=1}^{n}\sum_{j=1}^{n} d_{ij} x_{ij} \to \min!$ Minimiere die gesamte Wegstrecke!

Restriktionen (Nebenbedingungen)

(1) $\sum_{i=1}^{n} x_{ik} = \sum_{j=1}^{n} x_{kj}$ für k = 1, ..., n

Für jede Kreuzung muss die Anzahl der eingehenden Wegverbindungen gleich der Anzahl der ausgehenden Wegverbindungen sein.

(2) $x_{ij} + x_{ji} \geq f_{ij}$ für alle i = 1, ..., n; j = 1, ..., n mit i < j

Berücksichtigung, dass jede Kante genutzt werden muss

(LB) $x_{ij} \geq 1$ für alle $(i,j) \in G$ mit $d_{ij} > \varepsilon$ und $f_{ij} = 0$

Berücksichtigung, dass jeder Pfeil genutzt werden muss

(NN) $x_{ij} \geq 0$ für alle i = 1, ..., n; j = 1, ..., n

Nichtnegativitätsbedingung

(Int) x_{ij} ganzzahlig   für alle i = 1, ..., n; j = 1, ..., n

Die Anzahl der Wegstrecken zwischen zwei Kreuzungen ist ganzzahlig.

(G) $x_{ij} = 0$ für $(i,j) \notin G$ (Graphenbedingung)

Nur die definierten Verbindungen nutzen

8.10.4 Implizite Definition des Graphen

Für die Definition der Teilmenge G, welche die erlaubten Verbindungen definiert, haben wir wie beim allgemeinen Netzmodell wieder zwei Möglichkeiten:

1. Falls für d_{ij} keine Angabe erfolgt (leere Zelle), ist keine Verbindung von i nach j möglich oder
2. $d_{ij} =$ BIG, d. h. für eine Nutzung von i nach j treten unendlich hohe Strafkosten auf.

Mathematisch sind beide Ansätze möglich, computertechnisch zur Vermeidung von Rechenungenauigkeiten ist auch hier wieder die erste Möglichkeit vorzuziehen, dann kann man (G) wie gewohnt über Upper Bounds = 0 berücksichtigen.

8.10.5 Briefträgerprobleme bei gerichteten Graphen

Bei einem gerichteten Graphen handelt es sich um den Spezialfall eines gemischten Graphen, bei dem keine Kanten auftreten. Gesucht wird die kürzeste Briefträgertour des betrachteten Graphen, so dass jeder Pfeil mindestens einmal in ihr enthalten ist.

Hinsichtlich unseres Optimierungssystems entfallen für diesen Spezialfall die Kantenmarkierungen und damit die Bedingung (2).

8.10.6 Briefträgerprobleme bei ungerichteten Graphen

Bei einem ungerichteten Graphen handelt es sich um den Spezialfall eines gemischten Graphen, bei dem keine Pfeile auftreten. Gesucht wird die kürzeste Briefträgertour des betrachteten Graphen, so dass jede Kante mindestens einmal in ihr enthalten ist.

Hinsichtlich unseres Optimierungssystems entfallen für diesen Spezialfall die Lower Bounds (LB) für die Pfeile und es reicht die Nichtnegativitätsbedingung (NN) für die Variablen.

8.10.7 Die Existenz einer optimalen Lösung

Unser Optimierungssystem hat immer dann eine optimale Lösung, wenn der Graph G streng zusammenhängend ist, also zwischen zwei verschiedenen Knoten i und j immer ein Weg von i nach j existiert.[1]

Ist das der Fall, so sorgt Bedingung (1) dafür, dass für jeden Knoten die Anzahl der eingehenden Verbindungen gleich der Anzahl der ausgehenden Verbindungen ist. Daraus folgt aber nach einem Satz der Graphentheorie, dass unser über die Mehrfachnutzung der Pfeile erweiterte Graph eine Briefträgertour besitzt.[2]

8.10.8 Die Bestimmung der Briefträgertour aus einer optimalen Lösung

1. Schritt:

Gegeben sei eine optimale Lösung X_ij.

- Bilde die neue Matrix $X\_ij(1) = X\_ij$!
- Bestimme einen geschlossenen Weg!

  (1) Man beginnt in Zeile 1 und sucht die erste Spalte p mit Wert $X\_1p > 0$.
  Notiere "1 - p -" und reduziere den Matrixwert von X_1p um 1.

  (p) Weiter in Zeile p: Suche die erste Spalte q mit Wert $X\_pq > 0$!
  Notiere "1 - p - q" und reduziere den Matrixwert von X_pq um 1!
  Ist q = 1, so ist man fertig, anderenfalls wiederhole man (p).

n-ter Schritt:

Ein geschlossener Weg liegt vor.

- Besteht $X\_ij(n-1)$ nur noch aus Nullen, so ist man fertig. Der vorliegende Weg ist eine optimale Briefträgertour.
- Kopiere die veränderte Matrix aus dem (n-1)ten Schritt: $X\_ij(n) = X\_ij(n-1)$!
- Bestimme einen weiteren geschlossenen Weg!

  (1) Man beginnt mit einem Knoten i in dem vorliegenden Weg, der
  in Zeile i und Spalte p einen Wert $X\_ip > 0$ besitzt.
  Notiere "i - p -" und reduziere den Matrixwert X_ip um 1!

---

[1] Siehe Domschke (1997), S. 179, Satz 4.1.

[2] Siehe Domschke (1997), S. 179, Satz 4.3. Die Briefträgertour ist dann eine Euler-Tour des so erweiterten Graphen.

(p) Weiter in Zeile p: Suche die erste Spalte q mit Wert X_pq >0!

Notiere "i - p -q" und reduziere den Matrixwert X_pq um 1!

Ist q = i, so wird der neue Weg in den vorhandenen Weg an der Stelle i eingefügt.

Ist q <>i, so wird bei (p) weitergemacht.

8.11 Beispiele zum Briefträgerproblem

8.11.1 Beispiel: Briefträger_gerichtet

Problembeschreibung

Gegeben sei das unten angegebene gerichtete Straßennetz.[1]

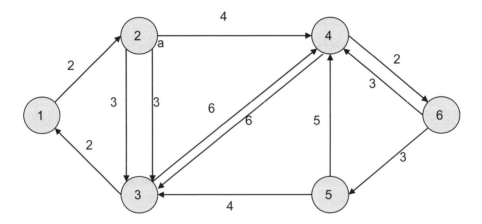

Abbildung Briefträger_gerichtet: Abstrakte Darstellung eines gerichteten Straßennetzes

Bestimmen Sie eine Briefträgertour durch dieses Straßennetz, welche alle Verbindungen abarbeitet und so kurz wie nur möglich ist!

Anmerkung:

Da von Knoten 2 zwei Pfeile nach Knoten 3 ausgehen, deuten wir diese Kreuzung zwischen den Straßen als Kreisverkehr mit den beiden Ausgängen 2 und 2a sowie kurzer Distanz dazwischen.

---

[1] Daten siehe Domschke (1997), S. 180.

8 Modelle zur Rundreise- und Tourenplanung

1. Teil: Bestimmung der optimalen Kantennutzung

Schritt 1:

Zunächst ist der obige gerichtete Graph mittels des „Kreisverkehr-Tricks" in Matrizen zu überführen. Dazu benutzen wir folgende Parameter:

	A	B	C	D	E	F	G	H	I
29	Parameter								
30			EPS	0,01		BigNumber		999.999	
31									

Abbildung Briefträger_gerichtet: Standard Parameter

Mit:

- EPS   = $D$30   Kleine Zahl, für die Entfernungen im Kreisverkehr
- BigNumber = $H$30   Große Zahl (Unendlich)

Damit ergibt sich als zusammenfassende Problembeschreibung:

	A	B	C	D	E	F	G	H	I	J	K	L	M
32	Distanzmatrix												
33													
34		Dist_ij	K 1	K 2	K 2a	K 3	K 4	K 5	K 6	GradAusg	GradEing	Eing_Ausg	
35		K 1		2						1	1	0	
36		K 2			0,01	3	4			3	2	-1	
37		K 2a		0,01		3				2	1	-1	
38		K 3	2				6			2	4	2	
39		K 4				6			2	2	4	2	
40		K 5					4	5		2	1	-1	
41		K 6						3	3	2	1	-1	
42		GradEing	1	2	1	4	4	1	1				
43													

Abbildung Briefträger_gerichtet: Distanzmatrix

Mit:

- Dist_ij   = $C$35:$I$41   Transportdistanzen der Verbindungen, falls nicht leer
- GradEing   = $C$42:$I$42   Eingangsgrad: Anzahl der eingehenden Verbindungen
- GradAusg   = $J$35:$J$41   Ausgangsgrad: Anzahl der ausgehenden Verbindungen
- GradEing   = $K$35:$K$41   = Eingangsgrad (transponiert)
- Eing_Ausg   = $L$35:$L$41   Differenz von Eingangsgrad und Ausgangsgrad = GradEing (transponiert) – GradAusg

Schritt 2: Aufbau der Boundmatrizen

	A	B	C	D	E	F	G	H	I	J
45	Boundmatrizen									
46										
47		UB_ij	K 1	K 2	K 2a	K 3	K 4	K 5	K 6	
48		K 1	0	999.999	0	0	0	0	0	
49		K 2	0	0	999.999	999.999	999.999	0	0	
50		K 2a	0	999.999	0	999.999	0	0	0	
51		K 3	999.999	0	0	0	999.999	0	0	
52		K 4	0	0	0	999.999	0	0	999.999	
53		K 5	0	0	0	999.999	999.999	0	0	
54		K 6	0	0	0	0	999.999	999.999	0	
55										

Abbildung Briefträger_gerichtet: Upper Bounds

	M	N	O	P	Q	R	S	T	U	V
46										
47		LB_ij	K 1	K 2	K 2a	K 3	K 4	K 5	K 6	
48		K 1	0	1	0	0	0	0	0	
49		K 2	0	0	0	1	1	0	0	
50		K 2a	0	0	0	1	0	0	0	
51		K 3	1	0	0	0	1	0	0	
52		K 4	0	0	0	1	0	0	1	
53		K 5	0	0	0	1	1	0	0	
54		K 6	0	0	0	0	1	1	0	
55										

Abbildung Briefträger_gerichtet: Lower Bounds

Mit:

- UB_ij = $C$48:$I$54   Upper Bound für die Verbindung von i nach j = Große Zahl, wenn Verbindung möglich ist, sonst 0

- LB_ij = $O$48:$U$54   Lower Bound für die Verbindung von i nach j = 1, falls ein Pfeil die Richtung von i nach j außerhalb eines Kreisverkehrs vorgibt, sonst 0

Schritt 3: Aufbau der Matrizen für die Verbindungsnutzung

	A	B	C	D	E	F	G	H	I	J	K
57	Verbindungsnutzung										
58											
59		X_ij	K 1	K 2	K 2a	K 3	K 4	K 5	K 6	Ges4i	
60		K 1	1	1	1	1	1	1	1	7	
61		K 2	1	1	1	1	1	1	1	7	
62		K 2a	1	1	1	1	1	1	1	7	
63		K 3	1	1	1	1	1	1	1	7	
64		K 4	1	1	1	1	1	1	1	7	
65		K 5	1	1	1	1	1	1	1	7	
66		K 6	1	1	1	1	1	1	1	7	
67		Ges2j	7	7	7	7	7	7	7		
68											

Abbildung Briefträger_gerichtet: X_ij mit Vorgabewert 1

Mit:

- X_ij   = $C$60:$I$66   Anzahl der Fahrten/Touren von i nach j
- Ges4i   = $J$60:$J$66   Anzahl Fahrten aus der Kreuzung heraus
  = Zeilensumme
- Ges2j   = $C$67:$I$67   Anzahl Fahrten in die Kreuzung hinein
  = Spaltensumme

Schritt 4: Bestimmung der Gesamtdistanz

Gesamtdistanz ▼	f_x	=SUMMENPRODUKT(X_ij;Dist_ij)	
	A	B	C	D
70	Gesamtdistanz			
71			43,02	
72				

Abbildung Briefträger_gerichtet: Eingabe der Formel für die Gesamtdistanz

Mit:

- Gesamtdistanz = $C$71   =Summenprodukt von X_ij und Dist_ij

Schritt 5: Eingabe des mathematischen Modells in den Solver

Mathematisches Modell:

Entscheidungsvariablen:
X_ij die Anzahl der Fahrten/Touren von i nach j.

Zielfunktion:
Die Gesamtdistanz = Dist_ij x X_ij ist zu minimieren.

Nebenbedingungen:
Ges2j = Ges4i
 Für jede Kreuzung gehen genauso viele Fahrten/Touren hinein wie hinaus.
X_ij <= UB_ij
 Es können nur die Strecken benutzt werden, für die eine Entfernung angegeben ist.
X_ij >= LB_ij
 Für jeden Pfeil außerhalb der Kreisverkehre wird mindestens eine Fahrt durchgeführt.
 sonst 0
X_ij ganzzahlig

Abbildung Briefträger_gerichtet: Mathematisches Modell mit den verwendeten Bezeichnungen

Die Eingabe dieses Modells in den Premium Solver ergibt:

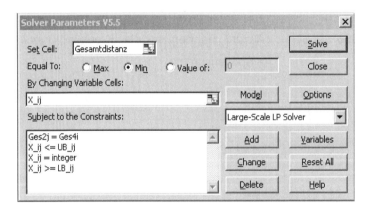

Abbildung Briefträger_gerichtet: Eingabe des Mathematischen Modells in den Solver

Das führt dann zu dem Ergebnis:

	A	B	C	D	E	F	G	H	I	J	K
57	Verbindungsnutzung										
58											
59		X_ij	K 1	K 2	K 2a	K 3	K 4	K 5	K 6	Ges4i	
60		K 1	0	3	0	0	0	0	0	3	
61		K 2	0	0	1	1	1	0	0	3	
62		K 2a	0	0	0	1	0	0	0	1	
63		K 3	3	0	0	0	1	0	0	4	
64		K 4	0	0	0	1	0	0	3	4	
65		K 5	0	0	0	1	1	0	0	2	
66		K 6	0	0	0	0	1	2	0	3	
67		Ges2j	3	3	1	4	4	2	3		
68											
69											
70	Gesamtdistanz										
71			58,01								
72											

Abbildung Briefträger_gerichtet: Ausgabe der optimalen Lösung

2. Teil: Bestimmung der optimalen Briefträgertour

Schritt 1:

Zunächst wird die optimale Lösung X_ij spaltenkonform nach unten auf die Matrix X_ij(1) kopiert.

Hier kann man den Weg(1) = [1 -2 - 3 - 4 -6 - 4 - 3 - 1] identifizieren. Wir reduzieren die jeweiligen Matrixwerte um 1 und erhalten die unten aufgeführte Restmatrix:
X_ij(1) = $C$79:$I$85 .

Man erhält die Länge dieses Weges durch:

Länge [1 -2 - 3 - 4 -6 - 4 - 3 - 1] = Summenprodukt(X_ij – X_ij(1));Dist_ij) = 24.

	A	B	C	D	E	F	G	H	I	J
77										
78	1.Schritt	X_ij(1)	K 1	K 2	K 2a	K 3	K 4	K 5	K 6	Ges4i
79		K 1	0	2	0	0	0	0	0	2
80		K 2	0	0	1	0	1	0	0	2
81		K 2a	0	0	0	1	0	0	0	1
82		K 3	2	0	0	0	0	0	0	2
83		K 4	0	0	0	0	0	0	2	2
84		K 5	0	0	0	1	1	0	0	2
85		K 6	0	0	0	0	0	2	0	2
86		Ges2j	2	2	1	2	2	2	2	
87										

Abbildung Briefträger_gemischt: Restmatrix X_ij(1) nach der Ermittlung des ersten Weges

Schritt 2:

Zunächst wird X_ij(1) spaltenkonform nach unten auf die Matrix X_ij(2) kopiert.

Hier kann man sofort den neuen Weg: [6 - 5 - 3 - 1 - 2 - 4 - 6] identifizieren. Wir reduzieren die jeweiligen Matrixwerte um 1 und erhalten die unten aufgeführte Restmatrix:
X_ij(2) = $C$90:$I$96 .

Man erhält die Länge dieses Weges durch:

Länge [6 - 5 - 3 - 1 - 2 - 4 - 6] = Summenprodukt(X_ij(1) – X_ij(2));Dist_ij) = 17.

Wir integrieren den neuen Weg in den vorhandenen Weg und erhalten:

Weg(2) = [1 -2 - 3 - 4 -6 - 5 - 3 - 1 - 2 - 4 - 6 - 4 - 3 - 1].

	A	B	C	D	E	F	G	H	I	J	K
88											
89	2.Schritt	X_ij(2)	K 1	K 2	K 2a	K 3	K 4	K 5	K 6	Ges4i	
90		K 1	0	1	0	0	0	0	0	1	
91		K 2	0	0	1	0	0	0	0	1	
92		K 2a	0	0	0	1	0	0	0	1	
93		K 3	1	0	0	0	0	0	0	1	
94		K 4	0	0	0	0	0	0	1	1	
95		K 5	0	0	0	0	1	0	0	1	
96		K 6	0	0	0	0	0	1	0	1	
97		Ges2j	1	1	1	1	1	1	1		
98											

Abbildung Briefträger_gerichtet: Restmatrix X_ij(2) nach der Ermittlung des ersten Weges

Schritt 3:

Nun wird X_ij(2) spaltenkonform nach unten auf die Matrix X_ij(3) kopiert.

Hier kann man den neuen Weg: [1 - 2 - 2a - 3 - 1] identifizieren. Wir reduzieren die jeweiligen Matrixwerte um 1 und erhalten die unten aufgeführte Restmatrix:

X_ij(3) = $C$101:$I$107 .

Man erhält die Länge dieses Weges durch:

Länge [1 - 2 - 2a - 3 - 1] = Summenprodukt(X_ij(2) − X_ij(3));Dist_ij) = 7,01.

Wir integrieren den neuen Weg in den vorhandenen Weg und erhalten:

Weg(3) = [1 - 2 - 2a - 3 - 1 -2 - 3 - 4 - 6 - 5 - 3 - 1 - 2 - 4 - 6 - 4 - 3 - 1].

	A	B	C	D	E	F	G	H	I	J	K
99											
100	3.Schritt	X_ij(3)	K 1	K 2	K 2a	K 3	K 4	K 5	K 6	Ges4i	
101		K 1	0	0	0	0	0	0	0	0	
102		K 2	0	0	0	0	0	0	0	0	
103		K 2a	0	0	0	0	0	0	0	0	
104		K 3	0	0	0	0	0	0	0	0	
105		K 4	0	0	0	0	0	0	1	1	
106		K 5	0	0	0	0	1	0	0	1	
107		K 6	0	0	0	0	0	1	0	1	
108		Ges2j	0	0	0	0	1	1	1		
109											

Abbildung Briefträger_gerichtet: Restmatrix X_ij(3) nach der Ermittlung des Weges

Schritt 4:

Schließlich wird X_ij(3) spaltenkonform nach unten auf die Matrix X_ij(4) kopiert.

Hier kann man den neuen Weg: [4 - 6 - 5 - 4] identifizieren. Wir reduzieren die jeweiligen Matrixwerte um 1 und erhalten die Restmatrix:
X_ij(4) = $C$112:$I$118 .
Man erhält die Länge dieses Weges durch:
Länge [4 - 6 - 5 - 4] = Summenprodukt(X_ij(3) – X_ij(4));Dist_ij) = 10.

Die Restmatrix X_ij(4) ist nun die Nullmatrix, so dass wir nach Integration des neuen in den vorhandenen Weg eine optimale Briefträger-Tour erhalten haben.

Weg(4) = [1 - 2 - 2a - 3 - 1 -2 - 3 - 4 -6 - 5 - 3 - 1 - 2 - 4 - 6 - 5 - 4 - 6 - 4 - 3 - 1].

Die Gesamtlänge beträgt 24 + 17 + 7,01 + 10 = 58,01 .

Modellbasiertes Logistikmanagement

8.11.2 Beispiel: Briefträger_ungerichtet

Problembeschreibung

Gegeben sei das unten angegebene Straßennetz mit beliebiger Fahrtrichtung.[1]

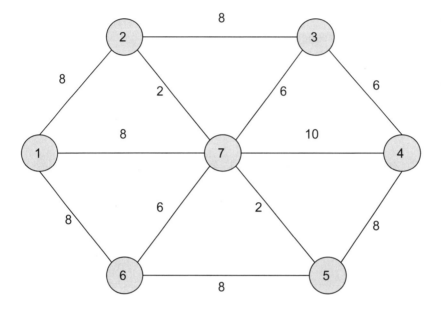

Abbildung Briefträger_ungerichtet: Graph eines ungerichteten Straßennetzes

Bestimmen Sie eine Briefträgertour durch dieses Straßennetz, welche alle Verbindungen abarbeitet und so kurz wie nur möglich ist!

---

[1] Daten siehe Domschke (1997), S. 188.

1. Teil: Bestimmung der optimalen Kantennutzung

Schritt 1:

Zunächst deklarieren wir wie gewohnt den Parameter.

	A	B	C	D	E
30	Parameter				
31		BigNumber		999.999	
32					

Abbildung Briefträger_gemischt: Standard Parameter

Mit:

- BigNumber = $D$31   Große Zahl (im Sinne von Unendlich)

Die Kanten werden in zwei Pfeile übertragen und der obige gemischte Graph damit in Matrixschreibweise überführt.

	A	B	C	D	E	F	G	H	I	J	K	L	M
33	Distanzmatrix												
34													
35		Dist_ij	K 1	K 2	K 3	K 4	K 5	K 6	K 7	GradAusg	GradEing	Eing_Ausg	
36		K 1		8				8	8	3	3	0	
37		K 2	8		8				2	3	3	0	
38		K 3		8		6			6	3	3	0	
39		K 4			6		8		10	3	3	0	
40		K 5				8		8	2	3	3	0	
41		K 6	8				8		6	3	3	0	
42		K 7	8	2	6	10	2	6		6	6	0	
43		GradEing	3	3	3	3	3	3	6				
44													

Abbildung Briefträger_ungerichtet: Distanzmatrix

	M	N	O	P	Q	R	S	T	U	V
33	Freie Fahrtrichtung:									
34										
35		FF_ij	K 1	K 2	K 3	K 4	K 5	K 6	K 7	
36		K 1	0	1	0	0	0	1	1	
37		K 2	1	0	1	0	0	0	1	
38		K 3	0	1	0	1	0	0	1	
39		K 4	0	0	1	0	1	0	1	
40		K 5	0	0	0	1	0	1	1	
41		K 6	1	0	0	0	1	0	1	
42		K 7	1	1	1	1	1	1	0	
43										

Abbildung Briefträger_gemischt: Zugehörige Indikatoren für die freie Fahrtrichtung

Mit:

- Dist_ij   = $C$36:$I$42   Transportdistanzen der Verbindungen, falls nicht leer

- GradEing = $C$43:$I$43   Eingangsgrad:
  Anzahl der eingehenden Verbindungen

- GradAusg = $J36:$J42   Ausgangsgrad:
  Anzahl der ausgehenden Verbindungen

- GradEing = $K36:$K42   = Eingangsgrad (transponiert)

- Eing_Ausg = $L36:$L42   Differenz von Eingangsgrad und Ausgangsgrad
  = GradEing (transponiert) – GradAusg

- FF_ij = $O$36:$U$42   Indikator für freie Fahrtrichtung von i nach j,
  =1, falls zwischen i und j eine Kante vorgegeben ist
  = 0, sonst

Schritt 2: Aufbau der Boundmatrix

	A	B	C	D	E	F	G	H	I	J
46	Boundmatrix									
47										
48		UB_ij	K 1	K 2	K 3	K 4	K 5	K 6	K 7	
49		K 1	0	999.999	0	0	0	999.999	999.999	
50		K 2	999.999	0	999.999	0	0	0	999.999	
51		K 3	0	999.999	0	999.999	0	0	999.999	
52		K 4	0	0	999.999	0	999.999	0	999.999	
53		K 5	0	0	0	999.999	0	999.999	999.999	
54		K 6	999.999	0	0	0	999.999	0	999.999	
55		K 7	999.999	999.999	999.999	999.999	999.999	999.999	0	
56										

Abbildung Briefträger_ungerichtet: Upper Bounds

Mit:

- UB_ij = $C$49:$I$55   Upper Bound für die Verbindung von i nach j
  = Große Zahl, wenn Verbindung möglich ist, sonst 0

Schritt 3: Aufbau der Matrizen für die Verbindungsnutzung

	A	B	C	D	E	F	G	H	I	J	K
58	Verbindungsnutzung										
59											
60		X_ij	K 1	K 2	K 3	K 4	K 5	K 6	K 7	Ges4i	
61		K 1	1	1	1	1	1	1	1	7	
62		K 2	1	1	1	1	1	1	1	7	
63		K 3	1	1	1	1	1	1	1	7	
64		K 4	1	1	1	1	1	1	1	7	
65		K 5	1	1	1	1	1	1	1	7	
66		K 6	1	1	1	1	1	1	1	7	
67		K 7	1	1	1	1	1	1	1	7	
68		Ges2j	7	7	7	7	7	7	7		
69											

Abbildung Briefträger_ungerichtet: X_ij mit Vorgabewert 1

	M	N	O	P	Q	R	S	T	U	V
59										
60		X_.ji	K 1	K 2	K 3	K 4	K 5	K 6	K 7	
61		K 1	1	1	1	1	1	1	1	
62		K 2	1	1	1	1	1	1	1	
63		K 3	1	1	1	1	1	1	1	
64		K 4	1	1	1	1	1	1	1	
65		K 5	1	1	1	1	1	1	1	
66		K 6	1	1	1	1	1	1	1	
67		K 7	1	1	1	1	1	1	1	
68										

Abbildung Briefträger_ungerichtet: X_.ji zum Vorgabewert 1

	V	W	X	Y	Z	AA	AB	AC	AD	AE
59										
60		SX_ijji	K 1	K 2	K 3	K 4	K 5	K 6	K 7	
61		K 1	2	2	2	2	2	2	2	
62		K 2	2	2	2	2	2	2	2	
63		K 3	2	2	2	2	2	2	2	
64		K 4	2	2	2	2	2	2	2	
65		K 5	2	2	2	2	2	2	2	
66		K 6	2	2	2	2	2	2	2	
67		K 7	2	2	2	2	2	2	2	
68										

Abbildung Briefträger_ ungerichtet: SX_ijji = X_ij + X_.ji zum Vorgabewert 1

Mit:

- X_ij   = \$C\$61:\$I\$67   Anzahl der Fahrten/Touren von i nach j
- Ges4i   = \$J\$61:\$J\$67   Anzahl Fahrten aus der Kreuzung heraus. = Zeilensumme
- Ges2j   = \$C\$68:\$I\$68   Anzahl Fahrten in die Kreuzung hinein = Spaltensumme
- X_.ji   = \$O\$61:\$U\$67   Anzahl der Fahrten/Touren von j nach i = X_ij transponiert
- SX_ijji = \$X\$61:\$AD\$67   = X_ij + X_.ji

Schritt 4: Bestimmung der Gesamtdistanz

	Gesamtdistanz ▼		f_x =SUMMENPRODUKT(X_ij;Dist_ij)	
	A	B	C	D
71	**Gesamtdistanz**			
72			160	
73				

Abbildung Briefträger_ ungerichtet: Eingabe der Formel für die Gesamtdistanz

Mit:

- Gesamtdistanz = $C$72   =Summenprodukt von X_ij und Dist_ij

Schritt 5: Eingabe des mathematischen Modells in den Solver

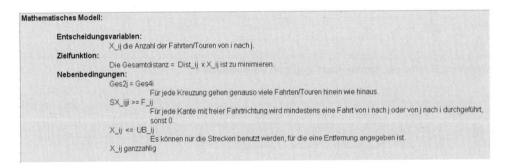

Abbildung Briefträger_ungerichtet: Mathem. Modell mit den verwendeten Bezeichnungen

Die Eingabe dieses Modells in den Premium Solver ergibt:

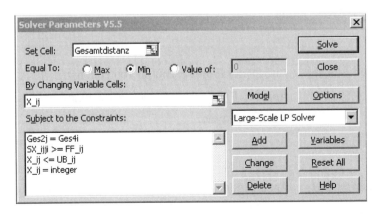

Abbildung Briefträger_ungerichtet: Eingabe des Mathematischen Modells in den Solver

Das führt dann zu dem Ergebnis:

	A	B	C	D	E	F	G	H	I	J	K
58	Verbindungsnutzung										
59											
60		X_ij	K 1	K 2	K 3	K 4	K 5	K 6	K 7	Ges4i	
61		K 1	0	0	0	0	0	1	1	2	
62		K 2	1	0	0	0	0	0	1	2	
63		K 3	0	1	0	1	0	0	0	2	
64		K 4	0	0	1	0	1	0	0	2	
65		K 5	0	0	0	0	0	2	0	2	
66		K 6	1	0	0	0	1	0	0	2	
67		K 7	0	1	1	1	0	1	0	4	
68		Ges2j	2	2	2	2	2	2	4		
69											
70											
71	Gesamtdistanz										
72			98								
73											

Abbildung Briefträger_ ungerichtet: Ausgabe der optimalen Lösung

	M	N	O	P	Q	R	S	T	U	V
59										
60		X_ji	K 1	K 2	K 3	K 4	K 5	K 6	K 7	
61		K 1	0	1	0	0	0	1	0	
62		K 2	0	0	1	0	0	0	1	
63		K 3	0	0	0	1	0	0	1	
64		K 4	0	0	1	0	0	0	1	
65		K 5	0	0	0	1	0	1	0	
66		K 6	1	0	0	0	0	0	1	
67		K 7	1	1	0	0	2	0	0	
68										

Abbildung Briefträger_ ungerichtet: Ausgabe der transponierten optimalen Lösung

	V	W	X	Y	Z	AA	AB	AC	AD	AE
59										
60		SX_ijji	K 1	K 2	K 3	K 4	K 5	K 6	K 7	
61		K 1	0	1	0	0	0	2	1	
62		K 2	1	0	1	0	0	0	2	
63		K 3	0	1	0	2	0	0	1	
64		K 4	0	0	2	0	1	0	1	
65		K 5	0	0	0	1	0	1	2	
66		K 6	2	0	0	0	1	0	1	
67		K 7	1	2	1	1	2	1	0	
68										

Abbildung Briefträger_ungerichtet: Ausgabe von X_ij+X_.ji zur optimalen Lösung

2. Teil: Bestimmung der optimalen Briefträgertour

Schritt 1:

Zunächst wird die optimale Lösung X_ij spaltenkonform nach unten auf die Matrix X_ij(1) kopiert.

Hier kann man sofort den Weg(1) = [1 - 6 - 5 - 7 - 2 - 1] identifizieren. Wir reduzieren die jeweiligen Matrixwerte um 1 und erhalten die unten aufgeführte Restmatrix:

X_ij(1) = $C$80:$I$86.

Man erhält die Länge dieses Weges durch:

Länge [1 - 6 - 5 - 7 - 2 - 1] = Summenprodukt(X_ij – X_ij(1));Dist_ij) = 28.

	A	B	C	D	E	F	G	H	I	J	K
78											
79	1.Schritt	X_ij(1)	K 1	K 2	K 3	K 4	K 5	K 6	K 7	Ges4i	
80		K 1	0	0	0	0	0	0	1	1	
81		K 2	0	0	0	0	0	0	1	1	
82		K 3	0	1	0	1	0	0	0	2	
83		K 4	0	0	1	0	1	0	0	2	
84		K 5	0	0	0	0	0	0	1	1	
85		K 6	1	0	0	0	0	0	0	1	
86		K 7	0	0	1	1	0	1	0	3	
87		Ges2j	1	1	2	2	1	1	3		
88											

Abbildung Briefträger_ungerichtet: Restmatrix X_ij(1) nach der Ermittlung des ersten Weges

Schritt 2:

Nun wird X_ij(1) spaltenkonform nach unten auf die Matrix X_ij(2) kopiert.

Hier kann man den neuen Weg: [1 - 7 - 3 - 2 - 7 - 4 - 3 - 4 - 5 - 7 - 6 - 1] identifizieren. Wir reduzieren die jeweiligen Matrixwerte um 1 und erhalten als Restmatrix:

X_ij(2) = $C$91:$I$97, die bereits die Nullmatrix ist.

Man erhält die Länge dieses Weges durch:

Länge [1 - 7 - 3 - 2 - 7 - 4 - 3 - 4 - 5 - 7 - 6 - 1]
= Summenprodukt(X_ij(1) – X_ij(2));Dist_ij) = 70.

Wir integrieren den neuen Weg in den vorhandenen Weg und erhalten den optimalen:

Weg(2) = [1 - 6 - 5 - 7 - 2 - 1 - 7 - 3 - 2 - 7 - 4 - 3 - 4 - 5 - 7 - 6 - 1]

mit Gesamtlänge = 28 + 70 = 98.

8.11.3 Beispiel: Briefträger_gemischt

Problembeschreibung

Gegeben sei das unten angegebene Straßennetz mit vorgegebenen und beliebigen Fahrtrichtungen.[1]

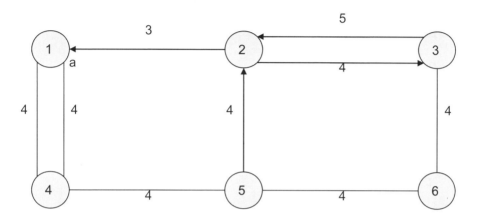

Abbildung Briefträger_gemischt: Graph eines abstrakten Straßennetzes

Bestimmen Sie eine Briefträgertour durch dieses Straßennetz, welche alle Verbindungen abarbeitet und so kurz wie nur möglich ist!

1. Teil: Bestimmung der optimalen Kantennutzung

Schritt 1:

Zunächst ist der obige gemischte Graph mittels des „Kreisverkehr-Tricks" in Matrizen zu überführen. Dazu benutzen wir die Parameter:

	A	B	C	D	E	F	G	H	I
30	Parameter								
31			EPS	0,01		BigNumber		999.999	

Abbildung Briefträger_gemischt: Standard Parameter

Mit:

- EPS   = $D$31   Kleine Zahl, für die Entfernungen im Kreisverkehr
- BigNumber   = $H$31   Große Zahl (Unendlich)

---

[1] Daten siehe Domschke(1997), S. 190.

Damit ergibt sich als zusammenfassende Problembeschreibung:

	A	B	C	D	E	F	G	H	I	J	K	L
32	Distanzmatrix											
33												
34		Dist_ij	K 1	K 1a	K 2	K 3	K 4	K 5	K 6	GradAusg	GradEing	Eing_Ausg
35		K 1		0,01			4			2	3	1
36		K 1a	0,01				4			2	2	0
37		K 2	3			4				2	2	0
38		K 3			5			4		2	2	0
39		K 4	4	4				4		3	3	0
40		K 5			4		4		4	3	2	-1
41		K 6				4		4		2	2	0
42		GradEing	3	2	2	2	3	2	2			
43												

Abbildung Briefträger_gemischt: Distanzmatrix

	M	N	O	P	Q	R	S	T	U	V
32		Freie Fahrtrichtung:								
33										
34		FF_ij	K 1	K 1a	K 2	K 3	K 4	K 5	K 6	
35		K 1	0	0	0	0	1	0	0	
36		K 1a	0	0	0	0	1	0	0	
37		K 2	0	0	0	0	0	0	0	
38		K 3	0	0	0	0	0	0	1	
39		K 4	1	1	0	0	0	1	0	
40		K 5	0	0	0	0	1	0	1	
41		K 6	0	0	0	1	0	1	0	
42										

Abbildung Briefträger_gemischt: Zugehörige Indikatoren für die freie Fahrtrichtung

Mit:

- Dist_ij   = $C$35:$I$41   Transportdistanzen der Verbindungen,

  falls nicht leer

- GradEing = $C$42:$I$42   Eingangsgrad:

  Anzahl der eingehenden Verbindungen

- GradAusg = $J$35:$J$41   Ausgangsgrad:

  Anzahl der ausgehenden Verbindungen

- GradEing = $K$35:$K$41   = Eingangsgrad (transponiert)
- Eing_Ausg = $L$35:$L$41   Differenz von Eingangsgrad und Ausgangsgrad

  = GradEing (transponiert) – GradAusg

- FF_ij   = $O$35:$U$41   Indikator für freie Fahrtrichtung von i nach j,

  =1, falls zwischen i und j eine Kante vorgegeben ist

  = 0, sonst

Schritt 2: Aufbau der Boundmatrizen

	A	B	C	D	E	F	G	H	I	J
45	Boundmatrizen									
46										
47		UB_ij	K 1	K 1a	K 2	K 3	K 4	K 5	K 6	
48		K 1	0	999.999	0	0	999.999	0	0	
49		K 1a	999.999	0	0	0	999.999	0	0	
50		K 2	999.999	0	0	999.999	0	0	0	
51		K 3	0	0	999.999	0	0	0	999.999	
52		K 4	999.999	999.999	0	0	0	999.999	0	
53		K 5	0	0	999.999	0	999.999	0	999.999	
54		K 6	0	0	0	999.999	0	999.999	0	
55										

Abbildung Briefträger_gemischt: Upper Bounds

	M	N	O	P	Q	R	S	T	U	V
46										
47		LB_ij	K 1	K 1a	K 2	K 3	K 4	K 5	K 6	
48		K 1	0	0	0	0	0	0	0	
49		K 1a	0	0	0	0	0	0	0	
50		K 2	1	0	0	1	0	0	0	
51		K 3	0	0	1	0	0	0	0	
52		K 4	0	0	0	0	0	0	0	
53		K 5	0	0	1	0	0	0	0	
54		K 6	0	0	0	0	0	0	0	
55										

Abbildung Briefträger_gemischt: Lower Bounds

Mit:

- UB_ij   = $C$48:$I$54   Upper Bound für die Verbindung von i nach j
            = Große Zahl, wenn Verbindung möglich ist, sonst 0

- LB_ij   = $O$48:$U$54   Lower Bound für die Verbindung von i nach j
            = 1, falls ein Pfeil die Richtung von i nach j außerhalb eines Kreisverkehrs vorgibt, sonst 0

Schritt 3: Aufbau der Matrizen für die Verbindungsnutzung

	A	B	C	D	E	F	G	H	I	J	K
57	Verbindungsnutzung										
58											
59		X_ij	K 1	K 1a	K 2	K 3	K 4	K 5	K 6	Ges4i	
60		K 1	1	1	1	1	1	1	1	7	
61		K 1a	1	1	1	1	1	1	1	7	
62		K 2	1	1	1	1	1	1	1	7	
63		K 3	1	1	1	1	1	1	1	7	
64		K 4	1	1	1	1	1	1	1	7	
65		K 5	1	1	1	1	1	1	1	7	
66		K 6	1	1	1	1	1	1	1	7	
67		Ges2j	7	7	7	7	7	7	7		
68											

Abbildung Briefträger_gemischt: X_ij mit Vorgabewert 1

	M	N	O	P	Q	R	S	T	U	V
58										
59		X_.ji	K 1	K 1a	K 2	K 3	K 4	K 5	K 6	
60		K 1	1	1	1	1	1	1	1	
61		K 1a	1	1	1	1	1	1	1	
62		K 2	1	1	1	1	1	1	1	
63		K 3	1	1	1	1	1	1	1	
64		K 4	1	1	1	1	1	1	1	
65		K 5	1	1	1	1	1	1	1	
66		K 6	1	1	1	1	1	1	1	
67										

Abbildung Briefträger_gemischt: X_.ji zum Vorgabewert 1

	V	W	X	Y	Z	AA	AB	AC	AD	AE
58										
59		SX_ijji	K 1	K 2	K 3	K 4	K 5	K 6	K 7	
60		K 1	2	2	2	2	2	2	2	
61		K 2	2	2	2	2	2	2	2	
62		K 3	2	2	2	2	2	2	2	
63		K 4	2	2	2	2	2	2	2	
64		K 5	2	2	2	2	2	2	2	
65		K 6	2	2	2	2	2	2	2	
66		K 7	2	2	2	2	2	2	2	
67										

Abbildung Briefträger_gemischt: SX_ijji = X_ij + X_.ji zum Vorgabewert 1

Mit:

- X_ij = \$C\$60:\$I\$66   Anzahl der Fahrten/Touren von i nach j
- Ges4i = \$J\$60:\$J\$66   Anzahl Fahrten aus der Kreuzung heraus = Zeilensumme
- Ges2j = \$C\$67:\$I\$67   Anzahl Fahrten in die Kreuzung hinein = Spaltensumme
- $X\_.ji$ = \$O\$60:\$U\$66   Anzahl der Fahrten/Touren von j nach i = X_ij transponiert

- SX_ijji = $X$60:$AD$66 = X_ij + X_.ji

Schritt 4: Bestimmung der Gesamtdistanz

Gesamtdistanz ▼ f_x =SUMMENPRODUKT(X_ij;Dist_ij)

	A	B	C	D
70	Gesamtdistanz			
71			56	
72				

Abbildung Briefträger_gemischt: Eingabe der Formel für die Gesamtdistanz

Mit:

- Gesamtdistanz = $C$71   = Summenprodukt von X_ij und Dist_ij

Schritt 5: Eingabe des mathematischen Modells in den Solver

```
Mathematisches Modell:
    Entscheidungsvariablen:
        X_ij die Anzahl der Fahrten/Touren von i nach j.
    Zielfunktion:
        Die Gesamtdistanz = Dist_ij x X_ij ist zu minimieren.
    Nebenbedingungen:
        Ges4i = Ges2j
            Für jede Kreuzung gehen genauso viele Fahrten/Touren hinein wie hinaus.
        SX_ijji >= F_ij
            Für jede Kante mit freier Fahrtrichtung wird mindestens eine Fahrt von i nach j oder von j nach i durchgeführt,
            sonst 0.
        X_ij <= UB_ij
            Es können nur die Strecken benutzt werden, für die eine Entfernung angegeben ist.
        X_ij >= LB_ij
            Für jeden Pfeil außerhalb der Kreisverkehre wird mindestens eine Fahrt durchgeführt,
            sonst 0
        X_ij ganzzahlig
```

Abbildung Briefträger_gemischt: Mathematisches Modell mit den verwendeten Bezeichnungen

Die Eingabe dieses Modells in den Premium Solver ergibt:

Modellbasiertes Logistikmanagement

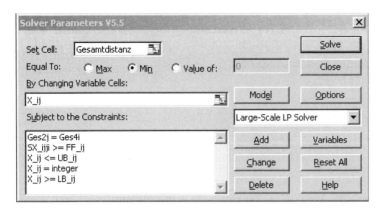

Abbildung Briefträger_gemischt: Eingabe des Mathematischen Modells in den Solver

Das führt dann zu dem Ergebnis:

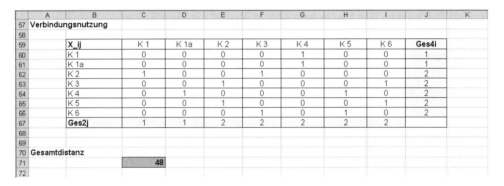

Abbildung Briefträger_gemischt: Ausgabe der optimalen Lösung

	M	N	O	P	Q	R	S	T	U	V
58										
59		X_ji	K 1	K 1a	K 2	K 3	K 4	K 5	K 6	
60		K 1	0	0	1	0	0	0	0	
61		K 1a	0	0	0	0	1	0	0	
62		K 2	0	0	0	1	0	1	0	
63		K 3	0	0	1	0	0	0	1	
64		K 4	1	1	0	0	0	0	0	
65		K 5	0	0	0	0	1	0	1	
66		K 6	0	0	0	1	0	1	0	
67										

Abbildung Briefträger_gemischt: Ausgabe der transponierten optimalen Lösung

	V	W	X	Y	Z	AA	AB	AC	AD	AE
58										
59		SX_ijji	K1	K2	K3	K4	K5	K6	K7	
60		K1	0	0	1	0	1	0	0	
61		K2	0	0	0	0	2	0	0	
62		K3	1	0	0	2	0	1	0	
63		K4	0	0	2	0	0	0	2	
64		K5	1	2	0	0	0	1	0	
65		K6	0	0	1	0	1	0	2	
66		K7	0	0	0	2	0	2	0	
67										

Abbildung Briefträger_gemischt: Ausgabe von X_ij+X_.ji zur optimalen Lösung

2. Teil: Bestimmung der optimalen Briefträgertour

Schritt 1:

Zunächst wird die optimale Lösung X_ij spaltenkonform nach unten auf die Matrix X_ij(1) kopiert.

Hier kann man sofort den Weg(1) = [1 - 4 -1a - 4 - 5 - 2 – 1] identifizieren. Wir reduzieren die jeweiligen Matrixwerte um 1 und erhalten die unten aufgeführte Restmatrix:

X_ij(1) = $C$79:$I$85 .

Man erhält die Länge dieses Weges durch:

Länge [1 - 4 -1a - 4 - 5 - 2 – 4] = Summenprodukt(X_ij – X_ij(1));Dist_ij) = 23.

	A	B	C	D	E	F	G	H	I	J	K
77											
78	1.Schritt	X_ij(1)	K1	K1a	K2	K3	K4	K5	K6	Ges4i	
79		K1	0	0	0	0	0	0	0	0	
80		K1a	0	0	0	0	0	0	0	0	
81		K2	0	0	0	1	0	0	0	1	
82		K3	0	0	1	0	0	0	1	2	
83		K4	0	0	0	0	0	0	0	0	
84		K5	0	0	0	0	0	1	1		
85		K6	0	0	1	0	1	0	2		
86		Ges2j	0	0	1	2	0	1	2		
87											

Abbildung Briefträger_gemischt: Restmatrix X_ij(1) nach der Ermittlung des ersten Weges

Schritt 2:

Zunächst wird X_ij(1) spaltenkonform nach unten auf die Matrix X_ij(2) kopiert.

Hier kann man sofort den neuen Weg: [2 - 3 - 2] identifizieren. Wir reduzieren die jeweiligen Matrixwerte um 1 und erhalten die unten aufgeführte Restmatrix:
X_ij(2) = $C$90:$I$96.
Man erhält die Länge dieses Weges durch:
Länge [2 - 3 - 2] = Summenprodukt(X_ij(1) – X_ij(2));Dist_ij) = 9.

Wir integrieren den neuen Weg in den vorhandenen Weg und erhalten:

Weg(2) = [1 - 4 -1a - 4 - 5 - 2 - 3 – 2 - 1].

	A	B	C	D	E	F	G	H	I	J	K
88											
89	2.Schritt	X_ij(2)	K 1	K 1a	K 2	K 3	K 4	K 5	K 6	Ges4i	
90		K 1	0	0	0	0	0	0	0	0	
91		K 1a	0	0	0	0	0	0	0	0	
92		K 2	0	0	0	0	0	0	0	0	
93		K 3	0	0	0	0	0	0	1	1	
94		K 4	0	0	0	0	0	0	0	0	
95		K 5	0	0	0	0	0	0	1	1	
96		K 6	0	0	0	1	0	1	0	2	
97		Ges2j	0	0	0	1	0	1	2		
98											

Abbildung Briefträger_gemischt: Restmatrix X_ij(2) nach der Ermittlung des ersten Weges

Schritt 3:

Nun wird X_ij(2) spaltenkonform nach unten auf die Matrix X_ij(3) kopiert.

Hier kann man den neuen Weg: [3 - 6 - 5 - 6 - 3] identifizieren. Wir reduzieren die jeweiligen Matrixwerte um 1 und erhalten als Restmatrix:
X_ij(3) = $C$101:$I$107.
Man erhält die Länge dieses Weges durch:
Länge [3 - 6 - 5 - 6 -3] = Summenprodukt(X_ij(2) – X_ij(3));Dist_ij) = 16.

Wir integrieren den neuen Weg in den vorhandenen Weg und erhalten:

Weg(3) = [1 - 4 -1a - 4 - 5 - 2 - 3 - 6 - 5 - 6 - 3 - 2 - 1].

Das ist dann auch eine optimale Briefträgertour mit Gesamtlänge = 23 + 9 + 16 = 48, denn die Restmatrix X_ij(3) ist nun die Nullmatrix.

8.12 Weitere Arten von Briefträgerproblemen

8.12.1 Rural Postman Problem (RPP)

Bei diesem Problem muss lediglich eine Teilmenge der Kanten bzw. Pfeile besucht werden. Diese Probleme entstehen z. B. bei der Postzustellung oder Müllentsorgung in ländlichen Gebieten. Der Lösungsweg entspricht hierbei dem bereits bekannten Vorgehen.

8.12.2 m-Briefträgerprobleme

Hierbei sind die zu durchlaufenden Kanten bzw. Pfeile auf genau m-Briefträger aufzuteilen.

8.12.3 Windy Postman Problem

Dieses Problem tritt in ungerichteten Graphen auf. Jede Kante kann in beide Richtungen benutzt werden, wobei die Kosten sich je nach Richtung unterscheiden.

8.12.4 General Routing-Probleme

Hierbei handelt es sich um kombinierte Travelling-Salesman- und Briefträgerprobleme. Gesucht werden die kürzesten Rundreisen, welche bestimmte Knoten, Kanten und/oder Pfeile eines Graphen mindestens einmal enthalten.

8.12.5 Maximum-Benefit-Briefträgerproblem

Bei dieser Problemstellung verursacht jeder Besuch einer Kante Kosten, bringt jedoch andererseits auch einen Ertrag. Optimierungsziel ist ein gewinnmaximaler geschlossener Weg.[1]

---

[1] Vgl. Domschke (1997), S. 197ff.

Anhang

A Besonderheiten bei MS Excel 2003

A.1 Belegung von Zellen und Zellenbereichen mit Namen

Zur besseren Lesbarkeit und Dokumentation von Formeln oder Rechenverfahren bietet MS EXCEL 2003 die Möglichkeit, einzelne Zellen oder Zellenbereiche mit einem Namen zu belegen. Die Verwendung dieser Namen wird im Programm durch eine Vielzahl von Funktionalitäten unterstützt. Darauf können wir hier nicht eingehen. Wir betrachten nur die wichtigsten Eigenschaften.

A.1.1 Namen

Namen dürfen aus beliebigen Kombinationen von Groß- und Kleinbuchstaben, von Ziffern und dem Unterstrich-Zeichen bestehen. Nicht erlaubt sind dabei die Verwendung des Leerzeichens und die Zeichen für Rechenoperationen.

Für die Definition solcher Namen hat man grundsätzlich zwei Möglichkeiten:

A.1.1.1 Eingabe eines neuen Namens über das Namensfeld

- Markieren Sie eine Zelle oder einen Zellenbereich!
- Klicken Sie in das „Namensfeld" in der Menüleiste oben links in dem Arbeitsblatt!
- Geben Sie einen in diesem Spreadsheet noch nicht benutzten Namen über die Tastatur ein!
- Beenden Sie die Namenseingabe mit „Enter"!

Beispiel:

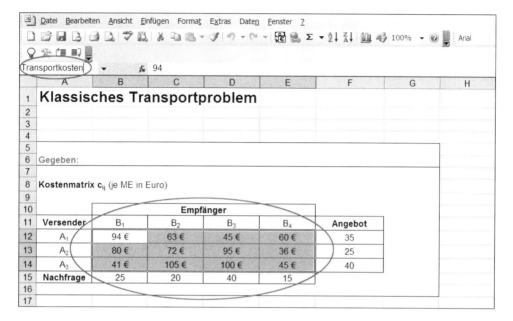

Abbildung: Anzeige des Namens eines Zellenbereiches

A.1.1.2 Eingabe eines neuen Namens über die Menüleiste

- Markieren Sie eine Zelle oder einen Zellenbereich!
- Gehen Sie im Menü auf: Einfügen -> Namen -> Definieren!
- Akzeptieren Sie den Namensvorschlag von EXCEL oder geben Sie einen in diesem Spreadsheet noch nicht benutzten Namen über die Tastatur ein!
- Beenden Sie die Namenseingabe mit „Enter" oder klicken auf „**OK**"!

Sie können unter diesem Menüpunkt auch mehrere Namen hintereinander eingeben, wenn Sie auf „Hinzufügen" klicken. Klickt man auf einen der gelisteten Namen, so erscheint dieser im oberen Eingabefeld; der Name kann dann gelöscht oder durch Editieren verändert werden. Mit „Schließen" verlässt man dieses Menü.

Beispiel:

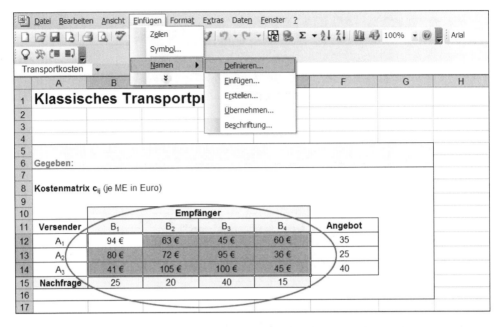

Abbildung: Eingabe einer Namensdefinition über die Menüsteuerung: Schritt 1

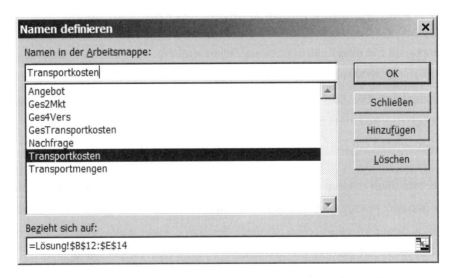

Abbildung: Eingabe einer Namensdefinition über die Menüsteuerung: Schritt 2

A.1.2 Ausgabe von Zellen oder Zellenbereichen mit Namen

A.1.2.1 Display-Ausgabe über das Namensfeld

- Sobald Namen für Zellen oder Zellenbereiche definiert sind, verändert sich das Namensfeld oben links zu einem „Drop Down Fenster".
- Klicken Sie auf den Pfeil nach unten, so wird die Namensliste angezeigt.
- Klicken Sie auf einen Namen, so wird der entsprechende Bereich markiert angezeigt.

Beispiel:

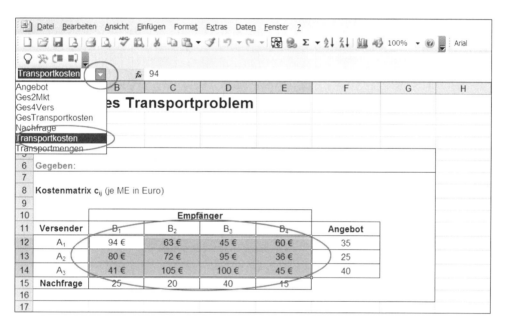

Abbildung: Drop Down Fenster der Namensliste

A.1.2.2 Ausgabe einer Definitionsliste über die Menüleiste

- Gehen Sie im Menü auf: **Einfügen** -> **Namen** -> **Einfügen**!
- Klicken Sie dann auf „Liste einfügen"!
- Eine vollständige Liste der definierten Namen mit der Angabe ihrer Zellbereiche wird an der aktuellen Position im Arbeitsblatt eingefügt.

Modellbasiertes Logistikmanagement

Beispiel:

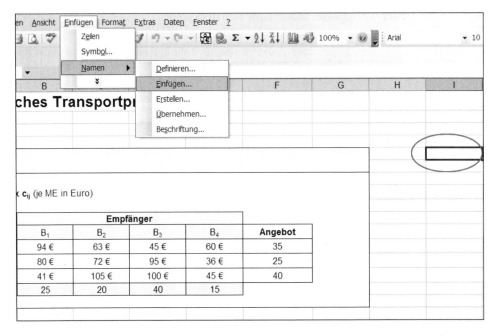

Abbildung: Einfügen einer vollständigen Namensliste an der aktuellen Cursorposition:
Schritt 1: Wählen der Menüposition

Abbildung: Einfügen einer vollständigen Namensliste an der aktuellen Cursorposition:
Schritt 2: Option „Liste einfügen" wählen

A Besonderheiten bei MS Excel 2003

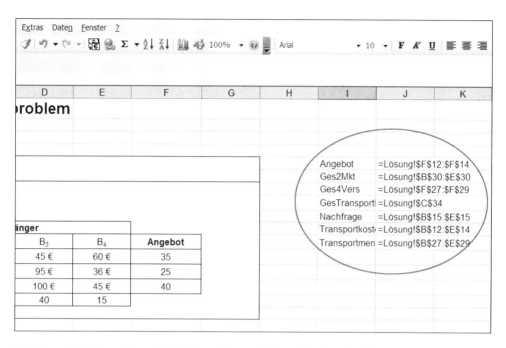

Abbildung: Einfügen einer vollständigen Namensliste an der aktuellen Cursurposition:
    Schritt 3: Ausgabe

A.2 Der Standard-Solver für MS-Excel 2003

A.2.1 Aufrufen des Solvers

Beim Excel Solver handelt es sich um ein sogenanntes Add-In für Microsoft Excel zum Lösen mathematischer Optimierungsmodelle. Zu finden ist dieser in EXCEL 2003 unter dem Menüpunkt "Extras→Solver".

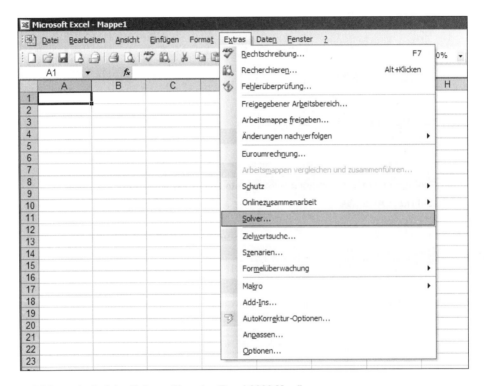

Abbildung: Aufruf des Solvers über das Excel 2003 Menü

A.2.2 Aktivieren des Solvers

Sollte der Solver nicht im Menü angezeigt werden, muss er zunächst unter "Extras→Add-Ins" aktiviert werden.

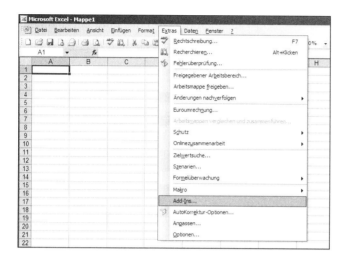

Abbildung: Excel Menü ohne Solver

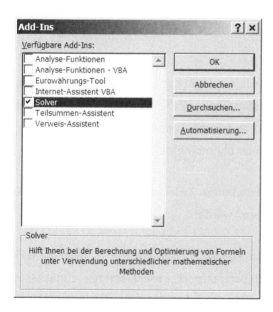

Abbildung: Excel Add-Ins

A.2.3 Bedienung des Solvers

Um ein mathematisches Optimierungsmodell zu erstellen, sind ein Optimierungsziel, Entscheidungsvariablen und normalerweise auch Nebenbedingungen notwendig. Ein Modell ist ein vereinfachtes Abbild eines realen Sachverhaltes, welches die wesentlichen Beziehungszusammenhänge in mathematischen Formeln darstellt. Nachdem alle relevanten Daten in Tabellenzellen untergebracht und gegebenenfalls mit Formeln untereinander verknüpft worden sind, können im Solver die Zielzelle (1), das Kriterium der Zielzelle (min, max, Sollwert) (unter (1)), die veränderbaren Zellen (2), die notwendigen Restriktionen (3) und darüber hinaus die geeigneten Solver-Optionen (über den rechten Button) formuliert werden.

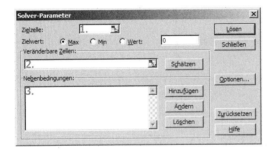

Abbildung: Solver Parameter

Zur Dateneingabe in den Feldern (1), (2) und (3) klickt man zunächst in dieses Feld, um es zu aktivieren. Dann wird die entsprechende Zelle oder der entsprechende Zellenbereich im Arbeitsblatt markiert und angeklickt. Damit wird die entsprechende Bereichskennung als Optimierungsparameter übernommen.

Man kann mehrere Bereiche von veränderbaren Zellen übernehmen, indem die einzelnen Bereiche durch Semikolon getrennt werden.

Will man eine Nebenbedingung hinzufügen, klickt man im Parameter-Fenster auf den Knopf „Hinzufügen". Es erscheint ein Eingabefenster. Hier klickt man nun zunächst in das linke leere Feld, markiert dann den betreffenden Zellenbereich im Arbeitsblatt und bestätigt mit „Enter".

Als nächstes klickt man dann auf das Drop-Down-Menü in der Mitte, mit dem man die Beziehung zwischen den beiden Seiten der Nebenbedingung festlegen kann oder einen Variablentyp (ganzzahlig oder binär) definiert.

Als letztes klickt man in das rechte leere Feld, um dann analog die rechte Seite der Nebenbedingung festzulegen. Dieser Schritt erübrigt sich natürlich im Falle der Typenfestlegung.

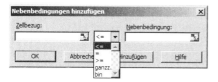

Abbildung: Eingabe der Nebenbedingungen oder Variablentypen

Da wir es in der Regel mit **linearen Modellen** zu tun haben, ist die Festlegung der Optionen wichtig. Diese Optionen teilen dem Solver mit, wie er algorithmische Rechenbeschleunigungen einsetzen kann. Für lineare Modelle ist dies beispielsweise der Simplexalgorithmus.

Klickt man auf den Button „Optionen", öffnet sich das zugehörige Eingabefenster. Hat man es mit linearen Modellen zu tun, so werden dort die Häkchen bei „Lineares Modell voraussetzen" gesetzt. Sollen alle Variablen nicht negativ sein, so setzt man auch das Häkchen bei „Nicht-Negativität voraussetzen".

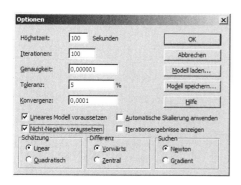

Abbildung: Eingabefenster für die Optionen

Der Standard-Solver für Excel 2003 ist in der deutschen Übersetzung leider nicht ganz fehlerfrei, insbesondere bei kombinatorischen Problemen. Sollte er für bestimmte größere Berechnungen nicht funktionieren, kann man auf die frei verfügbare Education-Version des Premium Solvers oder die professionelle Premium-Version des Solvers zurückgreifen, siehe hierzu die Infos der Firma Frontline (www.solver.com). Diese Version ist extrem leistungsfähiger, aber auch kostenpflichtig.

A.3 Der Premium-Solver (Education- Version) für MS-Excel 2003

A.3.1 Installation

Um die Education-Version des Solvers benutzen zu können, muss man diese installieren (*.exe ausführen). Anschließend folgt man der Installationsroutine wie folgt:

Das erste Fenster enthält Informationen zum zu installierenden Programm und kann mit OK bestätigt werden.

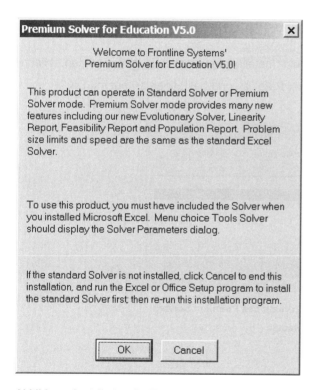

Abbildung: Installation der Education-Version des Premium Solvers: Start der Installations-Routine

Nun wählt man die gewünschte Aktion aus. Da wir installieren wollen, markieren wir "Install the Premium Solver" und bestätigen mit OK.

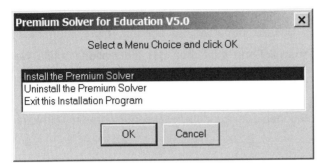

Abbildung: Installation der Education-Version des Premium Solvers: Auswahlmenü

Danach wird man aufgefordert, ein Installationsverzeichnis auszuwählen. Hierzu wählen wir den Punkt "Enter Another Path" an und bestätigen erneut mit OK.

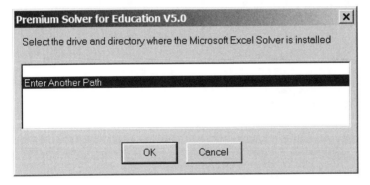

Abbildung: Installation der Education-Version des Premium Solvers:
   Auswahl des Installationspfades

Das Standardverzeichnis des Solvers ist:

c:\Programme\MicrosoftOffice\office11\Makro\solver

welches man mithilfe des Explorers auswählt.

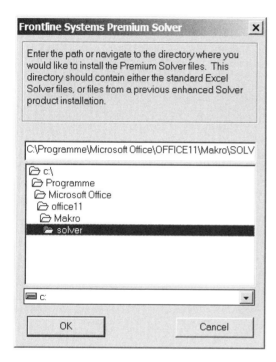

Abbildung: Installation der Education-Version des Premium Solvers:
  Angabe des Installationspfades mit dem Explorer

Modellbasiertes Logistikmanagement

Nachdem das Verzeichnis ausgewählt und das Fenster mit Ok bestätigt worden ist, wird das Programm (bzw. das Add-In) installiert.

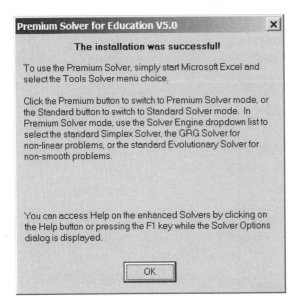

Abbildung: Installation der Education-Version des Premium Solvers:
   Abschlussmeldung zur Installation

A.3.2 Aktivierung

Im Anschluss an die Installation kann das Add-In nun wie unter Anhang A.2 beschrieben aktiviert werden.

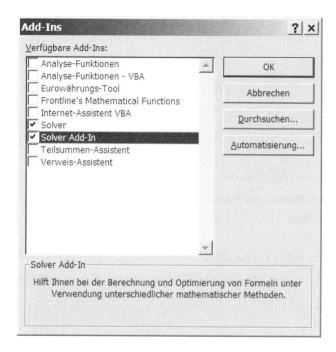

Abbildung: Installation der Education-Version des Premium Solvers:
Aktivierung des Premium Solvers

Ruft man nun den Solver auf, ist auf der rechten Seite ein neuer Button namens "Premium" vorhanden. Durch Drücken dieses Buttons wechselt man vom Standard Solver Add-In in das Education Solver Add-In.

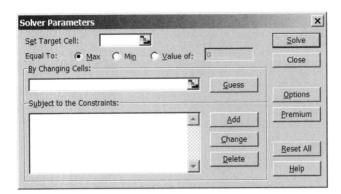

Abbildung: Installation der Education-Version des Premium Solvers:
   Anwahl des Premium Solvers

Der Button "Premium" hat sich nun in "Standard" verwandelt. Durch Klicken auf diesen Button kann man wieder in den Modus des Standard Excel Solver Add-Ins wechseln.

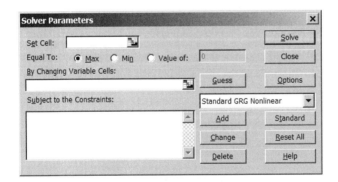

Abbildung: Installation der Education-Version des Premium Solvers:
   Rückkehr zum Standard Solver

A.3.3 Benutzung

Der Solver kann nun auf die gleiche Weise wie der Standard Excel Solver verwendet werden. In einem Drop-Down-Menü kann man nun zusätzlich zwischen

- Standard GRG Nonlinear,
- Standard Simplex LP und
- Standard Evolutionary

wählen, um somit bestimmte Algorithmen zu verwenden.

B Besonderheiten bei MS Excel 2010

Mit dem Wechsel zu den Versionen Excel 2007 und Excel 2010 hat Microsoft zum Leidwesen vieler Nutzer die Menüstruktur erheblich verändert. Wir gehen hier auf die Besonderheiten bei der Namensgebung und des Solvers ein.

B.1 Belegung von Zellen und Zellenbereichen mit Namen

Ähnlich wie in Vorgängerversionen bietet auch MS EXCEL 2010 die Möglichkeit, einzelne Zellen oder Zellenbereiche zur besseren Übersicht oder zur besseren Handhabung mit einem Namen zu belegen. Die Verwendung dieser Namen wird im Programm durch eine Vielzahl von Funktionalitäten jetzt im **Namensmanager** unter dem Menüpunkt **Formeln** unterstützt. Wir betrachten wieder nur die wichtigsten Eigenschaften.

B.1.1 Namen

Namen dürfen aus beliebigen Kombinationen von Groß- und Kleinbuchstaben, von Ziffern und dem Unterstrich-Zeichen bestehen. Nicht erlaubt sind dabei die Verwendung des Leerzeichens und die Zeichen für Rechenoperationen.

Für die Definition solcher Namen hat man grundsätzlich zwei Möglichkeiten:

B.1.1.1 Eingabe eines neuen Namens über das Namensfeld

- Markieren Sie eine Zelle oder einen Zellenbereich!
- Klicken Sie in das „Namensfeld" in der Menüleiste oben links in dem Arbeitsblatt!
- Geben Sie einen in diesem Spreadsheet noch nicht benutzten Namen über die Tastatur ein!
- Beenden Sie die Namenseingabe mit „Enter"!

Beispiel:

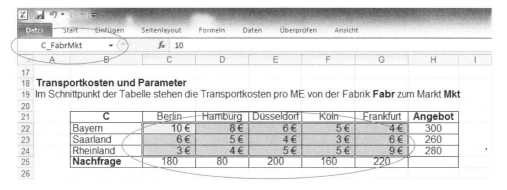

Abbildung: Anzeige des Namens eines Zellenbereiches

B.1.1.2 Eingabe eines neuen Namens über die Menüleiste

- Markieren Sie eine Zelle oder einen Zellenbereich!
- Gehen Sie im Menü auf: **Formeln** -> **Namen definieren**!
- Akzeptieren Sie den Namensvorschlag von EXCEL (der von der angrenzenden Randspalte oder -zeile herrührt) oder geben Sie einen in diesem Spreadsheet noch nicht benutzten Namen über die Tastatur ein!
- Beenden Sie die Namenseingabe mit „Enter" oder klicken auf „**OK**"!

Beispiel:

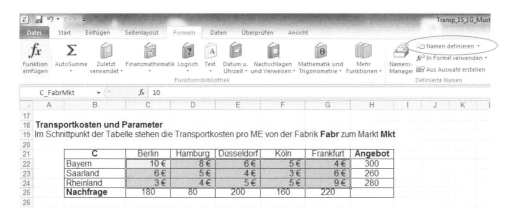

Abbildung: Eingabe einer Namensdefinition über die Menüsteuerung: Schritt 1

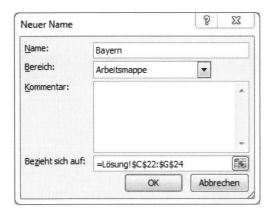

Abbildung: Eingabe einer Namensdefinition über die Menüsteuerung: Schritt 2

Abbildung: Eingabe einer Namensdefinition über die Menüsteuerung: Schritt 3

Sie können mithilfe des **Namens Managers** auch mehrere Namen hintereinander eingeben, Namen löschen oder Namen bearbeiten. Klicken Sie hierzu unter **Formeln** auf **Namens Manager**. Es erscheint eine Liste aller vorhandenen Namen, die man ergänzen oder editieren kann. Mit „Schließen" verlässt man dieses Menü.

Beispiel:

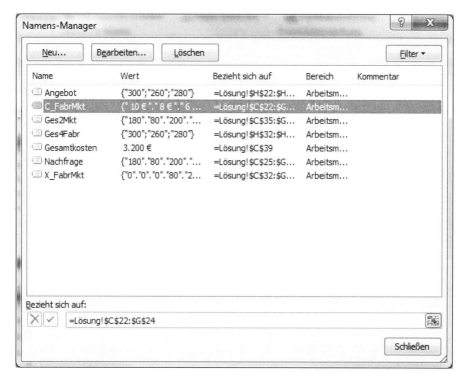

Abbildung: Editiermenü der Namensliste unter dem Namens Manager

B.1.2 Ausgabe von Zellen oder Zellenbereichen mit Namen

B.1.2.1 Display-Ausgabe über das Namensfeld

- Sobald Namen für Zellen oder Zellenbereiche definiert sind, verändert sich das Namensfeld oben links zu einem „Drop Down Fenster".
- Klicken Sie auf den Pfeil nach unten, so wird die Namensliste angezeigt.
- Klicken Sie auf einen Namen, so wird der entsprechende Bereich markiert angezeigt.

B.1.2.2 Ausgabe einer Definitionsliste über die Menüleiste

Man kann für Dokumentationszwecke innerhalb des Arbeitsblattes eine Liste erstellen, in der alle definierten Namen und ihre Positionen angegeben sind.

- Suchen Sie im Arbeitsblatt einen hinreichend großen Bereich mit zwei leeren Spalten (die zu erstellende Liste enthält zwei Spalten, eine für die Namen und eine für die Beschreibung der Namen)!
- Markieren Sie die Zelle, die die obere linke Ecke der Liste bilden soll!
- Klicken Sie auf der Registerkarte Formeln in der Gruppe Definierte Namen auf **In Formel verwenden** und klicken Sie dann auf **Namen einfügen**!
- Klicken Sie im Dialogfeld Namen einfügen auf **Liste einfügen**. Eine vollständige Liste der definierten Namen mit der Angabe ihrer Zellbereiche wird an der aktuellen Position im Arbeitsblatt eingefügt.

Beispiel:

Abbildung: Einfügen einer vollständigen Namensliste an der aktuellen Cursurposition:
  Schritt 1: Wählen der Menüposition

Abbildung: Einfügen einer vollständigen Namensliste an der aktuellen Cursurposition:
  Schritt 2: Option „Liste einfügen" wählen

B Besonderheiten bei MS Excel 2010

Abbildung: Einfügen einer vollständigen Namensliste an der aktuellen Cursorposition:
Schritt 3: Ausgabe

B.2 Der Standard-Solver für MS-Excel 2010

B.2.1 Aufrufen des Solvers

Beim Excel Solver handelt es sich um ein sogenanntes Add-In für Microsoft Excel zum Lösen mathematischer Optimierungsmodelle. Zu finden ist dieses in EXCEL 2010 unter dem Menüpunkt "Daten".

Abbildung: Aufruf des Standard Solvers über das Excel 2010 Menü

B.2.2 Aktivieren des Solvers

Sollte der Solver nicht im Menü angezeigt werden, muss er zunächst aktiviert werden.

Unter dem Menüpunkt Datei ist hierbei zunächst „Optionen" zu wählen. Dann klicke man auf „Add-Ins" und „Gehe zu…".

Bei der Auflistung der „Add-Ins" ist bei „Solver" das Häkchen zu setzen und mit „Ok" zu bestätigen.

Abbildung: Aktivieren des Solvers

Modellbasiertes Logistikmanagement

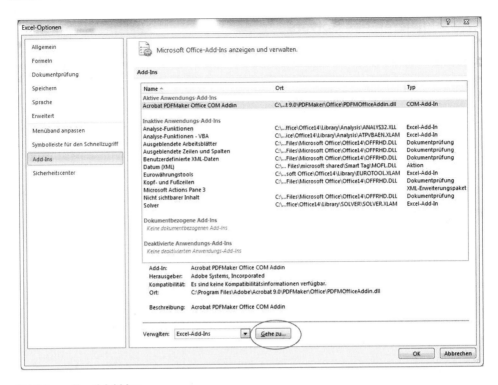

Abbildung: Excel Add-Ins

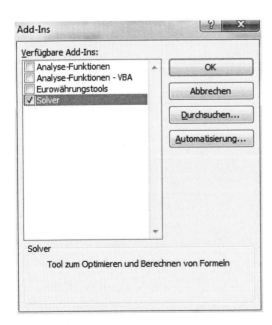

Abbildung: Excel Add-Ins

B.2.3 Bedienung des Solvers

Um ein mathematisches Optimierungsmodell zu erstellen, benötigt man ein Optimierungsziel, Entscheidungsvariablen und normalerweise auch Nebenbedingungen. Nachdem alle relevanten Daten in Tabellenzellen untergebracht und gegebenenfalls mit Formeln untereinander verknüpft worden sind, können im Solver die Zielzelle (Gesamtkosten), das Kriterium der Zielzelle (min, max, Sollwert), die veränderbaren Zellen (X_FabrMkt), die notwendigen Restriktionen (Ges2Mkt >= Nachfrage; Ges4Fabr<=Angebot) und darüber hinaus die geeigneten Solver-Optionen formuliert werden.

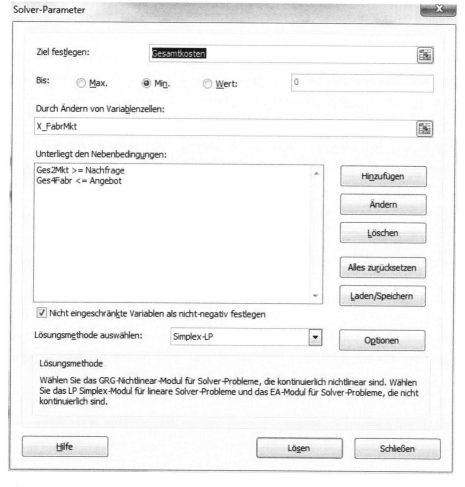

Abbildung: Solver Parameter

Zur Dateneingabe klickt man in die jeweiligen Felder, um diese zunächst zu aktivieren. Dann wird die entsprechende Zelle oder der entsprechende Zellenbereich im Arbeitsblatt markiert und angeklickt. Damit wird die entsprechende Bereichskennung als Optimierungsparameter übernommen.

Man kann mehrere Bereiche von veränderbaren Zellen übernehmen, indem die einzelnen Bereiche durch Semikolon getrennt werden.

Will man eine Nebenbedingung hinzufügen, klickt man im Parameter-Fenster auf den Knopf „Hinzufügen". Es erscheint ein Eingabefenster. Hier klickt man nun zunächst in das linke leere Feld, markiert dann den betreffenden Zellenbereich im Arbeitsblatt und bestätigt mit „Enter".

Als nächstes klickt man dann auf das Drop-Down-Menü in der Mitte, mit dem man die Beziehung zwischen den beiden Seiten der Nebenbedingung festlegen kann oder einen Variablentyp (ganzzahlig oder binär) definiert.

Als letztes klickt man in das rechte leere Feld, um dann analog die rechte Seite der Nebenbedingung festzulegen. Dieser Schritt erübrigt sich natürlich im Falle der Typenfestlegung.

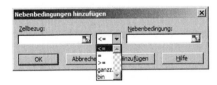

Abbildung: Eingabe der Nebenbedingungen oder Variablentypen

Als letztes ist die Festlegung der Lösungsmethode wichtig. Die gewählte Option bestimmt den Rechenalgorithmus für den Solver. Für lineare Modelle ist dies beispielsweise der Simplexalgorithmus: „Simplex-LP".

Hat man es mit linearen Modellen zu tun, so werden die Variablen in der Regel als nicht-negativ festgelegt. Das entsprechende Häkchen ist zu setzen.

Durch Anklicken des „Lösen"-Buttons startet der Solver und liefert ein Ergebnisfenster:

B Besonderheiten bei MS Excel 2010

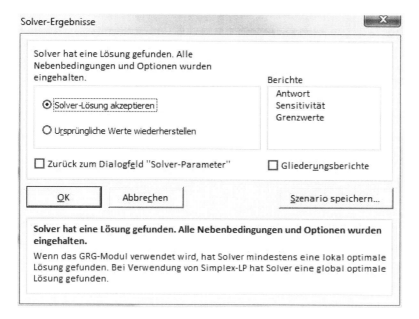

Abbildung: Ergebnisfenster

Der Standard-Solver funktioniert nur für eine eingeschränkte Anzahl von ca. 200 Variablen.

Sollte er für bestimmte größere Berechnungen nicht funktionieren, kann man auf die professionelle Premium-Version des Solvers zurückgreifen, siehe hierzu die Infos der Firma Frontline (www.solver.com). Diese Version ist extrem leistungsfähiger, aber auch kostenpflichtig. Frontline stellt eine 15-Tage Demoversion zum Download zur Verfügung.

C Der Premium-Solver für MS-Excel

C.1 Installation

Die hier beschriebene Vorgehensweise bezieht sich auf die Testversion des Premium-Solvers V.9.6.3 innerhalb der erweiterten Risk-Solver-Platform, welche man sich nach einer Registrierung auf **www.solver.com** herunterladen kann. Die Software läuft parallel zum Standard Solver unter Excel 2003 bis Excel 2010.

Um die Premium-Solver (Test-)Version benutzen zu können, muss man diese zunächst installieren und die heruntergeladene exe-Datei starten. Anschließend folgt man der Installationsroutine wie folgt:

Das erste Fenster enthält Informationen zum zu installierenden Programm und kann mit OK bestätigt werden.

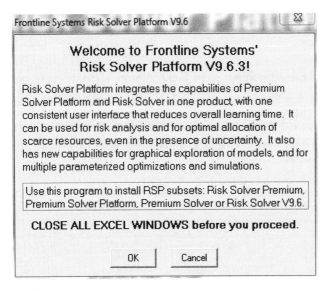

Abbildung: Installation des Premium Solvers: Start der Installations-Routine

Danach wählt man die gewünschte Aktion aus.

Abbildung: Installation des Premium Solvers: Aufruf der Installation

Jetzt wird man aufgefordert, ein Kennwort einzugeben. Dieses Kennwort hat man bei der Registrierung per Email zugeschickt bekommen.

Abbildung: Installation des Premium Solvers: Password Eingabe

Als nächstes ist das gewünschte Installationsverzeichnis zu bestimmen. Vom Installationsprogramm wird empfohlen, das vorgeschlagene Verzeichnis zu verwenden.

Modellbasiertes Logistikmanagement

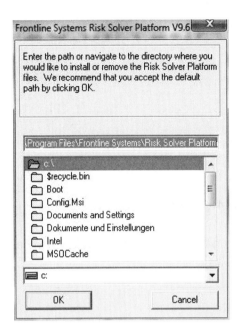

Abbildung: Installation des Premium Solvers: Eingabe des Installationspfades

Nach der Installation gibt man den per E-Mail erhaltenen 15-tägigen Trial-License-Code ein und bestätigt mit „OK".

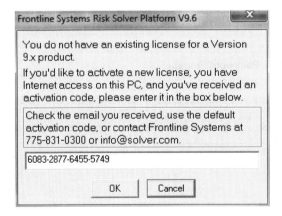

Abbildung: Installation des Premium Solvers: Eingabe des Aktivierungscodes

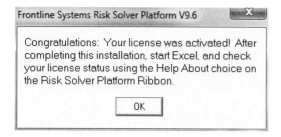

Abbildung: Installation des Premium Solvers: Bestätigung des Trial-Licence-Code

Als nächstes kann man zwischen der erweiterten Risk Solver Platform oder der Premium Solver Software wählen. Für unsere Zwecke reicht völlig die Premium Solver Platform aus.

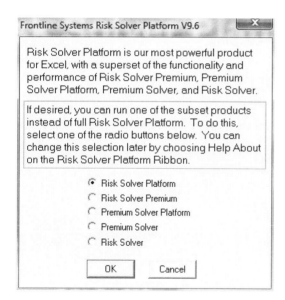

Abbildung: Installation des Premium Solvers:
    Hier reicht die Auswahl der Premium Solver Platform

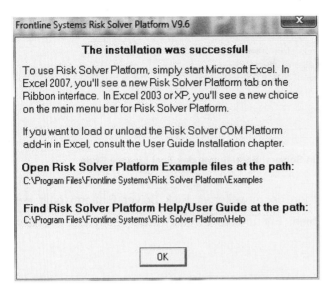

Abbildung: Installation des Premium Solvers: Abschluss

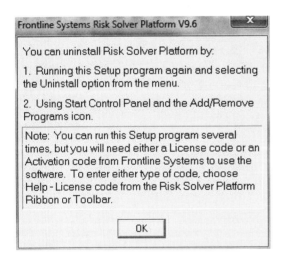

Abbildung: Installation des Premium Solvers: Anweisung zur Deinstallation

C.2 Aktivierung

Die Premium-Solver Testversion muss in EXCEL nicht extra aktiviert werden. Nach der Installation ist diese automatisch aktiv.

Es erscheinen zwei neue Menüpunkte: **Add-Ins** und die dazu erweiterte Version **Premium Solver Platform.**

Abbildung: Eingabe Menü für den Premium Solver

Abbildung: Eingabe Menü für den Premium Solver

C.3 Benutzung

Auch die Premium-Solver Testversion kann auf die gleiche Weise wie die anderen Solver-Versionen verwendet werden. Das Eingabefenster ist ein wenig übersichtlicher als bei den anderen Versionen gestaltet. Wichtig ist, dass mit dieser Version auch größere Probleme als mit den anderen Versionen gelöst werden können.

Öffnet man den Premium Solver unter dem Menüpunkt **Add-Ins,** so erhält man die klassische Gestalt:

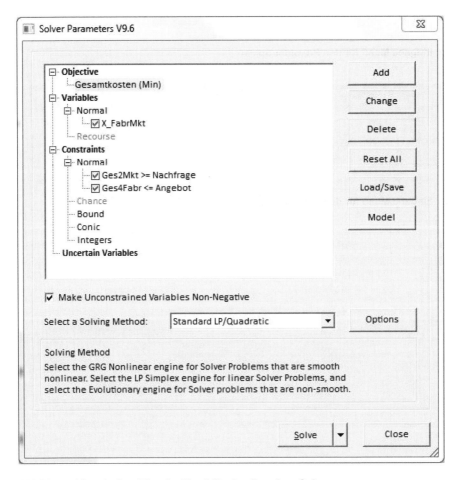

Abbildung: Klassisches Eingabe Menü für den Premium Solver

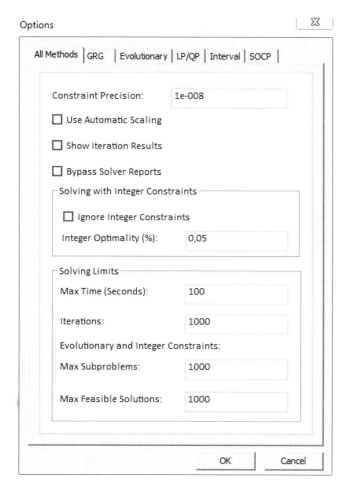

Abbildung: Optionen für die Steuerung des Premium Solvers

Alternativ kann man auch den Menüpunkt **Premium Solver Platform** wählen. Dann erhält man das nachfolgende erweiterte grafische Menü mit den bekannten Optionen.

Hinsichtlich der zugehörigen Erklärungen verweisen wir auf die Hilfe-Funktionen der Software.

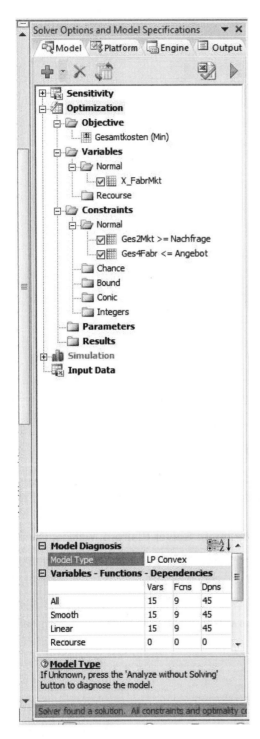

Abbildung: Optionen und Spezifikationen für den Premium Solver

D Optimierung mit CALC/ OpenOffice[1]

D.1 Das Open Source Projekt von Open Office

Wir haben in dieser Arbeit die Tabellenkalkulation mit Excel 2003 oder Excel 2010 illustriert. Dazu gibt es aber auch die Alternative mit dem Programm Calc von OpenOffice.org. Seit Version 3.0 ist hier ebenfalls ein Solver Add-In integriert.[2]

OpenOffice.org ist im Gegensatz zu Microsoft Office kostenlos verfügbar[3] und kann einfach aus dem Internet heruntergeladen werden. Dieses ist vor allem im Lehreinsatz von Vorteil, da so für Studenten und andere Nutzer keine Kosten für Lizenzen entstehen. Außerdem ist OpenOffice.org eine Open-Source-Software[2] und kann bei entsprechenden Programmierkenntnissen selbst weiterentwickelt werden.

D.2 Kleine Unterschiede bei der Bedienung und der Verwendung von Namen

Der Calc-Solver arbeitet wie der Excel-Solver von Frontline mit Datenzellen in Tabellen. Bei der Erstellung dieser Tabellen sind ein paar unwesentliche Unterschiede zu beachten:

- Um einen markierten Zellenbereich mit einem Wert zu füllen, gibt man in Excel den Wert ein und schließt die Eingabe mit der Tastenkombination STRG+ENTER ab. In Calc muss hier ALT+ENTER gedrückt werden.
- Um einen Bereich in einer Formel zu fixieren bzw. die Art der Fixierung zu ändern, drückt man in Excel die F4-Taste, während sich der Cursor auf der Adresse dieses Bereichs befindet. In Calc muss die Tastenkombination ALT+F4 gedrückt werden.
- Um einem markierten Zellenbereich einen Namen zu geben, klickt man in Excel einmal ins „Namensfeld" und gibt dann den Namen ein. Bei Calc muss man für die Eingabemöglichkeit mehrfach klicken oder den angezeigten Bereich

---

[1] Die Ausführungen zu OpenOffice und Calc beruhen auf der Projektarbeit von Peter Lüken (2011), Lösung logistischer Probleme mit OpenOffice.org.

[2] Vgl. http://de.openoffice.org/about-ooo/about-features.html (20.05.2011).

[3] Vgl. http://why.openoffice.org/ (20.05.2011).

vollständig markieren, um ihn dann überschreiben zu können. Die Eingabe endet in beiden Programmen mit ENTER.

Abbildung Calc Namenseingabe: Cursor nach einfachem Klick im Namensfeld

- Wenn mit mehreren Arbeitsblättern in einem Dokument gearbeitet wird, ist zu beachten, dass in Calc jeder Name innerhalb des Dokuments einzigartig sein muss. Bei Excel kann man diese Einschränkung umgehen, indem man ein Ausgangsblatt mit den Namen kopiert. Der Excel-Solver benutzt bei einem Namensverweis immer zuerst den Namen aus dem Arbeitsblatt, aus dem er aufgerufen wird.
- In Calc gibt es diese Ausnahme nicht. Wird hier ein Blatt kopiert, enthält die Kopie keine Namen mehr. Öffnet man mit Calc eine Excel-Tabelle, in der es mehrere identische Namen gibt, hängt Calc den mehrfach auftretenden Namen automatisch Nummern an, um sie eindeutig unterscheiden zu können. Dabei geht Calc nach folgendem Prinzip vor: Es betrachtet die Blätter in der angezeigten Blattreihenfolge von links nach rechts. Kommt ein Name zum ersten Mal vor, wird er einfach übernommen. Jedes weitere Exemplar bekommt die Nummer des Blattes angehängt, in dem es sich befindet – z. B. beim dritten Blatt von links eine drei. Dadurch wird allen nicht einzigartigen Werten innerhalb dieses Blattes dieselbe Nummer angehängt.

Abbildung Calc Namenseingabe: TSPDf_DepotDdorf.xls: Drittes Blatt von links

- Beim Umgang mit den Namen gibt es noch einen weiteren Unterschied. Wenn man eine Formel schreibt, kann man mit der Maus Zellen oder Bereiche ausw.ählen, die dann automatisch in die Formel eingefügt werden. In Excel wird hierbei der Name des Zellenbereiches eingefügt, soweit er existiert, Calc fügt jedoch nur die Adresse ein, also z. B. „B4:E6".

In Formeln funktionieren Namen aber auch in Calc einwandfrei. Man muss sie lediglich umständlich selbst eingeben.

D.3 Der Solver von OpenOffice.org

In Calc lässt sich der Solver genau wie in Excel in der Menüleiste über „Extras → Solver…" aufrufen.

Abbildung Calc: Solver Eingabefenster

Wie beim Excel-Solver verkleinert sich das Fenster automatisch, sobald in der Tabelle mehrere Zellen mit gedrückter linker Maustaste markiert werden.

Abbildung Calc: Automatisch verkleinertes Hauptfenster des Calc-Solvers

Bei der Eingabe der Nebenbedingungen gibt es einen wichtigen Unterschied zwischen Excel und Calc:

- Die zu vergleichenden Zellenbereiche müssen die gleiche Dimension aufweisen. Spaltenvektoren können in Calc nur mit Spaltenvektoren verglichen werden, Zeilenvektoren nur mit Zeilenvektoren. Bei Excel reicht hier die gleiche Anzahl der Zellen, was wir insbesondere häufig bei den 2- und mehrstufigen Transportmodellen genutzt haben. Unter Calc muss hier zuvor ein Hilfsvektor über das Transponieren erzeugt werden.

Klickt man im Hauptfenster auf den Button „Optionen...", so gelangt man zu einem neuen Fenster, in dem man die verwendete Engine[1] des Solvers auswählen und Einstellungen an der ausgewählten Engine vornehmen kann.

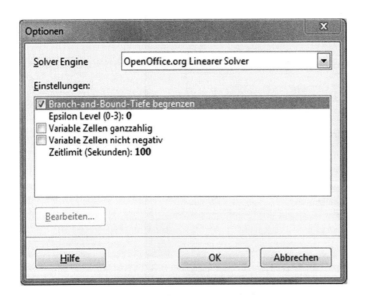

Abbildung Calc: Optionen-Fenster des Calc-Solvers

In OpenOffice.org ist hier standardmäßig nur ein linearer Solver verfügbar. Weitere Engines lassen sich aber als sogenannte Extension nachinstallieren.

---

[1] Eigenständiger Teil der Software, der die Berechnungen durchführt, vgl. http://de.wikipedia.org/wiki/Engine (20.05.2011)).

Hinter dem vorinstallierten linearen Solver verbirgt sich die Engine „lp_solve"[1], welche auf einer überarbeiteten Simplex-Methode und der Branch-and-Bound-Methode beruht.[2]

Anders als beim Standard Solver unter Excel ist die **Größe des zu berechnenden Modells hier nicht begrenzt.**[6] Man kann also theoretisch mit beliebig vielen veränderbaren Zellen und Nebenbedingungen arbeiten!

D.4 Nicht-Lineare Optimierung mit dem Solver von OpenOffice.org

Auf der Suche nach einer Extension für die Berechnung nichtlinearer Modelle stößt man schnell auf den „Solver for Nonlinear Programming" oder auch kurz „NLPSolver".[3] Dieser ist nicht nur kostenlos verwendbar, sondern auch z. B. in LibreOffice standardmäßig vorinstalliert.[4] Die NLP-Solver-Extension fügt dem OpenOffice.org-Solver zwei neue Engines hinzu: „SCO Evolutionary Algorithm" und „DEPS Evolutionary Algorithm".

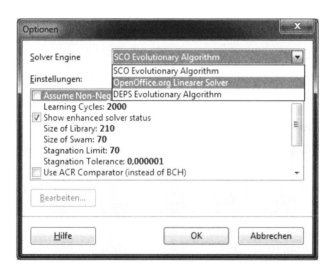

Abbildung Calc: Solver-Engine-Liste nach Installation des NLP Solvers

---

[1] Vgl. http://wiki.services.openoffice.org/wiki/DE/UebersetzungSolver (20.05.2011);

vgl. auch Weigel, Stefan: Lineare Planungsrechnung mit dem Solver,

http://wiki.services.openoffice.org/w/images/4/43/Solver.pdf (20.05.2011).

[2] Vgl. http://lpsolve.sourceforge.net/5.5/ (20.05.2011).

[3] Verfügbar unter http://extensions.services.openoffice.org/project/NLPSolver (20.05.2011).

[4] Vgl. http://www.libreoffice.org/features/extensions/ (20.05.2011).

Beide Engines bieten eine Vielzahl an Einstellungen, für die es im offiziellen Wiki[1] sehr kurze allgemeine Erklärungen gibt. Ein Großteil davon erfordert allerdings ein tiefer gehendes Verständnis für die verwendeten Algorithmen bzw. deren Implementierung.

Bei beiden evolutionären Algorithmen wird während der Berechnung ein Status-Fenster angezeigt, das eine Reihe von Informationen liefert. „Current Solution" gibt das beste bisher gefundene Ergebnis an. Bis ein den Nebenbedingungen entsprechendes Ergebnis gefunden wurde, erscheinen hier aber auch Werte, die gegen die Nebenbedingungen verstoßen. Diese ungültigen Werte werden in roter Schrift dargestellt. Außerdem wird neben der Laufzeit unter „Iteration" und „Stagnation" gezeigt, wie weit die eingestellten Limits für Iterationen bzw. Stagnation bereits ausgeschöpft sind.

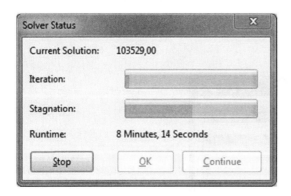

Abbildung Calc: Status-Fenster des "DEPS Evolutionary Algorithm"

Wird die Berechnung beim NLPSolver nach Erreichen eines voreingestellten Limits oder durch den Benutzer abgebrochen, erscheint ein Status-Fenster mit Informationen zur bisher durchgeführten Berechnung. Angezeigt werden der letzte gefundene Lösungswert, die in diesem Durchgang durchlaufenen Iterationen, der Grund des Abbruchs sowie die bisherige Dauer der Berechnung.

---

[1] http://wiki.services.openoffice.org/wiki/NLPSolver (20.05.2011).

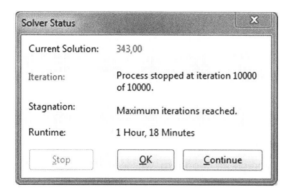

Abbildung Calc: Status-Fenster nach Abbruch einer Berechnung

Eine mögliche Alternative zum NLPSolver wäre evtl. der „EuroOffice Solver"[1], der sich nicht als Engine in den OpenOffice.org-Solver eingliedert, sondern ein komplett eigenes Fenster hat. Dieser ist allerdings mit nichtlinearen Algorithmen kostenpflichtig[2] und unterscheidet sich im Bedienkonzept deutlich vom Excel-Solver.

Abbildung 1: Hauptfenster des "EuroOffice Solver"

Möchte man sich im Internet über den OpenOffice.org-Solver austauschen, so bieten sich dafür eine Reihe von OpenOffice.org-Foren an.[3]

---

[1] Verfügbar unter http://extensions.services.openoffice.org/de/node/270 (20.05.2011).

[2] Vgl. http://extensions.services.openoffice.org/project/eurooffice-solver-professional (20.05.2011).

[3] Siehe: http://user.services.openoffice.org/en/forum/index.php oder http://www.oooforum.org/forum/

D.5 Ein grundsätzlicher wesentlicher Nachteil

Grundsätzlich fällt beim Einsatz des OpenOffice-Solvers schnell ein sehr deutlicher Nachteil gegenüber dem Solver in Excel auf:

Die dort eingegebenen Optimierungsparameter (wie Zielfunktion, Variablen, Nebenbedingungen etc.) und Optionen lassen sich nach unserem Kenntnisstand derzeit nicht dauerhaft im Dokument speichern, sondern werden offenbar nur im Arbeitsspeicher vorgehalten. Schließt man das Dokument und öffnet es erneut, so ist der Solver im Ausgangszustand und die Daten müssen komplett neu eingegeben werden!

D.6 Tests

Um die praktische Tauglichkeit des Solvers von OpenOffice.org zu prüfen, wurden sämtliche Beispiele mit Calc nachvollzogen.[1]

Dabei zeigte sich, dass für lineare Modelle die Ergebnisse des Excel- und des Calc-Solvers im Rahmen der vorgegebenen Toleranzen absolut gleichwertig sind.

Die Tests mit dem NLPSolver zeigten jedoch, dass hier unter Calc vielfach keine Lösungen generiert werden konnten und deshalb noch ein Nachholbedarf für diese Problemtypen bei OpenOffice besteht.

---

[1] Siehe die Projektarbeit von Lüken, P. (2011).

Literaturverzeichnis

Aguirre Segovia, Jorge; Cepa Rodriguez, Paloma; Molares Cabana, Alfonso; Winkels, Heinz-Michael (1989): Un "Decision Support System" para la distribución estrategica del GLP en REPSOL BUTANO, 27-30 in XVIII Reunión nacional de estadística, investigación operativa e informática, 1989 Santiago de Compostela.

Anderson, David Ray; Sweeney, Dennis J. and Williams, Thomas A. (2010) Introduction to Management Science: Quantitative Approaches to Decision Making, 10th Edition.

Baker, Kenneth (2006): Optimization Modeling with Spreadsheets, Duxbury Press, ISBN 0-534-49474-9.

Benker, Hans (2007): Wirtschaftsmathematik - Problemlösungen mit Excel; Vieweg Verlag; Wiesbaden.

Bichler, K.; Krohn, R.; Philippi, P. (Hrsg.) (2005): Gabler Kompakt-Lexikon Logistik, Definition: Standortmodelle, Gabler Verlag, Wiesbaden.

Bloech, J.; Ihde, G.G. (1997): Vahlens Großes Logistiklexikon, Verlag Beck/Vahlen, München.

Brambrink, Matthias (2009): Transportoptimierung und Tourenplanung unter Verwendung des Excel-Solvers, Diplomarbeit FB Wirtschaftsinformatik, Fachhochschule Dortmund.

Burkard, Rainer Ernst: Heuristische Verfahren zur Lösung quadratischer Zuordnungsprobleme, Zeitschrift für Operations Research, 1975, Band 19.

Burkard, Rainer Ernst; Dell'Amico, Mauro; Martello, Silvano (2009): Assignment Problems, Philadelphia, S. 205.

Burkard, Rainer Ernst; Offermann, Josef (1977): Entwurf von Schreibmaschinentastaturen mittels quadratischer Zuordnungsprobleme, Zeitschrift für Operations Research, Band 21.

Camm, J.D.; Evans, J. (1999): Management Science and Decision Technology, Cincinatti OH, South Western College Publishing.

Chase, Richard; Aquilano, Nicolas; Jacobs, F. Robert (2001): Operations Management for Competitive Advantage, 9th Edition, McGraw Hill.

Corsten, Hans, Corsten, Hilde und Sartor C. (2005): Operations Research, Vahlen Verlag, München; ISBN 978-3-8006-3202-2.

Denardo, Eric V. (2001): The Science of Decision-Making: A Problem-Based Approach Using Excel, John Wiley. ISBN 0-471-31827-2.

Dijkstra, Edsger W. (1959): A note on two problems in connexion with graphs, Numerische Mathematik, 1:269-271.

Domschke, Wolfgang (1997): Logistik: Transport, R. Oldenbourg Verlag, München, Wien, 5.Auflage.

Domschke, Wolfgang (1985): Logistik: Rundreisen und Touren, R. Oldenbourg Verlag, München, Wien, 4.Auflage.

Domschke, Wolfgang ; Drexl, Andreas (1996): Logistik: Standorte, R. Oldenbourg Verlag, München, Wien, 4. Auflage.

Domschke, Wolfgang und Drexl, Andreas (2006): Einführung in Operations Research, 7. Auflage, Springer-Verlag, Berlin Heidelberg; ISBN 978-3-540-70948-0.

Domschke, W; Drexl, A; Klein, R.; Scholl, A. und Voß, S. (2002): Übungen und Fallbeispiele zum Operations Research, 4. Auflage, Springer-Verlag, Berlin Heidelberg; ISBN 3-540-43334-1.

Eismann, Andreas; Fischer, Thomas (2008): Quadratische Zuordnungsprobleme in der Layoutplanung, GRIN-Verlag

Eppen, G.D.; Gould, F.J.; Schmidt, C.P.; Moore, Jeffrey H.; Weatherford, Larry R. (1998): Introductory Management Science: Decision Modeling with Spreadsheets, Prentice-Hall. ISBN 0-13-889395-0.

Feige, Dieter; Klaus, Peter (2008): Modellbasierte Entscheidungsunterstützung in der Logistik, Deutscher Verkehrs-Verlag, Hamburg.

Gade, Horst; Winkels, Heinz-Michael (1990): Die Versorgungskette von der Beschaffung über die Produktion bis zur Distribution optimieren, Handelsblatt Nr. 130 vom 10.7.1990.

Gillett, B.E.; Miller, L.R. (1974) A Heuristic Algorithm for the Vehicle-Dispatch Problem, OR 22, S. 340-349.

Guan, M. (oder Kwang, M.-K.) (1962): Graphic programming using odd or even points. Chinese Mathematics 1, S. 273 – 277.

Heinrich, G. (2007): Operations Research, Oldenbourg Verlag, München; ISBN 978-3-486-58367-0.

Hesse, Rick (1996): Managerial Spreadsheet Modeling and Analysis, Irwin.

Hillier, Frederick S. / Lieberman, Gerald (2001): Introduction to Operations Research, 7th Edition, McGraw Hill.

Hillier, Frederick S.; Hillier, Mark S.; Lieberman, Gerald (2010): Introduction to Management Science: A Modeling and Case Studies Approach with Spreadsheets, McGraw Hill (4 th Edition).

Jünemann, Reinhardt (1989): Materialfluß und Logistik, Springer Verlag, Berlin etc.

Karaa, I., Laporte, G. und Bektas T. (2004): A Note on the Lifted Miller-Tucker Zemlin Sub Tour Elimination Constraints for the Capacitated Vehicle Routing Problem, European Journal of Operational Research Volume 158, Issue 3, 1 November, Pages 793-795.

Klauck, C. und Maas, C. (1999) : Graphentheorie und Operations Research für Studierende der Informatik, 3. Auflage, Wißner Verlag, Augsburg ; ISBN 3-89639-178-X.

Krumke, Sven Oliver und Noltemeier, Hartmut (2009): Graphentheoretische Konzepte und Algorithmen, 2.aktualisierte Auflage, Vieweg+Teubner Verlag, Wiesbaden, ISBN 978-3-8348-0629-1.

Lasch, Rainer; Schulte, Gregor (2006): Quantitative Logistik-Fallstudien, Gabler Verlag; Wiesbaden.

Leiser, Wolf (2000), Angewandte Wirtschaftsmathematik, Schäffer-Poeschel Verlag, Stuttgart.

Lüken, Peter (2011), Lösung logistischer Probleme mit OpenOffice.org, Projektarbeit, Fachbereich Wirtschaftsinformatik, Fachhochschule Dortmund.

Malsam, Ewgeni (2009): Quadratische Zuordnungsoptimierung und deren Anwendungsmöglichkeiten, Bachelor Thesis, FB Wirtschaft, FH Dortmund.

Moore, Jeffrey H.; Weatherford, Larry R. et al. (2001): Decision Modeling with Microsoft Excel, 6th Edition, Prentice Hall.

Meyers Lexikonredaktion (Hrsg.) (2000): Duden: Rechnen und Mathematik, Dudenverlag, Mannheim.

Müller-Mehrbach, Heiner (1971): Operations Research, Verlag Franz Vahlen, München (2. Auflage).

Pfohl, Hans-Christian (1990): Logistiksysteme: Betriebswirtschaftliche Grundlagen, 4. Auflage, Springer Verlag, Berlin etc..

Powell, Stephen G. / Baker, Kenneth R. (2007): The Art of Modeling with Spreadsheets: Management Science, Spreadsheet Engineering, and Modeling Craft, John Wiley & Sons, ISBN 0-470-03840-3, 2nd Edition.

Ragsdale, Cliff.T. (2006): Spreadsheet Modeling and Decision Analysis, 5th Edition, South-Western College Publishing, ISBN 0-324-31256-3.

Reichart, T. (1999): Bausteine der WirtschaftsGeografie, Stuttgart.

Suhl, L. und Mellouli, T. (2006): Optimierungssysteme, Springer-Verlag, Berlin Heidelberg; ISBN 978-3-540-26119-3.

Vahrenkamp, Richard; Mattfeld, Dirk.C. (2007): Logistiknetzwerke; Gabler Verlag; Wiesbaden.

Wäscher, Gerhard (1982) Innerbetriebliche Standortplanung, Gabler Verlag, Wiesbaden.

Weber, Jürgen (1991): Logistik-Controlling, Poeschel Verlag, Stuttgart.

Wille, Christoph (2009): Operations Research mit Excel und VBA, VDM Verlag, Saarbrücken.

Williams, H. Paul (1999): Model Building in Mathematical Programming; John Wiley & Sons; Chichester (4th Ed.).

Winkels, Heinz-Michael (1983); A Graphical Subroutine for Multiobjective Linear Programming, 175-192 in OR Spektrum, Band 5, Heft 3.

Winkels, Heinz-Michael und Meika, Manfred (1984); An Integration of Efficiency Projections into the GEOFFRION-Approach for Multiobjective Linear Programming, 113-127 in European Journal of Operational Research 16.

Winston, Wayne L.; Albright, S. Christian, (2006): Practical Management Science Spreadsheets Modeling and Applications, Duxberry Press, 3rd Edition.

Winston, Wayne L.; Venkataramanan, Munirpallam (2002): Introduction to Mathematical Programming, 4th Edition, Duxbury Press, ISBN 0-534-35964-7.

Winston, Wayne L. (2006): Operations Research: Applications and Algorithms, 4th Edition, Southbank, Victoria: Thomson, Brooks/Cole, ISBN 0-534-42362-0.

Zimmermann, W. (1999): Operations Research, 9. Auflage, Oldenbourg Verlag, München; ISBN 3-486-24983-5.

Die in dieser Arbeit verwendeten Landkarten sind unter Zuhilfenahme von „Google Maps" entstanden.

Stichwortverzeichnis

A

Anspruchsniveau 43
Arbeitsblatt 19

B

Barrieren 73
Baum
    minimaler spannender Baum 487
    spannender Baum 487
Baustoffhandel 16
Beschränkung 35
Bewertungsmatrix 33
Big-M 48
Binärbedingung 40
binäre Optimierung 42
Blockabstand 72
Bottleneck Transportmodell 205
Bottleneck Zuordnungsmodell 306
Bound Bedingung 40
Breitengrad 64
Briefträgerproblem 587
    gerichter Graph 592
    ungerichteter Graph 592
Briefträgertour 593

C

CALC/ OpenOffice 657
Capacitated Chinese Postman Problem 586
Capacitated Vehicle Routing Problem 513
Capacitated Vehicle Routing Problem with Time
    Windows 566
Center
    1-Center im Netzwerk 381
    1-Center-Problem der Ebene 426
    Center im Netzwerk 381
    p-Center in Netzwerken 396
    p-Center-Problem im Koordinatensystem 431
chemische Industrie 16
Christofides 487
Covering Location Problem 364
CVRP 513
CVRPTW 567

D

Decision Support System 12
Dezimalgrad 64
Dijkstra-Algorithmus 187, 189, 561
direkte Entfernungsbestimmung 58
disjunktive Variablen 49
Distanzmatrix 33
Dreiecksungleichung 72
Durchfahrtprobleme 444

E

Entfernungen 58
Entscheidungsfindung 1
Entscheidungshilfe 1
Entscheidungsvariable 35
EULER-Weg 489
Evolutionsalgorithmus 418, 419, 427, 433, 434
Extremwertaufgabe 37

F

Fixkosten-Transportmodell 225

G

GAMS 13
ganzzahlige Optimierung 42
Ganzzahligkeitsbedingung 40
General Routing-Problem 617
Ges2Yyy 21
Ges4Xxx 20
Globalisierung 2
Google Earth 65
Google Maps 66
Graph 31
    bewerteter Graph 31
    gemischter Graph 31
    gerichteter Graph 31

H

Heterogener Fuhrpark 586

I

Indikator 47
Innerbetriebliche Standortzuordnung 313
Intervallvariablen 51

K

Kante 31
kartesische Koordinatensysteme 59
Knoten 31
    isolierter Knoten 32
kombinatorische Optimierung 42
Kopfspalte 19
Kopfzeile 19
k-opt Verfahren
    2-opt 504
    3-opt 504
    k-opt 504
Korrekturfaktoren 73
Kostenmatrix 33
Kreisverkehr 34
Kugeloberfläche 64
Kurier- Express- und Paketdienst 134
Kurswinkel 469
kürzester Weg 172
    von einem Knoten zu allen anderen 180
    zwischen allen Knoten 187, 189
    zwischen zwei Knoten 173, 180

L

Lagerkosten 56
Längengrad 64
Latitude 64
LE 56
Lebensmittelindustrie 15
lineare Optimierung 39
logische Bedingungen 46
Logistikeinheiten 56
Logistikkosten 56
logistische Versorgungskette 2
Longitude 64
Lösungsgenerator 12

M

Matching 488
    minimales Kosten Matching 488
mathematische Optimierung 35
mathematisches Modell 1
Matrixbezeichnung 20
Matrixminimum-Verfahren 110
maximaler Fluss 164
Maximum 36
Maximum-Benefit-Briefträgerproblem 617
Maximum-Covering-Location-Problem 374
m-Briefträgerproblem 617
Median
    1.Median in der Ebene 403
    1-Median im Netzwerk 381
    p-Median im Netzwerk 383
    p-Median-Problem im Koordinatensystem 415
Mediane
    Mediane im Netzwerk 381
Mehrdepotproblem 585
Mehrperiodenproblem 586
Miller-Tucker-Zemlin 443
Mineralölindustrie 4
Minimum 36
MINV(A) 29
MKM 488
MMULT(A,B) 28
Modellgenerator 12
MODI-Verfahren 78
Monitoring 17
MS Excel 2003 618
MS Excel 2010 636
MSB 488
MTRANS(A) 22
MTZ-Bedingung 443
    verallgemeinert 516

N

Nachfolger 32
Nebenbedingung 35
Netz 31
Netzflussmodell 143
Netzwerk 31
nichtlineare Optimierung 42
Nicht-Negativitätsbedingung 40
Nordwestecken-Regel 109

O

Open Office 657
Optimierungskriterium 35, 54
Optimum 35

P

Petal-Algorithmen 554
Pfad 32
Pfeil 31
Polarwinkel 465
Premium-Solver 648
    MS-Excel 2003 629
Prim-Algorithmus 488

Q

Quadratischer Abstand 72
Quelle 32

R

Reflexivität 72
Reportgenerator 12
Repsol Butano 4, 18
Restriktion 35
Rural Postman Problem 617

S

Satz des Pythagoras 67
Savings-Verfahren 534
Senke 32
Set-Covering-Location-Problem 364
Single-Source-Transportmodell 218
Small-L 49
SOL 7
Spaltenbezeichnung 20
Spaltenindex 19
Spaltenminimum-Verfahren 109
sphärische Trigonometrie 68
Standard-Solver
    MS-Excel 2003 624
    MS-Excel 2010 642
Standortoptimierung 331
Standortplanung
    diskret 331
    kontinuierlich 331
Steiner-Weber-Modell 403
Supply Chain 2
Sweep-Verfahren 548
Symmetrie 72

T

T_XxxYyy 20
Tabelle 19
Tourenplanung
    kapazitätsbeschränkt 513
    kapazitätsbeschränkt mit Zeitfenster ... 566
Tourenplanungsprobleme
    Heuristiken 534
Transportkosten 56

Transportmodell
    einstufig 76
    Heuristiken 107
    klassisches Transportmodell 76
    kombiniert 1- oder 2-stufig 134
    mehrstufig 143
    zweistufig 124
Transportmodelle mit mehreren Gütern 233
Transportoptimierung 54
Travelling-Salesman-Problem 440
    Heuristiken 465
Tripel-Algorithmus 187, 188
TSP 441
    geschlossen 444
    offen 444

U

Umschlagsmodell 124
Unimodularität 45
unproduktive Strecke 588

V

VARIGNONscher Apparat 406
Vektor 19
    Spaltenvektor 19
    Zeilenvektor 19
Vektoroptimierung 43
verbundene Variablen 50
Verfahren der sukzessiven Einbeziehung 479
Verfahren des besten Nachfolgers 476

Verfahren von Christofides 487
VOGELsches Approximationsverfahren 111
Vorgänger 32

W

Warehouse Location Problem
    einstufig kapazitiert 334
    mehrstufig kapazitiert 356
    zweistufig kapazitiert 341
Warehouse-Location-Probleme 334
Weg 32
Windy Postman Problem 617
Wirkkoeffizienten 198
WLP 334

Z

Zeilenbezeichnung 20
Zeilenindex 19
Zeilenminimum-Verfahren 110
Zielfunktion 35
zulässiger Bereich 37
Zuordnungsmodell
    klassisch 278
    quadratisch 313
    symmetrisch 297
    verallgemeinert 289
Zuordnungsoptimierung 278
Zuordnungsproblem
    Heuristiken 325